3판

이것이 리눅스다

with Rocky Linux 9

이것이 리눅스다(3판)

초판 1쇄 발행 2015년 7월 1일
3판 1쇄 발행 2023년 2월 24일
3판 2쇄 발행 2023년 11월 27일

지은이 우재남 / **펴낸이** 전태호
펴낸곳 한빛미디어(주) / **주소** 서울특별시 서대문구 연희로2길 62 한빛미디어(주) IT출판1부
전화 02-325-5544 / **팩스** 02-336-7124
등록 1999년 6월 24일 제25100-2017-000058호 / **ISBN** 979-11-6921-070-6 93000

총괄 배윤미 / **책임편집** 이미향 / **기획·편집** 윤진호
디자인 최연희 / **표지일러스트** 안희원 / **전산편집** 이소연
영업 김형진, 장경환, 조유미 / **마케팅** 박상용, 한종진, 이행은, 김선아, 고광일, 성화정, 김한솔 / **제작** 박성우, 김정우

이 책에 대한 의견이나 오탈자 및 잘못된 내용에 대한 수정 정보는 한빛미디어(주)의 홈페이지나 아래 이메일로
알려주십시오. 잘못된 책은 구입하신 서점에서 교환해 드립니다. 책값은 뒤표지에 표시되어 있습니다.

한빛미디어 홈페이지 www.hanbit.co.kr / 이메일 ask@hanbit.co.kr
독자 Q&A cafe.naver.com/thisisLinux
예제 소스 www.hanbit.co.kr/src/11070

지금 하지 않으면 할 수 없는 일이 있습니다.
책으로 펴내고 싶은 아이디어나 원고를 메일(writer@hanbit.co.kr)로 보내주세요.
한빛미디어(주)는 여러분의 소중한 경험과 지식을 기다리고 있습니다.

이것이 리눅스다 3판

with Rocky Linux 9

리눅스 설치부터 서버 운영까지,
현장감을 닮은 실무형 실습으로
리눅스의 모든 것을 배운다!

실무와 유사한 가상머신 환경에서 배우는 리눅스 서버

우재남 지음

한빛미디어
Hanbit Media, Inc.

어느덧 저의 10번째 리눅스 책이 출간되었습니다. 부족한 저의 책에 많은 관심과 조언을 주셨던 독자분들과 주위의 교수님들께 이 자리를 빌려 진심으로 감사의 말씀을 전합니다.

먼저 Fedora 리눅스는 『뇌를 자극하는 RedHat Fedora: 리눅스 서버 & 네트워크』로 초판 (2005년), 개정판(2010년), 3판(2014년) 그리고 『이것이 Fedora 리눅스다』(2019)로 출간되었습니다. 우분투 리눅스는 『이것이 우분투 리눅스다』로 초판(2017), 개정판(2020)이 출간되었으며, 강의용 교재로는 『IT CookBook, 리눅스 for Beginner』(2020)가 출간되었습니다. 그리고 현업과 기업 시장에서 많이 사용되는 CentOS는 『이것이 리눅스다』로 초판(2015), 개정판(2020)이 출간되었으며, 이번에 Rocky Linux 9 버전으로 개편된 『이것이 리눅스다(3판)』이 출간됩니다.

Rocky Linux는 상용 시장에서 많은 인정을 받는 리눅스 중 하나인 Red Hat Enterprise Linux(줄여서 RHEL)의 클론 버전으로 Red Hat Enterprise Linux의 소스를 그대로 가져다가 재컴파일한 것입니다. 그러므로 Red Hat Enterprise Linux와 Rocky Linux를 동일한 리눅스로 취급해도 됩니다. RHEL 8까지는 클론 버전으로 CentOS가 대세였으나, RHEL 9부터는 Rocky Linux가 대세입니다. RHEL이 상용인 반면, Rocky Linux는 RHEL과 동일한 기능을 무료로 제공하므로 이를 사용하면 추가 비용 없이 RHEL을 운영하는 것과 100% 같은 효과를 낼 수 있습니다.

이 책의 또 다른 특징은 책 전체 내용을 온라인 강의로 설명하고 있으며, 전체 강의를 유튜브에 무료로 공개한다는 것입니다(책 표지의 URL 주소 참조). 제 강의가 100점짜리 강의도 아니고 독자의 성향에 따라 마음에 들지 않을 수도 있지만, 고가의 온라인/오프라인 학원 강의나 대학 강의를 대신해서 언제 어디서나 조건 없이 무료로 강의를 들을 수 있다는 장점이 있으니, 다소 부족하더라도 너그러운 마음으로 이해해 주시기를 바랍니다.

다음은 지금까지 출간된 리눅스 책에 항상 썼던 서문 중 일부인데, 집필할 때의 초심이 잘 나타난 것 같아서 다시 한번 활용합니다.

리눅스와 리눅스 서버 구축 강의를 할 때 수강생들이 공통으로 원하는 것은 '리눅스 기초'가 아닌 '리눅스 실무'였습니다. 그래서 그때부터는 리눅스를 처음 접하는 수강생들에게도 기초 명령은 아주 간단히 진행한 후에 바로 본격적인 실무 네트워크 서버 구축 설명으로 강의를 진행했습니다. 내심 '수강생이 잘 알아듣지 못하고 혼자 떠드는 건 아닐까?' 하는 걱정도 했지만, 결과는 아주 성공적이었습니다. 수강생 대부분이 저의 요구에 잘 따라왔으며 특히 '기초'가 아닌 '바로 써먹을 수 있는 실무'를 배운다는 점에서 만족도가 아주 높았습니다. 종종 어려워하는 부분이 없지는 않았지만, 리눅스에 흥미를 느낀 수강생들은 별도의 과제가 아니어도 스스로 필요한 부분을 학습하고 막히는 부분을 질문했습니다.

이 책은 책 전체의 내용을 온라인 강의로 다루고 있어 혼자서 공부하더라도 강의실에서 저자와 함께 학습하는 효과와 모든 것을 실습을 통해 익히므로 실무 적응력이 자연스럽게 향상되는 성과를 얻을 수 있습니다. 리눅스 초보자를 위한 책이지만, 끝까지 모든 실습을 마무리한 독자라면 어느덧 리눅스 실무를 경험할 준비가 되었다는 것을 느끼게 될 것입니다. 그리고 고급 리눅스 관리자가 되려면 앞으로 무엇을 더 공부해야 할지를 스스로 찾아볼 수 있는 내공을 지니게 될 것입니다.

끝으로 여러 측면에서 많은 지원을 해 주신 한빛미디어 김태헌 대표님과 이 책을 기획하고 편집해 주신 이미향 팀장님과 윤진호 편집자를 비롯한 한빛미디어 임직원 여러분께 항상 감사드립니다. 그리고 좋은 강의를 위해 저에게 많은 조언과 격려를 해 주시는 주위의 교수님들께도 감사의 말씀을 드립니다. 출석을 부를 때 "오늘 안 나온 사람 손들어 봐"와 같은 썰렁한 농담이 유일한 재미인 제 강의를 열의를 가지고 항상 진지하게 들어주는 학생들에게도 언제나 감사와 사랑의 마음을 전합니다.

지금 가진 것만으로도 항상 행복할 수 있는 가족에게 무한한 사랑을 전합니다.

2023년의 어느 새로운 아침에
우재남

전문적인 리눅스 운영을 실습할 수 있습니다.

리눅스를 처음 접하는 사용자는 리눅스를 설치하고 나서 별로 할 게 없다고 느낄 수도 있습니다. 하지만 별로 할 게 없다는 표현보다는 리눅스로 무엇을 해야 할지 모른다고 하는 것이 더 정확한 표현입니다. 이 책을 계속 따라 하다 보면, 오히려 리눅스로 할 수 있는 것이 매우 많다고 생각하게 될 것입니다.

실무 감각을 익힐 수 있습니다.

까만 콘솔 화면에서 알 수 없는 명령어만 입력하며 리눅스를 배우는 경우도 있습니다. 그러나 이건 아무리 열심히 해도 별로 재미없을 것 같지요? 또 열심히 익힌 명령어가 과연 얼마나 기억에 남을지 의문이기도 하고요(저는 기억력이 별로 좋지 못합니다). 우리는 이를 과감히 떨쳐 버리고, 실무에서 사용되는 것들을 직접 실습하면서 그때마다 필요한 명령어를 익힐 것입니다. 이러한 학습 방법은 학습 시간을 단축시켜 줄 뿐 아니라, 학습의 흥미를 유발하는 데 효과가 있는 것으로 많은 분야에서 검증되었습니다. 그럼에도 최소한의 기본 명령어는 익히고 실습을 시작할 것이므로 리눅스를 처음 접하는 사람도 미리 걱정할 필요는 없습니다.

실제로 운영되는 환경과 최대한 비슷한 환경으로 실습합니다.

이 책이 기존의 책과 구별되는 가장 핵심적인 부분입니다. 리눅스 서버 1대만으로 실습하지 않고, 여러 대의 컴퓨터에서 리눅스 서버, 리눅스 클라이언트, Windows 클라이언트 등을 구축해 실습합니다. 여기서 대부분의 독자가 의문을 가질 것입니다.

> "저는 컴퓨터가 1대뿐인데 실습을 할 수 없는 건가요? 진행하더라도 1대에서 모두 수행해야 하므로 반쪽짜리 실습이 되는 건 아닐까요?"

아무 걱정할 필요 없습니다. 이 책은 1대의 컴퓨터에서 실습하는 방법을 사용합니다. 독자가 사용할 수 있는 컴퓨터가 여러 대라면 가장 이상적이지만, 그렇지 않더라도 여러 대의 컴퓨터로 실습하는 것과 완전히 동일한 환경을 구성해 실습을 진행합니다.

이렇게 물리적으로 1대인 컴퓨터에서 마치 여러 대의 컴퓨터로 운영하는 것과 같은 환경을 제공해 주는 소프트웨어가 '가상머신'입니다. 그중에서 우리는 'VMware'라는 소프트웨어를 사용합니다. 가상머신의 자세한 개념과 사용법은 1장에서 설명하며, 우리는 다음 그림처럼 1대의 컴퓨터만으로 실무에서 운영되는 환경과 비슷한 환경을 구축해 실습을 진행합니다. 아직은 용어에 익숙하지 않더라도 자주 보게 될 그림이므로 미리 눈에 익혀 두는 것이 좋습니다.

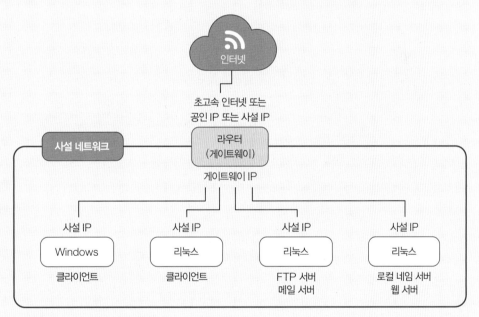

이 책에서 구축할 네트워크 환경

다시 한 번 강조하고 싶은 점은 이 그림과 같이 여러 대의 컴퓨터로 운영해야 하는 환경을 1대의 컴퓨터로 운영한다는 것입니다. 그렇게 구성한 후, Windows에서 리눅스 서버로 접속하거나 리눅스 클라이언트에서 리눅스 서버로 접속하는 실습을 진행합니다. 아직 이해가 안 되겠지만, 1장부터 차근차근 살펴보면 하나도 어려울 게 없다는 것을 느낄 것입니다.

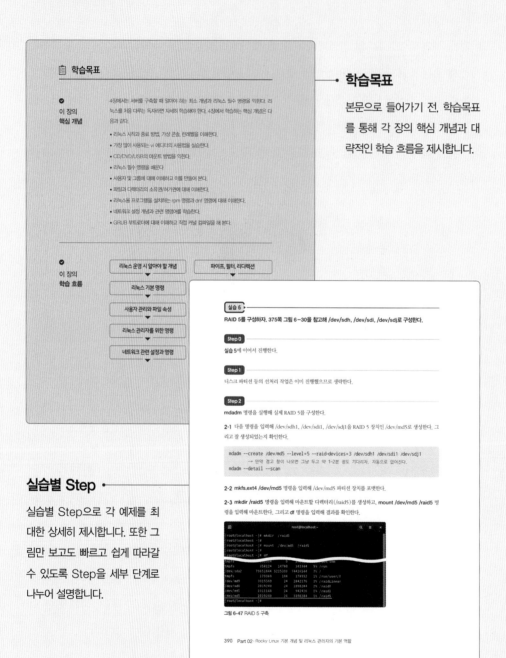

📋 **학습목표**

⊙ **이 장의 핵심 개념**

4장에서는 서버를 구축할 때 알아야 하는 최소 개념과 리눅스 필수 명령을 익힌다. 리눅스를 처음 다루는 독자라면 자세히 학습해야 한다. 4장에서 학습하는 핵심 개념은 다음과 같다.

• 리눅스 시작과 종료 방법, 가상 콘솔, 런레벨을 이해한다.
• 가장 많이 사용되는 vi 에디터의 사용법을 실습한다.
• CD/DVD/USB의 마운트 방법을 익힌다.
• 리눅스 필수 명령을 배운다.
• 사용자 및 그룹에 대해 이해하고 이를 만들어 본다.
• 파일과 디렉터리의 소유권/허가권에 대해 이해한다.
• 리눅스용 프로그램을 설치하는 rpm 명령과 dnf 명령에 대해 이해한다.
• 네트워크 설정 개념과 관련 명령어를 학습한다.
• GRUB 부트로더에 대해 이해하고 직접 커널 컴파일을 해 본다.

⊙ **이 장의 학습 흐름**

리눅스 운영 시 알아야 할 개념 → 파이프, 필터, 리다이렉션
↓
리눅스 기본 명령
↓
사용자 관리와 파일 속성
↓
리눅스 관리자를 위한 명령
↓
네트워크 관련 설정과 명령

학습목표

본문으로 들어가기 전, 학습목표를 통해 각 장의 핵심 개념과 대략적인 학습 흐름을 제시합니다.

실습 6

RAID 5를 구성하자. 375쪽 그림 6-30을 참고해 /dev/sdh, /dev/sdi, /dev/sdj로 구성한다.

Step 0

실습 5에 이어서 진행한다.

Step 1

디스크 파티션 등의 선처리 작업은 이미 진행했으므로 생략한다.

Step 2

mdadm 명령을 실행해 실제 RAID 5를 구성한다.

2-1 다음 명령을 입력해 /dev/sdh1, /dev/sdi1, /dev/sdj1을 RAID 5 장치인 /dev/md5로 생성한다. 그리고 잘 생성되었는지 확인한다.

```
mdadm --create /dev/md5 --level=5 --raid-devices=3 /dev/sdh1 /dev/sdi1 /dev/sdj1
    → 만약 경고 창이 나오면 그냥 두고 약 1~2분 정도 기다리면, 자동으로 열어진다.
mdadm --detail --scan
```

2-2 mkfs.ext4 /dev/md5 명령을 입력해 /dev/md5 파티션 장치를 포맷한다.

2-3 mkdir /raid5 명령을 입력해 마운트할 디렉터리(/raid5)를 생성하고, mount /dev/md5 /raid5 명령을 입력해 마운트한다. 그리고 df 명령을 입력해 결과를 확인한다.

```
[root@localhost ~]# mkdir /raid5
[root@localhost ~]#
[root@localhost ~]# mount /dev/md5 /raid5
[root@localhost ~]# df
tmpfs              358124   14780   343344   5% /run
/dev/sda2        79651444 5225300 74424544   7% /
tmpfs              370060     104   374952   1% /run/user/0
/dev/md0          1015560      24  2842176   1% /raidLinear
/dev/md9          2019240      24  1898284   1% /raid0
/dev/md1          1911148      24   942436   1% /raid1
/dev/md5          2019240      24  1898284   1% /raid5
[root@localhost ~]#
```

그림 6-47 RAID 5 구축

실습별 Step

실습별 Step으로 각 예제를 최대한 상세히 제시합니다. 또한 그림만 보고도 빠르고 쉽게 따라갈 수 있도록 Step을 세부 단계로 나누어 설명합니다.

> **! 여기서 잠깐** **파티션**
>
> 디스크를 처음 장착하면 그냥 기계일 뿐이다. 그래서 디스크를 사용하려면 먼저 파티션(Partition)을 설정해야 한다. 만약 디스크를 통째로 하나의 파티션으로 사용하려면 1개의 파티션을 설정하면 되고, 2개로 나눠서 사용하려면 2개의 파티션을 설정하면 된다.
>
> 파티션의 종류는 Primary 파티션과 Extended 파티션, 2가지가 있는데 1개의 디스크에 총 4개의 Primary 파티션을 설정할 수 있다. 만약 파티션을 5개 이상 설정하고 싶다면 3개의 Primary 파티션과 1개의 Extended 파티션으로 설정한 후 Extended 파티션을 2개 이상의 Logical 파티션으로 설정해야 한다.

⌐• 여기서 잠깐

보충 설명, 참고 사항, 관련 용어 등을 본문과 분리해 설명합니다.

> **NOTE ▸** 데이터베이스 사용자인 root는 MariaDB 서버 안에서 모든 권한을 실행할 수 있는 데이터베이스 관리자다. 운영체제 사용자인 root와 우연히 이름만 같을 뿐 전혀 별개의 사용자다.

⌐• NOTE

학습을 진행하면서 알아 두면 좋은 내용이나 혼동하기 쉬운 내용을 설명합니다.

> **⌐ ? VITAMIN QUIZ 6-9** ⌐
>
> Server(B) 가상머신에 5GB, 4GB 디스크를 장착하고 LVM으로 3GB 3개로 논리 그룹을 분할하자.
>
> **HINT** 먼저 lvm2 패키지를 설치해야 한다.

⌐• 비타민 퀴즈

학습한 내용을 곧바로 점검할 수 있도록 간단한 퀴즈를 제시합니다.

동영상 강의

https://www.youtube.com/HanbitMedia93

한빛미디어 유튜브 채널에서 『이것이 리눅스다(3판)』의 저자 직강 동영상을 만나 보세요! 채널 내부 검색 란에 '이것이 리눅스다'를 검색하면 동영상 강의를 쉽고 빠르게 찾을 수 있습니다.

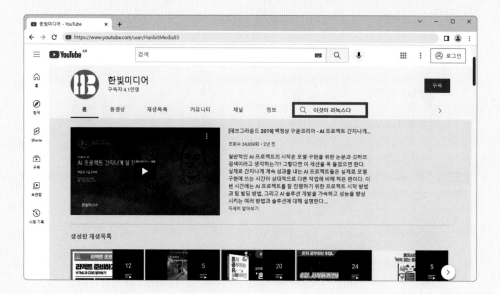

예제 소스

https://www.hanbit.co.kr/src/11070

Q&A 카페

https://cafe.naver.com/thisisLinux

Q&A 카페를 통해 이 책을 학습하는 데 필요한 소스 코드와 설치 파일을 제공합니다. 또한 책과 관련한 다양한 내용을 저자에게 직접 질문할 수도 있으며, 리눅스 관련 최신 기술을 비롯한 다양한 자료를 접할 수 있습니다. 저자와 함께하는 책 밖의 공간에서 다른 독자들과 함께 다양한 이야기를 나눠 봅시다!

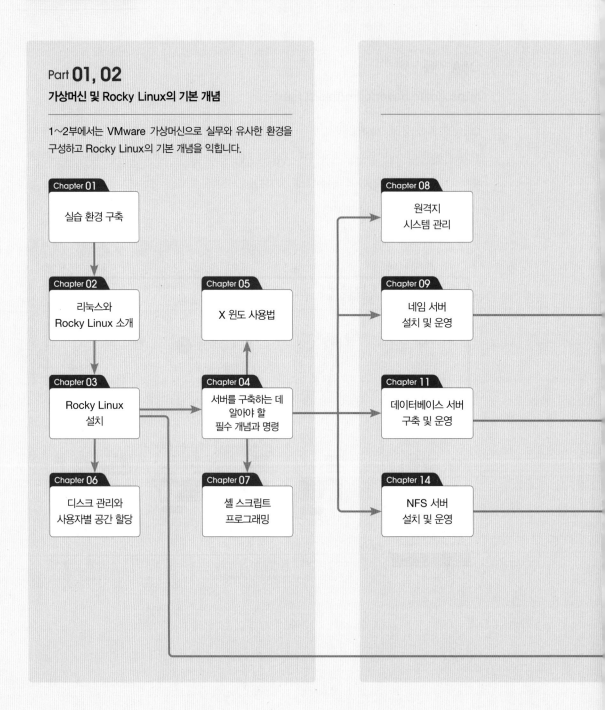

Part 01, 02
가상머신 및 Rocky Linux의 기본 개념

1~2부에서는 VMware 가상머신으로 실무와 유사한 환경을
구성하고 Rocky Linux의 기본 개념을 익힙니다.

Chapter 01
실습 환경 구축

Chapter 02
리눅스와
Rocky Linux 소개

Chapter 03
Rocky Linux
설치

Chapter 06
디스크 관리와
사용자별 공간 할당

Chapter 05
X 윈도 사용법

Chapter 04
서버를 구축하는 데
알아야 할
필수 개념과 명령

Chapter 07
셸 스크립트
프로그래밍

Chapter 08
원격지
시스템 관리

Chapter 09
네임 서버
설치 및 운영

Chapter 11
데이터베이스 서버
구축 및 운영

Chapter 14
NFS 서버
설치 및 운영

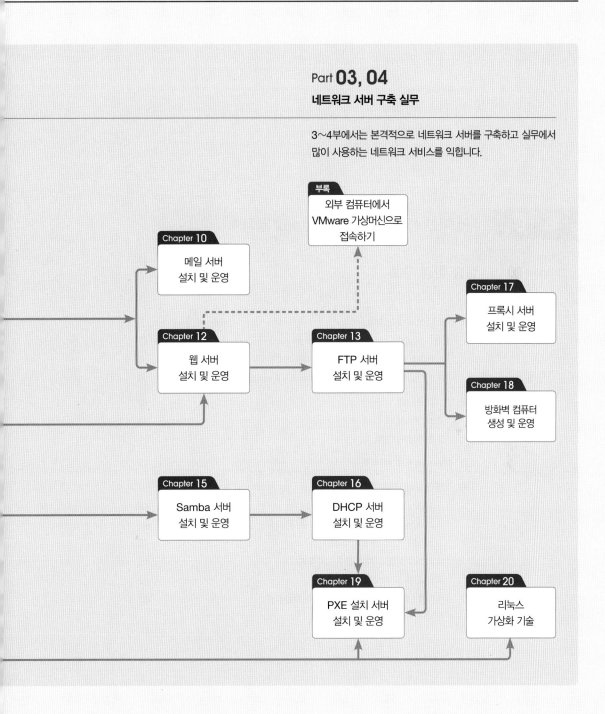

Part 03, 04
네트워크 서버 구축 실무

3~4부에서는 본격적으로 네트워크 서버를 구축하고 실무에서
많이 사용하는 네트워크 서비스를 익힙니다.

부록
외부 컴퓨터에서
VMware 가상머신으로
접속하기

Chapter 10
메일 서버
설치 및 운영

Chapter 12
웹 서버
설치 및 운영

Chapter 13
FTP 서버
설치 및 운영

Chapter 17
프록시 서버
설치 및 운영

Chapter 18
방화벽 컴퓨터
생성 및 운영

Chapter 15
Samba 서버
설치 및 운영

Chapter 16
DHCP 서버
설치 및 운영

Chapter 19
PXE 설치 서버
설치 및 운영

Chapter 20
리눅스
가상화 기술

Part 01 │ 가상머신 생성 및 Rocky Linux 설치

Chapter 01 │ 실습 환경 구축

Chapter 05 | X 윈도 사용법

Chapter 06 | 디스크 관리와 사용자별 공간 할당

Chapter 07 | 셸 스크립트 프로그래밍

Part 03 | 네트워크 서버 구축 실무 1

Chapter 08 | 원격지 시스템 관리

Chapter 09 | 네임 서버 설치 및 운영

Part 04 | 네트워크 서버 구축 실무 2

Chapter 13 | FTP 서버 설치 및 운영

Chapter 14 | NFS 서버 설치 및 운영

Chapter 15 | Samba 서버 설치 및 운영

Chapter 20 | 리눅스 가상화 기술

Part

01

가상머신 생성 및
Rocky Linux 설치

1부에서는 이 책을 원활히 학습하기 위해 필요한 실습 환경을 이해하고 구축한

다. 그리고 리눅스 및 Rocky Linux에 대한 역사와 의의를 살펴본 후 3대의

가상머신에 Rocky Linux를 설치한다.

Chapter

01

▶ # 실습 환경 구축

이 책은 실무와 유사한 환경을 구축해 실습한다는 목표로 집필되었다. 그래서 리눅스 서버 2대, 리눅스 클라이언트 1대, Windows 클라이언트 1대, 총 4대의 PC로 실습을 진행한다. 그런데 대부분의 경우 사용할 수 있는 PC가 1대 뿐일 것이다.

그렇다면 어떻게 이 책을 실습할 수 있을지 걱정될 것이다. 그러나 전혀 걱정할 필요 없다. 1대의 PC에서 마치 4대의 PC를 사용하는 것과 동일한 효과를 내는 실습 환경 구축 방법을 지금부터 알아볼 것이기 때문이다.

**이 장의
핵심 개념**

1장에서는 성공적인 학습을 위해 필요한 실습 환경을 구축한다. 가장 중요한 내용은 VMware 프로그램을 설치하고 네트워크 환경을 설정하는 것이다. 1장에서 학습할 핵심 개념을 정리하면 다음과 같다.

- 가상머신 소프트웨어를 사용해 현재 PC에 설치된 Windows를 그대로 사용하면서도 여러 대의 리눅스 서버를 운영하는 원리를 배운다.

- 가상머신 소프트웨어 중 가장 유명한 제품인 VMware사의 VMware 프로그램 종류를 이해하고 그 설치 방법을 배운다.

- VMware 프로그램으로 이 책의 실습에서 계속 사용할 가상머신 4대를 생성한다.

- VMware 프로그램의 기능 중 하나인 Virtual Network Editor로 가상머신의 네트워크 환경을 구성하고 변경하는 방법을 알아본다.

**이 장의
학습 흐름**

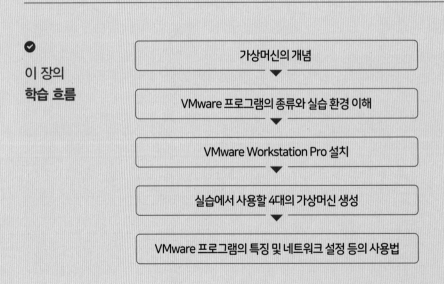

1.1 가상머신 소개와 설치

4대의 PC를 마련한 상태에서 이 책을 학습하는 독자는 지금부터 소개할 가상머신을 사용하지 않아도 된다. 하지만 가상머신의 개념을 알아 두면 나쁠 것은 하나도 없으므로 한번 훑어보자.

1.1.1 가상머신 소개

리눅스를 공부하는 가장 좋은 환경은 여러 대(이 책은 4대)의 PC를 사용해 실무에서 사용하는 네트워크 환경과 동일하게 구축한 것이다. 하지만 실제로 그러한 환경을 갖추기는 어려우므로 주로 1대의 PC로 학습을 진행한다. 이렇게 학습을 진행하면 흥미도 떨어지며 열심히 공부해서 익힌 내용을 실무 환경에서 적용할 때, 즉 여러 대의 PC를 네트워크상으로 운영할 때 예상치 못한 난관에 부딪히게 된다.

이러한 문제를 해결하는 소프트웨어가 **가상머신 소프트웨어**(또는 가상머신 프로그램)다. 이 가상머신 소프트웨어를 이용하면 현재 사용 중인 Windows를 그대로 사용하면서도 여러 대의 리눅스 서버를 운영하는 효과를 낼 수 있다. 다음 그림을 살펴보자.

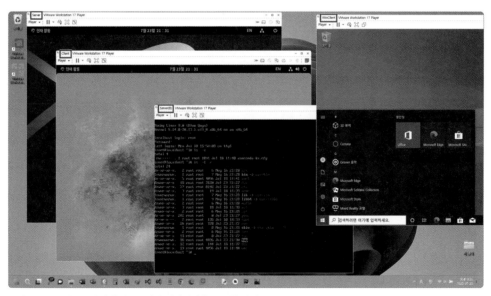

그림 1-1 1대의 PC에서 추가로 4개의 가상머신을 구동한 화면

그림 1-1은 1대의 PC에서 3대의 리눅스를 작동한 화면이다. 앞으로 이와 같은 환경에서 이 책의 실습을 진행한다. 현재 필자는 운영체제로 64bit Windows 11(64bit Windows 10 이상이라 면 어떤 Windows를 사용해도 상관없다)을 사용한다. 왼쪽부터 각 창에 리눅스 서버, 리눅스 클라 이언트, 리눅스 서버(B), Windows 클라이언트가 작동한다. 가상머신을 구동하는 PC에 설치된 Windows까지 합치면 총 5개의 운영체제가 1개의 PC에서 동시 가동된다는 사실에 주목하자.

> **! 여기서 잠깐 | 멀티부팅**
>
> 가상머신은 멀티부팅(Multi Booting)과는 다른 개념이다. 멀티부팅은 하드디스크나 SSD의 파티션을 분할한 후 한 번에 하나의 운영체제만 가동하는 방식을, 가상머신은 파티션을 나누지 않고 동시에 여러 개의 운영체제 를 가동하는 방식을 의미한다.

가상머신 소프트웨어를 사용해 본 적이 없는 독자라면 **그림 1-1**과 같은 화면이 생소하고 어렵게 느 껴질 것이다. 그렇지만 잠시 후에 필자와 같이 가상머신 소프트웨어를 설치하고 운영해 보면 전혀 어렵지 않다는 사실을 깨닫게 될 것이다. 실습에 앞서 먼저 '가상머신'의 기본 개념을 파악하자.

1.1.2 가상머신과 가상머신 소프트웨어의 개념

가상머신Virtual Machine이란 이름 그대로 진짜 컴퓨터가 아닌 '가상Virtual'으로 존재하는 '컴퓨터 Computer=Machine'를 의미한다. 그리고 가상머신을 생성하는 소프트웨어를 가상머신 소프트웨어라고 한다. 가상머신 소프트웨어를 간단히 정의하면 다음과 같다.

컴퓨터에 설치된 운영체제(호스트 운영체제) 안에 가상의 컴퓨터를 만들고 그 가상의 컴퓨터 안에 또 다른 운 영체제(게스트 운영체제)를 설치/운영할 수 있도록 제작된 소프트웨어

이 책의 실습 환경을 예시로 들어 보자. 필자에게는 Windows 운영체제가 설치된 PC 1대가 있 다. 필자는 PC에 별도의 디스크 파티션을 나누지 않고 리눅스 서버 2대, 리눅스 클라이언트 1대, Windows 클라이언트 1대를 설치할 예정이다. 또한 현재 사용 중인 Windows를 포함한 총 5대 의 컴퓨터를 동시에 부팅해 운영하려고 한다.

여기서 PC에 이미 설치된 Windows를 호스트 운영체제Host Operating System(줄여서 호스트 OS)라 부르며 그 외 가상머신에 새로 설치한 운영체제를 게스트 운영체제Guest Operating System(줄여서 게스트 OS)라고 부른다.

NOTE▶ 이 책에서는 진짜 컴퓨터(PC)를 '호스트 컴퓨터(Host Computer)', PC에 설치된 운영체제를 '호스트 OS(Host Operating System)'라고 부른다. 또한 가상의 컴퓨터를 '가상머신' 혹은 '게스트 컴퓨터(Guest Computer)', 가상머신에 설치된 운영체제를 '게스트 OS(Guest Operating System)'라고 부른다. 계속 사용하는 용어이므로 잘 기억하자.

이 책에서는 1대의 PC로 4대의 컴퓨터를 운영하는, 실무와 동일한 환경을 구축해 실습을 진행한다. 조금 더 이해하기 쉽게 그림을 통해 살펴보자. 우선 일반적인 컴퓨터 환경부터 알아보자.

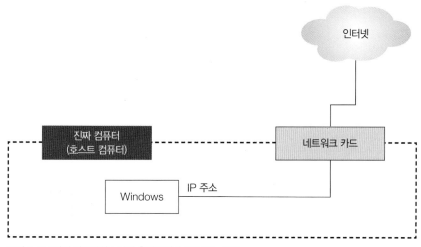

그림 1-2 1대의 컴퓨터에 1개의 운영체제가 가동되는 환경

이 그림을 보면 바깥쪽의 굵은 상자가 1대의 진짜 컴퓨터(호스트 컴퓨터)다. 호스트 컴퓨터에는 Windows가 설치되어 있다. 그리고 미리 설정된 IP 주소를 기반으로 네트워크 카드를 통해 인터넷에 접속할 수 있다. 이것이 일반적인 컴퓨터 환경이다.

이번 장에서 구성할 컴퓨터 환경은 다음 그림과 같다.

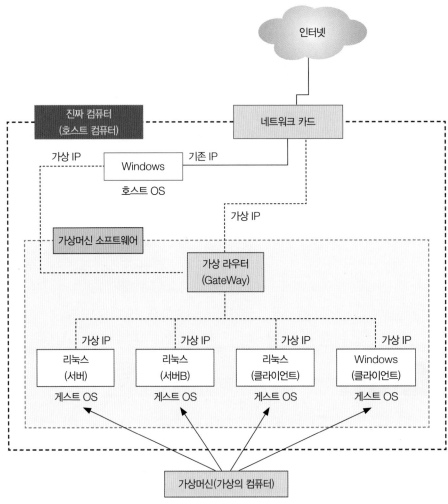

그림 1-3 1대의 컴퓨터에 5개의 운영체제가 가동되는 환경

이 그림처럼 가상머신 소프트웨어를 사용해 4대의 가상머신(게스트 컴퓨터)을 만들고 각 가상머신에 리눅스 3개와 Windows 1개를 설치한다. 이어서 4대의 가상머신에 가상 IP 주소를 할당하고 가상 라우터를 통해 4대의 가상머신을 하나의 네트워크로 묶어, 4대의 컴퓨터를 동일한 네트워크 환경에서 사용할 수 있도록 설정한다. 이렇게 하면 3개의 리눅스와 1개의 Windows 클라이언트로 구성된, 실무 환경과 유사한 실습 환경을 구축할 수 있다.

NOTE▶ 이 그림에서 호스트 컴퓨터에 설치된 Windows(호스트 OS)를 가상머신에 설치된 Windows 클라이언트 대신 사용할 수도 있다. 이에 관한 내용은 앞으로 실습을 진행하면서 설명하겠다.

1.1.3 가상머신 소프트웨어 종류와 VMware Workstation Pro 설치

가상머신 소프트웨어에는 여러 가지가 있지만, 유명한 제품 중 하나로 VMware사(https://www.vmware.com)에서 개발한 VMware 프로그램을 들 수 있다. 그리고 VMware 프로그램도 그 종류가 세부적으로 10여 가지가 넘는다. 그중에서 이 책과 관련된 주요 제품 2개를 소개하면 다음 표와 같다.

표 1-1 VMware Workstation Pro와 VMware Workstation Player 비교

특징 〱 종류	VMware Workstation Pro	VMware Workstation Player
호스트 OS	Windows 10 이상 버전의 64bit Windows	Windows 10 이상 버전의 64bit Windows
게스트 OS	대부분의 32bit, 64bit Windows 대부분의 리눅스 운영체제	대부분의 32bit, 64bit Windows 대부분의 리눅스 운영체제
라이선스	유료	유료 또는 무료 [1]
라이선스 키	구매 필요 [2]	무료 라이선스의 경우 필요 없음
가상머신 생성 기능	○	○
스냅숏 기능	○	×
가상 네트워크 사용자 설정 기능	○	× [3]
비고	여러 가지 부가 기능이 있음 [4]	부가 기능이 별로 없음

1 비상업적인 용도로 개인이 사용하는 경우에 한해 무료. 여기서 사용된 무료의 의미를 정확히 표현하면 'free for personal non-commercial use'다. 즉, 비상업적 용도로 회사/학교/공공기관 등 가정 이외의 공간에서 사용하려면 유료 라이선스를 구매해야 한다.

2 VMware사의 웹사이트에서 30일 평가판을 다운로드할 수 있다.

3 VMware Workstation Player는 가상 네트워크 사용자 설정을 공식 지원하지 않는다.

4 이 책에서는 스냅숏과 가상 네트워크 사용자 설정 외의 부가 기능은 사용하지 않는다.

이 책에서는 VMware Workstation Pro 평가판을 설치해 사용한다. VMware Workstation Pro 평가판을 설치하면 VMware Workstation Player도 함께 설치된다.

VMware Workstation Pro 평가판은 30일 사용기간 제한이 있지만, 이 책의 실습에서는 **표 1-1**에서 살펴본 VMware Workstation Pro 평가판의 스냅숏과 가상 네트워크 사용자 설정 기능만 사용하므로 사용기간은 크게 신경 쓰지 않아도 된다. 실제 가상머신은 사용기간 제한이 없는 VMware Workstation Player를 사용해 구동한다.

> **NOTE ▶** VMware Workstation Player와 VMware Workstation Pro는 같은 제품으로 봐도 무방하다. 단, VMware Workstation Player는 무료이기에 스냅숏, 가상 네트워크 설정, 클론, 보안 등의 추가 기능을 제공하지 않을 뿐이다. 그래서인지 VMware Workstation Pro를 설치하면 자동으로 VMware Workstation Player도 함께 설치된다. 참고로 VMware Workstation Pro/Player 12 버전 이전에는 VMware Workstation Pro를 'VMware Workstation', VMware Workstation Player를 'VMware Player'라고 불렀다.

> **! 여기서 잠깐   가상머신 소프트웨어 종류**
>
> 가상머신 소프트웨어로는 VMware사의 VMware vShpere, Microsoft사의 Hyper-V, Oracle사의 Virtual Box 등도 있다. 대부분 무료로 사용이 가능한 제품이지만, 이 책을 학습하기에는 적절하지 않으므로 사용을 권장하지 않는다. 혹시 호스트 OS로 Apple사의 macOS를 사용 중이라면 VMware Fusion 최신 버전을 설치해 실습하면 된다.

필요한 설명은 모두 마쳤으므로 이제 VMware Workstation Pro를 설치하자. VMware Workstation Pro를 사용하기 위한 사양은 다음 표와 같지만, 절대적인 기준은 아니며 현재 PC에 어떤 프로그램이 작동하고 있는지에 따라 필요 사양이 달라질 수 있다. 특히 이 책의 실습 환경에서는 가상머신을 4대까지 사용하므로 메모리RAM와 저장 장치의 여유 공간이 많을수록 좋다.

표 1-2 VMware Workstation Pro 설치를 위한 하드웨어 사양 요약

	VMware Workstation Pro 최소 요구 사항	필자의 권장 사항 및 이 책의 실습 환경
CPU	2011년 이후 출시된 Intel 또는 AMD CPU, 3GHz 이상의 속도	2015년 이후 출시된 Intel 또는 AMD CPU, 속도는 크게 중요하지 않음
RAM	최소: 2GB(권장: 4GB 이상)	최소: 8GB(권장: 12GB 이상)
저장 장치 여유 공간	프로그램 설치를 위해 2GB, 게스트 OS별 여유 공간 필요	게스트 OS당 1~10GB (이 책은 게스트 OS를 4개 사용하므로 50GB 이상의 여유 공간을 권장하며 HDD보다는 SSD 사용을 권장함)
화면 해상도	1024×768	1920×1080(FHD) 이상 (게스트 OS는 1024×768)
권장 호스트 OS	Windows 8 이상 버전의 64bit Windows	Windows 10 이상 버전의 64bit Windows

> **! 여기서 잠깐** **64bit 및 가상화 기술 지원 여부 확인**
>
> 이 책을 실습하기 위해서는 64bit 및 가상화 기술을 지원하는 Intel사 또는 AMD사의 CPU가 필요하다. 오래 전에 출시된 CPU가 아니라면 대부분 64bit 및 가상화 기술을 지원한다. 현재 사용 중인 PC로 이 책의 실습을 진행할 수 있는지 알아보려면 SecurAble 프로그램을 사용하면 된다. 이 프로그램은 https://www.grc.com/securable.htm 또는 Q&A 카페(https://cafe.naver.com/thisisLinux) [교재 자료실]에서 다운로드할 수 있다. 프로그램을 실행했을 때 다음 그림과 같은 화면이 나오면 실습을 진행할 수 있다.

그림 1-4 64bit 및 가상화가 지원되는 환경 확인

간혹 어떤 PC에서는 BIOS의 '가상화 기술' 기능이 꺼져 있어 이 그림과 같이 나오지 않는 경우도 있다. 이럴 때는 PC를 재부팅하고 BIOS 설정으로 들어가 가상화 기술 기능을 켜서 문제를 해결할 수 있다. 예를 들어 HP사의 PC라면 부팅 시에 BIOS Setup으로 진입한 후 [System Configuration] - [Device Configurations] - [Virtualization Technology]를 체크하면 된다.

표 1-2에 나와 있듯이 64bit Windows 8 이상 버전이라면 어떤 Windows를 사용하든 VMware Workstation Pro를 설치하고 이 책의 내용을 학습하는 데 문제없다. VMware Workstation Pro에 관해 더 많은 내용을 알고 싶다면 VMware 공식 웹사이트(https://www.vmware.com/products/workstation)에 접속하자. 참고로 해당 웹사이트의 내용을 확인하지 않더라도 이 책의 내용을 충분히 학습할 수 있다.

실습 1

VMware Workstation Pro를 설치하자.

이 책은 가정에서 개인적인 목적으로 학습한다는 전제하에 VMware 프로그램을 설치해 사용한다. 만약 학교/회사/공공기관 등에서 이 책으로 학습을 진행하고자 한다면 VMware Workstation Pro의 라이선스를 구매해야 한다.

VMware Workstation Pro의 라이선스를 구매할 수 없는 상황이라면 차선책으로 학교/회사 등에서도 완전 무료로 사용 가능한 Oracle사의 Virtual Box로 학습을 진행해도 된다. Virtual Box로 이 책을 학습하는 방법은 Q&A 카페(https://cafe.naver.com/thisisLinux) [교재 자료실]을 참고하자. 하지만 Virtual Box는 어디까지나 차선책이므로 책에 담긴 모든 내용을 실습할 수는 없다는 사실을 감안하기 바란다. 또한 Virtual Box를 사용하면서 발생하는 문제점에 대한 질문은 필자가 답변하기 어렵다는 사실도 유념하자. 즉, 책의 모든 내용을 완벽히 학습하려면 VMware Workstation Pro를 사용해야 한다.

Step 0

책을 집필하는 시점의 VMware Workstation Pro 최신 버전은 17.0.0(VMware-workstation-full-17.0.0-20800274.exe, 약 607MB)이다. 하지만 17.0.0 버전보다 높은 버전을 설치해도 학습하는 데 별 무리는 없다.

우선 VMware Workstation Pro 평가판을 다운로드한다. VMware Workstation Pro의 최신 버전은 https://www.vmware.com/products/workstation-pro/workstation-pro-evaluation.html에서 다운로드할 수 있다. 해당 웹사이트에 접속한 다음 [Workstation 17 Pro for Windows]의 [DOWNLOAD NOW]를 클릭해 VMware Workstation Pro를 다운로드한다. 책과 동일한 17.0.0 버전은 Q&A 카페 (https://cafe.naver.com/thisisLinux) [교재 자료실]에서 다운로드할 수 있다.

NOTE ▶ 시간이 지남에 따라 책에 기재된 웹사이트의 URL이 변경되어, 해당 웹사이트에 접속할 수 없는 상황도 간혹 발생할 수 있다. 그럴 경우에는 Q&A 카페(https://cafe.naver.com/thisisLinux) [교재 자료실]을 방문해서 최신 URL 을 확인하기 바란다.

! 여기서 잠깐   다양한 버전의 VMware Workstation Pro 다운로드

Windows가 업데이트되면 종종 기존 버전의 VMware Workstation Pro가 작동하지 않는 경우가 생긴다. 이럴 때는 최신 버전의 VMware Workstation Pro를 다운로드해 설치하자. 최신 버전의 사용법은 책과 거 의 비슷할 것이다. 그리고 특정 버전이 현재 사용 중인 PC와 호환되지 않을 수도 있다. 그런 경우에는 다른 버전의 VMware Workstation Pro를 사용하자. Q&A 카페(https://cafe.naver.com/thisisLinux) [교재 자료실]에서 다양한 버전의 VMware Workstation Pro를 다운로드할 수 있다.

그림 1-5 VMware Workstation Pro 다운로드

다운로드한 파일을 실행해 VMware Workstation Pro를 설치한다.

1-1 다운로드한 파일을 실행하면 잠시 로고 화면이 나타난다.

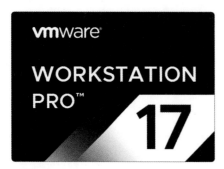

그림 1-6 VMware Workstation Pro 설치 화면 1

NOTE ▶ 만약 시스템을 다시 시작하라는 의미의 대화상자가 나오면 [예] 버튼을 클릭해 Windows를 재부팅하고 다시
다운로드한 파일을 실행하자.

1-2 로고 화면이 사라지고 [VMware Workstation Pro Setup] 창이 나타나면 [Next] 버튼을 클릭한다.

그림 1-7 VMware Workstation Pro 설치 화면 2

1-3 라이선스 동의를 묻는 [End-User License Agreement]에서 'I accept the terms in the License
Agreement'를 체크하고 [Next] 버튼을 클릭한다.

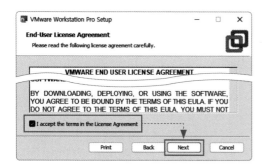

그림 1-8 VMware Workstation Pro 설치 화면 3

1-4 [Custom Setup]은 설치 폴더를 지정하는 부분이다. 일부러 바꿀 필요는 없으므로 기본값으로 둔다. 나머지 설정도 기본값으로 둔 채 [Next] 버튼을 클릭한다.

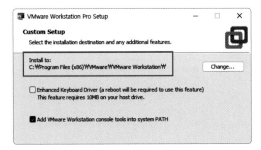

그림 1-9 VMware Workstation Pro 설치 화면 4

1-5 [Use Experience Settings]의 옵션은 모두 체크 해제하고 [Next] 버튼을 클릭한다.

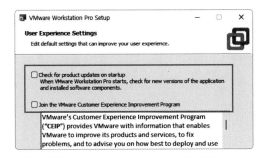

그림 1-10 VMware Workstation Pro 설치 화면 5

NOTE 'Check for product updates on startup'은 VMware Workstation Pro가 업데이트되면 자동으로 알려 주는 기능이다(체크하면 귀찮은 화면이 종종 나올 뿐 사용에는 별 문제 없다). 'Join the VMware Customer Experience Improvement Program'은 편의성 개선 등을 위해 VMware Workstation Pro의 사용과 관련된 정보를 VMware사에 익명으로 보내는 기능이다.

1-6 [Shortcuts]의 설정은 기본값으로 두고 [Next] 버튼을 클릭한다.

그림 1-11 VMware Workstation Pro 설치 화면 7

1-7 [Ready to install VMware Workstation Pro]에서 [Install] 버튼을 클릭한다.

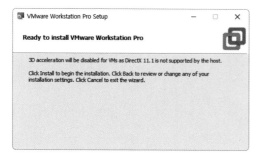

그림 1-12 VMware Workstation Pro 설치 화면 8

1-8 잠시 동안 설치가 진행된다.

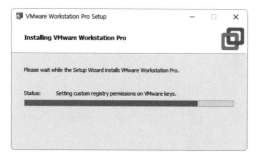

그림 1-13 VMware Workstation Pro 설치 화면 9

1-9 [Completed the VMware Workstation Pro Setup Wizard]가 나오면 [Finish] 버튼을 클릭해 설치를 완료한다.

그림 1-14 VMware Workstation Pro 설치 화면 10

NOTE▶ 만약 재부팅이 필요하다는 메시지가 나오면 컴퓨터를 재부팅하자. 그래야 VMware Workstation Pro가 정상적으로 작동한다.

VMware Workstation Pro 설치를 완료했다. VMware Workstation Pro를 설치하면 VMware Workstation Player도 함께 설치된다. 이 두 프로그램을 실행한다.

2-1 바탕 화면의 'VMware Workstation Pro' 실행 아이콘을 더블클릭해 VMware Workstation Pro를 실행한다. 또는 [시작] − [모든 앱] − [VMware] − [VMware Workstation Pro]를 클릭해도 된다.

그림 1-15 VMware Workstation Pro 실행 아이콘

2-2 VMware Workstation Pro를 처음 실행하면 [Welcome to VMware Workstation 17] 창이 나타난다. 해당 창 아래쪽, 30일 평가판 사용을 의미하는 'I want to try VMware Workstation 17 for 30 days'를 선택하고 [Continue] 버튼을 클릭한다. 마지막 화면이 나오면 [Finish] 버튼을 클릭한다.

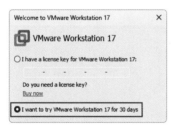

그림 1-16 VMware Workstation Pro 30일 평가판 사용 선택

2-3 VMware Workstation Pro 초기 화면이 나온다. 오른쪽 위 [X] 버튼을 클릭해 창을 닫는다.

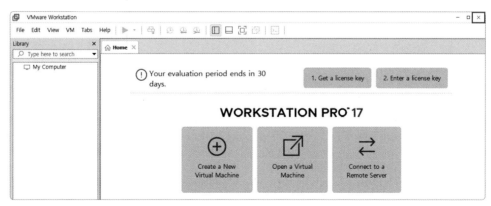

그림 1-17 VMware Workstation Pro 초기 화면

Step 3

앞서 언급했던 것처럼 VMware Workstation Pro는 30일 동안만 사용할 수 있지만, 함께 설치된 VMware Workstation Player는 사용기간의 제한이 없다. 이 책의 실습에서는 VMware Workstation Player를 주로 사용하고, 네트워크 설정이나 스냅숏 기능이 필요한 경우에만 VMware Workstation Pro를 사용한다.

NOTE ▶ 평가판의 사용기한인 30일이 지나면 VMware Workstation Pro로 가상머신을 부팅할 수 없지만, 스냅숏이나 네트워크 설정 기능은 계속 사용 가능하다.

3-1 실습 간 자주 사용할 'VMware Workstation Player' 실행 아이콘을 작업 표시줄에 고정하자. [시작] – [모든 앱] – [VMware] – [VMware Workstation 17 Player]에서 마우스 오른쪽 버튼을 클릭한 후 [기타] – [작업 표시줄에 고정]을 클릭한다.

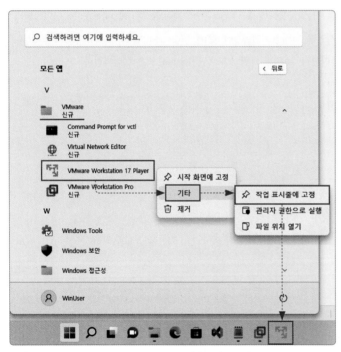

그림 1-18 VMware Workstation Player 작업 표시줄 고정

NOTE ▶ Windows 10의 경우 [시작] – [V]를 클릭해 VMware Workstation Player를 찾을 수 있다.

3-2 VMware Workstation Player를 실행한다.

NOTE ▶ 앞으로 VMware Workstation Player를 줄여서 'VMware Player'라고 부르겠다.

3-3 VMware Player 초기 화면이 나온다. 왼쪽 목록에 [Home]이 보이는데 우리는 아직 가상머신을 만들지 않아서 그 아래에 아무것도 보이지 않는다. 가상머신을 만들면 [Home] 아래에 가상머신이 나타난다. 다음 실습에서 VMware Player 안에 이 책에서 사용할 4대의 가상머신(게스트 컴퓨터)을 만들겠다.

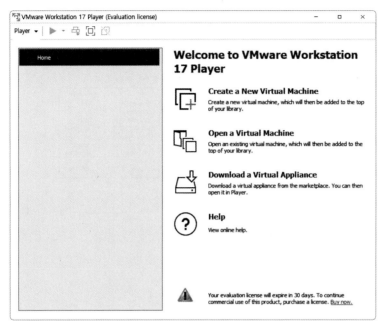

그림 1-19 VMware Workstation Player 초기 화면

NOTE ▶ 화면 오른쪽 아래에 평가 라이선스가 30일 후에 종료된다는 메시지가 영어로 나온다. 이것은 VMware Workstation Pro의 라이선스 기간이며 VMware Workstation Player는 이 기간이 지나도 사용 가능하다.

3-4 오른쪽 위 [X] 버튼을 클릭하거나 VMware Player의 [Player] − [Exit] 메뉴를 클릭해 VMware Player를 종료한다.

1.2 가상머신 생성

이쯤에서 '지금 생성한 가상머신으로 리눅스를 학습하는 환경과 실무에서 사용하는 실제 컴퓨터에서 리눅스를 운영하는 환경이 다르지 않을까?'라는 의문이 들 것이다. 이에 대한 필자의 대답은 '똑같다'이다. 물론 하드웨어 환경이나 주변기기 등 하드웨어와 연관된 특수 환경은 다를 수 있지만, 이를 제외하고는 똑같다.

1.2.1 가상머신의 외양

잠시 후에 생성할 가상머신의 외양을 미리 살펴보자. 가상의 컴퓨터 부품(가상 CPU, 가상 RAM, 가상 HDD, 가상 랜카드, 가상 DVD 등)을 장착한 VMware 프로그램 내부 가상머신의 모습은 다음 그림과 같다.

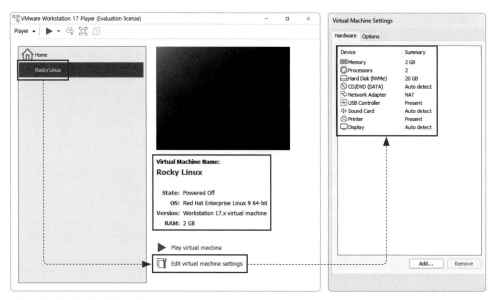

그림 1-20 가상머신이 생성된 화면

이 가상머신의 이름은 'Rocky Linux'로 필자가 임의로 지은 것이다. 가상머신의 상태를 보면 컴퓨터의 상태(State)는 꺼져(Powered off) 있고 이 가상머신에 설치할 게스트 OS는 Red Hat Enterprise Linux 9 64-bit(Rocky Linux 9와 동일)다. 즉, 이 가상머신의 용도는 Rocky Linux 9를 설치하기 위한 것이다(아직 설치하지는 않았다). 그리고 이 가상머신을 구동할 수 있는 VMware 프로그램의 버전(Version)은 Workstation 17.x, 사용할 메모리(RAM)는 2GB로 설정되어 있다는 사실을 확인할 수 있다.

[Edit virtual machine settings]를 클릭하면 현재 가상머신의 하드웨어 환경을 상세히 확인하고 수정할 수 있는 [Virtual Machine Settings] 창이 나타난다(실제 컴퓨터의 케이스를 열어 부품을 확인하고 교체하는 일과 동일한 개념이다).

[Hardware] 탭에서는 이 가상머신에 장착된 메모리(Memory), 프로세서(Processors), 하드디스크(Hard Disk), CD/DVD, 네트워크 카드(Network Adapter), USB 장치(USB Controller), 사운드 카드(Sound Card), 프린터(Printer), 디스플레이(Display) 등 가상의 하드웨어 장치들을 보여 준다. 즉, Rocky Linux라는 이름의 가상머신은 '가짜'라는 점을 제외한다면 1대의 완전한 컴퓨터임을 알 수 있다.

> **NOTE** ▶ 이 책에서는 로키 리눅스를 영문 표기인 'Rocky Linux'로 표기하겠다.

1.2.2 가상머신 만들기

이제 VMware Player로 가상머신을 생성하자. 가상머신은 '*.vmdk'라는 확장명을 포함한 몇 개의 관련 파일로 이루어진다. 당연한 말이지만 실제 컴퓨터가 만들어지는 것은 아니다. 가상머신을 생성할 때마다 각각의 가상머신은 지정한 폴더에 생성된다. 실습을 진행하면서 확인하자.

> **NOTE** ▶ 중요 용어를 잊어버렸을 수도 있으므로 다시 이야기하자면 '호스트 컴퓨터'는 진짜 컴퓨터를 말하며, '호스트 OS'는 그 진짜 컴퓨터에 설치된 운영체제를 말한다. 반면 '게스트 컴퓨터'는 VMware Player로 생성한 가상머신(가짜 컴퓨터)을 말하며, '게스트 OS'는 그 가상머신에 설치된 운영체제를 말한다.

실습 2

VMware Player를 사용해 그림 1-3에 나오는 4대의 가상머신을 생성하자. 이번 실습에서 생성한 4대의 가상머신은 앞으로 이 책의 실습에서 계속 사용한다.

Step 0

가상머신은 폴더에 저장되므로 디스크 공간의 여유가 있는 드라이브(50GB 이상의 여유 공간이 있는 SSD 드라이브 권장)에 'Rocky9'라는 폴더를 생성한다. 그리고 그 밑에 Server, Server(B), Client, WinClient 폴더를 만든다. 각 폴더는 **그림 1-3**에 나오는 가상머신인 3대의 리눅스와 1대의 Windows 클라이언트에 해당한다.

> **NOTE** ▶ C 드라이브의 여유 공간이 부족하다면 USB 3.0 이상으로 연결된 외장 SSD를 사용해 실습해도 된다. 다만 여유 공간이 50GB 이상인 외장 SSD 사용을 권장한다.

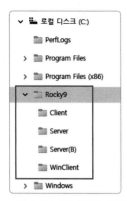

그림 1-21 가상머신이 저장될 폴더 생성

Step 1

먼저 Server(리눅스 서버)를 설치할 가상머신을 C:\Rocky9\Server 폴더에 생성한다.

1-1 작업 표시줄의 'VMware Workstation 17 Player' 실행 아이콘을 클릭해 실행한다.

1-2 가상머신 생성 방법은 3가지다. 3가지 중 아무거나 선택해 진행해도 동일한 결과가 나온다.

① VMware Player 초기 화면에서 왼쪽 목록의 [Home]을 선택하고 오른쪽의 [Create a New Virtual Machine]을 클릭한다.

② Vmware Player의 [Player] – [File] – [New Virtual Machine] 메뉴를 클릭한다.

③ VMware Player 초기 화면에서 왼쪽 목록의 [Home]을 마우스 오른쪽 버튼으로 클릭한 후 [Create a View VM]을 클릭한다.

1-3 [New Virtual Machine Wizard] 창이 나온다. 이는 운영체제를 설치하는 방법을 선택하는 창인데 우선 가상머신만 만들고 설치는 나중에 진행한다. 세 번째 옵션인 'I will install the operating system later' 를 선택한 후 [Next] 버튼을 클릭한다.

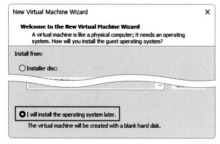

그림 1-22 가상머신 생성 화면 1

1-4 [Select a Guest Operation System]의 [Guest Operation System]에서 'Linux'를 선택한다. 이어서 [Version]의 드롭다운 버튼을 클릭해 'Red Hat Enterprise Linux 9 64-bit'를 선택한 후 [Next] 버튼을 클릭한다.

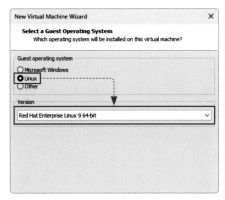

그림 1-23 가상머신 생성 화면 2

NOTE ▶ 2장에서 소개하겠지만, Red Hat Enterprise Linux와 Rocky Linux는 사실상 동일한 리눅스 배포판이다.

1-5 [Name the Virtual Machine]의 [Virtual machine name]에 'Server'라고 입력한 후 [Browse] 버튼을 클릭한다. [폴더 찾아보기] 창이 나오면 이번 실습의 **Step 0**에서 만든 폴더 중 'C:\Rocky9\Server'를 선택하고 [확인] 버튼을 클릭한다. [Location]에 'C:\Rocky9\Server'가 자동 입력되었음을 확인하고 [Next] 버튼을 클릭한다.

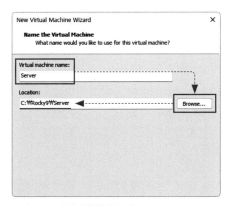

그림 1-24 가상머신 생성 화면 3

1-6 [Specify Disk Capacity]는 현재 생성 중인 가상머신의 가상 하드디스크 용량을 지정하는 부분이다. [Maximum disk size (GB)]의 기본값으로 '20.0'이 설정되어 있다. 즉, 20GB 용량의 가상 하드디스크를 생성한다는 뜻이다. 기본값을 그대로 둔 상태에서 [Next] 버튼을 클릭한다.

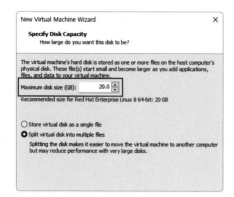

그림 1-25 가상머신 생성 화면 4

! 여기서 잠깐 **가상 하드디스크의 내부 작동 방식**

일반적으로 가상 하드디스크를 장착할 시 가상머신은 이것을 진짜 하드디스크와 동일하게 취급하지만, 호스트 컴퓨터는 가상 하드디스크를 하나의 커다란 파일로 인식한다. 이런 상황에서 만약 가상 하드디스크의 최대 용량을 실제 물리 파일에 그대로 적용하면 리눅스를 설치하지도 않은 상황에서 20GB라는 큰 용량을 가지므로 호스트 컴퓨터의 하드디스크 공간이 엄청나게 낭비된다.

이러한 문제를 해결하고 가상 하드디스크를 효율적으로 사용하기 위해 VMware 프로그램은 가상머신에서 사용한 만큼의 가상 하드디스크 용량만 실제 물리 파일에 적용한다. 즉, 가상 하드디스크는 가상머신에서 20GB로 인식되지만, 실제 물리 파일 크기는 겨우 10MB 정도로 설정된다(다음 그림의 위쪽에 나타난 '리눅스 설치 전' 상태). 이후 가상머신에 운영체제가 설치되는 등 실제 공간이 필요하게 되면 필요한 공간만큼만 파일 크기가 늘지만, 최대 20GB 이상으로는 늘지 않는다(다음 그림의 '리눅스 설치 후' 상태). 그러므로 20GB가 아닌 200GB로 설정해도 호스트 컴퓨터의 하드디스크 용량이 낭비되지 않는다.

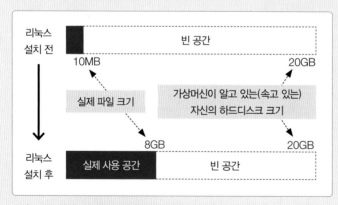

그림 1-26 가상 하드디스크의 내부 작동 방식

1-7 [Ready to Create Virtual Machine]에서는 지금까지 설정한 내용을 한눈에 살펴볼 수 있다. 그런데 아직 메모리^{Memory} 용량은 설정한 적 없는데도 자동 지정되었다. [Customize Hardware...] 버튼을 클릭해 메모리 용량을 수정할 수 있지만, 일단은 [Finish] 버튼을 클릭해 가상머신 생성을 완료하자.

그림 1-27 가상머신 생성 화면 5

Step 2

왼쪽 목록의 [Home] 아래쪽에 방금 만든 가상머신이 나온다. [Server]를 선택하면 오른쪽에 해당 가상머신의 상태, OS 등의 정보가 나온다고 앞서 설명했다. 다음으로 Server 가상머신에 장착된 하드웨어를 변경하자. [Server]가 선택된 상태로 [Edit virtual machine settings]를 클릭한다.

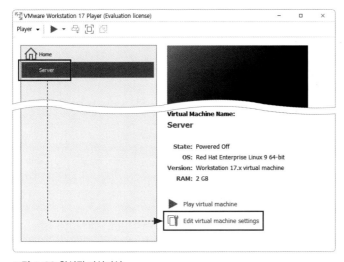

그림 1-28 완성된 가상머신

[Virtual Machine Settings] 창이 나온다. 이 창에서 필요한 부품을 추가/제거하거나 부품의 용량을 변경할 수 있다. 설정 내용을 부품별로 변경하자.

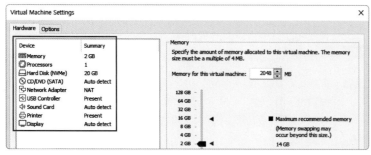

그림 1-29 가상머신의 하드웨어 확인

NOTE▶ [Edit virtual machine settings] 클릭은 컴퓨터의 케이스를 열어서 내부를 살펴보는 행동과 동일하다. 즉, [Virtual Machine Settings] 창은 컴퓨터의 부품을 추가하거나 제거하는 창이라 생각하면 된다.

3-1 [Hardware] 탭의 왼쪽 목록에서 [Memory]를 선택한다. 여기서는 가상머신의 메모리(RAM) 할당량을 설정할 수 있다. 가상머신(게스트 컴퓨터)의 메모리 용량은 호스트 컴퓨터가 가진 메모리 용량을 할당받아 결정된다. 예시로 컴퓨터에 8GB(8,192MB)의 메모리가 장착되어 있다면 이 가상머신을 부팅하는 순간에 호스트 컴퓨터는 게스트 컴퓨터에 2GB를 떼 주고 나머지 6GB를 사용한다. 따라서 호스트 컴퓨터의 물리적인 메모리 용량이 클수록 실습을 원활하게 진행할 수 있다. 메모리 할당량을 변경할 수도 있지만, 우선 기본값인 '2048MB'로 둔다. 그리고 아직 [OK] 버튼을 클릭하지 말자.

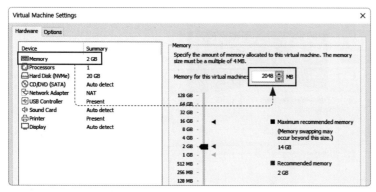

그림 1-30 메모리 할당량 변경

NOTE▶ 호스트 컴퓨터의 메모리 용량은 [시작]에서 마우스 오른쪽 버튼을 클릭한 후 [시스템]을 클릭해서 확인할 수 있다.

3-2 왼쪽 목록에서 [Processors]를 살펴보면 현재 가상머신에 CPU 1개가 장착되어 있다는 사실을 알 수 있다. [Processors]를 선택해서 가상머신의 CPU를 할당할 수 있다. 만약 호스트 컴퓨터의 CPU가 멀티코어라면 가상머신에도 CPU를 여러 개 할당할 수 있다. 하지만 이 책의 실습을 진행할 때 코어가 많다고 해서 실습을 더 빨리 진행할 수 있는 것은 아니므로 기본값인 '1'로 둔다(당연한 말이지만, 호스트 컴퓨터의 CPU가 싱글코어라면 이 수치를 아무리 높여도 성능이 향상되지 않는다).

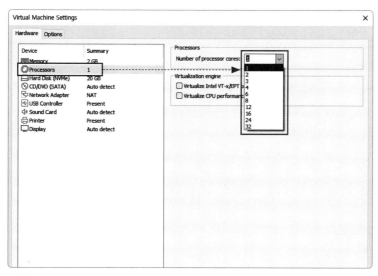

그림 1-31 CPU 개수 변경

3-3 [Hard Disk (NVMe)]에는 이름처럼 NVMe 하드디스크가 설치되어 있다. 이 하드디스크도 필요에 따
라 언제든지 탈착(제거 및 장착)할 수 있다. 앞서 20GB 용량의 하드디스크를 장착했다. 물론 리눅스를 실습
하는 데는 20GB로도 충분하지만, 이를 제거한 후에 더 큰 용량인 80GB의 새로운 하드디스크를 장착한다.

NOTE▶ 호스트 컴퓨터의 하드디스크 용량이 별로 없어도 80GB 하드디스크 장착이 별 문제가 안 된다는 점은 24쪽
여기서 잠깐의 그림1-26에서 설명한 바 있다.

① 왼쪽 목록의 [Hard Disk (NVMe)]를 선택하고 [Remove] 버튼을 클릭해 제거한 후 [Add] 버튼을
클릭한다. [Add Hardware Wizard] 창의 [Hardware Type]에서 [Hard Disk]를 선택한 후 [Next]
버튼을 클릭한다.

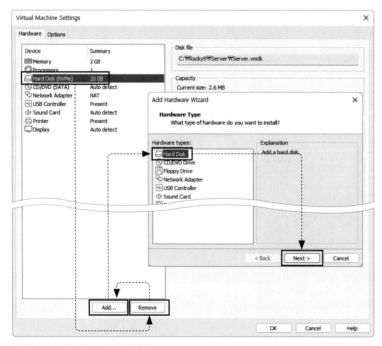

그림 1-32 하드디스크 제거 및 추가 1

② [Select a Disk Type]에서 'SCSI'를 선택하고 [Next] 버튼을 클릭해 SCSI 하드디스크를 장착한다.

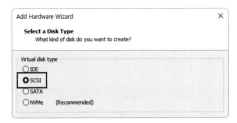

그림 1-33 하드디스크 제거 및 추가 2

NOTE▶ VMware Player에서 제공하는 가상의 하드디스크는 IDE, SCSI, SATA, NVMe 방식 등이 있다. 어차피 가상이므로 어느 것을 사용해도 관계없지만, Server와 Server(B) 가상머신에서는 SCSI 하드디스크를 사용해야 향후 책과 동일하게 실습할 수 있다(진짜 하드디스크가 SATA, IDE, SCSI, NVMe 어떤 방식을 사용하든 가상 하드디스크 방식과는 아무런 관련이 없다). 이와 관련해서는 6장에서 상세히 살펴본다.

③ [Select a Disk]에서 'Create a new virtual disk'를 선택하고 [Next] 버튼을 클릭한다. 새로운 하드디스크를 추가한다는 의미다.

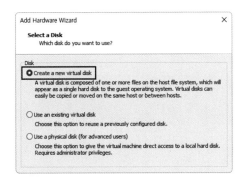

그림 1-34 하드디스크 제거 및 추가 3

NOTE▶ [Select a Disk]의 두 번째 항목인 'Use an existing virtual disk'는 기존에 사용하던 가상 하드디스크(*.vmdk 파일)를 사용한다는 의미이며, 세 번째 항목인 'Use a physical disk'는 물리 하드디스크를 가상머신에 장착한다는 의미다. 세 번째 항목을 사용하는 경우는 거의 없으며, 두 번째 항목은 355쪽에서 다시 언급한다.

④ [Specify Disk Capacity]에서 [Maximum disk size]를 '80'으로 변경한다. 그리고 'Store virtual disk as a single file'을 선택하고 [Next] 버튼을 클릭한다. 또한 'Allocate all disk space now'는 체크 해제한 상태로 두자.

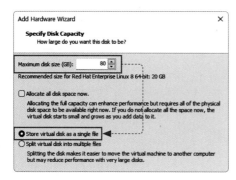

그림 1-35 하드디스크 제거 및 추가 4

NOTE ▶ 'Store virtual disk as a single file'을 선택하면 가상의 하드디스크(여기서는 최대 80GB)가 하나의 파일로 관리되고, 'Split virtual disk into multiple files'를 선택하면 가상의 하드디스크가 여러 개의 파일로 분리되어 관리된다. 어느 것을 선택하더라도 사용자의 입장에서는 차이가 없다. 단지 VMware Player가 가상 하드디스크를 관리하는 방법이 달라질 뿐이다. 또한 'Allocate all disk space now'를 체크하면 24쪽 여기서 잠깐의 그림 1-26과 다르게 80GB 크기의 파일이 생성된다. 당연히 실제 하드디스크의 여유 공간이 80GB 이상이어야 한다. 이러한 경우 약간의 성능 향상 효과가 있지만, 호스트 컴퓨터의 용량을 희생할 만큼의 효과는 없다.

⑤ [Specify Disk File]에서는 가상 하드디스크의 실제 파일 이름을 지정할 수 있다. 이름을 기본값으로 그대로 두고 [Finish] 버튼을 클릭한다.

그림 1-36 하드디스크 제거 및 추가 5

NOTE ▶ 가상 하드디스크의 실체는 파일이므로 하드디스크를 추가할 때마다 '가상머신이름.vmdk', '가상머신이름-0.vmdk', '가상머신이름-1.vmdk' … 순으로 파일 이름이 자동 지정된다. 이 책의 실습을 진행하면서 가상 하드디스크 파일에 직접 접근할 일은 없으므로 VMware Player가 자동 지정하는 이름을 그대로 사용한다.

⑥ 이제 80GB 용량의 새로운 SCSI 하드디스크가 추가되었음을 확인할 수 있다. 오른쪽의 [Current size] 및 [Maximum size] 부분을 보면 24쪽 여기서 잠깐의 **그림 1-26** 위쪽 '리눅스 설치 전'처럼 되어 있음을 확인할 수 있다(그림과 달리 최대 80GB로 설정되어 있다).

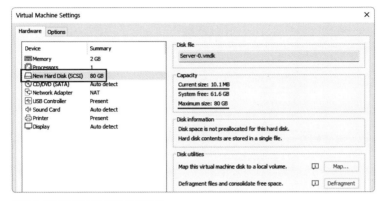

그림 1-37 하드디스크 제거 및 추가 6

NOTE ▶ 지금 하드디스크를 제거하거나 장착하는 방식은 리눅스를 설치하다가 문제가 생겨서 가상머신이 다운되었을 경우 유용하게 사용할 수 있다. 운영체제 설치 중에 VMware Player가 다운된다면 가상 하드디스크에 손상이 갈 수 있는데 이때 지금과 같이 기존의 가상 하드디스크를 제거하고 새로운 가상 하드디스크를 장착해 간편하게 문제를 해결할 수 있다.

3-4 [CD/DVD (SATA)]에서 가상머신에 CD/DVD를 장착한다. 가상머신에 장착된 CD/DVD는 2가지 방식으로 사용할 수 있다. 그중 하나는 기본적으로 호스트 컴퓨터에 부착된 CD/DVD 장치를 그대로 사용하는 것이고, 다른 하나는 *.iso 파일을 CD/DVD처럼 사용하는 것이다.

이는 추후 실습 과정 중 필요할 경우에 다시 언급할 것이므로 지금은 그대로 두자. 또한 [Device Status]의 'Connect at power on'을 꼭 체크하자. 이러면 추후 Rocky Linux의 설치 DVD를 자동으로 인식한다.

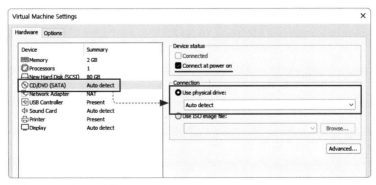

그림 1-38 CD/DVD 설정

3-5 [Network Adapter], 즉 랜카드(NIC, 네트워크 카드)는 NAT 방식으로 기본 설정되어 있다. 이 책의 실습을 진행하기 위해서는 꼭 NAT 방식을 사용해야 한다. 그래야 8쪽의 **그림 1-3**처럼 4대의 가상머신을 하나의 네트워크로 묶는 효과를 낼 수 있다. 이에 관해서는 나중에 자세히 설명한다. 그리고 'Connect at power on'을 꼭 체크하자.

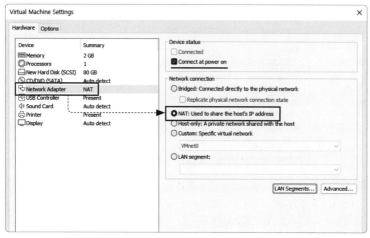

그림 1-39 네트워크 설정

3-6 Server 가상머신에서는 [USB Controller], [Sound Card], [Printer]를 사용하지 않으므로 이 장치들을 선택한 후 [Remove] 버튼을 클릭해 제거하자(필요하면 언제든지 추가로 다시 장착할 수 있다).

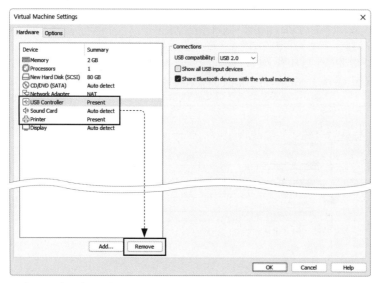

그림 1-40 필요 없는 장치 제거

3-7 설정이 완료된 화면은 다음과 같다. 이 그림과 같이 하드웨어 장치 설정을 마쳤다면 [OK] 버튼을 클릭해 지금까지 설정한 내용을 적용한다.

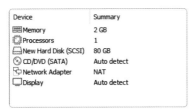

Device	Summary
Memory	2 GB
Processors	1
New Hard Disk (SCSI)	80 GB
CD/DVD (SATA)	Auto detect
Network Adapter	NAT
Display	Auto detect

그림 1-41 설정이 완료된 화면

Step 4

VMware Player를 종료한다.

Step 5

이제 Windows + E 를 눌러 파일 탐색기를 열고 C:\Rocky9\Server\ 폴더를 확인하자. 여러 개의 가상 머신 파일이 보인다. 이 중에서 *.vmdk 파일이 가상 하드디스크 파일이다. 이 파일의 크기는 앞으로 몇 GB 이상으로 커지며 최대 80GB까지 커질 수 있다. 필자의 경우 새로 장착한 80GB 가상 하드디스크 파일인 Server-0.vmdk가 현재 약 10MB 정도다. 그리고 여러 개의 Server-s○○○.vmdk 파일은 앞에서 제거한 20GB 가상 하드디스크와 관련된 파일이므로 삭제해도 된다(독자의 실습 환경에 따라 파일 이름이나 개수가 필자와 조금 다를 수 있다. 그렇더라도 실습 진행에는 문제가 되지 않으므로 걱정하지 않아도 된다).

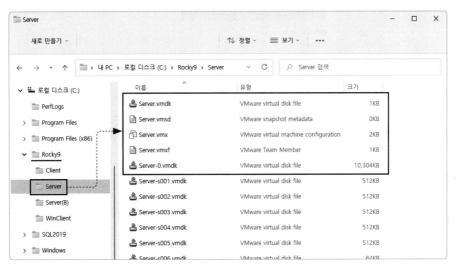

그림 1-42 가상머신 관련 파일

Step 6

가상머신을 목록에서 제거하고 다시 불러온다.

6-1 VMware Player를 실행한다.

6-2 왼쪽 목록에서 앞서 생성한 가상머신인 [Server]를 선택하고 마우스 오른쪽 버튼을 클릭한 후 [Remove from the Library]를 클릭한다. 이러면 왼쪽 목록에서 [Server]가 사라진다.

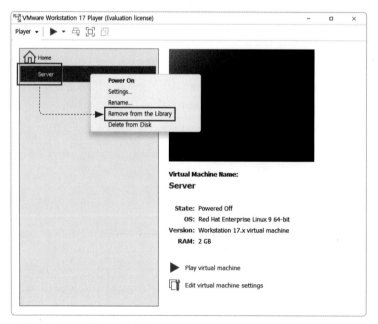

그림 1-43 가상머신을 목록에서 제거

NOTE ▶ [Remove from the Library] 아래쪽의 [Delete from Disk]를 선택하면 가상머신이 호스트 컴퓨터의 하드 디스크에서 완전히 삭제된다. 잘못 누르지 않도록 주의하자.

6-3 [Server]를 다시 가상머신 목록에 추가하기 위해 오른쪽의 [Open a Virtual Machine]을 클릭하거나 [Player] – [File] – [Open] 메뉴를 클릭해 C:\Rocky9\Server\Server.vmx 파일을 연다.

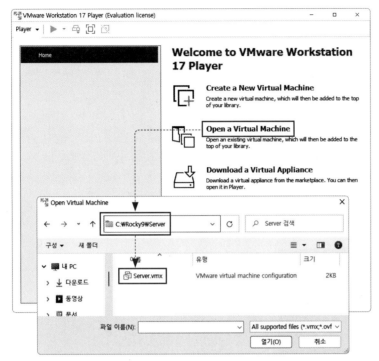

그림 1-44 기존에 생성한 가상머신 열기

Step 7

가상머신을 부팅하고 사용해 본다.

7-1 가상머신을 켜는 방법은 4가지가 있다. 왼쪽 가상머신 목록에서 해당 가상머신을 선택한 후 다음의 방법 중 하나를 선택해 가상머신을 켜자.

① 오른쪽 아래의 [Play virtual machine]을 클릭한다.

② [Player] – [Power] – [Power On] 메뉴를 클릭한다.

③ 왼쪽 목록에서 원하는 가상머신을 선택한 후 마우스 오른쪽 버튼을 클릭하고 [Power On]을 클릭한다.

④ 메뉴의 Power On(▶)을 클릭한다.

7-2 만약 부팅할 때 다음 그림과 같은 대화상자가 나오면 [No] 버튼을 클릭한다. 컴퓨터에 DVD 장치가 없을 때 나오는 메시지인데 별로 중요한 내용은 아니다.

그림 1-45 DVD 장치가 없을 때 나오는 대화상자

NOTE▶ 만약 처음 가상머신을 부팅할 때 [Software Updates] 창이 나오면 [Download and Install] 버튼을 클릭하고 잠시 기다리자. 업데이트된 일부 파일이 다운로드되고 설치된다. 이는 VMware Tools가 업데이트된 파일을 제공하는 것이다.

7-3 잠시 기다리면 가상머신이 가동된다.

그림 1-46 가상머신 부팅화면

7-4 부팅 과정을 잠시 지켜보자. VMware player에서 운영체제를 검색하다가 'Operating System not found'라는 메시지를 띄운다. 당연히 아직 운영체제가 설치되지 않았기 때문에 나오는 메시지다. 우선 [Player] − [Power] − [Shut Down Guest] 메뉴를 클릭해 가상머신의 전원을 끈다. 경고 대화상자가 나오면 [Yes] 버튼을 클릭한다.

그림 1-47 운영체제가 설치되지 않은 가상머신

만약 호스트 컴퓨터에서 마우스가 작동하지 않는다면 왼쪽의 [Ctrl] + [Alt] 를 동시에 눌렀다 떼자. 이 단축키에 대해서는 잠시 후에 자세히 설명한다. 또한 만약 VMware Player 화면 아래쪽에 [Restart VM], [Change CD/DVD Settings], [Never Remind Me] 버튼이 보이면 [Never Remind Me] 버튼을 클릭한다. 이러면 해당 버튼들이 다시 표시되지 않는다.

7-5 다시 VMware Player를 실행해 왼쪽 목록에서 [Server]를 선택한 후 가상머신을 부팅한다.

7-6 그림 1-46과 같은 화면이 나타나면 재빨리 가상머신 내부를 여러 번 클릭한 후 [F2]를 여러 번 누른다. 그러면 다음과 같은 BIOS 설정 화면이 나타난다.

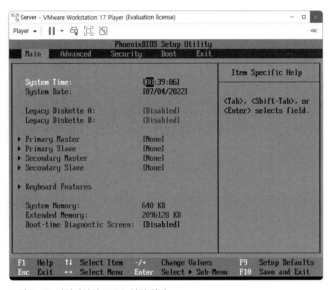

그림 1-48 가상머신의 BIOS 설정 화면

만약 클릭할 순간을 놓쳐서 BIOS 설정 화면이 나오지 않고 그림 1-46과 같은 화면이 다시 나왔다면 [Ctrl] + [Alt] 를 눌렀다 뗀 후 [Player] – [Power] – [Restart Guest] 메뉴를 클릭하자. 이러면 가상머신이 재부팅된다. 그리고 다시 시도하자. 그래도 계속 안 된다면 이번 과정은 그냥 넘어가자. 크게 중요한 내용은 아니다.

BIOS 설정 화면을 보면 호스트 컴퓨터와 가상머신이 거의 같은 '컴퓨터'라는 사실을 알 수 있다. 이 BIOS 설정 화면은 호스트 컴퓨터와 관계없는 가상머신의 것이다. 필요하다면 BIOS의 내용을 직접 살펴보자.

7-7 그런데 지금은 마우스 커서가 움직이지 않을 것이다. 이는 현재 마우스 초점을 VMware Player 안의 가상머신이 가져갔는데 가상머신에는 아직 운영체제가 설치되어 있지 않기 때문이다. 이 마우스 초점을 게스트 OS에서 호스트 OS로 가져오자. [Ctrl] + [Alt] 를 눌렀다 떼면 마우스 커서가 보일 것이다. 이제 마우스 커서가 호스트 OS로 돌아왔다.

7-8 게스트 OS로 마우스 커서를 다시 옮기려면 가상머신 화면을 클릭하면 된다. 여기서 [Ctrl] + [Alt]를 누르면 다시 호스트 OS로 마우스 커서가 옮겨 간다. 호스트 OS와 게스트 OS 간 마우스 초점 이동은 향후 실습 진행 간 계속 사용할 기능이므로 잊어버리지 않도록 지금 여기서 몇 번 연습하고 넘어가자.

7-9 [Player] – [Power] – [Shut Down Guest] 메뉴를 클릭해 가상머신을 끈다.

Step 8

이로써 **그림 1-3**에서 소개한, 이 책에서 가장 많이 사용하는 Server 가상머신에 가상 하드웨어를 장착했다. Server 가상머신에 Rocky Linux를 설치하는 일은 3장에서 진행하기로 하고 나머지 Server(B), Client, WinClient 가상머신에 가상 하드웨어를 장착하자. 각 하드웨어의 사양은 다음 표에 정리했다.

표 1-3 이 책에서 사용할 가상머신의 하드웨어 사양

	Server	Server(B)	Client	WinClient [1]
주 용도	서버 전용	서버 전용(텍스트 모드)	클라이언트 전용	Windows 클라이언트 전용
게스트 OS 종류	Red Hat Enterprise Linux 9 64−bit 또는 Rocky Linux 9 64−bit	Red Hat Enterprise Linux 9 64−bit 또는 Rocky Linux 9 64−bit	Red Hat Enterprise Linux 9 64−bit 또는 Rocky Linux 9 64−bit	Windows 10 [2]
설치할 ISO [3]	Rocky Linux 9	Rocky Linux 9	Rocky Linux 9	Windows 10 평가판 (64bit)
가상머신 이름	Server	Server(B)	Client	WinClient
저장 폴더	C:\Rocky9\Server	C:\Rocky9\Server(B)	C:\Rocky9\Client	C:\Rocky9\WinClient
하드 용량	80GB	40GB	40GB	60GB
하드 타입	SCSI	SCSI	SCSI 또는 NVMe 또는 SATA	SCSI 또는 NVMe 또는 SATA
메모리 할당 [4] (8GB 기준)	2GB	설치 시 2GB 설치 후 512MB	2GB	설치 시 2GB 설치 후 1GB
네트워크 타입	Use network address translation(NAT)	Use network address translation(NAT)	Use network address translation(NAT)	Use network address translation(NAT)
CD/DVD 장치	○	○	○	○
Floppy 장치	×	×	○	×

Audio 장치	×	×	○	×
USB 장치	×	×	○	×
Printer 장치	×	×	○	×

1 호스트 컴퓨터의 총 메모리가 6GB 이하인 독자는 WinClient 가상머신을 설치하지 말고 그 대신 호스트 OS를 사용하자.

2 필자는 64bit Windows 10 평가판을 사용하지만, 실제 실습할 때는 64bit Windows 8 이상의 Windows라면 어떤 것을 사용해도 상관없다.

3 설치할 ISO는 3장에서 다운로드한다.

4 호스트 컴퓨터의 총 메모리가 12GB 이상이라면 모든 가상머신에 메모리를 2GB씩 할당하자.

8-0 VMware Player를 실행하고 왼쪽 목록에서 [Home]을 선택한 후 오른쪽에서 [Create a New Virtual Machine]을 클릭한다.

8-1 표 1-3을 보고 Server 가상머신을 생성한 것과 동일한 방법으로 Server(B) 가상머신을 스스로 생성해 보자. 생성된 가상머신의 하드웨어 사양은 다음과 같으면 된다.

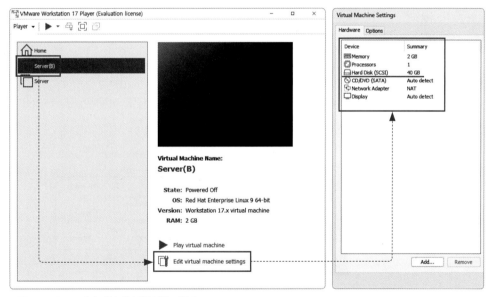

그림 1-49 Server(B) 가상머신 생성 완료 화면

NOTE ▶ 지금 생성한 가상머신은 이 책 끝까지 사용할 것이므로 필자와 동일하게 잘 생성되었는지 다시 확인하자. 특히 Server(B) 가상머신의 경우 하드디스크가 기본으로 NVMe로 장착될 수도 있는데 그럴 때는 이번 실습 3-3을 참조해 NVMe 디스크를 제거하고 SCSI 하드디스크 40GB로 장착하자. Client와 WinClient 가상머신은 NVMe, SCSI, SATA 중 어떤 것으로 설정해도 상관없다.

8-2 같은 방식으로 **표 1-3**을 참고해 Client 가상머신을 스스로 생성해 보자. 생성된 가상머신의 하드웨어 사양은 다음과 같으면 된다.

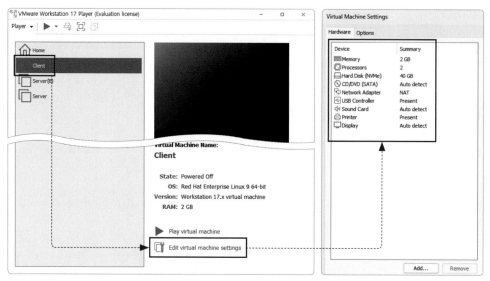

그림 1-50 Client 가상머신 생성 완료 화면

8-3 마찬가지로 **표 1-3**을 참고해 WinClient 가상머신도 스스로 생성해 보자. 다만 주의할 점은 [Select a Guest Operation System]에서 [Microsoft Windows] - [Windows 10 x64]를 선택해야 한다는 것이다. 생성된 가상머신의 하드웨어 사양은 다음과 같으면 된다.

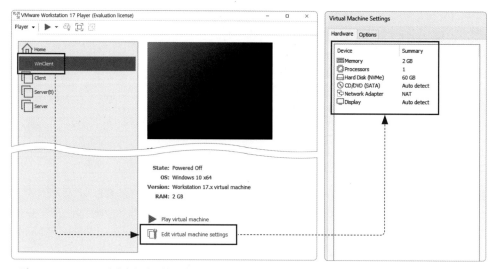

그림 1-51 WinClient 가상머신 생성 완료 화면

지금까지 실습 과정에서 사용할 4대의 가상머신을 만들었다. 그렇지만 가상머신에는 아직 운영체제가 설치되지 않았다. 가상머신에 Rocky Linux를 설치하는 방법은 3장에서 다룬다. 잠시 지금까지 살펴본 VMware 프로그램의 특징과 장점에 대해서 짧게 정리하자. 아울러 이 책을 성공적으로 학습하는 데 도움이 되는 몇 가지 사항도 살펴보자.

1.3 VMware 프로그램의 특징

VMware 프로그램으로 가상머신을 운영할 때 얻을 수 있는 장점은 다음과 같다.

1대의 컴퓨터만으로 실무 환경과 거의 비슷한 네트워크 환경을 구성할 수 있다.

그림 1-3에 나와 있는 것처럼 4대의 가상 컴퓨터를 생성하고 각 컴퓨터에 서버 역할과 클라이언트 역할을 할당함으로써 실무 환경과 거의 비슷한 환경을 구성할 수 있다. 즉, 컴퓨터 1대로 실무 환경에서 사용하는 각종 리눅스 네트워크 서버 기능을 구축하고 테스트할 수 있다.

운영체제의 특정 시점을 저장하는 스냅숏 기능을 사용할 수 있다.

운영체제를 설치한 후 운영하다가 특정 프로그램을 잘못 설치하거나 중요 파일을 삭제해서 시스템에 문제가 생긴 경우를 한 번쯤 경험해 봤을 것이다. 그 순간 이러한 생각이 떠오를 것이다. '처음 운영체제를 성공적으로 설치한 시점으로 되돌릴 수 있으면 좋겠다' VMware 프로그램은 특정 시점으로 되돌아 갈 수 있게 도와주는 기능을 제공하는데 그것이 바로 **스냅숏**Snapshot이다. 즉, 스냅숏을 사용하면 중요한 시점을 저장하고 필요하다면 언제든지 저장한 시점으로 돌아갈 수 있다.

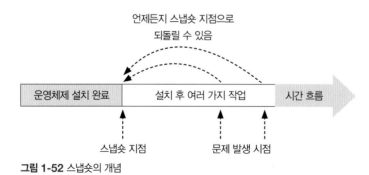

그림 1-52 스냅숏의 개념

그림 1-52와 같이 운영체제 설치를 완료하고 정상적으로 작동하는 상태를 스냅숏해 놓는다면 운영체제를 사용하다가 문제가 발생했을 때 언제든지 저장한 지점으로 되돌릴 수 있다. 물론 문제가 발생하지 않더라도 그냥 처음 상태로 되돌리고 싶을 때도 사용할 수 있다. 다만 이 기능은 VMware Workstation Pro에서만 제공하므로 VMware Workstation Player에서는 사용할 수 없다.

하드디스크 등의 하드웨어를 내 맘대로 장착해 테스트할 수 있다.

실무에서 서버를 운영할 때는 RAID 등의 방식으로 여러 개의 하드디스크를 연결해 사용할 때가 많다. 그런데 실습을 할 때 여러 개의 물리 하드디스크를 준비하기는 어렵다. VMware 프로그램은 **실습 2**의 **3-3**에서 잠깐 해 보았듯이 사용자 마음대로 원하는 용량의 가상 하드디스크를 여러 개 장착할 수 있으므로 다양한 하드웨어 테스트가 가능하다.

NOTE ▶ 가상머신에 여러 개의 하드디스크를 장착하는 방법은 6장에서 다룬다.

PC의 현재 상태를 그대로 저장하고 다음 사용할 때 그 상태 그대로 이어서 구동할 수 있다.

실제 컴퓨터에서는 어떤 작업을 하다가 중단했을 경우 중단한 작업 상태를 이어서 하려면 컴퓨터를 켜 놓은 상태로 유지해야만 한다. 그러나 VMware 프로그램을 사용하면 '일시 중지^Suspend' 기능으로 가상머신의 현재 상태를 그대로 보관하고 VMware 프로그램을 종료할 수 있다. 그리고 추후에 언제든지 일시 중지한 상태에서부터 가상머신을 사용할 수 있다.

지금까지 살펴본 VMware 프로그램의 장점을 '물리적으로 필요한 여러 가지의 환경을 가상으로 구축해 볼 수 있게 지원해 준다' 정도로 정리할 수 있다.

그렇다면 VMware를 사용하기에 적합한 경우는 언제일까? 이를 정리하면 다음과 같다.

- 실무와 비슷한 네트워크 환경을 구성해 여러 대의 서버를 구축하는 경우
- 여러 가지 운영체제를 설치해 학습하는 경우
- 새로운 시스템을 도입하기 전 미리 테스트하는 경우

이 책의 실습 과정은 이 3가지 경우에 모두 해당한다. 그러므로 VMware 프로그램은 리눅스를 공부하고 네트워크 서버를 구축하려는 독자에게 아주 유용한 소프트웨어라고 할 수 있다.

지금까지 VMware 프로그램의 장점을 살펴보았다. 하지만 VMware 프로그램에도 당연히 단점이 있다. 이미 예상했겠지만, VMware 프로그램을 사용하려면 어느 정도 고사양으로 구성된 컴퓨터 환경이 필요하다. 시스템 성능이 낮은 컴퓨터에서 VMware 프로그램을 사용한다면 그렇지 않아도

느린 컴퓨터가 더욱 느려진다.

VMware 프로그램을 원활하게 사용하려면 비교적 최근에 출시한 쿼드 코어급 이상의 CPU와 최소 8GB 이상(권장 12GB이상)의 메모리, 넉넉한 용량의 SSD 사용을 권장한다. 그러나 아무리 고사 양의 컴퓨터라도 동시에 4~5개의 운영체제를 작동하면 시스템의 자원을 나눠 쓰게 되므로 전체 시 스템이 느려진다. 이러한 단점에도 VMware 프로그램은 1대의 PC로 실무에서 운영하는 리눅스 서 버 환경과 거의 같은 환경을 제공하는 소프트웨어임에 틀림없다.

1.4 원활한 실습 진행을 위한 사전 준비

이번 절에서는 앞으로 VMware 프로그램을 사용해 구성할 환경에서 실습을 원활하게 진행하는 데 알아 둬야 할 필수 사항을 살펴본다. 이 부분을 잘 학습해야 이 책 전체의 실습 과정을 막힘없이 진 행할 수 있다.

1.4.1 VMware 프로그램의 단축키

VMware 프로그램에서 유용하게 사용할 수 있는 단축키^{Hot Key}를 알아보자.

호스트 OS와 게스트 OS 간 마우스 초점 이동하기

가상머신을 가동하게 되면 현재 컴퓨터에서 작동하는 운영체제는 2개 이상이 된다. 그런데 마우스 와 키보드는 각각 1개 밖에 없다. 그래서 마우스의 초점^{focus}을 호스트 OS와 게스트 OS 간 옮겨 다 녀야 한다. 앞의 실습에서도 확인했듯이 게스트 OS로 마우스(키보드 포함) 초점을 이동하려면 가 상머신 화면 안의 아무 곳이나 클릭하면 된다. 그리고 다시 호스트 OS로 마우스 초점을 가져오려면 키보드 왼쪽 [Ctrl] + [Alt]를 동시에 눌렀다 떼면 된다.

게스트 OS에서 [Ctrl] + [Alt] + [Del] 사용하기

게스트 OS에서 [Ctrl] + [Alt] + [Del]를 눌러야 하는 경우가 종종 있다. 그런데 이 3가지 키는 마우스 초점이 게스트 OS에 있더라도 호스트 OS에까지 영향을 미친다. 그래서 VMware 프로그램에서는 [Ctrl] + [Alt] + [Del] 대신 [Ctrl] + [Alt] + [Insert] 사용을 권장한다. 즉, 게스트 OS에서 [Ctrl] + [Alt]

+ Del 를 눌러야 한다면 Ctrl + Alt + Insert 를 누르면 된다. 다른 방법으로 [Player] - [Send Ctrl+Alt+Del] 메뉴를 클릭하거나 메뉴의 Send Ctrl+Alt+Del to Virtual Machine( )을 클릭해도 된다.

1.4.2 VMware Player 종료 시 나타나는 닫기 옵션

VMware Player로 가상머신을 구동하는 중에 VMware Player 오른쪽 위의 [X] 버튼을 클릭해보자. 가상머신의 현재 상태를 일시 정지(Suspend)로 두거나 종료(Power Off)할 수 있도록 선택하는 대화 상자가 나온다. 실습을 통해 자세히 알아보자.

실습 3

VMware Player 닫기 옵션의 기능을 사용하자.

Step 0

VMware Player를 실행하고 4개의 가상머신 중 아무거나 하나를 선택해 부팅한다.

Step 1

부팅된 가상머신의 오른쪽 위 [X] 버튼을 클릭하면 가상머신 종료 방법을 선택할 수 있는 대화상자가 나온다. 기본 설정으로 [Suspend] 버튼에 초점이 있다. Enter 를 누르거나 [Suspend] 버튼을 클릭한다.

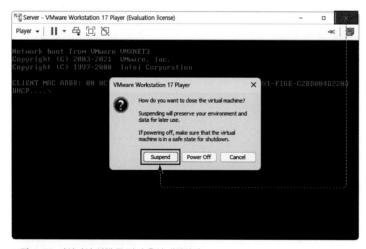

그림 1-53 가상머신 실행 중 닫기 옵션 대화상자

VMware Player가 종료되었다면 다시 VMware Player를 실행한 후 **Step 1**에서 Suspend(일시 정지)로 설정했던 가상머신을 살펴보자. [State]가 'Suspended'로 되어 있다는 사실을 확인할 수 있다. 그 위에는 **Step 1**에서 [X] 버튼을 클릭한 시점의 정지된 화면이 보인다.

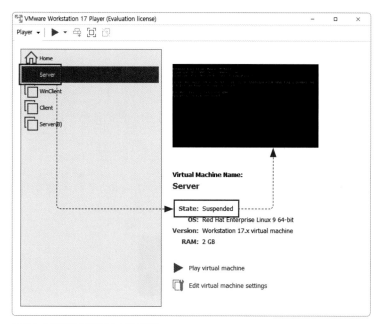

그림 1-54 닫기 옵션 적용 상황 확인

NOTE ▶ 현재 상태는 노트북을 사용하다가 전원을 종료하지 않은 채로 노트북의 덮개를 덮은 것과 비슷하다. 즉, 운영 체제가 완전히 종료되지 않은 상태이므로 이 상태에서는 가상머신의 하드웨어를 추가하거나 삭제할 수 없다.

2-1 아래쪽의 [Play virtual machine]을 클릭해 가상머신을 실행한다. 이러면 멈췄던 부분부터 다시 실행 된다. 지금은 아직 운영체제를 설치하지 않았으므로 바로 실행되지만, Rocky Linux를 설치한 후에는 한참 을 기다려야 할 수도 있다.

2-2 다시 오른쪽 위의 [X] 버튼을 클릭한다. 대화상자가 나오면 이번에는 [Power Off] 버튼을 클릭한다.

2-3 다시 VMware Player를 실행한 후 해당 가상머신을 살펴보면 [State]가 이번에는 'Powered Off'로 되어 있다는 사실을 확인할 수 있다. 완전히 가상머신이 종료된 상태다.

1.4.3 가상머신을 전체 화면으로 사용

가상머신을 전체 화면으로 사용하고 싶다면 메뉴의 Enter full screen mode(□)를 클릭하거나, 마우스의 초점을 가상머신 내부로 옮긴 후에 Ctrl + Alt + Enter 를 누른다.

실습 4

가상머신이 모니터 화면에 가득 차도록 설정하자.

Step 0

전체 화면을 사용하려면 가상머신이 가동 중이어야 한다. 우선 가상머신 중에서 아무거나 부팅하자.

Step 1

부팅이 완료되면 [Player] – [Full Screen] 메뉴를 클릭하거나 Enter full screen mode(□)를 클릭한다.

그림 1-55 전체 화면 사용 설정 1

Step 2

모니터에 게스트 OS 화면이 가득 찬 모습을 확인할 수 있다.

그림 1-56 전체 화면 사용 설정 2

Step 3

다시 이전 화면 크기로 돌리려면 메뉴의 Enter full screen mode(□)를 클릭하거나 Ctrl + Alt + Enter 를 누른다.

NOTE 일부 컴퓨터에서는 Ctrl + Alt + Enter 가 작동하지 않을 수 있다. 그럴 때는 Enter full screen mode(□)를 사용하자.

[Player] – [Power] – [Shut Down Guest] 메뉴를 클릭해 가상머신을 끈다.

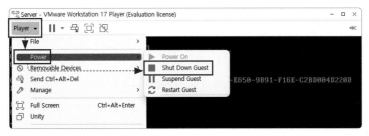

그림 1-57 가상머신 종료

1.4.4 여러 개의 가상머신을 동시에 부팅하기

VMware Player에서는 하나의 가상머신만 부팅할 수 있다. 따라서 여러 개의 가상머신을 동시에 부팅하려면 VMware Player를 여러 개 실행(여러 개의 VMware Player 창이 각각 실행되어 있어야 한다는 뜻이다)한 후 각각 다른 가상머신을 부팅해야 한다. 다음 그림은 2개의 VMware Player를 실행해 Server 가상머신과 Client 가상머신을 각각 부팅한 화면이다(아직 운영체제가 설치되지 않았다는 사실을 다시 유념하자).

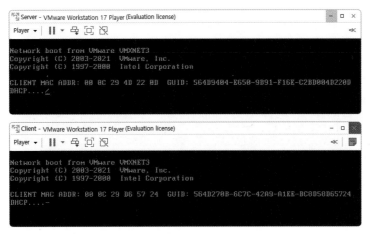

그림 1-58 2개의 가상머신을 동시에 실행한 VMware Player

NOTE ▶ 작업 표시줄의 'VMware Workstation 17 Player' 실행 아이콘에서 마우스 오른쪽 버튼을 클릭하고 [VMware Workstation 17 Player]를 클릭하면 새로운 VMware Player가 별도 창으로 실행된다.

1.4.5 네트워크 정보 파악과 변경

네트워크 정보를 파악하고 변경하는 일은 반드시 알아야 하므로 네트워크에 관한 개념이 아직 부족하더라도 일단은 그냥 따라하자. 추후에 다시 네트워크를 다룰 것이다. **그림 1-3**에는 이 책에서 구축하고 사용하는 네트워크 환경을 표현했다. **실습 2**에서 생성한 4대의 가상머신에 운영체제를 설치한 후 **그림 1-3**과 같이 인터넷 및 네트워킹이 되게 하려면 각각의 가상머신에 네트워크 관련 정보를 입력해야 한다. 정상적인 네트워킹이 이루어지려면 각 가상머신(게스트 OS)에 IP 주소, 서브넷 마스크Subnet Mask, 게이트웨이Gateway 주소, DNS 서버 주소, 총 4가지 정보를 직접 입력해야 한다.

파워셸PowerShell 또는 명령 프롬프트CMD에서 **ipconfig /all** 명령을 실행한 후 아래로 스크롤해 'VMware Virtual Ethernet Adapter for VMnet8' 또는 'VMnet8' 부분을 확인하자. 특히 'VMware Network Adapter VMnet8:' 부분 중 'IPv4 주소'를 잘 기억하자. 앞으로 자주 사용하게 되는 주소다.

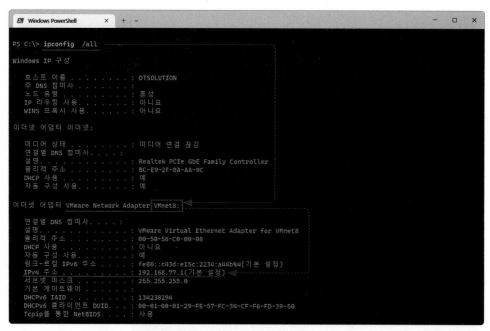

그림 1-59 호스트 OS에서 IP 정보 확인

> **NOTE ▶** Windows 11/10에서 파워셸을 실행하려면 [시작]에서 마우스 오른쪽 버튼을 클릭한 후 [Windows 터미널] 또는 [Windows PowerShell]을 선택하면 된다.

앞으로 사용할 가상머신의 네트워크 정보를 정리하면 다음과 같다.

IP 주소: 192.168.○○○.3 ~ 192.168.○○○.254
서브넷 마스크: 255.2 55.255.0
게이트웨이: 192.168.○○○.2
DNS 서버: 192.168.○○○.2

필자의 경우 주소 중 ○○○으로 표현된 부분이 앞의 그림과 같이 '77'로 되어 있지만, 다음 실습에서 '111'로 변경할 것이다. 앞의 그림에 나온 세 번째 값을 그대로 사용해도 되지만, 향후 실습 간 편의성을 높이기 위해 다음 실습으로 필자와 동일한 네트워크 환경을 설정하자.

실습 5 ▶

VMware Workstation Pro에서 제공하는 기능을 활용해 VMnet8의 IP 주소를 필자와 동일하게 설정하자.

NOTE ▶ 이미 앞에서 언급했지만, VMware Workstation Pro는 30일 평가 기간이 지나면 기본 기능을 사용할 수 없다. 하지만 지금 사용하는 네트워크 설정 기능이나 스냅숏 기능은 30일이 지나도 계속 사용할 수 있다.

Step 0

바탕 화면의 'VMware Workstation Pro' 실행 아이콘을 더블클릭한다.

Step 1

VMware Workstation Pro의 [Edit] − [Virtual Network Editor] 메뉴를 클릭한다.

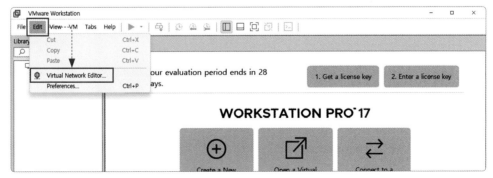

그림 1-60 VMnet8 IP 주소 설정 화면 1

호스트 OS의 IPv4 주소를 '192.168.111.1'로 변경한다.

2-1 [Virtual Network Editor] 창이 나온다. 오른쪽 아래 [Change Settings] 버튼을 클릭하고 [사용자 계정 컨트롤] 대화상자에서 [예] 버튼을 클릭한다.

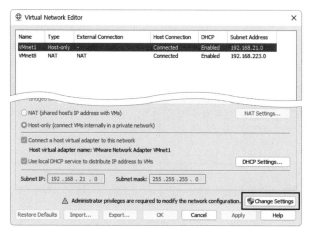

그림 1-61 VMnet8 IP 주소 설정 화면 2

2-2 위쪽 목록에서 [VMnet8]을 선택한 후 아래쪽 [Subnet IP]의 세 번째 주소 값만 '111'로 변경하고 [OK] 버튼을 클릭한다.

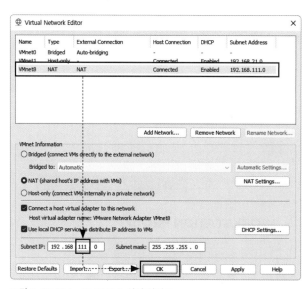

그림 1-62 VMnet8 IP 주소 설정 화면 3

2-3 파워셸 창에서 **ipconfig /all** 명령을 입력해 'VMware Virtual Ethernet Adapter for VMnet8' 또는 'VMnet8' 부분을 확인한다. IPv4 주소가 '192.168.111.1'로 보이면 정상적으로 설정된 것이다. 이제 이 책의 실습에서 사용하는 것과 동일한 IP 주소를 사용해 실습을 더 편리하게 진행할 수 있다.

그림 1-63 VMnet8 IP 주소 설정 화면 4

이번 실습을 통해 알아낸 정보로 **그림 1-3**을 더욱 상세히 나타내면 다음과 같다. 이 그림은 이 책을 실습하는 데 알아야 할 전체 네트워크의 정보를 보여 준다. 중요한 그림이므로 잘 봐 두자.

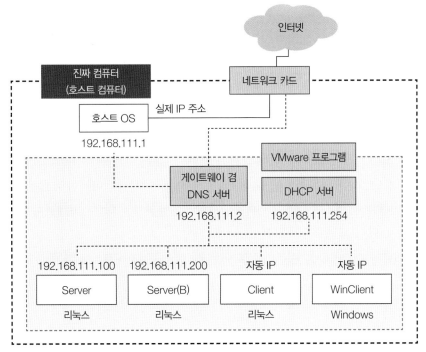

그림 1-64 이 책의 네트워크 환경 상세

이 그림을 설명하면 다음과 같다.

 ① 호스트 OS에는 192.168.111.1의 가상 IP가 자동으로 할당되어 있다.

 ② 게스트 OS는 실제로 사용하는 별도의 IP 주소가 있다.

 ③ 192.168.111.2는 게이트웨이, DNS 서버 2가지 역할을 모두 하는 가상 장치의 IP 주소다. 192.168.111.254는 DHCP 서버 역할을 하는 가상의 주소다.

 ④ 이 책에서는 Server와 Server(B) 가상머신에는 고정 IP를 할당한다. 각각 맨 뒤 주솟값을 100, 200으로 할당한다.

 ⑤ Client와 WinClient 가상머신은 자동으로 IP를 할당 받도록 설정한다. 당연히 가상 DHCP 서버(192.168.111.254)에서 할당 받는다.

3장에서는 이 그림과 다음 표를 기준으로 운영체제를 설치한 후에 네트워크 정보를 입력한다.

표 1-4 가상머신에 할당할 네트워크 정보 요약

	Server	Server(B)	Client	WinClient
IP 주소	192.168.111.100(고정)	192.168.111.200(고정)	자동 할당(DHCP)	자동 할당(DHCP)
서브넷 마스크	255.255.255.0(직접 입력)		자동 할당(DHCP)	자동 할당(DHCP)
게이트웨이	192.168.111.2(직접 입력)		자동 할당(DHCP)	자동 할당(DHCP)
DNS 서버	192.168.111.2(직접 입력)		자동 할당(DHCP)	자동 할당(DHCP)

그림 1-64와 **표 1-4**는 3장과 다른 장에서도 계속 참조할 내용이다. 체크해 두자.

1.4.6 호스트 OS와 게스트 OS 사이의 파일 전송법

향후 실습 진행 간 호스트 OS에 있는 파일을 게스트 OS로 복사해야 한다. 특히 어떤 이유로 게스트 OS에는 인터넷이 안 되지만, 호스트 OS에는 인터넷을 사용할 수 있을 경우 호스트 OS에서 다운로드한 파일을 게스트 OS로 보낼 필요가 생길 수 있다.

가장 간편한 방법으로 호스트 OS에서 게스트 OS로 보낼 파일을 ISO 파일로 만든 후 게스트 OS에 CD/DVD로 넣는 것이 있다. VMware 프로그램에서는 ISO 파일을 CD/DVD와 동일하게 사용할 수도 있다.

NOTE▶ ISO 파일이란 확장명이 '*.iso'인 파일을 일컫는다. 이 파일은 DVD나 CD의 내용을 하나의 파일로 제작해 놓은 것이다. 그래서 CD용 ISO 파일은 주로 600~700MB 정도이고, DVD용 ISO 파일은 1GB~8GB 정도의 크기다.

C:\Windows\Media\ 폴더의 파일을 ISO로 만든 후 게스트 OS로 전송하자.

Step 0

ISO 파일을 만드는 상용 소프트웨어가 많이 있지만, 되도록이면 프리웨어^{Freeware}를 사용하자. 그중 필자
는 가볍고 빠른 'Free ISO Creator'라는 프로그램을 사용한다. 해당 프로그램은 http://www.freeisocreator.
com에서 다운로드하거나, Q&A 카페(https://cafe.naver.com/thisisLinux) [교재 자료실]에서 다운로
드할 수 있다. 일반적인 프로그램의 설치 과정과 동일하므로 설치 방법에 관한 설명은 생략하겠다.

Step 1

Free ISO Creator로 ISO 파일을 만든다.

1-1 설치를 완료하면 자동으로 Free ISO Creator가 실행이 된다. 첫 실행 화면은 다음과 같다.

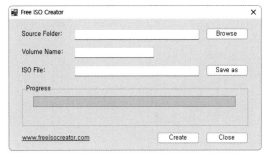

그림 1-65 Free ISO Creator 실행

1-2 [Free ISO Creator] 창의 [Source Folder]에서 [Browse] 버튼을 클릭해 ISO 파일로 제작할 파일이
들어 있는 폴더를 선택하면 [Volume Name]은 자동으로 입력된다. 필요하다면 [Volume Name]을 바꿔
도 된다. 그리고 [ISO File]에서 생성할 ISO 파일 이름과 그 파일을 생성할 폴더를 지정한다. 설정이 끝나면
[Create] 버튼을 클릭한다.

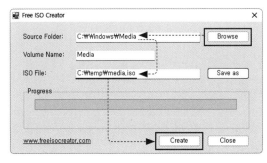

그림 1-66 Free ISO Creator에서 ISO 파일 생성

1-3 생성할 파일의 용량에 따라서 파일이 생성되는 시간이 다르다. 생성이 완료되면 [Finish] 대화상자가 나오는데 [확인] 버튼을 클릭해 닫는다. [Free ISO Creator] 창도 [Close] 버튼을 눌러 닫는다.

Step 2

ISO 파일을 가상머신에서 사용하자.

2-0 VMware Player를 실행하고 가상머신 중 하나를 가동한다(물론 아직 운영체제를 설치한 적이 없으므로 부팅이 안 되지만, 일단은 정상적으로 부팅되었다고 가정하자).

2-1 [Player] – [Removable Devices] – [CD/DVD (SATA)] – [Settings] 메뉴를 클릭한다.

2-2 [Virtual Machine Settings] 창이 나오면 다음 그림과 같이 'Use ISO image file'을 선택한다. 그리고 [Browse] 버튼을 클릭해 조금 전에 만든 C:\temp\media.iso 파일을 선택한다. 주의할 점은 [Device State] 부분에 'Connected'가 반드시 체크되어 있어야 한다는 것이다. [OK] 버튼을 클릭해 [Virtual Machine Settings] 창을 닫는다.

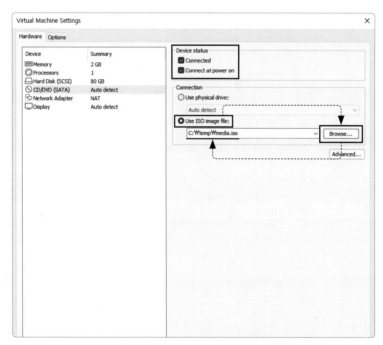

그림 1-67 물리적인 DVD/CD 대신에 ISO 파일을 사용

2-3 아직 운영체제가 설치되지 않아서 확인할 수는 없지만, 이제부터 게스트 OS는 media.iso 파일을 진짜 CD/DVD와 동일하게 인식한다. 앞으로 필요할 때마다 이 방법을 사용하자.

Step 3

가상머신을 종료한다.

이것으로 실습을 원활하게 진행하기 위해 필요한 기본 환경을 설정하고 관련 내용도 파악했다. 2장에서는 Rocky Linux를 소개하고 그 개념을 파악한다. 그런 다음 3장에서는 이번 장에서 생성한 4대의 가상머신에 Rocky Linux 및 Windows를 설치한다.

Chapter

02

리눅스와
Rocky Linux 소개

이제 리눅스라는 말은 신문/방송/인터넷에서 자주 접할
수 있을 정도로 일반적인 용어가 되었다. 그만큼 리눅스의
역사와 개요 등은 다른 곳에서도 많이 보고 들을 수 있다.
하지만 앞으로 리눅스를 잘 다루려면 중요한 내용은 알고
있어야 한다. 그러므로 본격적으로 리눅스를 설치하기에
앞서 리눅스와 Rocky Linux에 관해 간단하게 살펴보자.

학습목표

**이 장의
핵심 개념**

2장에서는 리눅스의 역사 및 개요와 이 책에서 사용하는 Rocky Linux의 특징을 살펴본다. 외울 필요는 없으므로 가볍게 읽어 보자. 2장에서 다루는 핵심 개념은 다음과 같다.

- 1991년, 리누스 토르발스가 리눅스 커널 0.01 버전을 작성한 것이 리눅스의 시작이다.

- 리눅스 배포판이란 리눅스 커널에 여러 가지 응용 프로그램을 조합해서 리눅스 단체 또는 회사가 자신의 이름을 붙여 판매/배포하는 것을 말한다.

- 리눅스 커널 아카이브(https://www.kernel.org)에서 최신 버전의 리눅스 커널을 무료로 다운로드할 수 있다.

- Rocky Linux는 Red Hat Enterprise Linux의 무료 버전 개념의 배포판으로 최초 배포는 2021년 6월, Rocky Linux 8부터 시작되었다. 이 책에서는 2022년 7월에 배포된 Rocky Linux 9.0을 사용한다.

**이 장의
학습 흐름**

리눅스의 탄생 과정 및 GNU 프로젝트

▼

리눅스 커널의 개념과 버전

▼

다양한 리눅스 배포판과 Rocky Linux의 관계

▼

Rocky Liunx의 이해와 Rocky Linux 9 설치를 위한 하드웨어 최소/권장 요구 사양

2.1 리눅스의 개요

이번 절에서는 Rocky Linux를 본격적으로 설치하고 사용하기에 앞서 리눅스 및 Rocky Linux의 개념과 GNU그누에 관해서 간략히 살펴본다.

유닉스Unix는 리눅스가 탄생하기 이전부터 널리 사용되어 왔으며 현재까지도 많이 사용되는 운영체제 중 하나다. 유닉스는 상용 소프트웨어로 발전되어 왔으며 현재는 무척 비싼 비용을 지불해야만 사용할 수 있다.

NOTE ▶ 유닉스도 여러 회사에서 각자의 특성에 맞게 제작/판매되고 있다. 업체별로 IBM사의 AIX, HP사의 HP-UX, Oracle사의 Solaris, DEC사의 Tru64 Unix, Xinuos사의 OpenServer 등이 있다.

이러한 유닉스의 대체제가 바로 리눅스다. 리눅스를 간단히 '무료 유닉스'라고 말할 수 있다. 즉, 대부분의 유닉스는 비싼 비용을 지불해야만 사용할 수 있지만, 리눅스는 유닉스와 거의 같은 기능을 제공하며 이를 무료로 사용할 수 있다. 게다가 어떤 면에서는 유닉스보다 뛰어나다.

2.1.1 리눅스의 탄생

1991년 8월 대학생이었던 리누스 토르발스Linus B. Torvalds는 어셈블리어로 리눅스 커널Kernel 0.01 버전을 처음 작성했다. 리누스 토르발스의 목표는 당시 유닉스 시스템의 작은 버전인 미닉스Minix보다 좋은 운영체제를 만드는 것이었다. 이후 1992년에 0.02 버전의 소스 코드를 인터넷에 공개하면서 리눅스가 탄생했다.

그림 2-1 리누스 토르발스(좌), 리차드 스톨먼(중), 그레고리 커처(우) (출처: 위키백과, Rocky Linux 웹사이트)

흔히 리누스 토르발스가 리눅스를 혼자서 개발한 것으로 오해하는 사람이 많다. 실제로 리누스 토르발스는 커널이라고 부르는 리눅스의 핵심 부분만을 작성해 배포했다.

NOTE ▸ 커널은 리눅스의 핵심 부분이다. 자동차로 비유하자면 '엔진'이라고 할 수 있다.

일반적으로 사람들이 이야기하는 리눅스는 리누스 토르발스가 만든 커널에 컴파일러, 셸, 기타 응용 프로그램들이 조합된 배포판을 의미한다. 그리고 많은 리눅스 단체 또는 회사가 여러 가지 응용 프로그램을 조합해서 자신의 이름을 붙여 이러한 배포판을 판매/배포하고 있다(그중 대표적인 하나가 이 책에서 사용하는 'Rocky Linux'다).

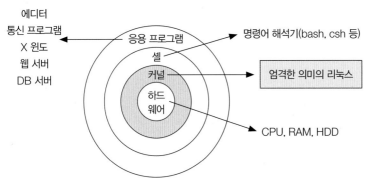

그림 2-2 일반적인 리눅스 배포판의 구성

이어서 설명하겠지만, 미리 결론부터 말하자면 리눅스는 GNU 프로젝트에 의해 완성되었으므로 정확히는 GNU/Linux라고 부르는 것이 맞다. 하지만 편의상 일반적으로 그냥 리눅스라고 부른다.

2.1.2 GNU 프로젝트

리누스 토르발스가 리눅스 커널을 개발하기 전인 1984년, 리처드 스톨먼Richard Stallman에 의해서 GNU 프로젝트가 시작되었다. **GNU 프로젝트**의 목표는 '모두가 공유할 수 있는 소프트웨어'를 만드는 것이었고 리처드 스톨먼은 1985년에 자유 소프트웨어 재단Free Software Foundation(이하 'FSF')을 설립했다. FSF의 목표는 GNU 프로젝트에서 제작한 소프트웨어를 지원함으로써 컴퓨터 프로그램의 복제, 변경, 소스 코드의 사용에 걸린 제한을 철폐하는 것이다. 즉, 누구나 소프트웨어를 자유롭게 사용할 수 있는 환경을 만들고자 한 것이다.

FSF에서 제공하는 소프트웨어 대부분은 GPLGeneral Public License이라는 라이선스를 따르고 있다.

이 라이선스는 자유 소프트웨어^{Free Software}의 변경/배포하는 데 있어 자유를 보장하는 것을 기본 원칙으로 삼는다.

모든 소스 코드가 완전히 공개되어 있는 자유 소프트웨어는 프리웨어^{Freeware}, 무료 소프트웨어라는 개념을 뛰어넘는, 다음과 같은 '진정한 자유^{Freedom}'에 관한 개념을 포함하고 있다.

- 소프트웨어를 사용할 수 있는 자유
- 소프트웨어를 수정할 수 있는 자유
- 소프트웨어를 재배포할 수 있는 자유
- 수정된 소프트웨어로 발생하는 이익을 모두가 누리도록 배포할 수 있는 자유

> **! 여기서 잠깐   자유 소프트웨어가 발전하는 이유**
>
> 일반적으로 무료로 얻은 것을 그대로 유상으로 판매해서는 안 되며 적어도 소프트웨어의 기능을 추가/향상시킨 후에 판매해야 한다고 생각한다. 하지만 자유 소프트웨어는 심지어 무료로 얻은 소프트웨어를 유상으로 판매할 수 있는 자유도 보장한다. 대신 자신이 판매하는 소프트웨어도 자유 소프트웨어로서 소스 코드를 공개해야 한다. 그러면 또 누군가 그 소프트웨어를 더욱 개선할 것이다. GNU 프로젝트의 이러한 기조를 바탕으로 자유 소프트웨어는 지금까지도 발전하고 있다.

이외의 자세한 사항은 GNU 웹사이트(https://www.gnu.org)에 게시된 GNU 선언문에서 확인할 수 있다(검색 엔진 등을 통해 한글 번역문도 쉽게 찾아볼 수 있다).

그림 2-3 GNU 웹사이트

2.1.3 커널

커널^{Kernel}에는 하드웨어 장치 지원 여부에 관한 정보, 하드웨어 성능, 하드웨어를 제어하는 코드들이 들어 있다. 리누스 토르발스는 이 '커널'이라고 부르는 리눅스의 핵심을 개발했고 지금도 계속 업그레이드 중이다(리누스 토르발스 외에도 커널 개발에 주요하게 참여하는 몇 명의 개발자가 더 있다). 리눅스 커널 아카이브(https://www.kernel.org)에서 최신 버전의 리눅스 커널을 다운로드할 수 있다.

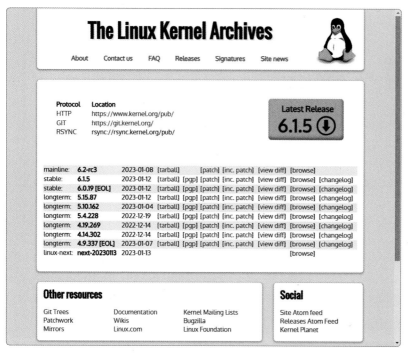

그림 2-4 리눅스 커널 아카이브

리눅스 커널의 변천사를 간단히 정리하면 다음 표와 같다.

표 2-1 주요 리눅스 커널 버전 및 발표 연도

커널 버전	0.01	1.0	2.0	2.2	2.4	2.6	3.0	3.8	4.0	4.16	5.0	5.15	6.0
발표 연도	1991	1994	1996	1999	2001	2003	2011	2013	2015	2018	2019	2021	2022

리눅스 커널의 종류는 크게 다음 4가지로 구분한다.

❶ Prepatch

리누스 토르발스가 직접 관리하며 RC^{Release Candidate} 버전이라고도 부른다. 신기능이 포함되지만, 안정성이 조금 떨어진다. 대체로 빠르게 신기능을 확인하려는 목적으로 사용하는 버전이다.

❷ Mainline

리누스 토르발즈가 실제로 운영하는 버전이다. Prepatch에서 구현된 신기능을 보다 안정적으로 사용할 수 있다. 주로 9~10주 간격으로 발표된다.

❸ Stable

Mainline에서 대부분의 버그가 잡힌, 안정화된 커널을 의미한다. 주로 1주 간격으로 발표된다. 실사용에 큰 문제가 없는 버전이다.

❹ Longterm

장기 지원^{Longterm Manintenance} 커널이라고도 부른다. Stable 버전보다 조금 더 안정적이며 장기간 업데이트를 지원한다. 많은 리눅스 회사가 이 Longterm 버전을 사용해 배포판을 만든다. 2022년 말 기준 장기 지원 커널의 지원 현황은 다음과 같다.

표 2-2 장기 지원 커널 지원 현황(2022년 말 기준)

커널 버전	출시일	지원 종료
4.9	2016년 12월	2023년 1월
4.14	2017년 11월	2024년 1월
4.19	2018년 10월	2024년 12월
5.4	2019년 11월	2025년 12월
5.10	2020년 12월	2026년 12월
5.15	2021년 10월	2023년 10월

이 책의 집필 시점에서 최신 장기 지원 버전 커널은 5.15.83 버전이다. 여기서 맨 앞의 5는 주 버전^{Major Version}을, 가운데 있는 15는 부 버전^{Minor Version}을, 맨 마지막에 있는 83은 패치 버전^{Patch Version}을 의미한다.

이 책에서 사용하는 Rocky Linux 9 및 Red Hat Enterprise Linux 9의 기본 커널 버전은 5.14.0
이다.

리눅스의 큰 특징 중 하나는 배포판에 포함된 기본 커널을 사용자가 직접 최신 커널로 업그레이드할
수 있다는 점이다. 즉, Rocky Linux 9의 커널 버전인 5.14.0을 현재 시점에서의 최신 커널 버전으
로 업그레이드할 수 있다. 이러한 과정을 **커널 업그레이드** 또는 **커널 컴파일**이라고 한다.

최근의 리눅스 배포판은 많이 안정적이라서 예전과 비교하면 커널 컴파일의 중요도가 많이 떨어졌
다. 하지만 아직도 커널 컴파일은 리눅스의 꽃(?)으로 여겨지므로 4장에서 커널 컴파일을 간단하게
실습한다.

2.2 Red Hat Linux, Fedora, CentOS와 Rocky Linux의 관계

대체로 리눅스 커널만으로는 리눅스를 사용할 수 없다. 이러한 이유 때문에 여러 회사나 단체에서
리눅스 커널에 다양한 응용 프로그램을 추가해 쉽게 리눅스를 설치하고 사용할 수 있도록 만든 것
이 바로 **리눅스 배포판**이다. 배포판의 종류는 수백 가지가 넘으며 우리나라에서 주로 사용되는 유명한
배포판도 10여 가지나 된다. 여러 배포판 중에서도 이 책에서 사용하는 Rocky Linux를 살펴보고
Red Hat Linux, Fedora ^{페도라}, CentOS ^{센토스}와 Rocky Linux의 관계도 알아보자.

> **NOTE ▶** 비교적 잘 알려진 리눅스 배포판에는 Red Hat Enterprise Linux, Gentoo, Ubuntu Linux, Debian,
> Fedora, Knoppix, linux Mint, Mandriva, openSUSE, Pardus 등이 있다.

2.2.1 Red Hat Linux

그림 2-5 Red Hat Linux 로고

전 세계적으로 유명한 배포판 중 하나가 Red Hat사(2019년에 IBM사에 인수됨)에서 제작한 Red Hat Linux다. Red Hat Linux는 유료 버전과 무료 버전으로 나뉘어 배포되었다. 하지만 Red Hat사에서는 Red Hat Linux 9(2003년 3월)를 마지막으로 더는 무료 버전을 배포하지 않고 있다. 그러므로 일반적으로 Red Hat Linux라고 하면 유료 판매되는 Red Hat Enterprise Linux(이하 'RHEL')만을 의미한다.

RHEL이 유료로 판매되고 있지만, GPL 라이선스를 따라야 하므로 RHEL의 소스 코드는 공개되어 있다. 이렇게 공개된 RHEL의 소스 코드를 그대로 가져와서 로고만 변경한 후에 다시 컴파일(또는 빌드)해서 만든 배포판을 레드햇 클론 리눅스라고 부른다. RHEL 8까지는 CentOS가 대표적인 레드햇 클론 리눅스였으나, 지금은 AlmaLinux와 Rocky Linux가 대표적이다.

2.2.2 Fedora Linux

그림 2-6 Fedora Linux 로고

Fedora Linux는 페도라 프로젝트(Red Hat사가 후원)가 개발하는 리눅스다. 2003년 Red Hat Linux 9의 배포를 중단하면서 Red Hat Linux와 거의 유사한 기능을 갖는 Fedora Core 1을 배포했다. 간단히 말하자면 무료 리눅스가 필요하다면 Red Hat Linux 대신 Fedora Linux를 사용하도록 리눅스 배포판을 분리한 것이다. 하지만 현재의 Fedora Linux는 RHEL의 베타 버전 성격에 가깝다. 실제로 Red Hat사에서는 신기능이나 실험적인 기술을 Fedora Linux에 먼저 적용시킨 후 어느 정도 안정화되면 RHEL에 포함시키고 있다. 그래서 RHEL 8은 Fedora 28을 기반으로, RHEL 9는 Fedora 34를 기반으로 제작되었다.

Fedora Linux는 2003년 11월 Fedora Core 1 버전을 시작으로 대부분 6개월마다 새로운 버전이 배포되고 있으며 2022년 말을 기준으로 Fedora Linux 37 버전까지 출시되었다.

2.2.3 CentOS와 CentOS Stream

그림 2-7 CentOS 로고

CentOS 센토스는 Community ENTerprise Operating System의 약자로 그레고리 커처^{Gregory} ^{Kurtzer}가 2002년에 설립한 CentOS 프로젝트에서 개발한 리눅스 배포판이다. CentOS는 RHEL 의 대표적인 클론 리눅스로 RHEL의 소스를 그대로 컴파일해서 무료로 배포되었다. 즉, RHEL과 CentOS는 동일한 리눅스다.

기업에서는 여유 자본이 있다면 RHEL을 구매해서 사용하고, 비용을 절감하고 싶다면 CentOS 를 사용하면 되었다. 물론 CentOS를 일반 사용자가 사용해도 아무런 문제가 없다. 다만 유료인 RHEL을 사용하면 설치, 문제 해결 등에 관한 기술 지원을 Red Hat사로부터 받을 수 있지만, 무 료인 CentOS는 이러한 문제를 자체적으로 해결해야 해야 한다는 차이점이 있다. 지금까지 살펴본 RHEL과 CentOS의 관계를 정리하면 다음과 같다.

표 2-3 REHL과 CentOS 발표월 비교

REHL		CentOS	
발표월	버전	발표월	버전
2002년 5월	2.1	2002년 5월	2.1
2003년 10월	3.1	2004년 3월	3.1
2005년 2월	4.0	2005년 3월	4.0
2007년 3월	5.0	2007년 4월	5.0
2010년 11월.	6.0	2011년 7월	6.0
2014년 6월	7.0	2014년 7월	7.0
2019년 5월	8.0	2019년 9월	8.0
2021년 11월	8.5	2021년 11월	8.5

NOTE▶ 2014년 Red Hat사는 CentOS 프로젝트를 인수했다. 즉, 2014년부터 CentOS는 Red Hat사의 제품 중 하나가 되었다. 그리고 2019년 Red Hat사는 IBM사에 인수되었다. 결국 현재는 Fedora Linux, CentOS, RHEL 모 두 IBM사의 영향력 아래에 있다.

2020년 12월, Red Hat사에서 중대한 발표를 했는데 CentOS 8을 마지막으로 더 이상 CentOS를 제작하지 않겠다는 내용이었다. 그리고 CentOS 8은 2021년 12월 31일까지만 지원하고 더 이상 지원하지 않겠다는 내용을 덧붙였다. RHEL과 동일한 CentOS 때문에 RHEL의 판매가 부진하다고 판단해 이러한 결정을 내린 것으로 보인다. Red Hat사는 그 대신 기존 CentOS를 CentOS Stream으로 전환한다고 발표했는데 CentOS Stream은 RHEL의 클론 리눅스가 아니라, 앞으로 RHEL에 포함되는 실험적인 기능을 미리 테스트하는 리눅스로 볼 수 있다. 즉, RHEL의 베타 버전 정도의 위상이 된 것이다. 그래서 많은 CentOS 사용자가 CentOS Stream을 CentOS를 대신하는 리눅스로 인정하지 않는다.

NOTE ▶ CentOS는 RHEL이 제작된 이후에 작성되므로 RHEL의 다운스트림Downstream이라고 부른다. CentOS Stream은 RHEL을 제작되기 이전에 만들어지므로 RHEL의 업스트림Upstream이라고 부른다.

많은 CentOS 사용자가 Red Hat사의 이러한 정책에 반발했으나, CentOS의 소유권이 있는 IBM사의 결정을 바꿀 방법은 없었다. 그래서 CentOS 사용자들은 CentOS를 대체할 다른 리눅스를 찾아 나서게 되었다.

2.2.4 Rocky Linux

그림 2-8 Rocky Linux 로고

2020년 12월, Red Hat사의 CentOS 제작 중단 발표에 반발해 CentOS의 원년 개발자 중 한 명인 그레고리 커쳐Gregory Kurtzer가 CentOS를 대체하는 리눅스 개발 프로젝트를 진행하겠다고 발표했다. 그 리눅스 배포판의 이름이 바로 Rocky Linux다.

NOTE ▶ Rocky Linux라는 이름은 그레고리 커쳐와 함께 CentOS를 설립했던, 지금은 세상을 떠난 로키 맥고(Rocky McGaugh)를 추모하기 위해 지어졌다.

그레고리 커쳐는 재빨리 RHEL의 소스를 컴파일해 2021년 6월부터 Rocky Linux 8.x 버전을 배포했으며 2022년 7월 14일에 Rocky Linux 9.0을 배포했다. Rocky Linux와 RHEL의 발표 월을 비교하면 다음과 같다.

표 2-4 RHEL과 Rocky Linux 발표월 비교

REHL		Rocky Linux		커널 버전	지원 종료일
발표 월	버전	발표 월	버전		
2021년 5월	8.4	2021년 6월	8.4	4.18	
2021년 11월	8.5	2021년 11월	8.5	4.18	2029년 5월
2022년 5월	8.6	2022년 5월	8.6	4.18	
2022년 5월	9.0	2022년 7월	9.0	5.14	2032년 5월

이 책은 Rocky Linux 9.0 버전을 기준으로 집필되었다. Rocky Linux는 RHEL과 'bug-for-bug 호환'이라는 표현을 사용할 정도로 버그까지도 수정없이 동일하게 제작되었다. 즉, RHEL 9와 Rocky Linux 9는 동일한 제품이다.

NOTE ▶ Rocky Linux와 비슷한 시기에 AlmaLinux도 RHEL의 클론 리눅스로 제작되었다. 하지만 Rocky Linux의 개발자인 그레고리 거처가 CentOS의 원년 개발자이다보니 Rocky Linux가 CentOS의 대체제로 인정받는 추세다.

끝으로 2022년 5월에 발표된 RHEL 9를 기준으로 Fedora Linux, RHEL, CentOS Stream, Rocky Linux의 관계를 정리하면 다음 그림과 같다.

그림 2-9 Rocky Linux와 다른 리눅스의 관계

실험적인 신기능을 반영해 Fedora를 제작한다. Fedora에서 신기능이 어느 정도 안정화되면 이를 가지고 와 REHL을 제작한다. 이렇게 제작된 RHEL의 소스 코드를 그대로 재컴파일해서 Rocky Linux를 제작한다. CentOS Stream은 RHEL을 계속 업그레이드하기 위해서 RHEL의 출시 이후에 신기능을 추가한 베타 버전의 개념으로 제작된다.

NOTE ▶ 앞으로 이 책에서 'RHEL 계열'이라는 용어가 종종 나올 것이다. 이는 RHEL, CentOS, Feodra, Rocky Linux, AlmaLinux 등을 통틀어서 언급하는 용어다.

Rocky Linux 9를 설치하기 위한 하드웨어 요구 사양

컴퓨터에 Rocky Linux 9를 설치하기 위한 최소/권장 하드웨어 사양은 다음과 같다(실습 진행 간 가상머신을 사용하므로 다음 요구 사항과 차이점이 있을 수 있다).

    ① **CPU:** 64bit CPU

    ② **하드디스크 여유 공간:** 20GB 이상의 여유 공간 권장(프로그램 추가 설치에 따라 달라질 수 있음)

    ③ **메모리:** 권장 4GB 이상(최소 2GB)

그 밖의 자세한 사항은 Rocky Linux 9의 릴리스 노트(https://docs.rockylinux.org/release_notes/9_0)를 참조하자.

Rocky Linux 9에서 사용되는 주요 패키지

표 2-4를 보면 Rocky Linux는 RHEL의 주기에 맞춰 제작된다는 사실을 확인할 수 있다. 버전별 변경 사항을 모두 기술하려면 수십 페이지 이상이 필요하다. 하지만 이 책을 학습하기 위해 꼭 알아야 하는 내용은 아니므로 필요할 때마다 별도로 언급하겠다.

그럼에도 지금 당장 Rocky Linux 9에서 새로 지원하는 패키지에 관한 세부 내용을 알고 싶다면 Rocky Linux 문서(https://docs.rockylinux.org)나 RHEL 9 문서(https://access.redhat.com/documentation/en-us/red_hat_enterprise_linux/9)를 참조하자(하지만 미리 알아도 아직은 이 책을 읽는 데 별 도움은 되지 않는다).

도입부에서 밝혔듯이 이 책은 Rocky Linux나 리눅스 바이블이 아니므로 더 이상 Rocky Linux에 관한 소개는 하지 않겠다. Rocky Linux에 관심이 많다면 Rocky Linux 웹사이트(https://rockylinux.org)에 Rocky Linux에 관한 충분한 소개가 나와 있으니 이를 참조하자.

이제 리눅스와 Rocky Linux의 기본 개념을 파악했으니 본격적으로 Rocky Linux를 설치하고 운영하자.

03

▶ Rocky Linux 설치

초창기 리눅스 사용자의 가장 큰 이슈는 설치 그 자체였다. 그때는 리눅스의 설치 자체도 쉽지 않았기에 설치만 잘해도 충분히 리눅스 전문가처럼 보이던 시절이었다. 하지만 최근에는 리눅스 배포판들이 워낙 잘 만들어져서 Windows를 설치하는 과정과 비슷할 정도로 리눅스 설치가 아주 쉬워졌다.

Rocky Linux 역시 설치가 아주 쉽다. 다만 리눅스 전문가가 되려면 리눅스를 설치할 때 내부적으로 어떤 일이 일어나는지 알아야 한다. 그러므로 그냥 무조건 [다음] 버튼만 눌러서 설치할 수도 있지만, 3장에서는 여러 가지 설정을 살펴보고 그 의미가 무엇인지 파악하면서 리눅스를 설치하겠다.

📋 학습목표

✓
**이 장의
핵심 개념**

3장에서는 1장에서 생성한 3대의 가상머신에 책 후반부에서 진행하는 네트워크 실습을 위해 약간 다른 형태로 Rocky Linux를 설치하고 설정한다. 3장에서 학습하는 핵심 개념은 다음과 같다.

• Rocky Linux 9 DVD ISO 파일을 다운로드한다.

• Server 가상머신에는 Rocky Linux를 GNOME 그래픽 환경으로 설치한다.

• Server(B) 가상머신에는 Rocky Linux를 텍스트 환경으로 설치한다.

• Client 가상머신에는 Rocky Linux를 GNOME 그래픽 환경으로 설치하고 rocky 사용자로 자동 로그인되도록 설정한다.

• WinClinet 가상머신에는 Windows를 설치한다.

• 각 가상머신의 설치 및 설정을 완료한 후 스냅숏을 저장한다.

✓
**이 장의
학습 흐름**

```
┌─────────────────────────────────────────────┐
│     Rocky Linux DVD ISO 파일 다운로드          │
└─────────────────────────────────────────────┘
                     ▼
┌─────────────────────────────────────────────┐
│    Server 가상머신에 Rocky Linux 설치 및 설정    │
│              (GNOME 모드)                      │
└─────────────────────────────────────────────┘
                     ▼
┌─────────────────────────────────────────────┐
│   Server(B) 가상머신 Rocky Linux 설치 및 설정    │
│              (텍스트 모드)                      │
└─────────────────────────────────────────────┘
                     ▼
┌─────────────────────────────────────────────┐
│    Client 가상머신 Rocky Linux 설치 및 설정      │
│              (GNOME 모드)                      │
└─────────────────────────────────────────────┘
                     ▼
┌─────────────────────────────────────────────┐
│  WinClient 가상머신 Windows 10 Enterprise      │
│            평가판 설치 및 설정                    │
└─────────────────────────────────────────────┘
```

3.1 3대의 가상머신에 Rocky Linux 설치

Windows를 비롯해 운영체제를 설치한 경험이 있다면 Rocky Linux를 어렵지 않게 설치할 수 있다. 최근에 출시된 리눅스의 설치 과정은 대부분 설치 마법사를 통해 이루어지므로 Windows 설치 과정과 크게 다르지 않다. 이번 절에서는 1장에서 생성한 Server, Server(B), Client 가상머신에 Rocky Linux를 설치한다. 다만 각 가상머신의 용도에 따라 다르게 설정한다.

3.1.1 Server 가상머신에 Rocky Linux 설치하기

Rocky Linux를 설치하는 몇 가지 방법이 있지만, 가장 쉽고 일반적인 방법은 DVD를 이용해서 Windows와 비슷한 설치 마법사 환경으로 설치하는 것이다. Rocky Linux는 Rocky Linux 웹사이트(https://www.rockylinux.org)에서 다운로드할 수 있다.

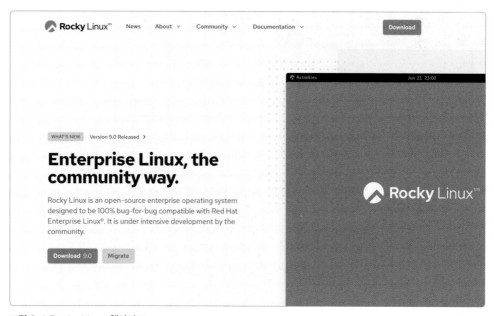

그림 3-1 Rocky Linux 웹사이트

NOTE ▶ 실습을 위해 설명한 웹사이트에서의 프로그램 다운로드는 책을 집필하는 시점에 잘 작동하지만, 어느 정도 시간이 지난 후에 제대로 작동하지 않을 수도 있다. 만약 책에서 설명한 웹사이트에서 다운로드가 되지 않는다면, Q&A 카페(https://cafe.naver.com/thisisLinux) [교재 자료실]에 제대로 작동되는 사이트를 등록할 것이니 이를 참조하자. 또한 Rocky Linux 9는 64bit용만 제공된다. 32bit 환경에서는 실습을 진행할 수 없다는 사실도 알아 두자.

Rocky Linux를 Server 가상머신에 설치하자.

Rocky Linux 9 설치용 DVD ISO 파일을 다운로드한다. 대용량 파일이므로 네트워크 상황에 따라서 몇 시간 이상 걸릴 수도 있다.

0-1 웹 브라우저로 Q&A 카페(https://cafe.naver.com/thisisLinux)로 접속한다. [교재 자료실]에서 '[Rocky 9] DVD ISO 파일 다운로드 및 체크섬 프로그램' 게시글을 클릭해 Rocky Linux 9 DVD ISO 파일(Rocky-9.0-x86_64-dvd.iso, 약 7.87GB)을 다운로드한다. 그리고 체크섬 프로그램(MD5_and_SHA_Checksum_Utility.exe)도 다운로드한다.

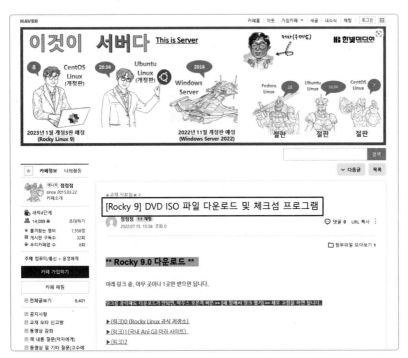

그림 3-2 Rocky Linux 9 DVD ISO 파일 다운로드 및 체크섬 프로그램 다운로드

NOTE▶ 파일의 다운로드가 정상적으로 이루어졌다면 이어서 설명하는 0-2～0-4 과정은 생략해도 된다. 만약 파일이 제대로 다운로드되지 않은 것 같다는 의심이 든다면 이 과정으로 파일의 이상 유무를 확인하자.

0-2 다운로드한 파일에 이상이 없는지 검사한다. 앞서 접속했던 '[Rocky 9] DVD ISO 파일 다운로드 및 체크섬 프로그램' 게시글의 SHA256 코드를 드래그해 선택한 후 `Ctrl` + `C` 를 눌러 복사한다.

그림 3-3 SHA 코드 복사

0-3 MD5_and_SHA_Checksum_Utility.exe 파일을 실행한 후 [MD5 & SHA Checksum Utility] 창에서 'SHA-256'만 체크하고 나머지는 체크를 해제한다. 그리고 [Browse] 버튼을 클릭해 앞서 다운로드한 Rocky-9.0-x86_64-dvd.iso 파일을 선택한다.

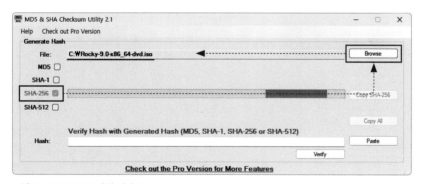

그림 3-4 DVD ISO 파일 검사 1

0-4 한동안 체크섬이 계산된다. 계산이 완료되면 [Paste] 버튼을 클릭해 **0-2**에서 복사했던 SHA256 코드를 붙여 넣는다. 그리고 [Verify] 버튼을 클릭한다. 다음 그림과 같이 코드가 일치한다는 대화상자가 나오면 ISO 파일에 이상이 없는 것이다(만약 일치하지 않는다고 나오면 ISO 파일을 다시 다운로드하고 체크섬도 다시 확인해야 한다).

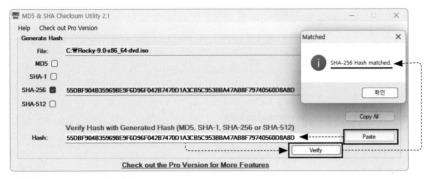

그림 3-5 DVD ISO 파일 검사 2

Step 1

VMware Player를 실행하고 [VMware Workstation 17 player] 창에서 [Server]를 선택한 후 [Edit virtual machine settings]를 클릭한다. [Virtual Machine Settings] 창에서 왼쪽 [Hardware] 목록에서 [CD/DVD (SATA)]를 선택하고 오른쪽 [Device status] 아래의 'Connect at power on'을 체크한다. 그리고 [Connection]에서 'Use ISO image file'을 선택하고 [Browse] 버튼을 클릭해 다운로드한 Rocky-9.0-x86_64-dvd.iso 파일을 불러온다. 끝으로 [OK] 버튼을 클릭한다.

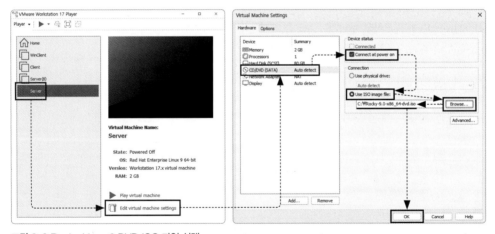

그림 3-6 Rocky Linux 9 DVD ISO 파일 선택

Server 가상머신을 부팅하고 Rockcy Linux 9를 설치한다.

NOTE▶ 만약 가상머신 폴더(C:\Rocky9\Server\)를 복사해 사용한다면 다음과 같은 대화상자가 나올 수도 있다. 이 때 반드시 왼쪽의 [I Moved It] 버튼을 클릭해야 한다. 그냥 **Enter**를 누르거나 [I Copied it] 버튼을 클릭하면 추후 가상머신이 정상적으로 작동하지 않을 수 있다.

그림 3-7 가상머신 폴더를 복사해 사용할 경우에 나오는 대화상자

2-0 [VMware Workstaion 17 Player] 창에서 [Server]를 선택하고 [Play virtual machine]을 클릭한다.

2-1 Rocky Linux 9 설치가 시작된다. 가상머신 안을 클릭해 마우스 초점을 가상머신으로 옮긴 후 **↑**를 눌러서 첫 번째 줄의 [Install Rocky Linux 9.0]을 선택하고 **Enter**를 누른다.

그림 3-8 Server 가상머신에 Rocky Linux 9 설치 1

NOTE▶ 만약 다운로드한 DVD ISO 파일이 정상적인지 의심스럽다면 두 번째 줄에 있는 [Test this media & install Rocky Linux 9.0]를 선택하면 된다. 이 항목을 선택하면 DVD의 이상 여부를 체크한 후 설치가 진행된다.

2-2 초기 설정이 자동으로 진행된다.

```
[  OK  ] Stopped target Path Units.
[  OK  ] Stopped target Remote File Systems.
[  OK  ] Stopped target Preparation for Remote File Systems.
[  OK  ] Stopped target Slice Units.
[  OK  ] Stopped target Socket Units.
[  OK  ] Stopped target System Initialization.
[  OK  ] Stopped target Local File Systems.
[  OK  ] Stopped target Preparation for Local File Systems.
[  OK  ] Stopped target Swaps.
[  OK  ] Closed Open-iSCSI iscsid Socket.
[  OK  ] Closed Open-iSCSI iscsiuio Socket.
[  OK  ] Stopped dracut mount hook.
[  OK  ] Stopped dracut pre-mount hook.
[  OK  ] Stopped target Local Encrypted Volumes.
```

그림 3-9 Server 가상머신에 Rocky Linux 9 설치 2

2-3 언어 선택 화면이 나오면 왼쪽 목록에서 [한국어]를, 오른쪽 목록에서 [한국어 (대한민국)]을 선택하고 [계속 진행] 버튼을 클릭한다.

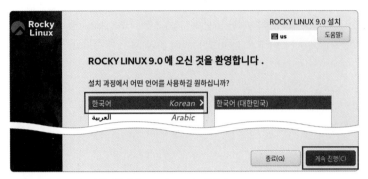

그림 3-10 Server 가상머신에 Rocky Linux 9 설치 3

NOTE ▶ Rocky Linux는 하나의 DVD ISO 파일로 여러 언어를 제공한다. 지금과 같이 설치를 시작할 때 해당 언어를 선택하면 선택한 언어로 설치가 진행된다.

Step 3 ────────────────────────────────

[설치 요약]에서 몇 가지 설정을 진행한다.

3-1 [설치 요약]을 보면 [키보드]는 '한국어'로, [언어 지원]도 '한국어 (대한민국)'으로 설정되어 있다. [시간과 날짜]는 '아시아/서울 시간대'로, [설치 원천]은 '로컬 미디어'로, [네트워크와 호스트 이름]은 '유선으로 (ens160)에 연결됨'으로 설정되었는지 확인한다. 만약 다음 그림과 같이 설정되어 있지 않았다면 우선 각 항목을 다음 그림과 동일한 설정 상태로 만들고 [소프트웨어 선택]을 클릭한다.

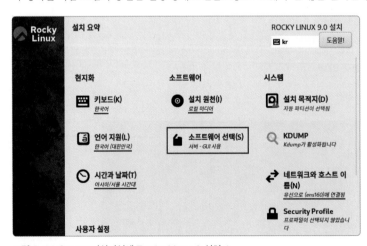

그림 3-11 Server 가상머신에 Rocky Linux 9 설치 4

3-2 [소프트웨어 선택]의 [기본 환경]을 보면 '서버 – GUI 사용'이 선택되어 있는데 이를 '워크스테이션'로 변경하고 [완료] 버튼을 클릭한다.

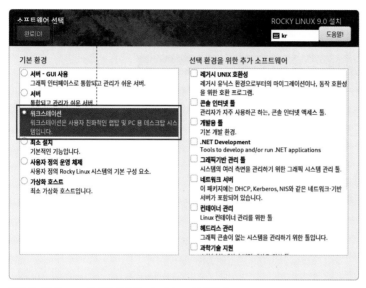

그림 **3-12** Server 가상머신에 Rocky Linux 9 설치 5

3-3 [설치 요약]의 [설치 목적지]을 보면 '자동 파티션이 선택됨'이라고 적혀 있다. 설치할 파티션을 지정해야 하므로 [설치 목적지]를 클릭한다.

그림 **3-13** Server 가상머신에 Rocky Linux 9 설치 6

3-4 [설치 목적지]의 [로컬 표준 디스크]에서는 1장에서 장착한 80GB 크기의 하드디스크가 그림으로 표시된다. 하드디스크 그림을 천천히 2회 클릭한다. 처음 클릭하면 하드디스크가 파란색으로 변하면서 선택되고, 두 번째로 클릭하면 하드디스크 그림 위에 ✔가 표시된다. 이 상태에서 [저장소 구성]의 '사용자 정의'를 선택한 후 [완료] 버튼을 클릭한다.

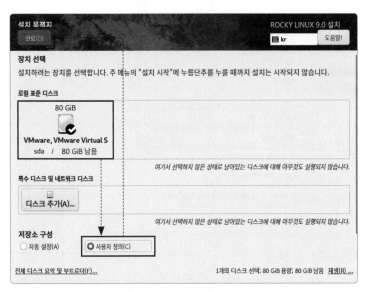

그림 3-14 Server 가상머신에 Rocky Linux 9 설치 7

3-5 [수동 파티션 설정]에서 [신규 Rocky Linux 9.0 설치] 아래에 있는 드롭다운 버튼을 클릭해 '표준 파티션'을 선택한다.

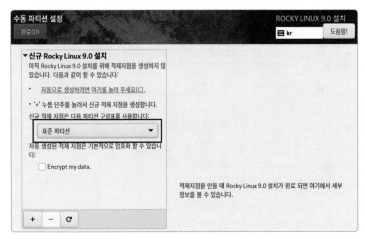

그림 3-15 Server 가상머신에 Rocky Linux 9 설치 8

디스크 파티션과 관련해서 알아야 할 내용이 있다. 우선 리눅스에서는 파티션은 루트 파티션이라고 부르는 '/' 파티션과, 'swap' 파티션 2개만 있어도 충분히 리눅스를 운영할 수 있다. 물론 실무에서 리눅스를 운영할 때는 지금과 같이 파티션을 2개로 나누지 않고, 용도에 따라서 필요한 만큼 더 분할해서 사용한다.

일반적인 용도로는 80G 하드디스크를 기준으로 다음과 같이 나눌 수 있으나, 절대적인 기준은 아니며 리눅스의 용도에 따라 달라질 수 있다.

표 3-1 리눅스 파티션의 일반적인 권장 크기

마운트 포인트	권장 크기	비고
/	10GB	루트 파티션
/bin		기본 명령어가 들어 있음
/sbin		시스템 관리용 명령어가 들어 있음
/etc		시스템의 환경 설정과 관련된 파일이 들어 있음
/boot	4GB	부팅 커널이 저장됨
/media		외부 장치를 마운트하기 위해 제공됨
/usr	설치할 응용프로그램에 따라 크기 다름(주로 20GB 내외).	응용 프로그램이 주로 저장됨
/lib		프로그램의 라이브러리가 저장됨
/dev		장치 파일들이 저정됨
/proc		시스템의 프로세서 정보, 프로그램 정보, 하드웨어 정보 등이 들어 있음
/tmp	4GB	임시 파일이 저장됨
/var	10GB	로그, 캐시 파일 등이 저장됨
/root		시스템 관리자인 root의 홈 디렉터리
/home	사용자가 많을 수록 많이 할당 (나머지 용량)	사용자별 공간
/lost+found		파일 시스템 복구를 위한 디렉터리
swap 파티션	RAM의 2배 정도	RAM 부족 시에 사용되는 공간

최소 루트 파티션(/)과 swap 파티션만 생성해도 운영이 가능하다고 이야기한 이유는 루트 파티션(/)만 생성하면 이 표에 나오는 나머지 파티션(/bin, /etc, /boot, /usr, /tmp, /var, /home 등)이 모두 루트 파티션(/) 아래 종속되기 때문이다. 앞으로 실습을 진행하면서 이와 관련된 내용을 계속 언급할 것이므로 그때 상세히 파악하기로 하고 우선은 이 정도만 기억하자.

3-6 이어서 아래쪽의 [+] 버튼을 클릭하면 [신규 적재 지점 추가] 창이 나타난다. 이 창의 [적재 지점] 드롭 박스에서 가상 메모리로 사용되는 'swap'을 선택하고, [희망 용량]에는 '4G'를 입력한다. 그리고 [적재 지점 추가] 버튼을 클릭한다.

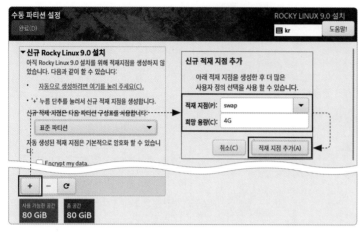

그림 3-16 Server 가상머신에 Rocky Linux 9 설치 9

3-7 다시 [+] 버튼을 클릭해 이번에는 [적재 지점] 드롭박스에서 '/'를 선택하고, [희망 용량]은 비워 두고 [적재 지점 추가] 버튼을 클릭한다. 그러면 4GB를 제외한 나머지 메모리 용량이 루트 파티션(/)에 할당된다.

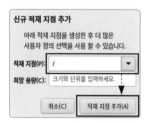

그림 3-17 Server 가상머신에 Rocky Linux 9 설치 10

3-8 다음 그림과 같이 설정되었는지 확인하고 [완료] 버튼을 클릭해 설정을 마친다. 그리고 [변경 요약] 이 나오면 [변경 적용] 버튼을 클릭한다.

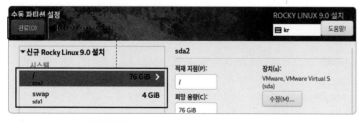

그림 3-18 Server 가상머신에 Rocky Linux 9 설치 11

3-9 다시 [설치 요약]이 나오면 아래쪽으로 스크롤한 후 [사용자 설정] 아래의 [root 비밀번호]를 클릭한다.

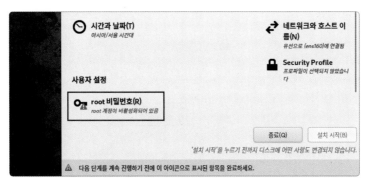

그림 3-19 Server 가상머신에 Rocky Linux 9 설치 12

3-10 기억하기 쉽게 [root 비밀번호]에 'password'라고 입력하자. 그리고 아래쪽 'root 계정을 잠금'을 체크 해제하고, 'root가 비밀번호로 SSH 로그인하도록 허용'을 체크한다. 그런 후 [완료] 버튼을 2회 클릭한다.

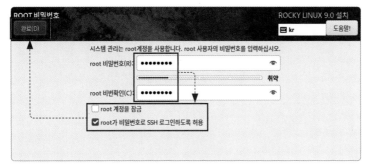

그림 3-20 Server 가상머신에 Rocky Linux 9 설치 13

NOTE▶ 비밀번호는 소문자로 설정하는 것이 편하다. Caps lock 이 꺼져 있는지 확인하자.

❗여기서 잠깐 ┃ root의 접속과 비밀번호 복잡성

RHEL 9 및 Rocky Linux 9에서는 기본적으로 root로 접속이 허용되지 않는다. 그래서 'root가 비밀번호로 SSH 로그인하도록 허용(Allow root SSH login with password)'를 체크해야 root로 접속할 수 있다. 또한 실무에서는 지금과 같이 root 사용자의 비밀번호를 간단하게 입력하면 절대로 안 된다. 8글자 이상의 문자, 숫자, 기호를 섞어서 사용할 것을 권장하며 문자도 대문자와 소문자를 섞어서 사용하면 더 좋다. 지금은 학습 중이므로 잊어버리지 않게 간단한 비밀번호를 지정한 것뿐이다. 일반적으로 한글＋영문＋숫자＋기호를 섞으면 좋은 비밀번호를 만들 수 있다. 예시로 한/영 를 누르지 말고 읽히는 대로 '냥이2and멍멍이3^^' 형태로 만들면 쉽게 기억할 수 있으면서도 보안을 유지할 수 있다.

3-11 다시 [설치 요약]이 나온다. 이제 오른쪽 아래의 [설치 시작] 버튼이 활성화된다. 이 버튼을 클릭해 설치를 진행한다.

그림 3-21 Server 가상머신에 Rocky Linux 9 설치 14

설치가 진행된다. 완료되면 시스템을 재부팅한다.

4-1 이제 한동안 설치가 진행된다. 컴퓨터의 성능에 따라서 수 분에서 수십 분이 걸린다.

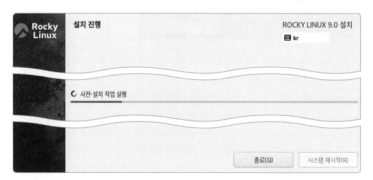

그림 3-22 Server 가상머신에 Rocky Linux 9 설치 진행 1

4-2 설치가 완료되었다. [시스템 재시작] 버튼을 클릭해 재부팅한다.

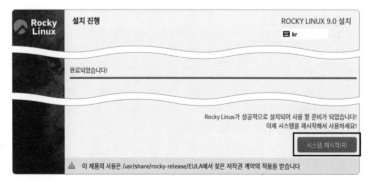

그림 3-23 Server 가상머신에 Rocky Linux 9 설치 진행 2

컴퓨터가 재부팅되면 추가 설정을 진행한다.

5-1 부팅 화면이 나온다. 몇 초를 기다리거나 첫 번째 행이 선택된 상태에서 그냥 〔Enter〕를 누르면 부팅이 진행된다.

그림 3-24 Server 가상머신 초기 부팅 1

5-2 [설정] 창에 'Rocky Linux 9.0 사용을 환영합니다!'라는 메시지가 나타나면 [설정 시작] 버튼을 클릭한다.

그림 3-25 Server 가상머신 초기 부팅 2

NOTE▶ 제목 표시줄의 [설정] 글자 부분을 더블클릭해 화면의 크기를 적절히 조절할 수 있다.

5-3 [개인 정보] 창이 나오면 기본 설정 내용을 그대로 두고 [다음] 버튼을 클릭한다.

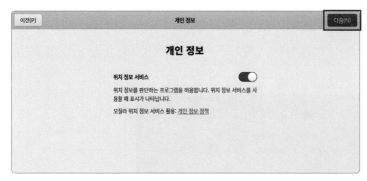

그림 3-26 Server 가상머신 초기 부팅 3

5-4 [온라인 계정 연결] 창에서도 별다른 설정을 하지 않은 채로 [건너뛰기] 버튼을 클릭한다.

그림 3-27 Server 가상머신 초기 부팅 4

5-5 [사용자 정보] 창에서 새로운 사용자를 생성해야 한다. [전체 이름]에 'rocky'를 입력하고 [다음] 버튼을 클릭한다.

그림 3-28 Server 가상머신 초기 부팅 5

5-6 [암호] 창의 [암호]와 [확인]에 전체 이름과 동일하게 'rocky'를 입력하고 [다음] 버튼을 클릭한다.

그림 3-29 Server 가상머신 초기 부팅 6

5-7 [설치 완료] 창이 나타나면 '모두 끝났습니다!' 메시지 아래쪽의 [Rocky Linux 시작] 버튼을 클릭한다.

그림 3-30 Server 가상머신 초기 부팅 7

5-8 [Welcome to Rocky Linux] 대화상자가 나타나면 [괜찮습니다] 버튼을 클릭해 다음 단계로 넘어간다.

그림 3-31 Server 가상머신 초기 부팅 8

Rocky Linux 9에 root 사용자로 로그인한다.

6-1 Rocky Linux 9의 초기 화면이 나온다. 왼쪽 위의 [현재 활동]을 클릭하면 아래쪽 작업 표시줄에 실행 아이콘이 표시된다.

그림 3-32 Server 가상머신의 초기 화면

NOTE ▶ [현재 활동]은 Windows의 [시작]과 비슷한 기능을 한다.

6-2 게스트 컴퓨터를 재부팅한다. 오른쪽 위 전원(⏻) – [컴퓨터 끄기 / 로그아웃] – [다시 시작]을 클릭한다. [다시 시작] 대화상자에서 '대기 중인 소프트웨어 업데이트 설치'를 체크 해제하고 [다시 시작] 버튼을 클릭한다.

그림 3-33 Server 가상머신 재부팅

NOTE ▶ 업데이트 및 설치된 시간에 따라서 [다시 시작] 창의 '대기 중인 소프트웨어 업데이트 설치'가 없을 수도 있다.

6-3 재부팅된 화면에서 [목록에 없습니까?]를 클릭한다.

그림 3-34 root로 로그인 1

6-4 입력 칸이 나타나면 'root'를 입력하고 ⎣Enter⎦를 누른다.

그림 3-35 root로 로그인 2

6-5 새로운 입력 칸이 나타난다. 이번에는 'password'를 입력하고 ⎣Enter⎦를 눌러 로그인한다.

그림 3-36 root로 로그인 3

NOTE ▶ 설치할 때 'root' 계정의 비밀번호를 소문자 'password'가 아닌, 대문자 'PASSWORD'로 지정하는 실수를 할 수도 있다. 이럴 때는 ⎣Caps lock⎦을 누르고 대문자 'PASSWORD'를 입력해 로그인하자.

6-6 다시 초기 화면이 나온다. 앞으로의 실습에서는 지금과 같이 관리자 계정인 'root'로 접속해 Server 가상머신을 사용한다. 위쪽에 '프로그램 업데이트 설치를 준비했습니다' 메시지가 나오면 [x]를 클릭해서 닫자. 또한 '관리자 권한으로 로그인' 메시지가 나올 수 있는데 이것도 그냥 무시하고 [x]를 클릭해서 닫자.

그림 3-37 root로 로그인한 초기 화면

NOTE▶ Rocky Linux 9는 X 윈도(이에 관해서는 113쪽에서 자세히 설명한다)에 관리자 계정인 root로 접속하는 것을 권장하지 않는다. 그래서 root로 접속할 때마다 위쪽에 관리자 권한으로 로그인하는 것이 좋지 않다라는 내용의 메시지가 나올 것이다. 이 메시지는 그냥 클릭하면 없어지므로 앞으로도 계속 무시하자. root로 로그인해서 사용하는 것은 실제로도 보안상 권장되지 않지만, 원활한 학습을 위해서 root로 접속하는 것이다. 실무에서는 일반 사용자(rocky)로 로그인하고 필요할 때 su 명령을 실행해 root 권한을 얻는 방식을 사용함이 바람직하다.

Step 7

앞으로의 실습을 원활히 진행하려면 몇 가지 설정을 더 해야 한다. 이번 단계에서는 해상도를 조절하고 화면 잠금 기능을 끈다.

7-1 오른쪽 위 전원(◙) – [설정]을 클릭한다.

그림 3-38 해상도 변경 1

7-2 [설정] 창에서 왼쪽의 [디스플레이]를 선택하고 오른쪽의 [해상도] 드롭다운 버튼을 클릭한 후 '1024×768 (4 : 3)'을 선택한다.

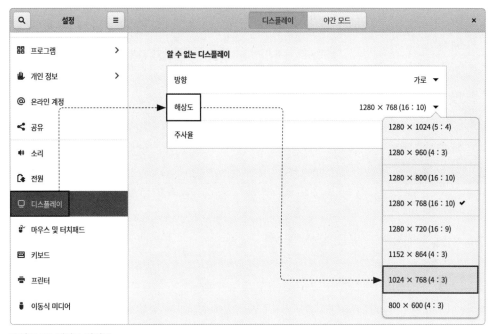

그림 3-39 해상도 변경 2

7-3 오른쪽 위 [적용] 버튼을 클릭하면 나타나는 대화상자에서 [바뀐 사항 유지] 버튼을 클릭한다. 이러면 해상도가 1024×768로 바뀐다.

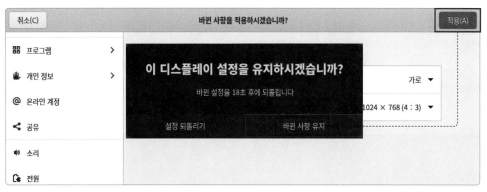

그림 3-40 해상도 변경 3

NOTE▶ VMware와 Rocky Linux 9의 충돌로 인해 해상도를 1024×768로 설정해도 컴퓨터를 재부팅하면 다시 1280×768로 해상도가 변경된다. 영구적으로 해상도를 1024×768로 변경하는 방법은 Step 15에서 알아본다.

7-4 다시 왼쪽의 [개인 정보] – [화면 잠금]을 선택하고 오른쪽에서 [빈 화면 지연 시간]의 드롭다운 버튼을 클릭해 '안 함'을 선택한다. 그리고 [자동 화면 잠금]과 [알림 표시 및 화면 잠그기]를 비활성화한다.

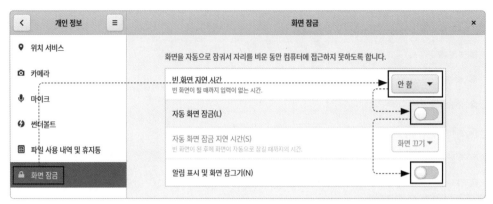

그림 3-41 화면 잠금 끄기

7-5 오른쪽 위의 [x]를 클릭해 [설정] 창을 닫는다.

Step 8

Rocky Linux 9는 백그라운드로 새로운 패키지를 자동 업데이트하도록 설정되어 있다. 이 자동 업데이트 기능을 끈다.

8-1 왼쪽 위의 [현재 활동]을 클릭한 다음 작업 표시줄에서 '터미널' 실행 아이콘을 클릭한다.

8-2 터미널에서 다음 명령어를 차례로 입력해 자동 업데이트 기능을 끈다. 앞 두 명령의 결과로는 아무 메시지도 나오지 않으며, 세 번째 명령의 결과로는 'Removed /etc/systemd/system/timers.target.wants/makecache.timer.'라는 메시지가 나온다.

```
gsettings  set  org.gnome.software  download-updates  false
systemctl  disable  dnf-makecache.service
systemctl  disable  dnf-makecache.timer
```

```
root@localhost:~
[root@localhost ~]# gsettings  set  org.gnome.software  download-updates  false
[root@localhost ~]# systemctl  disable  dnf-makecache.service
[root@localhost ~]# systemctl  disable  dnf-makecache.timer
Removed /etc/systemd/system/timers.target.wants/dnf-makecache.timer.
[root@localhost ~]#
```

그림 3-42 자동 업데이트 기능 끄기

이제 Rocky Linux 9의 소프트웨어가 자동 업데이트되지 않으므로 시간이 지나도 책과 동일한 상태로 실습할 수 있다.

Step 9

dnf 명령을 사용해 소프트웨어를 설치할 때 최신 버전이 아닌 Rocky Linux 9를 설치했을 당시의 버전이 설치되도록 설정을 변경한다.

9-1 혹시 터미널을 종료했다면 다시 터미널을 열고 터미널에 다음 명령을 차례로 입력하자. 명령어는 4장에서 배울 것이므로 이번 실습에서는 외우지 말고 입력만 하자(대소문자를 구분해야 하며 한 글자도 틀리면 안 된다).

```
cd /etc/yum.repos.d/     → 디렉터리(폴더) 이동
mkdir backup             → 디렉터리(폴더) 생성
ls                       → 파일 목록 확인
mv *.repo backup         → 파일 이동
ls                       → backup 폴더를 제외하고 아무것도 없음을 확인
gedit This.repo          → This.repo 파일을 새로 생성하고 편집(메모장과 비슷)
```

그림 3-43 dnf 저장소 설정 1

9-2 gedit 에디터가 열리면 다음의 내용을 채우고 [저장] 버튼과 [x]를 차례로 눌러 종료한다.

NOTE▶ 이 책을 집필하는 시점에는 baseurl 주소가 잘 작동하지만, 시간이 지나면 주소가 응답하지 않을 수도 있다. 그러므로 가능한 한 Q&A 카페(https://cafe.naver.com/thisisLinux) [교재 자료실]에 등록된 '[Rocky 9] This.repo 파일 내용' 게시글의 내용을 복사/붙여넣기 하는 것을 권장한다. Q&A 카페에는 baseurl이 변경될 경우 정상적으로 작동하는 baseurl을 등록해 두겠다.

```
[baseos]
name=Rocky Linux $releasever - BaseOS
baseurl=https://dl.rockylinux.org/vault/rocky/9.0/BaseOS/x86_64/os/
gpgcheck=0

[appstream]
name=Rocky Linux $releasever - AppStream
baseurl=https://dl.rockylinux.org/vault/rocky/9.0/AppStream/x86_64/os/
gpgcheck=0

[extras]
name= Rocky Linux $releasever - Extras
baseurl=https://dl.rockylinux.org/vault/rocky/9.0/extras/x86_64/os/
gpgcheck=0

[plus]
name= Rocky Linux $releasever - Plus
baseurl=https://dl.rockylinux.org/vault/rocky/9.0/plus/x86_64/os/
gpgcheck=0

[crb]
name=Rocky Linux $releasever - CRB
baseurl=https://dl.rockylinux.org/vault/rocky/9.0/CRB/x86_64/os/
gpgcheck=0
```

그림 3-44 dnf 저장소 설정 2

지금 작성한 파일은 앞으로 Rocky Linux용 패키지(프로그램, 소프트웨어)를 설치할 때 책에서 사용한 것과 동일한 Rocky Linux 9.0 버전으로 설치되도록 하는 역할을 한다. 이에 관해서는 4장에서 자세히 설명한다.

9-3 dnf clean all 명령을 입력해 기존의 저장소 기록을 지운다.

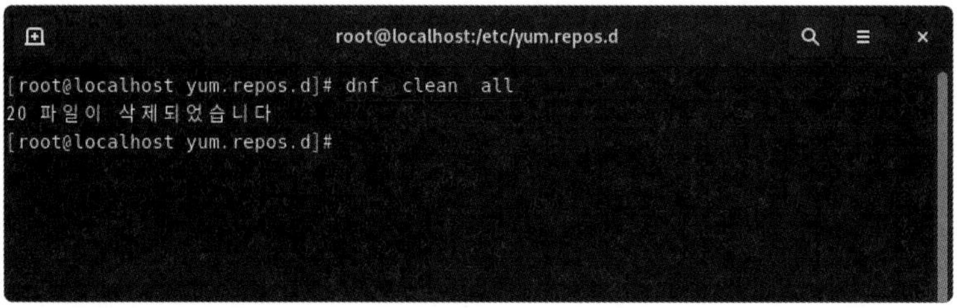

```
                         root@localhost:/etc/yum.repos.d                Q  ≡  ×
[root@localhost yum.repos.d]# dnf clean all
20 파일이 삭제되었습니다
[root@localhost yum.repos.d]#
```

그림 3-45 dnf 저장소 설정 3

9-4 exit 명령을 입력해 터미널을 종료한다.

Step 10 ───

52쪽 **표 1-4**를 참조해 Server 가상머신의 IP 주소를 192.168.111.100으로 변경한다.

10-0 왼쪽 위 [현재 활동]을 클릭하고 작업 표시줄에서 '터미널' 실행 아이콘을 클릭한다.

10-1 터미널에서 다음 명령을 입력해 관련 디렉터리로 이동한 후 파일 편집을 시작한다.

```
cd  /etc/NetworkManager/system-connections/   → 네트워크 설정 파일이 저장된 디렉터리로 이동
ls                                             → ens○○○.nmconnection 파일 확인
                                                 (필자는 ens160.nmconnection)
gedit  ens○○○.nmconnection                     → 앞에서 확인한 파일을 편집
```

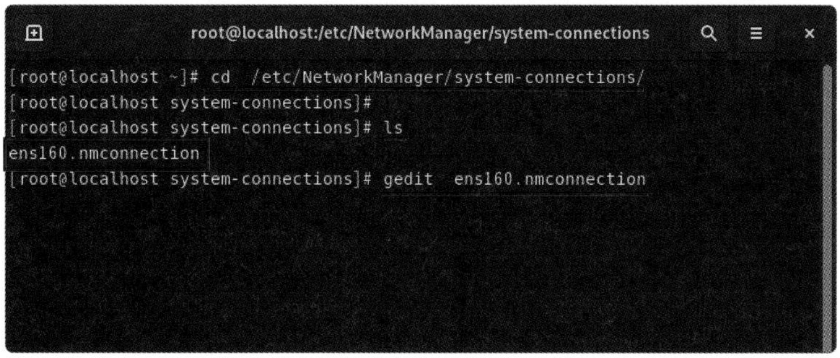

```
                    root@localhost:/etc/NetworkManager/system-connections   Q  ≡  ×
[root@localhost ~]# cd  /etc/NetworkManager/system-connections/
[root@localhost system-connections]#
[root@localhost system-connections]# ls
ens160.nmconnection
[root@localhost system-connections]# gedit  ens160.nmconnection
```

그림 3-46 네트워크 설정 1

10-2 gedit 에디터가 열리면 [ipv4] 부분의 내용을 다음 내용으로 수정하고 저장한다. 이는 Server 가상머신에 고정 IP를 할당하는 내용이다.

```
[ipv4]
method=manual
address1=192.168.111.100/24,192.168.111.2  →  address1(숫자 일)이며  24뒤는 콤마(,)
dns=192.168.111.2
```

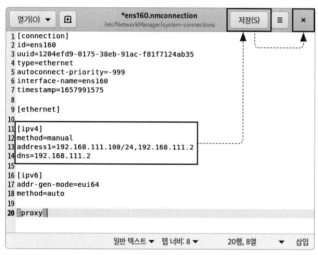

그림 3-47 네트워크 설정 2

> **❗ 여기서 잠깐 ┃ 네트워크 장치의 이름**
>
> Rocky Linux 9의 네트워크 설정 파일은 ens160.nmconnection이며, 네트워크 장치는 ens160라고 부른다. 자주 사용해야 하므로 잘 기억하자. 또 네트워크 장치는 VMware VMXNET3, AMD PCnet32, Intel EtherExspress/1000 gigabit 등으로 인식되는데 이는 VMware 프로그램에서 제공하는 가상의 네트워크 장치를 의미한다. 호스트 컴퓨터에 장착된 실제 네트워크 장치와는 관련이 없으므로 혼동하지 말자. 참고로 예전 버전의 Rocky Linux에서는 네트워크 장치를 ens160 대신 ens32, ens33, eth0, eth1 등으로 설정했는데 지금도 실제 컴퓨터에 Rocky Linux를 설치하면 네트워크 장치가 다양한 이름으로 설정되기도 한다. 그럴 경우에는 이 이름(예 enp1s0)을 잘 적어 두자. 그리고 앞으로 이 책에서 ens160라는 이름을 상당히 자주 사용할 텐데 ens160 대신 적어 두었던 이름(예 enp1s0)을 사용하자.

10-3 터미널에서 다음 명령을 입력해 설정한 내용을 적용하고 게스트 컴퓨터를 재부팅한다.

```
cd
nmcli connection down 장치이름     → 네트워크 장치 중지(필자는 ens160)
nmcli connection up 장치이름       → 네트워크 장치 시작
reboot                            → 컴퓨터 재부팅
```

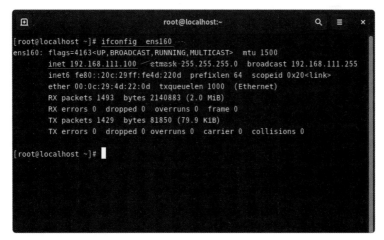

터미널 창:
```
root@localhost:/etc/NetworkManager/system-connections

[root@localhost system-connections]# nmcli connection down ens160
'ens160' 연결이 성공적으로 비활성화되었습니다 (D-Bus 활성 경로: /org/freedesktop
/NetworkManager/ActiveConnection/1)
[root@localhost system-connections]#
[root@localhost system-connections]# nmcli connection up ens160
연결이 성공적으로 활성화되었습니다 (D-버스 활성 경로: /org/freedesktop/NetworkMa
nager/ActiveConnection/2)
[root@localhost system-connections]#
[root@localhost system-connections]# reboot
```

그림 3-48 네트워크 설정 3

10-4 재부팅이 완료되면 로그인 화면에서 [목록에 없습니까?]를 클릭한 후 계정에는 'root', 비밀번호에는 'password'을 입력해 root로 로그인한다.

NOTE▶ 게스트 OS의 해상도가 다시 1280×768로 변경되어 있을 것이다. 우선은 1280×768로 사용하자. 해상도를 영구히 변경하는 방법은 Step 15에서 설명한다.

10-5 왼쪽 위의 [현재 활동]을 클릭하고 작업 표시줄에서 '터미널' 실행 아이콘을 클릭한다.

10-6 터미널에서 **ifconfig ens160** 명령을 입력해 네트워크 정보를 확인한다.

터미널 창:
```
root@localhost:~

[root@localhost ~]# ifconfig ens160
ens160: flags=4163<UP,BROADCAST,RUNNING,MULTICAST>  mtu 1500
        inet 192.168.111.100  netmask 255.255.255.0  broadcast 192.168.111.255
        inet6 fe80::20c:29ff:fe4d:220d  prefixlen 64  scopeid 0x20<link>
        ether 00:0c:29:4d:22:0d  txqueuelen 1000  (Ethernet)
        RX packets 1493  bytes 2140883 (2.0 MiB)
        RX errors 0  dropped 0  overruns 0  frame 0
        TX packets 1429  bytes 81850 (79.9 KiB)
        TX errors 0  dropped 0  overruns 0  carrier 0  collisions 0

[root@localhost ~]#
```

그림 3-49 네트워크 설정 4

10-7 왼쪽 위 [현재 활동]을 클릭하고 작업 표시줄에서 'Firefox' 실행 아이콘을 클릭해 웹 브라우저를 실행한다.

그림 3-50 웹 브라우저 실행

10-8 Firefox 웹 브라우저의 주소창에 아무 사이트의 URL을 입력해 잘 접속되는지 확인한다. 확인 후 웹 브라우저를 닫는다.

그림 3-51 인터넷 접속 성공 확인

NOTE ▶ 만약 인터넷 접속이 안 된다면 49쪽 1장 실습 5의 설정을 제대로 하지 않았기 때문일 수도 있다. 설정을 다시 확인하자.

Step 11

향후 진행되는 실습의 편의를 높이기 위해 보안과 관련된 SELinux 기능을 끈다.

NOTE ▶ SELinux는 리눅스의 보안을 강화하기 위해 도입된 기능이다. 이에 관해서는 4장에서 자세히 설명한다.

11-1 Rocky Linux는 SELinux가 작동하도록 기본 설정되어 있다. 먼저 터미널에서 **sestatus** 명령을 입력해 SELinux가 정상 작동 중인지 확인한다.

그림 3-52 SELinux가 작동 중인 상태

11-2 터미널에서 다음 명령을 입력해 SELinux의 기능을 끈다. 입력 후 아무 메시지도 나오지 않으면 명령이 성공적으로 적용된 것이다.

```
grubby --update-kernel ALL --args selinux=0
```

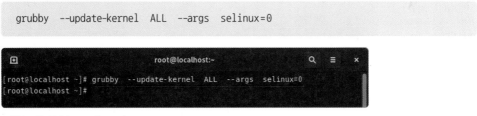

그림 3-53 SELinux 기능 끄기

11-3 reboot 명령을 입력해 Server 가상머신을 재부팅한다.

11-4 재부팅이 완료되면 로그인 화면에서 [목록에 없습니까?]를 클릭한 후 계정에는 'root', 비밀번호에는 'password'을 입력해 root로 로그인한다.

11-5 터미널에서 **sestatus** 명령을 입력해 SELinux의 작동 여부를 다시 확인하자. 다음 그림처럼 꺼져(disabled) 있을 것이다.

그림 3-54 SELinux가 꺼진 상태 확인

11-6 **exit** 명령을 입력해 터미널을 닫는다.

> **NOTE ▶** 참고로 SELinux를 다시 켜려면 다음 명령을 사용하면 된다.

```
grubby --update-kernel ALL --remove-args selinux
```

앞으로의 실습에서는 Server 및 Server(B) 가상머신의 SELinux 기능을 끈 채로 사용한다.

Step 12

원활한 한글 입력을 위해 몇 가지 항목을 설정한다.

12-1 바탕 화면에서 마우스 오른쪽 버튼을 클릭한 후 [설정]을 클릭한다.

12-2 [설정] 창 왼쪽에서 아래로 약간 스크롤해 [키보드]를 선택하고 [입력 소스]의 [+] 버튼을 누른다. [입력 소스 추가] 창이 나타나면 [영어 (미국)] – [영어 (미국식)]을 선택하고 [추가] 버튼을 클릭한다.

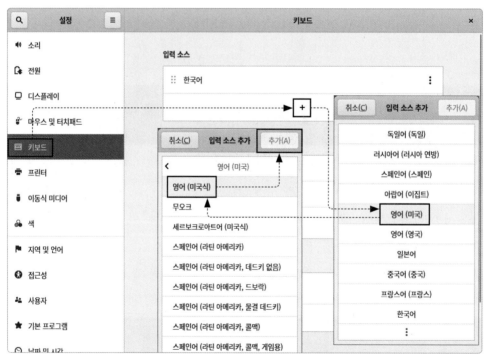

그림 3-55 한글 설정 1

12-3 [입력 소스] 중에서 [한국어] 오른쪽의 더 보기(⋮)를 클릭하고 [제거]를 클릭한다. 이러면 한국어가 제거된다.

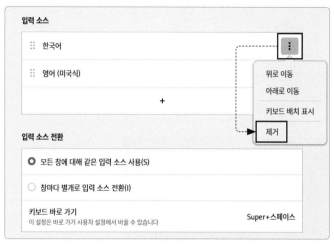

그림 3-56 한글 설정 2

12-4 다시 [입력 소스]의 [+] 버튼을 클릭해 [한국어] – [한국어 (Hangul)]을 선택하고 [추가] 버튼을 클릭한다. 그리고 [설정] 창을 닫는다.

그림 3-57 한글 설정 3

12-5 먼저 [Windows] + [Space]를 몇 번 누르자. 그리고 [Shift] + [Space]를 누르면 이제부터는 한/영이 잘 전환된다. 왼쪽 위 [현재 활동]을 클릭하고 작업 표시줄에서 '터미널 실행 아이콘을 클릭한 후 한글을 입력해 보자. 한/영 전환은 [Shift] + [Space]를 누르면 된다. 당연히 한글 명령은 없으므로 명령을 찾을 수 없다는 메시지가 나온다.

NOTE ▶ 현재 VMware와 Rocky Linux 9.0의 약간의 충돌로 인해서 일부 컴퓨터는 초기에 [Windows] + [Space]를 먼저 눌러야 [Shift] + [Space]로 한/영 전환이 된다. 또한 일부 컴퓨터는 키보드의 배치가 달라서 [Windows] + [Space] 또는 [한/영]을 눌러야 한/영 전환이 되는 경우도 있다. 자신의 컴퓨터에서 작동하는 한/영 전환키가 무엇인지 확인한 후 그 키를 사용하도록 하자.

그림 3-58 한글 입력 확인

Step 13

자주 사용하게 될 방화벽 관리 패키지를 미리 설치한다.

13-1 터미널에서 **dnf -y install firewall-config** 명령을 입력해 방화벽 관리 패키지를 설치한다. 제일 아래 '완료되었습니다!'라는 메시지가 나오면 무사히 설치된 것이다.

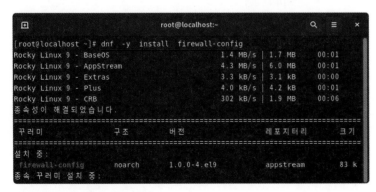

그림 3-59 자주 사용될 패키지 설치

13-2 exit 명령을 입력해 터미널을 닫는다.

그놈 소프트웨어의 자동 업데이트 기능을 끈다.

NOTE ▸ 그놈은 현재 사용하고 있는 윈도 창이 나오는 환경을 말한다. 이에 관해서는 5장에서 상세히 다룬다.

14-1 바탕 화면에서 마우스 오른쪽 버튼을 클릭하고 [설정]을 클릭한다.

14-2 [설정] 창의 왼쪽 제일 아래의 [정보]를 선택하고 오른쪽 제일 아래의 [소프트웨어 업데이트]를 클릭한다.

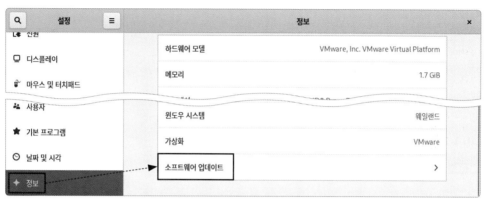

그림 3-60 소프트웨어 업데이트 끄기 1

14-3 오른쪽 위의 메뉴(☰) – [업데이트 기본 설정]을 클릭하면 나타나는 [업데이트 기본 설정] 창의 모든 항목을 비활성화한다. 그리고 오른쪽 위의 [x]를 연속 클릭해 모든 창을 닫는다.

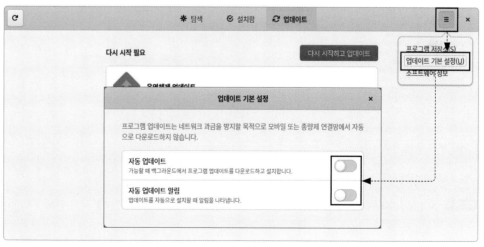

그림 3-61 소프트웨어 업데이트 끄기 2

Step 7에서 해상도를 변경했으나, 컴퓨터를 재부팅하면 다시 1280×678로 변경되었다. 이번 단계에서는 해상도를 영구히 1024×768로 변경한다.

15-1 터미널을 실행한 후 **gedit /etc/default/grub** 명령을 입력해 gedit 에디터로 grub 파일을 연다.

그림 3-62 해상도의 영구 설정 1

NOTE ▶ gedit 에디터는 grub 파일의 6행처럼 긴 행을 자동으로 줄 바꿈한다.

15-2 6행의 끝 부분에 다음과 같이 'vga=773'을 추가한다. 그리고 저장하고 터미널을 닫는다.

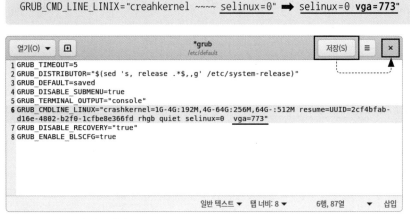

그림 3-63 해상도의 영구 설정 2

NOTE ▶ ga= 뒤에 들어가는 숫자가 769라면 640×480, 771이라면 800×600, 773이라면 1024×768, 775라면 1280×1024, 796이라면 1600×1200의 해상도를 나타낸다.

15-3 다음 명령을 입력해 설정한 내용을 적용한다.

```
grub2-mkconfig  -o  /boot/grub2/grub.cfg
```

그림 3-64 해상도의 영구 설정 3

15-4 reboot 명령을 입력한다. 이제 재부팅해도 해상도가 1024×678로 고정된다. 로그인 화면에서 [목록에 없습니까?]를 클릭한 후 계정에는 'root', 비밀번호에는 'password'를 입력해 root로 접속한다.

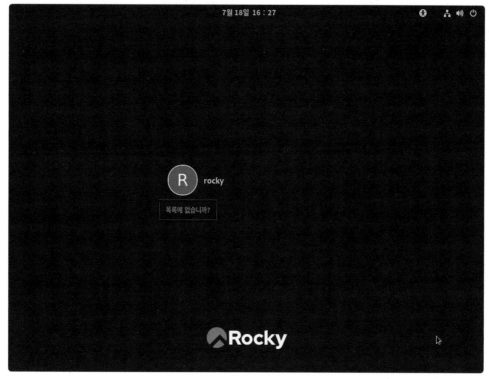

그림 3-65 1024×678 해상도의 화면

15-5 오른쪽 위 전원(⏻) – [컴퓨터 끄기 / 로그아웃] – [컴퓨터 끄기]를 클릭한다. [컴퓨터 끄기] 대화상자에서 [컴퓨터 끄기] 버튼을 클릭해 Server 가상머신을 종료한다. 이로써 Server 가상머신에 Rocky Linux를 설치하고 설정하는 작업이 완전히 마무리되었다.

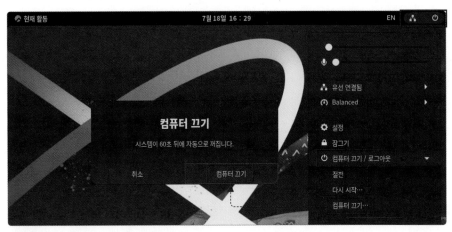

그림 3-66 시스템 종료

NOTE ▶ 만약 [컴퓨터 끄기] 대화상자에 '대기 중인 소프트웨어 업데이트 모두 설치'가 보이면 이를 체크하고 컴퓨터를 종료하자. 그러면 잠깐 설치를 진행한 후 Server 가상머신이 종료된다.

Step 16

DVD를 제거한다.

16-1 VMware Player를 다시 실행해 왼쪽의 [Server]를 선택하고 오른쪽 아래의 [Edit virtual machine settings]를 클릭한다.

16-2 [virtual machine settings] 창 [Hardware] 탭 왼쪽 아래의 [CD/DVD (SATA)]를 선택하고 오른쪽의 'Connect at power on'의 체크를 해제한 후 'Use physical drive'를 선택한다. [OK] 버튼을 클릭해 설정을 마친다.

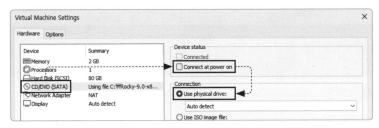

그림 3-67 DVD 제거하기

설정이 완료된 Server 가상머신을 스냅숏한다.

17-0 VMware Player가 실행되고 있으면 모두 종료한다.

17-1 VMware Player는 무료이므로 스냅숏 기능이 없다고 1장에서 언급한 바 있다. 그러므로 이번 단계에서는 VMware Workstation Pro를 사용한다. VMware Workstation Pro를 실행한다.

17-2 [File] – [Open] 메뉴를 클릭해 C:\Rocky9\Server 폴더의 Server.vmx 파일을 선택해 연다.

그림 **3-68** VMware Workstation Pro에서 파일 열기

17-3 [VM] – [Snapshot] – [Snapshot Manager] 메뉴를 클릭한다.

17-4 [Server – Snapshot Manager] 창이 나타나면 [Take Snapshot] 버튼을 클릭해 [Server – Take Snapshot] 창을 띄운다. [Name]에 '설정 완료'라고 입력한 후 [Take Snapshot] 버튼을 클릭하면 화면에 [설정 완료]라는 스냅숏이 생성된다. [Close] 버튼을 클릭해 스냅숏 생성을 완료한다.

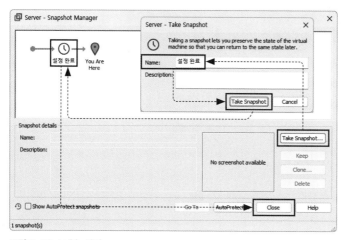

그림 **3-69** 스냅숏 설정

17-5 스냅숏이 완료되었다. VMware Workstation Pro의 [File] – [Close Tab] 메뉴를 클릭해 Server 가상머신을 닫고 VMware Workstation Pro를 종료한다.

Step 18

가상머신을 스냅숏했으므로 다양한 테스트가 가능하다. 마음 놓고 사고(?)를 쳐 본다.

18-1 VMware Player를 실행해서 Server 가상머신을 부팅하고 로그인 화면에서 [목록에 없습니까?]를 클릭한 후 계정에는 'root', 비밀번호에는 'password'를 입력해 로그인한다.

18-2 터미널을 열고 다음 명령을 입력해 중요한 파일을 삭제하고 재부팅한다.

```
rm  -rf  /boot        → 부팅을 위한 중요한 디렉터리(폴더) 삭제
reboot                → 컴퓨터 재부팅
```

```
[root@localhost ~]# rm  -rf  /boot
[root@localhost ~]#
[root@localhost ~]# reboot
```

그림 3-70 심각한 사고 유발

18-3 Server 가상머신이 정상적으로 부팅되지 않는다. **Step 17**에서 스냅숏(백업)하지 않았다면 Rocky Linux를 처음부터 다시 설치해야 하는 상황이다.

```
error: ../../grub-core/fs/fshelp.c:257:file '/boot/grub2/i386-pc/normal.mod' not
found.
Entering rescue mode...
grub rescue> _
```

그림 3-71 부팅이 안 되는 Server 가상머신

18-4 VMware Player를 닫는다. 종료 관련 대화상자가 나오면 [Power Off] 버튼을 클릭한다.

Step 19

스냅숏한 데이터를 이용해 가상머신을 초기화하는 연습을 한다.

19-0 VMware Workstation Pro를 실행한다. 이때 VMware Player는 완전히 종료되어 있어야 한다.

19-1 [File] – [Open] 메뉴를 클릭해 C:\Rocky9\Server 폴더의 Server.vmx 파일을 연다.

그림 3-72 VMware Workstation Pro에서 파일 열기

19-2 [VM] – [Snapshot] – [Snapshot Manager] 메뉴를 클릭한다. [Server – Snapshot Manager] 창에서 [설정 완료]를 선택한 후 [Go To] 버튼을 클릭한다. 대화상자가 나오면 [Yes] 버튼을 클릭한다.

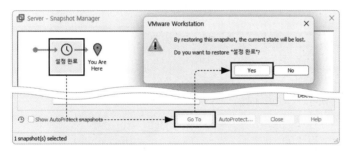

그림 3-73 스냅숏으로 가상머신 초기화

19-3 [File] – [Close Tab] 메뉴를 클릭해 가상머신을 닫는다. 그리고 VMware Workstaion Pro도 완전히 종료한다.

19-4 VMware Player를 실행해 Server 가상머신을 부팅한다. 만약 가상머신 목록에 [Server]가 보이지 않으면 [Player] – [File] – [Open] 메뉴를 클릭해 C:\Rocky9\Server 폴더를 연다.

19-5 만약 다음과 같은 대화상자가 나온다면 반드시 제일 왼쪽의 [I Moved It] 버튼을 클릭한다. 실수로 [I Copied It] 버튼을 클릭하거나 그냥 `Enter` 를 눌렀다면 **19-1**로 돌아가 가상머신을 다시 초기화해야 한다.

그림 3-74 가상머신을 복사할 때 나오는 대화상자

19-6 이제 Server 가상머신이 정상적으로 부팅이 된다. [목록에 없습니까?]를 클릭한 후 계정에는 'root', 비밀번호에는 'password'을 입력해 로그인한다.

19-7 오른쪽 위 전원(⏻) – [컴퓨터 끄기 / 로그아웃] – [컴퓨터 끄기]를 클릭한다. [컴퓨터 끄기] 대화상자에서 [컴퓨터 끄기] 버튼을 클릭해 Server 가상머신을 종료한다.

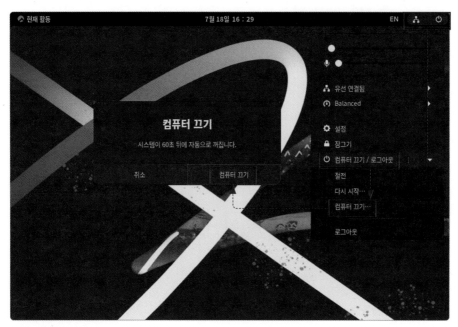

그림 3-75 컴퓨터 끄기

Step 20

가상머신을 초기화하는 또 다른 방법은 Q&A 카페(https://cafe.naver.com/thisisLinux) [교재 자료실]에서 필자가 배포하는, 운영체제까지 모두 설치된 가상머신을 다운로드해 압축을 풀고 사용하는 것이다 (**Step 19**를 따라 가상머신을 무사히 초기화했다면 **Step 20**을 따라할 필요는 없다).

NOTE ▶ 이번 단계는 Rocky Linux 9가 잘 설치되지 않거나 기존의 스냅숏한 가상머신이 없을 때 따라하면 된다. 필자가 배포하는, 설치가 완료된 가상머신은 이 책에서 설명한 것과 완전히 동일한 환경으로 구성된 가상머신이다.

20-1 호스트 컴퓨터에서 Q&A 카페(https://cafe.naver.com/thisisLinux)에 접속한다.

20-2 [교재 자료실]에서 '[Rocky Linux 9] Rocky Linux 9이 설치된 가상머신'을 클릭해 해당 파일을 다운로드한다. 파일명은 Server 가상머신이 Rocky9_Server.exe, Server(B) 가상머신이 Rocky9_Server(B).exe, Client 가상머신이 Rocky9_Client.exe로 되어 있다.

20-3 다운로드한 파일을 실행하고 [설치] 버튼을 클릭한다. C:\Rocky9\가상머신이름 폴더에 압축이 풀리도록 기본 설정이 되어 있다. 필요하다면 폴더를 변경해도 된다. 만약 기존에 파일이 있다는 메시지가 나오면 [모두 예] 버튼을 클릭해 파일을 덮어쓴다.

NOTE ▶ 필자가 Q&A 카페에서 배포하는 가상머신 파일은 PC 메모리가 8GB인 컴퓨터를 기준으로 Server에 2048MB, Server(B)에 512MB, Client에 2048MB의 메모리 용량을 할당했다.

20-4 VMware Player를 실행해 해당 가상머신을 클릭하고 부팅한다. 가상머신이 보이지 않는다면 [Player] – [File] – [Open] 메뉴를 클릭해 C:\Rocky9\가상머신이름\가상머신이름.vmx 파일을 연다.

20-5 만약 다음과 같은 대화상자가 나온다면 반드시 제일 왼쪽의 [I Moved It] 버튼을 클릭하자. 실수로 [I Copied It] 버튼이나 그냥 [Enter]를 눌렀다면 **20-3**으로 돌아가 파일을 다시 실행한다. 즉, 가상머신 파일의 압축부터 다시 풀어야 한다는 의미다.

그림 3-76 가상머신의 압축을 풀고 처음 실행할 때 나오는 대화상자

20-6 이제 Server 가상머신이 정상적으로 부팅된다. 로그인 화면에서 [목록에 없습니까?]를 클릭한 후 계정에는 'root', 비밀번호에는 'password'을 입력해 로그인한다.

20-7 터미널을 실행해 **ping –c 5 www.google.com** 명령을 입력한다. 다음과 같은 응답 메시지가 뜨면 네트워크 설정이 잘 된 것이다.

그림 3-77 네트워크 정상 작동 확인

NOTE ▶ 만약 ping이 응답하지 않는다면 49쪽 1장 실습 5의 내용이 제대로 설정되지 않았기 때문일 수도 있다.

일시 정지^{Suspend} 기능을 사용한다.

21-1 [현재 활동] – 작업 표시줄의 'Firefox' 실행 아이콘을 클릭한 후 웹 브라우저로 아무 웹사이트에 접속한다.

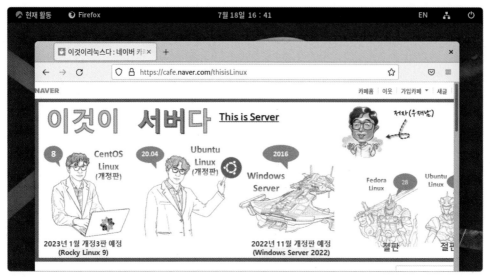

그림 3-78 Firefox 웹 브라우저 실행

21-2 VMware Player의 [Player] – [Power] – [Suspend Guest] 메뉴를 클릭한다. 대화상자가 나타나면 [Yes] 버튼을 클릭한다.

그림 3-79 가상머신의 일시 정지

21-3 VMware Player 초기 화면의 왼쪽 목록에서 해당 가상머신을 선택하면 오른쪽에 일시 정지한 시점의 화면이 보인다. 다시 [Play virtual machine]을 클릭하면 일시 정지한 부분부터 다시 가동된다. 일시 정지한 부분을 복원해야 하므로 가동까지 시간이 조금 걸릴 수 있다.

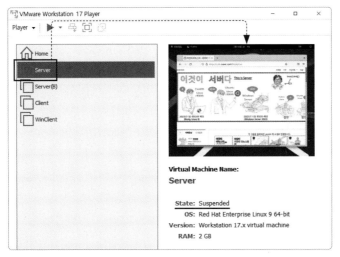

그림 3-80 일시 정지된 가상머신

NOTE ▶ 일시 정지 상태의 가상머신에는 하드웨어를 추가하거나 변경할 수 없다. 즉, [Edit virtual machine settings]를 클릭해도 현재 하드웨어가 보일 뿐 변경할 수는 없다. 정상적으로 종료된 상태의 가상머신만 하드웨어 변경을 할 수 있다.

21-4 가상머신이 켜지면 오른쪽 위 전원(⏻) – [컴퓨터 *끄기* / 로그아웃] – [컴퓨터 *끄기*] – 대화상자의 [컴퓨터 *끄기*] 버튼을 클릭해 가상머신을 종료한다.

3.1.2 Server(B) 가상머신에 Rocky Linux 설치하기

Server(B) 가상머신은 Server 가상머신과 달리 X 윈도를 사용하지 않고 텍스트 모드로 사용한다. 그래서 빨리 설치할 수 있고 상당히 가볍게 사용할 수 있다.

> **❗ 여기서 잠깐** **X 윈도 시스템**
>
> X 윈도 시스템(줄여서 'X 윈도'라고도 부른다)은 대부분의 리눅스/유닉스에 보편적으로 사용되는 그래픽 환경 기반의 시스템 소프트웨어로 1984년 미국 MIT에서 최초 공개했다.

Windows의 경우 그래픽 환경이 운영체제 그 자체라고 해도 무방할 정도다. 즉, Windows에 그래픽 환경이 없다면 사용하기 어렵다는 뜻이다. 하지만 리눅스의 X 윈도는 하나의 응용 프로그램일 뿐 필수 요소는 아니다. 그래서 아직도 많은 리눅스/유닉스 서버는 X 윈도 없이 텍스트 모드로만 사용된다. 텍스트 모드로 사용할 때 얻을 수 있는 가장 큰 장점은 적은 컴퓨터 자원을 사용해 고성능의 서비스를 제공할 수 있다는 점이다.

실습 2

Rocky Linux를 텍스트 모드로 Server(B) 가상머신에 설치하자.

Step 0

Server(B) 가상머신의 설치 과정은 Server 가상머신의 설치 과정과 비슷하다.

Step 1

VMware Player를 실행하고 [VMware Workstaion 17 Player] 창에서 [Server(B)]를 선택한 후 [Edit virtual machine settings]를 클릭한다. [Virtual Machine Settings] 창에서 [CD/DVD (SATA)]를 선택하고 'Connect at power on'을 체크한다. 그리고 'Use ISO image file'을 선택하고 [Browse] 버튼을 클릭해 앞선 실습에서 다운로드했던 Rocky-9.0-x86_64-dvd.iso 파일을 불러온다. 끝으로 [OK] 버튼을 클릭한다.

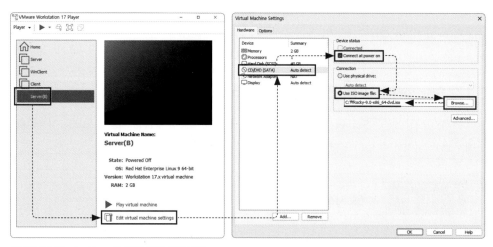

그림 3-81 Rocky Linux 9 DVD ISO 파일 선택

Server(B) 가상머신을 부팅하고 Rocky Linux 9를 설치한다.

2-0 [VMware Workstation 17 Player] 창에서 [Server(B)]를 선택하고 [Play virtual machine]을 클릭한다.

2-1 Rocky Linux 9의 설치가 시작된다. 가상머신 안을 클릭해 마우스 초점을 가상머신으로 옮긴 후 `1`를 눌러서 첫 번째 줄의 [Install Rocky Linux 9.0]을 선택하고 `Enter`를 누른다.

그림 3-82 Server(B) 가상머신 설치 1

2-2 잠시 기다리면 언어 선택 화면이 나온다. Server(B) 가상머신은 텍스트 모드로 사용할 것이므로 [English] – [English (United States)]를 선택하고 [Continue] 버튼을 클릭한다.

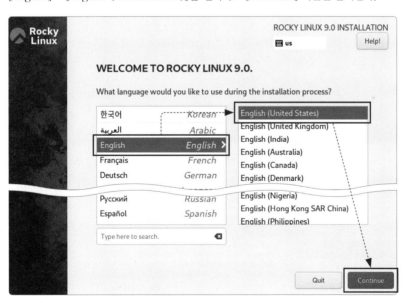

그림 3-83 Server(B) 가상머신 설치 2

NOTE 텍스트 모드에서는 한글을 입출력할 수 없으므로 사용 언어로 영어를 선택한 것이다.

[INSTALLATION SUMMARY]에서 몇 가지 설정을 진행한다.

3-1 [INSTALLATION SUMMARY]에서 [Keyboard]는 'English (US)'로, [Language Support]도 'English (United States)'로, [Time & Date]는 'Asia/Seoul timezone'으로 설정되었는지 확인한다. 또한 [Installation Source]는 'Local media'로, [Network & Host Name]은 'Wired (ens160) connected'로 설정되었는지도 확인한다. 만약 다음 그림과 같이 설정되지 않았다면 우선 각 항목을 다음 그림과 동일한 설정 상태로 만든 후 [Software Selection]을 클릭한다.

그림 3-84 Server(B) 가상머신 설치 3

3-2 [SOFTWARE SELECTION]의 [Base Environment]를 보면 'Server with GUI'가 선택되어 있는데 이를 'Minimal Install'로 변경하고 [Done] 버튼을 클릭한다.

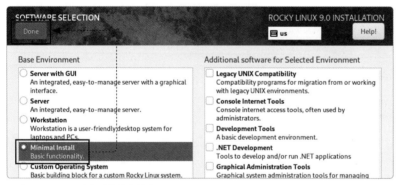

그림 3-85 Server(B) 가상머신 설치 4

NOTE▶ [Base Environment]에서 'Minimal Install'을 선택하면 최소한의 패키지만 갖춘 텍스트 모드로 설치된다. 이 책에서는 필요한 패키지가 있을 때마다 추가로 설치해서 사용한다.

3-3 [INSTALLATION SUMMARY]의 [Installation Destination]을 보면 'Automatic partitioning'이라고 적혀 있다. 설치할 파티션을 지정해야 하므로 [Installation Destination]을 클릭한다.

그림 3-86 Server(B) 가상머신 설치 5

3-4 [INSTALLATION DESTINATION]의 [Local Standard Disks]에서는 1장에서 장착한 40GB 크기의 하드디스크가 그림으로 표시된다. 하드디스크 그림을 천천히 2회 클릭한다. 처음 클릭하면 하드디스크가 파란색으로 변하면서 선택되고, 두 번째로 클릭하면 하드디스크 그림 위에 ✔가 표시된다. 이 상태에서 [Storage Configuration]의 'Custom'을 선택한 후 [Done] 버튼을 클릭한다.

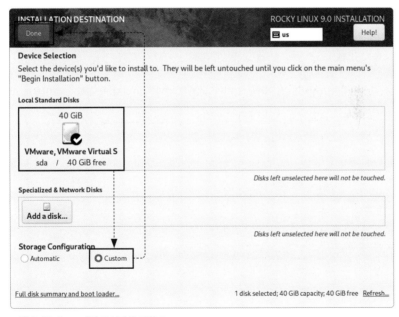

그림 3-87 Server(B) 가상머신 설치 6

3-5 [MANUAL PARTITIONING]에서 [New Rocky Linux 9.0 Installation]의 드롭다운 버튼을 클릭해 'Standard Partition'을 선택하고 아래쪽의 [+] 버튼을 클릭한다. [ADD A NEW MOUNT POINT] 창이 나타나면 [Mount Point] 드롭박스에서 가상 메모리로 사용되는 'swap'을 선택하고, [Desired Capacity] 에는 '4G'를 입력한다. 그리고 [Add mount point] 버튼을 클릭한다.

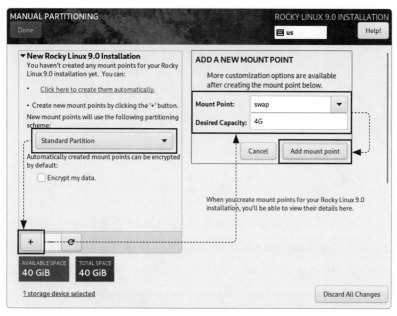

그림 3-88 Server(B) 가상머신 설치 7

3-6 다시 [+] 버튼을 클릭해 이번에는 [Mount Point] 드롭박스에서 '/'를 선택하고, [Desired Capacity] 는 비워 두고 [Add mount point] 버튼을 클릭한다. 그러면 4GB를 제외한 나머지 메모리 용량이 루트 파 티션(/)에 할당된다.

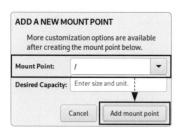

그림 3-89 Server(B) 가상머신 설치 8

3-7 다음 그림과 같이 설정되었는지 확인하고 [Done] 버튼을 클릭해 설정을 마친다. [SUMMARY OF CHANGES] 대화상자가 나오면 [Accept Changes] 버튼을 클릭한다.

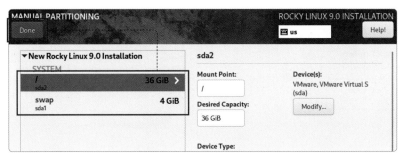

그림 3-90 Server(B) 가상머신 설치 9

3-8 다시 [INSTALLATION SUMMARY]가 나오면 아래쪽으로 스크롤한 다음 [UESR SETTINGS] 아래의 [Root Password]를 클릭한다.

그림 3-91 Server(B) 가상머신 설치 10

3-9 기억하기 쉽게 [Root Password]에 'password'라고 입력하자. 그리고 아래쪽 'Lock root account'를 체크 해제하고 'Allow root SSH login with password'를 체크한다. 그런 후 [Done] 버튼을 2회 클릭한다.

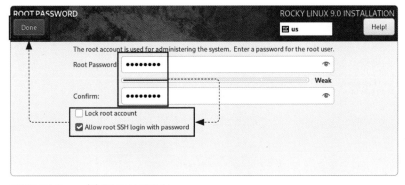

그림 3-92 Server(B) 가상머신 설치 11

3-10 다시 [INSTALLATION SUMMARY]가 나타난다. [UESR SETTINGS]를 살펴보면 [Root Password] 아래쪽에 [User Creation]이 추가되었음을 알 수 있다. 이를 클릭한다.

그림 3-93 Server(B) 가상머신 설치 12

3-11 [CREATE USER]에서 [Full name]과 [Password], [Confirm password]에 'rocky'라고 입력하고 [Done] 버튼을 2회 클릭한다.

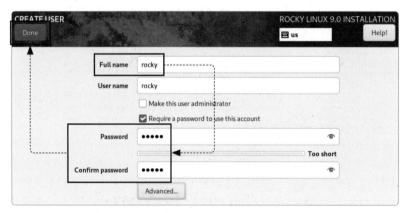

그림 3-94 Server(B) 가상머신 설치 13

3-12 [INSTALLATION SUMMARY]가 다시 나오면 오른쪽 아래의 [Begin Installation] 버튼을 클릭해 설치를 진행한다.

그림 3-95 Server(B) 가상머신 설치 14

설치가 진행된다. 완료되면 시스템을 재부팅한다.

4-1 이제 한동안 설치가 진행되며 설치 진행 상황이 보인다.

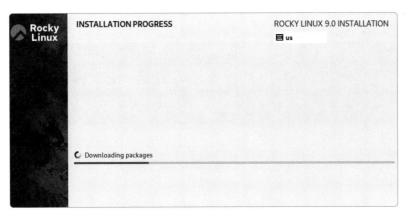

그림 3-96 Server(B) 가상머신 설치 진행 1

4-2 설치가 완료되었다. [Reboot System] 버튼을 클릭해 재부팅한다.

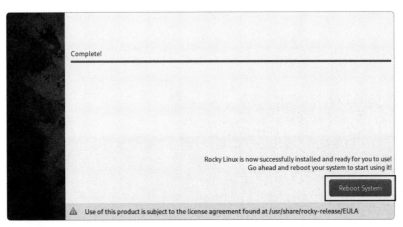

그림 3-97 Server(B) 가상머신 설치 진행 2

컴퓨터가 재부팅되면 추가 설정을 진행한다.

5-1 부팅 화면이 나온다. 몇 초를 기다리거나 첫 번째 행이 선택된 상태에서 그냥 Enter 를 누르면 부팅이 진행된다.

5-2 텍스트 환경의 로그인 화면이 나온다. 앞으로 Server 가상머신과 마찬가지로 root 사용자로 접속해 Server(B) 가상머신을 사용한다. 'localhost login:'에 'root'를 입력하고 Enter 를 누른다. 그리고 'Password:'에는 'password'를 입력하고 Enter 를 누른다. 입력하는 비밀번호는 화면에 나타나지 않으므로 그냥 입력하고 Enter 를 누르자. 정상적으로 로그인되었다면 'Password:' 아래에 '[root@localhost ~]#'가 표시된다.

```
Rocky Linux 9.0 (Blue Onyx)
Kernel 5.14.0-70.13.1.el9_0.x86_64 on an x86_64

localhost login: root
Password:
[root@localhost ~]#
```

그림 3-98 Server(B) 가상머신 초기 부팅

NOTE ▶ 설치 중에 root의 비밀번호를 실수로 대문자 'PASSWORD'로 지정했다면 Caps lock 을 누르고 'PASSWORD'라고 입력해 로그인한다.

Step 6

dnf 명령을 사용해 소프트웨어를 설치할 때 최신 버전이 아닌, Rocky Linux 9를 설치했을 당시의 버전이 설치되도록 설정을 변경한다.

6-1 다음 명령을 입력해 필수 프로그램 몇 가지를 먼저 설치한다. 가장 마지막에 'Complete!'라는 메시지가 나오면 패키지가 무사히 설치된 것이다.

```
dnf -y install nano bind-utils net-tools wget unzip bzip2
```

```
[root@localhost ~]#
[root@localhost ~]# dnf -y install nano bind-utils net-tools wget unzip bzip2
Rocky Linux 9 - BaseOS                                                              1.4 MB/s | 1.7 MB     00:01
Rocky Linux 9 - AppStream                                                           2.1 MB/s | 6.0 MB     00:02
Rocky Linux 9 - Extras                                                              3.4 kB/s | 3.1 kB     00:00
Dependencies resolved.
====================================================================================================================
 Package               Architecture        Version                            Repository          Size
====================================================================================================================
Installing:
 bind-utils            x86_64              32:9.16.23-1.el9                    appstream          202 k
 bzip2                 x86_64              1.0.8-8.el9                         baseos              52 k
 nano                  x86_64              5.6.1-5.el9                         baseos             694 k
 net-tools             x86_64              2.0-0.62.20160912git.el9           baseos             292 k
 unzip                 x86_64              6.0-56.el9                          baseos             180 k
 wget                  x86_64              1.21.1-7.el9                        appstream          769 k
Installing dependencies:
 bind-libs             x86_64              32:9.16.23-1.el9                    appstream          1.2 M
 bind-license          noarch              32:9.16.23-1.el9                    appstream           15 k
 fstrm                 x86_64              0.6.1-3.el9                         appstream           27 k
 libmaxminddb          x86_64              1.5.2-3.el9                         appstream           33 k
 libuv                 x86_64              1:1.42.0-1.el9                      appstream          149 k
 protobuf-c            x86_64              1.3.3-12.el9                        baseos              35 k

Transaction Summary
====================================================================================================================
Install  12 Packages

Total download size: 3.6 M
Installed size: 12 M
Downloading Packages:
Rocky Linux 9 - BaseOS                                     100% [==============================] 975  B/s | 363  B     00:00 ETA
```

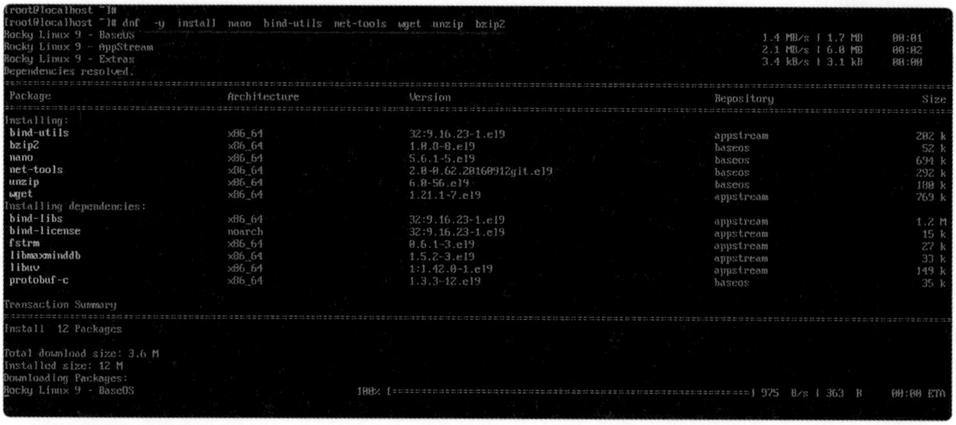

그림 3-99 관련 패키지 설치

6-2 다음 명령을 차례대로 입력한다. 이 명령에 관해서는 4장에서 자세히 설명한다. 지금은 우선 입력만 하자.

```
cd /etc/yum.repos.d/                              → 디렉터리(폴더) 이동
rm -f *.repo                                      → 파일 삭제
ls                                                → 아무것도 없는 것을 확인
wget http://download.hanbit.co.kr/rocky/9/This.repo → This.repo 파일을 다운로드
ls
```

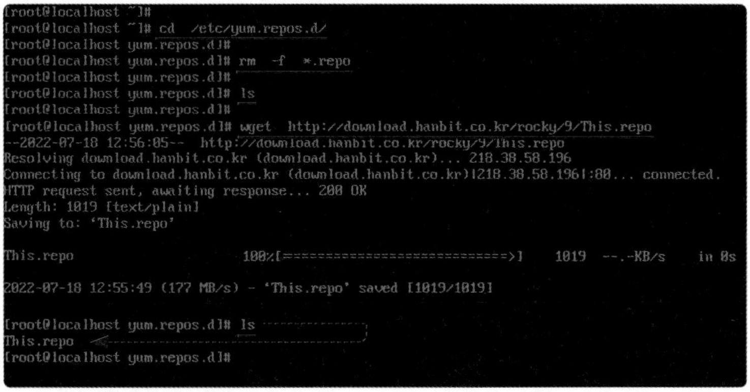

그림 3-100 dnf 저장소 설정 1

6-3 dnf clean all 명령을 입력해 기존의 저장소 기록을 지운다.

그림 3-101 dnf 저장소 설정 2

Step 7

52쪽 **표 1-4**를 참조해 Server(B) 가상머신의 IP 주소를 192.168.111.200으로 변경한다.

7-1 다음 명령을 입력한다. 이 명령을 입력하면 네트워크 설정 파일인 ens○○○.nmconnection이 열린다.

```
cd /etc/NetworkManager/system-connections/   → 네트워크 설정 파일이 저장된 디렉터리로 이동
ls                                           → ens○○○.nmconnection 파일 확인
                                               (필자는 ens160.nmconnection)
nano ens○○○.nmconnection                     → 앞에서 확인한 파일을 편집
```

```
[root@localhost yum.repos.d]#
[root@localhost yum.repos.d]# cd  /etc/NetworkManager/system-connections/
[root@localhost system-connections]#
[root@localhost system-connections]# ls
ens160.nmconnection
[root@localhost system-connections]# nano  ens160.nmconnection
```

그림 3-102 네트워크 설정 1

7-2 nano 에디터는 Windows의 메모장과 비슷하다. [ipv4]의 내용을 Server(B) 가상머신에 고정IP를
할당하는 다음 코드로 수정한다. 그런 후 Ctrl + X 를 누르고 Y , Enter 를 차례대로 눌러서 파일을 저장
하고 nano 에디터를 종료한다.

```
[ipv4]
method=manual
address1=192.168.111.200/24,192.168.111.2  → address1(숫자 일)이며 24뒤는 콤마(,)
dns=192.168.111.2
```

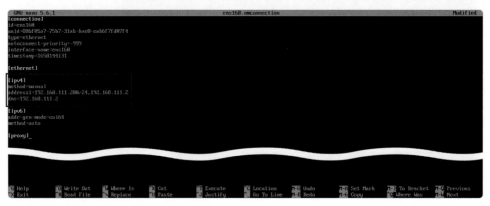

그림 3-103 네트워크 설정 2

7-3 다음 명령을 입력해 설정한 내용을 적용하고 컴퓨터를 재부팅한다.

```
nmcli connection down 장치이름      → 네트워크 장치 중지(필자는 ens160)
nmcli connection up 장치이름        → 네트워크 장치 시작
reboot                             → 컴퓨터 재부팅
```

```
[root@localhost system-connections]#
[root@localhost system-connections]# nmcli  connection  down  ens160
Connection 'ens160' successfully deactivated (D-Bus active path: /org/freedesktop/NetworkManager/ActiveConnection/1)
[root@localhost system-connections]#
[root@localhost system-connections]# nmcli  connection  up  ens160
Connection successfully activated (D-Bus active path: /org/freedesktop/NetworkManager/ActiveConnection/2)
[root@localhost system-connections]#
[root@localhost system-connections]# reboot
```

그림 3-104 네트워크 설정 3

7-4 부팅 되면 'root', 'password'를 입력해 로그인한다.

7-5 ifconfig ens160 명령을 입력해 네트워크 정보를 확인한다.

```
[root@localhost ~]#
[root@localhost ~]# ifconfig ens160
ens160: flags=4163<UP,BROADCAST,RUNNING,MULTICAST>  mtu 1500
        inet 192.168.111.200  netmask 255.255.255.0  broadcast 192.168.111.255
        inet6 fe80::20c:29ff:fee7:7cf5  prefixlen 64  scopeid 0x20<link>
        ether 00:0c:29:e7:7c:f5  txqueuelen 1000  (Ethernet)
        RX packets 15  bytes 1714 (1.6 KiB)
        RX errors 0  dropped 0  overruns 0  frame 0
        TX packets 26  bytes 2036 (1.9 KiB)
        TX errors 0  dropped 0  overruns 0  carrier 0  collisions 0

[root@localhost ~]#
```

그림 3-105 네트워크 설정 4

7-6 ping −c 5 www.google.com 명령으로 인터넷에 접속되는지 확인한다.

```
[root@localhost ~]#
[root@localhost ~]# ping  -c  5  www.google.com
PING www.google.com (142.250.66.68) 56(84) bytes of data.
64 bytes from hkg12s27-in-f4.1e100.net (142.250.66.68): icmp_seq=1 ttl=128 time=50.2 ms
64 bytes from hkg12s27-in-f4.1e100.net (142.250.66.68): icmp_seq=2 ttl=128 time=50.5 ms
64 bytes from hkg12s27-in-f4.1e100.net (142.250.66.68): icmp_seq=3 ttl=128 time=51.1 ms
64 bytes from hkg12s27-in-f4.1e100.net (142.250.66.68): icmp_seq=4 ttl=128 time=66.6 ms
64 bytes from hkg12s27-in-f4.1e100.net (142.250.66.68): icmp_seq=5 ttl=128 time=50.7 ms

--- www.google.com ping statistics ---
5 packets transmitted, 5 received, 0% packet loss, time 4006ms
rtt min/avg/max/mdev = 50.210/53.803/66.626/6.417 ms
[root@localhost ~]# _
```

그림 3-106 네트워크 설정 5

NOTE ▶ 만약 인터넷에 접속되지 않는다면 ens160.nmconnection 파일의 글자가 틀렸거나, 49쪽 1장 실습 5의 설정이 제대로 되지 않았기 때문일 수 있다. 글자가 맞는지, 또 설정이 제대로 되었는지 다시 확인하자.

Step 8

리눅스의 보안 기능인 SELinux를 끈다.

8-1 다음 명령을 입력해 SELinux 기능을 끈다. 성공적으로 명령이 적용되었다면 아무 메시지도 나타나지 않는다.

```
grubby  --update-kernel  ALL  --args  selinux=0
```

```
[root@localhost ~]#
[root@localhost ~]# grubby  --update-kernel  ALL  --args  selinux=0
[root@localhost ~]#
```

그림 3-107 SELinux 기능 끄기

8-2 reboot 명령을 입력해 재부팅한다.

8-3 재부팅이 완료되면 다시 'root', 'password'를 입력해 로그인한다.

8-4 sestatus 명령을 입력해 SELinux의 작동 여부를 확인한다. SELinux가 정상적으로 꺼졌다면 다음 그림처럼 'SELinux status:'에 'disabled'가 표시된다.

```
[root@localhost ~]#
[root@localhost ~]# sestatus
SELinux status:                 disabled
[root@localhost ~]#
```

그림 3-108 SELinux가 꺼진 상태

Step 9

텍스트 모드를 사용할 때 적합한 800×600으로 해상도를 변경한다.

9-1 nono /etc/default/grub 명령을 입력해 grub 파일을 nano 에디터로 연다.

```
[root@localhost ~]#
[root@localhost ~]# nano /etc/default/grub
```

그림 3-109 해상도 조절 1

9-2 6행 끝에 'vga=771'를 입력한다. 여기서 '771'은 800×600 해상도를 의미한다.

```
GNU nano 5.6.1                               /etc/default/grub                              Modified
1 GRUB_TIMEOUT=5
2 GRUB_DISTRIBUTOR="$(sed 's, release .*$,,g' /etc/system-release)"
3 GRUB_DEFAULT=saved
4 GRUB_DISABLE_SUBMENU=true
5 GRUB_TERMINAL_OUTPUT="console"
6 GRUB_CMDLINE_LINUX="crashkernel=1G-4G:192M,4G-64G:256M,64G-:512M resume=UUID=8ad034da-ba89-4ecd-ba89-55c7c7dcadb6 selinux=0 vga=771"
7 GRUB_DISABLE_RECOVERY="true"
8 GRUB_ENABLE_BLSCFG=true
```

그림 3-110 해상도 조절 2

NOTE ▶ 이 그림처럼 nano 에디터에서 행 번호를 표시하려면 Shift + Alt + 3 을 누르면 된다. 다시 누르면 행 번호가 사라진다.

9-3 Ctrl + X 를 누르고 Y , Enter 를 차례대로 눌러 파일을 저장하고 nano 에디터를 종료한다. 그리고 다음 명령을 입력해 설정한 내용을 적용한다.

```
grub2-mkconfig  -o  /boot/grub2/grub.cfg
```

```
[root@localhost ~]#
[root@localhost ~]# grub2-mkconfig  -o  /boot/grub2/grub.cfg
[  676.982806] device-mapper: core: CONFIG_IMA_DISABLE_HTABLE is disabled. Duplicate IMA measurements will not be recorded in the IMA log.
[  676.982674] device-mapper: uevent: version 1.0.3
[  676.983102] device-mapper: ioctl: 4.45.0-ioctl (2021-03-22) initialised: dm-devel@redhat.com
Generating grub configuration file ...
Adding boot menu entry for UEFI Firmware Settings ...
done
[root@localhost ~]#
```

그림 3-111 해상도 조절 3

9-4 reboot 명령을 입력해 재부팅한다. 'root', 'password'를 입력해 로그인한다. 해상도가 800×600으로 변경되었다.

```
Rocky Linux 9.0 (Blue Onyx)
Kernel 5.14.0-70.13.1.el9_0.x86_64 on an x86_64

localhost login: root
Password:
Last login: Mon Jul 18 15:40:46 on tty1
[root@localhost ~]#  _
```

그림 3-112 해상도 조절 4

9-5 halt -p 명령을 입력해 시스템을 종료한다.

Step 10

DVD를 제거하고 38쪽 **표 1-3**을 참고해 메모리 용량을 조정한다.

10-1 VMware Player를 다시 실행해서 [Server(B)]를 선택하고 [Edit virtual machine settings]를 클릭한다.

10-2 [Virtual Machine Settings] 창이 나타난다. 호스트 컴퓨터의 메모리가 8GB라면 [Memory]를 선택하고 [Memory for this virtual machine]에 '512'를 입력한다. 만약 호스트 컴퓨터의 메모리가 12GB 이상이라면 기본값인 '2048'을 그대로 사용하자.

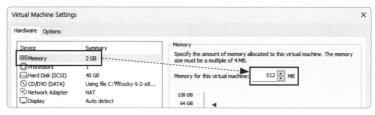

그림 3-113 메모리 조절

10-3 [CD/DVD (SATA)]를 선택하고 'Connect at power on'을 체크 해제한 후 'Use physical drive'를 선택한다. [OK] 버튼을 클릭해 설정을 마친다.

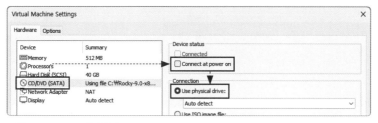

그림 3-114 DVD 제거하기

설정이 완료된 Server(B) 가상머신을 스냅숏한다.

11-1 VMware Player가 실행되고 있다면 완전히 종료한 후 VMware Workstation Pro를 실행한다.

11-2 VMware Workstation Pro의 [File] - [Open] 메뉴를 클릭하고 C:\Rocky9\Server(B) 폴더의 Server (B).vmx 파일을 연다.

그림 3-115 VMware Workstation Pro에서 파일 열기

11-3 [VM] − [Snapshot] − [Snapshot Manager] 메뉴를 클릭한다.

11-4 [Server(B) - Snapshot Manager] 창에서 [Take Snapshot] 버튼을 클릭한 후 [Name]에 '설정 완료'라고 입력하고 [Take Snapshot] 버튼을 클릭한다. 화면에 [설정 완료]라는 스냅숏이 생성된다. [Close] 버튼을 눌러서 스냅숏을 완료한다.

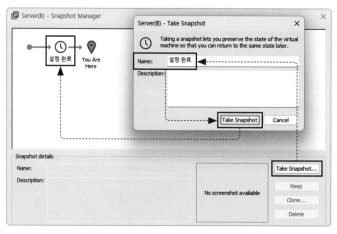

그림 3-116 스냅숏 설정

11-5 스냅숏이 완료되었다. [File] - [Close Tab] 메뉴를 클릭해 Server(B) 가상머신을 닫고 VMware Workstation Pro를 종료한다.

3.1.3 Client 가상머신에 Rocky Linux 설치하기

이어서 Client 가상머신에 Rocky Linux 9를 설치한다. Client 가상머신의 설치 과정은 앞서 설치했던 Server 가상머신의 설치 과정과 상당히 비슷하다. 따라서 여기서는 차이점 위주로 설명한다. Server 가상머신과 Client 가상머신 설치 과정의 큰 차이점은 Client 가상머신은 고정 IP가 아닌 동적 IP를 사용하고, 자동 설정으로 디스크 파티션을 구성한다는 점이다. 또한 root가 아닌 rocky 사용자, 즉 일반 사용자로 접속해 Client 가상머신을 사용한다는 차이점도 있다.

실습 3

Rocky Linux 9를 Client 가상머신에 설치하자. Server 가상머신의 설치 과정과 동일한 내용의 일부 그림을 생략했다. 만약 이해가 가지 않는 내용이 있다면 실습 1을 참고하자.

Step 1

VMware Player를 실행하고 [VMware Workstation 17 Player] 창에서 [Client]를 선택한 후 [Edit virtual machine settings]를 클릭한다. [Virtual Machine Settings] 창에서 [CD/DVD (SATA)]를 선택하고 'Connect at power on'을 체크한다. 그리고 'Use ISO image file'을 선택하고 [Browse] 버튼을 클릭해 앞선 실습에서 다운로드했던 Rocky-9.0-x86_64-dvd.iso 파일을 불러온다. 끝으로 [OK] 버튼을 클릭한다.

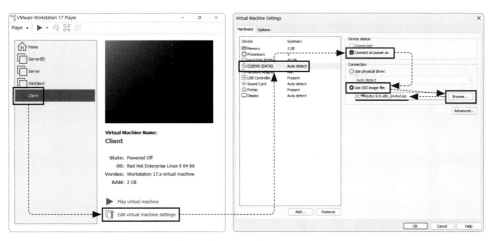

그림 3-117 Rocky Linux 9 DVD ISO 파일 선택

Client 가상머신을 부팅하고 Rocky Linux 9를 설치한다.

2-0 [VMware Workstation 17 Player] 창에서 [Client]를 선택하고 [Play virtual machine]을 클릭한다.

NOTE ▶ 만약 [Removable Devices] 대화상자가 나오면 [OK] 버튼을 클릭해 닫는다. 노트북의 카메라 등의 장치를 가상머신과 연결할 것인지를 묻는 대화상자인데 이 책의 실습에서는 해당 기능을 사용할 필요가 없으므로 그냥 닫는 것이다.

2-1 Rocky Linux 9의 설치가 시작된다. 가상머신 안을 클릭해 마우스 초점을 가상머신으로 옮긴 후 ⬆ 를 눌러서 첫 번째 줄의 [Install Rocky Linux 9.0]을 선택하고 Enter 를 누른다.

2-2 잠시 초기 설정이 진행된다.

2-3 언어 선택 화면이 나오면 왼쪽 목록에서 [한국어]를, 오른쪽 목록에서 [한국어 (대한민국)]을 선택하고 [계속 진행] 버튼을 클릭한다.

[설치 요약]에서 몇 가지 설정을 진행한다.

3-1 [설치 요약]에서 [키보드]는 '한국어'로, [언어 지원]도 '한국어 (대한민국)'으로 설정되어 있는지 확인한다. 또 [시간과 날짜]는 '아시아/서울 시간대'로, [설치 원천]은 '로컬 미디어'로, [네트워크와 호스트 이름]은 '유선으로 (ens160)에 연결됨'으로 설정되었는지 확인한다. 만약 다음 그림과 같이 설정되지 않았다면 우선 각 항목을 다음 그림과 동일한 설정 상태로 만들고 [소프트웨어 선택]을 클릭한다.

그림 3-118 Client 가상머신 설치 1

3-2 [소프트웨어 선택]의 [기본 환경]을 보면 '서버 – GUI 사용'이 선택되어 있는데 이를 '워크스테이션'로 변경하고 [완료] 버튼을 클릭한다.

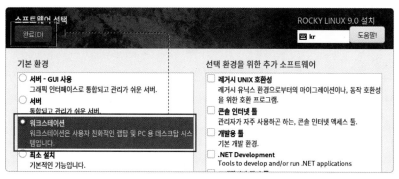

그림 3-119 Client 가상머신 설치 2

3-3 [설치 요약]의 [설치 목적지]을 보면 '자동 파티션이 선택됨'이라고 적혀 있다. 설치할 파티션을 지정해야 하므로 [설치 목적지]를 클릭한다.

3-4 [설치 목적지]의 [로컬 표준 디스크]에서는 1장에서 장착한 40GB 크기의 하드디스크가 그림으로 표시된다. 하드디스크 그림을 천천히 2회 클릭한다. 처음 클릭하면 하드디스크가 파란색으로 변하면서 선택되고, 두 번째로 클릭하면 하드디스크 그림 위에 ✔가 표시된다. 이 상태에서 [저장소 구성]의 '자동 설정'을 선택한 후 [완료] 버튼을 클릭한다.

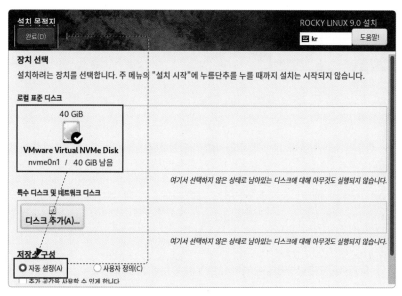

그림 3-120 Client 가상머신 설치 3

3-5 다시 [설치 요약]이 나오면 아래쪽으로 스크롤한 다음 [사용자 설정] 아래의 [root 비밀번호]를 클릭한다.

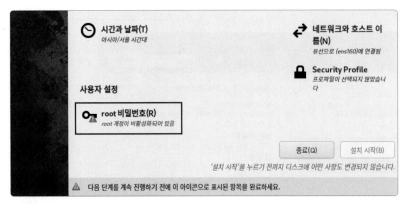

그림 3-121 Client 가상머신 설치 4

3-6 Server 및 Server(B) 가상머신과 동일하게 [root 비밀번호]와 [root 비번확인]에 'password'라고 입력한다. 그리고 아래쪽 'root 계정을 잠금'을 체크 해제하고 'root가 비밀번호로 SSH 로그인 하도록 허용'을 체크한다. 그런 후 [완료] 버튼을 2회 클릭한다.

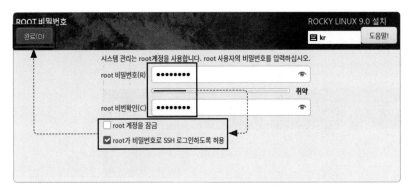

그림 3-122 Client 가상머신 설치 5

3-7 다시 [설치 요약]이 나오면 오른쪽 아래의 [설치 시작] 버튼이 활성화된다. 이 버튼을 클릭해 설치를 진행한다.

Step 4

설치가 진행된다. 완료되면 시스템을 재부팅한다.

4-1 이제 한동안 설치가 진행된다. 컴퓨터의 성능에 따라서 수 분에서 수십 분이 걸린다.

4-2 설치가 완료되었다. [시스템 재시작] 버튼을 클릭해 재부팅한다.

컴퓨터가 재부팅되면 추가 설정을 진행한다.

5-1 부팅 화면이 나온다. 몇 초를 기다리거나 첫 번째 행이 선택된 상태에서 그냥 [Enter]를 누르면 부팅이 진행된다.

5-2 [설정] 창에 'Rocky Linux 9.0 사용을 환영합니다!'라는 메시지가 나타나면 [설정 시작] 버튼을 클릭한다.

5-3 [개인 정보] 창이 나오면 기본 설정 내용을 그대로 두고 [다음] 버튼을 클릭한다.

5-4 [온라인 계정 연결] 창에서도 별다른 설정을 하지 않은 채로 [건너뛰기] 버튼을 클릭한다.

5-5 [사용자 정보] 창에서 새로운 사용자를 생성해야 한다. [전체 이름]에 'rocky'를 입력하고 [다음] 버튼을 클릭한다.

5-6 [암호 지정] 창의 [암호]와 [확인]에 전체 이름과 동일하게 'rocky'를 입력하고 [다음] 버튼을 클릭한다.

5-7 [설치 완료] 창이 나타나면 '모두 끝났습니다!' 메시지 아래쪽의 [Rocky Linux 시작] 버튼을 클릭한다.

5-8 [Welcome to Rocky Linux] 대화상자가 나타나면 [괜찮습니다] 버튼을 클릭해 다음 단계로 넘어간다.

Step 6

Rocky Linux 9에 root 사용자로 로그인한다.

6-1 Rocky Linux 9의 초기 화면이 나온다.

6-2 게스트 컴퓨터를 재부팅한다. 오른쪽 위 전원 − [컴퓨터 끄기 / 로그아웃] − [다시 시작]을 클릭한다. [다시 시작] 대화상자에서 '대기 중인 소프트웨어 업데이트 설치'를 체크 해제하고 [다시 시작] 버튼을 클릭한다.

6-3 재부팅된 화면에서 [목록에 없습니까?]를 클릭한다.

6-4 입력 칸이 나타나면 'root'를 입력하고 [Enter]를 누른다.

6-5 또 다른 입력 칸이 나타나면 'password'를 입력하고 [Enter]를 눌러 로그인한다.

Rocky Linux 9는 백그라운드로 새로운 패키지를 자동 업데이트하도록 설정되어 있다. 이 자동 업데이트 기능을 끈다.

7-1 왼쪽 위의 [현재 활동]을 클릭한 다음 작업 표시줄에서 '터미널' 실행 아이콘을 클릭한다.

7-2 터미널에서 다음 명령을 차례로 입력해 자동 업데이트 기능을 끈다. 앞 두 명령의 결과로는 아무 메시지도 나오지 않으며, 세 번째 명령의 결과로는 'Removed /etc/systemd/system/timers.target.wants/makecache.timer.'라는 메시지가 나온다.

```
gsettings  set  org.gnome.software  download-updates  false
systemctl  disable  dnf-makecache.service
systemctl  disable  dnf-makecache.timer
```

이제 Rocky Linux 9의 소프트웨어가 자동 업데이트되지 않으므로 시간이 지나도 책의 모든 설정과 동일한 상태로 실습할 수 있다.

dnf 명령을 사용해 소프트웨어를 설치할 때 최신 버전이 아닌 Rocky Linux 9를 설치했을 당시의 버전이 설치되도록 설정을 변경한다.

8-1 터미널에 다음 명령을 차례대로 입력한다.

```
cd /etc/yum.repos.d/                                    → 디렉터리(폴더) 이동
rm -f *.repo                                            → 파일 삭제
wget http://download.hanbit.co.kr/rocky/9/This.repo    → This.repo 파일을 다운로드
ls
```

```
[root@localhost ~]# cd  /etc/yum.repos.d/
[root@localhost yum.repos.d]#
[root@localhost yum.repos.d]# rm  -f  *.repo
[root@localhost yum.repos.d]#
[root@localhost yum.repos.d]# wget  http://download.hanbit.co.kr/rocky/9/This.repo
--2022-07-19 12:35:34--  http://download.hanbit.co.kr/rocky/9/This.repo

[root@localhost yum.repos.d]# ls
This.repo
[root@localhost yum.repos.d]#
```

그림 3-123 dnf 저장소 설정

8-2 **dnf clean all** 명령을 입력해 기존의 저장소 기록을 지우고 **exit** 명령을 입력해 터미널을 닫는다.

Step 9

원활한 한글 입력을 위해 몇 가지 항목을 설정한다.

9-1 바탕 화면에서 마우스 오른쪽 버튼을 클릭한 후 [설정]을 클릭한다.

9-2 [설정] 창 왼쪽에서 아래로 약간 스크롤해서 [키보드]를 선택하고 [입력 소스]의 [+] 버튼을 누른다. [입력 소스 추가] 창이 나타나면 [영어 (미국)] – [영어 (미국식)]을 선택하고 [추가] 버튼을 클릭한다.

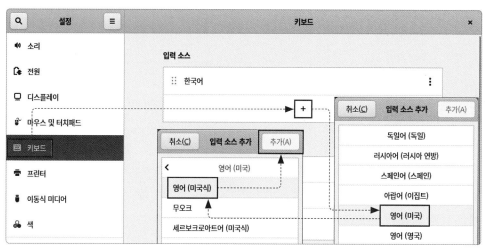

그림 3-124 한글 설정 1

9-3 [입력 소스] 중에서 [한국어] 오른쪽의 더 보기(⋮)를 클릭하고 '제거'를 클릭한다. 이러면 한국어가 제거된다.

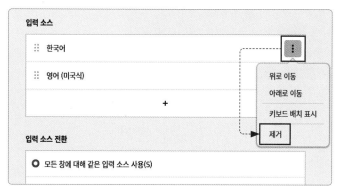

그림 3-125 한글 설정 2

9-4 다시 [입력 소스]의 [+] 버튼을 클릭해 [한국어] – [한국어 (Hangul)]을 선택하고 [추가] 버튼을 클릭한다. 그리고 [설정] 창을 닫는다.

그림 3-126 한글 설정 3

9-5 먼저 [Windows] + [Space]를 몇 번 누르자. 그리고 [Shift] + [Space]를 누르면 이제부터는 한/영이 잘 전환된다. 왼쪽 위 [현재 활동]을 클릭하고 작업 표시줄에서 '터미널' 실행 아이콘을 클릭한 후 한글을 입력해 보자. 한/영 전환은 [Shift] + [Space]를 누르면 된다. 당연히 한글 명령은 없으므로 명령을 찾을 수 없다는 메시지가 나온다.

그림 3-127 한글 입력 확인

Step 10

해상도를 영구히 1024×768로 변경한다.

10-1 터미널을 실행한 후 **gedit /etc/default/grub** 명령을 입력해 gedit 에디터로 grub 파일을 연다.

10-2 6행의 끝 부분에 다음과 같이 'vga=773'을 추가한다. 그리고 파일을 저장하고 에디터를 닫는다. 참고로 '773'은 1024×768 해상도를 의미한다.

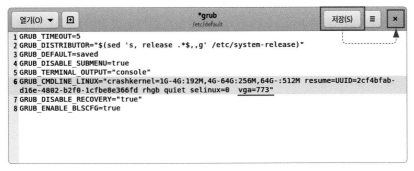

그림 3-128 해상도 영구 설정

10-3 다음 명령을 입력해 설정한 내용을 적용한다.

```
grub2-mkconfig  -o  /boot/grub2/grub.cfg
```

10-4 reboot 명령을 입력한다. 이제 재부팅해도 해상도가 1024×768로 고정된다. 로그인 화면에서 [목록에 없습니까?]를 클릭한 후 계정에는 'root'. 비밀번호에는 'password'를 입력해 root 사용자로 접속한다.

Step 11 ──────────────────────────

그놈 소프트웨어의 자동 업데이트 기능을 끈다.

11-1 바탕 화면에서 마우스 오른쪽 버튼을 클릭하고 [설정]을 클릭한다.

11-2 [설정] 창의 왼쪽 가장 아래의 [정보]를 선택하고 오른쪽 가장 아래의 [소프트웨어 업데이트]를 클릭한다.

11-3 오른쪽 위의 메뉴(☰) – [업데이트 기본 설정]을 클릭하면 나타나는 [업데이트 기본 설정] 창의 모든 항목을 비활성화한다. 그리고 오른쪽 위의 [x]를 연속 클릭해 모든 창을 닫는다.

Step 12 ──────────────────────────

root 사용자로 Client 가상머신에 접속하지 못하도록 설정한다.

12-1 터미널을 연 후 **gedit /etc/pam.d/gdm-password** 명령을 입력한다. 이러면 gedit 에디터로 gdm-password 파일이 열린다.

12-2 gdm-password 파일 5행쯤의 빈 줄에 다음 코드를 추가한다. 입력이 끝나면 [저장] 버튼을 클릭하고 gedit 에디터를 닫는다.

```
auth  required  pam_succeed_if.so  user  !=  root  quiet
```

```
열기(O) ▼    ⊞              *gdm-password              저장(S)    ≡    ×
                              /etc/pam.d
 1 auth      [success=done ignore=ignore default=bad] pam_selinux_permit.so
 2 auth         substack     password-auth
 3 auth         optional     pam_gnome_keyring.so
 4 auth         include      postlogin
 5 auth         required     pam_succeed_if.so  user  !=  root  quiet
 6 account      required     pam_nologin.so
 7 account      include      password-auth
 8
 9 password     substack      password-auth
10 -password    optional      pam_gnome_keyring.so use_authtok
11
12 session      required     pam_selinux.so close
13 session      required     pam_loginuid.so
14 session      optional     pam_console.so
15 session      required     pam_selinux.so open
16 session      optional     pam_keyinit.so force revoke
17 session      required     pam_namespace.so
```

그림 3-129 root 사용자의 로그인을 거부하도록 설정

12-3 reboot 명령을 입력해 재부팅한다.

Step 13

root 사용자 접속이 안 되는지 확인한다.

13-1 로그인 화면에서 [목록에 없습니까?]를 클릭하고 계정에는 'root', 암호에는 'password'을 입력한다. 이러면 '죄송합니다. 암호 인증이 동작하지 않았습니다. 다시 시도 하십시오.'라는 메시지가 뜨면서 root 사용자로 로그인이 되지 않는다.

그림 3-130 root 사용자로 Client 가상머신 로그인 실패

13-2 [Esc]를 몇 번 누른 후 로그인 화면에서 [rocky]를 클릭하고 [암호]에 'rocky'를 입력해 로그인한다.

Step 14

rocky 사용자 환경으로 Client 가상머신을 원활히 사용하기 위한 몇 가지 항목을 추가 설정한다.

14-1 바탕 화면에서 마우스 오른쪽 버튼을 클릭한 후 [설정]을 클릭한다.

14-2 왼쪽의 [개인 정보]를 선택하고 이어서 [화면 잠금]을 선택한다. 오른쪽의 [화면 잠금]에서 [빈 화면 지연 시간]의 드롭다운 버튼을 클릭해 '안 함'을 선택하고 [자동 화면 잠금]과 [알림 표시 및 화면 잠그기]를 비활성화한다.

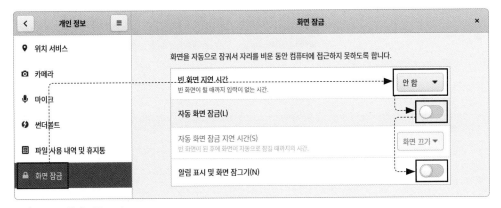

그림 3-131 화면 잠금 끄기

14-3 [x]를 클릭해 [설정] 창을 닫는다.

Step 15

Server 가상머신과 구별될 수 있도록 Client 가상머신의 배경화면을 변경한다.

15-1 바탕 화면에서 마우스 오른쪽 버튼을 클릭한 후 [배경 바꾸기]를 클릭한다.

15-2 [설정] 창이 열리면 오른쪽의 [배경]에서 현재 배경과 다른 아무 배경을 선택하고 오른쪽 위 [x]를 클릭해 [설정] 창을 닫는다.

NOTE▶ 오른쪽 위 [사진 추가] 버튼을 클릭하면 원하는 사진을 불러와 배경화면으로 사용할 수 있다. 다양한 배경화면을 원한다면 https://www.gnome-look.org에 접속한 후 [Wallpaper Gnome]를 살펴보자.

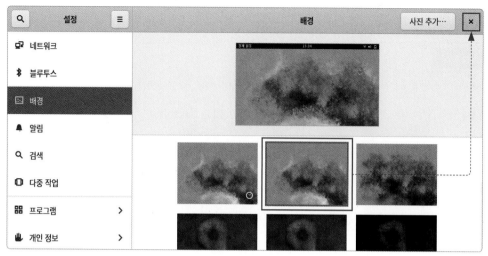

그림 3-132 바탕 화면 변경 1

15-3 바탕 화면의 배경이 바뀌었다.

그림 3-133 바탕 화면 변경 2

rocky 사용자가 Client 가상머신에 자동 로그인되도록 설정한다.

NOTE▶ 보안상의 이유로 서버용 리눅스에는 자동 로그인 기능을 설정하지 않는 것을 권장한다.

16-1 터미널을 실행하고 **su** 명령을 입력한다. '암호:'가 나타나면 'password'를 입력해 root 권한을 취득한다. 그리고 **gedit /etc/gdm/custom.conf** 명령을 입력해 gedit 에디터로 custom.conf 파일을 연다.

그림 3-134 rocky 사용자로 자동 로그인 설정 1

NOTE▶ 만약 터미널에 '(gedit:3297) dconf-WARNING **: '과 같은 메시지가 나온다면 그냥 무시하자.

16-2 custom.conf 파일의 '[daemon]' 부분에 다음 2줄의 코드를 입력한 후 파일을 저장하고 gedit 에디터를 종료한다.

```
AutomaticLoginEnable=True
AutomaticLogin=rocky              → 자동 로그인할 사용자 계정
```

그림 3-135 rocky 사용자로 자동 로그인 설정 2

16-3 **reboot** 명령을 입력해 재부팅하면 별도의 절차 없이 rocky 사용자로 자동 로그인된다.

16-4 오른쪽 위 전원(⏻)을 클릭하고 [컴퓨터 끄기 / 로그아웃] – [컴퓨터 끄기]를 클릭하고 [컴퓨터 끄기] 버튼을 클릭해 Client 가상머신을 종료한다.

DVD를 제거하고 38쪽 **표 1-3**을 참고해 메모리 용량을 조정한다.

17-1 VMware Player를 다시 실행해 [Client]를 선택하고 [Edit virtual machine settings]를 클릭한다.

17-2 [Virtual Machine Settings] 창이 나타난다. 호스트 컴퓨터의 메모리가 8GB라면 [Memory]를 선택하고 [Memory for this virtual machine]에 '1024'를 입력한다. PC의 총 메모리가 12GB 이상이라면 이상이라면 기본값인 '2048'을 그대로 사용하자.

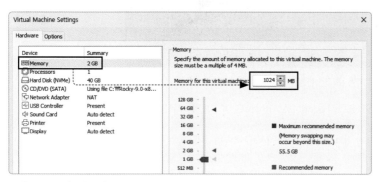

그림 3-136 메모리 조절

17-3 [CD/DVD (SATA)]를 선택하고 'Connect at power on'을 체크 해제한 후 'Use physical drive'를 선택한다. [OK] 버튼을 클릭해 설정을 마친다.

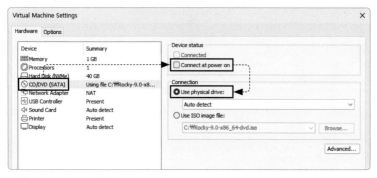

그림 3-137 DVD 제거하기

설정이 완료된 Client 가상머신을 스냅숏한다.

18-1 VMware Player가 실행되고 있다면 완전히 종료한 후 VMware Workstation Pro를 실행한다.

18-2 [File] – [Open] 메뉴를 클릭하고 C:\Rocky9\Client\ 폴더의 Client.vmx 파일을 연다.

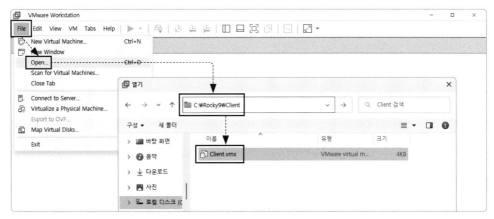

그림 3-138 VMware Workstation Pro에서 파일 열기

18-3 [VM] – [Snapshot] – [Snapshot Manager] 메뉴를 선택한다.

18-4 [Client – Snapshot Manager] 창에서 [Take Snapshot] 버튼을 클릭한 후 [Name]에 '설정 완료'라고 입력하고 [Take Snapshot] 버튼을 클릭한다. 화면에 [설정 완료]라는 스냅숏이 생성된다. [Close] 버튼을 눌러서 스냅숏을 완료한다.

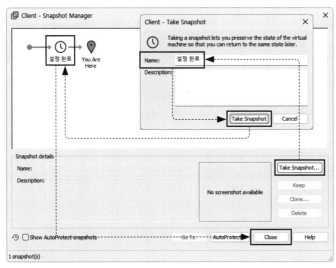

그림 3-139 스냅숏 설정

18-5 스냅숏이 완료되었다. [File] – [Close Tab] 메뉴를 선택해서 Clinet 가상머신을 닫고 VMware Workstation Pro를 종료한다.

3.2 WinClient 가상머신에 Windows 설치

이 책의 후반부에서 네트워크 서버 구축 실습을 진행한다. 이때 Windows 클라이언트에서 리눅스로 접속해야 하는 상황이 종종 발생하는데 Windows 클라이언트를 가상머신에 미리 설치해 놓으면 향후 실습을 편리하게 진행할 수 있다.

NOTE ▶ 이 책은 Windows 클라이언트를 소개하는 책이 아니기에 Windows 설치 방법까지 상세히 설명하지는 않는다. 만약 Windows 설치에 어려움을 겪는다면 이 책의 동영상 강의를 참고하자.

실습 4 ▶

Windows 클라이언트를 설치하자.

Step 0

필자는 Microsoft사의 웹사이트에서 Windows 10 Enterprise 평가판(90일 사용)을 다운로드해 사용한다. 만약 Windows 10 Home, Professional, Ultimate 등의 정품 Windows가 있다면 그 제품을 사용해도 된다.

0-1 이 책을 집필하는 시점에서는 https://www.microsoft.com/ko-kr/evalcenter/evaluate-windows-10-enterprise에서 Windows 10 Enterprise 평가판을 다운로드할 수 있었지만, 시간이 지남에 따라 다운로드 링크가 바뀌어 다운로드를 하지 못할 수도 있다. 링크가 변경된 경우 Q&A 카페 (https://cafe.naver.com/thisisLinux) [교재 자료실]에 변경된 링크를 올려 두겠다.

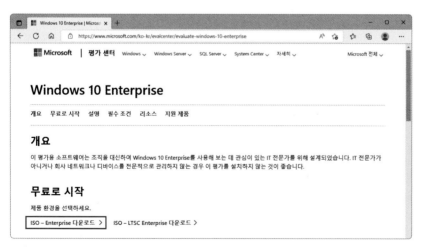

그림 3-140 Windows 10 Enterprise 평가판 다운로드 1

0-2 한국어 ISO-Enterprise 64bit 버전을 다운로드한다. 이 책에서는 집필 시점 최신 버전인 19044 .1288.211006-0501.21h2_release_svc_refresh_CLIENTENTERPRISEEVAL_OEMRET_x64FRE_ ko-kr.iso(약 5.0GB)를 사용한다. 시간이 지남에 따라 버전이 업데이트되어 파일명이 달라질 수 있다. 하 지만 실습을 진행하는 데는 큰 문제가 없으므로 그냥 사용하면 된다.

그림 3-141 Windows 10 Enterprise 평가판 다운로드 2

NOTE▶ 필자가 이 책을 집필하는 시점에는 별도의 로그인 절차 없이 적당한 정보만 입력하면 Windows 10 Enterprise 평가판을 다운로드할 수 있었지만, 시간이 지남에 따라 Windows 10 Enterprise 평가판을 다운로드할 때 Microsoft 계정(또는 Windows Live ID 및 MSN ID)이 필요할 수도 있다. Microsoft 계정 등록은 무료이므로 로그인 필요하다면 계정을 생성하고 다운로드하자.

Step 1 ────────────────────────────────────

WinClient 가상머신에 다운로드한 ISO 파일을 넣고 부팅하면 설치가 진행된다. 대부분의 설정을 기본 상 태로 두고 [다음] 버튼을 누른다. 별로 어려운 내용은 없으므로 자세한 설명은 생략한다.

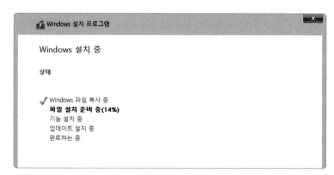

그림 3-142 Windows 10 Enterprise 평가판 설치 진행 화면

NOTE▶ WinClient 가상머신에 Windows가 잘 설치되지 않는다면 1장 실습 1의 Step 8에서 WinClient 가상머신 을 생성할 때 리눅스용으로 잘못 설정했기 때문일 수도 있다. 그러므로 WinClient 가상머신을 다시 만들자. 이때 가상 머신의 종류를 [Windows 10 x64]으로 설정하자. 아니면 Q&A 카페(https://cafe.naver.com/thisisLinux) [교재 자 료실]의 '[Rocky 9] 운영체제 설치전 가상머신'에서 WinClient 가상머신 파일을 다운로드해 사용해도 된다.

Windows 10 Enterprise 평가판 설치가 완료된 후 부팅된 WinClient 가상머신의 화면, 즉 [WinClinet –
VMware Workstation 17 Player] 창의 [Player] – [Manager] – [Install VMware Tools] 메뉴를 클릭해
VMware Tools를 설치한다. 만약 설치가 되지 않는다면 WinClient 가상머신 안의 파일 탐색기를 열고 D:
폴더에 있는 setup64.exe 파일을 실행한다.

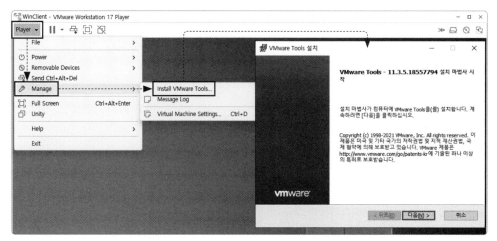

그림 3-143 VMware Tools 설치 화면

NOTE▶ VMware Tools는 가상머신 사용에 필요한 여러 드라이버(Driver) 파일을 자동으로 설치해 주는 프로그램
으로 VMware 프로그램 안에 설치된 Windows를 부드럽게 사용할 수 있게 도와준다.

DVD를 제거하고 38쪽 **표 1-3**을 참고해 메모리 용량을 조정한다.

3-0 WinClient 가상머신을 완전히 종료한다.

3-1 VMware Player를 다시 실행해서 [Server(B)]를 선택하고 [Edit virtual machine settings]를 클릭
한다.

3-2 [virtual machine settings] 창이 나타난다. 호스트 컴퓨터의 메모리가 8GB라면 [Memory]를 선택하
고 [Memory for this virtual machine]에 '1024'를 입력한다. 만약 호스트 컴퓨터의 메모리가 12GB 이상
이라면 기본값인 '2048'을 그대로 사용하자.

3-3 [CD/DVD (SATA)]를 선택하고 'Connect at power on'을 체크 해제한 후 'Use physical drive'를
선택한다. [OK] 버튼을 클릭해 설정을 마친다.

WinClient 가상머신도 '설정 완료'라는 이름으로 스냅숏한다. 앞서 3개의 실습을 통해 스냅숏 기능의 사용법을 익혔으므로 복습한다는 마음으로 스냅숏을 직접해 보자. 스냅숏한 후 WinClient 가상머신을 종료한다.

NOTE ▶ 리눅스와 달리 Windows는 평가판에도 라이선스가 있다. 따라서 Windows가 설치된 가상머신을 Q&A 카페에 업로드할 수 없다. 이 점 양해 바란다.

이상으로 향후 실습에 사용할 3대의 가상머신에 Rocky Linux 9를 설치하고 네트워크 및 필요한 항목을 모두 설정했다. 또한 가상머신을 설정이 완료된 상태로 백업(스냅숏)까지 했다.

지금까지 실습한 Rocky Linux DVD ISO 파일을 이용한 설치 외에도 규모가 크거나 시스템의 안정성을 조금 더 추구해야 하는 상황에서 유용하게 사용할 수 있는 설치 방법도 있다. 만약 100대의 컴퓨터에 동시에 Rocky Linux 9를 설치해야 하는데 모든 컴퓨터에 DVD나 USB 장치가 없다면 어떻게 할 것인가?

이러한 고급 설치 방법은 책의 후반부에서 설명하는 여러 가지 네트워크 서버 관련 지식을 배워야만 구현할 수 있으므로 제일 마지막 장인 19장에 수록했다. 여기에 더해 6장에서는 RAID를 배운 후 RAID 장치에 Rocky Linux를 설치하는 실습도 진행한다.

여기까지가 1부다. 1부에서는 리눅스의 기본 개념을 알아보고 리눅스를 설치했다. 2부에서는 리눅스 서버를 구축하고 관리할 때 알아야하는 핵심 개념을 배운다.

Part

02

Rocky Linux 기본 개념 및 리눅스 관리자의 기본 역할

2부에서는 관리자로서 리눅스를 운영할 때 필요한 기본 내용을 학습한다. 우선 관리자가 알아야 할 필수 개념과 명령어들을 익히고, 일반 사용자의 편의성을 높이기 위해 X 윈도를 활용하는 방법도 알아본다.

이어서 디스크를 추가하고 여러 개의 디스크를 운영하는 RAID에 대해서 학습한다. 마지막으로 리눅스를 운영할 때 강력한 도움이 되는 셸 스크립트 프로그래밍을 코딩과 함께 실습한다.

Chapter 04

서버를 구축하는 데 알아야 할 필수 개념과 명령

리눅스 명령은 옵션까지 모두 포함해 수천 개가 넘을 정도로 많다. 이러한 명령을 다 외운다는 것은 거의 불가능하며 외울 필요도 없다. 목적에 맞게 명령을 사용하면서 자연스럽게 익히는 게 좋은 학습 방법이다. 그러므로 이 책에서는 자주 사용하는 명령을 실행하면서 익히는 방식으로 학습을 진행한다. 그럼에도 최소한 알아야 할 개념과 기본 명령은 있다. 4장에서는 이 책의 목적인 서버 구축 간 알아야 하는 최소한의 개념과 리눅스 필수 명령을 설명한다. 유닉스나 리눅스를 많이 사용해 본 독자라면 대부분의 내용을 그냥 읽어 보기만 해도 괜찮지만, 처음 리눅스를 접하는 독자라면 명령을 꼭 한 번씩은 따라서 입력하자.

학습목표

●
이 장의
핵심 개념

4장에서는 서버를 구축할 때 알아야 하는 최소 개념과 리눅스 필수 명령을 익힌다. 리눅스를 처음 다루는 독자라면 자세히 학습해야 한다. 4장에서 학습하는 핵심 개념은 다음과 같다.

- 리눅스 시작과 종료 방법, 가상 콘솔, 런레벨을 이해한다.
- 가장 많이 사용되는 vi 에디터의 사용법을 실습한다.
- CD/DVD/USB의 마운트 방법을 익힌다.
- 리눅스 필수 명령을 배운다
- 사용자 및 그룹에 대해 이해하고 이를 만들어 본다.
- 파일과 디렉터리의 소유권/허가권에 대해 이해한다.
- 리눅스용 프로그램을 설치하는 rpm 명령과 dnf 명령에 대해 이해한다.
- 네트워크 설정 개념과 관련 명령어를 학습한다.
- GRUB 부트로더에 대해 이해하고 직접 커널 컴파일을 해 본다.

●
이 장의
학습 흐름

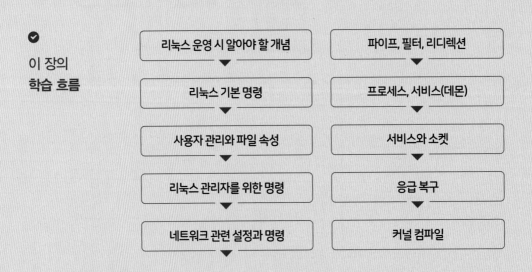

4.1 리눅스를 운영하는 데 알아야 할 개념

리눅스 기본 명령을 익히기 전에 리눅스를 운영하는 데 필요한 기본 개념과 최소 사용법을 먼저 배우겠다. 이미 3장에서 Rocky Linux를 설치하고 설정하는 과정에서 일부 기능을 사용했다. 이번에는 리눅스의 핵심 개념을 확실히 익히자.

4.1.1 시스템 시작과 종료

리눅스를 시작하려면 당연히 컴퓨터의 전원을 켜야 한다. 3장에서 Rocky Linux를 설치한 Server와 Client 가상머신을 부팅하면 X 윈도가 자동으로 실행된다.

X 윈도 환경에서 접속하려면 Server 가상환경에서는 root 사용자로 로그인해야 한다. Client 가상환경에서는 자동으로 rocky 사용자로 접속되므로 별다른 조치를 하지 않아도 된다. X 윈도로 접속한 후 시스템을 종료하는 2가지 방법을 살펴보자.

바탕 화면에서 전원(⏻)으로 종료

바탕 화면 오른쪽 위에 있는 전원(⏻) – [컴퓨터 *끄기 / 로그아웃*] – [컴퓨터 *끄기*] – [컴퓨터 *끄기*] 버튼을 클릭해 시스템을 종료할 수 있다. 이는 X 윈도 환경에서 시스템을 종료하는 가장 간단한 방법이다.

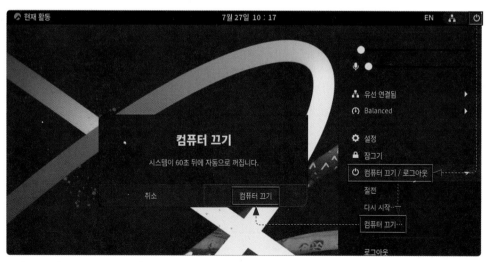

그림 4-1 X 윈도에서 시스템 종료(Server 가상머신)

터미널에서 시스템 종료 명령 실행

터미널에서 poweroff, shutdown –P now, halt –p 및 init 0 명령을 실행해 시스템을 종료할 수 있다. 여기서 –P 또는 –p 옵션은 시스템 종료를 의미하며 init 0의 의미는 잠시 후 설명한다.

그림 4-2 명령을 실행해 시스템 종료

> **！여기서 잠깐   대소문자 및 사용자 구분**
>
> 유닉스/리눅스에서는 대문자와 소문자를 명확히 구분한다는 점을 기억하자. 사소한 점이지만 이를 무시하면 실습이 원활하게 진행되지 않는다. 또 하나 기억할 점은 일반 사용자가 관리자 권한(root 사용자 권한)을 얻으려면 su – 또는 su 명령을 실행한 후 root 사용자의 비밀번호를 입력해야 한다는 것이다. 참고로 root 사용자와 일반 사용자를 구분하려면 프롬프트의 표식을 확인하면 된다. 표식이 #이면 root 사용자, $면 일반 사용자다.

shutdown 명령의 옵션 중 now 부분에 다음과 같이 시간을 지정하면 그 시간에 시스템을 종료한다.

```
# shutdown -P +10      → 10분 후에 종료(P: poweroff)
# shutdown -r 22:00    → 오후 10시에 재부팅(r: reboot)
# shutdown -c          → 예약된 shutdown 명령을 취소(c: cancel)
# shutdown -k +15      → 현재 접속한 사용자에게 15분 후에 종료된다는 메시지를 보내지만,
                         실제로 종료하지는 않음
```

4.1.2 시스템 재부팅

Rocky Linux를 재부팅하려면 **그림 4-1**에서 전원(⏻) – [컴퓨터 끄기 / 로그아웃] – [다시 시작]을 클릭한다. 또한 터미널에서 shutdown –r now, reboot, init 6 등의 명령을 실행해 시스템을 재부팅할 수 있다.

4.1.3 로그아웃

로그아웃은 시스템 종료와 의미가 다르다. 현재 사용자의 시스템 접속을 끝낸다는 뜻이지 시스템 자체를 종료한다는 의미가 아니다. 리눅스는 여러 명의 사용자가 동시에 접속해서 사용할 수 있는 다중 사용자Multi-User 시스템을 가지므로 자신만 접속을 끝내는 로그아웃 기능이 있는 것이다. 만약 관리자가 자신이 사용하지 않는다고 시스템 자체를 종료하면 시스템에 접속해 있던 다른 사용자는 작업 중에 컴퓨터가 종료되는 황당한 경험을 겪을 것이다.

X 윈도에서 로그아웃하려면 오른쪽 위 전원(🔘) – [컴퓨터 끄기 / 로그아웃] – [로그아웃]을 클릭한다. Server(B) 가상머신과 같은 텍스트 모드에서 로그아웃하려면 터미널에서 **logout** 또는 **exit** 명령을 실행한다.

그림 4-3 X 윈도에서 로그아웃

4.1.4 가상 콘솔

가상 콘솔을 가상의 모니터라고 생각하면 이해하기 쉽다. Rocky Linux는 총 6개의 가상 콘솔을 제공한다. 즉, 컴퓨터 1대에 모니터 6개가 연결된 효과를 낼 수 있다.

Server 가상머신을 부팅하면 X 윈도가 자동으로 실행된다. 이 X 윈도가 실행된 화면은 6개의 가상 콘솔 중 첫 번째라고 생각하면 된다. 나머지 5개의 가상 콘솔은 텍스트 모드로 실행된다. 각각의 가상 콘솔로 이동하는 단축키는 Ctrl + Alt + F1 ~ F6 이다. 현재는 2번 가상 콘솔을 보는 상태며 3번 가상 콘솔로 화면을 변경하려면 Ctrl + Alt + F3 을 누르면 된다. 다시 X 윈도 화면으로 돌아오려면 Ctrl + Alt + F2 을 눌러서 2번 가상 콘솔로 변경하면 된다. 자세한 내용은 잠시 후 실습에서 설명한다.

NOTE ▶ 리눅스 버전에 따라서 1번이 현재 X 윈도인 경우도 있고, 2번이 현재 X 윈도인 경우도 있다. 또한 이번에 진행할 실습 1은 VMware 프로그램과 Rocky Linux의 버전에 따른 충돌로 인해 제대로 실습이 진행되지 않을 수도 있다. 그럴 때는 가상 콘솔 변경 명령인 'chvt 가상콘솔번호'를 사용하자. 또한 이미 여러 번 언급했지만, 가상머신에서 호스트 OS로 초점을 이동하려면 Ctrl + Alt 를 누르면 된다.

━━ 실습 1 ▶ ━━

여러 명의 사용자가 동시에 리눅스에 접속해 있을 때 시스템이 어떻게 종료되는지 확인하자.

Step 0 ━━━

Server 가상머신을 실행한다.

NOTE ▶ 앞서 설명한 것처럼 버전에 따라 2번 가상 콘솔이 첫 번째 가상 콘솔로 표시되는 경우가 있다. 실습에서 사용 중인 Rocky Linux 9 역시 2번 가상 콘솔을 첫 번째 가상 콘솔로 인식하므로 Ctrl + Alt + F3 을 눌러서 나오는 3번 가상 콘솔은 두 번째 콘솔(3번 가상 콘솔)로 F4 를 눌러서 나오는 4번 가상 콘솔은 세 번째 콘솔로 취급하자.

Step 1 ━━━

shutdown 명령을 실행했을 때 다른 사용자에게는 어떤 메시지가 전달되는지 확인한다.

1-1 두 번째 가상 콘솔(root 사용자): Ctrl + Alt + F3 을 1초 정도 누른다. 그러면 텍스트 모드의 두 번째 가상 콘솔이 나온다. root 사용자(비밀번호는 'password')로 접속한다. root 사용자의 프롬프트는 #으로 표시된다. 화면을 살펴보면 두 번째 콘솔을 의미하는 'tty2'가 표시되어 있다.

```
Rocky Linux 9.0 (Blue Onyx)
Kernel 5.14.0-70.13.1.el9_0.x86_64 on an x86_64

Activate the web console with: systemctl enable --now cockpit.socket

localhost login: root
Password:
Last login: Wed Jul 27 11:49:07 on tty2
[root@localhost ~]#
```

그림 4-4 다중 사용자 환경에서 시스템 종료 1

1-2 세 번째 가상 콘솔(rocky 사용자): 이번에는 `Ctrl` + `Alt` + `F4`를 눌러 텍스트 모드의 세 번째 가상 콘솔이 나오도록 하고 rocky 사용자(비밀번호는 'rocky')로 접속한다. root 사용자 외의 다른 모든 사용자의 프롬프트는 $로 표시된다.

```
Rocky Linux 9.0 (Blue Onyx)
Kernel 5.14.0-70.13.1.el9_0.x86_64 on an x86_64

Activate the web console with: systemctl enable --now cockpit.socket

localhost login: rocky
Password:
Last login: Thu Jul 28 10:21:55 on tty4
[rocky@localhost ~]$ _
```

그림 4-5 다중 사용자 환경에서 시스템 종료 2

1-3 두 번째 가상 콘솔(root 사용자): 다시 `Ctrl` + `Alt` + `F3`을 누르고 시스템을 5분 후에 종료하는 **shutdown −h +5** 명령을 입력한다. 이러면 다음과 같이 5분 후에 종료된다는 메시지가 나온다.

```
[root@localhost ~]#
[root@localhost ~]# shutdown  -h  +5
Shutdown scheduled for Thu 2022-07-28 10:51:58 KST, use 'shutdown -c' to cancel.
[root@localhost ~]# _
```

그림 4-6 다중 사용자 환경에서 시스템 종료 3

1-4 세 번째 가상 콘솔(rocky 사용자): 다시 `Ctrl` + `Alt` + `F4`를 누르면 root 사용자로부터 5분 후 시간에 종료된다는 내용의 메시지가 왔다는 사실을 확인할 수 있다. `Enter`를 누르면 rocky 사용자는 현재 실행 중인 작업을 5분 동안 마무리할 수 있다. 참고로 이 경고 메시지는 매분 나타난다.

```
Rocky Linux 9.0 (Blue Onyx)
Kernel 5.14.0-70.13.1.el9_0.x86_64 on an x86_64

Activate the web console with: systemctl enable --now cockpit.socket

localhost login: rocky
Password:
Last login: Thu Jul 28 10:21:55 on tty4
[rocky@localhost ~]$
Broadcast message from root@localhost on tty3 (Thu 2022-07-28 10:46:58 KST):

The system is going down for poweroff at Thu 2022-07-28 10:51:58 KST!


[rocky@localhost ~]$ _
```

그림 4-7 다중 사용자 환경에서 시스템 종료 4

1-5 두 번째 가상 콘솔(root 사용자): 다시 [Ctrl] + [Alt] + [F3]을 누른다. 5분이 지나기 전에 **shutdown –c** 명령을 입력하면 예약된 shutdown 명령을 실행 취소할 수 있다. **shutdown –c** 명령을 입력한다.

```
[root@localhost ~]#
[root@localhost ~]# shutdown  -c
[root@localhost ~]#
```

그림 4-8 다중 사용자 환경에서 시스템 종료 5

1-6 세 번째 가상 콘솔(rocky 사용자): 다시 [Ctrl] + [Alt] + [F4]를 누르면 **shutdown** 명령의 실행이 취소 되었다는 메시지가 나타난다.

Step 2

이번에는 root 사용자가 시스템 유지 관리 등의 목적으로 시스템을 종료하지 않고 다른 사용자가 로그아웃 하도록 유도하는 **shutdown –k** 명령을 사용한다.

2-1 두 번째 가상 콘솔(root 사용자): 다시 [Ctrl] + [Alt] + [F3]을 누른 후 **shutdown –k +10** 명령을 입력 한다. 10분 후에 시스템이 종료된다는 메시지가 나오지만, 입력과 동시에 시스템 내부적으로 **shutdown** 명령의 실행이 취소된다. 그래서 시스템이 실제로 종료되지는 않는다.

```
[root@localhost ~]#
[root@localhost ~]# shutdown  -k  +10
Shutdown scheduled for Thu 2022-07-28 11:01:15 KST, use 'shutdown -c' to cancel.
[root@localhost ~]# _
```

그림 4-9 다중 사용자 환경에서 시스템 종료 6

2-2 세 번째 가상 콘솔(rocky 사용자): 다시 [Ctrl] + [Alt] + [F4]를 누르면 시스템이 종료된다는 메시지가 나온다(메시지가 계속 반복해서 나온다). 하지만 rocky 사용자는 이 메시지가 진짜로 종료된다는 건지 그냥 가짜로 종료된다는 건지 확인할 수 없으므로 빨리 현재 작업을 마무리하고 로그아웃하게 된다. [Enter]를 누르면 프롬프트가 나오고 현재 작업을 마무리할 수 있다.

```
[rocky@localhost ~]$
Broadcast message from root@localhost on tty3 (Thu 2022-07-28 10:53:15 KST):

The system is going down for poweroff at Thu 2022-07-28 11:01:15 KST!

Broadcast message from root@localhost on tty3 (Thu 2022-07-28 10:54:15 KST):

The system is going down for poweroff at Thu 2022-07-28 11:01:15 KST!
```

그림 4-10 다중 사용자 환경에서 시스템 종료 7

두 번째 가상 콘솔과 세 번째 가상 콘솔에서 모두 **logout** 명령을 입력해 로그아웃한 후 Ctrl + Alt + F2
을 눌러 다시 첫 번째 가상 콘솔인 X 윈도 화면으로 돌아온다.

4.1.5 런레벨

앞에서 시스템을 종료하는 **init 0** 명령과 재부팅하는 **init 6** 명령을 언급했다. **init** 명령 뒤에 붙는 숫
자를 **런레벨**RunLevel이라고 부르는데 리눅스에서는 시스템이 가동되는 방법을 7가지 런레벨로 나눈
다. 7가지 런레벨을 정리하면 다음 표와 같다.

표 4-1 리눅스의 런레벨

런레벨	영문 모드	설명	비고
0	Power Off	종료 모드	
1	Rescue	시스템 복구 모드	단일 사용자 모드
2	Multi-User		사용하지 않음
3	Multi-User	텍스트 모드의 다중 사용자 모드	
4	Multi-User		사용하지 않음
5	Graphical	그래픽 모드의 다중 사용자 모드	
6	Reboot	재부팅 모드	

NOTE▶ 일반적으로 런레벨 3번을 Multi-User 모드로 사용한다. 2번과 4번은 Rocky Linux 9에서는 사용하지 않지
만, 호환성을 위해 런레벨 3번과 동일한 것으로 취급한다.

이 표에 나온 런레벨 모드를 Rocky Linux상에서 확인하려면 /lib/systemd/system 디렉터리의
runlevel?.target 파일을 조회하면 된다.

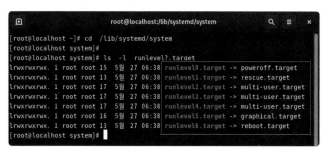

그림 4-11 런레벨 종류 확인

7개의 runlevel?.target 파일은 링크 파일이다. 각각의 링크 파일은 실제 파일과 연결되어 있다. 예를 들어 runlevel0.target 파일은 poweroff.target 파일을 가리킨다.

NOTE▶ 링크 파일(Linked File)은 Windows의 바로 가기 아이콘과 비슷한 개념이다. 즉, 실제 파일이 있는 것이 아니라 다른 파일을 가리킨다. 링크 파일의 상세한 개념은 이번 장 후반부에서 설명한다.

앞에서 설명한 **init 0** 명령은 '지금 즉시 런레벨 0번으로 시스템을 전환하라'는 의미인데 런레벨 0번은 종료 모드를 의미하므로 결국 '지금 즉시 시스템을 종료하라'는 의미다. 또한 **init 6** 명령은 '지금 즉시 재부팅하라'는 의미다.

Server와 Client 가상머신은 X 윈도로 부팅되므로 런레벨이 5번으로 자동 지정된다. 또 Server(B) 가상머신은 텍스트 모드로 부팅되므로 런레벨이 3번으로 자동 지정된다.

현재 시스템에 설정된 런레벨은 링크 파일인 /etc/systemd/system/default.target에서 확인할 수 있다. 자세한 내용은 잠시 후 실습에서 살펴보겠다.

NOTE▶ RHEL 7 계열의 리눅스에서는 /etc/inittab 파일에 런레벨이 설정되어 있었으나, RHEL 8 이상 계열의 리눅스에서는 사용하지 않는다. 따라서 지금은 해당 디렉터리에는 호환성을 유지하려고 주석(Remark)이 있는 빈 파일만 남아 있다. 실제로 런레벨을 설정할 때는 이어서 살펴볼 실습 2에서 설명한 방식을 사용해야 한다.

실습 2

시스템에 설정된 런레벨을 변경하자.

Step 0

Server 가상머신을 실행하고 터미널을 연다.

Step 1

터미널에서 현재 설정된 런레벨을 확인하자. 다음 명령을 입력해 default.tartget에 연결된 파일을 확인한다. default.target에는 시스템에 기본으로 설정된 런레벨이 지정되어 있다. 그 결과를 보면 링크 파일인 default.target은 그래픽 모드로 부팅하도록 설정하는 /usr/lib/systemd/system/ 디렉터리의 graphical.target을 가리킨다. 즉, Server 가상머신은 처음 부팅할 때 그래픽 환경으로 부팅되도록 설정되어 있다.

```
cd
ls -l /etc/systemd/system/default.target
```

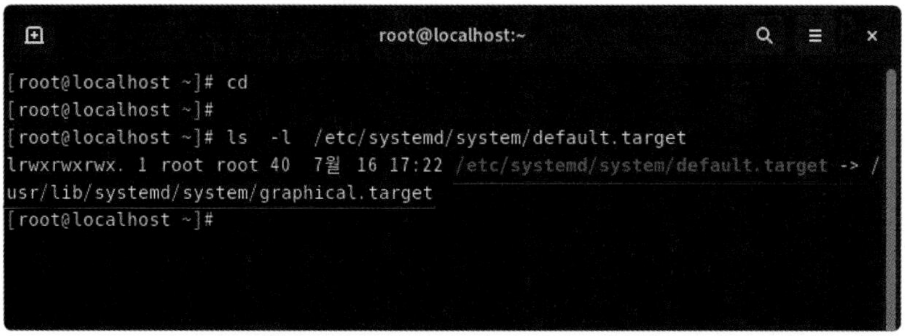

그림 4-12 기본으로 설정된 런레벨 확인

Step 2

텍스트 모드로 부팅되도록 런레벨을 변경한다.

2-1 다음 명령으로 default.target이 가리키는 파일을 텍스트 모드로 부팅(런레벨 3번)되도록 하는 multi-user.target으로 변경한다. 두 번째 명령을 입력하면 파일에 설정된 내용을 확인할 수 있다. 여기서 **ln** 명령은 링크 파일을 만드는 명령어로 잠시 후에 자세히 설명한다.

```
ln -sf /usr/lib/systemd/system/multi-user.target /etc/systemd/system/default.target
ls -l /etc/systemd/system/default.target
```

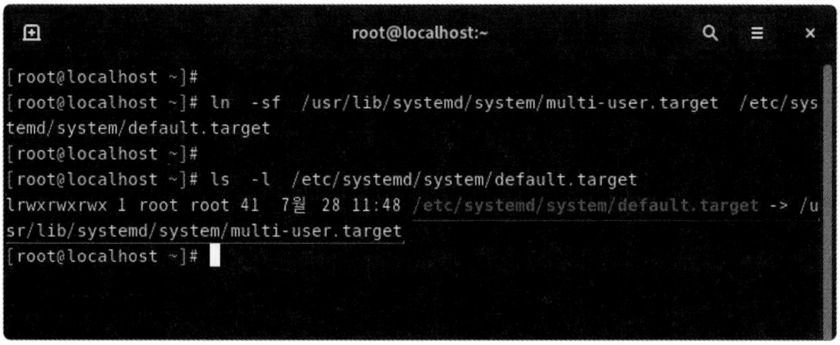

그림 4-13 기본으로 설정된 런레벨 변경

2-2 reboot 명령을 입력해 시스템을 재부팅한다.

Server 가상머신이 텍스트 모드로 부팅되는지 확인하고 다시 X 윈도 환경으로 부팅되도록 설정을 변경한다.

3-1 텍스트 모드로 부팅되는지 확인한다. 텍스트 모드로 부팅되었다면 root 사용자로 접속한다.

3-2 텍스트 모드 상태에서 X 윈도를 실행하기 위해 **startx** 명령을 입력한다.

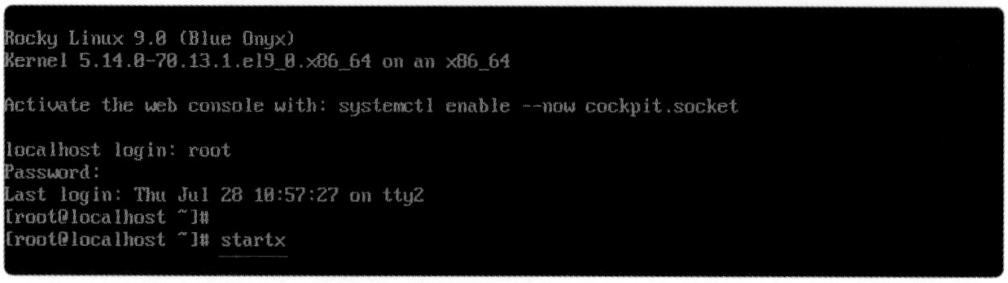

```
Rocky Linux 9.0 (Blue Onyx)
Kernel 5.14.0-70.13.1.el9_0.x86_64 on an x86_64

Activate the web console with: systemctl enable --now cockpit.socket

localhost login: root
Password:
Last login: Thu Jul 28 10:57:27 on tty2
[root@localhost ~]#
[root@localhost ~]# startx
```

그림 4-14 텍스트 모드로 초기 실행 및 X 윈도 실행

3-3 잠시 기다리면 X 윈도가 실행된다. 이때 X 윈도가 영문 모드로 실행되기에 기존의 한글 폴더 이름을 영문으로 변경하겠냐는 의미의 [Update Standard folders to current language?] 대화상자가 나온다. 영문 모드로 사용하지 않을 것이므로 [Keep Old Names] 버튼을 클릭해 폴더명을 변경하지 않고 그대로 유지한다.

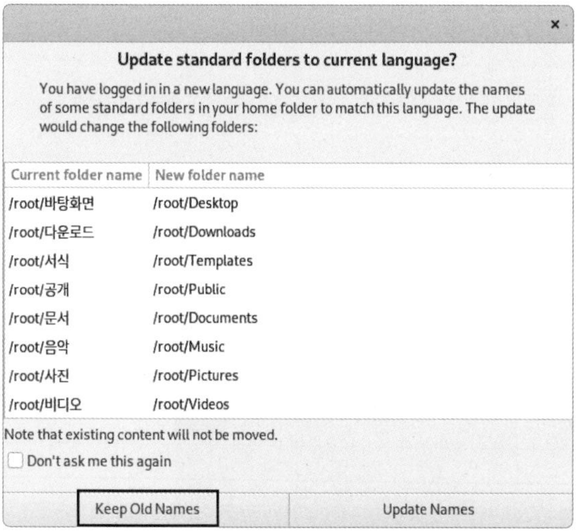

Update standard folders to current language?

You have logged in in a new language. You can automatically update the names of some standard folders in your home folder to match this language. The update would change the following folders:

Current folder name	New folder name
/root/바탕화면	/root/Desktop
/root/다운로드	/root/Downloads
/root/서식	/root/Templates
/root/공개	/root/Public
/root/문서	/root/Documents
/root/음악	/root/Music
/root/사진	/root/Pictures
/root/비디오	/root/Videos

Note that existing content will not be moved.

☐ Don't ask me this again

Keep Old Names	Update Names

그림 4-15 한글 폴더 이름 변경 여부 확인 대화상자

NOTE ▶ 폴더와 디렉터리는 동일한 용어다. Windows에서는 폴더(Folder)라 주로 부르고 유닉스/리눅스에서는 디렉터리(Directory)라고 주로 부를 뿐이다. 예전에는 두 용어를 엄격하게 구분해서 사용했지만, 요즘은 그냥 혼용해서 많이 사용한다. 그러므로 이 책에서도 독자의 이해를 돕기 위해 상황에 따라 적절한 용어를 선택해 사용한다.

3-4 영문으로 화면이 나올 뿐 텍스트 모드로 변경하기 전과 동일한 X 윈도(그놈 화면)가 나온다. 왼쪽 위 [Activities] – 작업 표시줄의 'Terminal' 실행 아이콘을 클릭한다. 터미널에서 다음 명령을 입력해 원래 상태인 그래픽 모드, 즉 런레벨 5번으로 부팅되도록 설정을 변경한다.

```
ln -sf /usr/lib/systemd/system/graphical.target /etc/systemd/system/default.target
reboot
```

Step 4

다시 X 윈도 환경으로 부팅되는지 확인한다. 재부팅되면 한글 그놈 화면이 나타날 것이다.

4.1.6 자동 완성과 히스토리

자동 완성이란 파일 이름의 일부만 입력하고 [Tab]을 눌러 나머지 파일 이름 또는 폴더 이름을 자동으로 채우는 기능을 말한다. 예를 들어 터미널에서 /etc/sysconfig/network-scripts 디렉터리로 이동할 때 **cd /etc/sysconfig/network-scripts** 명령을 모두 입력해도 되지만, 파일이나 디렉터리 이름이 자동으로 완성되도록 **cd /et**[Tab]**sysco**[Tab]**network**[Tab] 형태로 명령을 입력할 수도 있다.

히스토리History란 이전에 입력한 명령을 다시 나타나게 하는 기능으로 **history** 명령을 실행하거나 [↑]/[↓]를 눌러서 사용할 수 있다. [↑]/[↓]를 눌러 이전 명령을 다시 나오게 하는 기능을 **도스 키**Dos Key라고도 부른다. 앞으로 자주 사용하게 될 기능이므로 **실습 3**을 통해 익히자.

실습 3

자동 완성 기능과 히스토리 기능을 사용하자.

Step 0

Server 가상머신에 root 사용자로 접속한다.

Step 1

히스토리 기능을 사용한다.

1-0 바탕 화면의 왼쪽 위 [현재 활동] – 작업 표시줄의 '터미널' 실행 아이콘을 클릭해 터미널을 연다.

1-1 터미널에서 ↑와 ↓를 여러 번 번갈아 가면서 누른다. 이러면 이전에 실행했던 명령들이 나온다. 필요한 명령을 선택한 다음 Enter를 누르면 바로 실행된다.

그림 4-16 도스 키 기능

1-2 기존에 사용했던 명령을 모두 보려면 **history** 명령을 입력한다.

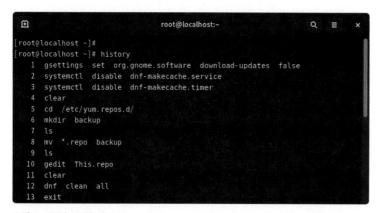

그림 4-17 히스토리 기능

1-3 히스토리 기능으로 자동 저장된 명령을 모두 삭제하려면 **history −c** 명령을 입력한다.

그림 4-18 히스토리 삭제

Step 2

자동 완성 기능을 사용한다. 앞으로 계속 사용되므로 따라하면서 기억하자.

2-1 먼저 현재 디렉터리에 있는 파일을 확인하기 위해 다음 명령을 입력한다(사용하는 명령은 잠시 후에 자세히 설명한다). 세 번째 명령에서 'a'만 입력한 후 Tab을 누르면 자동으로 anaconda-ks.cfg가 채워진다. 이것이 '자동 완성 기능'이다. 즉, 파일이나 디렉터리 이름의 일부만 입력해도 자동으로 나머지가 완성된다.

```
cd                    → 현재 사용자의 홈 디렉터리로 이동
ls                    → 파일 확인
cat a Tab            → 파일 내용을 화면에 출력
```

```
                              root@localhost:~              Q  ≡  ×
[root@localhost ~]# cd
[root@localhost ~]#
[root@localhost ~]# ls
anaconda-ks.cfg  공개  다운로드  문서  바탕화면  비디오  사진  서식  음악
[root@localhost ~]#
[root@localhost ~]# cat  anaconda-ks.cfg
# Generated by Anaconda 34.25.0.29
# Generated by pykickstart v3.32
#version=RHEL9
# Use graphical install
graphical
```

그림 4-19 자동 완성 기능 1

2-2 이어서 비슷한 이름이 여러 개 있을 때 자동 완성 기능을 사용하는 방법을 알아본다. 먼저 **cd /etc** 명령를 입력해 /etc 디렉터리로 이동한다.

2-3 현재 디렉터리는 /etc인데, 하위 디렉터리인 sysconfig 디렉터리로 이동하겠다. **cd sys** Tab 을 입력하자. 아무 반응도 안할 것이다.

2-4 다시 Tab 을 눌러 보자. 그러면 cd sys 아랫줄에 이름 후보 3개가 나온다. 즉, 'sys'라는 글자가 앞에 들어간 디렉터리 또는 파일이 1개가 아니라서 'sys'라는 글자만으로는 자동 완성이 되지 않는다.

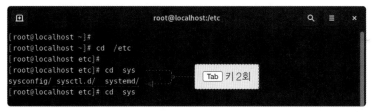

그림 4-20 자동 완성 기능 2

2-5 이번에는 'cd sysco'까지 입력하고 Tab 을 누른다. 'sysco' 글자가 들어간 파일은 sysconfig 1개뿐이므로 자동 완성 기능이 작동한다. 다시 'net'를 입력하고 Tab 을 누르면 'network-scripts'가 완성된다. 그리고 Enter 를 누른다.

그림 4-21 자동 완성 기능 3

Step 3

앞으로 많이 발생할 실수 상황을 미리 확인한다.

3-1 다음 명령을 입력해 ens160.nmconnection 파일의 내용을 확인한다. 다음 명령은 손으로 직접 하나 하나 모두 입력하자.

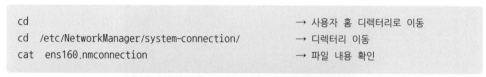

이 명령을 실행하면 '그런 파일이나 디렉터리가 없습니다'라는 메시지가 나온다. '/system-connections' 디렉터리를 입력해야 하는데 이 명령에는 '/system-connection'이라고 입력 되어 있기 때문이다. 즉 s 한 자가 빠져 있다. 이처럼 처음 리눅스를 사용할 때 디렉터리나 파일 이름을 자주 틀린다.

그림 4-22 오타로 인한 디렉터리 이동 실패

3-2 다음 명령을 입력해 자동 완성 기능을 사용한다. 위와 같은 실수가 발생하지 않고 잘 입력될 것이다.

그림 4-23 자동 완성 기능을 사용한 명령 입력

3-3 exit 명령을 입력해 터미널을 닫는다.

이제 자동 완성 기능을 사용하는 방법을 익혔을 것이다. 자동 완성 기능을 사용하면 적은 키보드 입력으로 명령을 빠르게 입력할 수 있다는 장점이 있다. 그보다 더 큰 장점은 오타를 내지 않고 정확하게 입력할 수 있다는 점이다. 리눅스를 처음 사용할 때 많이 하는 실수 중 하나가 파일 이름이나 디렉터리 이름을 잘못 입력하는 것인데 자동 완성 기능을 사용하면 이러한 실수를 방지할 수 있다.

4.1.7 에디터 사용

Windows의 메모장처럼 X 윈도에는 gedit라는 편리한 에디터가 있다. 터미널에서 간단히 **gedit 파일이름** 명령을 실행하면 gedit 에디터로 파일을 열고 바로 편집할 수 있다.

이보다 더 전통적으로 사용되어 온 에디터로는 vi가 있다. 그런데 유닉스/리눅스 입문자가 vi 에디터를 처음 사용하면 조금 당황하게 된다. vi 에디터는 'visual'의 약자인데도 그다지 비주얼하게 느껴지지 않기 때문이다. 하지만 vi 에디터는 모든 유닉스/리눅스 시스템에 기본으로 포함되어 있고 또한 텍스트 모드인 Server(B) 가상머신에서는 gedit 에디터를 사용할 수 없으므로 vi 에디터의 사용법을 알아야 한다.

추가로 nano라는 텍스트 모드 에디터도 있는데 nano 에디터는 vi 에디터보다 더 편리하게 사용할 수 있다. 이 에디터의 사용법도 함께 알아본다.

실습 4 ▶

리눅스에서 자주 사용되는 에디터의 사용법을 익히자.

Step 0

Server 가상머신을 실행하고 터미널을 연다.

Step 1

gedit 에디터를 사용한다.

1-1 터미널에서 **gedit** 명령을 입력한다. 에디터가 열리면 아무 글자나 입력한다. 한/영 전환은 Shift + Space 를 누르면 된다.

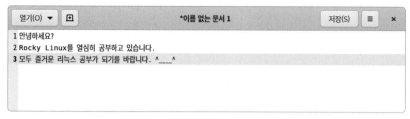

그림 4-24 gedit 에디터 사용 1

NOTE▶ 리눅스의 종류나 버전에 따라 gedit의 왼쪽에 행 번호가 표시되는 경우도 있고 표시되지 않는 경우도 있다. Rocky Linux 9에서는 앞에 행 번호가 표시되는데 긴 텍스트 파일을 편집할 때 행 번호가 있으면 상당히 편리하다.

1-2 gedit 에디터 오른쪽 위 [저장] 버튼을 클릭한다. [저장] 대화상자가 뜨면 왼쪽 목록에서 [홈]을 선택하고 [이름]에 'test1.txt'라고 입력한 후 [저장] 버튼을 클릭한다.

그림 4-25 gedit 에디터 사용 2

NOTE▶ 현재 사용자는 root 사용자이므로 root 사용자의 홈 디렉터리인 /root에 저장된다. 만약 rocky 사용자였다면 /home/rocky 디렉터리에 저장된다.

1-3 오른쪽 위 [X]를 클릭해 gedit 에디터를 종료한다. 그리고 터미널에서 **gedit /root/test.txt** 명령을 입력한다. 그러면 앞서 저장한 파일이 열린다. gedit 에디터를 다시 종료한다.

Step 2

텍스트 모드에서도 편리하게 사용할 수 있는 nano 에디터를 사용해 본다.

2-1 터미널을 열고 **cd** 명령을 입력해 홈 디렉터리(/root)로 이동한다.

2-2 그리고 **nano** 명령을 입력한다. 그러면 빈 파일이 열린다. 적당한 내용을 채운다.

그림 4-26 nano 에디터 사용 1

2-3 아래쪽에 나와 있는 명령어 목록에 있는 것처럼 Ctrl + X 를 눌러 nano 에디터를 종료한다. 아래쪽에 '수정된 버퍼 내용을 저장하시겠습니까?'라는 메시지가 나오면 Y 를 누른다.

그림 4-27 nano 에디터 사용 2

2-4 '기록할 파일 이름:'이라는 메시지가 나오면 'nano1.txt' 같은 적당한 이름을 쓰고 Enter 를 누른다.

그림 4-28 nano 에디터 사용 3

2-5 기존 파일을 편집해 본다. **nano nano1.txt** 명령을 입력해 기존 파일을 열고 파일 내용을 적당히 수정한다. 현재 커서 위치에서 Ctrl + C 를 누르면 아래쪽에 현재 행과 전체 행 정보가 나타난다. 많이 쓰는 기능이므로 기억하자.

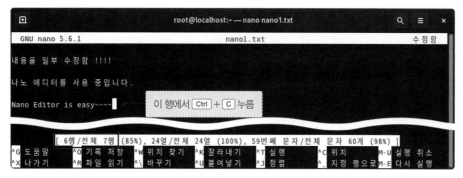

그림 4-29 nano 에디터 사용 4

2-6 `Ctrl` + `X`를 누르고 `Y`와 `Enter`를 누르면 변경 사항이 저장된다.

2-7 현재 커서 위치의 행 번호를 표시하려면 −c 옵션을 사용한다. **nano −c nano1.txt** 명령을 입력하면 커서가 움직일 때마다 아래쪽에 자동으로 행 번호가 표시된다. 이 또한 유용한 기능이므로 기억하자.

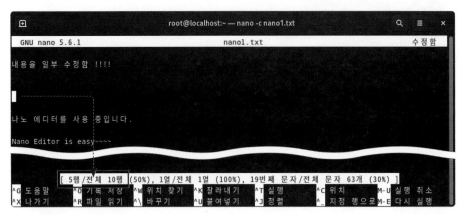

그림 4-30 nano 에디터 사용 5

2-8 변경한 내용을 저장하지 않고 종료하려면 `Ctrl` + `X`를 누르고 `N`을 누른다.

Step 3

이번에는 vi 에디터를 사용한다.

3-0 우선 터미널에서 **cd** 명령을 입력해 홈 디렉터리(/root)로 이동한다. 그리고 **vi** 명령을 입력해 vi 에디터를 실행한다. 다음 그림에 보이는 내용은 그냥 도움말 같은 것이 출력된 것일 뿐 실제 글자가 써 있는 것은 아니다.

그림 4-31 vi 에디터 사용 1

NOTE ▶ 엄밀히 따지자면 Rocky Linux에 포함된 vi 에디터는 기존 vi 에디터의 기능을 향상시킨 vim(Vi IMproved, 빔) 에디터다. 하지만 **vi** 명령을 입력해도 자동으로 vim 에디터가 실행되므로 이 책에서는 편의상 vi 에디터라고 부르겠다.

3-1 우선 vi 에디터를 종료한다. [Esc]를 누른 후 ':q'를 입력하고 [Enter]를 누르면 vi 에디터를 종료할 수 있다. 입력할 때 vi 에디터 왼쪽 아래에 입력하는 글자가 보인다. 이렇게 작동하는 모드를 **ex 모드** 또는 **라인 명령 모드**라고 부른다.

3-2 이번에는 vi 에디터로 새로운 파일을 만들어 본다. **vi new.txt** 명령을 입력하면 빈 화면이 열리고 왼쪽 아래에 'new.txt [새로운]'이라는 문구가 보인다(new.txt 파일이 이미 존재하면 그 파일을 열어서 보여 준다). 이 상태를 **명령 모드**라고 한다. 명령 모드는 말 그래도 vi 에디터에 명령을 내리는 모드다. 따라서 아직 파일에 내용을 입력할 수는 없다.

이 상태에서 [I] 또는 [A]를 누른다(이는 글자를 입력^{Insert}하거나 추가^{Append}하겠다는 명령을 내린 것이다). 그러면 왼쪽 아래에 '―― 끼워넣기 ――'라고 표시되면서 글자를 입력할 수 있게 된다. 이 상태를 **입력 모드**라고 한다. 아무 글자나 입력하자.

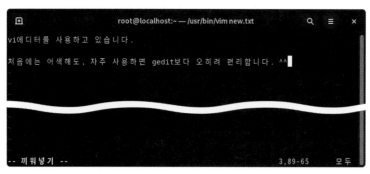

그림 4-32 vi 에디터 사용 2

3-3 글자를 모두 입력했다면 저장하고 vi 에디터를 종료한다. 입력 모드에서 [Esc]를 누르면 명령 모드로 바뀐다. 왼쪽 아래에 '―― 끼워넣기 ――'라는 표시가 없어지기만 하고 별다른 변화는 보이지 않는다. 이 상태에서 ':wq'를 입력하고 [Enter]를 누르면 파일이 저장되고 vi 에디터가 종료된다.

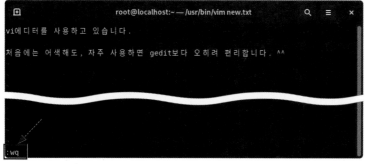

그림 4-33 vi 에디터 사용 3

vi 에디터를 처음 사용한 것이라 여러 모드의 개념이 조금 혼란스러울 수도 있다. 다음 그림을 살펴보면 여러 모드를 조금 더 쉽게 이해할 수 있을 것이다. 각 모드로 변환하는 다른 방법도 있으나 지금은 쉽게 이해하기 위해 가장 많이 사용하는 것만 그림에 표현했다.

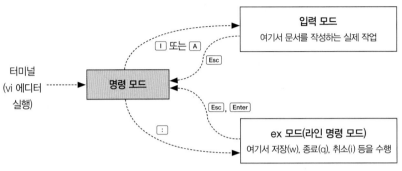

그림 4-34 vi 에디터 사용법 개요도

Step 4

방금 살펴본 **그림 4-34**를 참고해 vi 에디터 사용법을 연습한다. 이번에는 vi 에디터를 실행하고 글자를 입력한 후 입력한 내용을 test2.txt라는 파일에 저장한다.

4-1 터미널에서 **vi** 명령을 입력한다. 그러면 명령 모드로 vi 에디터가 실행된다.

4-2 글자를 입력하려면 입력 모드로 변경해야 한다. 그러므로 Ⓘ 또는 Ⓐ를 누른다. 그러면 입력 모드로 변경되면서 왼쪽 아래에 '-- 끼워넣기 --'가 표시된다.

4-3 아무 내용이나 입력한다.

4-4 입력이 끝났으면 Esc를 눌러 다시 명령 모드로 변경한다. 왼쪽 아래에 '-- 끼워넣기 --' 표시가 사라진다.

4-5 내용을 저장하려면 ex 모드로 변경해야 한다. ☐를 눌러 ex 모드로 변경한다. 이러면 왼쪽 아래 :(콜론)이 나타나는데 여기에 'w test2.txt'를 입력한 후 Enter를 누른다. 필자의 경우 왼쪽 아래 'test2.txt [새로운] 2L, 27B 저장 했습니다'라는 메시지가 보인다. 여기서 2L은 2줄을, 27B은 27문자를 의미한다. **그림 4-34**에 나오듯이 ex 모드에서 Enter를 눌렀으므로 다시 명령 모드로 변경된다.

4-6 모든 연습을 마쳤으므로 vi 에디터를 종료한다. 다시 ex 모드로 집입하기 위해 ':q!'를 입력한 후 Enter를 누른다. q!는 변경된 내용은 무시하고 종료하라는 의미다. **4-5**에서 저장한 이후 변경된 내용이 없으므로 그냥 ':q'라고만 입력해도 괜찮다.

Step 5

더 간단한 방법으로 새 문서 파일을 저장하고 vi 에디터를 바로 종료한다.

5-1 터미널에서 **vi** 명령을 입력해 vi 에디터를 실행한다.

5-2 ⎡I⎦ 또는 ⎡A⎦를 누른 후 문서에 내용을 추가하거나 기존 내용을 수정한다.

5-3 ⎡Esc⎦를 누른 후 ':wq test3.txt'를 입력하고 ⎡Enter⎦를 누르면 파일이 저장됨과 동시에 vi 에디터가 종료된다.

Step 6

기존 파일을 열어서 수정하고 저장한다.

6-1 터미널에서 **vi test3.txt** 명령을 입력한다. 그러면 vi 에디터가 실행되면서 test3.txt 파일이 열린다.

6-2 ⎡I⎦ 또는 ⎡A⎦를 누른 후 문서에 내용을 추가하거나 기존 내용을 수정한다.

6-3 ⎡Esc⎦를 누른 후 ':wq'를 입력하고 ⎡Enter⎦를 누르면 파일이 저장됨과 동시에 vi 에디터가 종료된다.

Step 7

기존 파일을 열어서 수정했지만, 실수로 잘못 수정했다고 가정하고 이번에는 저장하지 말고 그냥 종료한다.

7-1 터미널에서 **vi test3.txt** 명령을 입력한다.

7-2 ⎡I⎦ 또는 ⎡A⎦를 누른 후 문서에 내용을 추가하거나 기존 내용을 수정한다.

7-3 수정한 내용을 저장하지 않고 vi 에디터를 닫으려면 ⎡Esc⎦를 누른 후 ':q!'를 입력하고 ⎡Enter⎦를 누른다.

Step 8

exit 명령을 입력해 터미널을 닫는다.

이상으로 vi 에디터의 간단한 사용법을 실습해 보았다. 지금까지 실습한 내용만 제대로 익힌다면 vi 에디터로 이 책의 내용을 학습하는 데 별 무리가 없다. 이어서 종종 실수할 만한 내용과 그 조치법을 실습하자.

vi 에디터가 비정상적으로 종료되었을 때의 조치법을 알아 두자.

Step 0

Server 가상머신을 실행하고 터미널을 연다.

Step 1

터미널에서 **vi test1.txt** 명령을 입력하고 ⓘ 또는 ⒜를 누른 후 아무 내용이나 살짝 수정한다. 그리고 앞서 살펴본 정상적인 방식으로 종료하지 말고 터미널의 오른쪽 위에 있는 [X]를 클릭해 강제 종료한다. '이 터미널을 닫으시겠습니까?'라는 경고 대화상자가 나오면 [터미널 닫기] 버튼을 클릭한다.

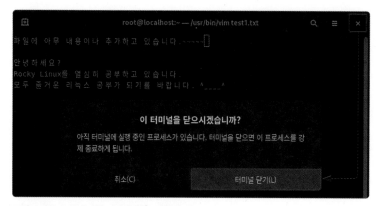

그림 4-35 vi 에디터의 비정상 종료 해결법 1

Step 2

다시 터미널에서 **vi test1.txt** 명령을 입력하면 다음과 같은 'E432: 주목' 메시지가 나온다.

그림 4-36 vi 에디터의 비정상 종료 해결법 2

이는 기존에 test1.txt 파일이 수정되었지만, 저장되지 않고 비정상적으로 종료되었으므로 나타나는 메시지다. 일단은 Q를 눌러서 vi 에디터를 닫는다.

NOTE ▶ **vi test1.txt** 명령을 입력하면 자동으로 임시 스왑 파일(swap file)인 .test1.txt.swp가 생성되며 vi 에디터를 정상적으로 종료하면 이 파일은 자동으로 제거된다. 그러므로 이 파일이 남아 있다면 이전 수정 작업이 비정상적으로 종료되었다는 의미다. 참고로 파일 이름 앞에 붙은 '.'는 숨김 파일을 뜻한다. 숨김 파일에 관해서는 이 장의 후반부에 다시 설명한다.

Step 3

저장하지 않은 채로 수정 작업이 종료된 파일의 스왑 파일 이름은 '.파일 이름.swp'다. 그러므로 test1.txt의 스왑 파일은 .test1.txt.swp다. **ls -a** 명령을 입력해 파일을 확인하고 **rm -f .test1.txt.swp** 명령을 입력해 해당 스왑 파일을 삭제한다.

그림 4-37 vi 에디터의 비정상 종료 해결법 3

이제 이전 수정 내용이 반영되지 않은 test1.txt 파일을 정상적으로 편집할 수 있다. 종종 발생하는 상황이므로 이 조치법을 잘 기억하자.

이렇게 해서 vi 에디터의 기본 사용법을 모두 알아보았다. 그런데 vi 에디터는 지금 소개한 것보다 훨씬 많은 기능을 제공한다. 먼저 명령 모드에서 입력 모드로 전환하는 명령을 정리하면 다음 표와 같다. 표를 살펴보면 여러 명령이 있지만, 실제로는 I 나 A 정도만 주로 사용한다.

표 4-2 명령 모드에서 입력 모드로 전환하기 위한 키

키	설명	키	설명
i	현재 커서의 위치부터 입력([I])	I	현재 커서 줄의 맨 앞에서부터 입력([Shift]+[I])
a	현재 커서의 위치 다음 칸부터 입력([A])	A	현재 커서 줄의 맨 마지막부터 입력([Shift]+[A])
o	현재 커서의 다음 줄에 입력([O])	O	현재 커서의 이전 줄에 입력([Shift]+[O])
s	현재 커서 위치의 한 글자를 지우고 입력([S])	S	현재 커서의 한 줄을 지우고 입력([Shift]+[S])

명령 모드에서 커서를 이동할 때는 4개의 화살표 키와 [PageUp]/[PageDown] 등을 이용하면 되지만, 다른 키로도 이동할 수 있다. 아주 오래 전에 만들어진 키보드에는 화살표 키나 [PageUp]/[PageDown]이 없는 것도 있기 때문에 유지되고 있는 키들이다. 요즘 키보드는 대부분 화살표 키와 [PageUp], [PageDown], [Home], [End]가 있으므로 다음 표의 가장 아래에 있는 2개의 명령만 잘 기억하자. 그러면 명령 모드를 편리하게 사용할 수 있다.

표 4-3 명령 모드에서 커서를 이동하기 위한 키

키	설명	키	설명
h	커서를 왼쪽으로 한 칸 이동 ([←]와 같은 의미, [H])	j	커서를 아래로 한 칸 이동 ([↓]와 같은 의미, [J])
k	커서를 위로 한 칸 이동 ([↑]와 같은 의미, [K])	l	커서를 오른쪽으로 한 칸 이동 ([→]와 같은 의미, [L])
[Ctrl]+[F]	다음 화면으로 이동 ([PageDown]과 같은 의미)	[Ctrl]+[B]	이전 화면으로 이동 ([PageUp]과 같은 의미)
^	현재 행의 처음으로 이동 ([Home]과 같은 의미, [Shift]+[6])	$	현재 행의 마지막으로 이동 ([End]와 같은 의미, [Shift]+[4])
gg	제일 첫 행으로 이동	G	제일 끝 행으로 이동([Shift]+[G])
숫자G	해당 숫자의 행으로 이동 (숫자 다음 [Shift]+[G])	:숫자 [Enter]	해당 숫자의 행으로 이동

명령 모드에서 삭제, 복사, 붙여넣기와 관련된 키를 정리하면 다음 표와 같다.

표 4-4 명령 모드에서 삭제, 복사, 붙여넣기 관련 키

키	설명	키	설명
x	현재 커서가 위치한 글자 삭제 ([Del]과 같은 의미, [X])	X	현재 커서가 위치한 앞 글자 삭제 ([Backspace]와 같은 의미, [Shift]+[X])
dd	현재 커서의 행 삭제([D] 연속 두 번 입력)	숫자dd	현재 커서부터 숫자만큼의 행 삭제 (숫자 다음 [D] 연속 두 번 입력)

yy	현재 커서가 있는 행을 복사 (⌨Y⌨ 연속 두 번 입력)	숫자yy	현재 커서부터 숫자만큼의 행을 복사 (숫자 다음 ⌨Y⌨ 연속 두 번 입력)
p	복사한 내용을 현재 행 이후에 붙여넣기 (⌨P⌨)	P	복사한 내용을 현재 행 이전에 붙여넣기 (⌨Shift⌨ + ⌨P⌨)

명령 모드에서 문자열을 찾는 키를 정리하면 다음 표와 같다.

표 4-5 명령 모드에서 문자열 찾기를 위한 키

키	설명	키	설명
/문자열 ⌨Enter⌨	해당 문자열을 찾음 (현재 커서 이후로)	n	찾은 문자 중에서 다음 문자로 이동(⌨N⌨)

그 외의 ex 모드(라인 명령 모드)에서 가장 많이 사용하는 2가지 명령을 더 소개한다.

문자열을 치환하려면 ':%s/기존문자열/새문자열' 형식으로 입력한다. 예를 들어 'rocky'라는 글자를 모두 'linux'로 바꾸려면 ':%s/rocky/linux'라고 입력한다. 그리고 앞에 행 번호를 표시하려면 ':set number'를 입력한다. 이러면 vi 에디터를 더 편리하게 사용할 수 있다.

이상으로 vi 에디터의 사용법 설명을 모두 마치겠다. 여기서 소개한 내용은 vi 에디터 사용법의 일부분일뿐이다. 특히 vim 에디터에는 더 강력한 기능이 많이 있다. 자세한 내용은 인터넷 검색이나 vi 에디터와 관련된 좋은 교재를 참고하기 바란다. 참고로 여기서 소개한 내용만 익혀도 이 책을 학습하는 데 충분하다.

4.1.8 도움말 사용법

이번 장을 시작하면서 말했듯이 리눅스에는 많은 명령 있으며 각 명령의 옵션까지 합하면 수천 개가 넘는다. 이 명령을 모두 외울 수도 없거니와 외우려고 하는 것도 무모한 일이다.

그래서 필요한 명령이 바로 **man**이다. **man**은 manual의 약자로 리눅스에 포함된 체계화된 도움말을 불러오는 명령이다. 이 명령은 **man 명령어**를 입력해 간단하게 사용할 수 있다. 다음은 터미널에 **man ls** 명령을 입력한 결과다.

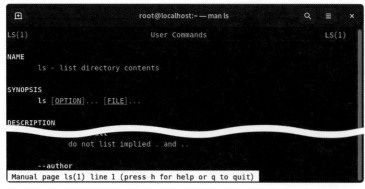

그림 4-38 man ls 명령 실행 결과

도움말에서 위쪽/아래쪽 행으로 이동하려면 ↑/↓ 또는 K/J를 누른다. 페이지 단위로 이동하려면 PageUp/PageDown 또는 Space/B를 누른다.

또한 도움말 중에서 특정 단어를 검색하고 싶으면 '/단어'를 입력한다. 이때 N을 누르면 다음 단어로 넘어간다. 도움말을 종료하려면 Q를 누른다.

> **❗ 여기서 잠깐** **man 명령**
>
> man 명령은 도움말을 1~9까지 총 9개의 섹션(Section) 나눠서 표시한다. **man ls** 명령 결과의 왼쪽 위에 나오는 'LS(1)'은 섹션 1번에 있는 도움말을 의미한다. 즉, **man 섹션 번호(숫자) 명령어** 형식으로 입력해 특정 섹션을 검색할 수 있다. ls 명령어의 역시 **man 1 ls** 명령 형태로 사용할 수 있다. 만약 섹션 번호를 지정하지 않고 **man** 명령을 입력하면 섹션 1부터 섹션 9까지 차례로 검색해 가장 먼저 만나는 도움말을 출력한다.
>
> 참고로 섹션 1은 명령어, 섹션 2~3은 프로그래밍, 섹션 4는 디바이스, 섹션 5는 파일 형식, 섹션 6은 게임, 섹션 7은 기타 주제, 섹션 8은 시스템 관리, 섹션 9는 커널 관련 설명을 다룬다.

4.1.9 마운트와 CD/DVD/USB의 활용

리눅스에서 하드디스크의 파티션, CD/DVD, USB 메모리 등을 사용하려면 이러한 장치들을 지정한 위치에 연결해야 하는데, 물리적인 장치를 특정한 위치(대개는 디렉터리)에 연결하는 과정을 **마운트**mount라고 한다. 일반적으로 많이 사용하는 운영체제인 Windows에는 마운트라는 개념이 사용되지 않으므로 리눅스를 처음 사용할 때는 다소 생소하게 느껴진다. 하지만 실제 사용은 그렇게 어렵지 않으니 실습을 통해 익히자.

CD/DVD를 마운트하자. 이번 실습은 Server, Client, Server(B) 총 3개의 가상머신을 사용한다.

Step 0

Server ● Server 가상머신을 설치 상태로 초기화하고 Server 가상머신에서 터미널을 연다.

0-1 Server 가상머신을 설치 상태로 초기화한다.

NOTE ▶ 초기화 방법이 기억나지 않으면 108쪽 3장 실습 1의 Step 19 또는 Step 20을 참고한다.

0-2 root 사용자로 접속한다.

0-3 바탕 화면의 왼쪽 위 [현재 활동] – '터미널' 실행 아이콘을 클릭한다.

Step 1

Server ● Server 가상머신의 마운트 정보를 확인한다.

1-1 현재 마운트된 장치들을 확인하기 위해 터미널에서 **mount** 명령을 입력한다.

```
[root@localhost ~]# mount
proc on /proc type proc (rw,nosuid,nodev,noexec,relatime)
sysfs on /sys type sysfs (rw,nosuid,nodev,noexec,relatime)
devtmpfs on /dev type devtmpfs (rw,nosuid,size=865800k,nr_inodes=216450,mode=755,inode64)
securityfs on /sys/kernel/security type securityfs (rw,nosuid,nodev,noexec,relatime)
tmpfs on /dev/shm type tmpfs (rw,nosuid,nodev,inode64)
devpts on /dev/pts type devpts (rw,nosuid,noexec,relatime,gid=5,mode=620,ptmxmode=000)
tmpfs on /run type tmpfs (rw,nosuid,nodev,size=358124k,nr_inodes=819200,mode=755,inode64)
cgroup2 on /sys/fs/cgroup type cgroup2 (rw,nosuid,nodev,noexec,relatime,nsdelegate,memory_recursiveprot)
pstore on /sys/fs/pstore type pstore (rw,nosuid,nodev,noexec,relatime)
none on /sys/fs/bpf type bpf (rw,nosuid,nodev,noexec,relatime,mode=700)
/dev/sda2 on / type xfs (rw,relatime,attr2,inode64,logbufs=8,logsize=32k,noquota)
systemd-1 on /proc/sys/fs/binfmt_misc type autofs (rw,relatime,fd=31,pgrp=1,timeout=0,minproto=5,maxproto=5,direct,pipe_ino=20235)
hugetlbfs on /dev/hugepages type hugetlbfs (rw,relatime,pagesize=2M)
mqueue on /dev/mqueue type mqueue (rw,nosuid,nodev,relatime)
debugfs on /sys/kernel/debug type debugfs (rw,nosuid,nodev,noexec,relatime)
tracefs on /sys/kernel/tracing type tracefs (rw,nosuid,nodev,noexec,relatime)
fusectl on /sys/fs/fuse/connections type fusectl (rw,nosuid,nodev,noexec,relatime)
configfs on /sys/kernel/config type configfs (rw,nosuid,nodev,noexec,relatime)
```

그림 4-39 마운트된 파티션 확인

1-2 결과가 조금 복잡하다. 우선 /dev/sda2가 루트 파티션('/')에 마운트되어 있다는 사실만 확인한다. 3장에서 Server 가상머신을 설치할 때 82쪽 **실습 1 3-8**에서 '/'를 sda2에 76GB로 설정했으므로 /dev/sda2가 '/'에 계속 마운트되어 있다. 파티션에 관해서는 6장에서 자세히 살펴본다.

Server ◉ Server 가상머신에 CD/DVD를 삽입한다.

2-0 우선 **umount /dev/cdrom** 명령을 입력해 CD/DVD 장치의 마운트를 해제한다. CD/DVD 장치가 마운트되어 있지 않다면 다음과 같이 'unmont: /dev/cdrom: not mounted'라는 메시지가 출력된다. 이 메시지의 출력 여부와 상관없이 향후 실습을 진행하면 된다.

그림 4-40 마운트 해제(오류가 발생해도 문제는 없음)

> **❗ 여기서 잠깐   CD/DVD 장치**
>
> 방금 과정에서 CD/DVD 장치 이름으로 /dev/cdrom을 사용했다. 이 대신 /dev/sr0을 사용해도 된다. 사실 /dev/cdrom은 /dev/sr0에 링크된 파일이므로 /dev/sr0과 /dev/cdrom은 사실상 동일한 파일이기 때문이다.
>
>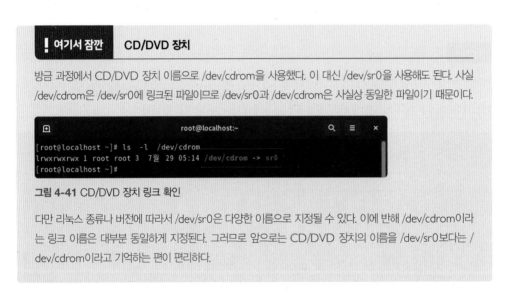
>
> **그림 4-41** CD/DVD 장치 링크 확인
>
> 다만 리눅스 종류나 버전에 따라서 /dev/sr0은 다양한 이름으로 지정될 수 있다. 이에 반해 /dev/cdrom이라는 링크 이름은 대부분 동일하게 지정된다. 그러므로 앞으로는 CD/DVD 장치의 이름을 /dev/sr0보다는 /dev/cdrom이라고 기억하는 편이 편리하다.

2-1 먼저 VMware Player에 CD나 DVD를 삽입한다. VMware Player 메뉴 오른쪽 끝에 있는 CD/DVD(◉)를 마우스 오른쪽 버튼으로 클릭한 후 [Settings]를 클릭한다. 만약 CD/DVD(◉)가 보이지 않는다면 Show Devices(≪)를 클릭한다. 그러면 다양한 장치 아이콘이 메뉴에 표시된다.

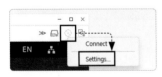

그림 4-42 CD/DVD 마운트 1

NOTE ▶ [Player] – [Removable Devices] – [CD/DVD (SATA)] – [Settings] 메뉴를 선택해도 된다.

2-2 [Virtual Machine Settings] 창이 뜨면 'Connected' 및 'Connect at power on'을 체크하고 'Use ISO image file:'을 선택한 다음 [Browse] 버튼을 클릭해 Rocky Linux 9.0 DVD ISO 파일(Rocky-9.0-x86_64-dvd.iso)을 선택한다. 그리고 [OK] 버튼을 클릭한다.

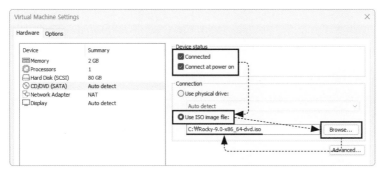

그림 4-43 CD/DVD 마운트 2

2-3 잠시 기다리면 바탕 화면 위쪽에 DVD가 연결되었다는 알림이 잠깐 나왔다 사라진다.

그림 4-44 CD/DVD 마운트 3

2-4 터미널에서 **mount** 명령을 입력한다. 이러면 터미널 가장 아래쪽에 CD/DVD 장치인 /dev/sr0이 /run/media/root/Rocky9-0-x86_64-dvd/ 디렉터리에 자동 마운트되었다는 사실을 확인할 수 있다.

```
hugetlbfs on /dev/hugepages type hugetlbfs (rw,relatime,pagesize=2M)
mqueue on /dev/mqueue type mqueue (rw,nosuid,nodev,noexec,relatime)
debugfs on /sys/kernel/debug type debugfs (rw,nosuid,nodev,noexec,relatime)
tracefs on /sys/kernel/tracing type tracefs (rw,nosuid,nodev,noexec,relatime)
fusectl on /sys/fs/fuse/connections type fusectl (rw,nosuid,nodev,noexec,relatim
e)
configfs on /sys/kernel/config type configfs (rw,nosuid,nodev,noexec,relatime)
vmware-vmblock on /run/vmblock-fuse type fuse.vmware-vmblock (rw,relatime,user_i
d=0,group_id=0,default_permissions,allow_other)
sunrpc on /var/lib/nfs/rpc_pipefs type rpc_pipefs (rw,relatime)
tmpfs on /run/user/0 type tmpfs (rw,nosuid,nodev,relatime,size=179060k,nr_inodes
=44765,mode=700,inode64)
gvfsd-fuse on /run/user/0/gvfs type fuse.gvfsd-fuse (rw,nosuid,nodev,relatime,us
er_id=0,group_id=0)
/dev/sr0 on /run/media/root/Rocky-9-0-x86_64-dvd type iso9660 (ro,nosuid,nodev,r
elatime,nojoliet,check=s,map=n,blocksize=2048,uid=0,gid=0,dmode=500,fmode=400,uh
elper=udisks2)
[root@localhost ~]#
```

그림 4-45 CD/DVD 마운트 4

Server ● Server 가상머신에 마운트된 CD/DVD를 사용한다.

3-1 자동으로 마운트된 CD/DVD의 디렉터리는 /run/media다. 현재 root 사용자의 이름과 CD/DVD의 Label 이름으로 그 아래 디렉터리가 자동 생성된다. 즉, Rocky Linux 9.0 DVD의 Label은 'Rocky-9-0-x86_64-dvd'이므로 마운트된 디렉터리는 /run/media/root/Rocky-9-0-x86_64-dvd가 된다.

3-2 다음 명령을 입력해 DVD 패키지가 있는 디렉터리로 이동한다.

```
cd /run/media/root/Ro Tab          → 디렉터리 이동
pwd                                → 현재 디렉터리 위치가 보임
ls
```

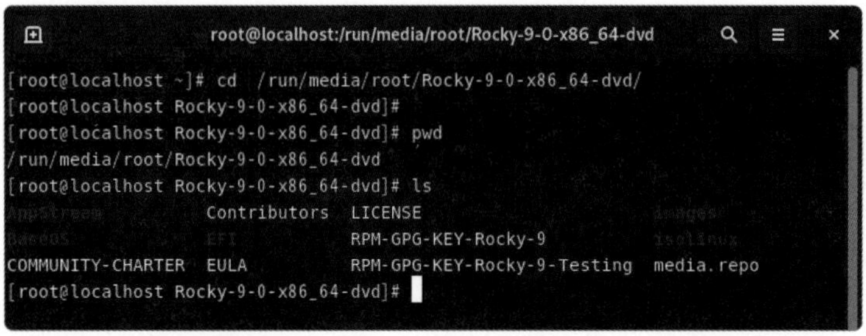

그림 4-46 CD/DVD 사용법 1

3-3 다음 명령을 입력해 DVD 안에 있는 파일을 확인한다.

```
cd BaseOS/Pa Tab          → BaseOS 아래 Packages 디렉터리로 이동
ls                        → 알파벳 이름으로 디렉터리가 보임
cd a                      → a 디렉터리로 이동
ls                        → 파일 목록 확인
```

그림 4-47 CD/DVD 사용법 2

BaseOS/Packages 디렉터리 안에는 알파벳 순으로 정렬된 디렉터리가 있고 각 디렉터리에는 rpm 파일이 있다. 우리가 3장에서 Rocky Linux를 설치할 때 이 파일들도 함께 설치된 것이다. rpm 파일에 관한 자세한 내용은 잠시 후에 다시 살펴본다.

3-4 DVD를 더 이상 사용하지 않는다면 **umount /dev/cdrom** 명령을 입력해 마운트를 해제한다.

```
🔲   root@localhost:/run/media/root/Rocky-9-0-x86_64-dvd/BaseOS/Packages/a   Q  ☰   ✕

[root@localhost a]# umount  /dev/cdrom
umount: /run/media/root/Rocky-9-0-x86_64-dvd: target is busy.
[root@localhost a]#
```

그림 4-48 CD/DVD 사용법 3

그런데 이 명령을 입력하면 'target is busy'라는 메시지가 나오면서 마운트 해제에 실패한다. 지금 작업 중인 디렉터리가 DVD가 마운트된 /run/media/root/의 하위 디렉터리이기 때문 발생하는 문제다. **cd** 등의 명령을 입력해 마운트 디렉터리가 아닌 곳으로 이동한 후 **umount /dev/cdrom** 명령을 다시 입력한다.

```
🔲                          root@localhost:~                          Q  ☰   ✕

[root@localhost a]# cd
[root@localhost ~]#
[root@localhost ~]# umount  /dev/cdrom
[root@localhost ~]# ▊
```

그림 4-49 CD/DVD 사용법 4

다시 말해, DVD의 마운트를 해제하려면 현재 마운트된 디렉터리에서 명령을 실행하면 안 된다. 처음 리눅스를 사용할 때 자주 실수하는 부분이므로 잘 기억하자.

3-5 **mount** 명령을 입력한다. 이러면 /dev/sr0의 마운트가 잘 해제되었다는 사실을 확인할 수 있다.

3-6 DVD의 마운트를 완전히 해제하려면 VMware Player 메뉴 오른쪽 끝에 있는 CD/DVD(🔘)를 마우스 오른쪽 버튼으로 클릭한 후 [Disconnect]를 클릭한다. 다음과 같은 경고 대화상자가 나오면 [Yes] 버튼을 클릭한다.

그림 4-50 CD/DVD 사용법 5

Client ◑ Client 가상머신에서 USB 메모리를 사용한다. CD/DVD와 크게 다르지 않다. 3장에서 USB 포트 장치를 Client 가상머신에 장착했었다.

❗ 여기서 잠깐 ┃ USB 메모리의 파일 시스템

Windows에서 자주 사용하는 USB 메모리의 파일 시스템은 FAT32 또는 NTFS다. Windows 파일 탐색기에서 USB 메모리를 마우스 오른쪽 버튼으로 클릭한 후 [속성]을 선택해 현재 사용 중인 USB 메모리의 파일 시스템을 확인할 수 있다.

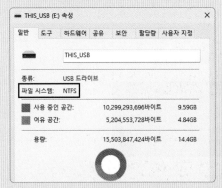

그림 4-51 USB 메모리의 파일 시스템 확인 (NTFS는 Rocky Linux에서 인식 못 함)

하지만 Rocky Linux는 기본적으로 FAT32 방식의 USB 메모리만 인식할 수 있다. 그러므로 이번 실습을 원할히 진행하려면 USB 메모리의 파일 시스템을 FAT32로 지정하고 포맷해야 한다. NTFS 형식을 인식시키기는 방법도 있는데 이 방법을 사용하려면 몇 가지 사항을 더 배워야 한다. 그러므로 이번실습에서는 FAT32 방식의 USB 메모리를 사용하고 NTFS 형식을 인식시키는 방법은 이번 장의 끝에서 알아보겠다.

4-0 VMware Player를 하나 더 실행한다.

4-1 왼쪽에서 [Client]를 선택하고 오른쪽에서 [Edit virtual machine settings]를 클릭한다.

4-2 [Virtual Mechine Settings] 창 왼쪽 목록에서 [USB Controller]를 선택하고 오른쪽 [Connections]에서 [USB compatibility]의 드롭다운 버튼을 클릭해 'USB 3.1' 또는 'USB 3.0'을 선택한다. 그리고 [OK] 버튼을 클릭해 설정을 마친다.

NOTE▶ 필자는 USB 3.1을 사용하므로 호환성을 위해 USB 3.1으로 변경했다. USB 2.0을 사용해 실습 중인 독자라면 [USB compatibility]에서 'USB 2.0'가 선택된 상태로 두어도 된다.

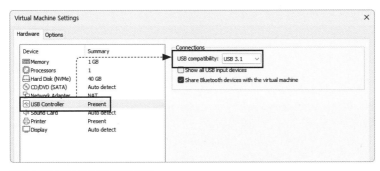

그림 4-52 USB 3.1 지원으로 변경

4-3 Client 가상머신을 부팅한다. rocky 사용자로 자동 로그인된다. [Removable Device] 대화상자가 나오면 [OK] 버튼을 클릭한다.

4-4 이제 진짜 컴퓨터에 USB 메모리를 꽂는다. 그러면 VMware Player 메뉴 오른쪽에 UBS 메모리(🗑)가 생기는데 여기에 마우스 커서를 가져가면 해당 USB 메모리의 이름이 나온다. PC에 USB 메모리가 여러 개 꽂혀있다면 여러 개의 아이콘이 나타난다. 필자의 경우 Verbatim사의 USB 메모리를 장착했으므로 다음과 같은 이름이 표시된다.

그림 4-53 USB 메모리 사용법 1

4-5 UBS 메모리(🗑)를 마우스 오른쪽 버튼으로 클릭한 후 [Connect (Disconnect from host)]를 클릭한다. 그러면 호스트 컴퓨터에서는 USB 메모리의 연결이 해제되고 UBS 메모리(🗑)의 색상이 진하게 바뀌면서 가상머신 안에 USB 메모리가 마운트된다. 대화상자가 나오면 [OK] 버튼을 클릭한다.

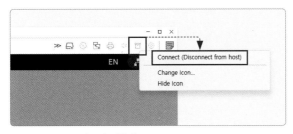

그림 4-54 USB 메모리 사용법 2

4-6 잠시 기다리면 가상머신의 바탕 화면 위쪽에 USB 메모리가 연결되었다는 알림이 잠깐 나왔다가 사라진다. [현재 활동] – 작업 표시줄의 '파일' 실행 아이콘을 클릭하면 Windows의 파일 탐색기와 비슷한 파일 관리자가 열린다. 파일 관리자의 왼쪽을 보면 USB 메모리의 레이블label(필자는 THIS_USB)이 표시된다. 이를 클릭하면 USB 메모리 내부 파일을 살펴볼 수 있다.

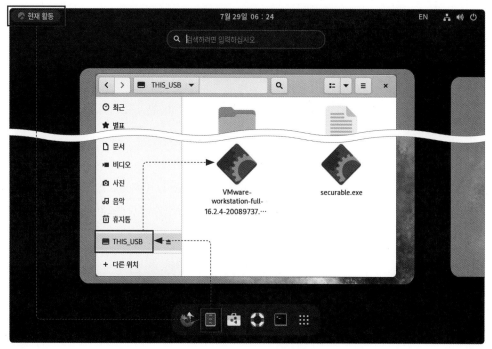

그림 4-55 USB 메모리 사용법 3

NOTE ▶ 현재 USB 메모리는 Client 가상머신에 마운트(인식)되어 있는 상태다. 그러므로 호스트 컴퓨터에서는 USB 메모리를 인식할 수 없다.

4-7 터미널을 열고 다음 명령을 입력해 해당 UBS 메모리의 디렉터리로 이동하고 다른 곳에 있는 파일을 복사해 본다. 당연하게도 CD/DVD와 달리 USB 메모리에는 쓰기가 가능하다.

```
cd   /run/media/현재사용자이름/USB이름          → 대소문자를 구분한다.
현재 접속한 사용자는 rocky며, 필자의 USB 메모리 레이블은 THIS_USB다.
pwd                                        → 현재 디렉터리를 출력한다.
ls                                         → 파일 목록을 보여 준다
cp   /boot/conTab  .                       → 파일(/boot/config~~파일)을 현재 디렉터리(.)
                                             에 복사한다(제일 뒤에 ' . '이 있다).
ls
```

```
[rocky@localhost ~]$ cd  /run/media/rocky/THIS_USB/
[rocky@localhost THIS_USB]$
[rocky@localhost THIS_USB]$ pwd
/run/media/rocky/THIS_USB
[rocky@localhost THIS_USB]$ ls
                                  VMware-workstation-full-16.2.4-20089737.exe
 This.repo                        securable.exe
[rocky@localhost THIS_USB]$
[rocky@localhost THIS_USB]$ cp  /boot/config-5.14.0-70.13.1.el9_0.x86_64  .
[rocky@localhost THIS_USB]$
[rocky@localhost THIS_USB]$ ls

 This.repo
 VMware-workstation-full-16.2.4-20089737.exe
 config-5.14.0-70.13.1.el9_0.x86_64
 securable.exe
[rocky@localhost THIS_USB]$
```

그림 4-56 USB 메모리 사용법 4

4-8 mount 명령을 입력해 USB 메모리가 마운트된 장치를 확인한다. 가장 아래쪽을 보면 마운트된 장치를 확인할 수 있는데 필자의 경우에 /dev/sda1이라는 장치 이름으로 USB 메모리가 마운트되었다.

```
gvfsd-fuse on /run/user/1000/gvfs type fuse.gvfsd-fuse (rw,nosuid,nodev,relatime
,user_id=1000,group_id=1000)
/dev/sda1 on /run/media/rocky/THIS_USB type vfat (rw,nosuid,nodev,relatime,uid=1
000,gid=1000,fmask=0022,dmask=0022,codepage=437,iocharset=ascii,shortname=mixed,
showexec,utf8,flush,errors=remount-ro,uhelper=udisks2)
[rocky@localhost THIS_USB]$
```

그림 4-57 USB 메모리 사용법 5

NOTE ▶ 필자의 경우 Client 가상머신에 NVMe 디스크를 장착했다(40쪽 1장 그림 1-50 참고). 그래서 기본 디스크는 /dev/nvme0n1p1으로 설정되어 있으므로 USB 메모리의 장치 이름이 /dev/sda1으로 지정된 것이다. Server 가상머신이나 Server(B) 가상머신은 기본 디스크가 /dev/sda이므로 이 두 가상머신에 USB 메모리를 장착하면 /dev/sdb1라는 이름이 할당된다. 이에 관해서는 6장에서 자세히 설명한다.

4-9 USB 메모리 사용이 끝났다면 VMware Player에서 USB 메모리를 마운트 해제한다. UBS 메모리(⬜)를 마우스 오른쪽 버튼으로 클릭하고 [Disconnect (Connect to host)]를 클릭하면 가상머신에서 USB 메모리의 마운트가 해제된다.

그림 4-58 USB 메모리 사용법 6

4-10 호스트 컴퓨터에서 파일 탐색기를 열어 보면 USB 메모리가 인식되어 있다는 사실을 확인할 수 있다. 또한 Rocky Linux에서 복사했던 파일도 있음을 확인할 수 있다.

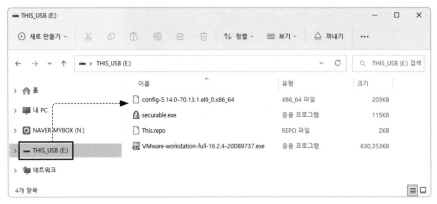

그림 4-59 리눅스에서 복사한 USB 메모리의 파일 확인

NOTE ▶ 지금 사용한 방법으로 가상머신에서 호스트 컴퓨터로 파일을 편리하게 전송할 수 있다.

4-11 Client 가상머신에서 전원(🔵) – [컴퓨터 *끄기* / 로그아웃] – [컴퓨터 *끄기*] – [컴퓨터 *끄기*] 버튼을 클릭해 Client 가상머신을 종료한다.

Step 5

Server(B) ▶ 이번에는 텍스트 모드로 CD/DVD와 USB 메모리를 사용하는 방법을 알아본다.

NOTE ▶ 이번 실습 진행 간 USB 메모리의 내용이 지워질 수도 있다. USB 메모리에 중요한 데이터가 들어 있다면 백업한 후 실습을 진행하자.

5-0 VMware Player를 하나 더 실행하고 왼쪽에서 [Server(B)]를 클릭해 Server(B) 가상머신 실행 준비를 한다(아직 부팅하지는 말자).

5-1 Server(B) 가상머신에는 USB 장치를 추가하지 않았으므로 USB 장치를 추가해야 한다. 오른쪽 아래에 있는 [Edit Virtual Machine Setting]를 클릭한다. [Virtual Machine Settings] 창에서 [Add] 버튼을 클릭하면 나타나는 [Add Hardware Wizard] 창에서 [Hardware Type]을 [USB Controller]로 선택한후 [Finish] 버튼을 클릭한다.

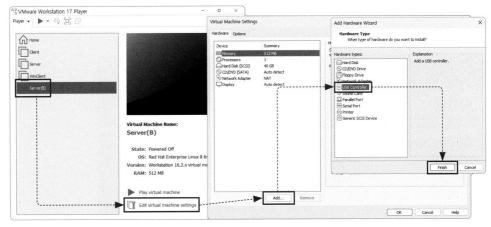

그림 4-60 텍스트 모드에서 CD/DVD 및 USB 메모리 사용법 1

5-2 [Virtual Machine Settings] 창 왼쪽 [USB Controller]를 선택하고 오른쪽 [USB compability]의 드롭박스에서 'USB 3.1'이나 'USB 3.0'을 선택한 후 [OK] 버튼을 클릭한다.

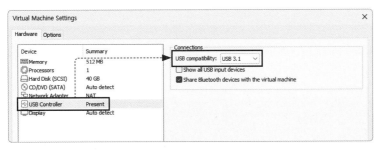

그림 4-61 텍스트 모드에서 CD/DVD 및 USB 메모리 사용법 2

5-3 이제 Server(B) 가상머신에 USB 및 CD/DVD 장치가 장착되었다. 이제 Server(B) 가상머신을 부팅하고 root 사용자(비밀번호는 'password')로 접속한다.

그림 4-62 텍스트 모드에서 CD/DVD 및 USB 메모리 사용법 3

5-4 mount 명령을 입력해 기존에 마운트된 장치가 있는지 확인한다. 필자의 경우 CD/DVD 장치인 /dev/sr0과 USB 장치인 /dev/sdb1은 아직 마운트되어 있지 않다.

```
[root@localhost ~]#
[root@localhost ~]# mount
proc on /proc type proc (rw,nosuid,nodev,noexec,relatime)
sysfs on /sys type sysfs (rw,nosuid,nodev,noexec,relatime)
devtmpfs on /dev type devtmpfs (rw,nosuid,size=201956k,nr_inodes=50489,mode=755,inode64)
securityfs on /sys/kernel/security type securityfs (rw,nosuid,nodev,noexec,relatime)
tmpfs on /dev/shm type tmpfs (rw,nosuid,nodev,inode64)
devpts on /dev/pts type devpts (rw,nosuid,noexec,relatime,gid=5,mode=620,ptmxmode=000)
tmpfs on /run type tmpfs (rw,nosuid,nodev,size=88248k,nr_inodes=819200,mode=755,inode64)
          /sys/fs/c                              osuid,noexec,rel
systemd-1                 s/binfmt_misc type                 relatime,fd=36,pgrp=1,tim           proto=5,max
proto=5,direct,pipe_ino=19979)
hugetlbfs on /dev/hugepages type hugetlbfs (rw,relatime,pagesize=2M)
mqueue on /dev/mqueue type mqueue (rw,nosuid,nodev,noexec,relatime)
debugfs on /sys/kernel/debug type debugfs (rw,nosuid,nodev,noexec,relatime)
tracefs on /sys/kernel/tracing type tracefs (rw,nosuid,nodev,noexec,relatime)
fusectl on /sys/fs/fuse/connections type fusectl (rw,nosuid,nodev,noexec,relatime)
configfs on /sys/kernel/config type configfs (rw,nosuid,nodev,noexec,relatime)
tmpfs on /run/user/0 type tmpfs (rw,nosuid,nodev,relatime,size=44120k,nr_inodes=11030,mode=700,inode
64)
[root@localhost ~]#
```

그림 4-63 텍스트 모드에서 CD/DVD 및 USB 메모리 사용법 4

5-5 먼저 Rocky Linux 9.0 DVD ISO 파일부터 삽입한다(이번 실습의 **2-1~2-3**을 참고한다). 아무 변화도 일어나지 않는다.

5-6 이번에는 USB 메모리도 연결한다(이번 실습의 **4-4~4-5**를 참고한다). 화면에 여러 줄의 메시지가 나온다. 마지막 부분에서 USB 메모리가 sdb1에 연결되었다는 사실을 확인한다. Enter 를 누르면 프롬프트가 나온다.

```
[ 1187.835765] scsi 33:0:0:0: Direct-Access     Verbatim STORE N GO      PMAP PQ: 0 ANSI: 6
[ 1187.837175] sd 33:0:0:0: Attached scsi generic sg2 type 0
[ 1187.838294] sd 33:0:0:0: [sdb] 30283008 512-byte logical blocks: (15.5 GB/14.4 GiB)
[ 1187.839300] sd 33:0:0:0: [sdb] Write Protect is off
[ 1187.840373] sd 33:0:0:0: [sdb] Write cache: disabled, read cache: enabled, doesn't support DPO or
FUA
[ 1187.845897]  sdb: sdb1
[ 1187.848042] sd 33:0:0:0: [sdb] Attached SCSI removable disk
[root@localhost ~]#
```

그림 4-64 텍스트 모드에서 CD/DVD 및 USB 메모리 사용법 5

5-7 mount 명령을 다시 입력한다. CD/DVD를 넣거나 USB 메모리를 연결하기 전과 별 차이가 없다. 즉, 텍스트 모드에서는 CD/DVD를 넣거나 USB 메모리를 연결했다고 해서 자동으로 마운트되지 않는다.

5-8 CD/DVD 장치는 전통적으로 사용된 /dev/cdrom이라는 이름을 가지고 있으므로 장치 이름을 따로 확인할 필요가 없다. 하지만 USB 장치의 이름은 상황에 따라 변할 수 있으므로 **ls /dev/sd*** 명령을 입력해 장치 이름을 확인한다.

```
[root@localhost ~]#
[root@localhost ~]# ls /dev/sd*
/dev/sda  /dev/sda1  /dev/sda2  /dev/sdb  /dev/sdb1
[root@localhost ~]#
```

그림 4-65 텍스트 모드에서 CD/DVD 및 USB 메모리 사용법 6

필자의 경우 방금 장착한 USB 메모리의 장치 이름이 /dev/sdb1로 지정되었다. 앞서 말한 것과 같이 상황에 따라 USB 장치의 이름이 달라지므로 **ls /dev/sd*** 명령을 입력했을 때는 필자의 장치 이름과 다른 이름이 표시될 수 있다.

NOTE ▶ /dev/sd*는 하드디스크나 USB 메모리 등을 의미한다. /dev/sda는 Rocky Linux가 설치된 최초 하드디스크를 나타내며 /dev/sdb는 추가한 USB 메모리를 나타낸다. /dev/sd*에 관한 자세한 설명은 6장에서 다룬다. 지금은 이정도만 기억하자.

5-9 CD/DVD 및 USB 메모리를 마운트한다. 이번에는 /media 디렉터리에 연결한다. 그런데 /media 디렉터리 아래에는 하위 디렉터리가 없으므로 먼저 /media 아래에 적절한 디렉터리를 만들어야 한다. 다음 명령으로 디렉터리를 만들고 마운트한다(아직 배우지 않은 명령이 자꾸 나온다. 다음 절에서 모두 배울 것이므로 우선 여기서는 그냥 따라 하자).

```
mkdir /media/cdrom          → CD/DVD를 마운트하는 디렉터리 생성
mkdir /media/usb            → USB 메모리를 마운트하는 디렉터리 생성
mount /dev/cdrom /media/cdrom   → CD/DVD 마운트(Warning 메시지가 나와도 괜찮음)
mount /dev/sdb1 /media/usb      → USB 메모리 마운트(장치 이름이 다를 수 있음)
```

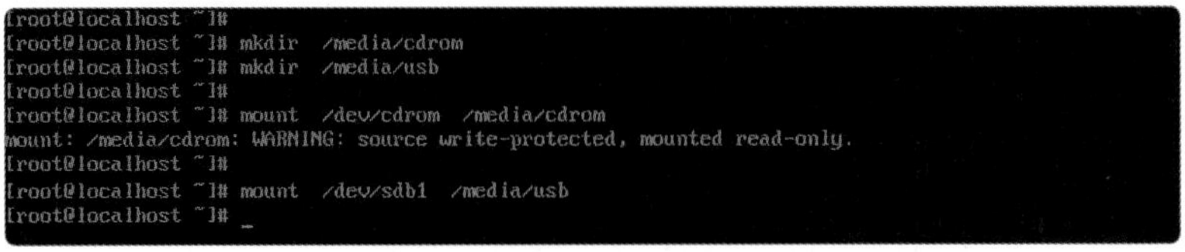

```
[root@localhost ~]#
[root@localhost ~]# mkdir  /media/cdrom
[root@localhost ~]# mkdir  /media/usb
[root@localhost ~]#
[root@localhost ~]# mount  /dev/cdrom  /media/cdrom
mount: /media/cdrom: WARNING: source write-protected, mounted read-only.
[root@localhost ~]#
[root@localhost ~]# mount  /dev/sdb1  /media/usb
[root@localhost ~]# _
```

그림 4-66 텍스트 모드에서 CD/DVD 및 USB 메모리 사용법 7

5-10 mount 명령을 입력해 마운트한 장치의 디렉터리를 확인한다. 그리고 **ls /media/cdrom** 명령과 **ls /media/usb** 명령을 입력해 내부 파일이 잘 보이는지 확인한다.

```
fusectl on /sys/fs/fuse/connections type fusectl (rw,nosuid,nodev,noexec,relatime)
tmpfs on /run/user/0 type tmpfs (rw,nosuid,nodev,relatime,size=44120k,nr_inodes=11030,mode=700,inode
64)
/dev/sr0 on /media/cdrom type iso9660 (ro,relatime,nojoliet,check=s,map=n,blocksize=2048)
/dev/sdb1 on /media/usb type vfat (rw,relatime,fmask=0022,dmask=0022,codepage=437,iocharset=ascii,sh
ortname=mixed,errors=remount-ro)
[root@localhost ~]#
[root@localhost ~]# ls  /media/cdrom
AppStream  COMMUNITY-CHARTER  EFI      images    LICENSE    RPM-GPG-KEY-Rocky-9
BaseOS     Contributors       EULA     isolinux  media.repo  RPM-GPG-KEY-Rocky-9-Testing
[root@localhost ~]#
[root@localhost ~]# ls  /media/usb
config-5.14.0-70.13.1.el9_0.x86_64     This.repo
securable.exe                          VMware-workstation-full-16.2.4-20089737.exe
'System Volume Information'
[root@localhost ~]# _
```

그림 4-67 텍스트 모드에서 CD/DVD 및 USB 메모리 사용법 8

NOTE ▶ 만약 /media/usb 디렉터리에서 파일의 이름이 깨진 상태로 보인다면 해당 파일의 이름이 한글이라서 그런 것일 수 있다. 텍스트 모드에서는 한글을 지원하지 않는다.

5-11 마찬가지로 USB 메모리(/media/usb 디렉터리)에 필요한 파일을 저장하거나 복사할 수 있다. 다음 명령을 입력해 Rocky Linux의 아무 파일이나 USB 메모리에 복사한다.

```
cp /media/usb/se* .      → 적당한 파일을 현재 디렉터리에 복사(제일 뒤에 . 있음)
ls
cp ana* /media/usb       → 적당한 파일을 USB 메모리에 복사
ls /media/usb
```

```
[root@localhost ~]#
[root@localhost ~]# cp /media/usb/se* .
[root@localhost ~]# ls
anaconda-ks.cfg  securable.exe
[root@localhost ~]#
[root@localhost ~]# cp ana* /media/usb
[root@localhost ~]#
[root@localhost ~]# ls /media/usb
anaconda-ks.cfg                  'System Volume Information'
config-5.14.0-70.13.1.el9_0.x86_64   This.repo
securable.exe                    VMware-workstation-full-16.2.4-20089737.exe
[root@localhost ~]# _
```

그림 4-68 텍스트 모드에서 CD/DVD 및 USB 메모리 사용법 9

5-12 이제 **umount 마운트된디렉터리** 명령를 입력해 마운트된 장치의 연결을 해제한다. 아무 메시지도 나오지 않는다면 마운트가 정상적으로 해제된 것이다.

```
[root@localhost ~]#
[root@localhost ~]# umount /media/cdrom
[root@localhost ~]# umount /media/usb
[root@localhost ~]#
```

그림 4-69 텍스트 모드에서 CD/DVD 및 USB 메모리 사용법 10

그런데 이번에는 장치 이름인 /dev/cdrom이나 /dev/sdb1이 아니라 마운트된 디렉터리인 /media/cdrom과 /media/usb를 마운트 해제했다. 이렇게 해도 마운트가 잘 해제된다. 다만 현재 디렉터리가 /media/cdrom이나 /media/usb인 상태에서 마운트를 해제하려고 하면 'target is busy' 메시지가 나오면서 해제되지 않는다.

5-13 이제 이번 실습의 **4-9**와 같이 VMware Player에서 USB 메모리의 마운트를 해제한다(메시지가 나오면 ⏎Enter를 누르자 그럼 프롬프트가 다시 보인다). 또한 DVD의 연결도 끊는다. 그리고 **halt -p** 명령으로 Server(B) 가상머신을 종료한다.

5-14 호스트 컴퓨터의 파일 탐색기를 살펴보면 USB 메모리가 연결되었다는 사실을 알 수 있다. 또한 Rocky Linux에서 복사했던 파일도 있다는 사실을 확인할 수 있다. 이러한 방식으로 호스트 컴퓨터와 Server(B) 가상머신 간 파일을 주고받을 수 있으므로 이번 실습 내용을 잘 기억하자.

4.2 리눅스 기본 명령

이번에는 리눅스를 사용하는 데 필요한 기본 명령을 배울 것이다. 필수 명령이므로 조금 지루하더라도 반드시 익혀야만 한다. 이러한 기본 명령은 그냥 외우기보다는 꼭 필요한 옵션을 사용해 직접 입력해 봐야 훨씬 이해하기 쉽다. 우선은 기본 개념만 확실히 익히고 더 자세한 사용법은 **man 명령어**를 자주 사용하면서 익히자.

이번에는 별도의 실습을 제공하지 않으므로 지금 Server 가상머신을 실행해 터미널을 열고 각 명령어의 [사용 예]를 한 번씩 직접 입력하자.

❶ ls

LiSt의 약자로 Windows 명령 프롬프트의 **dir** 명령과 같은 역할을 한다. 즉, 해당 디렉터리(폴더)에 있는 파일의 목록을 나열하는 명령이다.

```
[사용 예]
# ls                        → 현재 디렉터리의 파일 목록을 표시
# ls  /etc/sysconfig        → /etc/sysconfig 디렉터리의 목록을 표시
# ls  -a                    → 현재 디렉터리의 목록(숨김 파일 포함)을 표시
# ls  -l                    → 현재 디렉터리의 목록을 자세히 표시
# ls  *.cfg                 → 확장자가 cfg인 목록을 표시
# ls  -l  /etc/sysconfig/a* → /etc/sysconfig 디렉터리 중 앞 글자가 'a'인 것의 목록을 자세히 표시
```

❷ cd

Change Directory의 약자로 디렉터리를 이동하는 명령이다.

```
[사용 예]
# cd                        → 현재 사용자의 홈 디렉터리로 이동,
                              만약 현재 사용자가 root면 '/root' 디렉터리로 이동
# cd  ~rocky                → rocky 사용자의 홈 디렉터리로 이동
# cd  ..                    → 바로 상위의 디렉터리로 이동. '..'은 현재 디렉터리의 부모 디렉
                              터리를 의미, 예를 들어 현재 디렉터리가 /etc/sysconfig면 바로
                              상위인 '/etc' 디렉터리로 이동
# cd  /etc/sysconfig        → /etc/sysconfig 디렉터리로 이동(절대 경로)
# cd  ../etc/sysconfig      → 상대 경로로 이동. 현재 디렉터리의 상위('..')로 이동한 후 다시
                              /etc/sysconfig로 이동
```

'.'(현재 디렉터리)와 '..'(현재 디렉터리의 상위 디렉터리)는 자주 사용되는 명령어다. 하지만 비슷하게 생겼다 보니 리눅스 초보자 입장에서는 혼란스러울 수도 있다. 그러므로 잘 구분해서 기억하자. 예를 들어 **cp ../lib/ abc .** 명령은 '현재 디렉터리의 상위 디렉터리('..') 아래에 있는 '/lib' 디렉터리의 abc 파일을 현재 디렉터리 ('.')에 복사하라'는 의미다.

❸ pwd

Print Working Directory의 약자로 현재 디렉터리의 전체 경로를 화면에 표시한다.

[사용 예]
pwd 　→ 현재 작업 중인 디렉터리의 경로를 출력

리눅스는 숨김 파일(hidden file)이라는 속성이 별도로 존재하지 않는다. 파일 이름이나 디렉터리의 제일 앞 글자를 '.'으로 지정하면 자동으로 숨김 파일이 된다.

한편 리눅스를 처음 사용할 때 익숙하지 않은 것 중 하나가 '현재 디렉터리'라는 개념이다. 예전의 도스에서도 이러한 개념이 있었지만, Windows 시대에 접어들면서 거의 사용하지 않아서 잘 모르는 듯하다. 이러한 이유 로 리눅스에 익숙하지 않은 사용자에게 자주 사용하도록 권장하는 명령이 **pwd**다. **cd** 명령과 함께 **pwd** 명령을 자주 사용하면 현재 디렉터리 위치를 명확히 파악할 수 있어 리눅스의 전체적인 디렉터리 구조를 더욱 빨리 익힐 수 있다.

❹ rm

ReMove의 약자로 파일이나 디렉터리를 삭제한다. 당연히 파일이나 디렉터리를 삭제할 권한이 있 어야 해당 명령을 실행할 수 있다. 단 root 사용자는 모든 권한이 있으므로 **rm** 명령 사용에 제약이 없다.

NOTE▶ root 사용자에게는 모든 명령을 실행할 수 있는 권한이 있다. 그러므로 **rm**과 같은 명령을 사용할 때는 주의 해야 한다. 특히 리눅스에서는 Windows의 휴지통 개념을 사용하지 않으므로 삭제한 파일이나 디렉터리를 복구하기 가 상당히 어렵다.

```
[사용 예]
# rm  abc.txt          → 해당 파일을 삭제(내부적으로 'rm -i'로 연결됨)
# rm  -i  abc.txt      → 삭제 시 정말 삭제할 지 확인하는 메시지를 표시
# rm  -f  abc.txt      → 삭제 시 확인하지 않고 바로 삭제(f는 Force의 약자)
# rm  -r  abc          → 해당 디렉터리를 삭제(r은 Recursive의 약자)
# rm  -rf  abc         → r 옵션과 f 옵션을 합친 것으로 abc 디렉터리와 그 아래에 있는 하위
                         디렉터리를 강제로 전부 삭제(편리하지만 상당히 주의해서 사용해야 함)
```

❺ cp

CoPy의 약자로 파일이나 디렉터리를 복사한다. 새로 복사한 파일은 복사한 사용자의 소유가 된다. 그러므로 명령을 실행하는 사용자는 해당 파일의 읽기 권한이 필요하다(권한에 관한 내용은 잠시 후에 설명한다).

```
[사용 예]
# cp  abc.txt  cba.txt   → abc.txt를 cba.txt라는 이름으로 바꿔서 복사
# cp  -r  abc  cda       → 디렉터리 복사
```

❻ touch

크기가 0인 새 파일을 생성하거나 생성된 파일이 존재한다면 파일의 최종 수정 시간을 변경한다.

```
[사용 예]
# touch  abc.txt         → 파일이 없는 경우 abc.txt라는 빈 파일을 생성하고,
                           abc.tx 파일이 있는 경우 최종 수정 시간을 현재 시각으로 변경
```

❼ mv

MoVe의 약자로 파일이나 디렉터리의 이름을 변경하거나 다른 디렉터리로 옮길 때 사용한다.

```
[사용 예]
# mv  abc.txt  /etc/sysconfig/   → abc.txt을 /etc/sysconfig/ 디렉터리로 이동
# mv  aaa  bbb  ccc  ddd         → aaa, bbb, ccc 파일을 /ddd 디렉터리로 이동
# mv  abc.txt  www.txt           → abc.txt의 이름을 www.txt로 변경해서 이동
```

❽ mkdir

MaKe DIRectory의 약자로 새로운 디렉터리를 생성한다. 생성된 디렉터리는 명령을 실행한 사용자의 소유가 된다.

```
[사용 예]
# mkdir  abc              → 현재 디렉터리 아래에 /abc 이름의 디렉터리 생성
# mkdir  -p  /def/fgh     → /def/fgh 디렉터리를 생성. 만약 /fgh 디렉터리의 부모 디렉터리인
                            /def 디렉터리가 없다면 자동 생성(p는 Parents의 약자).
```

❾ rmdir

ReMove DIRectory의 약자로 디렉터리를 삭제한다. 해당 디렉터리의 삭제 권한이 있어야 하며 디렉터리는 비어 있어야 한다. 파일이 있는 디렉터리를 삭제하려면 **rm –r** 명령을 실행해야 한다.

```
[사용 예]
# rmdir  abc              → /abc 디렉터리를 삭제
```

❿ cat

conCATenate의 약자로 파일 내용을 화면에 출력한다. 여러 파일을 나열하면 파일을 연결해서 출력한다.

```
[사용 예]
# cat  a.txt              → a.txt 파일의 내용을 화면에 출력
```

⓫ head, tail

텍스트 형식으로 작성된 파일의 앞 10행 또는 마지막 10행만 화면에 출력한다.

```
[사용 예]
# head  anaconda-ks.cfg    → 해당 파일의 앞 10행을 화면에 출력
# head  -3  anaconda-ks.cfg → 앞 3행만 화면에 출력
# tail  -5  anaconda-ks.cfg → 마지막 5행만 화면에 출력
```

⓬ more

텍스트 형식으로 작성된 파일을 페이지 단위로 화면에 출력한다. (Space)를 누르면 다음 페이지로 이동하며, (B)를 누르면 앞 페이지로 이동한다. (Q)를 누르면 명령을 종료한다.

```
[사용 예]
# more  anaconda-ks.cfg
# more  +30  anaconda-ks.cfg        → 30행부터 출력
```

⓭ less

more 명령과 용도가 비슷하지만, 기능이 더 확장되어 있다. more에서 사용하는 키와 더불어 화살표 키나 (PageUp), (PageDown)도 사용할 수 있다.

```
[사용 예]
# less  anaconda-ks.cfg
# less  +30  anaconda-ks.cfg        → 30행부터 출력
```

⓮ file

파일의 종류를 표시한다.

```
[사용 예]
# file  anaconda-ks.cfg          → anaconda-ks.cfg는 텍스트 파일이므로 아스키 파일
                                   (ASCII)로 표시
# file  /dev/sr0                 → sr0은 DVD 장치이므로 block special로 표시
```

⓯ clear

현재 사용 중인 터미널 화면을 깨끗하게 지운다.

```
[사용 예]
# clear
```

4.3 사용자 관리와 파일 속성

리눅스에서 원활한 파일 관리를 진행하려면 파일의 속성을 이해하고 사용자를 관리하는 방법을 알아야 한다. 다중 사용자 시스템인 리눅스에서는 사용자 관리가 파일 관리와 밀접하게 연관되어 있다.

4.3.1 사용자와 그룹

리눅스는 **다중 사용자 시스템**multi-user system 이다. 즉, 1대의 리눅스에 여러 명의 사용자가 동시에 접속해서 사용할 수 있다. 리눅스를 설치하면 기본적으로 root라는 이름을 가진 **슈퍼 유저**super user 가 있다. 이 root 사용자에게는 시스템의 모든 작업을 실행할 수 있는 권한과 시스템에 접속할 수 있는 사용자를 생성할 수 있는 권한이 있다.

그런데 모든 사용자는 혼자 존재할 수 없으며 하나 이상의 그룹에 소속되어야 한다. 즉, 회사에서 '홍길동'이라는 직원이 '전산실'과 같은 어느 부서에 소속되는 것처럼 사용자 또한 어떤 그룹에 소속되어야 한다.

우선 gedit이나 vi, nano 에디터로 /etc/passwd 파일을 열어 보자. 그럼 다음과 같은 화면이 나온다.

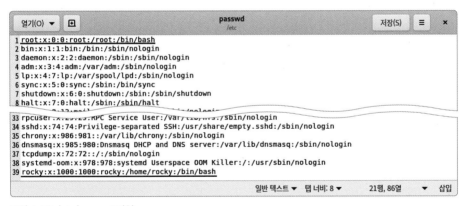

그림 4-70 /etc/passwd 파일

파일을 살펴보면 여러 명의 사용자가 보인다. 제일 위쪽의 root 사용자부터 제일 아래쪽 바로 위의 systemd-oom 사용자까지는 리눅스에 기본적으로 존재하는 표준 사용자다.

제일 위쪽의 root 사용자와 설치 직후에 생성한 제일 아래쪽의 rocky 사용자를 살펴보며 리눅스에 사용자가 어떻게 구성되는지 파악하자.

각 행의 의미는 다음과 같다.

사용자 이름:비밀번호:사용자 ID:사용자가 소속된 그룹 ID:전체 이름:홈 디렉터리:기본 셸

제일 아래쪽의 rocky 사용자를 살펴보자.

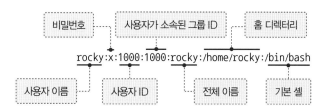

사용자 이름은 rocky고 비밀번호는 x로 표시되어 있다. 이는 /etc/shadow 파일에 비밀번호가 지정되어 있다는 의미다. 그리고 rocky의 사용자 id는 1,000번이고 rocky가 속한 그룹의 id 역시 1,000번이다. 전체 이름은 rocky며 rocky 사용자의 홈 디렉터리는 /home/rocky다. 그리고 로그인 시 제공되는 셸은 /bin/bash다. 이어서 root 사용자를 살펴보면 사용자 id와 그룹 id가 0번으로 설정되어 있음을 확인할 수 있다.

이번에는 /etc/group 파일을 확인하자.

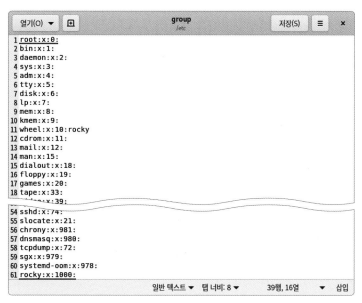

그림 4-71 /etc/group 파일

각 행의 의미는 다음과 같다.

그룹 이름:비밀번호:그룹 id:그룹에 속한 사용자 이름

마지막 '그룹에 속한 사용자 이름'은 참조로 사용된다. 즉, 해당 부분에 아무것도 써 있지 않다고 해서 그룹에 소속된 사용자가 반드시 없다는 뜻은 아니다. 필자의 경우에도 제일 첫 행 root 그룹에는 실제로 root 사용자가 속해 있으나 여기에는 표현되어 있지 않다. 앞서 살펴본 /etc/passwd 파일에서는 rocky 사용자가 속한 그룹이 1,000번으로 표현되어 있었다. 즉, /etc/group 파일에서도 rocky 그룹의 ID가 1,000번이므로 rocky 그룹에는 rocky 사용자가 속해 있다.

다음은 사용자 및 그룹과 관련된 명령이다. 중요한 내용이므로 [사용 예]와 함께 잘 기억하자.

❶ useradd (**또는** adduser)

새로운 사용자를 추가한다. 이 명령을 실행하면 /etc/passwd, /etc/shadow, /etc/group 파일에 새로운 행이 추가된다.

```
[사용 예]
# useradd  newuser              → newuser라는 이름의 사용자 생성
# useradd  -u  1111  newuser    → newuser 사용자를 생성하면서 사용자 ID를 1111로 지정
# useradd  -g  mygroup  newuser → newuser 사용자를 생성하면서 mygroup 그룹에 newuser
                                   사용자를 포함(mygroup 그룹을 먼저 만들어야 함)
# useradd  -d  /newhome  newuser → newuser 사용자를 생성하면서 홈 디렉터리를 /newhome으
                                   로 지정
# useradd  -s  /bin/csh  newuser → newuser 사용자를 생성하면서 기본 셸을 /bin/csh로 지정
```

❷ passwd

사용자의 비밀번호를 지정하거나 변경한다.

```
[사용 예]
# passwd  newuser               → newuser 사용자의 비밀번호를 지정(또는 변경)
```

❸ usermod

사용자의 속성을 변경한다. 사용 가능한 옵션은 useradd와 동일하다.

```
[사용 예]
# usermod  -g  root newuser      → newuser 사용자의 그룹을 root 그룹으로 변경
```

❹ userdel

사용자를 삭제한다.

```
[사용 예]
# userdel  -  newuser            → newuser 사용자를 삭제
# userdel  -r  newuser           → newuser 사용자를 삭제하면서 홈 디렉터리까지 삭제
```

❺ chage

사용자의 비밀번호를 주기적으로 변경하도록 설정한다.

```
[사용 예]
# chage  -l  newuser             → newuser 사용자에 설정된 사항을 확인
# chage  -m  2  newuser          → newuser 사용자에 설정한 비밀번호를 사용해야 하는 최소
                                   일자. 여기서는 2로 설정했으므로 변경 후 최소 2일은 사용해
                                   야 함
# chage  -M  30  newuser         → newuser 사용자에 설정한 비밀번호를 사용할 수 있는 최대
                                   일자. 여기서는 30을 설정했으므로 변경 후 최대 30일까지
                                   사용할 수 있음
# chage  -E  2030/12/12  newuser → newuser 사용자에 설정한 비밀번호가 만료되는 날짜. 여기
                                   서는 2030/12/12를 설정했으므로 2030/12/12까지만 사용할
                                   수 있음
# chage  -W  10  newuser         → newuser 사용자에 설정한 비밀번호가 만료되기 전에 경고하
                                   는 기간. 지정하지 않았을 경우 기본 값은 7일. 여기서는 10
                                   으로 설정했으므로 비밀번호가 만료되기 10일 전부터 경고 메
                                   시지가 나감
```

❻ groups

사용자가 소속된 그룹을 표시한다.

```
[사용 예]
# groups                    → 현재 사용자가 소속된 그룹을 표시
# groups  newuser           → newuser가 소속된 그룹을 표시
```

❼ groupadd

새로운 그룹을 생성한다.

```
[사용 예]
# groupadd  newgroup        → newgroup이라는 그룹을 생성
# groupadd  -g  2222  newgroup   → newgroup 그룹을 생성하면서 그룹 ID를 2222로 지정
```

❽ groupmod

그룹의 속성을 변경한다.

```
[사용 예]
# groupmod  -n  mygroup  newgroup   → newgroup 그룹의 이름을 mygroup으로 변경
```

❾ groupdel

그룹을 삭제한다.

```
[사용 예]
# groupdel  newgroup        → newgroup 그룹을 삭제.
                              해당 그룹을 주요 그룹으로 지정한 사용자가 없어야 함
```

NOTE ▶ 사용자는 주요 그룹 1개와 보조 그룹 여러 개에 가입할 수 있다. **useradd −g main −G sub user1** 명령을 사용하면 user1 사용자를 생성하고 main 그룹을 주요 그룹으로, sub 그룹을 보조 그룹으로 가입시킨다.

❿ gpasswd

그룹의 비밀번호를 설정하거나 그룹 관리를 수행한다.

```
[사용 예]
# gpasswd  newgroup              → newgroup 그룹의 비밀번호를 지정
# gpasswd  -A  newuser  newgroup  → newuser 사용자를 newgroup 그룹의 관리자로 지정
# gpasswd  -a  user1  newgroup    → user1을 newgroup 그룹의 사용자로 추가
# gpasswd  -d  newuser  newgroup  → user1을 newgroup 그룹의 사용자에서 제거
```

관련 명령어가 조금 많아 보이지만, 실제로 사용하다 보면 쉽게 익힐 수 있다.

실습 7

사용자 및 그룹을 관리하는 연습을 하자.

Step 0

Server 가상머신을 처음 설치 상태로 초기화하고 터미널을 실행한다.

0-0 Server 가상머신을 초기화한다.

NOTE▶ 초기화 방법이 기억나지 않으면 108쪽 3장 실습 1의 Step 19 또는 Step 20을 참고한다.

0-1 Server 가상머신을 부팅하고 root 사용자로 접속한다.

0-2 바탕 화면의 왼쪽 위 [현재 활동] – 작업 표시줄의 '터미널' 실행 아이콘을 클릭한다.

Step 1

새로운 사용자를 만든다(사용자 생성 작업은 root 사용자만 할 수 있다).

1-1 useradd user1 명령을 입력해 user1 사용자를 만든다. 아무 메시지도 나오지 않으면 성공이다.

그림 4-72 사용자 및 그룹 관리 1

1-2 tail /etc/passwd 명령을 입력해 user1 사용자가 추가되었는지 확인한다(**tail**은 파일의 마지막 10행을 표시하는 명령이다).

```
[root@localhost ~]# tail  /etc/passwd
gdm:x:42:42:::/var/lib/gdm:/sbin/nologin
gnome-initial-setup:x:987:982::/run/gnome-initial-setup/:/sbin/nologin
rpcuser:x:29:29:RPC Service User:/var/lib/nfs:/sbin/nologin
sshd:x:74:74:Privilege-separated SSH:/usr/share/empty.sshd:/sbin/nologin
chrony:x:986:981:::/var/lib/chrony:/sbin/nologin
dnsmasq:x:985:980:Dnsmasq DHCP and DNS server:/var/lib/dnsmasq:/sbin/nologin
tcpdump:x:72:72:::/sbin/nologin
systemd-oom:x:978:978:systemd Userspace OOM Killer:/:/usr/sbin/nologin
rocky:x:1000:1000:rocky:/home/rocky:/bin/bash
user1:x:1001:1001::/home/user1:/bin/bash
[root@localhost ~]#
```

그림 4-73 사용자 및 그룹 관리 2

가장 마지막 행에 방금 추가한 uesr1 사용자가 보인다. 사용자 이름은 앞에서 지정한 user1이며 비밀번호는 /etc/shadow 파일에 저장되었다. 세 번째 열의 user1 ID는 1,001번인데 이는 그 앞에 있는 rocky의 1,000번에 1을 더한 값이 자동 할당된 것이다. 그룹 ID 역시 1,001번이다. 여기서 주의할 점은 그룹 이름이 아닌 그룹 ID가 지정되었다는 사실이다. 왜 그런지는 잠시 후에 다시 설명하겠다. 사용자의 홈 디렉터리는 기본 설정인 '/home/사용자이름'으로, 셸은 기본 설정인 '/bin/bash'로 지정되었다.

1-3 tail −5 /etc/group 명령을 입력해 uesr1의 소속 그룹을 확인한다.

```
[root@localhost ~]# tail  -5  /etc/group
tcpdump:x:72:
sgx:x:979:
systemd-oom:x:978:
rocky:x:1000:
user1:x:1001:
[root@localhost ~]#
```

그림 4-74 사용자 및 그룹 관리 3

user1 사용자는 그룹을 별도로 지정하지 않았는데 이 명령을 입력해서 소속 그룹을 확인하니 제일 마지막 행에 그룹이 추가되어 있음을 확인할 수 있다. 그룹 이름을 보니 사용자 이름과 동일한 user1으로 지정되었으며 그룹 ID는 자동으로 마지막 그룹 번호인 1,000번에 1을 더한 1,001번으로 지정되었다. 결론적으로 **useradd** 명령을 실행해 별도의 그룹을 지정하지 않으면, 자동으로 사용자 이름과 동일한 그룹이 생성되고 새로운 사용자는 생성된 그룹에 자동으로 포함된다. 즉, 새로 생성된 그룹(여기서는 user1)은 소속된 사용자가 1명인 그룹이 된다.

1-4 많은 사용자를 관리할 때 지금과 같은 방식으로 관리하면 '사용자 이름 = 그룹 이름'이 되므로 관리에 어려움이 발생한다(애당초 직원의 이름이 '홍길동'인데 그 직원이 속한 부서 이름도 '홍길동'이라면 무언가 조금 이상하다). 그래서 먼저 그룹을 만들고 사용자를 이 그룹에 속하도록 생성하는 것이 바람직한 사용자 관리 방법이다.

Step 2

그룹을 별도로 생성하고 해당 그룹에 다수의 사용자를 포함시켜 관리한다.

2-1 먼저 **userdel −r user1** 명령을 입력해 user1 사용자를 삭제한다. 그리고 **groupadd rockyGroup** 명령을 입력해 rockyGroup 그룹을 만든다. **tail −5 /etc/group** 명령을 입력해 그룹이 잘 만들어졌는지 확인한다.

```
[root@localhost ~]# userdel  -r  user1
[root@localhost ~]#
[root@localhost ~]# groupadd  rockyGroup
[root@localhost ~]#
[root@localhost ~]# tail  -5  /etc/group
tcpdump:x:72:
sgx:x:979:
systemd-oom:x:978:
rocky:x:1000:
rockyGroup:x:1001:
[root@localhost ~]#
```

그림 4-75 사용자 및 그룹 관리 4

2-2 다음 명령을 입력해 새로운 user1, user2 사용자를 만들고 그룹을 rockyGroup으로 지정한다.

```
useradd -g rockyGroup uesr1      → user1 사용자를 생성하고 rockyGroup 그룹에 소속시킴
useradd -g rockyGroup uesr2      → user2 사용자를 생성하고 rockyGroup 그룹에 소속시킴
```

```
[root@localhost ~]# useradd  -g  rockyGroup  user1
[root@localhost ~]#
[root@localhost ~]# useradd  -g  rockyGroup  user2
[root@localhost ~]#
[root@localhost ~]# tail  -5  /etc/passwd
tcpdump:x:72:72::/:/sbin/nologin
systemd-oom:x:978:978:systemd Userspace OOM Killer://:/usr/sbin/nologin
rocky:x:1000:1000:rocky:/home/rocky:/bin/bash
user1:x:1001:1001: /home/user1:/bin/bash
user2:x:1002:1001: /home/user2:/bin/bash
[root@localhost ~]#
```

그림 4-76 사용자 및 그룹 관리 5

tail −5 /etc/passwd 명령을 입력해 /etc/passwd 파일을 확인하자. user 1, uesr2의 그룹 ID가 모두 1,001번으로 설정되었다. **tail −5 /etc/group** 명령을 입력해 /etc/group 파일도 확인하자. 그러면 그룹 ID 1,001번이 rockyGroup을 나타낸다는 사실을 알 수 있다.

2-3 tail −5 /etc/shadow 명령을 입력해 /etc/shadow 파일을 확인하면 가장 아래쪽에 user1, user2라는 2명의 사용자가 추가되었음을 알 수 있다. 그런데 rocky 사용자의 경우 비밀번호가 코드화되어 있지만, user1과 user2 사용자의 비밀번호 부분에는 '!!'라는 표시만 있다. 이 표시는 아직 비밀번호가 지정되지 않았다는 의미다.

그림 4-77 사용자 및 그룹 관리 6

2-4 passwd 사용자이름 명령을 입력해 user1, user2 사용자의 비밀번호를 지정한다. 실습이므로 둘 다 비밀번호를 간단히 '1234'로 지정한다.

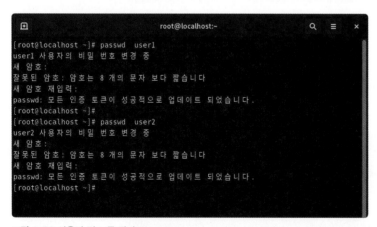

그림 4-78 사용자 및 그룹 관리 7

NOTE ▶ 일반 사용자가 자신의 비밀번호를 변경할 때 간단한 비밀번호를 지정하면 8글자 이상에 영어 사전에 등록되지 않은 단어를 비밀번호로 사용해야 한다는 내용의 경고 메시지가 나온다. 하지만 root 사용자로 해당 사용자의 비밀번호를 지정할 때는 간단한 비밀번호도 사용할 수 있다.

2-5 다시 /etc/shadow 파일을 확인하면 user1, user2 사용자에 비밀번호가 지정되었음을 확인할 수 있다. 그런데 재미있는 점은 앞서 두 사용자의 비밀번호를 모두 '1234'로 입력했는데 코드화된 비밀번호는 서로 다르다. 즉, /etc/shadow 파일을 살펴보더라도 사용자의 진짜 비밀번호를 알아낼 수 없다.

그림 4-79 사용자 및 그룹 관리 8

2-6 이번에는 **ls -a 디렉터리** 명령을 입력해 user1 사용자의 홈 디렉터리인 /home/user1과 /etc/skel 디렉터리를 비교한다.

그림 4-80 사용자 및 그룹 관리 9

두 디렉터리에는 동일한 파일이 있다. 즉, 새로운 사용자를 생성하면 해당 사용자의 홈 디렉터리 기본 설정은 '/home/사용자이름'으로 지정되며 /etc/skel 디렉터리의 모든 내용이 사용자의 홈 디렉터리에 복사된다. 그러므로 앞으로 생성할 사용자에게 특정 파일을 배포하고 싶다면 그 파일을 /etc/skel 디렉터리에 넣어 두면 된다.

> **NOTE** 이름에서 예측할 수 있듯이 '/skel' 디렉터리는 skeleton(뼈대)의 약자다.

Step 3

userdel -r 사용자이름과 **groupdel 그룹이름** 명령을 입력해 실습 과정에서 생성한 사용자 및 그룹을 삭제한다.

그림 4-81 사용자 및 그룹 관리 10

4.3.2 파일과 디렉터리의 소유와 허가권

리눅스는 각각의 파일과 디렉터리마다 소유권과 허가권이라는 속성이 있다. root 사용자가 자신의
홈 디렉터리에서 **touch sample.txt** 명령을 실행해 빈 파일을 만들고 **ls -l** 명령을 실행하면 다음과
같이 파일의 정보가 터미널에 표시된다.

```
[root@localhost ~]# touch  sample.txt
[root@localhost ~]# ls  -l
합계 4
-rw-------. 1 root root 939  7월 16 17:23 anaconda-ks.cfg
-rw-r--r--  1 root root   0  7월 29 15:39 sample.txt
drwxr-xr-x. 2 root root   6  7월 16 17:29 공개
drwxr-xr-x. 2 root root   6  7월 16 17:29 다운로드
drwxr-xr-x. 2 root root   6  7월 16 17:29 문서
drwxr-xr-x. 2 root root   6  7월 16 17:29 바탕화면
drwxr-xr-x. 2 root root   6  7월 16 17:29 비디오
drwxr-xr-x. 2 root root   6  7월 16 17:29 사진
drwxr-xr-x. 2 root root   6  7월 16 17:29 서식
drwxr-xr-x. 2 root root   6  7월 16 17:29 음악
[root@localhost ~]#
```

그림 4-82 자세한 파일 리스트

화면에 표시된 sample.txt 파일의 정보를 간략하게 표현하면 다음 그림과 같다.

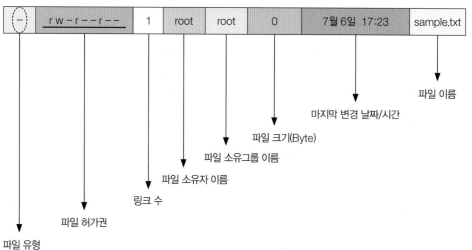

그림 4-83 파일 속성

표시된 정보의 의미를 각 항목별로 하나씩 살펴보자.

파일 유형

파일 유형은 말 그대로 파일의 종류를 나타낸다. 디렉터리인 경우 'd', 일반적인 파일인 경우 '–'가 표시된다. 그 외에 b(블록 디바이스), c(문자 디바이스), l(링크) 등으로 표시된다.

NOTE▶ 'b'나 'c'는 디바이스(장치)를 뜻한다. **ls –l /dev | more** 명령을 실행해 확인하면 b나 c가 많이 보일 것이다. b는 블록 디바이스^{Block Device}를 의미하며 대표적인 것으로 하드디스크, 플로피 디스크, CD/DVD 등의 저장장치를 들 수 있다. c는 문자 디바이스^{Character Device}를 의미하며 대표적인 것으로 마우스, 키보드, 프린터 등의 입출력장치를 들 수 있다. 또 l은 링크(Link)를 의미한다. 여기서 링크란 Windows의 '바로 가기 아이콘'과 비슷한 개념으로 연결되어 있는 파일을 의미한다. 즉, l 표시가 있는 파일의 실제 파일은 다른 곳에 존재한다.

파일 허가권

파일 허가권^{permission}은 파일을 읽고, 쓰고, 실행할 수 있는 권한을 나타낸다. 9개의 문자로 구성되어 있으며 rw–, r––, r–– 3개씩 끊어 읽는다. 총 r, w, x 3개의 문자로 표현되며 r은 read, w는 write, x는 execute의 약자다. 즉, 어떤 파일에 rw–라고 표시되어 있으면 읽거나 쓸 수는 있지만, 실행할 수는 없다는 의미이며 rwx로 표시되어 있으면 읽고 쓰고 실행할 수 있다는 의미다.

또한 첫 번째 rw–는 소유자^{user}의 파일 접근 권한을, 두 번째 r––는 그룹^{group}의 파일 접근 권한을, 세 번째 r––는 그 외 사용자^{other}의 파일 접근 권한을 의미한다. 풀어서 얘기하면 sample.txt 파일의 소유자는 읽거나 쓸 수 있고 그룹은 읽을 수만 있고 기타 사용자도 읽을 수만 있도록 허가되어 있다는 의미다.

sample.txt 파일의 허가권을 다음과 같이 숫자로도 표현할 수 있다.

표 4-6 sample.txt 파일의 허가권

소유자(User)			그룹(Group)			기타 사용자(Other)		
r	w	–	r	–	–	r	–	–
4	2	0	4	0	0	4	0	0
6			4			4		

소유자의 허가권인 6이라는 숫자는 2진수 110이므로 rw–로 표현할 수 있고, 그룹의 허가권인 4라는 숫자는 2진수 100이므로 r––로, 기타 사용자의 허가권인 4라는 숫자도 2진수로 100이므로 r––로 표현할 수 있다. 예시로 허가권이 754라면 rwxr-xr––이 되므로 소유자는 읽기/쓰기/실행할 수 있고, 그룹은 읽기/실행할 수만 있으며, 그 외 사용자는 읽을 수만 있다. 참고로 특정 디렉터

리(폴더)로 이동하려면 해당 디렉터리의 실행(x) 권한이 반드시 있어야 한다. 그래서 디렉터리는 일반적으로 소유자/그룹/기타 사용자 모두에게 실행(x) 권한이 설정되어 있다.

이 정도의 설명이면 파일 허가권의 개념을 이해하기에 충분할 것이다.

> **! 여기서 잠깐   파일 확장명**
>
> Windows의 경우 *.exe는 실행 파일, *.txt 는 텍스트 파일 등 확장명으로 해당 파일의 종류를 판단하지만, 리눅스는 확장자에 별 의미를 두지 않는다. 즉, 실행 파일이건 텍스트 파일이건 모두 일반적으로 확장명을 갖지 않으며 확장명을 갖더라도 파일 종류를 구분하기 위한 것일 뿐 확장명이 파일 종류를 결정하지 않는다. 그래서 해당 파일이 어떤 파일인지를 알려면 file 명령어를 사용해야 한다.

파일 허가권을 변경하는 명령은 **chmod**다. 이 명령은 root 사용자 또는 해당 파일의 소유자만이 실행할 수 있다. 예로 **chmod 777 sample.txt** 명령을 실행하면 sample.txt 파일의 허가권이 모든 사용자가 읽고, 쓰고, 실행할 수 있도록 변경된다.

NOTE ▶ 특정 파일을 실행할 수 있도록 허가권이 설정되어 있더라도 파일이 실제로 실행 가능한 코드가 아니라면 실행 시 오류가 발생한다. Windows에서 그림 파일인 mypic.jpg 파일을 실행 파일인 mypic.exe로 확장명을 변경할 수는 있지만, mypic.exe가 실제로 실행되지 않는 것과 같은 개념이다.

chmod 명령을 상대 모드^{Symbolic method}로도 사용할 수 있다. **chmod u+x 파일이름** 명령은 '소유자^{User}에게 실행^{eXecute} 권한을 허가하라(+)'는 의미다. 몇 가지 예를 들면 u-wx는 사용자에게 쓰기/실행 권한을 제거하라는 의미며, g+rx는 그룹에게 읽기/실행 권한을 허가하라는 의미고, o+rwx는 기타 사용자에게 읽기/쓰기/실행 권한을 허가하라는 의미다.

파일 소유권

파일 소유권^{Ownership}은 파일을 소유한 사용자와 그룹을 의미한다. 앞서 생성한 sample.txt 파일은 root라는 이름의 사용자가 소유자며 그룹도 root다. 파일 소유권을 바꾸는 명령은 **chown**이다.

해당 명령은 **chown 새로운사용자이름(.새로운그룹이름) 파일이름** 형식으로 사용한다. 예를 들어 **chown rocky sample.txt** 명령은 sample.txt 파일의 소유자를 rocky 사용자로 바꾸라는 의미고, **chown rocky.rocky sample.txt** 명령은 파일의 그룹도 rocky 그룹으로 바꾸라는 의미다. 또한 **chgrp rocky sample.txt** 명령은 그룹만 rocky 그룹으로 변경하라는 의미다.

파일의 허가권 및 소유권을 확실히 이해하자.

Step 0

Server 가상머신을 실행해 root 사용자로 접속한다.

0-1 터미널을 열고 연습용 파일을 생성한다. **nano test** 명령을 입력한 후 다음 내용을 입력하고 `Ctrl` + `X`를 누르고 `Y`, `Enter`를 차례대로 눌러 파일을 'test'라는 이름으로 저장하고 nano 에디터를 종료한다. gedit 에디터를 사용해도 관계없다. 참고로 한/영 전환을 하려면 `Shift` + `Space`를 누른다.

```
안녕하세요? 그냥 연습 파일입니다.
ls /var
```

0-2 **ls -l test** 명령를 입력해 파일의 속성을 확인한다.

```
[root@localhost ~]# ls -l test
-rw-r--r-- 1 root root 56 7월 29 16:06 test
[root@localhost ~]#
```

그림 4-84 파일 허가권 및 소유권 확인 1

이 파일의 허가권은 rw-r--r--다. 소유자는 root 사용자이고, 그룹은 root다. 즉, root 사용자는 이 파일을 rw-(읽기/쓰기)할 수 있고 x(실행)은 할 수 없다. 또 root 그룹 및 기타 사용자는 r--(읽기)만 가능하다.

Step 1

파일 속성을 변경한다.

1-1 다음 명령으로 test 파일을 실행한다.

```
whoami    → 현재 사용자가 누구인지 알려 줌
./test    → 현재 디렉터리의 test 파일을 실행('./'의 의미는 현재 디렉터리에 있는 파일을 의미)
```

```
[root@localhost ~]# whoami
root
[root@localhost ~]# ./test
bash: ./test: 허가 거부
[root@localhost ~]#
```

그림 4-85 파일 허가권 및 소유권 확인 2

현재 사용자인 root의 권한이 rw−이므로 해당 파일을 실행할 수 없다는 '허가 거부' 메시지가 나온다.

1-2 다음 명령을 입력해 허가권을 rwxr−xr−x(755)로 변경하고 파일을 실행한다.

```
chmod 755 test      → 파일 허가권을 rwxr-xr-x(755)로 변경
ls -l test          → test 파일의 변경 사항을 확인
./test              → test 파일을 실행
```

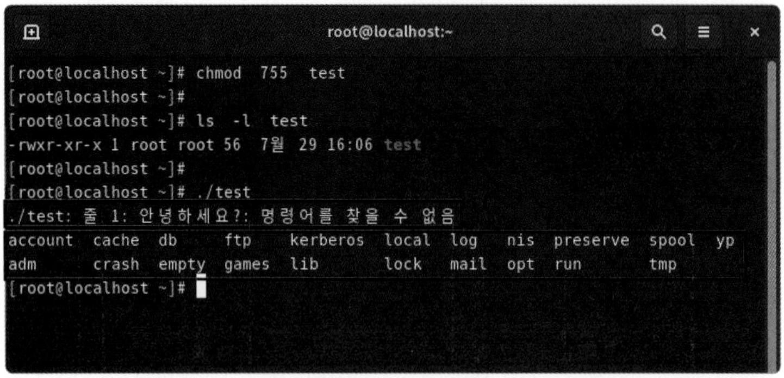

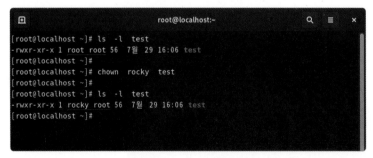

그림 4-86 파일 허가권 및 소유권 확인 3

일단 실행은 되었다. 하지만 첫 번째 행인 '안녕하세요? 그냥 연습 파일입니다.'는 명령이 아니므로 오류가 발생하고, 두 번째 행인 'ls /var'는 명령이므로 실행되어 /var 디렉터리의 내용이 출력된다. 이처럼 실행 코드가 없는 파일을 실행되도록 허가권을 변경해서는 안 된다. 이 점을 주의하자.

Step 2

이번에는 파일 소유권을 변경한다.

2-1 먼저 **chown rocky test** 명령을 입력해 test 파일의 소유권을 rocky 사용자로 변경한다.

그림 4-87 파일 허가권 및 소유권 확인 4

2-2 chgrp rocky test 명령을 입력해 그룹도 rocky로 변경한다.

그림 4-88 파일 허가권 및 소유권 확인 5

NOTE ▶ 사용자와 그룹을 한꺼번에 바꾸려면 **chown rocky.rocky test** 또는 **chown rocky:rocky test** 명령을 실행한다.

2-3 이제 다음 명령을 입력해 test 파일을 누구나 읽기/쓰기/실행(777)할 수 있도록 허가권을 변경하자.

```
su - rocky        → rocky 사용자로 접속
                    (root 상태에서 다른 사용자로 로그인 할 때는 비밀번호를 묻지 않음)
pwd               → 현재 디렉터리 확인. rocky 사용자의 홈 디렉터리를 표시
ls -l /root/test
ls -ld /root      → /root 디렉터리의 속성 확인
```

```
[root@localhost ~]# su - rocky
[rocky@localhost ~]$
[rocky@localhost ~]$ pwd
/home/rocky
[rocky@localhost ~]$
[rocky@localhost ~]$ ls -l /root/test
ls: cannot access '/root/test': 허가 거부
[rocky@localhost ~]$
[rocky@localhost ~]$ ls -ld /root
dr-xr-x---. 14 root root 4096 7월 29 16:06 /root
[rocky@localhost ~]$
```

그림 4-89 파일 허가권 및 소유권 확인 6

그런데 앞에서 test 파일의 소유권을 rocky에게 확실히 넘겼음에도 rocky 사용자는 /root/test 파일에 접근이 거부된다. 그 이유는 /root 디렉터리의 속성이 r-xr-x---로 되어 있기 때문이다. 마지막 '---'가 기타 사용자의 허가권인데 읽기/쓰기/실행 중 그 어느 것도 허가되지 않았다. 그러므로 rocky 사용자는 /root 디렉터리의 접근이 거부되어 /root 디렉터리 안에 있는 test 파일을 rocky 사용자가 소유하고 있더라도 사용할 수 없다.

2-4 우선 다시 다음 명령을 입력해 root 사용자로 test 파일을 /home/rocky 디렉터리로 옮긴 후 허가권을 변경한다.

```
exit                    → 다시 원래 접속한 사용자(이 경우에는 root)로 돌아감
mv test ~rocky          → ~rocky는 rocky 사용자의 홈 디렉터리(/home/rocky와 동일)
su - rocky
ls -l test
chmod 777 test
ls -l test
```

그림 4-90 파일 허가권 및 소유권 확인 7

이상 없이 잘 실행된다.

2-5 이번에는 **chown root.root test** 명령을 입력해 test의 소유권을 root 사용자에게 돌려준다.

그림 4-91 파일 허가권 및 소유권 확인 8

그런데 '명령을 허용하지 않음'이라는 메시지가 나온다. 너무 놀라지 말자. 정상적인 상황이다. 만약 이 test 파일이 심각한 바이러스 파일이고 명령이 바로 실행되었다면, rocky 사용자가 root 사용자에게 바이러스 파일을 (고의 또는 실수로) 전달하는 큰 사고가 발생한다. 그러므로 파일의 소유권을 바꾸는 **chown** 명령은 root 사용자만 실행할 수 있다.

2-6 exit 명령을 입력해 다시 root 사용자로 돌아온다.

이번 실습을 통해 파일 허가권과 소유권을 확실히 이해했으리라 생각한다.

> **❗ 여기서 잠깐** **특수한 형태의 파일 권한**
>
> 파일 허가권은 앞에서 배운 rwx 외의 특수한 용도의 setuid, setgid, stiky 비트도 있다. 앞에서는 파일 허가권을 주로 8진수 $000_8 \sim 777_8$ 총 3자리만 표현했으나, 실제로는 8진수 $0000_8 \sim 0777_8$ 총 4자리로 표현할 수 있다. 첫 번째 자리의 8진수를 2진수로 표현할 때 첫 번째 자리에 올 수 있는 숫자는 $100_2(=4)$, $010_2(=2)$, $001_2(=1)$, $000_2(=0)$ 총 4가지인데 지금까지는 모두 2진수 000_2으로 취급했다.
>
> **① setuid 비트**
> 8진수 4자리 중 첫 번째 값을 $100_2(=4)$로 표현하는 것을 setuid라 부르는데 리눅스의 파일 중 비밀번호를 지정하는 /bin/passwd가 이에 해당한다. /bin/passwd 파일의 속성을 확인하면 다음과 같이 표시된다.
>
> ```
> -rwsr-xr-x. 1 root root 32656  5월 15 07:39 /bin/passwd
> ```
>
> 이 파일의 소유자는 root이므로 원칙적으로는 root만 접근할 수 있다. 하지만 4755_8(=rwsr-xr-x)로 설정되었기 때문에 일반 사용자도 실행할 수 있다. 이 경우 실행하는 순간 root의 권한을 잠깐 빌려 온다. passwd 명령을 사용하면 root가 모든 사용자의 비밀번호를 변경할 수 있다. 그리고 일반 사용자도 passwd 명령으로 자신의 비밀번호를 변경할 수 있다. 일반 사용자도 자신의 비밀번호를 변경할 수 있는 이유는 바로 이 파일이 setuid로 설정되어 있기 때문이다. setuid로 설정하려면 **chmod u+s 파일명** 명령을 실행하면 된다. 하지만 특별한 경우가 아니라면 사용자 파일을 setuid 비트로 설정하지 말자. 보안상 바람직하지 않다.
>
> **② setgid 비트**
> 8진수 4자리 중 첫 번째 값을 $010_2(=2)$로 표현하는 것을 setgid라 부르는데 setuid 비트와 비슷하다. 다만 사용자가 아닌 그룹을 대상으로 적용된다는 차이점이 있다.
>
> **③ stiky 비트**
> 8진수 4자리 중 첫 번째 값을 $001_2(=1)$로 표현하는 것을 stiky 비트라 부른다. stiky 비트는 여러 사람이 공유할 디렉터리에 주로 설정되는데 stiky 비트로 설정된 디렉터리 내에서는 모든 사용자가 파일/디렉터리를 생성해 사용할 수 있지만, 다른 사용자의 파일을 삭제할 수는 없다. stiky 비트로 설정한 디렉터리는 회사에서 업무상 공유할 파일을 업로드하는 목적으로 주로 사용된다. stiky 비트로 설정하려면 **chmod o+t 파일명** 명령을 실행하면 된다.

링크

파일의 링크Link에는 하드 링크Hard Link와 심볼릭 링크Symbolic Link 또는 Soft Link 2가지가 있다. 다음 그림을 보면 원본 파일이 inode1을 사용할 때 하드 링크를 생성하면 '하드 링크 파일' 하나만 생성되며 이 하드 링크는 inode1을 사용하게 된다. 하드 링크를 생성하려면 **ln 링크대상파일이름 링크파일이름** 명령을 실행하면 된다.

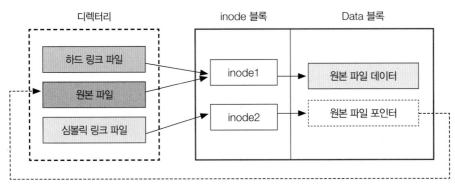

그림 4-92 하드 링크와 심볼릭 링크의 비교

원본 파일에 심볼릭 링크를 생성하면 새로운 inode2가 만들어지며 데이터는 원본 파일과 연결된다. 일반적으로 심볼릭 링크를 주로 사용한다. 심볼릭 링크의 예로 Windows의 바로 가기 아이콘을 들 수 있다. 심볼릭 링크를 생성하려면 **ln −s 링크대상파일이름 링크파일이름** 명령을 실행하면 된다. 다음 실습을 따라하면서 심볼릭 링크의 개념을 익히자.

> **! 여기서 잠깐   inode**
>
> inode는 리눅스/유닉스의 파일 시스템에서 사용하는 자료구조를 말하는데 파일이나 디렉터리와 관련된 여러 가지 정보가 있다. 모든 파일이나 디렉터리는 각자 1개씩의 inode가 있으며 각 inode에는 해당 파일의 소유권, 허가권, 파일 종류 등의 정보와 해당 파일의 실제 데이터가 어디에 있는지 위치(주소) 정보도 있다. 이러한 inode가 모여 있는 공간이 inode 블록이며 일반적으로 전체 디스크 공간의 1% 정도를 차지한다. Data 블록은 실제 데이터가 저장된 디스크 공간으로 전체 디스크의 대부분을 차지한다.

그림 4-92를 참고하면서 하드 링크와 심볼릭 링크를 생성하자.

Step 0

Server 가상머신을 실행하고 터미널을 연다.

Step 1

/root/linktest 디렉터리를 만들고 그 안에 basefile 파일을 만들자. 그리고 nano나 gedit 에디터를 이용해 basefile 파일을 열고 '파일 링크를 실습하기 위한 원본 파일입니다.'라고 입력한 후 저장하자. 그리고 **cat** 명령을 입력해 파일 내용을 확인한다.

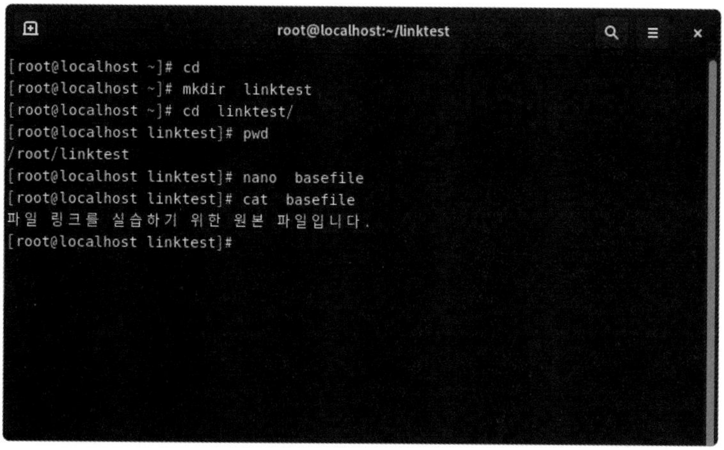

```
[root@localhost ~]# cd
[root@localhost ~]# mkdir  linktest
[root@localhost ~]# cd  linktest/
[root@localhost linktest]# pwd
/root/linktest
[root@localhost linktest]# nano  basefile
[root@localhost linktest]# cat  basefile
파일 링크를 실습하기 위한 원본 파일입니다.
[root@localhost linktest]#
```

그림 4-93 하드 링크와 심볼릭 링크 실습 1

Step 2

하드 링크와 심볼릭 링크를 확인하자.

2-1 ln 명령어와 옵션을 조합해 하드 링크 및 심볼릭 링크 파일을 만든다. 다음 명령을 입력한다.

```
ln  basefile  hardlink          → 하드 링크를 생성
ln  -s  basefile  softlink      → 심볼릭 링크(소프트 링크)를 생성
ls  -il                         → -il 옵션은 inode 번호를 제일 앞에 출력
cat  hardlink                   → 하드 링크의 내용을 확인
cat  softlink                   → 소프트 링크의 내용을 확인
```

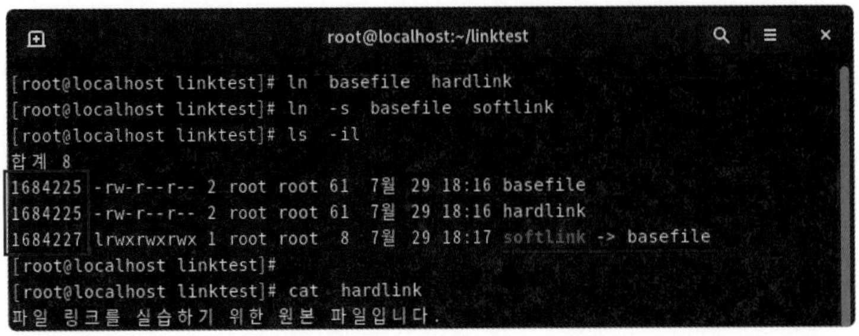

그림 4-94 하드 링크와 심볼릭 링크 실습 2

이 그림을 보면서 결과 창을 확인한다. 원본 파일(basefile)의 inode는 inode1(1,684,225번)으로 지정되었다. 그리고 하드 링크 파일(hardlink)도 그림과 마찬가지로 inode1(1,684,225번)으로 지정되었다. 그러나 심볼릭 링크 파일(softlink)은 inode2(1,684,227번)로 다르게 지정되었다.

또한 원본 파일(basefile)과 하드 링크 파일(hardlink)은 Data 블록에 같은 원본 파일 데이터를 사용하기 때문에 크기가 61바이트로 동일하지만, 심볼릭 링크 파일(softlink)은 별도의 원본 파일 포인터를 갖기 때문에 크기가 8바이트로 다르다. 심볼릭 링크 파일(softlink)의 경우 파일 이름에 원본 파일(basefile)을 지정한다는 의미의 화살표(−>)가 표시된다.

2-2 다음 명령을 입력해 원본 파일(basefile)을 다른 곳으로 이동시키고 하드 링크 파일(hardlink)과 심볼릭 링크 파일(softlink)을 확인한다.

```
mv  basefile  ../        → basefile을 앞 디렉터리(..)로 이동
ls  -il
cat  hardlink
cat  softlink
```

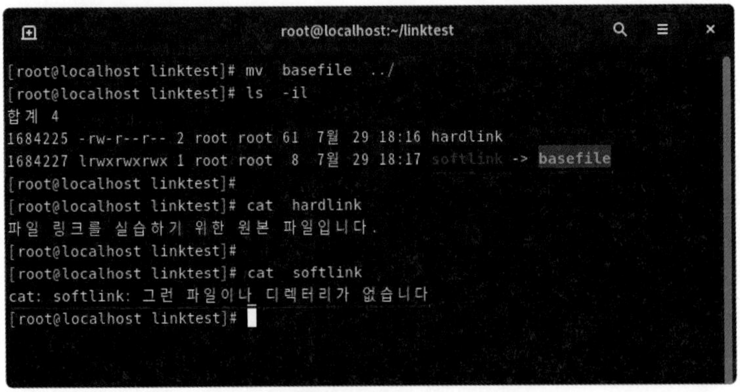

그림 4-95 하드 링크와 심볼릭 링크 실습 3

결과를 보면 **그림 4-92**에 나와 있듯이 하드 링크는 디렉터리에서 원본 파일이 없어져도 이상이 없고 심볼릭 링크는 디렉터리에서 원본 파일이 없어지면 연결이 끊어진다.

2-3 다시 원본 파일을 현재 디렉터리로 가져와 다시 확인하면 심볼릭 링크가 원 상태로 복구되었음을 확인할 수 있다.

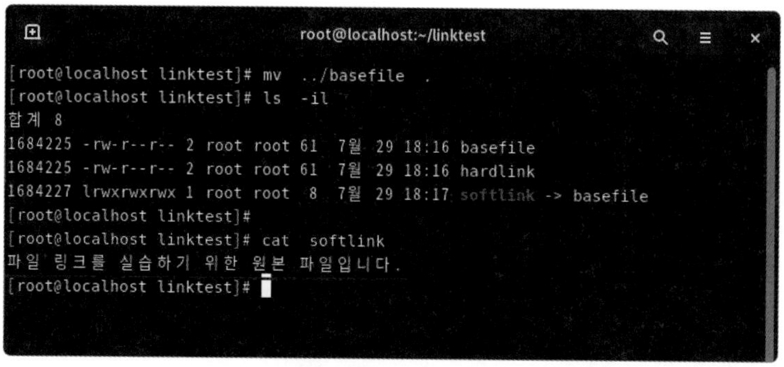

```
root@localhost:~/linktest
[root@localhost linktest]# mv ../basefile .
[root@localhost linktest]# ls -il
합계 8
1684225 -rw-r--r-- 2 root root 61  7월 29 18:16 basefile
1684225 -rw-r--r-- 2 root root 61  7월 29 18:16 hardlink
1684227 lrwxrwxrwx 1 root root  8  7월 29 18:17 softlink -> basefile
[root@localhost linktest]#
[root@localhost linktest]# cat softlink
파일 링크를 실습하기 위한 원본 파일입니다.
[root@localhost linktest]#
```

그림 4-96 하드 링크와 심볼릭 링크 실습 4

4.4 리눅스 관리자를 위한 명령어

리눅스 시스템을 관리할 때 관리자 측면에서 사용해야 할 명령을 알아보자.

4.4.1 프로그램 설치를 위한 RPM

RHEL 계열 리눅스에서 패키지(프로그램 모음 또는 꾸러미)를 설치할 때 가장 많이 사용되는 것은 RPM과 DNF(또는 YUM)다. DNF가 나오기 전에는 주로 RPM Redhat Package Manager이 사용되었다. DNF는 RPM의 개념과 기능을 포함하고 있으므로 일반적인 패키지 설치 시 DNF를 사용하면 된다. 그러나 DNF가 별도로 존재한다기 보다는 RPM을 포함한 확장 개념에 가까우므로 DNF를 사용하기 전에 RPM의 개념을 알아야 한다.

RPM

초창기 리눅스는 프로그램 설치가 꽤 어려워서 초보자에게는 프로그램을 설치하는 것부터 난제였다. Red Hat사에서는 이러한 문제를 개선해 Windows의 setup.exe와 비슷하게 프로그램을 설치한 후 바로 실행할 수 있는 설치 파일을 제작했다. 이 설치 파일의 확장명이 *.rpm이며 이를 **패키지**Package 라고 부른다.

파일의 의미

Rocky Linux 9.0 DVD ISO 파일을 연결하면 자동 마운트되는 /run/media/root/Rocky-9-0-x86_64/BaseOS/Packages/ 디렉터리에는 많은 rpm 파일이 존재한다. 그중 압축 프로그램인 gzip을 살펴보자.

그림 4-97 gzip의 rpm 패키지 파일

우선 rpm 파일의 형식은 패키지에 따라서 조금 다를 수도 있지만, 일반적으로 다음과 같다.

패키지이름-버전-릴리스번호.Rocky 리눅스 버전.아키텍처.rpm

Rocky Linux 9.0 DVD ISO 파일에 포함된 gzip의 rpm 파일을 분석하면 다음과 같다.

- **패키지 이름**: gzip   → 패키지(프로그램)의 이름이다.

> **NOTE ▶** 패키지 이름은 gzip처럼 단순할 수도 있고 하이픈(-)으로 연결되어 길고 복잡할 수도 있다. 예를 들면 man-pages-5.10-4.el9.noarch.rpm 패키지 파일의 패키지 이름은 man-pages까지다. 즉, 파일명에 버전 표시가 나오기 바로 앞까지가 패키지 이름이다.

- **버전**: 1.10   → 대체로 2자리 또는 3자리 수로 구성된다. 주 버전, 부 버전, 패치 버전 순서며 당연히 숫자가 높을수록 최신 버전이다.
- **릴리즈 번호**: 9   → 문제점을 개선할 때마다 붙는 번호다.
- **Rocky Linux 버전**: el9   → Rocky Linux 9에서 배포할 경우에 붙는다. el9 또는 el9_0은 Redhat Enterprise Linux 9를 의미한다.

> **NOTE ▶** el9는 Redhat Enterprise Linux 9 또는 Rocky Linux 9용을 의미하지만, 반드시 Rocky Linux 9에만 설치해야 하는 것은 아니다. 대체로 다른 버전의 Rocky Linux 또는 다른 리눅스에 설치할 수 있다.

- **아키텍처: x86_64** → x86 계열의 64비트 CPU를 의미한다. 즉, 이 파일을 설치할 수 있는 CPU를 뜻한다.

NOTE 아키텍처 부분에 올 수 있는 내용은 다음과 같다. 이 책에서는 x86_64 또는 noarch용을 사용한다.

- i386, i486, i586, i686: Intel 또는 AMD 계열의 32비트 CPU → 구형 CPU
- x86_64: intel 또는 AMD 계열의 64비트 CPU → 가장 보편적으로 사용되는 CPU
- alpha/sparc/ia64: DEC사의 알파(ALPHA) 프로세서, Sun Microsystems사의 스팍(SPARC) 프로세서, Intel사의 아이테니엄(Itanium) 프로세서로 모두 CPU 명령어의 개수를 줄여 하드웨어 구조를 조금 더 간단하게 만드는 RISC(Reduced Instruction Set Computer) 설계 방식의 CPU를 의미한다. → 거의 사용하지 않음
- src: 소스 파일 패키지. 설치 후에는 별도로 컴파일해야 함
- noarch: NO ARCHitecture를 의미하며 모든 CPU에 설치 가능함

자주 사용하는 rpm 명령 옵션

자주 사용하는 **rpm** 명령 옵션을 정리하면 다음과 같다.

❶ 설치

```
rpm  -Uvh  패키지파일이름.rpm
```

- U(대문자) → 패키지가 설치되어 있지 않았다면 설치하고, 패키지가 설치되어 있다면 업데이트한다(i 옵션을 사용하면 패키지가 설치되어 있을 때 오류가 발생하므로 U 옵션을 사용하는 것을 권장한다).
- v → 설치 과정을 확인한다.
- h → 설치 진행 과정을 # 기호를 붙여 화면에 출력한다.

❷ 삭제

```
rpm  -e  패키지이름
```

- e → erase(지움)의 약자

❸ 이미 설치된 패키지 조회

```
rpm  -qa  패키지이름          → 시스템에 패키지가 설치되었는지 확인
rpm  -qf  파일의절대경로       → 이미 설치된 파일이 어느 패키지에 포함된 것인지 확인
rpm  -ql  패키지이름          → 특정 패키지에 어떤 파일이 포함되었는지 확인
rpm  -qi  패키지이름          → 설치된 패키지의 상세 정보
```

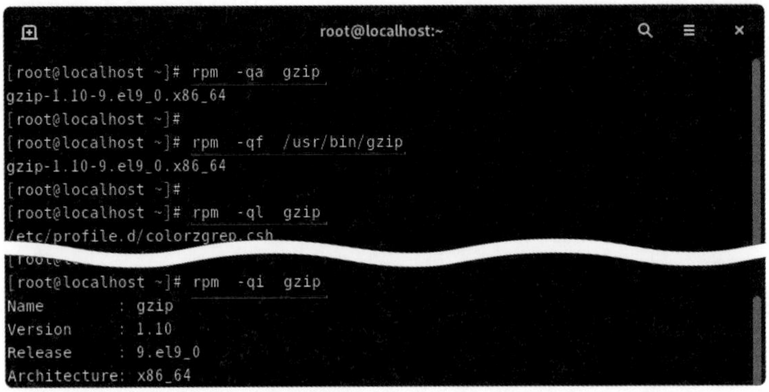

```
[root@localhost ~]# rpm  -qa  gzip
gzip-1.10-9.el9_0.x86_64
[root@localhost ~]#
[root@localhost ~]# rpm  -qf  /usr/bin/gzip
gzip-1.10-9.el9_0.x86_64
[root@localhost ~]#
[root@localhost ~]# rpm  -ql  gzip
/etc/profile.d/colorzgrep.csh
[root@localhost ~]# rpm  -qi  gzip
Name        : gzip
Version     : 1.10
Release     : 9.el9_0
Architecture: x86_64
```

그림 4-98 이미 설치된 패키지 조회 명령

Rocky Linux에서는 설치 시에 RPM보다 더 편리한 DNF를 제공하므로 RPM을 사용할 일이 많이 줄었다. 하지만 이미 설치된 패키지의 정보를 확인할 때는 이 옵션을 자주 사용한다. 잘 기억하자.

❹ 아직 설치되지 않은 rpm 파일 조회

```
rpm -qlp 패키지파일이름.rpm      → 패키지 파일에 어떤 파일이 포함되었는지 확인
rpm -qip 패키지파일이름.rpm      → 패키지 파일의 상세 정보
```

특히 **rpm –qip 패키지파일이름.rpm** 명령은 패키지를 설치하기 전에 rpm 파일 안에 해당 기능이 포함되었는지 미리 확인할 때 유용하게 사용할 수 있다. rpm 파일이 저장된 폴더에서 이 명령을 실행해야 한다.

RPM의 단점

rpm 명령 덕분에 초창기 리눅스에 프로그램을 설치하는 과정보다는 획기적으로 설치 과정이 편리해졌다. 하지만 **rpm** 명령 역시 단점은 있다. 가장 큰 단점은 '의존성' 문제다. Rocky Linux의 기본 웹 브라우저인 Firefox는 당연히 X 윈도상에서 가동되지만, X 윈도가 설치되지 않은 상태에서

Firefox를 설치한다면 어떻게 될까? Firefox는 X 윈도에 의존성이 있으므로 설치가 되지 않는다. 이러한 불편한 점을 해결한 명령이 **dnf**다. **dnf** 명령은 잠시 후 알아보기로 하고 **rpm** 명령으로 프로그램을 설치하는 실습을 우선 진행하자.

실습 10

rpm을 이용해 프로그램을 설치하자.

Step 1

Server 가상머신에서 Rocky Linux 9.0 DVD ISO 파일에 있는 간단한 rpm 패키지를 설치한다.

NOTE DVD를 마운트하는 방법이 잘 기억나지 않는다면 180쪽 실습 6 Step 2를 참고한다.

1-0 터미널을 연다. 우선 명령을 편리하게 사용할 수 있는 mc 패키지를 설치한다. **rpm −qi mc** 명령으로 패키지 설치 여부를 확인한다. 만약 설치되어 있지 않다면 **cd /run/media/root/Ro** `Tab` **/App** `Tab` **/Pac** `Tab` **/m/** 명령을 입력해 해당 rpm 패키지가 있는 디렉터리로 이동한 후 **rpm −qip mc−** `Tab` 명령을 입력해 해당 rpm 파일에 기능이 포함되어 있는지 확인한다.

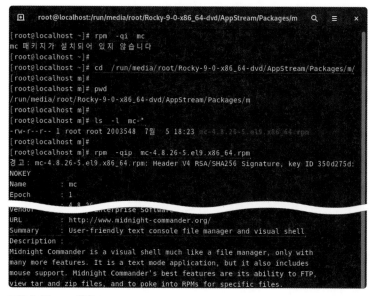

그림 4-99 rpm 활용 1

NOTE DVD에는 주로 기본 설치 패키지가 있는 BaseOS 폴더와 주로 X 윈도 응용 프로그램 등의 추가 설치 패키지가 있는 AppStream 폴더가 있다.

1-1 **rpm –Uvh mc –** Tab 명령을 입력해 mc 패키지를 설치한다. 다음과 같이 간단히 설치된다.

그림 4-100 rpm 활용 2

1-2 **rpm –qi mc** 명령을 입력해 설치한 패키지의 정보를 확인한다.

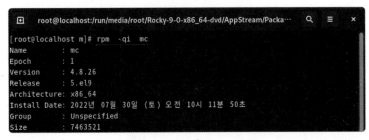

그림 4-101 rpm 활용 3

그 외에도 **rpm –ql mc** 명령을 입력하면 mc 패키지와 관련된 파일 목록이 표시된다.

1-3 터미널에서 **mc** 명령을 입력하면 mc가 실행된다. 이제 마우스를 사용해서 파일을 선택할 수 있다. **exit** 명령을 입력하면 mc가 종료된다.

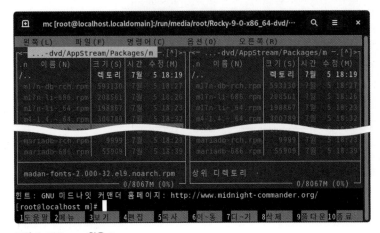

그림 4-102 rpm 활용 4

1-4 이제 mc 패키지를 제거한다. 패키지를 제거할 때는 패키지 파일이 필요 없다. 즉, /run/media/root/
Rocky9-0-x86_64-dvd/AppStream/Packages/ 디렉터리가 아닌 다른 디렉터리에서 패키지 파일을 제
거해도 상관 없다. **rpm -e mc** 명령을 입력해 mc를 제거할 수 있다. 즉, 'rpm 파일이름'이 아닌 패키지 이
름만 입력하면 된다. 성공적으로 제거되면 아무 메시지도 나오지 않는다.

그림 4-103 rpm 활용 5

Step 2 ───────────────────────────────────────

의존성 문제가 있는 rpm 파일을 설치한다.

2-1 mysql-errmsg 패키지를 설치한다. 패키지를 설치하기 위해 **rpm -Uvh mysql-err** Tab 명령을 입
력한다. 하지만 '오류: Failed dependencies'라는 메시지가 나오면서 의존성 문제로 인해 설치되지 않는
다. 즉, mysql-errmsg 패키지를 설치하려면 관련 있는 다른 패키지를 먼저 설치해야 한다.

```
[root@localhost ~]# cd  /run/media/root/Rocky-9-0-x86_64-dvd/AppStream/Packages/m/
[root@localhost m]#
[root@localhost m]# pwd
/run/media/root/Rocky-9-0-x86_64-dvd/AppStream/Packages/m
[root@localhost m]#
[root@localhost m]# ls  mysql-err*
mysql-errmsg-8.0.28-1.el9.x86_64.rpm
[root@localhost m]#
[root@localhost m]# rpm  -Uvh  mysql-errmsg-8.0.28-1.el9.x86_64.rpm
경고: mysql-errmsg-8.0.28-1.el9.x86_64.rpm: Header V4 RSA/SHA256 Signature, key ID
350d275d: NOKEY
오류: Failed dependencies:
        mysql-common(x86-64) = 8.0.28-1.el9 is needed by mysql-errmsg-8.0.28-1.el9.
x86_64
[root@localhost m]#
```

그림 4-104 rpm의 의존성 문제

NOTE▶ 설치 실습이므로 패키지의 기능에 관해서는 설명하지 않는다.

2-2 의존성 문제를 해결하려면 특정 파일명 또는 패키지가 필요하다는 메시지가 나왔지만, 해당 파일이나 패키지를 설치하려면 또 다른 패키지를 설치해야 할 수도 있다. 즉, 또 다른 의존성 문제가 발생할 수 있다. 또 어떤 rpm 파일이 필요한지 알아내더라도 해당 rpm 파일이 Rocky Linux 9.0 DVD에 들어 있지 않을 수도 있다. 이러한 문제를 한 번에 해결하는 방법으로 Rocky Linux에서는 **dnf**라는 명령을 제공한다. 다음 실습에서 알아보자.

> **NOTE▶** rpm -qRp **패키지파일이름.rpm** 명령을 실행해 의존성 관련된 정보를 미리 살펴볼 수도 있지만, 미리 어떤 패키지를 설치해야 하는 지 정확히 알아내려면 조금 더 복잡한 과정을 거쳐야 한다.

이 외에도 강제로 패키지를 설치하는 **--force** 옵션과 의존성을 무시하고 설치하는 **--nodeps** 옵션도 사용할 수 있으나, 이러한 옵션을 사용하면 패키지가 정상적으로 설치되지 않을 수도 있으므로 주의해서 사용해야 한다.

4.4.2 편리하게 패키지를 설치하는 DNF

RPM이 분명히 유용하지만, 앞선 실습에서 보았듯이 의존성 문제로 불편한 상황이 발생한다. 이러한 불편함을 해결하기 위해 제공되는 명령이 **DNF** ^{Dandified Yum}다. DNF는 RPM과 다른 별도의 명령이라기 보다는 rpm 패키지을 편리하게 설치할 수 있게 도와주는 도구라고 생각하면 된다.

> **NOTE▶** RHEL 7 계열 리눅스까지는 패키지 설치 관리자로 YUM ^{Yellow Dog Updater, Modified}을 사용했으나, RHEL 8 계열의 리눅스부터는 YUM의 기능을 대폭 개선한 DNF를 주로 사용한다(그래서 DNF를 Dandified Yum이라고도 부른다). DNF는 YUM과 사용법이 거의 비슷하며 동일한 저장소, /etc/yum.repos.d/를 사용한다. 그래서 RHEL 7 계열의 사용자는 **yum** 명령이 들어갈 자리에 **dnf** 명령을 대신 넣어 사용하면 되므로 사용법을 다시 익힐 필요는 없다. 반대로 **yum** 명령을 계속 사용할 수도 있으나, **dnf** 명령을 사용하는 것이 속도 등에서 더 효율적이다.

DNF

dnf 명령은 **rpm** 명령의 패키지 의존성 문제를 완전히 해결한다. 특정 패키지를 설치하고자 할 때 의존성이 있는 다른 패키지를 자동으로 먼저 알아서 설치하는 인공지능(?)을 갖춘 명령이기 때문이다. rpm 명령은 설치하려는 rpm 파일이 DVD에 있거나, 인터넷에서 설치하려는 파일을 미리 다운로드한 상태여야 사용할 수 있지만, DNF는 인터넷을 통해 Rocky Linux가 제공하는 rpm 파일 저장소^{Repository}에서 설치할 rpm 파일과 함께 의존성이 있는 다른 rpm 파일까지 모두 알아서 다운로드한 후 설치까지 한다. 그러므로 더 이상 사용자는 rpm 패키지를 설치할 때 의존성 문제를 고민하지 않아도 된다. 하지만 '인터넷을 통해' 다운로드한 후 설치하므로 당연히 컴퓨터가 인터넷에 연결된 상태여야 **dnf** 명령을 사용할 수 있다.

아마 이쯤에서 드는 생각은 '저장소의 URL은 어떻게 알 것인가?'일 것이다. 이 저장소의 URL은 /etc/yum.repos.d/ 디렉터리의 파일에 저장되어 있다. 이 저장소는 잠시 후 자세히 살펴보기로 하고 일단 사용법부터 알아보자.

DNF의 기본 사용법

DNF의 기본 사용법은 무척 간단하다. 대체로 이 기본 사용법만 익혀도 실무를 진행하기에 충분하다.

❶ 기본 설치 방법

```
dnf  -y  install   패키지이름
```

앞으로 이 책에서는 이 명령으로 패키지를 설치한다. **dnf install** 명령을 실행하면 패키지를 다운로드한 후 사용자에게 설치 여부를 묻는 부분이 나온다. −y 옵션을 붙이면 사용자에게 yes/no를 묻는 부분에서 무조건 yes를 입력한 것으로 간주하고 자동으로 넘어가서 편리하다.

NOTE ▶ 주의할 점은 rpm 패키지 '파일'의 이름이 아닌 '패키지 이름'만 적어야 한다는 사실이다. 예를 들어 앞에서 설치한 mc 패키지의 경우 **dnf −y install mc**까지만 적어야 한다. 만약 **dnf −y install mc−4.8.26−5.el9.x86_64.rpm** 명령으로 전체 rpm 패키지 파일 이름을 적으면 로컬에 있는 rpm 파일로 설치를 시도한다.

❷ rpm 파일 설치 방법

```
dnf  install   rpm파일이름.rpm
```

다운로드한 rpm 파일을 설치하려면 **rpm −Uvh rpm파일이름.rpm** 명령 대신 **dnf install rpm파일이름.rpm** 명령을 실행하면 된다. dnf가 rpm보다 좋은 점은 현재 디렉터리의 rpm 패키지에 의존성 문제가 있을 때 문제를 해결할 수 있는 파일을 인터넷에서 자동으로 다운로드해 설치한다는 것이다.

❸ 업데이트 가능한 목록 보기

```
dnf  check-update
```

시스템에 설치된 패키지 중 업데이트 가능한 패키지의 목록을 출력한다. 이 명령을 실행하기 전에 **dnf clean all** 명령을 실행해 기존 dnf 관련 임시 파일을 지우는 것이 좋다.

❹ 업데이트

```
dnf  update  패키지이름
```

이 명령은 별로 사용할 일이 없다. **dnf install 패키지이름** 명령을 실행하면 설치가 되어 있지 않은 패키지는 새로 설치하고, 설치가 되어 있는 패키지는 업데이트하기 때문이다. 명령을 실행했는데 해당 패키지가 이미 설치되어 있고 업데이트할 것도 없다면 그냥 실행이 종료된다.

아무 옵션을 지정하지 않고 **dnf update** 명령만 실행하면 업데이트 가능한 모든 패키지를 업데이트하므로 시간이 무척 오래 걸린다.

❺ 삭제

```
dnf  remove  패키지이름
```

설치된 패키지를 제거한다.

❻ 정보 확인

```
dnf  info  패키지이름
```

패키지의 요약 정보를 출력한다.

실습 11

의존성 문제가 있는 패키지(mysql−errmsg 패키지)를 dnf 명령을 실행해 설치하자.

Step 0

Server 가상머신을 실행하고 root 사용자로 접속한다. 이번 실습은 모두 인터넷에서 패키지 파일을 다운로드한 후 설치하므로 Rocky Linux DVD ISO 파일이 없어도 된다. 다만 네트워크는 반드시 정상 작동해야 한다. DVD가 연결되어 있다면 지금 연결을 해제한다.

Step 1

앞 실습에서 설치 실패한 mysql−errmsg 패키지를 설치한다.

1-1 먼저 **dnf info mysql−errmsg** 명령을 입력해 설치할 패키지의 정보를 확인한다. 명령을 입력하면 Rocky Linux 저장소(레포지터리)에 접속한다. 이때 시간이 조금 걸릴 수 있다.

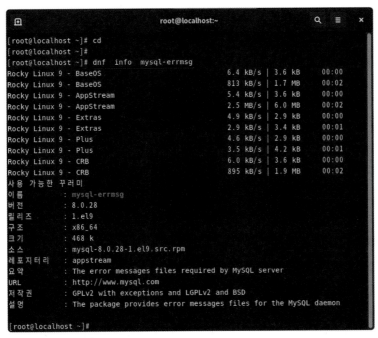

```
[root@localhost ~]# cd
[root@localhost ~]#
[root@localhost ~]# dnf  info  mysql-errmsg
Rocky Linux 9 - BaseOS                      6.4 kB/s | 3.6 kB     00:00
Rocky Linux 9 - BaseOS                      813 kB/s | 1.7 MB     00:02
Rocky Linux 9 - AppStream                   5.4 kB/s | 3.6 kB     00:00
Rocky Linux 9 - AppStream                   2.5 MB/s | 6.0 MB     00:02
Rocky Linux 9 - Extras                      4.9 kB/s | 2.9 kB     00:00
Rocky Linux 9 - Extras                      2.9 kB/s | 3.4 kB     00:01
Rocky Linux 9 - Plus                        4.6 kB/s | 2.9 kB     00:00
Rocky Linux 9 - Plus                        3.5 kB/s | 4.2 kB     00:01
Rocky Linux 9 - CRB                         6.0 kB/s | 3.6 kB     00:00
Rocky Linux 9 - CRB                         895 kB/s | 1.9 MB     00:02
사용 가능한 꾸러미
이름          : mysql-errmsg
버전          : 8.0.28
릴리즈        : 1.el9
구조          : x86_64
크기          : 468 k
소스          : mysql-8.0.28-1.el9.src.rpm
레포지터리     : appstream
요약          : The error messages files required by MySQL server
URL          : http://www.mysql.com
저작권        : GPLv2 with exceptions and LGPLv2 and BSD
설명          : The package provides error messages files for the MySQL daemon

[root@localhost ~]#
```

그림 4-105 dnf 기본 사용 1

1-2 해당 패키지를 설치하기 위해 **dnf install mysql-errmsg** 명령을 입력한다. 이러면 **dnf** 명령이 인터넷을 통해 의존성이 있는 패키지 목록을 살펴보며 몇 개의 패키지를 추가 설치해야 하는지 확인한다.

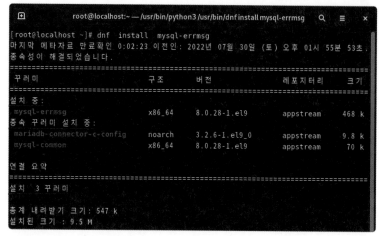

그림 4-106 dnf 기본 사용 2

지금 설치 중인(Installing) mysql-errmsg 패키지는 먼저 의존성 있는(종속성 꾸러미 설치 중=Installing for dependencies) mariadb-connector-c-config 및 mysql-common이라는 패키지 2개가 설치되어야 한다는 메시지가 나온다. 총 3개의 패키지를 설치해야 하며 총 다운로드 크기와 설치 크기(설치된 이후 크기)까지 알려 준다.

NOTE ▶ Rocky Linux 9에서는 패키지(Package)가 '꾸러미'로 번역되어 있다.

1-3 여기서 설치를 하겠다는 의미로 'y'를 입력하면 관련 패키지를 모두 다운로드한 후 의존성이 있는 패키지 2개도 함께 설치한다. 패키지의 크기에 따라서 설치 시간은 조금 다르다. 설치가 완료되면 제일 아래쪽에 '완료되었습니다!'라는 메시지가 나온다.

```
확인 중                  : mysql-common-8.0.28-1.el9.x86_64                      3/3
설치되었습니다:
  mariadb-connector-c-config-3.2.6-1.el9_0.noarch mysql-common-8.0.28-1.el9.x86_64
  mysql-errmsg-8.0.28-1.el9.x86_64

완료되었습니다!
[root@localhost ~]#
```

그림 4-107 dnf 기본 사용 3

NOTE ▶ 'y'를 입력하면 Rocky Linux 프로젝트에서 운영하는 사이트에 접속을 시도한다. 그런데 종종 해당 사이트에 문제가 생겨서 접속이 안 될 수가 있다. 그럴 경우 dnf 명령은 자동으로 다른 미러 사이트(Mirror Site)에 접속을 시도한다. 메시지 중에 'Trying other mirror'라는 메시지가 나오면 정상적으로 접속되는 미러 사이트를 찾는 과정 중에 있는 것이다.

만약 패키지를 무조건 설치할 예정이라면 확인 메시지에서 'y'를 입력 하지 않고 바로 설치하는 것이 훨씬 편리하다. 그 방법을 알아본다.

2-1 이번에는 앞에서 rpm으로 설치했던 mc 패키지를 **dnf**로 설치한다. **dnf -y install mc**명령을 입력한다.

2-2 설치가 끝날 때까지 아무것도 묻지 않는다. 앞으로 이 책에서는 특별한 경우를 제외하고 지금과 같은 방식으로 패키지를 설치한다.

이번에는 **dnf -y remove mc** 명령을 입력해 방금 설치한 mc 패키지를 삭제한다.

설치가 안 된 패키지에 포함된 명령을 실행하면 Rocky Linux는 필요한 패키지를 알려주며 그 패키지를 설치하겠냐는 메시지를 표시한다. 이를 확인한다.

4-1 앞에서 제거한 **mc** 명령을 입력한다. 'bash: mc: command not found...' 메시지와 함께 이어서 'Install package 'mc' to provide command 'mc'?', 즉 mc 패키지를 설치하겠냐고 묻는 메시지가 나온다.

그림 4-108 설치가 안 된 명령어 사용

4-2 'y'를 연속 입력하면 자동으로 mc 패키지가 설치되고 mc 프로그램도 실행된다. 이와 같은 방법을 활용하면 설치되어 있지 않은 프로그램의 설치부터 실행까지 한꺼번에 해결할 수 있다.

NOTE ▶ mc 프로그램은 mc 패키지 안에 있으므로 프로그램 이름과 패키지 이름이 동일하지만, 모든 프로그램이 그런 것은 아니다. 프로그램 이름과 패키지 이름이 다른 경우가 더 많다. 패키지가 더 큰 단위이므로 1개의 패키지에는 여러 개의 프로그램이 있을 수 있기 때문이다.

DNF 고급 사용법

대부분의 패키지는 앞에서 사용한 **dnf -y install 패키지이름** 명령을 실행해 설치할 수 있다. DNF 명령 사용 간 추가로 알아 두면 좋은 내용을 먼저 확인한 후 한꺼번에 실습하자.

❶ 패키지 그룹 설치

```
dnf  groupinstall  "패키지그룹이름"
```

패키지 그룹 설치 명령은 패키지 그룹에 포함되는 패키지들을 통째로 설치할 때 사용한다. 패키지 그룹의 종류는 **dnf grouplist** 명령으로 확인할 수 있다. 그리고 패키지 그룹의 이름에는 띄어쓰기가 많으므로 설치할 때 큰 따옴표("") 안에 써야 한다.

❷ 패키지 리스트 확인

```
dnf  list  패키지이름
```

패키지 리스트 확인 명령을 실행하면 Rocky Linux에서 제공하는 패키지 리스트를 표시한다. 예로 **dnf list all** 명령을 실행하면 모든 패키지 목록을 표시하며 **dnf list httpd*** 명령을 실행하면 httpd라는 이름이 들어간 패키지 목록을 표시한다. 그리고 **dnf list available** 명령을 실행하면 현재 설치 가능한 목록을 모두 표시한다.

❸ 특정 파일이 속한 패키지 이름 확인

```
dnf  provides  파일이름
```

이 명령을 실행하면 특정 파일이 어느 패키지에 있는지를 확인할 수 있다. 예로 **dnf provides ifconfig** 명령은 ifconfig 명령이 있는 패키지를 알려 준다.

❹ GPG 키 검사 생략

```
dnf  install  --nogpgcheck  rpm파일이름.rpm
```

Rocky Linux에서 인증되지 않은 rpm 패키지를 **dnf install**로 설치하면 설치되지 않는 경우도 있다. 그럴 경우 **--nogpgcheck** 옵션을 사용하면 GPG 키 인증을 생략하므로 해당 rpm 패키지를 설치할 수 있다. GPG 키에 대해서는 잠시 후에 설명한다.

❺ 기존 저장소 목록 지우기

```
dnf  clean  all
```

이 명령을 실행하면 기존에 다운로드한 패키지 목록을 지운다. 이렇게 목록을 지운 상태에서 **dnf install 패키지이름** 명령을 실행하면 패키지 목록을 다시 다운로드한다. 일반적으로 /etc/yum. repos.d/ 폴더의 저장소 목록의 내용을 변경한 후 이 명령을 실행한다.

DNF의 작동 방식과 설정 파일

dnf 명령과 관련된 설정 파일은 /etc/yum.conf와 /etc/yum.repos.d/ 디렉터리에 있다. yum. conf 파일은 특별히 변경할 설정이 없으므로 앞으로도 신경 쓸 필요 없다. 중요한 것은 /etc/yum. repos.d/ 디렉터리에 있는 여러 개의 파일이다. 이 파일들에는 **dnf** 명령 실행 간 해당 패키지 파일을 검색하는 네트워크의 주소가 있기 때문이다.

다음은 **dnf install 패키지이름** 명령이 내부적으로 작동하는 순서를 표현한 그림이다.

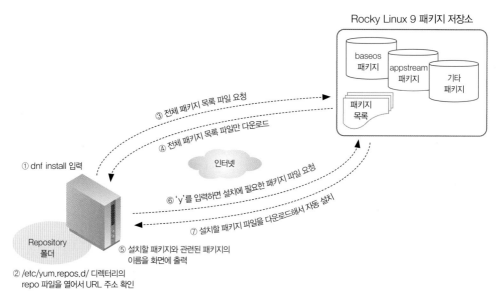

그림 4-109 DNF의 작동 흐름도

앞서 **실습 11**에서 설치한 mysql-errmsg 패키지를 예시로 흐름도를 살펴보자.

먼저 ① **dnf install mysql-errmsg** 패키지 설치 명령을 입력하면 ② 자동으로 /etc/yum.repos.d/ 디렉터리의 repo 파일을 확인한다. 여러 파일 중 핵심 파일은 rocky.repo와 rocky-extras.repo다. 이 파일에는 'Rocky Linux 9 패키지 저장소'의 인터넷 주소가 적혀 있다. 그리고 ③과 ④와 같이 전체 패키지 목록 파일을 요청하고 다운로드한다. 여기서 주의할 점은 실제 패키지 파일을 다운로드하는 것이 아니라 패키지 이름 목록만 가져온다는 것이다.

> **! 여기서 잠깐   Rocky Linux의 기본 제공 저장소**
>
> 3장 실습 1 Step 9에서 **dnf** 명령을 사용할 때 Rocky Linux 9.0에 맞는 버전으로 패키지가 설치되도록 하기 위해서 /etc/yum.repos.d/ 폴더의 내용을 모두 삭제하고 This.repo 파일을 새로 생성했다. 그리고 This.repo 파일에 baseos, appstream, extras 등의 저장소를 별도로 적었다. 처음 리눅스 설치 시에 있던 Rocky Linux 9.0의 저장소는 /etc/yum.repos.d/backup/ 폴더에 옮겨 놓았다. 이렇게 한 이유는 독자가 이 책의 실습 과정과 동일한 환경을 갖출 수 있도록 하기 위함이다. 실무 환경이라면 This.repo 파일을 별도로 생성할 필요 없이 /etc/yum.repos.d/ 폴더의 원래 파일들을 그대로 사용하자.
>
> 참고로 baseos 패키지 저장소에는 Rocky Linux의 가장 기본적인 설치 패키지가 있으며, appstream 패키지에는 X 윈도 등의 추가 소프트웨어 패키지가 있다. 그 외에도 extras, plus, crb 등이 더 있는데 이 책에서는 자주 사용하지 않으므로 자세한 설명은 생략한다.

그리고 ⑤ 다운로드한 패키지 이름 목록을 근거로 사용자가 요청한 mysql-errmsg 패키지와 의존성이 있는 패키지 목록을 **그림 4-106**과 같이 화면에 출력한다. ⑥ 사용자가 패키지 목록을 확인하고 설치할 의향이 있다면 'y'를 입력해 실제 패키지 다운로드를 요청하고 ⑦ 해당 패키지 파일(rpm 파일)을 다운로드하고 설치한다. 이 흐름에서 사용자는 **dnf** 명령과 'y'만 입력하면 된다. 나머지 과정은 모두 자동으로 처리된다. 또 **dnf -y install 패키지파일** 명령을 실행하면 ②~⑦까지의 과정이 한꺼번에 처리된다.

여기서 그림 위쪽 'Rocky Linux 9 패키지 저장소'의 baseos 패키지는 /etc/yum.repos.d/rocky.repo 파일의 [base] 부분에 적혀 있다. 즉, [baseos] 부분에 적힌 내용은 Rocky Linux 9의 기본 패키지들의 위치다.

Rocky Linux 저장소의 미러 사이트

그림 4-109의 'Rocky Linux 9 패키지 저장소'는 Rocky Linux 웹사이트(https://rockylinux.org/)뿐 아니라 전 세계적으로 수백 개의 동일한 저장소를 의미한다. 당연하겠지만, 저장소가 한 곳뿐이면 전 세계에 셀 수 없을 정도로 많이 설치된 Rocky Linux에서 실행하는 **dnf** 명령을 감당할 수 없다. 방금 설명한 동일한 저장소를 대학, 연구소, 기업체 등에서 자발적으로 참여해 구축하고 있다. 카카오, 네이버 등 우리나라의 몇몇 기업에서도 구축에 참여하고 있다. 이러한 동일한 저장소를 미러 사이트라고 하며 https://mirrors.rockylinux.org/mirrormanager/mirrors에서 미러 사이트의 주소를 확인할 수 있다. **dnf -y install 패키지이름** 명령을 실행하면 미러 사이트 중에서 가장 적절한 곳을 찾아 접속해 패키지를 다운로드하므로 딱히 미러 사이트 주소를 외울 필요는 없다.

이제 repo 파일이 어떻게 구성되는지 살펴보자. /etc/yum.repos.d/This.repo 파일을 gedit 에디터로 열어 보면 다음 그림과 같다. 확장명인 repo는 Repository^{저장소}의 약자다.

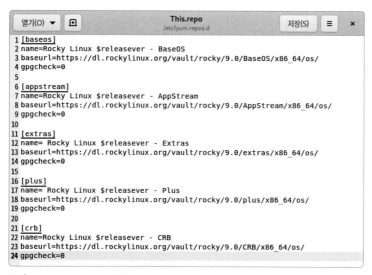

그림 4-110 This.repo 파일

파일 내용이 조금 복잡하다. 모든 내용을 알 필요는 없으며 필요한 몇 가지 내용만 알면 된다. 먼저 대괄호([ ])는 저장소 식별자^{identifier}다. This.repo 파일에는 [baseos], [appstream], [extras], [plus], [crb] 등 5개가 등록되어 있는데 필요하다면 각 식별자별로 별도의 파일을 만들어 저장해도 상관없다. 어차피 **dnf** 명령이 /etc/yum.repos.d/ 폴더에서 확장명이 *.repo인 파일은 모두 열어 보기 때문이다. 다만 그 하위 폴더는 찾아보지 않는다. 그래서 **dnf** 명령 입장에서는 /etc/yum.repos.d/backup/ 폴더는 없는 폴더와 마찬가지다.

이처럼 여러 개의 식별자를 한 파일 안에 독립적으로 작성할 수 있다. 예시로 [baseos] 부분과 [appstream]은 서로 영향을 미치지 않는다. 이 책에서 사용하는 **dnf** 명령은 대체로 [baseos]나 [appstream] 또는 [extras] 식별자 부분을 사용한다. 식별자의 세부 내용은 다음과 같다.

- **#**

주석이므로 없는 것과 마찬가지다.

- **name (필수)**

저장소의 이름이다. 별로 중요하지 않으므로 보기 편한 아무 이름으로 지정한다. $releasever는 **dnf** 명령을 실행하는 Rocky Linux의 버전을 의미하는 시스템 변수다.

- **baseurl (필수)**

중요한 부분이다. Rocky Linux의 저장소 URL을 정확히 작성해야 한다. http, https, ftp, file 4가지 중 하나가 오면 된다. 만약 특정 Rocky Linux 저장소의 URL을 정확히 알고 있다면 직접 작성해도 된다. baseurl 다음에 여러 URL이 이어져 나오면 URL이 응답하지 않을 때 다음 URL에 접속해 패키지를 검색한다.

NOTE▶ 식별자별 baseurl에 적힌 URL은 이 책을 집필하는 시점에 실제 운영 중인 저장소의 URL을 필자가 직접 적어 둔 것이다. 시간이 지나 이 URL이 모두 응답하지 않아 dnf 명령이 정상적으로 수행되지 않을 수 있다. 그럴 경우엔 Q&A 카페(https://cafe.naver.com/thisisLinux)에 새로운 URL을 등록할 테니 이를 참조해서 This.repo를 수정하면 된다.

- **gpgcheck (필수)**

패키지의 GPG 서명 확인 진행 여부를 1(사용), 0(사용 안 함)으로 지정하는 부분이다. 1로 지정할 경우 이어서 설명하는 gpgkey를 반드시 작성해야 한다. This.repo에서는 이 부분을 0으로 했으므로 gpgkey를 작성하지 않아도 된다.

NOTE▶ GPG 서명은 GnuPG Gnu Privacy Guard라고도 불리며 rpm 패키지가 정상적인 패키지임을 인증할 때 사용되는 암호화된 서명을 의미한다. Rocky Linux 프로젝트에서 제공하는 rpm 패키지는 GPG 서명을 확인함으로써 잘못된 패키지가 설치되는 일을 방지한다. 더 자세한 내용은 https://www.gnupg.org를 참고하자.

- **gpgkey (생략 가능)**

gpgcheck가 1(사용)일 경우 아스키 GPG 키가 기록된 저장소의 URL을 이 부분에 작성한다.

- **mirrorlist (생략 가능)**

baseurl에 설정 값(URL)이 생략되어 있으면 이 부분에 적힌 URL이 사용된다. 이 mirrorlist의 URL에는 전 세계의 여러 저장소가 연결되어 있다.

- **enabled (생략 가능)**

특정 저장소의 사용 여부를 1(사용), 0(사용 안 함)으로 지정하는 부분이다. 이 부분을 생략하면 자동으로 1(사용)으로 지정된다.

이 중에서 꼭 필요한 것은 식별자([ ])와 name, baseurl, gpgcheck다. 지금까지 repo 파일 안의 내용을 설명했는데 사실 이 내용을 몰라도 Rocky Linux에서 **dnf** 명령을 사용하는 데 별 문제는 없다.

기본 제공되는 repo 파일은 변경하지 않는 것이 바람직하다. 하지만 만약 시간이 지나 Rocky Linux 9의 저장소 URL이 변경될 수도 있는데 이럴 때는 직접 이 파일의 내용을 수정해야 한다. 지금부터 이 파일을 직접 변경하는 방법을 실습하자.

실습 12 ▶

DNF의 고급 기능을 실습하자.

Step 0

Server 가상머신을 설치 상태로 초기화하고 터미널을 실행한다.

0-1 Server 가상머신을 초기화하고 root 사용자로 접속한다.

NOTE ▶ 초기화 방법이 잘 기억나지 않으면 108쪽 3장 실습 1 Step 19 또는 Step 20을 참고하자.

0-2 바탕 화면 왼쪽 위 [현재 활동] – 작업 표시줄의 '터미널' 실행 아이콘을 클릭한다.

Step 1

dnf 명령을 실행할 때 필요한 파일을 네트워크가 아닌 DVD에서 설치한다.

NOTE ▶ 지금 실습하는 방식은 네트워크 속도가 느린 곳에서 상당히 효과적이다. DVD에서 직접 패키지를 다운로드하는 방식이므로 설치 속도가 엄청나게 빨라지기 때문이다.

1-1 Rocky Linux 9.0 DVD ISO 파일(Rocky-9.0-x86_64-dvd.iso)을 마운트한다. 디렉터리 경로가 조금 복잡하므로 간단하게 /media/cdrom 디렉터리에 DVD가 마운트되도록 설정한다.

NOTE ▸ DVD를 마운트하는 방법이 기억나지 않으면 180쪽 실습 6 Step 2를 참고하자.

```
root@localhost:~
[root@localhost ~]# umount  /dev/cdrom
[root@localhost ~]#
[root@localhost ~]# mkdir  /media/cdrom
[root@localhost ~]#
[root@localhost ~]# mount  /dev/cdrom  /media/cdrom
mount: /media/cdrom: WARNING: source write-protected, mounted read-only.
[root@localhost ~]#
```

그림 4-111 DVD에서 dnf 설치 1

1-2 /etc/yum.repos.d/의 This.repo 파일도 backup 디렉터리로 이동시킨다(이번 실습만 하려면 파일을 삭제해도 상관없지만, 추후 다시 사용하려고 파일을 옮기는 것이다). 그리고 dvd.repo라는 이름의 빈 파일도 생성한다.

```
root@localhost:/etc/yum.repos.d
[root@localhost ~]# cd  /etc/yum.repos.d/
[root@localhost yum.repos.d]# ls
This.repo  backup
[root@localhost yum.repos.d]# mv  This.repo  backup/
[root@localhost yum.repos.d]# ls
backup
[root@localhost yum.repos.d]# touch  dvd.repo
[root@localhost yum.repos.d]# ls
backup  dvd.repo
[root@localhost yum.repos.d]#
```

그림 4-112 DVD에서 dnf 설치 2

1-3 dvd.repo 파일은 /etc/yum.repos.d/ 디렉터리에 있으므로 앞으로 dnf 명령을 실행하면 자동으로 이 파일을 확인한다. **gedit dvd.repo** 명령으로 이 파일을 열고 다음 내용을 추가한 후 저장한다.

```
[dvd-baseos]                              → 적당한 이름으로 식별자 지정
name=Rocky Linux DVD BaseOS               → 적당한 식별자의 이름을 작성
baseurl=file:///media/cdrom/BaseOS/       → URL을 네트워크가 아닌 DVD의 BaseOS 위치로 연결
gpgcheck=0                                → GPG 인증 체크를 생략

[dvd-appstream]                           → 추가 식별자 지정
name=Rocky Linux DVD AppStream
baseurl=file:///media/cdrom/AppStream/
gpgcheck=0
```

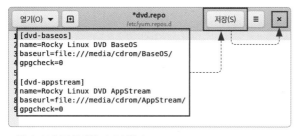

그림 4-113 DVD에서 dnf 설치 3

NOTE▶ 'baseurl'에 주소를 지정할 때, 'file:///' 부분의 슬래시(/)를 3개 입력해야 한다. 잘 틀리는 부분이므로 주의하자.

1-4 우선 네트워크가 안 되는 상황을 만들기 위해 **ifconfig ens160 down** 명령을 입력해 네트워크 장치의 작동을 중지시킨다. 그리고 **ping -c 5 www.google.com** 명령으로 네트워크 응답을 확인한다. 다음 그림처럼 응답하지 않으면 된다.

그림 4-114 DVD에서 dnf 설치 4

1-5 이제 **dnf -y install 패키지이름** 명령을 입력하면 DVD에서 필요한 파일을 가져다 설치를 진행하며 의존성 문제도 DVD의 rpm 파일을 이용해 해결한다(현재 네트워크가 작동하지 않는다는 사실을 기억하자). mariadb라는 데이터베이스 패키지를 설치한다. 명령은 패키지 이름을 넣어 직접 입력해 보자.

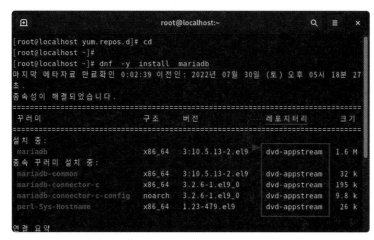

그림 4-115 DVD에서 dnf 설치 5

필요한 패키지를 DVD에서 가져오므로 순식간에 다운로드가 완료되고 설치에만 시간이 약간 걸린다. 위쪽으로 스크롤해 '레포지터리'를 살펴보면 dvd.repo 파일의 식별자인 [dvd]가 패키지를 다운로드한 저장소Repository로 되어 있음을 확인할 수 있다.

1-6 이번에는 help2man 패키지를 설치한다.

```
[root@localhost ~]# dnf -y install help2man
마지막 메타자료 만료확인 0:06:13 이전인: 2022년 07월 30일 (토) 오후 05시 18분 27초.
일치하는 인수가 없습니다: help2man
오류: 일치하는 항목을 찾을 수 없습니다: help2man
[root@localhost ~]#
```

그림 4-116 DVD에서 dnf 설치 6

그런데 명령을 입력하면 '일치하는 인수가 없습니다 : help2man' 즉, help2man 패키지가 없다는 메시지가 나온다. help2man 패키지는 Rocky Linux 9의 CRB 저장소에서 제공되지만, DVD에는 없기 때문에 발생하는 문제다. Rocky Linux 9.0 DVD ISO 파일은 BaseOS와 AppStream의 패키지 파일이 있지만, 그 외의 Rocky Linux 9 패키지는 없다.

이 상황에서 기존의 This.repo를 사용해 이 문제를 해결할 수 있다. 하지만 그러면 네트워크에서 패키지를 다운로드해야 하므로 DVD에 있는 패키지를 설치할 때 누릴 수 있는 **빠른** 다운로드와 설치라는 장점이 사라진다. 이 문제를 해결하자.

NOTE help2man은 프로그램의 출력 결과로부터 간단한 매뉴얼 페이지를 만들 수 있도록 도와주는 패키지다.

Step 2

dnf 명령 실행 시 Rocky Linux 9.0 DVD를 우선 사용해서 설치하고 만약 DVD에 패키지가 없는 경우 네트워크에서 다운로드해서 설치하도록 설정을 변경한다.

2-1 다시 네트워크를 사용할 수 있도록 **ifconfig ens160 up** 명령을 입력해 네트워크 장치를 다시 작동시킨다. 그리고 **ping −c 5 www.google.com** 명령을 입력해 네트워크 장치가 정상 작동하는지 확인한다. 다음 그림처럼 'PING www.google.com (142.251.42.196) 56(84) bytes of data.'라는 메시지가 나오면 네트워크 장치가 다시 작동하는 것이다(바이트 등의 정보는 시간이 지나 사이트가 업데이트되면서 바뀔 수 있다).

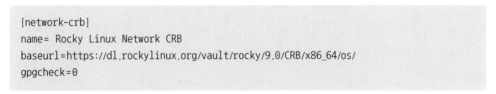

그림 4-117 네트워크의 정상 작동

2-2 **gedit /etc/yum.repos.d/dvd.repo** 명령을 입력해 gedit 에디터로 dvd.repo 파일을 연다. 파일에 다음 내용을 가장 아래쪽에 추가한 후 파일을 저장하고 gedit 에디터를 닫는다.

```
[network-crb]
name= Rocky Linux Network CRB
baseurl=https://dl.rockylinux.org/vault/rocky/9.0/CRB/x86_64/os/
gpgcheck=0
```

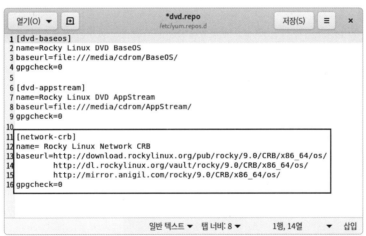

그림 4-118 DVD와 네트워크 모두에서 dnf 설치 1

NOTE [network-crb] 식별자에 baseurl 저장소 3곳을 지정했다. 이 책을 집필하는 기간에는 첫 번째와 세 번째 사이트만 작동하지만, 향후에는 첫 번째 사이트 대신에 두 번째 사이트가 작동할 것이다. 만약 3개의 사이트가 모두 작동하지 않으면 Q&A 카페(http://cafe.naver.com/thisisLinux)에 작동하는 사이트의 URL을 등록하겠다.

2-3 dnf clean all 명령을 입력해 앞서 다운로드했던 저장소 정보를 모두 지운다.

2-4 DVD에 있는 패키지와 없는 패키지를 동시에 설치한다. '−y' 옵션을 뺀 **dnf install mc help2man** 명령을 입력해 mc 및 help2man 패키지를 설치한다.

그림 4-119 DVD와 네트워크 모두에서 dnf 설치 2

help2man 패키지는 DVD에 없으므로 [network−crb] 식별자 아래에 작성한 저장소에서 이 패키지를 다운로드한다. mc 패키지는 DVD에 있으므로 DVD에서 mc 패키지를 다운로드한다. 'y'를 입력해 설치를 진행한다.

이상으로 DVD에 있는 패키지를 DVD에서, DVD에 없는 패키지를 네트워크에서 다운로드해 설치하도록 설정을 완료했다. 이렇게 하면 빠른 다운로드 속도 보장과 의존성 문제 해결이라는 두 마리 토끼를 모두 잡을 수 있다.

NOTE ▶ 네트워크가 느린 환경에서는 지금과 같이 DVD와 네트워크를 적절히 혼용해 패키지를 설치하자.

Step 3

이번에는 여러 개의 패키지 묶음인 '패키지 그룹'을 설치한다.

3-1 패키지 그룹은 **dnf grouplist** 명령을 입력해 확인할 수 있다.

```
root@localhost:~
[root@localhost ~]# dnf grouplist
마지막 메타자료 만료확인 0:01:30 이전인: 2022년 07월 30일 (토) 오후 05시 47분 23
초.
사용 가능한 환경 그룹 :
   서버 - GUI 사용
   서버
```

그림 4-120 패키지 그룹 목록(한글)

그런데 X 윈도 상에서는 패키지 그룹(환경 그룹)의 이름이 한글로 나온다. '패키지 그룹 이름'으로 패키지 그룹을 설치할 때에는 오히려 한글이 불편하므로 영문 패키지 그룹 이름을 파악하자. **chvt 3** 명령을 입력해 3번 가상 콘솔(텍스트 모드)로 이동한다. 그런 다음 root 사용자로 접속한다.

3-2 다음 명령을 입력해 패키지 그룹 이름을 glist.txt에 저장하고 다시 2번 가상 콘솔(X 윈도 모드)로 이동한다.

```
dnf clean all                        → 기존 dnf 저장소 정보를 초기화
dnf grouplist hidden > glist.txt     → 결과를 glist.txt 파일에 저장(시간이 조금 걸릴 수 있음)
chvt 2                               → 2번 가상 콘솔(X 윈도)로 이동
```

그림 4-121 dnf로 패키지 그룹 설치 1

> **NOTE▶** 현재는 한글 환경이므로 X 윈도 터미널에서 **dnf grouplist** 명령을 입력하면 패키지 그룹 이름이 한글로 나온다. 패키지 그룹 이름을 한글로 사용해도 관계 없지만, 텍스트 모드에서는 한글을 지원하지 않으므로 영문 패키지 그룹 이름을 사용하는 것을 권장한다. 참고로 hidden은 Rocky Linux에 존재하는 모든 그룹 패키지를 표시하는 옵션이다.

3-3 **gedit glist.txt &** 명령을 입력해 목록 파일을 연다(&는 백그라운드로 실행하는 옵션이다).

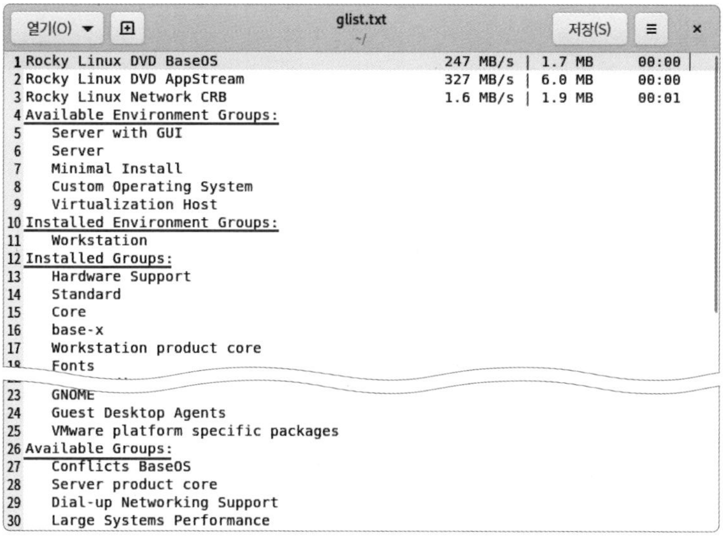

그림 4-122 dnf로 패키지 그룹 설치 2

사용 가능한 환경 그룹Available Environment Groups, 설치된 환경 그룹Installed Environment Groups, 설치된 그룹Installed Groups 및 사용 가능한 그룹Available Groups 등으로 나눠서 표시된다.

먼저 그룹Group은 패키지 파일(*.rpm)을 필요한 주제에 따라서 묶은 것으로 1개 이상의 패키지 파일을 포함한다. 환경 그룹Environment Group은 더 큰 단위로 패키지 그룹을 주제에 따라서 묶은 것이다. 즉, '패키지 파일(*.rpm) ⊂ 그룹 ⊂ 환경 그룹'으로 포함 관계를 갖는다.

3-4 설치가 되지 않은 그룹인 사용 가능한 그룹Available Groups 중에서 Java Platform을 설치한다. **dnf -y groupinstall "Java Platform"** 명령을 입력해 Java 개발 관련 패키지 그룹을 설치한다(패키지 그룹 이름은 큰따옴표(" ")로 묶어야 한다).

```
root@localhost:~ — /usr/bin/python3 /usr/bin/dnf -y groupinstall Java Platf···
[root@localhost ~]# dnf -y groupinstall "Java Platform"
마지막 메타자료 만료확인 0:12:52 이전인: 2022년 07월 30일 (토) 오후 05시 47분 23초.
종속성이 해결되었습니다.
================================================================================
 꾸러미                        구조   버전                     레포지터리      크기
================================================================================
그룹/모듈 꾸러미 설치:
 java-1.8.0-openjdk            x86_64 1:1.8.0.332.b09-1.el9_0 dvd-appstream 272 k
 java-11-openjdk               x86_64 1:11.0.15.0.10-1.el9_0  dvd-appstream 247 k
 java-17-openjdk               x86_64 1:17.0.3.0.7-1.el9_0    dvd-appstream 234 k
종속 꾸러미 설치 중:
 copy-jdk-configs              noarch 4.0-3.el9               dvd-appstream  27 k
 java-1.8.0-openjdk-headless   x86_64 1:1.8.0.332.b09-1.el9_0 dvd-appstream  33 M
 java-11-openjdk-headless      x86_64 1:11.0.15.0.10-1.el9_0  dvd-appstream  38 M
 java-17-openjdk-headless      x86_64 1:17.0.3.0.7-1.el9_0    dvd-appstream  40 M
```

그림 4-123 dnf로 패키지 그룹 설치 3

3-5 Java Platform 패키지 그룹에 포함된 패키지 파일을 DVD 또는 인터넷에서 다운로드한 후 자동으로 설치가 진행된다. 설치가 성공적으로 완료되었다면 '완료되었습니다!'라는 메시지가 나온다.

```
  java-1.8.0-openjdk-1:1.8.0.332.b09-1.el9_0.x86_64
  java-1.8.0-openjdk-headless-1:1.8.0.332.b09-1.el9_0.x86_64
  java-11-openjdk-1:11.0.15.0.10-1.el9_0.x86_64
  java-11-openjdk-headless-1:11.0.15.0.10-1.el9_0.x86_64
  java-17-openjdk-1:17.0.3.0.7-1.el9_0.x86_64
  java-17-openjdk-headless-1:17.0.3.0.7-1.el9_0.x86_64
  javapackages-filesystem-6.0.0-3.el9.noarch
  lksctp-tools-1.0.19-1.el9.x86_64
  lua-5.4.2-4.el9.x86_64
  lua-posix-35.0-8.el9.x86_64
  mkfontscale-1.2.1-3.el9.x86_64
  ttmkfdir-3.0.9-65.el9.x86_64
  tzdata-java-2022a-1.el9_0.noarch
  xorg-x11-fonts-Type1-7.5-33.el9.noarch

완료되었습니다!
[root@localhost ~]#
```

그림 4-124 dnf로 패키지 그룹 설치 4

이어지는 실습을 진행하기 위해 Server 가상머신을 초기화한다.

NOTE ▶ 초기화 방법이 기억나지 않으면 108쪽 3장 실습 1의 Step 19 또는 Step 20을 참고한다.

지금까지 Rocky Linux에서 패키지(프로그램)를 설치/제거하는 방법을 살펴보았다. 정리하면 인터넷에서 다운로드한 1개의 rpm 패키지를 설치할 때는 **rpm −Uvh rpm파일이름.rpm** 명령 또는 **dnf install rpm파일이름.rpm**을 실행하면 된다. Rocky Linux 프로젝트에서 제공하는 패키지라면 **dnf install 패키지이름** 명령을 실행해 설치하면 된다.

? VITAMIN QUIZ 4-1

dnf 명령으로 Server(B) 가상머신에 X 윈도를 설치하자(이번 퀴즈를 풀려면 약 1,000개 내외의 파일을 다운로드하고 설치해야 하므로 상당한 시간이 걸린다).

HINT1 Server(B) 가상머신을 초기화한 후 메모리를 2GB(2048MB)로 조정하고 부팅한다.

HINT2 다음 명령을 입력해 Workstation을 설치하면 된다(−x rpm 옵션은 설치 시 충돌 문제가 발생하는 rpm 패키지를 제외시키기 위해 사용한다).

```
dnf  -x  rpm  -y  groupinstall  Workstation
```

HINT3 설치를 완료하고 재부팅한 후 startx 명령을 입력해 X 윈도를 작동시킨다.

4.4.3 파일 압축과 묶기

파일을 압축하고 묶는 일은 간단하고 앞으로 서버 구축 실습 부분에서 자주 할 것이므로 별도의 실습을 진행하지 않겠다. 만약 이 기능을 확실히 익히고 싶다면 [사용 예] 부분을 직접 입력해 보기를 권한다.

파일 압축

리눅스를 사용할 때 자주 마주치는 압축 파일의 확장명은 xz, bz2, gz, zip, Z 등이다. 예전에는 주로 gz를 사용했으나, 최근에는 압축률이 더 좋은 xz나 bz2를 사용하는 추세다. 압축 파일을 관리하는 명령은 다음과 같다.

❶ xz

확장명 xz로 파일을 압축하거나 xz 파일을 압축 해제한다. 비교적 최신 압축 명령으로 압축률이 뛰어나다.

```
[사용 예]
# xz 파일이름                              → '파일이름' 파일을 '파일이름.xz' 파일로 압축.
                                             압축 대상 파일은 삭제
# xz -d 파일이름.xz(d는 Decompress의 의미)  → '파일이름.xz' 파일을 '파일이름' 파일로 압축 해제
# xz -l 파일이름.xz(l는 List의 의미)        → '파일이름.xz' 압축 파일에 포함된 파일 목록과
                                             압축률 등을 출력
# xz -k 파일이름(k는 Keep의 의미)           → 압축 후 기존 파일을 삭제하지 않음
```

❷ bzip2

확장명 bz2로 파일을 압축하거나 bz2 파일을 압축 해제한다.

```
[사용 예]
# bzip2 파일이름                → '파일이름' 파일을 '파일이름.bz2' 파일로 압축
# bzip2 -d 파일이름.bz2         → '파일이름.bz2' 파일을 '파일이름' 파일로 압축 해제
```

❸ bunzip2

bz2 압축 파일을 푼다. 'bzip2 -d'와 동일한 명령이다.

❹ gzip

확장명 gz로 파일을 압축하거나 gz 파일을 압축 해제한다.

```
[사용 예]
# gzip 파일이름                → '파일이름' 파일을 '파일이름.gz' 파일로 압축
# gzip -d 파일이름.gz          → '파일이름.gz' 파일을 '파일이름' 파일로 압축 해제
```

❺ gunzip

gz 파일을 압축 해제한다. 'gzip -d'와 동일한 명령이다.

❻ zip

Windows와 호환되는 확장명 zip으로 압축한다.

```
[사용 예]
# zip 생성할파일이름.zip 압축할파일이름   → '압축할파일이름' 파일을 '생성할파일이름.zip' 파일로 압축
```

❼ unzip

zip 파일을 압축 해제한다.

```
[사용 예]
# unzip 압축파일이름.zip              → '압축파일이름.zip' 파일을 압축 해제
```

파일 묶기

알집^{Alzip}이나 반디집^{Bandizip}과 같은 Windows용 압축 프로그램을 사용해 aaa, bbb라는 2개의 파일을 압축하면 ccc.zip이라는 1개의 압축 파일이 생긴다. 즉, aaa와 bbb라는 2개의 파일이 ccc 라는 1개의 파일로 묶인 후 압축된다. 이렇게 되는 이유는 Windows용 압축 프로그램이 '파일 압축'과 '파일 묶기'를 한꺼번에 처리하기 때문이다.

이와 달리 리눅스/유닉스에서는 원칙적으로 '파일 압축'과 '파일 묶기'를 별개의 프로그램으로 처리 해야 한다. 물론 사용자 편의성을 위해 한 번에 처리할 수 있는 옵션도 제공한다. 파일 묶기 명령어는 **tar**이며, 묶인 파일의 확장명도 tar다.

tar

확장명 tar로 파일을 묶거나 tar 묶음 파일을 푼다.

- **동작**

c(소문자)	→ 새로운 묶음 파일 생성
x	→ 묶음 파일을 품
t	→ 묶음 파일 해제 전에 묶인 경로를 표시
C(대문자)	→ 지정된 디렉터리에 묶음 파일을 품. 지정하지 않으면 묶을 때와 동일한 디렉터리에 해제

- **옵션**

f(필수)	→ 묶음 파일의 이름을 지정. 원래 tar는 테이프^{tape} 장치 백업이 기본(생략하면 테이프로 보냄)
v	→ 파일이 묶이거나 풀리는 과정을 표시(생략 가능). visual의 약자
J(대문자)	→ tar + xz
z(소문자)	→ tar + gzip
j(소문자)	→ tar + bzip2

f(필수)   → 묶음 파일의 이름을 지정. 원래 tar는 테이프^{tape} 장치 백업이 기본(생략하면 테이프로 보냄)

```
[사용 예]
# tar cvf my.tar /etc/sysconfig/          → 묶기
# tar cvfJ my.tar.xz /etc/sysconfig/      → 묶기 + xz 압축
# tar cvfz my.tar.gz /etc/sysconfig/      → 묶기 + gzip 압축
# tar cvfj my.tar.bz2 /etc/sysconfig/     → 묶기 + bzip2 압축
# tar tvf my.tar                          → 파일 확인
# tar xvf my.tar                          → tar 풀기
# tar cxvf newdir my.tar                  → newdir에 tar 풀기
# tar xfJ my.tar.xz                       → xz 압축 해제 + tar 풀기
# tar xfz my.tar.gz                       → gzip 압축 해제 + tar 풀기
# tar xfj my.tar.bz2                      → bzip2 압축 해제 + tar 풀기
```

이 책에서 자주 사용할 명령은 **tar xvfJ 파일이름.tar.xz**와 **tar xvfj 파일이름.tar.bz2**다. 다른 건 몰라도 이 2가지 명령은 반드시 기억하자.

4.4.4 파일 위치 검색

리눅스에서 특정 파일의 위치를 검색하는 명령은 다음과 같다. 이 중 가장 많이 사용하는 명령은 **find**다. 다음의 [사용 예]를 입력하면서 그 사용법을 반드시 익히자.

❶ find 경로옵션조건 action

- **옵션**   → −name, −user(소유자), −newer(전, 후), −perm(허가권), −size(크기)
- **action**   → −print(기본값), −exec(외부 명령 실행)

```
# find /etc -name "*.conf"            →  '/etc' 디렉터리 하위의 확장명이 *.conf인 파일 검색
# find /home -user rocky              →  '/home' 디렉터리 하위의 소유자가 rocky인 파일 검색
# find ~ -perm 644                    →  현재 사용자 홈디렉터리 하위의 허가권이 644인 파일
                                         검색
# find /usr/bin -size +10k -size -100k →  /usr/bin 디렉터리 하위의 크기가 10KB~100KB인 파
                                         일 검색
```

[고급 사용 예]

```
# find ~ -size 0k -exec ls -l { } \;     →  현재 사용자의 홈 디렉터리 하위의 크기가 0인 파
                                            일 목록을 상세히 출력
# find /home -name "*.swp" -exec rm { } \; →  /home 홈 디렉터리 하위의 확장명이 *.swp인 파일
                                            삭제
```

> **여기서 잠깐**   find /home –name "*.swp" –exec rm { } \; 명령

이 명령의 의미를 설명하면 다음과 같다.

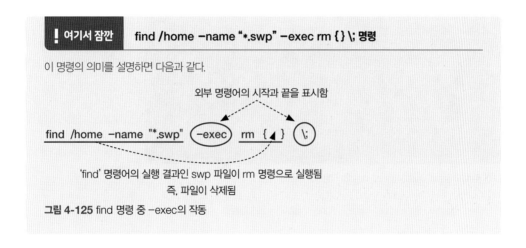

그림 4-125 find 명령 중 –exec의 작동

❷ which 실행파일이름

PATH에 설정된 디렉터리만 검색한다. 절대 경로를 포함한 위치를 검색한다.

❸ whereis 실행파일이름

실행 파일 및 소스, man 페이지 파일까지 검색한다.

❹ locate 파일이름

파일 목록 데이터베이스에서 실행 파일을 검색한다. 그래서 검색이 매우 빠르고, 유용하게 사용할 수 있는 명령이지만, **updatedb** 명령을 1회 실행해야 사용할 수 있다는 단점이 있다. 또 **updatedb** 명령 실행 이후 설치한 실행 파일은 찾을 수 없으므로 새로 설치한 실행 파일을 찾으려면 다시 **updatedb** 명령을 실행해야 한다.

그림 4-126 which, whereis, locate의 사용 예

4.4.5 시스템 설정

Rocky Linux의 X 윈도에서 제공하는 명령으로 여러 가지 시스템 설정을 조금 더 편리하게 할 수 있다. 그중 몇 가지를 살펴보자.

표준 시간대 변경

바탕 화면에서 마우스 오른쪽 버튼을 클릭하고 [설정]을 클릭한다. [설정] 창 왼쪽에서 [날짜 및 시각]을 선택하면 오른쪽에 나타나는 [날짜 및 시각]에서 [표준 시간대]를 클릭해 변경할 수 있다.

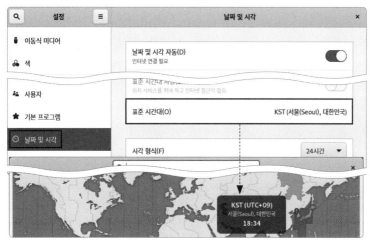

그림 4-127 표준 시간대 변경

네트워크 설정

네트워크 설정을 변경하려면 **nmtui** 명령을 실행한다. 이 명령에 대해서는 4.5절에서 네트워크 개념을 학습하면서 자세히 설명한다.

방화벽 설정

방화벽을 설정하려면 **firewall-config** 명령을 실행한다. 주로 외부에 서비스하기 위해 포트를 열 때 사용하는 명령이다. 이 명령에 대해서는 이 책의 후반부에서 네트워크 서버를 구축할 때 자세히 설명한다.

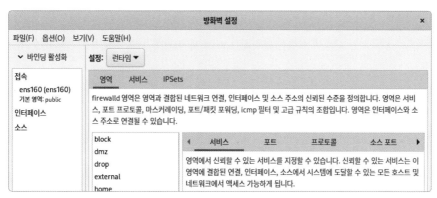

그림 4-128 firewall-config 명령

서비스 설정

서비스(데몬)을 설정하려면 **ntsysv** 명령을 실행한다. 서비스(데몬)의 시작, 중지, 재시작 및 사용 여부를 설정할 때 사용하는 명령이다. 서비스(데몬)에 관해서는 4.7절에서 자세히 설명한다.

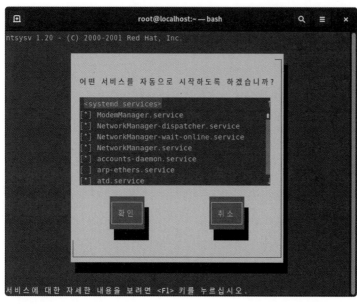

그림 4-129 ntsysv 명령

> **NOTE ▶** ntsysv 명령을 실행하려면 우선 관련 패키지를 설치해야 한다. **dnf −y install ntsysv** 명령으로 설치하거나 명령을 실행한 후 나오는 설치 안내 메시지에 따라 설치하면 된다.

4.4.6 CRON과 AT

이어서 주기적으로 반복되는 시스템 작업을 예약하는 cron과 일회성 시스템 작업을 예약하는 at에 관해 알아보자.

cron

시스템 사용이 가장 적은 새벽 5시에 백업을 해야 한다면 하루 이틀쯤은 퇴근하지 않고 기다릴 수도 있겠지만, 매일 그래야 한다면 퇴사를 심각하게 고려하게 될 것이다. 이때 백업 작업을 예약해 놓으면 새벽 5시까지 기다릴 필요도 없고 퇴사 고민을 할 필요도 없어진다. 이처럼 주기적으로 반복되는 시스템 작업을 예약하는 소프트웨어를 cron이라 부른다. cron과 관련된 서비스(데몬)는 crond이고, 관련 파일은 /etc/crontab이다.

/etc/crontab의 형식은 다음과 같다.

```
분 시 일 월 요일 사용자 실행명령
```

'분'에는 0~59, '시'에는 0~23, '일'에는 1~31, '월'에는 1~12, '요일'에는 0~6의 숫자를 입력할 수 있다. '요일' 일주일의 시작을 일요일로 간주한다. 즉, 0이 일요일이며 1이 월요일이다. '사용자'에는 명령을 실행할 사용자, '실행 명령'에는 그 시간에 실행할 명령을 입력한다. 간단한 예시를 들면 다음과 같다.

```
00 05 1 * * root cp -r /home /backup
```

네 번째 '월'에 입력한 *는 매월을 의미한다. 네 번째부터 거꾸로 읽어 예약 일시를 파악하면 된다. 이 예시에서는 매월 1일 새벽 5시 00분에 예약 작업을 실행한다. '요일'도 모든 요일을 의미하는 *로 표시했다. 즉, 요일에 관계없이 예약 작업을 실행한다.

여섯 번째 '사용자'는 root이며, 일곱 번째 '실행명령'은 **cp -r /home /backup**로 설정했다. 이 명령을 실행하면 /home 디렉터리가 통째로 /backup 디렉터리에 복사된다.

하나 더 기억할 사항은 주기적으로 실행할 내용을 디렉터리에 넣어 두고 실행할 수 있다는 것이다. 해당 디렉터리의 구조는 다음 그림과 같다.

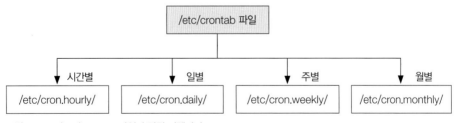

그림 4-130 /etc/crontab 파일과 관련 디렉터리

이 그림은 /etc/crontab 파일이 시간별, 일별, 주별, 월별로 호출하는 디렉터리를 보여 준다. 그래서 crontab 파일에 다음과 같은 내용을 입력해 디렉터리 단위로 명령을 실행할 수 있다.

```
01 * * * * root run-parts /etc/cron.hourly
02 4 * * * root run-parts /etc/cron.daily
03 4 * * 0 root run-parts /etc/cron.weekly
42 4 1 * * root run-parts /etc/cron.monthly
```

첫 행은 매시 1분에 /etc/cron.hourly 디렉터리 안에 있는 모든 명령을 자동으로 실행하라는 의미
다. 나머지 행도 방금 설명한 것처럼 지정한 일시에 지정한 디렉터리의 모든 명령을 실행하라는 의
미다. 잠시 후 실습에서 더 자세히 살펴보자.

NOTE ▶ run-parts는 디렉터리 안의 모든 명령을 실행하는 명령이다.

at

cron은 주기적으로 반복되는 작업을 예약하는 소프트웨어지만, **at**은 일회성 작업을 예약하는 명령
이다. 즉, 해당 명령은 예약 후 한 번만 실행되고 소멸된다. 명령 사용법은 다음과 같다.

```
[사용 예]
at 일시 → 작업 예약
   ① at 일시 명령을 입력 후 Enter 누름
   예시) at 3:00am tomorrow          → 내일 새벽 3시
        at 11:00pm January 30        → 1월 30일 오후 11시
        at now + 1 hours             → 1시간 후
   ② at> 프롬프트에서 예약할 명령을 입력 후 Enter 누름
   ③ 예약할 명령을 모두 입력했다면 Ctrl + D 를 누름

at -l                                → 작업 확인
atrm 작업번호                          → 작업 취소
```

이제 cron과 at 소프트웨어를 실제로 사용해 보자.

실습 13 ▶

매월 15일 새벽 3시 1분에 /home 디렉터리와 그 하위 디렉터리를 /backup 디렉터리에 백업하도록 예
약 작업을 설정하자.

Server 가상머신을 실행한다. Firefox 웹 브라우저를 실행하고 Q&A 카페(https://cafe.naver.com/thisisLinux) [교재 자료실]의 '[Rocky 9] 전체 실습 파일 다운로드 모음'에서 openrdate-1.2-14.fc30.x86_64.rpm 파일을 다운로드한다. 터미널을 실행하고 **cd /root/다운로드** 및 **dnf -y install open*.rpm** 명령을 입력해 시간 설정과 관련된 패키지를 설치한다.

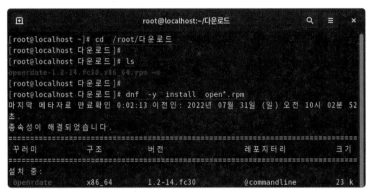

그림 4-131 openrdate 패키지 다운로드 및 설치

NOTE **rdate**는 타임 서버의 시간을 설정할 수 있는 간단하고 편리한 명령이지만, Rocky Linux 9에서는 제공되지 않는다. 그러므로 이번 실습에서는 Fedora Linux 30에서 제공하는 openrdate 패키지를 설치해 사용한다.

systemctl status crond 명령을 입력해 cron과 관련 서비스인 crond가 동작하는지 확인한다. 기본적으로 동작하고 있을 것이다. 정상적으로 동작하고 있음을 확인한 후 Q를 눌러 명령을 종료한다.

그림 4-132 cron 설정 1

NOTE **systemctl**은 서비스의 시작, 중지, 상태 확인 등을 하는 명령이다. 잠시 후에 자세히 설명하겠다.

gedit /etc/crontab 명령을 입력해 예약 파일을 gedit 에디터로 연다. 가장 아래쪽에 '01 3 15 * * root run-parts /etc/cron.monthly'라고 입력한 후 파일을 저장하고 gedit 에디터를 종료한다(# 부분은 주석이므로 무시한다). 앞서 설명했듯이 이 내용은 매월 15일 새벽 3시 1분에 /etc/cron.monthly 디렉터리 안의 모든 파일을 실행하라는 의미다.

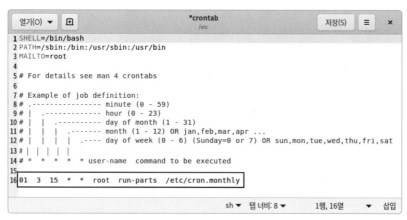

```
열기(O) ▼   ⊞                    *crontab                저장(S)   ≡   ✕
                                   /etc
1 SHELL=/bin/bash
2 PATH=/sbin:/bin:/usr/sbin:/usr/bin
3 MAILTO=root
4
5 # For details see man 4 crontabs
6
7 # Example of job definition:
8 # .--------------- minute (0 - 59)
9 # |  .------------- hour (0 - 23)
10 # |  |  .---------- day of month (1 - 31)
11 # |  |  |  .------- month (1 - 12) OR jan,feb,mar,apr ...
12 # |  |  |  |  .---- day of week (0 - 6) (Sunday=0 or 7) OR sun,mon,tue,wed,thu,fri,sat
13 # |  |  |  |  |
14 # *  *  *  *  * user-name  command to be executed
15
16 01  3  15  *  *  root  run-parts  /etc/cron.monthly

                              sh ▼   탭 너비: 8 ▼    1행, 16열    ▼   삽입
```

그림 4-133 cron 설정 2

/etc/cron.monthly/ 디렉터리에 메시지를 출력하는 스크립트 파일 myBackup.sh를 만들고 해당 파일을 실행할 수 있도록 속성을 변경한다.

```
⊞                  root@localhost:/etc/cron.monthly        Q   ≡   ✕

[root@localhost ~]# cd /etc/cron.monthly/
[root@localhost cron.monthly]#
[root@localhost cron.monthly]# touch myBackup.sh
[root@localhost cron.monthly]#
[root@localhost cron.monthly]# chmod 755 myBackup.sh
[root@localhost cron.monthly]#
[root@localhost cron.monthly]# ls -l
합계 0
-rwxr-xr-x 1 root root 0  7월 31 10:30 myBackup.sh
[root@localhost cron.monthly]#
```

그림 4-134 cron 설정 3

Step 4

gedit myBackup.sh 명령을 입력한다. 파일 안에 다음 내용을 입력한 후 파일을 저장하고 gedit 에디터를
종료한다.

```sh
#!/bin/sh
set  $(date)
fname="backup-$2$3tar.xz"
tar  cfJ  /backup/$fname  /home
```

그림 4-135 cron 설정 4

NOTE▶ myBackup.sh 파일에 입력한 내용은 현재 날짜를 추출해서 /backup 디렉터리에 /home 디렉터리 전체를
backup-현재날짜.tar.xz라는 파일로 백업하라는 의미다. 셸 스크립트 문법이라 조금 생소하겠지만, 간단하면서도 실
무에서 유용하게 사용할 수 있으므로 익혀두자. 셸 스크립트에 관해서는 7장에서 자세히 배운다.

Step 5

백업용 디렉터리를 생성하고 crond 데몬(서비스)을 재시작한다. 이러면 이제 매월 15일마다 /home 디렉
터리를 백업한다.

그림 4-136 cron 설정 5

Step 6

한 달을 기다리기에는 너무 지루하므로 날짜를 강제로 바꾸고 다음 명령을 입력해 지금 바로 실습 결과를 확인한다. '01월 15일 03시 00분 2029년(011503002029)'으로 날짜를 강제로 바꾸고 crond 서비스를 재시작한다. 1분 정도 기다린 후에 설정된 내용이 잘 실행되었는지 확인한다. 다시 2월로 시간을 바꾸고 실행한다. 계속 백업된 데이터가 쌓이는 것을 확인할 수 있다.

```
date 011503002029
systemctl restart crond            → 실행 후 1~2분을 기다린다.
ls -l /backup
date 021503002029
systemctl restart crond            → 실행 후 1~2분을 기다린다.
ls -l /backup
```

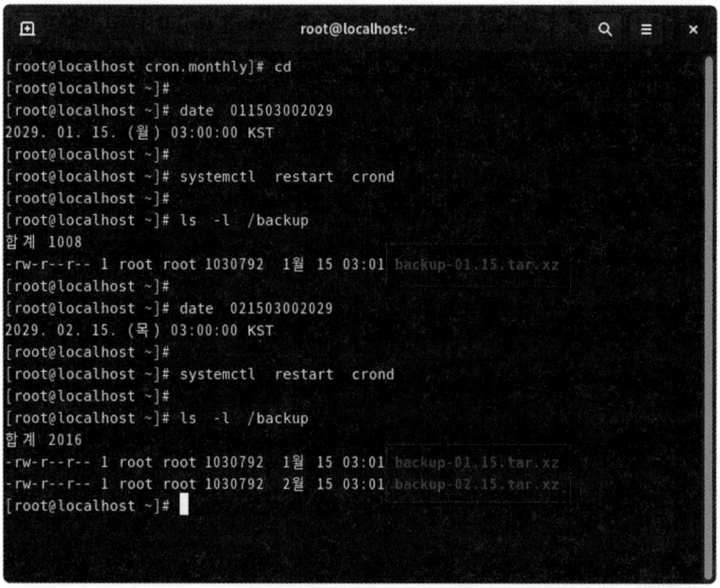

그림 4-137 cron 설정 6

Step 7

이번에는 **at** 명령으로 내일 새벽 4시에 시스템을 최신 패키지로 업데이트하고 시스템을 재부팅하도록 예약한다. 그리고 예약된 내용을 삭제한다. 다음 명령을 하나씩 입력하자.

```
rdate -s time.bora.net
at 4:00 am tomorrow
dnf -y update
reboot
Ctrl + D 누름                    → 작업 예약을 완료한다.
at -l                          → 예약 작업 내용 확인. 제일 앞에 출력되는 숫자가 작업 번호다.
atrm 작업번호                    → 예약 작업을 삭제한다.
at -l
```

```
[root@localhost ~]# rdate  -s  time.bora.net
[root@localhost ~]#
[root@localhost ~]# at  4:00  am  tomorrow
warning: commands will be executed using /bin/sh
at> dnf  -y  update
at> reboot
at> <EOT>
job 1 at Mon Aug  1 04:00:00 2022
[root@localhost ~]#
[root@localhost ~]# at  -l
1        Mon Aug  1 04:00:00 2022 a root
[root@localhost ~]#
[root@localhost ~]# atrm  1
[root@localhost ~]#
[root@localhost ~]# at  -l
[root@localhost ~]#
```

그림 4-138 at 설정

NOTE 다시 정확한 시간으로 되돌리려면 **rdate** 명령을 실행해 타임 서버에서 시간을 가져온 다음 현재 리눅스에 설정하면 된다. 우리나라에서 운영하는 타임 서버로는 time.bora.net, ntp.kornet.net, ntp.postech.ac.kr 등이 있다.

이번 실습으로 반복되는 작업의 예약 방법과 일회성 작업의 예약 방법을 제대로 이해했을 것이다.

? VITAMIN QUIZ 4-2

Server(B) 가상머신의 /home 디렉터리를 매주 토요일 오후 10시에 백업하도록 예약 작업을 설정하자. 백업 파일의 이름은 'backup-현재날짜-연도.tar.bz2'로 지정하자.

HINT 다음 명령으로 openrdate 패키지를 다운로드한다(줄 바꿈 없이 한 줄로 입력해야 하며 오타가 나지 않도록 주의한다).

```
wget  https://archives.fedoraproject.org/pub/archive/fedora/linux/releases/30/
Everything/x86_64/os/Packages/o/openrdate-1.2-14.fc30.x86_64.rpm
```

4.5 네트워크 관련 설정과 명령어

요즘은 네트워크에 연결되지 않는 컴퓨터는 무용지물일 정도로 네트워크는 모든 컴퓨터가 갖추어야 할 기본 환경이 되었다. 이번 절에서는 Rocky Linux 9의 네트워크 설정과 관련된 명령과 파일을 간단히 살펴본다.

네트워크 관련 필수 개념

네트워크와 관련된 내용은 상당히 방대하다. 이 책에서 네트워크의 모든 것을 이야기하기에는 적절하지 않다. 따라서 이 책에서는 네트워크 서버 구축을 위한 최소한의 네트워크 관련 개념과 명령을 살펴본다(더 깊은 네트워크의 지식은 다른 책이나 인터넷을 참고하자). 네트워크 개념을 처음 접하는 독자는 여기서 다룰 내용을 조금 어렵게 느낄 수 있다. 만약 그렇다면 모든 개념을 외우려고 하지 말고 실습에서 나오는 개념만 확실히 파악하자.

❶ TCP/IP

컴퓨터 간 네트워크상으로 의사소통을 하는 방법에 관한 약속을 프로토콜^{Protocol}이라고 부른다. 그중 가장 널리 사용되는 것이 TCP/IP다. TCP ^{Transmission Control Protocol}는 통신의 전송/수신 방식, IP ^{Internet Protocol}는 데이터 통신을 다루는 방식과 관련한 약속이다.

❷ 호스트 이름과 도메인 이름

호스트 이름^{host name}은 각각의 컴퓨터에 지정된 이름을 말한다. 도메인 이름^{domain name}(도메인 주소)은 hanbit.co.kr과 같은 형식으로 표기되며 여기서 'kr'은 한국, 'co'는 회사, 'hanbit'은 회사(단체)의 이름을 의미한다.

예를 들면 호스트 이름이 this고, 도메인 이름이 hanbit.co.kr이라면 전체 이름을 this.hanbit.co.kr로 표현한다. 이를 FQDN ^{Fully Qualified Domain Name}이라고 부른다. 즉, 같은 회사(도메인)에서 this.hanbit.co.kr이라는 호스트(컴퓨터)는 중복될 수 없다.

❸ IP 주소

IP 주소는 각 컴퓨터의 랜 카드^{Lan Card}(네트워크 카드, NIC ^{Network Interface Card})에 부여되는, 중복되지 않는 유일한 주소를 의미한다. 네트워크에 연결된 모든 컴퓨터에는 고유한 IP 주소가 있다. 따라서 특정 컴퓨터의 IP 주소를 알면 그 컴퓨터의 물리적인 위치와 상관없이 그 컴퓨터에 접속할 수 있다(사설 IP 주소는 예외다).

4바이트로 이루어져 있으며 각 자리에는 0~255까지의 숫자를 사용한다. 예를 들면 Server 가상머신의 IP 주소는 192.168.111.100이며 모든 컴퓨터에서 자기 자신을 의미하는 IP 주소는 127.0.0.1이다.

❹ 네트워크 주소

네트워크 주소는 같은 네트워크에 속해 있는 장치(컴퓨터 등)가 공유하는 공통 주소다. C 클래스의 경우 IP 주소의 앞 3자리가 네트워크 주소다(클래스에 관해서는 잠시 후 설명한다).

예를 들면 Server 가상머신의 IP주소는 192.168.111.100, Server(B) 가상머신은 192.168.111.200, Client 가상머신은 192.168.111.131(실습 환경에 따라 다를 수 있다), 호스트 컴퓨터는 192.168.111.1이다. 이 4대의 컴퓨터는 같은 네트워크에 있으며 서브넷 마스크는 C 클래스(255.255.255.0)를 사용하므로 네트워크 주소는 앞 3자리인 192.168.111.0이다.

> **! 여기서 잠깐** **사설 네트워크**
>
> 192.168.×××.○○○의 주소 영역은 사설 네트워크(Private network)의 주소로 사용된다. 사설 네트워크는 외부와 분리된 내부의 별도 네트워크를 의미하며 주로 공인된 IP 주소가 부족할 때 사용된다. VMware 프로그램에 설치한 컴퓨터에도 사설 네트워크의 IP 주소인 192.168.111.○○○을 할당했다. 사설 네트워크를 구축하는 실습은 16장에서 알아본다.

---

❺ 브로드캐스트 주소

브로드캐스트[broadcast] 주소는 내부 네트워크상의 모든 컴퓨터에 데이터를 전송할 수 있는 주소를 의미한다. C 클래스의 경우 현재 IP 주소의 제일 끝자리를 255로 바꾸면 브로드캐스트 주소가 된다. 예를 들면 필자의 경우 192.168.111.255가 브로드캐스트 주소다.

NOTE▶ 브로드캐스트 주소를 조금 더 쉽게 설명하면 브로드캐스트 주소는 아파트의 스피커 또는 마을의 확성기와 유사하다. 예를 들어 아파트 경비실에서 "차량 번호 7777 차를 다른 곳으로 이동시켜주세요"라고 말하면 세대마다 스피커를 통해 이 말이 전달된다. 하지만 모든 세대에서 응답하지는 않는다. 자신과 관련되는 내용이라면 반응을 보이겠지만, 자신과 관련이 없는 내용이라면 그냥 무시하고 지나칠 것이다. 브로드캐스트 주소도 이러한 아파트의 스피커처럼 모든 컴퓨터에게 소리를 보낼 수 있다고 생각하면 그 개념을 이해하기 쉬울 것이다.

❻ 게이트웨이

게이트웨이Gateway는 내부 네트워크를 외부 네트워크에 연결할 때 필요한 컴퓨터 또는 장비를 의미한다. Server, Server(B), Client 가상머신 등 내부 네트워크에 있는 컴퓨터 간 통신을 할 경우에는 외부로 나갈 필요가 없으므로 게이트웨이가 없어도 되지만, 인터넷을 사용하기 위해 외부 네트워크에 접속하려면 반드시 게이트웨이의 IP 주소를 알아야 한다.

게이트웨이는 쉽게 말해 '외부 네트워크로 나가기 위한 통로'다. 그러므로 게이트웨이에는 내부로 향하는 문(네트워크 카드)과 외부로 향하는 문(네트워크 카드)이 있어야 한다. 즉, 네트워크 카드가 2개 장착되어야 한다.

이 책에서 사용하는 게이트웨이 주소는 192.168.111.2로 고정되어 있다. 이는 VMware 프로그램에서 제공하는 게이트웨이 주소다. 이 주소에 관해서는 51쪽 1장 **그림 1-64**와 52쪽 **표 1-4**에서 설명했다.

게이트웨이를 별도로 추가하는 명령의 형식은 다음과 같다.

```
# route add default gw 게이트웨이주소 dev 장치이름
```

게이트웨이 주소를 192.168.111.254로 변경하려면 다음과 같은 명령을 실행한다.

```
# route add default gw 192.168.111.254 dev ens160
```

> **NOTE ▶** 실무에서는 게이트웨이 주소의 제일 마지막 숫자로 254, 253, 1을 많이 사용하는데 어떤 숫자를 사용할지는 네트워크 관리자가 마음대로 결정하면 된다.

❼ 넷마스크와 클래스

넷마스크Netmask는 네트워크 주소와 호스트 주소를 구분하는 것을 의미하며 넷마스크에 따라 네트워크의 규모가 결정된다. 이 책에서는 사설 네트워크에서 C 클래스를 사용하므로 넷마스크로 255.255.255.0을 사용한다. 즉, 네트워크 주소로 앞 3자리를 사용하고 호스트 주소로 마지막 1자리를 사용한다.

필자의 경우 192.168.111.0~192.168.111.255, 총 256개의 IP 주소를 사용할 수 있지만, 그중에서 네트워크 주소(192.168.111.0), 브로드캐스트 주소(192.168.111.255), 게이트웨이 주소

(192.168.111.2)를 제외하면 총 253대의 컴퓨터를 네트워크 내부에서 연결할 수 있다.

❽ DNS 서버 주소

DNS$^{Domain\ Name\ System}$ 서버(네임 서버)는 www.daum.net과 같은 URL을 해당 컴퓨터의 IP 주소로 변환하는 서버 컴퓨터를 말한다. DNS 서버 주소를 입력하지 않거나 잘못 입력되어 있으면 웹 사이트에 정상 접속할 수 없다. 따라서 올바른 DNS 서버 주소를 지정해야 한다. DNS 서버 주소는 /etc/resolv.conf 파일의 내용 중 'nameserver DNS서버IP'의 형식으로 지정되어 있다.

VMware 프로그램에서는 가상 게이트웨이, DHCP 서버, DNS 서버를 제공한다. 51쪽 **그림 1-64** 를 다시 살펴보면 게이트웨이와 DNS 서버의 주소는 192.168.111.2, DHCP 서버는 192.168. 111.254로 설정되어 있음을 알 수 있다.

리눅스에서의 네트워크 장치 이름

랜 카드$^{Network\ Interface\ Card}$가 장착되면 Rocky Linux 9는 랜 카드의 이름을 ens160으로 인식한다.

NOTE ▶ 이전 버전의 RHEL 계열 리눅스는 랜 카드를 eth0, eth1, ens32, ens33 등으로 인식했다. 참고로 Rocky Linux 9의 경우 VMware 프로그램에 설치하느냐 진짜 컴퓨터에 설치하냐에 따라 ens160, ens161, ens32, ens33, eth0, eth1 등 다양한 형태로 인식한다. 또한 사용하는 VMware 프로그램의 버전에 따라 완전히 다른 이름으로 인식할 수도 있다.

이 랜 카드의 이름은 앞으로 다음과 같은 명령을 입력해 네트워크 정보를 파악하거나 네트워크를 정지 또는 가동할 때 자주 사용된다.

```
# ifconfig ens160      → 네트워크 설정 정보를 출력
# ifup ens160          → 네트워크 장치를 가동
# ifdown ens160        → 네트워크 장치를 정지
```

중요한 네트워크 관련 명령어

네트워크와 관련된 명령은 많지만, 이 책에서 주로 사용할 명령은 몇 개 되지 않는다. 실습에서도 살펴보겠지만, 다음 명령 정도는 꼭 외우자.

❶ nmtui

nmtui^{Network Manager Text User Interface} 명령으로 다음과 같은 네트워크와 관련 작업을 처리할 수 있다.

- 자동 IP 주소 또는 고정 IP 주소 사용 결정
- IP 주소, 서브넷 마스크, 게이트웨이 정보 입력
- DNS 정보 입력
- 네트워크 카드 드라이버 설정
- 네트워크 장치(ens160)의 설정

> **! 여기서 잠깐   그래픽 모드와 텍스트 모드에서의 네트워크 설정**
>
> **nmtui** 명령은 그놈 그래픽 모드에서 사용할 수 없다. 만약 X 윈도의 그래픽 모드를 사용해 네트워크를 설정하려면 **gnome-control-center network** 명령 또는 **nm-connection-editor** 명령을 사용하면 된다. 하지만 이 명령들은 Server(B) 가상머신과 같은 텍스트 모드에서는 사용할 수 없으므로 가능한 한 **nmtui**를 사용거나 직접 ens160.nmconnection 파일을 편집해서 네트워크를 설정하는 것을 권장한다.
>
>
>
> **그림 4-139** gnome-control-center network 명령 실행 화면

❷ systemctl start / stop / restart / status NetworkManager

네트워크 설정을 변경한 후에 변경된 내용을 시스템에 적용시키는 명령이다. 그러므로 **nmtui** 명령을 실행한 후 또는 직접 ens160.nmconnection 파일을 편집한 후에는 꼭 **systemctl restart NetworkManager** 명령을 실행해야 한다. **restart**는 **stop** 옵션과 **start** 옵션이 합쳐진 옵션이다. **status**는 현재 작동^{active} 또는 정지^{inactive} 상태를 표시하는 옵션이다.

❸ ifconfig **장치이름** up / ifup **장치이름**

해당 장치를 작동시키는 명령이다. 만약 네트워크 장치가 장착되었으나 작동하지 않으면 이 명령으로 네트워크 장치를 작동시킬 수 있다. 앞서 언급한 것처럼 장치 이름으로 ens160이 사용된다.

❹ ifconfig **장치이름** down / ifdown **장치이름**

네트워크 장치를 끄는 명령이다.

❺ ifconfig **장치이름**

해당 장치의 IP 주소와 관련 정보를 출력하는 명령이다.

❻ nslookup

DNS 서버의 작동을 테스트하는 명령이다.

❼ ping IP**주소 또는** URL

해당 컴퓨터가 네트워크상에서 응답을 하는지 테스트하는 명령이다. 즉, 상대 컴퓨터가 아무런 이상 없이 작동되는지를 네트워크상에서 체크할 때 사용하는 명령이다.

네트워크 설정과 관련된 주요 파일

nmtui 명령을 실행하고 나서 변경되는 관련 파일들이다. 중요한 파일들이므로 잘 기억하자.

❶ /etc/NetworkManager/system-connection/ens160.nmconnection

ens160 장치에 설정된 네트워크 정보가 기입된 파일이다. 3장 **실습 1 Step 10**과 3장 **실습 2 Step 7**에서 이 파일을 직접 편집한 적이 있다.

❷ /etc/resolv.conf

DNS 서버의 정보와 호스트 이름이 기입된 파일이다.

❸ /etc/hosts

현재 컴퓨터의 호스트 이름과 FQDN이 기입된 파일이다.

> **NOTE ▶** 이 파일들을 직접 편집하면 **nmtui** 명령을 실행한 것과 동일한 효과를 낼 수 있다.

실습 14 ▶

nmtui 명령어와 이와 관련된 설정 파일을 확인하자.

Step 0

Server 가상머신을 설치 상태로 초기화한다.

> **NOTE ▶** 초기화 방법이 기억나지 않으면 108쪽 3장 실습 1의 Step 19 또는 Step 20을 참고한다.

Step 1

nmtui 명령을 입력해 IP 주소 등 네트워크 정보를 확인한다.

1-1 Server 가상머신에서 root 사용자로 접속하고 터미널을 열고 **nmtui** 명령을 입력한다.

1-2 [네트워크 관리자 TUI]가 나오면 키보드의 [Tab] 또는 화살표 키 및 [Enter]를 사용해 다음 그림과 같이 네트워크 정보를 확인한다.

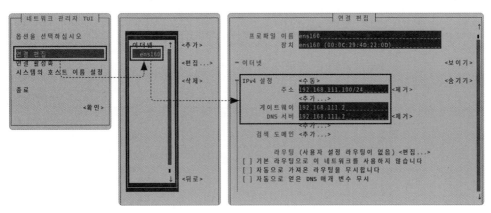

그림 4-140 nmtui 명령 1

[연결 편집]을 살펴보면 장치의 이름은 ens160이며, IP 주소는 192.168.111.100/24, 게이트웨이 주소와 DNS 서버의 주소는 192.168.111.2로 설정되어 있음을 확인할 수 있다. IP 주소 뒤에 붙은 24는 서브넷 마스크가 255.255.255.0으로 설정되었음을 의미한다.

1-3 주소를 192.168.111.55/24로, DNS 서버를 8.8.8.8로 변경한다. 그리고 모두 변경했으면 [Tab]을 여러 번 눌러 제일 아래 [확인]으로 이동한 후 [Enter]를 누른다([Shift] + [Tab]을 누르면 반대 방향으로 이동한다).

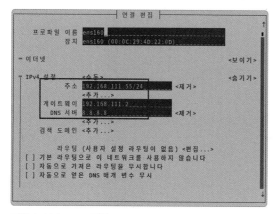

그림 4-141 nmtui 명령 2

NOTE ▶ 192.168.111.2는 VMware 프로그램이 가상으로 제공하는 게이트웨이 주소이자 DNS 서버 역할을 하는 고정 IP 주소다. 또한 변경한 8.8.8.8(또는 8.8.4.4)은 Google사에서 제공하는 공공 DNS 서버 주소다. 8.8.8.8 정도는 기억해 두자.

1-4 이전 화면이 나오면 다시 [Tab]을 여러 번 눌러 [뒤로]로 이동한 후 [Enter]를 누른다. 그리고 [네트워크 관리자 TUI]가 나오면 [종료]로 이동한 후 [Enter]를 누른다.

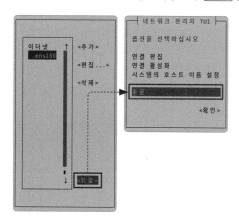

그림 4-142 nmtui 명령 3

Step 2

관련 파일을 확인한다.

2-1 **cat /etc/NetworkManager/system-connections/ens160.nmconnection** 명령을 입력해 ens160.nmconnection 파일을 확인한다.

```
[root@localhost ~]# cat /etc/NetworkManager/system-connections/ens160.nmconnection
[connection]
id=ens160
uuid=1204efd9-0175-38eb-91ac-f81f7124ab35
type=ethernet
autoconnect-priority=-999
interface-name=ens160
timestamp=1659322376

[ethernet]

[ipv4]
address1=192.168.111.55/24,192.168.111.2
dns=8.8.8.8;
method=manual

[ipv6]
addr-gen-mode=eui64
method=auto

[proxy]
[root@localhost ~]#
```

그림 4-143 네트워크 설정 파일 확인 1

NOTE ▶ UUID(Universal Unique IDentifier)는 개체에 부여하는 128비트로 구성된 고유한 번호다. 이 번호는 네트워크상에 유일한 장치(또는 개체)로 구분하기 위한 식별자로 사용된다. 이 책으로 학습을 진행하다 보면 여러 부분에서 UUID를 마주치게 되는데 특별히 신경 쓸 필요는 없다.

nmtui 명령을 실행해서 확인했던 대부분의 네트워크 정보가 이 파일에 들어 있다. IP 주소, 넷마스크, 게이트웨이가 모두 [ipv4] 아래의 address1 부분에 표현된다. IP 주소는 192.168.111.55로, 넷마스크는 24(=255.255.255.0)로, 게이트웨이는 192.168.111.2다. 그리고 DNS 서버는 dns 부분에 들어 있는 것을 확인할 수 있다.

2-2 **systemctl restart NetworkManager** 명령을 실행해 앞서 변경한 내용을 적용한다. 아무 메시지도 나오지 않으면 변경한 내용이 정상적으로 적용된 것이다.

3장 **실습 1 Step 10**과 3장 **실습 2 Step 7**에서 이 파일을 직접 편집한 적이 있다. 즉, nmtui 명령을 사용하지 않고 지금 열어 본 /etc/NetworkManager/system-connections/ens160.nmconnection 파일을

직접 편집해 네트워크 관련 사항을 설정할 수 있다. 만약 파일을 수정했거나 **nmtui**로 내용을 수정했다면 **systemctl restart NetworkManager** 명령을 입력해야 변경한 내용이 적용된다

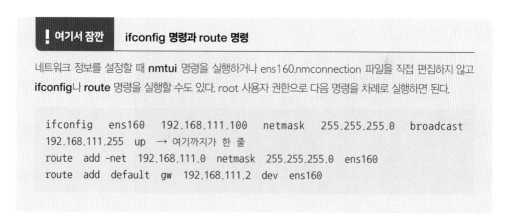

! 여기서 잠깐 **ifconfig 명령과 route 명령**

네트워크 정보를 설정할 때 **nmtui** 명령을 실행하거나 ens160.nmconnection 파일을 직접 편집하지 않고 **ifconfig**나 **route** 명령을 실행할 수도 있다. root 사용자 권한으로 다음 명령을 차례로 실행하면 된다.

```
ifconfig  ens160  192.168.111.100  netmask  255.255.255.0  broadcast
192.168.111.255  up  → 여기까지가 한 줄
route  add  -net  192.168.111.0  netmask  255.255.255.0  ens160
route  add  default  gw  192.168.111.2  dev  ens160
```

2-3 DNS 서버가 설정된 파일은 /etc/resolv.conf다. **nano /etc/resolv.conf** 명령을 입력한다. resolv. conf 파일이 열리면 마지막 행에 'nameserver 168.126.63.1'을 추가로 입력한다(nano 에디터 사용이 아직 익숙하지 않다면 gedit 에디터를 사용해 입력하자). 이러면 첫 번째 행의 DNS 서버(네임 서버) 8.8.8.8이 작동하지 않을 때 두 번째 DNS 서버인 168.126.63.1을 사용한다. 파일을 저장하고 nano 에디터를 종료한다(여러 번 언급했지만, nano 에디터에서 파일을 저장하고 종료하려면 [Ctrl] + [X]를 누르고 [Y]와 [Enter]를 누르면 된다).

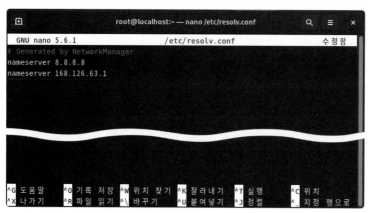

그림 4-144 네트워크 설정 파일 확인 2

NOTE ▶ 168.126.63.1과 168.126.63.2는 KT 통신사에서 제공하는 DNS 서버(네임 서버)다. 전 세계 어디서든지 이 주소를 사용해도 된다. SK 브로드밴드사의 219.250.36.130과 210.220.163.82, LG 유플러스사의 164.126.101.2와 203.248.252.2를 사용해도 된다.

2-4 주의할 점은 이 상태에서 **systemctl restart NetworkManager** 명령을 입력하면 방금 편집한 /etc/ resolv.conf의 내용이 ens160.nmconnection 파일에 설정된 내용으로 변경된다. 그러므로 영구적으로 DNS 설정을 변경하고 싶다면 **nmtui** 명령으로 DNS를 변경하거나 직접 ens160.nmconnection 파일을 편집하자.

그림 4-145 네트워크 설정 파일 확인 3

Step 3

이번에는 인터넷이 안 될 경우에 DNS 서버의 고장 때문인지 아니면 다른 문제 때문인지를 확인하는 방법을 알아본다. 9장에서 DNS 서버를 직접 구축한 후 작동 테스트를 할 때 사용하는 방법이다.

❗여기서 잠깐   DNS 서버의 역할

DNS 서버가 어떤 역할을 하는지 다시 살펴보자.

DNS 서버는 URL 이름을 IP 주소로 변경하는 역할을 한다. 예를 들어 웹 브라우저에서 https://www.nate. com을 입력했다고 바로 네이트 웹사이트로 접속되는 것이 아니다. 우선 /etc/resolv.conf 파일에 설정된 DNS 서버에게 www.nate.com URL의 IP 주소를 물어본다. 그리고 DNS 서버가 해당 URL에 해당하는 IP 주소를 알려 주면 그때서야 비로소 알아낸 IP 주소의 컴퓨터로 접속하는 것이다(아마도 이 IP 주소가 네이트 웹 서버 IP 주소일 것이다).

이러한 과정을 거치는 이유는 네트워크상에 있는 컴퓨터를 구분할 때 사용할 수 있는, 중복되지 않는 유일한 식별자가 IP 주소이기 때문이다.

개념이 조금 어려울 수도 있다. 우선은 이 정도로 이해하고 넘어가자. 더 자세한 내용은 9장 네임 서버에서 설명한다. 결론을 말하자면 DNS 서버가 고장 나면 www.nate.com 같은 URL을 사용해서 웹 서버에 접속할 수가 없다.

3-1 Firefox 웹 브라우저를 실행한 후 www.nate.com에 접속한다. 별 문제가 없다면 정상적으로 접속된다.

그림 4-146 DNS 서버의 작동 확인 1

3-2 DNS 서버에 문제가 발생한 상황을 만들기 위해 DNS 서버 주소를 작동하지 않는 주소로 변경한다. nano나 gedit 에디터로 /etc/resolv.conf 파일을 열어서 8.8.8.8을 100.100.100.100으로 고친 후 파일을 저장하고 에디터를 닫는다(DNS 서버가 고장난 것이나 /etc/resolv.conf 파일의 IP 주소를 잘못 입력한 것이나 어차피 DNS 서버가 응답하지 않는 것은 마찬가지다).

그림 4-147 DNS 서버의 작동 확인 2

NOTE ▶ 지금부터는 gedit보다는 nano나 vi 에디터 사용할 것을 권장한다. X 윈도를 지원하지 않는 텍스트 모드에서는 gedit 에디터를 사용할 수 없기 때문이다.

3-3 웹 브라우저를 닫고 다시 실행한 후 www.nate.com에 접속한다. 한참을 기다려도 접속이 되지 않는다. 그런데 이렇게 접속이 되지 않는다면 DNS 서버의 문제인지 IP 설정이 잘못되어 발생한 문제인지 바로 알기 어렵다. 일단 DNS 서버의 문제인지를 확인하는 방법을 알아본다.

그림 4-148 DNS 서버의 작동 확인 3

DNS 서버 주소를 정상 작동하는 주소로 변경한다. 이러려면 정상 작동하는 DNS 서버의 주소를 먼저 알아야 한다. 이번 단계에서는 일반적으로 많이 사용하는 DNS 서버 주소인 Google사의 8.8.8.8 또는 KT 통신사의 168.126.63.1을 사용한다.

4-1 터미널에서 **nslookup** 명령을 입력한다. 이러면 nslookup 인터페이스가 실행되면서 프롬프트가 〉로 바뀐다. 이 상태에서 **server** 명령을 입력한다. 이 명령의 결과로 'Default server'에 표시되는 주소가 현재 Server에 설정된 DNS 서버 주소다.

그림 4-149 DNS 서버의 작동 확인 4

'Default server'를 살펴보면 예상했겠지만, 앞서 /etc/resolv.conf 파일에 설정한 잘못된 주소인 100.100.100.100이 표시되어 있다.

4-2 이어서 www.nate.com을 입력한다. 잠시 후 'connection timed out; no servers could be reached'라는 오류 메시지가 나온다. 현재 설정된 DNS 서버 주소(100.100.100.100)가 응답하지 않기 때문에 나오는 오류 메시지다.

그림 4-150 DNS 서버의 작동 확인 5

4-3 **server 새로운DNS서버IP주소** 명령을 입력해 DNS 서버 주소를 변경하고 다시 www.nate.com을 입력한다. '새로운DNS서버IP주소'에는 확실히 작동하는 Google사의 8.8.8.8을 사용하자.

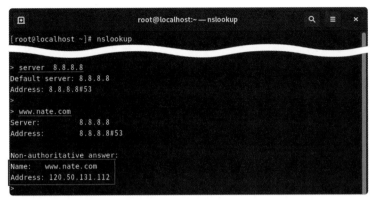

그림 4-151 DNS 서버의 작동 확인 6

이와 같이 **nslookup** 명령을 사용해 DNS 서버 주소를 변경했을 때 네트워크가 잘 응답한다면 /etc/resolv.conf 파일에 설정된 DNS 서버에 문제가 발생했다는 말이 된다. 즉, 그 외 네트워크 설정에는 문제가 없는 것이다. **exit** 명령을 입력해 nslookup 인터페이스를 종료한다.

NOTE ▶ www.nate.com의 경우 IP 주소 1개에만 연결되어 있지만, 웹사이트에 따라서는 여러 개의 IP 주소에 URL이 연결되어 있을 수도 있다. 이는 라운드 로빈 방식과 관련이 있는데 자세한 내용은 9장에서 설명한다.

4-4 nano나 gedit 에디터로 /etc/resolv.conf 파일을 열고 VMware 프로그램이 제공하는 192.168.111.2, 방금 정상 작동을 확인한 Goggle사의 8.8.8.8, KT 통신사의 168.126.63.1 중 하나를 선택해 입력하고 저장한다.

그림 4-152 DNS 서버의 작동 확인 7

4-5 웹 브라우저를 닫고 다시 실행해서 인터넷에 정상적으로 접속되는지 확인한다.

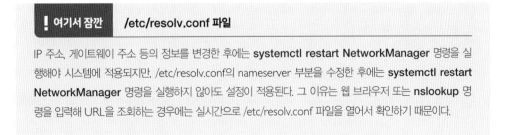

여기서 잠깐 **/etc/resolv.conf 파일**

IP 주소, 게이트웨이 주소 등의 정보를 변경한 후에는 **systemctl restart NetworkManager** 명령을 실행해야 시스템에 적용되지만, /etc/resolv.conf의 nameserver 부분을 수정한 후에는 **systemctl restart NetworkManager** 명령을 실행하지 않아도 설정이 적용된다. 그 이유는 웹 브라우저 또는 **nslookup** 명령을 입력해 URL을 조회하는 경우에는 실시간으로 /etc/resolv.conf 파일을 열어서 확인하기 때문이다.

네트워크 보안을 위한 SELinux

SELinux Security Enhanced Linux는 보안에 취약한 리눅스를 보호하기 위해 탄생했다. 이를 사용해 시스템에서 보안에 영향을 미치는 서비스, 권한 등을 제어할 수 있다.

SELinux 환경에서는 침입자가 네트워크의 어떤 경로로 시스템 침입에 성공했더라도 침입한 경로의 애플리케이션 사용 이상의 권한을 얻지 못한다. 예로 FTP 서버의 경로로 침입했다고 가정하면 FTP와 관련된 디렉터리나 파일 외 다른 서버에는 접근할 수 없다. 즉, 만약의 사태가 발생해도 해킹 피해를 FTP 서버만으로 제한할 수 있다.

3장 **실습 1 Step 11**에서 Server 가상머신의 SELinux 기능을 비활성화했고, 3장 **실습 2 Step 8**에서는 Server(B) 가상머신의 SELinux 기능을 비활성화했다. SELinux을 사용하면 그 보안 기능 때문에 네트워크 서비스에 제약이 생길 수 있기에 먼저 Rocky Linux에 관해 충분히 배우고 난 후 보안을 설정하고자 SELinux를 비활성화한 것이다. 보안을 강화하면 여러 가지 불편한 점이 발생할 수 있고 반대로 보안을 약화하면 편리한 점이 많지만, 위험이 따를 수 있다.

NOTE RHEL 8 계열과 RHEL 9 계열의 SELinux 설정 방식은 조금 다르다. 이 책에서는 당연히 RHEL 9 계열의 방식을 설명했다.

SELinux의 활성화 여부는 **sestatus** 또는 **getenforce** 명령을 실행해 확인할 수 있다.

그림 4-153 SELinux 상태 확인 (비활성화 상태)

SELiux를 활성 또는 비활성하는 명령은 다음과 같다.

```
grubby --update-kernel ALL --args selinux=0        → 비활성(3장에서 사용한 명령)
grubby --update-kernel ALL --remove-args selinux   → 활성
```

이 명령은 재부팅한 이후부터 적용된다. SELinux를 활성 enabled 하면 기본적으로 강제 enforcing 모드로 설정된다. 만약 허용 permissive 모드로 설정하려면 /etc/sysconfig/selinux 파일을 직접 편집해야 한다. 이 파일에 다음과 같이 2개 행을 입력해서 SELinux의 모드를 설정할 수 있다.

```
SELINUX=enforcing 또는 permissive
SELINUXTYPE=targeted 또는 minimum 또는 mls  → 특별한 경우가 아니라면 그냥 targeted로 사용
```

주의할 점은 SELinux가 활성된 상태라면 /etc/sysconfig/selinux 파일의 내용이 적용되지만, SELinux가 비활성된 상태라면 /etc/sysconfig/selinux 파일의 내용을 그냥 무시한다는 것이다. 직접 /etc/sysconfig/selinux 파일을 편집하지 않고 **system-config-selinux** 명령을 실행해 설정할 수도 있다.

system-config-selinux 명령을 실행하면 다음 그림과 같이 [SELinux 관리] 창이 나온다. 이 그림의 경우 SELinux의 [현재 강제 모드]가 '비활성화'로 설정된 상태여서 [시스템 디폴트 강제 모드]가 '강제'로 되어 있어도 해당 설정이 적용되지 않는다.

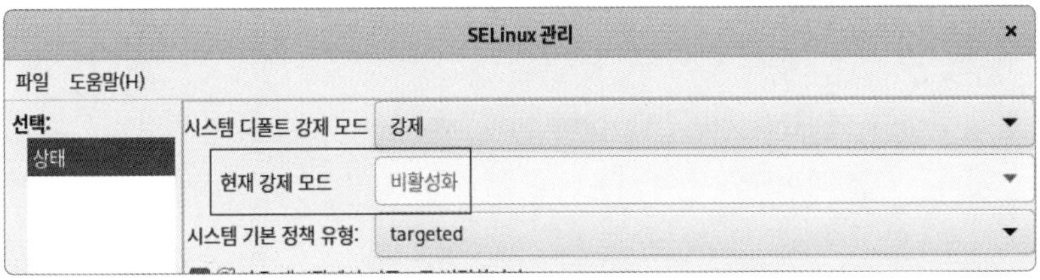

SELinux 관리		×
파일 도움말(H)		

선택:	시스템 디폴트 강제 모드	강제	▼
상태			
	현재 강제 모드	비활성화	▼
	시스템 기본 정책 유형:	targeted	▼

그림 4-154 system-config-selinux 명령

NOTE ▶ system-config-selinux 명령을 사용하려면 먼저 policycoreutils-gui 패키지를 설치해야 한다.

[시스템 디폴트 강제 모드]는 강제enforcing와 허용permissive으로 설정할 수 있다. 먼저 가장 강력한 '강제'는 시스템 보안에 영향을 미치는 기능이 감지되면 아예 그 기능이 작동되지 않도록 시스템에서 막는 모드다. '허용'은 시스템 보안에 영향을 미치는 기능이 감지되면 허용은 하되 사용 내용이 로그에 남고 화면상에 출력되는 모드다.

설정을 변경한 후에는 컴퓨터를 재부팅해야 한다. SELinux에 관한 설명은 너무 방대하고 이 책의 주제에서 벗어나므로 여기까지만 설명하겠다. 하지만 추후 실무에서 보안이 강화된 서비스를 제공하려면 SELinux를 잘 알아두어야 하므로 man 명령을 입력하거나 https://docs.fedoraproject.org/en-US/quick-docs/getting-started-with-selinux로 접속하거나 보안 관련 서적을 구입해 참고하자.

NOTE ▶ 비록 이 책은 SELinux를 비활성(disabled)으로 설정했지만, 실무에서는 다소 불편하더라도 허용(permissive)이나 강제(enforcing)로 설정해서 사용하는 것이 바람직하다.

4.6 파이프, 필터, 리디렉션

리눅스의 기본 동작과 관련해 중요한 개념인 파이프와 필터, 리디렉션을 이해하자.

❶ 파이프

파이프pipe는 2개의 프로그램을 연결하는 통로를 의미한다. 명령에 '|'([Shift] + [\]를 누르면 나오는 기호)를 추가해 파이프를 표현한다.

```
[사용 예]
# ls -l /etc ¦ more    → ls -l /etc를 입력하면 파일이 너무 많이 출력되어 한 페이지에 모두 담
                         을 수 없으므로 페이지를 나눠서 보겠다는 의미
```

❷ 필터

필터filter란 필요한 것만 걸러주는 기능을 의미한다. **grep, tail, wc, sort, awk, sed** 명령 등으로 필터를 사용할 수 있다. 필터는 주로 파이프와 같이 사용된다.

```
[사용 예]
# ps -ef ¦ grep bash    → ps -ef 명령을 입력하면 모든 프로세스 번호를 출력하므로 bash라
                          는 글자가 들어간 프로세스만 출력
# rpm -qa ¦ grep dnf    → 설치된 패키지 중에서 dnf라는 글자가 들어간 패키지를 출력. 그냥
                          rpm -qa dnf 명령을 실행하면 dnf-data 등은 출력되지 않음
```

❸ 리디렉션

리디렉션redirection은 표준 입출력의 방향을 바꾸는 기능을 의미한다. 표준 입력은 키보드, 표준 출력은 모니터이지만, 이러한 입출력을 파일로 처리하고 싶을 때 주로 사용한다.

```
[사용 예]
# ls -l > list.txt            → ls -l 명령의 결과를 화면에 출력하지 않고 list.txt 파일에 저
                                장. 만약 list.txt 파일이 기존에 있으면 덮어 씀(overwrite)
# ls -l >> list.txt           → 위와 동일. 단 list.txt 파일이 기존에 있으면 기존의 내용에 이
                                어서 씀(append)
# sort < list.txt             → list.txt 파일을 정렬해서 화면에 출력
# sort < list.txt > out.txt   → list.txt 파일을 정렬해서 out.txt 파일에 씀
```

4.7 프로세스, 서비스

리눅스나 유닉스에 익숙하지 않은 사람에게는 프로세스, 서비스(데몬)라는 용어가 조금 생소하게 느껴질 것이다. 리눅스와 유닉스를 사용할 때 반드시 알고 있어야 하는 중요한 용어들이므로 꼼꼼히 살펴보기를 바란다.

4.7.1 프로세스

프로세스Process를 '하드디스크에 저장된 실행 코드(프로그램)가 메모리에 로딩되어 활성화된 것' 정도로 정의할 수 있다.

예를 들어 웹 브라우저 프로그램인 Firefox는 하드디스크의 어딘가에 저장되어 있다. 이렇게 하드에 저장된 파일을 '프로그램'이라고 부르며 Firefox를 실행해서 화면에 나타난 상태('메모리에 로딩되었다'가 더 정확한 표현이다)를 '프로세스'라고 부른다.

프로세스와 관련된 필수 개념 및 용어는 다음과 같다.

❶ 포그라운드 프로세스

포그라운드 프로세스Foreground Process는 방금 이야기한 Firefox의 예와 같이 실행하면 화면에 나타나 사용자와 상호작용하는 프로세스를 말한다. 즉, 화면에서 실행되고 있는 프로그램이 프로세스라고 생각하면 된다.

❷ 백그라운드 프로세스

백그라운드 프로세스Background Process는 실행은 되었지만, 화면에는 나타나지 않는 프로세스를 말한다. 예시로 바이러스 백신, 서버 데몬(서비스) 등을 들 수 있다.

❸ 프로세스 번호

메모리에 로딩되어 활성화된 프로세스를 구분하려면 고유 번호가 필요하다. 이렇게 각각의 프로세스에 할당된 고유 번호를 프로세스 번호라 부른다. 프로세스 번호가 필요한 이유는 프로세스 번호를 사용해 메모리에서 활성화된 특정 프로세스를 찾고 강제로 제거하기 위함이다.

❹ 작업 번호

작업 번호는 현재 실행되는 백그라운드 프로세스의 순차 번호를 의미한다.

❺ 부모 프로세스와 자식 프로세스

모든 프로세스는 독립적으로 실행되는 것이 아니라 부모 프로세스에 종속되어 실행된다. Firefox의 경우 X 윈도 프로세스가 구동된 상태에서 실행되어야 하므로 X 윈도는 Firefox의 부모 프로세스가 되며, Firefox는 X 윈도의 자식 프로세스가 된다.

여기서 만약 Firefox는 그냥 두고 X 윈도만 강제 종료하면 Firefox는 계속 실행될까? 당연히 Firefox도 종료된다. 즉, 부모 프로세스를 종료하면 그에 종속된 자식 프로세스도 모두 종료된다.

다음은 프로세스와 관련된 주요 명령이다.

---

ps   → 현재 프로세스의 상태를 확인하는 명령. 많은 옵션과 함께 사용할 있음. 이 책에서 프로세스의 번호 및 상태를 확인할 때는 'ps -ef │ grep 프로세스이름' 명령을 사용(ps 명령은 꼭 기억하자)

kill   → 프로세스를 강제로 종료하는 명령. -9 옵션과 함께 사용하면 무조건 프로세스가 종료됨. 응답을 하지 않고 무한 루프를 도는 프로세스는 'kill -9' 프로세스번호 명령'을 실행해 강제 종료 가능

pstree → 부모 프로세스와 자식 프로세스의 관계를 트리 형태로 출력

실습 15

포그라운드 프로세스와 백그라운드 프로세스를 확인하자.

Step 0

Server 가상머신을 실행한다.

Step 1

무한 루프를 도는 프로세스를 실행하고 중지시킨다.

1-1 터미널을 실행하고 **yes > /dev/null** 명령을 입력해 무한 루프를 도는 단순한 프로세스를 생성한다.

NOTE▶ **yes** 명령은 단순히 yes라는 글자를 화면에 무한 출력한다. /dev/null은 아무것도 아닌(아무 반응도 하지 않는) 장치를 의미한다.

그림 4-155 프로세스 실습 1

1-2 터미널 메뉴의 왼쪽 위 새 창(■)을 클릭한다. 이러면 탭에 터미널이 하나 더 열린다.

그림 4-156 프로세스 실습 2

1-3 새 터미널에서 **ps −ef | grep yes** 명령을 입력해 yes의 프로세스 번호를 확인한다.

그림 4-157 프로세스 실습 3

터미널에 출력된 프로세스 번호를 살펴보면 제일 앞에 나오는 root는 프로세스의 소유주이며, 그다음 3183
은 프로세스 번호고, 그다음 3160은 부모 프로세스 번호다. 프로세스 번호를 확인했다면 **kill −9 5557** 명령
을 입력해 프로세스를 종료한다.

NOTE ▶ ps −ef | grep **프로세스이름** 명령의 결과 중에서 'grep −−color=auto yes'라는 글자가 들어간 행은 무
시하자.

1-4 두 번째 터미널에서 **kill** 명령을 입력해 프로세스를 종료하면 첫 번째 터미널에서 실행되던 것이 자동
으로 종료된다. 현재 작동 중인 포그라운드 프로세스를 그냥 종료할 때는 프로세스가 실행되고 있는 터미널
에서 [Ctrl] + [C]를 눌러도 된다.

그림 4-158 프로세스 실습 4

프로세스의 상태를 포그라운드에서 백그라운드로 바꾸고 이를 다시 포그라운드로 바꾼다.

2-0 모든 터미널을 닫고 새 터미널을 연다.

2-1 **yes > /dev/null** 명령을 입력해 포그라운드 프로세스를 생성한다.

2-2 [Ctrl] + [Z]를 눌러 프로세스를 일시 중지하고 **bg** 명령을 입력해 잠시 중지된 프로세스를 백그라운드로 실행한다.

그림 4-159 프로세스 실습 5

2-3 **jobs** 명령을 입력하면 현재 백그라운드로 가동 중인 프로세스를 확인할 수 있다. 제일 앞에 대괄호 안에 있는 숫자가 작업 번호다. **fg 작업번호** 명령을 입력해 해당 프로세스를 다시 포그라운드로 실행할 수 있다.

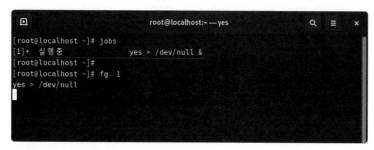

그림 4-160 프로세스 실습 6

2-4 [Ctrl] + [C]를 눌러 프로세스를 종료한다.

명령을 입력해 프로세스를 실행할 때 처음부터 백그라운드로 실행되도록 설정한다.

3-1 **gedit** 명령을 입력해 gedit 에디터를 실행한다. 이러면 이 터미널에는 더 이상 명령을 입력할 수 없다.

그림 4-161 프로세스 실습 7

3-2 gedit 에디터를 종료하고 이번에는 **gedit &** 명령을 입력한다. 이러면 이 터미널에 명령을 계속 입력할 수 있다. 즉, 백그라운드로 프로세스를 실행할 수 있다.

그림 4-162 프로세스 실습 8

이처럼 명령 뒤에 &을 붙이면 백그라운드로 프로세스를 실행할 수 있다.

firefox, gedit 등은 별도의 창으로 실행되므로 백그라운드로 실행해도 아무 문제가 없다. xz, bzip2, gzip 같은 압축 프로그램으로 대용량의 압축 파일을 만들 때 백그라운드 프로세스로 실행하면 유용하다.

하지만 vi나 nano 에디터와 같이 현재 터미널에서 입출력해야 하는 프로세스를 백그라운드 프로세스로 실행하는 것은 아무런 의미가 없다. 즉, 다음 그림과 같이 **vi 파일이름 &** 명령을 실행해 vi 에디터를 백그라운드로 실행해 봤자 화면에서 입출력되는 것이 아니므로 아무 의미가 없는 것이다.

![terminal screenshot]

그림 4-163 의미없는 백그라운드 프로세스 생성

4.7.2 서비스

서비스^{service}는 서버 프로세스를 의미하며 데몬^{daemon}이라고도 불린다. 즉, 서비스는 웹 서버, 네임 서버, DB 서버 등의 프로세스를 지칭하는 말이다. 웹 서버 서비스를 웹 서버 데몬이라고 부르기도 한다.

서비스는 눈에 보이지 않지만, 현재 시스템에서 동작 중인 프로세스이므로 백그라운드 프로세스의 일종이라고 할 수 있다. 우선은 '서비스=데몬=서버 프로세스' 정도로만 이해하자. 서비스의 특징은 이와 밀접한 연관이 있는 소켓과 함께 다음 절에서 설명한다.

4.8 서비스와 소켓

서비스^{Service}는 평상시에도 늘 작동하는 서버 프로세스를, 소켓^{Socket}은 필요할 때만 작동하는 서버 프로세스를 의미한다. systemd라고 부르는 서비스 매니저 프로그램으로 서비스와 소켓을 작동시키거나 관리한다.

> **NOTE▶** 예전의 RHEL 계열은 최상위 프로세스인 init가 서비스를 직접 관리하는 방식을 사용했으나, 요즘에는 systemd가 서비스 대부분을 관리한다. systemd와 관련된 세부적인 내용은 https://docs.fedoraproject.org/en-US/quick-docs/understanding-and-administering-systemd을 참고하자.

4.8.1 서비스의 특징

서비스는 시스템과는 무관하게 독립적으로 실행되는 프로세스다. 예로 웹 서버 서비스(httpd), DB 서버 서비스(mysqld), FTP 서버 서비스(vsftpd) 등을 들 수 있다.

대개 **systemctl start/stop/restart 서비스이름** 명령을 사용해 서비스를 실행하거나 종료한다. 예를 들어 웹 서버 서비스는 **systemctl start httpd** 명령으로 구동한다.

서비스의 실행 스크립트 파일의 이름은 /usr/lib/systemd/system/ 디렉터리에 '서비스이름.service'라는 형식으로 기록되어 있다. 예를 들어 Cron 서비스의 실행 스크립트 파일은 crond.service라는 이름으로 존재한다. **systemctl start/stop/restart 서비스이름** 명령을 실행해 이 디렉터리에 있는 대부분의 파일을 실행/중지/재시작할 수 있다.

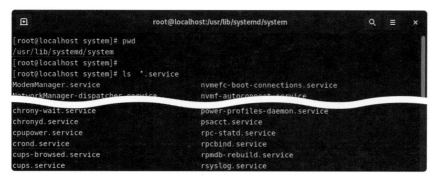

그림 4-164 서비스의 스크립트

부팅과 동시에 서비스의 자동 실행 여부를 지정할 수 있다. 터미널에서 **systemctl list-unit-files** 명령을 실행하면 현재 설정된 자동 실행 여부(사용enabled과 사용 안 함disabled)를 확인할 수 있다.

NOTE▶ 상태(STATE)가 static으로 설정된 서비스는 다른 서비스나 소켓에 의존해서 실행되므로 자동 실행 여부를 설정할 수 없다. 상태가 generated, transient 등으로 설정된 서비스는 별 신경 쓰지 않아도 된다.

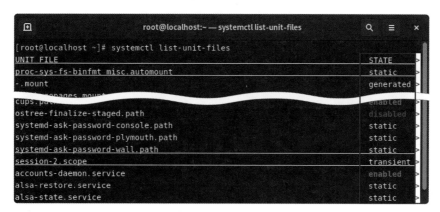

그림 4-165 systemctl list-unit-files 명령

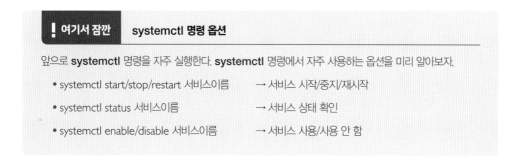

! 여기서 잠깐   systemctl 명령 옵션

앞으로 **systemctl** 명령을 자주 실행한다. **systemctl** 명령에서 자주 사용하는 옵션을 미리 알아보자.

- systemctl start/stop/restart 서비스이름   → 서비스 시작/중지/재시작
- systemctl status 서비스이름   → 서비스 상태 확인
- systemctl enable/disable 서비스이름   → 서비스 사용/사용 안 함

4.8.2 소켓의 특징

앞서 간단하게 설명한 것처럼 소켓은 서비스와 반대되는 개념으로 필요할 때만 작동하는 서버 프로세스를 의미한다. 소켓의 특징을 살펴보자.

외부에서 특정 서비스를 요청할 경우 systemd가 소켓을 구동한다. 그리고 요청이 끝나면 소켓을 종료한다. 소켓을 요청할 때 서비스에 비해 처음 연결되는 시간이 약간 더 소요될 수 있다. systemd가 서비스를 새로 구동하는 데 시간이 소요되기 때문이다. 이와 같은 소켓의 대표적인 예로 텔넷 서버를 들 수 있다.

NOTE ▶ 텔넷 서버에 관한 설명은 8장에서 실습과 함께 다룬다.

소켓과 관련된 스크립트 파일의 이름은 /usr/lib/systemd/system 디렉터리에 '소켓이름.socket'이라는 형식으로 기록되어 있다.

그림 4-166 소켓 스크립트 파일

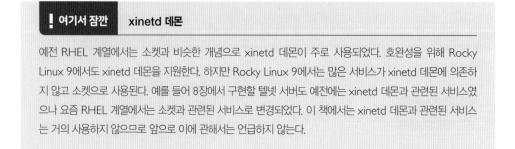

> **! 여기서 잠깐**   **xinetd 데몬**
>
> 예전 RHEL 계열에서는 소켓과 비슷한 개념으로 xinetd 데몬이 주로 사용되었다. 호환성을 위해 Rocky Linux 9에서도 xinetd 데몬을 지원한다. 하지만 Rocky Linux 9에서는 많은 서비스가 xinetd 데몬에 의존하지 않고 소켓으로 사용된다. 예를 들어 8장에서 구현할 텔넷 서버도 예전에는 xinetd 데몬과 관련된 서비스였으나 요즘 RHEL 계열에서는 소켓과 관련된 서비스로 변경되었다. 이 책에서는 xinetd 데몬과 관련된 서비스는 거의 사용하지 않으므로 앞으로 이에 관해서는 언급하지 않는다.

지금 당장은 서비스와 소켓을 조금 이해하기가 어려울 것이다. 그러므로 용어와 개념 정도만 기억하자. 이 책의 후반부에서 네트워크 서버를 구축할 때 실제로 사용해 보면 그 개념을 확실히 이해할 수 있을 것이다.

4.9 응급 복구

시스템 부팅이 안 되는 경우는 무척 다양하다. 그럴 경우에 해야 하는 작업이 응급 복구다. 여기서는 리눅스를 사용하다가 root 사용자의 비밀번호를 잊어버려 로그인하지 못할 경우 취할 수 있는 응급 복구 방법을 배운다.

리눅스를 설치하고 오랜만에 사용할 때 root 사용자의 비밀번호가 기억나지 않아서 로그인하지 못하는 상황이 종종 발생한다. 특히 리눅스 초보자라면 그러한 경우가 많이 발생한다. 학습 목적으로 리눅스를 사용 중이라면 포맷하고 다시 설치하면 되지만, 실무에서 사용할 경우에는 중요한 파일이 들어 있을 것이므로 섣불리 포맷할 수 없다. 이러한 경우 비밀번호를 다시 알아내는 방법은 없지만, 새로운 비밀번호로 변경할 수는 있다.

실습 16 ▶

root 사용자의 비밀번호를 잊어버렸을 때 사용할 수 있는 응급 복구 방법을 알아보자.

Step 0

Server 가상머신을 설치 상태로 초기화한다. root 사용자로 접속하려면 당연히 비밀번호를 입력해야 한다. 하지만 현재 비밀번호를 잊어버려서 root 사용자로 접속할 수 없는 상황이라고 가정하자.

Step 1

root 사용자의 비밀번호를 변경하기 위해 단일 사용자 모드(응급 복구 모드)로 접속한다.

1-1 초기화 후 부팅하면 GRUB 부트 로더가 나타난다. 첫 번째 항목이 선택된 상태에서 E 를 누른다(E 는 Edit을 의미한다).

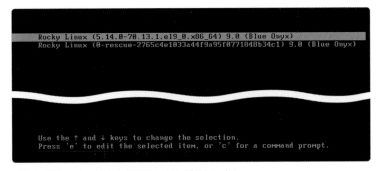

그림 4-167 root 사용자 비밀번호를 분실했을 때 조치 1

1-2 키보드의 [I]를 눌러 아래쪽 네 번째 행인 'linux ($root)/boot/vmlinuz-5.14.0-.70.13.1.el9.
x86_64…'에 커서를 옮긴다. [End]를 눌러 행의 끝으로 이동하고 끝에 있는 'rhgb quiet'를 삭제한다. 그리
고 끝에 'init=/bin/sh'를 입력한다.

그림 4-168 root 사용자 비밀번호를 분실했을 때 조치 2

1-3 [Ctrl] + [X]를 눌러 부팅한다.

Step 2

단일 사용자 모드(응급 복구 모드)에서 root 사용자의 비밀번호를 변경한다.

2-1 별도의 로그인 절차 없이 부팅이 되고 'sh5-1#'라는 프롬프트가 나온다. **whoami** 명령을 입력해 현재
로그인된 사용자가 root인지 확인한다.

그림 4-169 root 사용자 비밀번호를 분실했을 때 조치 3

2-2 root 사용자의 비밀번호를 변경하기 위해 **passwd** 명령을 입력한다. 'New password:'에 8자 이상
의 복잡한 비밀번호를 입력한다. 'Retype New password:'에 방금 입력한 비밀번호와 동일한 비밀번호를
입력하고 [Enter]를 누른다.

그림 4-170 root 사용자 비밀번호를 분실했을 때 조치 4

그런데 비밀번호를 변경할 수 없다는 오류 메시지가 나온다. 현재 '/' 파티션(루트 파티션)이 읽기 전용
Read-Only 모드로 마운트되어 있기 때문이다.

마운트된 파티션을 읽기/쓰기 모드로 변경한다.

3-1 mount 명령을 입력한다. 가장 아래쪽을 살펴보면 '/' 파티션이 읽기 전용(ro) 모드로 마운트되어 있다는 사실을 확인할 수 있다.

```
sh-5.1#
sh-5.1# mount
proc on /proc type proc (rw,nosuid,nodev,noexec,relatime)
sysfs on /sys type sysfs (rw,nosuid,nodev,noexec,relatime)
devtmpfs on /dev type devtmpfs (rw,nosuid,size=865000k,nr_inodes=216450,mode=755,inode64)
securityfs on /sys/kernel/security type securityfs (rw,nosuid,nodev,noexec,relatime)
tmpfs on /dev/shm type tmpfs (rw,nosuid,nodev,inode64)
devpts on /dev/pts type devpts (rw,nosuid,noexec,relatime,gid=5,mode=620,ptmxmode=000)
tmpfs on /run type tmpfs (rw,nosuid,nodev,size=358124k,nr_inodes=819200,mode=755,inode64)
cgroup2 on /sys/fs/cgroup type cgroup2 (rw,nosuid,nodev,noexec,relatime,nsdelegate,memory_recursiveprot)
pstore on /sys/fs/pstore type pstore (rw,nosuid,nodev,noexec,relatime)
none on /sys/fs/bpf type bpf (rw,nosuid,nodev,noexec,relatime,mode=700)
/dev/sda2 on / type xfs (ro,relatime,attr2,inode64,logbufs=8,logbsize=32k,noquota)
sh-5.1# _
```

그림 4-171 root 사용자 비밀번호를 분실했을 때 조치 5

3-2 mount −o remount,rw / 명령을 입력해 '/' 파티션을 읽기/쓰기(rw) 모드로 다시 마운트(remount)한다. 그리고 다시 **mount** 명령을 입력한다. 이러면 '/' 파티션이 읽기/쓰기 모드로 변경되었다는 사실을 확인할 수 있다.

```
sh-5.1#
sh-5.1# mount  -o  remount,rw  /
sh-5.1#
sh-5.1# mount
proc on /proc type proc (rw,nosuid,nodev,noexec,relatime)
sysfs on /sys type sysfs (rw,nosuid,nodev,noexec,relatime)
devtmpfs on /dev type devtmpfs (rw,nosuid,size=865000k,nr_inodes=216450,mode=755,inode64)
securityfs on /sys/kernel/security type securityfs (rw,nosuid,nodev,noexec,relatime)
tmpfs on /dev/shm type tmpfs (rw,nosuid,nodev,inode64)
devpts on /dev/pts type devpts (rw,nosuid,noexec,relatime,gid=5,mode=620,ptmxmode=000)
tmpfs on /run type tmpfs (rw,nosuid,nodev,size=358124k,nr_inodes=819200,mode=755,inode64)
cgroup2 on /sys/fs/cgroup type cgroup2 (rw,nosuid,nodev,noexec,relatime,nsdelegate,memory_recursiveprot)
pstore on /sys/fs/pstore type pstore (rw,nosuid,nodev,noexec,relatime)
none on /sys/fs/bpf type bpf (rw,nosuid,nodev,noexec,relatime,mode=700)
/dev/sda2 on / type xfs (rw,relatime,attr2,inode64,logbufs=8,logbsize=32k,noquota)
sh-5.1# _
```

그림 4-172 root 사용자 비밀번호를 분실했을 때 조치 6

3-3 다시 **passwd** 명령을 입력해 현재 사용자인 root의 비밀번호를 변경한다. 이번에는 비밀번호를 그냥 간단히 '1234'로 지정한다. 이러면 'BAD PASSWORD'라는 경고 메시지가 나오지만, 비밀번호가 성공적으로 변경된다.

```
sh-5.1#
sh-5.1# passwd
Changing password for user root.
New password:
BAD PASSWORD: The password is shorter than 8 characters
Retype new password:
passwd: all authentication tokens updated successfully.
sh-5.1#
```

그림 4-173 root 사용자 비밀번호를 분실했을 때 조치 7

3-4 VMware Player의 [Player] – [Power] – [Restart Guest] 메뉴를 클릭해 시스템을 강제로 재시작한다. 부팅이 되면 방금 설정한 새로운 비밀번호를 입력해 root 사용자로 로그인한다. 로그인에 성공할 것이다.

이번 실습을 마치고 나면 아마 이런 의문이 들 것이다. '지금 실습한 이 응급 복구 방법을 알고 있으면 누구나 root 사용자의 권한을 얻어서 시스템에 접근할 수 있다는 말인가?' 답부터 말하자면 '그렇다'. 그래서 시스템을 제대로 보호하려면 처음 부팅할 때 나오는 GRUB 부트 로드를 편집할 수 없도록 설정해야 한다. 또는 컴퓨터 BIOS에 CMOS 비밀번호를 설정해 하드웨어단에서 보안을 강화해야 한다.

바로 이어지는 절에서는 GRUB 부트 로더에 비밀번호를 설정해 root 사용자의 권한을 아무나 얻지 못하게 막는 방법을 알아본다.

4.10 GRUB 부트로더

Rocky Linux에서 기본 제공하는 GRUB 부트 로더를 살펴보자. GRUB 부트 로더란 Rocky Linux를 부팅할 때 처음 나오는 선택 화면을 말한다.

그림 4-174 GRUB 2 부트 로더

지금부터 GRUB 부트 로더의 특징을 알아보자. 우선 GRUB 부트 로더에서 사용자가 임의로 부트 정보를 변경해 부팅할 수가 있다. 즉, 부트 정보가 올바르지 않더라도 수정해 부팅할 수 있다. 또한 여러 가지 운영체제를 멀티부팅할 수도 있다. GRUB 부트 로더는 기본적으로 대화형 설정을 제공하므로 커널의 경로와 파일 이름만 알면 운영체제를 부팅할 수 있다.

Rocky Linux에서는 예전의 GRUB보다 더 향상된 기능을 제공하는 GRUB 2를 사용한다. GRUB 2는 셸 스크립트 문법을 사용하기 때문에 이전의 GRUB 비해 설정을 변경하기가 상당히 복잡하다. 하지만 GRUB 2는 다음과 같은 장점이 있다.

- 셸 스크립트를 지원하므로 조건식과 함수를 사용할 수 있다.
- 동적 모듈을 로드할 수 있다. 동적 모듈은 /boot/grub2/i386-pc/ 디렉터리에 mod 파일로 존재한다. GRUB 2는 필요에 따라서 이 파일을 로드할 수 있다.
- 그래픽 부트 메뉴를 지원한다. 또한 부트 스플래시^boot splash 성능이 개선되었다.
- ISO 이미지를 이용해 바로 부팅할 수 있다.
- 설정 파일에 더 다채로운 설정을 추가할 수 있다(기존의 GRUB와 설정 파일 형식이 다르다).

GRUB 2의 설정 파일은 /boot/grub2/grub.cfg며 그 링크 파일은 /etc/grub2.cfg다. grub.cfg 파일은 일반 사용자에게는 읽기 전용으로 권한 설정이 되어 있다. root 사용자는 이 파일을 읽기/쓰기할 수 있다. 하지만 GRUB 2의 설정을 변경하고자 이 파일을 직접 편집해서는 안 된다. 설정 내용을 변경하려면 /etc/default/grub 파일과 /etc/grub.d 디렉터리의 파일을 수정한 후 **grub2-mkconfig** 명령을 실행해 설정을 적용해야 한다.

/etc/default/grub 파일의 설정 내용을 살펴보자.

표 4-7 /etc/default/grub 파일의 설정 내용

행	내용
1	GRUB_TIMEOUT=5
2	GRUB_DISTRIBUTOR="$(sed 's, release .*$,,g' /etc/system-release)"
3	GRUB_DEFAULT=saved
4	GRUB_DISABLE_SUBMENU=true
5	GRUB_TERMINAL_OUTPUT="console"
6	GRUB_CMDLINE_LINUX="crashkernel=auto resume=UUID=장치코드고유번호 rhgb quiet selinux=0 vga=773"
7	GRUB_DISABLE_RECOVERY="true"
8	GRUB_ENABLE_BLSCFG=true

- **1행**: GRUB 부트 로더가 나온 후 자동 부팅되는 시간을 지정하는 설정이다. 시간은 초 단위로 설정하며 −1로 설정하면 자동 부팅되지 않고 사용자가 직접 엔트리를 선택할 때까지 기다린다.
- **2행**: 초기 부팅 화면의 각 엔트리 앞에 붙을 배포판 이름을 추출하는 설정이다. 예시로 적힌 내용의 경우 /etc/system-release 파일에서 'Rocky Linux'라는 글자를 추출한다. 그래서 **그림 4-174**의 첫 번재 엔트리에 'Rocky Linux'가 표시된 것이다.

- **3행**: 기본 선택 엔트리를 지정하는 설정이다. 여기서 saved는 이전에 선택한 엔트리가 기본으로 계속 선택되도록 한다는 뜻이다. 0으로 설정하면 첫 번째 엔트리가 선택된다.

- **4행**: 서브 메뉴 사용 여부를 결정하는 설정이다. true로 설정하면 서브 메뉴를 사용할 수 없다. 특별히 설정을 변경할 필요는 없다.

- **5행**: GRUB 부트 로더가 출력될 장치를 지정하는 설정이다. console로 설정하면 모니터로 설정된다. 그 외 serial, gfxterm(그래픽 모드 출력) 등으로 설정할 수 있다.

- **6행**: 부팅 시 커널에 전달할 파라미터를 지정하는 설정이다. 이전에 사용하던 GRUB 1의 파라미터도 일부 사용할 수 있다. **실습 16 Step 1**에서 단일 사용자 모드(응급 복구 모드)로 접속하기 위해 이 행 가장 뒤에 'init=/bin/sh'를 붙여서 부팅했었다.

- **7행**: 엔트리에 복구 관련 내용 표시 여부를 결정하는 설정이다. true로 설정하면 메뉴 엔트리에서 복구와 관련된 내용을 비활성화한다. 특별히 변경할 필요는 없다.

- **8행**: BLSCFG ^{Bootloader Spec for configuring}는 딱히 변경할 필요가 없다.

> **NOTE▶** GRUB 부트 로더와 관련된 내용은 상당히 방대하다. 이에 관해 자세히 설명하는 것은 이 책의 주제와 맞지 않으므로 이 책에서는 더 이상 GRUB 문법 등을 설명을 하지 않는다. GRUB에 관해 더 자세한 내용을 알고 싶다면 https://www.gnu.org/software/grub/manual/grub/grub.html을 참고하자.

이제 아무나 접근해 root 사용자의 비밀번호를 변경하지 못하도록 GRUB 부트 로더에 비밀번호를 설정하자. 그리고 부트 로더의 설정 내용도 일부 변경해 보자.

실습 17 ▶

GRUB 부트 로더의 일부 설정을 변경하고 부트 로더에 비밀번호를 설정하자.

Step 0

Server 가상머신을 설치 상태로 초기화한다.

> **NOTE▶** 초기화 방법이 기억나지 않으면 108쪽 3장 실습 1 Step 19 또는 Step 20을 참고하자.

Step 1

부팅 시 GRUB 부트 로더가 나타나도록 운영체제 선택 대기 시간을 20초로 설정한다.

1-1 root 사용자로 로그인하고 터미널을 연다. gedit이나 nano 에디터로 **/etc/default/grub** 파일을 열고 다음과 같이 1행의 부팅 시간을 20초로 변경한다. 그리고 파일을 저장하고 에디터를 닫는다.

```
GRUB_TIMEOUT=20
~~ 이하 생략 ~~
```

1-2 변경한 내용을 적용하기 위해 **grub2-mkconfig -o /boot/grub2/grub.cfg** 명령을 입력한다.

그림 4-175 변경된 GRUB 내용 적용

1-3 reboot 명령을 입력해 재부팅하면 GRUB 부트 로더가 나타나며 20초 동안 대기한다.

그림 4-176 변경된 GRUB 부팅 화면

1-4 root 사용자로 로그인한다.

누구나 GRUB 부트 로더를 편집할 수 있었던 문제점을 해결하기 위해 GRUB 부트 로더에 비밀번호를 설정한다.

2-1 gedit이나 nano 에디터로 **/etc/grub.d/00_header** 파일을 열고 가장 아래쪽에 다음의 4개 행을 추가하고 저장한 후 에디터를 닫는다.

```
cat << EOF
set superusers="thisislinux"   → thisislinux는 새로운 GRUB 사용자 이름(GRUB 사용자는 기존
                                 리눅스 사용자와는 관련이 없으므로 새로 지정).
password thisislinux 1234      → 'password GRUB사용자이름 새비밀번호' 형식
EOF
```

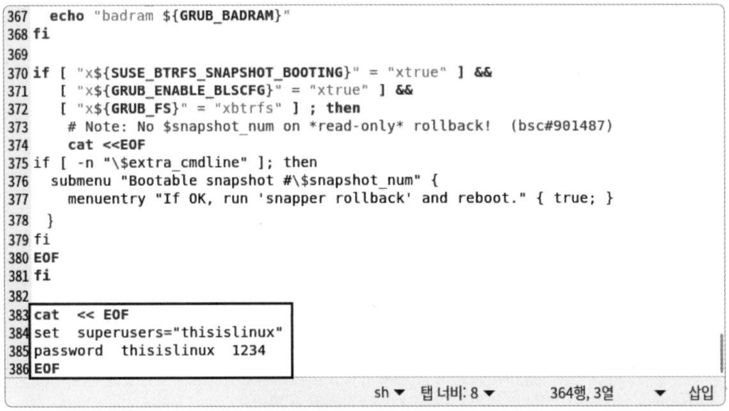

```
367    echo "badram ${GRUB_BADRAM}"
368 fi
369
370 if [ "x${SUSE_BTRFS_SNAPSHOT_BOOTING}" = "xtrue" ] &&
371    [ "x${GRUB_ENABLE_BLSCFG}" = "xtrue" ] &&
372    [ "x${GRUB_FS}" = "xbtrfs" ] ; then
373    # Note: No $snapshot_num on *read-only* rollback!  (bsc#901487)
374    cat <<EOF
375 if [ -n "\$extra_cmdline" ]; then
376  submenu "Bootable snapshot #\$snapshot_num" {
377    menuentry "If OK, run 'snapper rollback' and reboot." { true; }
378  }
379 fi
380 EOF
381 fi
382
383 cat  << EOF
384 set  superusers="thisislinux"
385 password  thisislinux  1234
386 EOF
```
| sh ▼ 탭 너비: 8 ▼   364행, 3열   ▼   삽입 |

그림 4-177 /etc/grub/00_header 파일 편집

2-2 변경한 내용을 적용하기 위해 **grub2-mkconfig -o /boot/grub2/grub.cfg** 명령을 입력한다.

2-3 **reboot** 명령을 입력해 시스템을 재부팅한다. 이제부터는 부팅, 편집, 명령 실행 등 GRUB 부트 로더를 사용하려면 앞에서 설정한 사용자 이름과 비밀번호를 입력해야 한다. 제대로 작동하는지 확인하기 위해 우선 E를 눌러 편집 화면에 진입한다. 이러면 사용자 이름과 비밀번호를 입력하는 창이 나온다. 사용자 이름과 비밀번호를 입력한다.

```
Enter username:
thisislinux
Enter password:
```

그림 4-178 GRUB 전용의 사용자 및 비밀번호 입력

2-4 편집 모드에서 따로 설정을 변경하지 말고 Ctrl + X를 눌러서 Rocky Linux를 부팅한다.

4.11 간단한 커널 컴파일

이번 절에서는 커널Kernel과 모듈Module의 개념을 간단히 파악한 후 Rocky Linux의 기본 커널을 최신 커널로 업그레이드한다.

4.11.1 모듈의 개념과 커널 컴파일의 필요성

커널의 개념은 2장에서 간단히 소개했었다. 여기서는 그림으로 다시 한 번 그 개념을 정리하자.

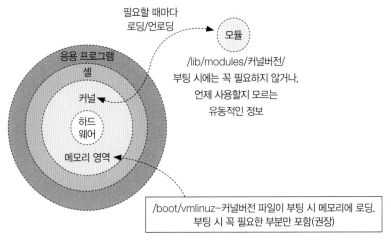

그림 4-179 커널의 개념

이 그림에서 중요한 개념이 새로 나왔다. 바로 **모듈**Module이다. 모듈은 차차 설명하겠다. 우선 커널의 가장 큰 역할은 '하드웨어 지원'이라는 사실을 기억하자.

초창기 커널은 지원할 하드웨어가 그리 많지 않았으므로 커널에 하드웨어를 지원하는 코드를 모두 넣어 놓았다. 그런데 시간이 지날수록 지원해야 할 하드웨어가 많아져 커널에 넣어야 할 코드가 많아지고 커널이 점점 커졌다. 이러다 보니 컴퓨터의 자원을 많이 차지하여 결국 운영체제를 무겁게 만드는 결과를 낳았다.

커널에 담긴 하드웨어 제어 코드 중에서 항상 사용되지 않고 필요할 때만 가끔씩 사용되는 부분도 많이 생겼다. 이러한 상황에서 사람들은 '가끔 사용하는 코드를 커널에 담진 않고 별도로 보관했다가 필요할 때 호출해 사용하면 커널의 크기를 더 키우지 않고 더 많은 하드웨어를 지원할 수 있지 않을까'라는 생각을 하게 되었다. 그래서 탄생한 것이 바로 모듈이다. 모듈은 별도로 보관했다가 필요할 때마다 호출해 사용하는 코드를 의미한다.

그렇다면 커널에 넣어야 할 코드와 모듈로 분리해야 할 코드가 Rocky Linux에 설정되어 있을 텐데 이 코드들이 과연 내 컴퓨터의 하드웨어에 맞게 완전히 분리되어 있을까? 결론부터 말하자면 '그렇지 않다'. 예를 들어 내 컴퓨터에 테이프 장치가 달려 있다고 생각해 보자. 이 장치를 거의 사용하지 않거나 사용하더라도 그 빈도가 1년에 1~2번 정도다. 이렇게 자주 사용하지 않는 부분은 모듈로 분리하는 것이 더 효율적이지만, Rocky Linux 설치 시에 이 장치를 인식하는 부분이 커널에 들어가도록 설정되어 있을 수도 있다(이 부분은 이해를 돕기 위해 필자가 가정한 내용이다). 이럴 때 커널에 포함될 것과 모듈로 분리할 것을 사용자가 원하는 대로 지정해 기존의 커널과 똑같은 버전을 다시 컴파일할 수 있다. 이렇게 하면 같은 하드웨어 사양에서 더 효율적인 성능을 발휘할 수 있다.

커널은 하드웨어 지원 측면에서도 중요하다. 최근에 출시된 하드웨어를 장착할 때 기존의 커널은 해당 하드웨어를 지원하지 않지만, 최신의 커널은 지원할 수도 있기 때문이다. 이럴 때는 https://www.kernel.org에서 최신의 커널 소스를 다운로드해 커널을 업그레이드해야 한다. 그 외 보안 문제 때문에 커널을 업그레이드해야 하는 경우도 있다.

즉, 주로 하드웨어의 지원 문제 때문에 커널 컴파일 또는 커널 업그레이드를 한다.

4.11.2 커널 컴파일

이제 Rocky Linux 9의 기본 커널 5.14.0 버전을 최신 버전으로 업그레이드(컴파일)하자.

NOTE▶ 최근에 배포되는 리눅스 배포판은 커널 구성이 잘 되어 있어서 예전과 비교했을 때 커널 업그레이드를 진행할 필요가 적어졌다. 오히려 커널 업그레이드를 하면 기존에 잘 작동하던 응용 프로그램에 문제가 발생할 수도 있다. 다시 말해, 지금은 학습 중이므로 커널 업그레이드를 경험하는 것일 뿐 반드시 커널을 업그레이드할 필요는 없다.

커널도 결국은 파일이다. Rocky Linux 9의 커널 파일은 /boot/vmlinuz-5.14.0-70.13.1.el9_0.x86_64다. 이번 실습의 커널 컴파일을 마치면 /boot/vmlinuz-5.18.15 파일이 추가된다.

또한 모듈 파일은 /lib/modules/5.14.0-70.13.1.el9_0.x86_6이다. 새로 컴파일하면 /lib/modules/5.18.15 파일이 추가된다.

커널을 업그레이드하려면 많은 개념을 알아야 한다. 또한 설정 과정도 꽤 복잡하다. 그러므로 이번 실습은 세부적인 설정 과정은 생략하고 커널을 컴파일하는 전체적인 방법을 알아보는 방향으로 진행한다. 이번 실습으로 전반적인 커널 컴파일을 수행할 수 있게 될 것이다. 추후 상세한 설정이 필요하다면 다른 책이나 인터넷 검색을 통해 스스로 할 수 있으리라 생각한다.

다음의 커널 업그레이드 순서에 따라 실습을 진행한다.

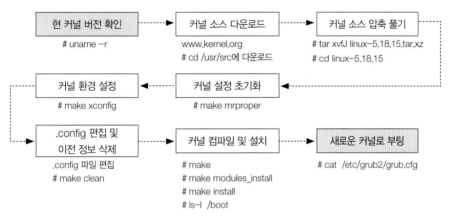

그림 4-180 커널 업그레이드 순서 요약

실습 18

Rocky Linux 9의 커널을 최신 버전으로 업그레이드하자.

Step 0

Server 가상머신을 설치 상태로 초기화한다.

> **NOTE** 초기화 방법이 기억나지 않으면 3장 실습 1 Step 19 또는 Step 20을 참고하자.

Step 1

설치된 커널 버전과 현재 최신 커널 버전을 확인한다.

1-1 호스트 컴퓨터의 메모리가 충분하다면 빠른 실습 진행을 위해 Server 가상머신의 메모리를 4GB (4,096MB) 또는 8GB(8,192MB)로 올리고 부팅한다.

1-2 root 사용자로 로그인하고 터미널을 실행한다.

1-3 터미널에서 **uname −r** 명령을 입력해 Rocky Linux 9.0의 커널 버전을 확인한다.

그림 4-181 커널 업그레이드 1

1-4 Firefox 웹 브라우저를 실행하고 https://www.kernel.org에 접속해 최신 커널 버전을 확인한다.

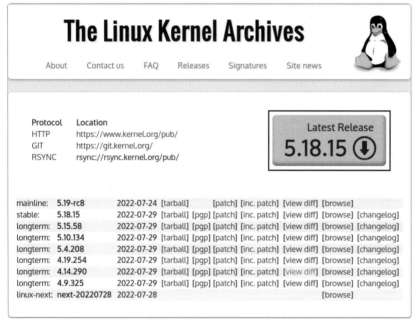

그림 4-182 커널 업그레이드 2

Rocky Linux 9.0의 커널 버전은 5.14.0이며 필자가 이 책을 쓰는 시점의 최신 5.x 커널 버전은 5.18.15다. 커널 버전 차이가 크지 않아서 업그레이드의 효과는 미미하겠으나, 학습 차원에서 계속 실습을 진행한다.

NOTE ▶ 현재 커널 버전과 차이가 클 경우 커널 업그레이드가 잘 실행되지 않거나 필자와 다르게 실행될 수 있다. 이 책을 쓰는 시점의 5.x 최신 커널은 5.18.15지만, 추후 이 커널 버전이 많이 올라가서 커널 업그레이드가 잘 안 된다면 웹 브라우저에 직접 https://mirrors.edge.kernel.org/pub/linux/kernel/v5.x/linux−5.18.15.tar.xz(https로 시작함에 주의한다)를 입력해 5.18.15 커널 소스을 다운로드하거나, Q&A 카페(https://cafe.naver.com/thisisLinux) [교재 자료실]에서 다운로드하자.

커널 소스를 다운로드한다.

2-1 앞서 확인한 안정화된 커널의 전체 소스 파일을 다운로드한다. 오른쪽 노란색 아이콘을 클릭하고 [linux-5.18.15.tar.xz 열기] 대화상자가 나오면 'Firefox로 어떤 작업을 하시겠습니까?' 아래쪽 '파일 저장'을 선택한 후 [확인] 버튼을 클릭한다.

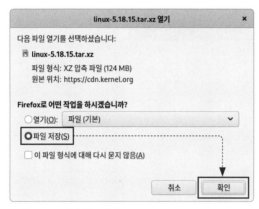

그림 4-183 커널 업그레이드 3

2-2 웹 브라우저 메뉴 오른쪽 다운로드(⬇)를 클릭하면 다운로드 상황을 확인할 수 있다. 다운로드가 완료되면 웹 브라우저를 닫는다.

그림 4-184 커널 업그레이드 4

2-3 다운로드한 파일은 linux-5.18.15.tar.xz(약 124MB)다. 그리고 다운로드한 파일이 저장된 기본 디렉터리는 '사용자홈디렉터리/다운로드'다. 지금은 root 사용자로 로그인했으므로 /root/다운로드/ 디렉터리에 다운로드된다.

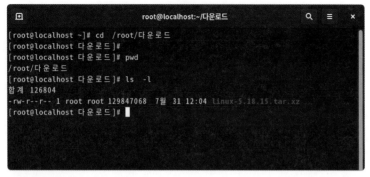

그림 4-185 커널 업그레이드 5

NOTE ▶ 당연히 기억하고 있겠지만, 한/영 전환 단축키는 왼쪽 `Shift` + `Space` 다.

Step 3

다음 명령을 입력해 다운로드한 파일을 /usr/src/ 디렉터리로 옮긴 후 압축을 푼다.

```
mv linux[Tab] /usr/src/
cd /usr/src/
tar xfJ linux[Tab]          → 압축을 품. 시간이 약간 걸림
cd linux[Tab]
pwd                         → /usr/src/linux-5.18.15 폴더 확인
ls
```

```
[root@localhost 다운로드]# mv  linux-5.18.15.tar.xz   /usr/src
[root@localhost 다운로드]#
[root@localhost 다운로드]# cd  /usr/src
[root@localhost src]#
[root@localhost src]# tar  xfJ  linux-5.18.15.tar.xz
[root@localhost src]#
[root@localhost src]# cd  linux-5.18.15
[root@localhost linux-5.18.15]#
[root@localhost linux-5.18.15]# pwd
/usr/src/linux-5.18.15
[root@localhost linux-5.18.15]# ls
COPYING       Kconfig      README    crypto   init     mm        security  virt
CREDITS       LICENSES     arch      drivers  ipc      net       sound
Documentation MAINTAINERS  block     fs       kernel   samples   tools
Kbuild        Makefile     certs     include  lib      scripts   usr
[root@localhost linux-5.18.15]#
```

그림 4-186 커널 업그레이드 6

컴파일 환경을 설정한다.

4-1 컴파일을 위한 관련 패키지를 먼저 설치한다. **dnf -y install gcc gcc-c++ make bison flex elfutils-libelf-devel openssl-devel dwarves** 명령을 입력하면 된다.

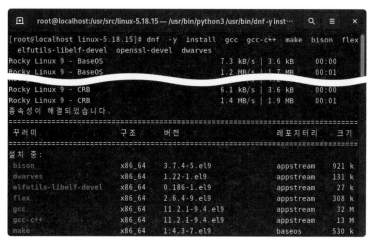

그림 4-187 커널 업그레이드 7

4-2 추가로 qt5 관련된 패키지를 설치해야 한다. **dnf -y install qt5*** 명령을 입력한다. 이러면 qt5와 관련된 모든 패키지(100개 이상)가 설치된다.

4-3 관련 패키지의 설치가 완료되면 **make mrproper** 명령을 입력해 커널 설정을 초기화한다.

그림 4-188 커널 업그레이드 8

4-4 make xconfig 명령을 입력한다. 이러면 커널 환경을 설정할 수 있는 [Linux/x86.5.18.15.Kernel Configuration] 창이 열린다. 이 창에서 커널에 포함될 부분과 모듈에 포함될 부분 그리고 설치하지 않을 부분을 사용자가 지정할 수 있다. 상당히 복잡하고 방대한 설정 내용이 있다. 그러므로 필자는 간단히 두 곳 정도만 변경하겠다.

NOTE ▶ [Linux/x86.5.18.15.Kernel Configuration] 창 이름 중 'Linux/x86.5.18.15.' 부분은 현재 사용 중인 커널 버전에 따라 다르게 표시된다.

4-5 왼쪽의 [Processor type and features]를 선택하고 오른쪽의 [Processor family] − [자신의 CPU 타입]을 선택한다(다른 것을 선택해도 별 문제가 되지 않으므로 자신의 CPU와 맞는 것이 없다면 [Generic −x86−64]를 선택한다).

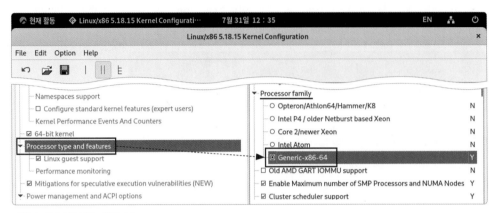

그림 4-189 커널 업그레이드 9

4-6 왼쪽의 [File systems] − [DOS/FAT/NT Filesystems]를 선택하고 오른쪽의 [NTFS file system support]와 그 하위 항목을 모두 체크한다. 이 항목을 체크하면 Windows의 파일 시스템인 NTFS에 '쓰기'가 가능해진다. 즉, **실습 6**에서는 읽을 수 없었던 NTFS 파일 시스템으로 포맷된 USB도 바로 읽기/쓰기를 할 수 있다.

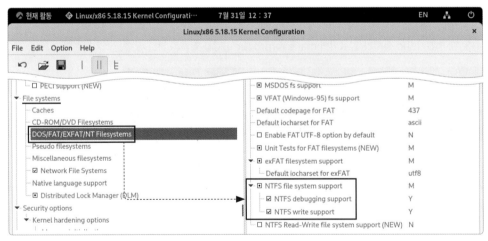

그림 4-190 커널 업그레이드 10

4-7 [File] − [Save] 메뉴를 클릭해 설정 내용을 저장한 후 [Linux/x86.5.18.15.Kernel Configuration] 창을 닫는다.

4-8 Rocky Linux 9.0에서 발생하는 일부 버그가 있어 커널 컴파일을 무사히 진행하려면 설정 파일도 편집해야 한다. **gedit .config** 명령을 입력해 gedit 에디터로 .config 파일을 연다. 그리고 7,917~7,918행쯤에 있는 다음 2개 행 앞에 # 표시를 붙여 주석 처리한다. 파일을 저장하고 에디터를 종료한다.

```
# CONFIG_SYSTEM_TRUSTED_KEYRING=y
# CONFIG_SYSTEM_TRUSTED_KEYS="certs/rocky.pem"
```

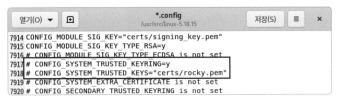

그림 4-191 커널 업그레이드 11

Step 5

본격적으로 커널을 컴파일한다.

5-1 **make clean** 명령을 입력해 이전의 컴파일 정보를 삭제한다.

5-2 **make**와 **make modules_install**과 **make install** 명령을 차례로 실행해야 하는데 이 명령들은 각각 실행 시간이 오래 걸리므로 **make; make modules_install; make install**과 같이 세미콜론(;)으로 구분지어 세 명령을 한꺼번에 실행하자. 그리고 'Additional X.509 keys for default system keyring (SYSTEM_TRUSTED_KEYS) [] (NEW)' 행에서 명령 실행이 잠시 멈추면 Enter 를 눌러 계속 컴파일을 진행한다. 컴퓨터의 성능에 따라서 완료되기까지 몇 십분에서 몇 시간 이상이 걸릴 수 있다.

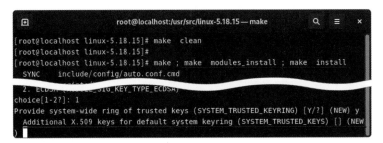

그림 4-192 커널 업그레이드 12

NOTE ▶ **make**는 커널 컴파일 환경 설정대로 소스 파일을 실제 컴파일하는 명령이며, **make modules_install**은 컴파일된 모듈을 /lib/modules/ 디렉터리에 설치하는 명령이고, **make install**은 실제 컴파일된 커널을 /boot 디렉터리에 설치하는 명령이다. 그 외에도 새로운 커널을 GRUB 2 메뉴에 자동 등록해 준다.

커널 컴파일 결과를 확인한다.

6-1 정상적으로 커널 컴파일 및 설치가 완료되면 다음과 같은 화면이 나온다.

```
 INSTALL /lib/modules/5.18.15/kernel/virt/lib/irqbypass.ko
 SIGN    /lib/modules/5.18.15/kernel/virt/lib/irqbypass.ko
 DEPMOD  /lib/modules/5.18.15
sh ./arch/x86/boot/install.sh 5.18.15 \
       arch/x86/boot/bzImage System.map "/boot"
[root@localhost linux-5.18.15]#
```

그림 4-193 커널 업그레이드 13

6-2 /lib/modules/ 디렉터리와 /boot 디렉터리를 살펴보면 새로운 커널 버전인 5.18.15가 설치되었음을 확인할 수 있다.

```
root@localhost:/usr/src/linux-5.18.15
[root@localhost linux-5.18.15]# ls  -l  /lib/modules
합계 8
drwxr-xr-x. 3 root root   19 7월 16 17:18 5.14.0-70.13.1.el9.x86_64
drwxr-xr-x. 7 root root 4096 7월 16 17:22 5.14.0-70.13.1.el9_0.x86_64
drwxr-xr-x  3 root root 4096 7월 31 18:22 5.18.15
[root@localhost linux-5.18.15]#
[root@localhost linux-5.18.15]# ls  -l  /boot

-rwxr-xr-x. 1 root root 11154784 5월 26 06:14 vmlinuz-5.14.0-70.13.1.el9_0.x86_64
-rw-r--r-- 1 root root 11785888 7월 31 18:22 vmlinuz-5.18.15
[root@localhost linux-5.18.15]#
```

그림 4-194 커널 업그레이드 14

새로운 커널로 부팅한다.

7-1 reboot 명령을 입력해 재부팅한다. 재부팅하면 GRUB 부트 로드 첫 번째 엔트리에 새로 설치한 커널 버전인 5.18.15가 표시되며 이 엔트리가 기본으로 선택된다. 첫 번째 엔트리에서 **Enter** 를 누른다.

```
Rocky Linux (5.18.15) 9.0 (Blue Onyx)
Rocky Linux (5.14.0-70.13.1.el9_0.x86_64) 9.0 (Blue Onyx)
Rocky Linux (0-rescue-2765c4e1033a44f9a95f0771048b34c1) 9.0 (Blue Onyx)
```

그림 4-195 커널 업그레이드 15

7-2 root 사용자로 로그인하고 터미널을 연다.

7-3 uname –r 명령을 입력해 커널 버전을 확인한다. 새로운 커널 버전인 5.18.15가 표시된다. 커널 업그레이드를 성공적으로 완료했다.

그림 4-196 커널 업그레이드 16

⌐ ? VITAMIN QUIZ 4-3 ⌐

텍스트 모드인 Server(B) 가상머신을 초기화하고 최신 커널 버전으로 업그레이드하자.

HINT 0 Server(B) 가상머신의 메모리를 4GB(4,096MB) 이상으로 변경한 후 부팅한다.

HINT 1 최신 커널을 다운로드할 때 **wget https://mirrors.edge.kernel.org/pub/linux/kernel/ v5.x/linux−5.18.15.tar.xz** 명령을 실행한다.

HINT 2 추가 설치할 패키지는 bc, gcc, gcc−c++, make, ncurses−devel, perl, bison, flex, elfutils−libelf− devel, openssl−devel, dwarves이다. 그리고 qt5 관련 패키지는 설치하지 않는다.

HINT 3 make xconfig 명령 대신 **make menuconfig** 명령을 실행한다.

HINT 4 **nano −c .config** 명령은 에디터에 행 번호를 표시한다.

⌐ ? VITAMIN QUIZ 4-4 ⌐

Client 가상머신에서 NTFS 파일 시스템으로 포맷된 USB가 인식되도록 커널 설정을 변경하자 (root 권한으로 작업한다).

HINT 0 Client 가상머신의 메모리를 4GB(4,096 MB) 정도로 올려서 작업한다. 그리고 gcc, make 패키지를 미리 설치한다.

HINT 1 https://github.com/tuxera/ntfs-3g 주소에서 최신 버전의 NTFS−3G 파일을 다운로드한다. 이 책을 집필하는 시점에는 ntfs−3g_ntfsprogs−2022.5.17.tgz 파일이 최신 버전이다. 또는 https://tuxera.com/ opensource/ntfs−3g_ntfsprogs−2022.5.17.tgz를 입력해 직접 다운로드해도 된다.

HINT 2 압축을 풀고 다음 명령을 입력해 압축을 푼 폴더에서 소스를 컴파일한다.

```
./configure; make; make install
```

HINT 3 다음 명령을 실행해 마운트한다(이 책의 실습 과정과 동일하게 Client 가상머신을 설치하고 설정했다면 'USB장치이름'은 /dev/sda1이다).

```
mount -t ntfs-3g USB장치이름 마운트할폴더
```

05

▶ X 윈도 사용법

처음 텍스트 모드를 접하는 일반 사용자에게는 알 수 없는 코드들의 나열로만 보일 뿐이라서 리눅스를 어렵고 이상한 운영체제라고 생각한다. 5장에서는 리눅스를 Windows 와 비슷한 형태로 사용할 수 있도록 설정한다. 즉, 리눅스 를 처음 접하는 사용자에게 Windows와 별로 차이 없이 리눅스를 사용할 수 있다는 사실을 강조할 것이다. 일부 리눅스 사용자들은 그래픽 모드의 사용을 달가워하지 않 지만, 리눅스가 더욱 보급화되려면 이러한 X 윈도 모드의 사용을 더 권장해야 한다고 필자는 생각한다.

📋 학습목표

**이 장의
핵심 개념**

5장에서는 리눅스를 Windows와 비슷하게 사용하는 방법을 학습한다. 즉, 리눅스를 처음 접하는 사용자가 Windows 7/8/10/11과 유사한 방식으로 리눅스를 사용할 수 있는 방법을 알려 준다. 5장에서 학습하는 핵심 개념은 다음과 같다.

- 그놈(GNOME)의 기본 X 윈도에서 화면 구성을 사용자화하는 방법을 배운다.

- 파일 브라우저인 노틸러스의 자세한 사용법을 익힌다.

- Firefox 웹 브라우저를 업그레이드하는 방법을 배우고 실습한다.

- 사운드, 동영상 파일을 실행하는 멀티미디어 툴 사용법을 익힌다.

- 문서 편집기를 설치하고 그 사용법을 익힌다.

- 리눅스에서 사용할 수 있는 오피스 프로그램, 그래픽 툴, 이미지 편집기 등을 알아본다.

- 리눅스에서 Windows 응용 프로그램을 사용하는 방법을 익힌다.

**이 장의
학습 흐름**

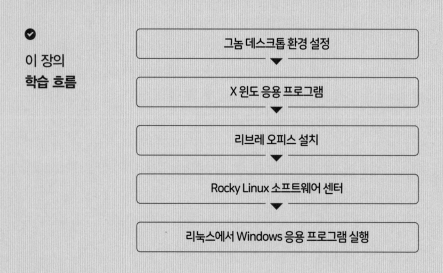

그놈 데스크톱 환경 설정
▼
X 윈도 응용 프로그램
▼
리브레 오피스 설치
▼
Rocky Linux 소프트웨어 센터
▼
리눅스에서 Windows 응용 프로그램 실행

5.1 그놈 데스크톱 환경 설정

Rocky Linux에서 기본으로 제공하는 X 윈도의 오픈 데스크톱 환경인 그놈GNOME을 취향에 맞게
설정하자. 그놈은 Windows의 GUIGraphical User Interface 환경과 비슷하므로 처음 리눅스를 사용하
는 사람이 갖는 거부감을 많이 줄여 준다. 바탕 화면, 테마 등을 직접 설정하면서 거부감을 줄여 보자.

이번 장에서는 서버가 아닌 PC에 설치된 Rocky Linux을 사용한다고 가정하고 실습을 진행한다.
그놈이 설치된 Client 가상머신을 주로 이용한다. 그놈은 다른 리눅스에서도 기본으로 사용하는 보
편적인 데스크톱 환경이다. 지금부터 그놈 데스크톱 환경 설정 실습을 진행하자.

실습 1

X 윈도의 바탕 화면과 테마를 설정하자.

Step 0

Client 가상머신을 처음 설치 상태로 초기화하고 RAM 용량을 조절한다.

0-1 Client 가상머신을 처음 설치 상태로 초기화한다.

0-2 원활한 실습을 위해서 Client 가상머신의 RAM을 4GB(4,096 MB)로 올리고 부팅한다(2GB로도 실
습을 진행할 수 있다).

0-3 rocky 사용자로 자동 로그인된다(터미널을 열면 현재 로그인 사용자를 확인할 수 있다).

그림 5-1 rocky 사용자로 자동 로그인된 Client 가상머신

Step 1

바탕 화면을 변경한다.

1-1 바탕 화면에서 마우스 오른쪽 버튼을 클릭하고 [배경 바꾸기]를 클릭한다.

1-2 [설정] 창이 열리면 왼쪽 [배경]을 선택한다. 이러면 몇 개의 기본 배경 이미지가 나온다. 그중 원하는 것을 클릭한 후 [설정] 창을 닫는다.

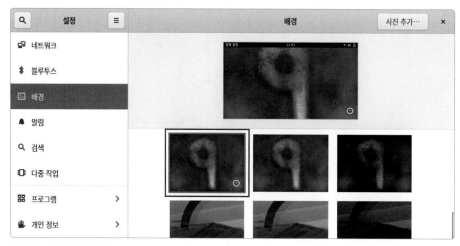

그림 5-2 배경 화면 선택

1-3 마음에 드는 바탕 화면이 없다면 그놈 웹사이트에서 여러 가지 이미지를 다운로드할 수 있다. Firefox 웹 브라우저를 실행한 후 https://gnome-look.org(또는 https://download.gnome.org/teams/art. gnome.org/archive)에 접속한다. 왼쪽의 [Wallpapers Gnome]를 클릭하면 다양한 이미지를 찾을 수 있다. 그중 원하는 이미지 하나를 선택한다.

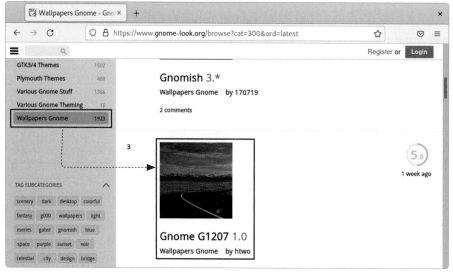

그림 5-3 바탕 화면 다운로드 후 설정 1

1-4 원하는 이미지를 마우스 오른쪽 버튼으로 클릭하고 [바탕 화면 배경으로 설정]을 클릭한다. 이러면 [바탕 화면 배경 설정] 창이 나온다. [위치]의 드롭다운 버튼을 클릭해 채우기/가운데/확대/맞춤 등으로 배경 화면 표시 형식을 지정할 수 있다. [바탕 화면 배경 설정]을 클릭하면 해당 이미지가 바탕 화면으로 지정된다.

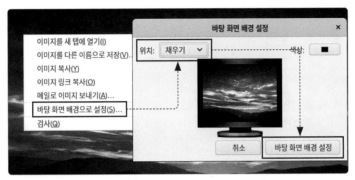

그림 5-4 바탕 화면 다운로드 후 설정 2

1-5 Firefox 웹 브라우저를 닫는다.

Step 2

모양새(테마)도 변경한다.

2-1 터미널을 열고 **su −c 'dnf −y install gnome−tweak−tool'** 명령을 입력해 우선 테마 관련 패키지를 설치한다. 설치 허용 비밀번호로 root의 비밀번호인 'password'를 입력한다.

NOTE ▶ 패키지는 root 권한으로 설치해야 한다. **su −c '명령어'**는 root의 권한으로 명령을 수행하는 명령이다.

2-2 **gnome−tweaks** 명령을 입력한다. 메시지 대화상자가 나오면 [계속]을 클릭한다.

2-3 [기능 개선] 창이 나오면 왼쪽에서 [모양새]을 선택하고 오른쪽 [테마] 아래의 [프로그램], [커서], [아이콘]을 적당한 것으로 바꾼다. 그리고 [기능 개선] 창을 닫는다.

그림 5-5 테마 변경 1

2-4 왼쪽 위 [현재 활동] 클릭한다. 이러면 아이콘 등이 달라졌음을 확인할 수 있다.

그림 5-6 테마 변경 2

처음 부팅할 때 나오는 GURB 부트로더에는 검은 화면에 흰 글자만 나온다. 이번에는 GRUB 부트로더에 이미지가 나오도록 설정을 변경한다.

3-1 우선 https://gnome-look.org (또는 https://download.gnome.org/teams/art.gnome.org/archive)에 접속한 다음 [Wallpaper Gnome]을 클릭해 적당한 이미지를 찾는다. 해당 이미지를 마우스 오른쪽 버튼으로 클릭한 다음 [이미지를 다른 이름으로 저장...]을 클릭해 알아보기 쉬운 이름으로 지정한 후 다운로드한다. 필자는 wall.png로 저장했다.

그림 5-7 GRUB 배경 설정 1

NOTE▶ 이미지를 반드시 https://gnome-look.org에서 다운로드할 필요는 없다. 원하는 다른 이미지를 사용해도 괜찮다. 다만 파일 형식은 PNG여야 한다.

3-2 다음 그림을 참고해 터미널에서 명령을 입력한 후 저장한 이미지 파일을 /boot/grub2 디렉터리로 옮긴다.

NOTE ▶ [Shift] + [Space] 로 한/영 전환이 잘 되지 않는다면 [Windows] + [Space] 를 눌러 보자.

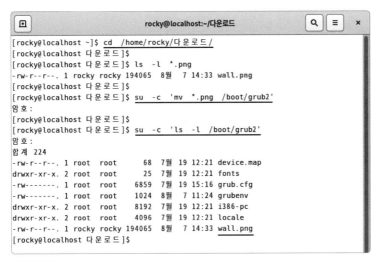

그림 5-8 GRUB 배경 설정 2

3-3 su −c 'gedit /etc/default/grub' 명령을 입력해 grub 파일을 열고 가장 아래쪽에 다음 내용을 추가한다. 그리고 5행쯤의 GRUB_TERMINAL_OUTPUT="console" 앞에 '#'을 붙여 주석 처리한다. 설정이 끝나면 파일을 저장하고 에디터를 닫는다.

```
GRUB_BACKGROUND="/boot/grub2/wall.png"
```

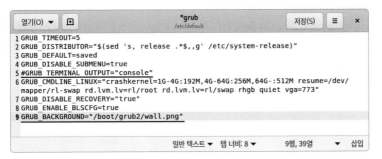

그림 5-9 GRUB 배경 설정 3

NOTE ▶ gedit 에디터를 실행할 때 '** (gedit: 3749) : dconf−WARNING ⋯'라는 경고 메시지가 나와도 무시하자. 언어 설정과 관련된 약간의 버그 때문에 나오는 경고 메시지인데 gedit 에디터 실행에는 전혀 문제없다.

3-4 su −c 'grub2−mkconfig −o /boot/grub2/grub.cfg' 명령을 입력해 변경한 내용을 GRUB 부트 로더에 적용한다.

3-5 reboot 명령을 입력해 재부팅한다.

3-6 이제 GRUB 부트로더 화면의 배경에 방금 설정한 이미지가 나타난다.

그림 5-10 GRUB 배경 설정 4

5.2 X 윈도 응용 프로그램

이번에는 다양한 X 윈도 응용 프로그램을 알아본다. 이번 절에서는 각각의 응용 프로그램의 간단한 사용법과 주요 응용 프로그램을 소개한다. 그리 어렵지 않게 사용할 수 있기 때문에 상세한 사용법 은 설명하지 않는다.

5.2.1 파일 브라우저: 노틸러스

노틸러스^{Nautilus}는 그놈 데스크톱 환경의 기본 파일 관리자로 Windows의 [파일 탐색기]와 비슷한 역할을 한다. 사용법 역시 [파일 탐색기]와 거의 비슷하므로 직관적이고 간편하게 다양한 작업을 할 수 있다. 실습을 통해 확인하자.

> 실습 2 ▶ ─────────────

노틸러스를 사용하자.

Step 0 ─────────────

Client 가상머신을 처음 설치 상태로 초기화하고 RAM 용량을 조절한다.

0-1 Client 가상머신을 처음 설치 상태로 초기화한다.

0-2 호스트 컴퓨터의 메모리가 충분하다면 가상머신의 RAM을 4GB(4,096 MB)로 올리고 부팅한다 (2GB로도 실습할 수 있다).

0-3 rocky 사용자로 자동 로그인된다.

Step 1

노틸러스의 기본 사용법을 익힌다.

1-0 왼쪽 위 [현재 활동] – 작업 표시줄의 '파일' 실행 아이콘을 클릭하거나 터미널에서 **nautilus** 명령을 입력해 노틸러스를 실행한다.

그림 5-11 노틸러스 사용 1

1-1 노틸러스가 실행되면 기본으로 현재 사용자의 홈 디렉터리가 나타난다. 현재 사용자는 rocky이므로 홈은 /home/rocky 디렉터리다.

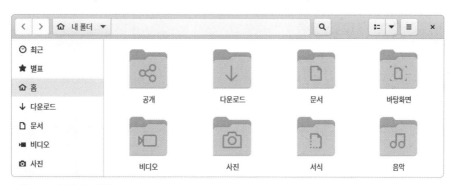

그림 5-12 노틸러스 사용 2

1-2 [노틸러스] 오른쪽 빈 공간에서 마우스 오른쪽 버튼을 클릭하고 [새 폴더]를 클릭한다. [새 폴더] 창에서 [폴더 이름]에 'LinuxFolder'라고 입력한 후 [만들기]를 클릭한다. 이러면 새로운 폴더가 만들어진다.

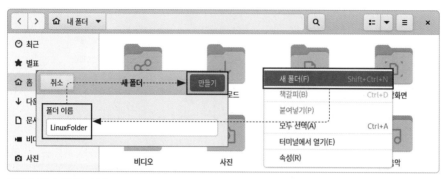

그림 5-13 노틸러스 사용 3

> **NOTE▶** '폴더'와 '디렉터리'는 엄격하게는 구분할 수 있지만, 그냥 같은 용어라고 생각해도 무방하다. 대개 폴더라는 용어는 GUI(Graphic User Interface) 환경에서 부르는 용어이고, 디렉터리는 TUI(Text User Interface) 환경에서 부르는 용어다.

1-3 새로 만든 폴더를 더블클릭해서 폴더 안으로 들어간다. 왼쪽 위에는 현재 폴더의 위치가 나타난다. rocky 사용자의 홈 폴더는 /home/rocky이므로 홈 폴더 위치를 제외한 'LinuxFolder'만 나타난다. 즉, 현재 폴더 위치는 /home/rocky/LinuxFolder다.

그림 5-14 노틸러스 사용 4

1-4 왼쪽의 [다른 위치]를 선택하자. 그러면 오른쪽에 컴퓨터(루트 폴더인 '/')가 보일 것이다. 이것을 클릭해서 들어간다. 여기서 폴더 아이콘에 'X'가 붙은 폴더는 현재 사용자인 rocky의 권한으로 접근할 수 없다.

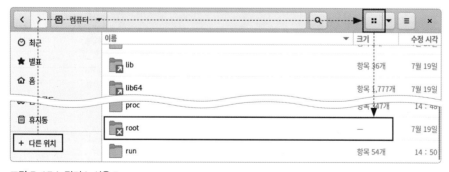

그림 5-15 노틸러스 사용 5

1-5 그 외에도 Windows에서 사용하던 복사(`Ctrl` + `C`), 잘라내기(`Ctrl` + `X`), 붙여넣기(`Ctrl` + `V`) 단축키도 그대로 사용할 수 있다.

1-6 파일 실행도 바로 가능하다. 다음처럼 이미지 파일을 더블클릭하면 이미지 보기 프로그램과 연결된다.

그림 5-16 노틸러스 사용 6

1-7 바탕 화면에서 마우스 오른쪽 버튼을 클릭한 후 [설정]을 클릭한다. [설정] 창 왼쪽에서 [기본 프로그램]을 선택한다. 여기서 파일을 더블클릭할 때 자동으로 연결되는 프로그램을 바꿀 수 있다. 필요할 경우 변경하면 된다.

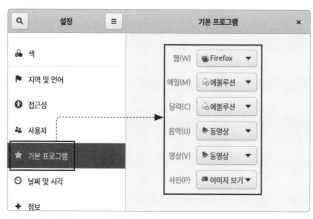

그림 5-17 기본 프로그램 설정

CD/DVD 또는 ISO 파일을 레코딩한다.

2-0 먼저 터미널에서 **su −c 'dnf −y install brasero'** 명령을 입력해 브라세로^{brasero}를 설치한다.

2-1 [현재 활동] – '프로그램 표시' 아이콘 – '브라세로' 실행 아이콘을 클릭한다.

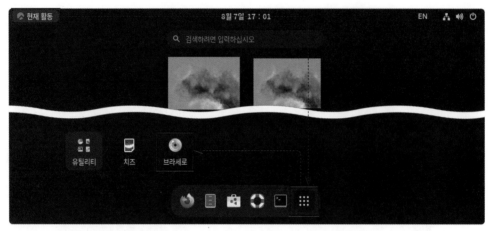

그림 5-18 CD/DVD 굽기 1

2-2 [Brasero] 창 왼쪽 [새 프로젝트 만들기] 아래의 [데이터 프로젝트]를 클릭한다.

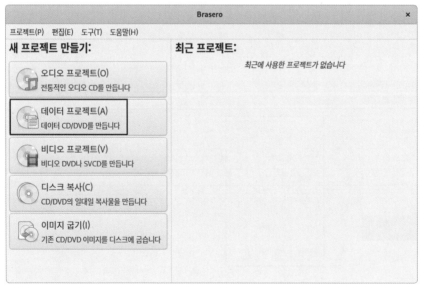

그림 5-19 CD/DVD 굽기 2

2-3 X 윈도의 [현재 활동] – 작업 표시줄의 '파일' 실행 아이콘을 클릭해서 노틸러스를 열고 적당한 파일을 브라세로 화면의 [파일] 아래로 끌어다 놓는다. 필요한 파일을 모두 끌어다 놓았으면 [굽기] 버튼을 클릭한다.

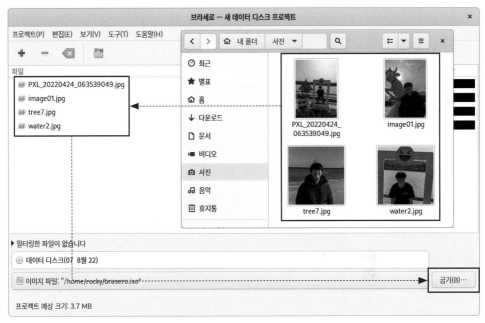

그림 5-20 CD/DVD 굽기 3

2-4 별도의 빈 CD나 DVD를 넣지 않은 상태라면 ISO 파일로 저장된다. 왼쪽에 [홈]을 선택하고 파일명을 적당히 변경한 후 [이미지 만들기] 버튼을 클릭한다.

그림 5-21 CD/DVD 굽기 4

NOTE▶ VMware 프로그램에서는 빈 CD나 DVD를 넣더라도 실제 CD-RW/DVD-RW 장치와의 호환성 문제로 잘 인식되지 않을 수도 있다.

2-5 [이미지 만들기] 창이 뜨고 진행 상황이 표시된다. 이미지가 모두 만들어지면 '이미지를 성공적으로 만들었습니다'라는 메시지가 표시된다. 이제 [닫기] 버튼을 클릭해 [이미지 만들기] 창을 닫고 브라세로도 종료한다.

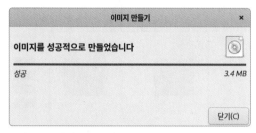

그림 5-22 CD/DVD 굽기 5

Step 3

ISO 파일을 마운트해 사용한다.

3-1 [현재 활동] – 작업 표시줄의 '파일' 실행 하이콘을 클릭해 노틸러스에서 홈 폴더(/home/rocky)에 ISO 파일(필자의 경우 myPhoto.iso)이 제대로 저장되었는지 확인한다.

3-2 ISO 파일을 마우스 오른쪽 버튼으로 클릭한 후 [디스크 이미지 마운트(으)로 열기]를 클릭한다.

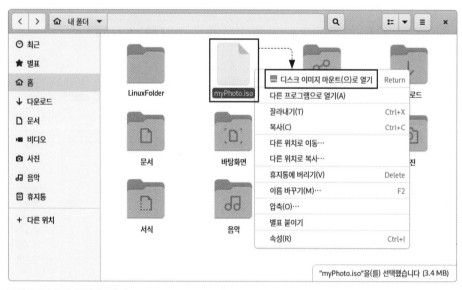

그림 5-23 ISO 파일의 사용 1

3-3 왼쪽 [데이터 디스크]를 선택하면 마운트된 장치의 내부 파일을 확인할 수 있다.

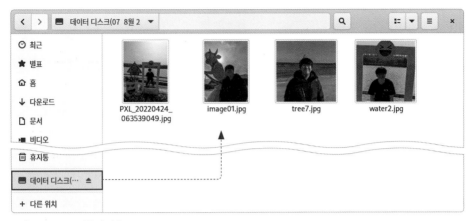

그림 5-24 ISO 파일의 사용 2

3-4 마운트를 해제하려면 [데이터 디스크]의 마운트 해제(⏏)를 클릭한다.

그림 5-25 ISO 파일의 사용 3

5.2.2 인터넷 응용 프로그램

다음으로 웹 브라우저 및 메일 클라이언트 등 인터넷 응용 프로그램을 알아본다.

웹 브라우저: Firefox

Firefox는 Rocky Linux에서 기본 제공하는 웹 브라우저로 많은 기능을 제공하며 높은 안정성을 보장한다. Firefox 웹 브라우저의 최신 버전을 https://www.mozilla.or.kr/에서 직접 다운로드할 수도 있다. 실습에서 Firefox 웹 브라우저를 업그레이드하는 방법을 알아본다. 이번 실습은

Rocky Linux에서 기본 제공하지 않는 응용 프로그램을 설치하고 업그레이드하는 방법이므로 잘 익히자.

실습 3

Firefox 웹 브라우저를 직접 다운로드해서 최신 버전으로 업그레이드하자.

Step 0

Client 가상머신을 설치 상태로 초기화하고 RAM 용량을 조절한다.

0-1 Client 가상머신을 설치 상태로 초기화한다.

0-2 Client 가상머신의 RAM을 4GB(4,096 MB)로 올리고 부팅한다.

0-3 rocky 사용자로 자동 로그인된다.

Step 1

기존에 설치되어 있는 Firefox 버전을 확인한다.

1-1 Firefox 웹 브라우저를 실행한 후 오른쪽 위 설정(≡) – [도움말] – [Firefox 정보]를 클릭한다. 이러면 [Mozilla Firefox 정보] 창이 나온다. 이 창에서 다음 그림과 같이 Firefox 버전을 확인할 수 있다.

그림 5-26 Firefox 업그레이드 1

1-2 터미널에서 **rpm –qi firefox** 명령을 입력해 버전을 확인할 수도 있다. 'Version'은 91.10.0이다. 'URL'에서 Friefox 웹 브라우저의 공식 웹사이트 URL도 확인할 수 있다.

그림 5-27 Firefox 업그레이드 2

1-3 한국어판 최신 버전을 다운로드하기 위해서 Firefox 웹 브라우저로 https://www.mozilla.org/ko/ firefox/new에 접속한 후 [Firefox 다운로드] 버튼을 클릭한다. 이러면 현재 시점의 최신 버전이 다운로드된다. 잠시 기다리면 파일 저장과 관련된 대화상자가 열리는데 여기서 'Firefox로 어떤 작업을 하시겠습니까?' 아래쪽 '파일 저장'을 선택하고 [확인] 버튼을 클릭한다.

그림 5-28 Firefox 업그레이드 3

NOTE▶ 이 책을 집필하는 시점의 Firefox 웹 브라우저 최신 버전은 103.1.0이다. 더 최신 버전을 사용해도 문제없으나, 향후 시간이 흘러 Rocky Linux 9에 최신 버전의 Firefox 웹 브라우저가 작동하지 않을 때는 https://download-installer.cdn.mozilla.net/pub/firefox/releases/103.0.1/linux-x86_64/ko/firefox-103.0.1.tar.bz2 또는 Q&A 카페 (https://cafe.naver.com/thisisLinux) [교재 자료실]에 업로드된 한국어판 103.1.0 버전을 다운로드해서 사용하자.

다운로드가 완료되면 열려 있는 웹 브라우저를 모두 닫고 다운로드한 Firefox 새 버전을 설치한다.

2-0 원칙적으로는 기존의 Firefox 웹 브라우저를 **dnf remove firefox** 명령을 실행해 삭제해야 하지만, 이러한 경우 작업 표시줄의 실행 아이콘이 사라져 다시 등록해야 하는 번거로움이 있으므로 그냥 최신 파일로 덮어 씌우는 방식으로 실습을 진행한다.

2-1 다운로드한 파일의 압축을 풀고 새로운 버전의 Firefox 웹 브라우저를 설치한다. 다음 명령을 차례로 실행하면 된다.

cd ~/다운로드/	→ 현재 사용자의 '다운로드' 디렉터리로 이동
tar xfj fireTab	→ 압축 풀기
su	→ root 사용자 권한 얻기
mv firefox /usr/local/	
chown -R root.root /usr/local/firefox/	→ Firefox 웹 브라우저 관련 파일을 모두 root 사용자 소유로 변경
cd /usr/local/bin/	
ln -s /usr/local/firefox/firefox .	→ 현재 디렉터리(/usr/local/bin)에 firefox 웹 브라우저 링크를 새로 생성(제일 뒤에 .이 있다)

```
[rocky@localhost ~]$ cd ~/다운로드/
[rocky@localhost 다운로드]$
[rocky@localhost 다운로드]$ tar xfj firefox-103.0.1.tar.bz2
[rocky@localhost 다운로드]$
[rocky@localhost 다운로드]$ su
암호 :
[root@localhost 다운로드]# mv firefox /usr/local/
[root@localhost 다운로드]#
[root@localhost 다운로드]# chown -R root.root /usr/local/firefox/
[root@localhost 다운로드]#
[root@localhost 다운로드]# cd /usr/local/bin/
[root@localhost bin]#
[root@localhost bin]# ln -s /usr/local/firefox/firefox .
[root@localhost bin]# █
```

그림 5-29 Firefox 업그레이드 4

2-2 Firefox 웹 브라우저를 실행한다. 첫 화면에서 [Firefox를 기본 브라우저로 설정] 버튼을 클릭한다.

그림 5-30 Firefox 업그레이드 5

2-3 [모든 것을 가져오기] 대화상자가 나오면 [이전 브라우저에서 가져오기] 버튼을 클릭한다. 만약 가져올 것이 없다는 대화상자가 나오면 그냥 [취소] 버튼을 클릭해 닫는다.

그림 5-31 Firefox 업그레이드 6

2-4 [나만의 것으로 만들기] 대화상자가 나오면 기본값을 그대로 둔 채로 [완료] 버튼을 클릭한다.

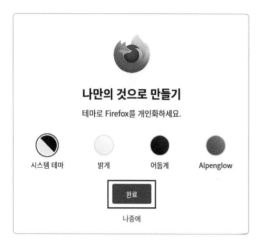

그림 5-32 Firefox 업그레이드 7

2-5 오른쪽 위 설정(≡)을 클릭하고 [도움말] – [Firefox 정보]를 클릭한다. 버전이 103.0.1(64−비트)로 바뀐 것을 확인할 수 있다. 또한 설명 내용도 한글로 나온다. 즉, 최신 버전의 한국어판이 설치되었다.

그림 5-33 Firefox 업그레이드 8

메일 클라이언트: 에볼루션

에볼루션^{Evolution}은 Outlook과 비슷한 기능을 하는 이메일 클라이언트로 처음 실행할 때는 메일 서버와 계정을 입력해야 한다. evolution 패키지를 설치한 후 [현재 활동] – '프로그램 표시' 아이콘 – '에볼루션' 실행 아이콘을 클릭하거나, 터미널에서 **evolution** 명령을 실행해 열 수 있다. 설정하기 전에 메일 설정에 대한 몇 가지 개념을 파악해야 한다. 그러므로 에볼루션의 자세한 사용 방법은 10장에서 살펴본다.

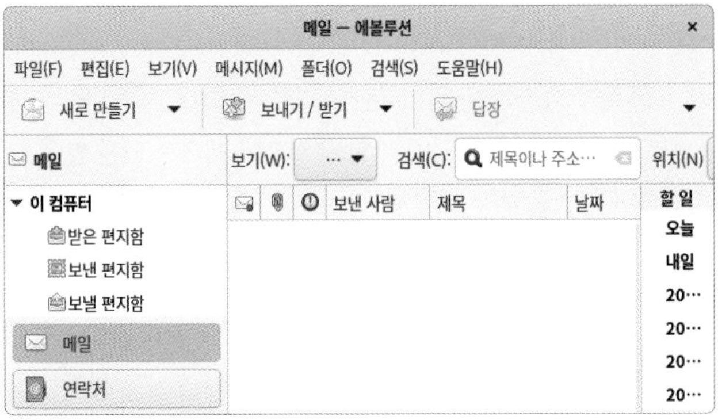

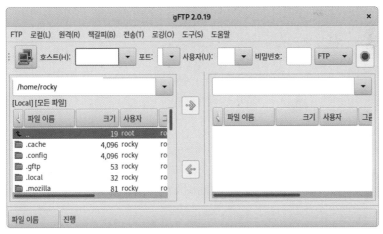

그림 5-34 에볼루션 실행 화면

FTP 클라이언트: gFTP

gftp는 Rocky Linux 9에서는 기본 제공하지 않으므로 Fedora Linux 36의 사이트(https://archives.fedoraproject.org/pub/archive/fedora/linux/releases/36/Everything/x86_64/os/Packages/g/gftp-2.0.19-28.fc36.x86_64.rpm) 또는 Q&A 카페(https://cafe.naver.com/thisisLinux) [교재 자료실]에서 패키지를 다운로드한 후 **su −c 'dnf −y install gftp*.rpm'** 명령을 실행해 설치해야 한다.

설치한 후에는 [현재 활동] − '프로그램 표시' 아이콘 − 'gFTP' 실행 아이콘을 클릭하거나 터미널에서 **gftp** 명령을 실행해 열 수 있다. gftp의 상세한 사용 방법은 13장에서 살펴본다.

그림 5-35 gFTP 실행 화면

5.2.3 사운드 설정

VMware 프로그램을 사용하면 실제 하드웨어 장치들이 잘 작동하지 않을 수 있다. 즉, 사운드/동영상/DVD-RW 등과 관련된 응용 프로그램이 제대로 작동하지 않아 실습이 제대로 되지 않을 수 있다. 그러므로 실습보다는 설명하는 내용만 참고하자.

사운드 설정

Rocky Linux 9는 설치될 때 대부분의 사운드 카드를 인식해 그에 맞는 드라이브를 자동 설치한다. 지금 사용 중인 Client 가상머신에는 사운드 카드가 설치되어 있다. 소리가 제대로 나오는지 시험해 보자.

바탕 화면에서 마우스 오른쪽 버튼을 클릭하고 [설정]을 선택하거나 **gnome-control-center** 명령을 실행한다. [설정] 창이 열리면 왼쪽 아래 [소리]를 클릭한다. 오른쪽 [소리]에서 기본 사운드 설정을 할 수 있다. [시스템 음량]을 적당히 조정한다. 그리고 [시험] 버튼을 클릭해 소리가 제대로 나오는지 테스트한다.

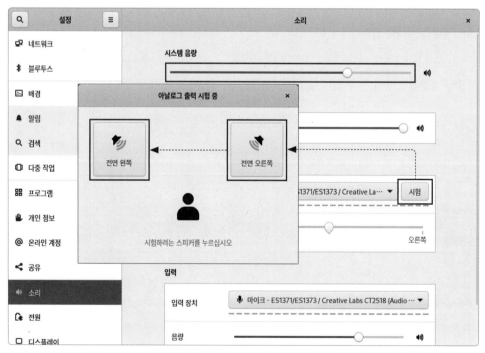

그림 5-36 사운드 기본 설정

음량 조절

바탕 화면 오른쪽 위의 볼륨()을 클릭하면 음량 조절과 관련한 다양한 항목이 나온다. 여기서 가장 위쪽의 슬라이드 바를 좌우로 움직여 음량을 조절하거나, 아래쪽의 [설정]을 클릭해 **그림 5-36**에서 본 [설정] 창을 열 수 있다.

그림 5-37 볼륨 조절

5.2.4 동영상 플레이어

Rocky Linux에서 사용할 수 있는 유용한 동영상 플레이어는 크게 토템과 VLC, 2가지로 나눌 수 있다. 우선 토템을 먼저 살펴보고 이어서 VLC를 살펴본다.

토템

Rocky Linux 9의 그놈에는 기본적으로 토템totem 동영상 플레이어가 설치되어 있다. [현재 활동] – '프로그램 표시' 아이콘 – '동영상' 실행 아이콘을 클릭하거나 터미널에서 **totem** 명령을 실행해 열 수 있다. 위쪽 [채널]을 클릭하고 [Apple Movie Trailers]를 클릭하면 Apple사에서 제공하는 영화 예고편을 볼 수 있다.

그림 5-38 토템 동영상 플레이어 실행 화면

NOTE ▶ 토템에서 동영상을 제대로 보려면 코덱(Codec)을 설치해야 하는데 그 과정이 조금 복잡하다. 그러므로 이어서 설명하는 VLC 미디어 플레이어를 사용하는 편이 더 낫다.

VLC

VLC^{Video LAN Clients}는 리눅스뿐 아니라 MacOS, Windows, 모바일 등에서 많이 사용되는 오픈 소스 미디어 플레이어다. Rocky Linux 9에서 기본 제공하지 않기에 별도로 설치해야 한다. 지금부 터 그 설치 방법과 사용법을 간단히 알아보자.

실습 4

VLC를 설치하고 동영상을 재생하자.

Step 0

Client 가상머신을 설치 상태로 초기화하고 RAM 용량을 조절한다.

0-1 Client 가상머신을 설치 상태로 초기화한다.

0-2 Client 가상머신의 RAM을 4GB(4,096 MB)로 올리고 부팅한다.

0-3 rocky 사용자로 자동 로그인된다.

Step 1

Rocky Linux 저장소는 VLC를 제공하지 않는다. VLC를 별도 저장소에서 다운로드한다.

1-1 터미널을 열고 **su** 명령을 입력해 관리자 권한을 얻는다.

그림 5-39 VLC 플레이어 설치 1

1-2 다음 명령을 입력해 RHEL 9 저장소의 패키지가 설치되도록 설정한다.

```
dnf  -y  install  https://dl.fedoraproject.org/pub/epel/epel-release-latest-9.noarch.rpm
```

그림 5-40 VLC 플레이어 설치 2

1-3 같은 방식으로 다음 명령을 입력해 RPM Fusion 9 저장소의 패키지가 설치되도록 설정한다.

```
dnf  -y  install  https://download1.rpmfusion.org/free/el/rpmfusion-free-release-9.
noarch.rpm      → 한 줄로 입력
```

Step 2

VLC 패키지를 설치한다. 이제부터는 저장소를 Rocky Linux 9 저장소, RHEL 9 저장소, RPM Fusion 9 저장소 등에서 VLC와 연관된 필요 패키지를 함께 다운로드해 설치된다.

2-1 **dnf −y install vlc** 명령을 입력해 VLC를 설치한다.

그림 5-41 VLC 플레이어 설치 3

2-2 설치가 완료되면 **exit** 명령으로 다시 rocky 사용자로 돌아온다.

VLC 미디어 플레이어로 동영상을 감상한다.

3-1 [현재 활동] – '프로그램 표시' 아이콘 – 'VLC 미디어 플레이어' 실행 아이콘을 선택해서 실행한다.

그림 5-42 VLC 플레이어 실행 1

3-2 [개인 정보와 네트워크 접근 정책] 대화상자가 나오면 [계속] 버튼을 클릭한다. [VCL 미디어 재생기]
창의 [미디어] – [파일 열기] 메뉴를 클릭해 동영상을 실행할 수 있다.

그림 5-43 VLC 플레이어 실행 2 (드라마 예고편)

NOTE▶ 실행할 적당한 동영상 파일이 없다면 Q&A 카페(https://cafe.naver.com/thisisLinux) [교재 자료실]의
'[Rocky 9] 전체 실습 파일 다운로드 모음'에서 5장 부분의 '동영상 샘플 파일'을 다운로드해서 사용하자.

5.2.5 문서 편집기/뷰어

리눅스 역시 Windows와 마찬가지로 운영체제이므로 다양한 문서 편집기와 뷰어 프로그램을 실행할 수 있다. 지금까지 실습에서 유용하게 사용한 gedit 에디터는 물론 각종 문서를 볼 수 있는 다양한 프로그램이 있다. 그중 가장 유명한 문서 편집기는 LibreOffice ^{리브레오피스}인데 이 프로그램은 리눅스에서 자주 사용하는 프로그램이므로 이번 장의 후반부에서 따로 다룬다.

텍스트 편집기: gedit

gedit 에디터는 4장에서 설명한 것과 같이 일반적인 텍스트 편집기로 Windows의 메모장과 같은 위상을 가진다. [현재 활동] – '프로그램 표시' 아이콘 – '텍스트 편집기' 실행 아이콘을 클릭하거나 터미널에서 **gedit** 명령을 실행해 열 수 있다.

그림 5-44 gedit 에디터 실행 화면

NOTE▶ RHEL 계열의 버전에 따라서 gedit 에디터 앞에 행 번호가 기본 표시되지 않는 경우도 있다. Rocky Linux 9에 포함된 gedit 에디터는 앞에 행 번호가 표시된다.

문서 뷰어: evince

evince는 PDF, XPS, TIFF 등의 다중 문서를 볼 수 있는 간편한 뷰어 프로그램이다. [현재 활동] – '프로그램 표시' 아이콘 – '유틸리티' 폴더 – '문서 보기' 실행 아이콘을 클릭하거나 터미널에서 **evince** 명령을 실행해 열 수 있다.

그림 5-45 evince에서 PDF 파일을 읽어 들인 화면

PDF 뷰어: Foxit Reader

PDF 파일 전용 무료 뷰어인 Foxit Reader를 설치하고 사용하는 방법을 알아본다.

실습 5

Foxit Reader를 설치하고 사용하자.

Step 0

Client 가상머신에서 실습을 진행한다.

Step 1

설치 파일을 다운로드한다.

1-1 Firefox 웹 브라우저로 https://www.foxitsoftware.com/downloads에 접속한 후 [Free Download] 버튼을 클릭한다. [Download Foxit PDF Reader] 창의 위아래 드롭박스에서 각각 'Linux(64−bit)', 'English'를 선택하고 [Free Download] 버튼을 클릭한다. 파일 저장과 관련된 대화상자가 열리면 'Firefox 로 어떤 작업을 하시겠습니까?' 아래쪽 '파일 저장'을 선택하고 [확인] 버튼을 클릭한다.

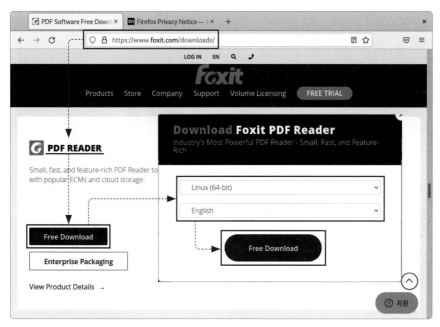

그림 5-46 Foxit Reader 다운로드

1-2 터미널에서 다음을 명령을 입력해 Foxit Reader를 설치한다.

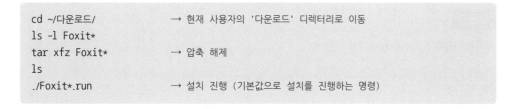

```
cd ~/다운로드/            → 현재 사용자의 '다운로드' 디렉터리로 이동
ls -l Foxit*
tar xfz Foxit*           → 압축 해제
ls
./Foxit*.run             → 설치 진행 (기본값으로 설치를 진행하는 명령)
```

그림 5-47 Foxit Reader 설치

명령을 모두 입력하면 이 그림처럼 [Foxit Reader Setup] 창이 나온다. 계속 [Next] 및 [Finish]를 클릭해 설치를 마저 진행한다.

Step 2

설치가 완료된 Foxit Reader를 실행한다.

2-1 [현재 활동] – '프로그램 표시' 아이콘 – 'Foxit Reader' 실행 아이콘을 클릭한다.

2-2 만약 한국어판으로 설치가 되었다면 [Foxit Reader] 창의 [도움말] – [언어] – [영어] 메뉴를 클릭해 영문 사용 환경으로 만든다. 영문판으로 설치되었다면 이 과정을 생략한다.

NOTE▶ 한글 환경에서는 Foxit Reader에 약간의 충돌이 발생될 수 있다. 영어 환경에서도 한글이 문제없이 잘 보인다.

2-3 [File] – [Open] 메뉴를 클릭해 pdf 파일을 열 수 있다.

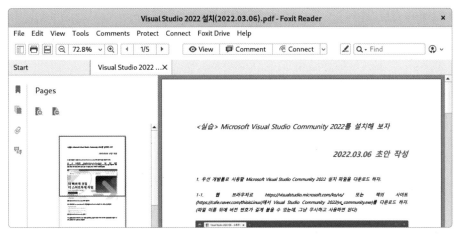

그림 5-48 Foxit Reader 사용

NOTE 사용법은 여타 Windows용 PDF 뷰어 프로그램과 유사하므로 생략한다.

5.2.6 CD/DVD 레코딩: 브라세로

Rocky Linix 9에서는 CD/DVD를 레코딩하는 툴로 브라세로^{Brasero}라는 프로그램을 기본 제공한 다. 이미 **실습 2**에서 사용해 봤듯이 일반적인 CD/DVD 레코딩 프로그램과 사용법이 비슷하다. 브라세로를 설치한 후 [현재 활동] – '프로그램 표시' 아이콘 – '브라세로' 실행 아이콘을 클릭하거나 **brasero** 명령을 실행해 열 수 있다. 사용법은 **실습 2**에서 설명했으므로 여기서는 설명을 생략한다.

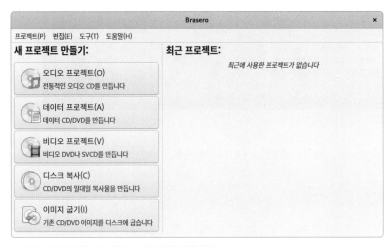

그림 5-49 브라세로 CD/DVD 레코딩 툴 실행 화면

5.2.7 그래픽 프로그램

Windows용 그래픽 응용 프로그램은 많이 있다. 예시로 포토샵^{Photoshop}이나 페인트샵^{Paintshop} 같은 그래픽 편집 프로그램과 각종 그래픽 뷰어 프로그램을 들 수 있다. Rocky Linux에서도 이와 유사한 기능을 하는 프로그램을 제공한다. 그중 GIMP^{GNU Image Manipulation Program}는 포토샵과 거의 대등한 기능을 가진 뛰어난 그래픽 편집 프로그램이다.

그래픽 편집: GIMP

GIMP는 Windows의 포토샵과 비슷한 그래픽 응용 프로그램이다. GIMP를 설치하려면 터미널에서 **su -c 'dnf -y install gimp'** 명령을 실행하면 된다. 설치 후 [현재 활동] – '프로그램 표시' 아이콘 – '그누 이미지 처리 프로그램' 실행 아이콘을 클릭하거나, **gimp** 명령을 실행해 열 수 있다.

그림 5-50 GIMP 실행 화면

그림 뷰어: eog

eog^{Eye Of Gnome}는 Windows의 사진 앱과 같이 여러 가지 그림 파일을 보여 주는 그래픽 뷰어 프로그램이다. [현재 활동] – '프로그램 표시' 아이콘 – '유틸리티' 폴더 – '이미지 보기' 실행 아이콘을 클릭하거나 터미널에서 **eog** 명령을 실행해 열 수 있다.

그림 5-51 eog 실행 화면

스크린샷

스크린샷 프로그램은 말 그대로 화면을 캡처할 때 사용하는 캡처 프로그램이다. Rocky Linux 9에서 기본 제공하며 [현재 활동] – '프로그램 표시' 아이콘 – '유틸리티' 폴더 – '스크린샷' 실행 아이콘을 클릭해 열 수 있다.

그림 5-52 스크린샷 프로그램 실행 화면

5.2.8 LibreOffice

PC 활용도가 높은 분야 중 하나로 문서 작성 및 표 계산을 꼽을 수 있다. 이번에는 Microsoft Office와 견주어도 뒤떨어지지 않는 기능을 제공하면서도 오픈 소스인 LibreOffice(리브레오피스)를 사용한다. 이 프로그램의 특징은 Microsoft Office와의 호환성이 아주 우수하다는 점이다. Microsoft Office 때문에 PC의 운영체제를 Windows에서 리눅스로 바꾸지 못하고 있는 사용자에게 솔깃한 프로그램이 바로 LibreOffice다. 사용법도 크게 다르지 않으므로 짧은 시간에 익힐 수 있다.

Microsoft Office에 Word, Excel, Powerpoint, Access가 포함되어 있듯이, LibreOffice에도 Word에 대응하는 Writer, Excel에 대응하는 Calc, Powerpoint에 대응하는 Impress, Access 에 대응하는 Base가 있다. 그 외 그리기 툴인 Draw, 수식 작성 툴인 Math도 제공한다.

> **❗ 여기서 잠깐   LibreOffice 제품**
>
> LibreOffice는 OpenOffice라는 제품에서 갈라져 나온 제품이다. OpenOffice는 오랫동안 오픈 소스 오피스 제품으로 사용되어 왔으나, OpenOffice를 후원하는 Oracle사의 정책이 바뀌면서 그 위상이 추락하기 시작했다. 이에 많은 개발자가 OpenOffice 개발 참여에 중단하고 2010년 11월부터 새로운 오피스 제품을 개발하기 시작했는데 그것이 바로 LibreOffice다. LibreOffice의 'Libre'는 라틴어로 자유(Free)를 의미한다. 즉, '자유롭게 사용할 수 있는 오피스'라는 의미를 담은 이름이다. LibreOffice는 Windows용, MacOS용, 리눅스용 모두를 무료 배포하며 한국어 웹사이트는 http://ko.libreoffice.org다.

실습 6

LibreOffice 최신 버전을 설치하자.

Step 0

Client 가상머신에서 실습을 진행한다.

Step 1

Firefox 웹 브라우저를 실행해 https://ko.libreoffice.org/download/libreoffice-fresh로 접속한다. 그리고 Linux x64(rpm)용 [버전 7.3.5을 내려받기]와 [한국어 언어팩]을 각각 클릭해 다운로드한다.

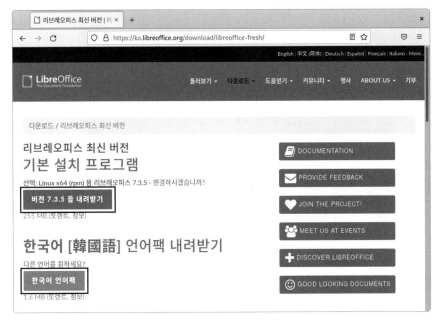

그림 5-53 LibreOffice 다운로드

Step 2

LibreOffice를 설치한다.

2-1 다운로드한 파일은 LibreOffice 설치 rpm 파일인 LibreOffice_7.3.5_Linux_x86−64_rpm.tar.gz
(255MB)와 한국어 언어팩인 LibreOffice_7.3.5_Linux_x86−64_rpm_langpack_ko.tar.gz(1.6 MB)
다. 터미널에서 **tar xfz** 명령을 입력해 두 파일의 압축을 푼다.

```
cd ~/다운로드/
ls Libre*
tar  xfz  LibreOffice_7.3.5_Linux_x86-64_rpm.tar.gz              → 설치 파일 압축 풀기
tar  xfz  LibreOffice_7.3.5_Linux_x86-64_rpm_langpack_ko.tar.gz  → 언어팩 파일 압축 풀기
ls  -d  Libre*
```

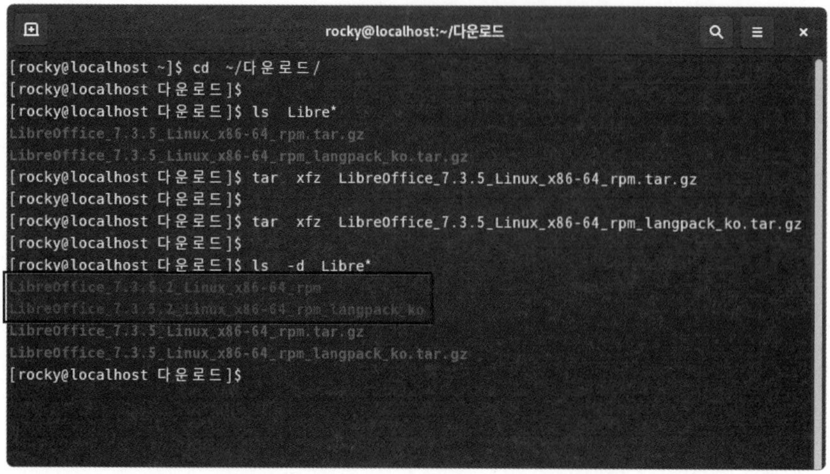

그림 5-54 LibreOffice 파일 확인

> **NOTE ▶** 책에서 사용한 버전보다 높은 버전을 사용해도 별 문제가 없겠으나, 만약 설치가 잘 안 되면 Q&A 카페 (http://cafe.naver.com/thisisLinux/) [교재 자료실]에서 책과 동일한 파일을 다운로드하자.

2-2 cd 명령을 입력해 압축이 풀린 ~/다운로드/LibreOffice_7.3.5.2_Linux_x86-64_rpm/RPMS 폴더로 이동한다. 그리고 **su −c 'dnf −y install *.rpm'** 명령을 입력해 LibreOffice 설치를 시작한다. 관련 파일까지 모두 설치된다.

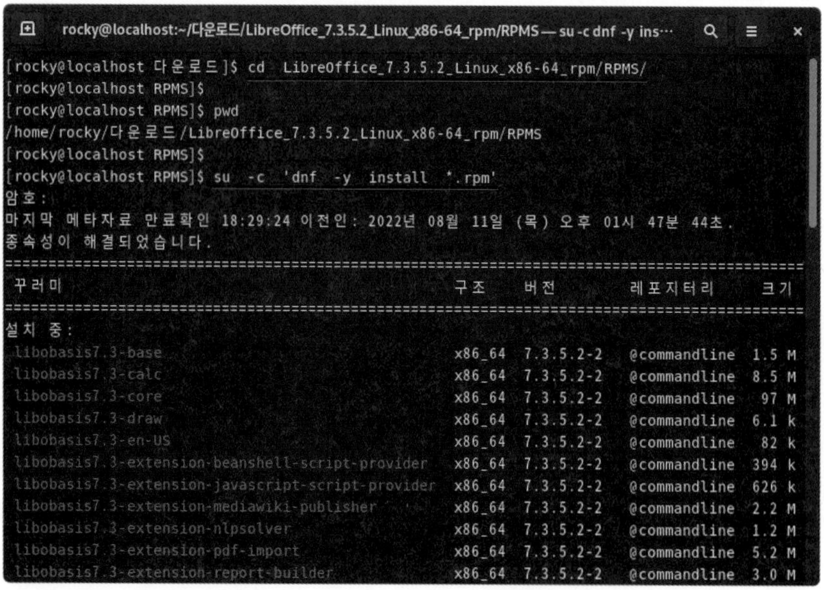

그림 5-55 LibreOffice 설치

2-3 설치가 완료되면 다시 cd 명령을 입력해 ~/다운로드/LibreOffice_7.3.5.2_Linux_x86−64_rpm_langpack_ko/RPMS 폴더로 이동한다. 그리고 **su −c 'dnf −y install *.rpm'** 명령을 입력해 한국어 언어팩을 설치한다.

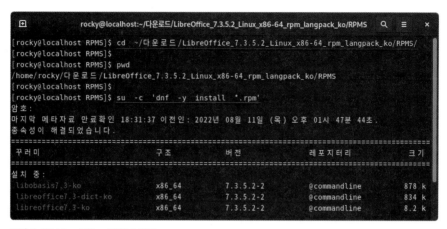

그림 5-56 LibreOffice 언어팩 설치

이제 한국어 버전의 LibreOffice를 사용할 준비가 모두 완료되었다.

2-4 LibreOffice를 실행하려면 [현재 활동] – '프로그램 표시' 아이콘 – 'LibreOffice 7.3' 실행 아이콘을 클릭하거나 터미널에서 libreoffice7.3 명령을 실행한다.

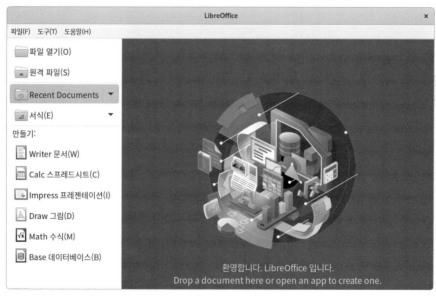

그림 5-57 LibreOffice 통합 실행 화면

워드 프로세서: Writer

Writer를 실행하려면 [현재 활동] – '프로그램 표시' 아이콘 – 'LibreOffice 7.3 Writer' 실행 아이콘을 클릭하거나 터미널에서 **libreoffice7.3 --writer** 명령을 실행한다. Micorsoft Word의 파일 포맷인 doc와 docx를 지원하며 PDF 파일로 저장하는 기능도 있다. 다음 그림은 Micorsoft Word에서 작성한 파일을 읽어 들인 화면이다.

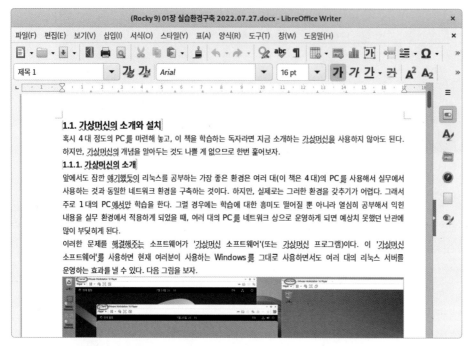

그림 5-58 Writer에서 Microsoft Word 파일을 읽어 들인 화면

스프레드시트: Calc

Calc을 실행하려면 [현재 활동] – '프로그램 표시' 아이콘 – 'LibreOffice 7.3 Calc' 실행 아이콘을 클릭하거나 터미널에서 **libreoffice7.3 --calc** 명령을 실행한다. Microsoft Excel의 파일 포맷인 xls와 xlsx를 지원하며 Witer와 마찬가지로 PDF 파일로 저장하는 기능도 있다. 다음 그림은 Microsoft Excel에서 작성한 파일을 읽어 들인 화면이다.

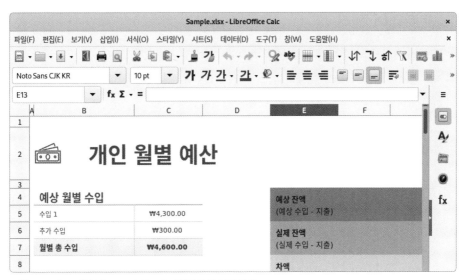

그림 5-59 Calc에서 Microsoft Excel 파일을 읽어 들인 화면

프레젠테이션 툴: Impress

[현재 활동] – '프로그램 표시' 아이콘 – 'LibreOffice 7.3 Impress' 실행 아이콘을 선택하거나 터미널에서 **libreoffice7.3 --impress** 명령을 실행한다. Microsoft Powerpoint의 파일 포맷인 ppt와 pptx를 지원하며 이 역시 PDF 파일로 저장하는 기능도 있다. 다음 그림은 Microsoft Powerpoint에서 작성한 파일을 읽어 들인 화면이다.

그림 5-60 Impress에서 Microsoft Powerpoint 파일을 읽어 들인 화면

5.3 소프트웨어 센터

Rocky Linux는 소프트웨어 센터라는 응용 프로그램 스토어를 제공한다. Rocky Linux 소프트웨어 센터에서 검색을 통해 원하는 소프트웨어를 몇 번의 클릭만으로 설치할 수 있다. 소프트웨어 센터를 실행하려면 [현재 활동] → '소프트웨어' 실행 아이콘을 클릭한다.

그림 5-61 소프트웨어 센터 실행 화면 1

NOTE ▶ 소프트웨어 센터에서 검색되는 패키지는 터미널에서 **dnf** 명령을 실행해서도 설치할 수 있다.

초기 화면에는 여러 카테고리가 있다. [생산]을 클릭한다. 그러면 생산과 관련된 여러 소프트웨어가 표시된다. 만약 검색한 소프트웨어가 이미 설치되어 있다면 해당 소프트웨어 오른쪽 위에 파란색으로 체크가 표시된다.

그림 5-62 소프트웨어 센터 실행 화면 2

초기 화면의 왼쪽 위 검색(🔍)을 클릭해 패키지를 찾을 수 있다. '잉크스페이스'를 검색한다.

그림 5-63 소프트웨어 센터 실행 화면 3

설치가 되지 않은 소프트웨어를 클릭해서 상세 페이지로 들어 간다. 그리고 [설치] 버튼을 클릭하면 자동으로 다운로드되고 설치까지 진행된다. 잉크스케이프를 설치한다.

그림 5-64 잉크스케이프 설치 화면

NOTE ▶ 만약 소프트웨어 센터에서 설치가 진행되지 않는다면 터미널에서 관리자 권한으로 **dnf install inkscape** 명령을 실행하자.

설치가 완료되면 [설치] 버튼이 [실행] 버튼으로 바뀐다. [실행] 버튼을 클릭하거나 터미널에서 **inkscape** 명령을 입력해 잉크스케이프를 실행한다.

그림 5-65 잉크스케이프 실행 화면

이것으로 리눅스를 X 윈도 환경으로 사용할 때 유용한 몇 가지 프로그램 소개를 마치겠다. 일반 사
용자 입장에서는 중요한 내용이므로 관리자도 어느 정도 다룰 수 있어야 한다. 참고로 리눅스에서
Windows 응용 프로그램을 실행하는 방법 중 하나로 리눅스에 가상머신을 생성해 Windows를
설치하는 것도 있다. 이에 대해서는 20장에서 자세히 살펴본다.

06

디스크 관리와
사용자별
공간 할당

어떤 컴퓨터를 사용하든 처음에는 저장 공간이 충분하다
고 느끼지만, 한동안 운영하다 보면 저장 공간이 부족하
다고 느끼게 된다. 이러한 상황이 발생하면 컴퓨터 시스템
자체를 변경하기보다는 업그레이드 개념으로 디스크를 추
가하게 된다. 6장에서는 저장 공간을 효율적으로 사용하
는 방법을 알아본다.

✓
**이 장의
핵심 개념**

6장에서는 하드디스크를 추가하는 방법과 하드디스크 여러 개를 하나처럼 운영하는
RAID 및 LVM에 대해 알아본다. 또한 Rocky Linux를 안전한 RAID에 설치하는 실습
도 진행하며 사용자별로 공간 사용량을 제한하는 쿼터(Quota)에 대해서도 학습한다.
6장에서 학습하는 핵심 개념은 다음과 같다.

- IDE 장치와 SCSI 장치에 대해서 이해한다.

- 하나의 디스크를 추가하는 방법을 학습한다.

- 다양한 RAID의 작동 방식을 이해한다.

- 여러 개의 디스크를 장착해 RAID를 구현하는 방법을 실습한다.

- RAID가 고장나는 상황을 알아보고 원상 복구 방법을 실습한다.

- LVM에 대해 이해하고 LVM 구축을 실습한다.

- RAID1 장치에 Rocky Linux를 설치한다.

- 쿼터의 개념을 이해하고 사용자별 공간 할당 설정을 실습한다.

✓
**이 장의
학습 흐름**

6.1 디스크 1개 추가하기

시스템의 저장 공간이 부족할 때 가장 먼저 떠오르는 방법은 하드디스크 1개를 추가하는 것이다. 이번 절에서는 그 방법을 알아보자. 기본적으로 Rocky Linux의 하드디스크는 **그림 6-1**과 같이 구성된다. 여기에 하드디스크를 추가로 장착하겠다. 가상머신이 아닌 실제 PC를 사용해 실습하고 있는 독자는 여분의 물리 하드디스크를 장착하면 되고, 가상머신을 사용하는 독자는 실습을 통해 하드디스크를 장착하자.

NOTE ▶ 흔히 사용하는 컴퓨터용 저장 매체를 물리적으로 크게 하드디스크(HardDisk)와 SSD(Solid State Drive) 2가지로 나눌 수 있다. 기계적인 내부 구성은 완전히 다르지만, 운영체제 측면에서 사용하는 용도나 방법은 완전히 동일하기에 앞으로 둘을 통틀어서 디스크(Disk)라고 부르겠다.

6.1.1 SATA 장치와 SCSI 장치 구성

Server 가상머신은 기본적으로 다음 그림과 같이 구성된다.

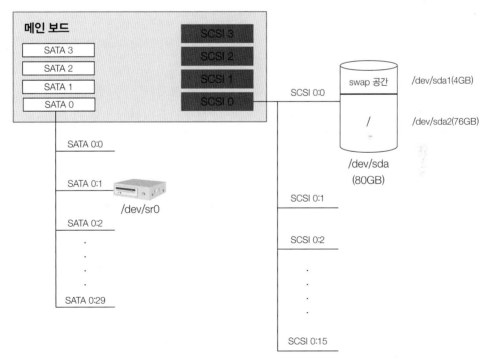

그림 6-1 Server 가상머신의 현재 디스크 구성 상태

일단 **그림 6-1**의 기본 구성을 이해하자. 메인보드의 SATA 0 슬롯Slot(메인보드에 케이블을 꽂을 수 있는 홈이라고 생각하면 된다)에는 각각 30개의 SATA 장치를 장착할 수 있다. VMware 프로그램에서는 SATA 슬롯 4개를 지원하므로 SATA 장치를 총 120개까지 장착할 수 있다. SATA 장치를 표기할 때는 주로 SATA 0:0, SATA 0:1, SATA 0:2 …와 같은 형식을 사용한다.

ⓘ 여기서 잠깐 IDE/SATA/SCSI/NVMe 장치

일반적으로 PC에서 사용되는 디스크나 CD/DVD 장치가 IDE 장치(또는 EIDE 장치)나 SATA 장치라고 생각하면 된다. 서버용으로는 주로 SCSI 하드디스크를 사용하며, SSD 형태의 플래시 메모리를 사용할 수 있는 NVMe 장치도 제공된다(그림 6-1에서는 IDE와 NVMe 장치를 생략했다).

물론 IDE, SCSI, SATA, NVMe 모두 VMware 프로그램에서 가상으로 생성하기 때문에 진짜 컴퓨터의 디스크 종류와는 무관하다. 참고로 요즘에는 PC용 디스크나 CD/DVD 장치로 IDE 대신 SATA(Serial ATA)를, 서버용으로 SCSI 대신 SA-SCSI(Serial Attached SCSI, SAS)를 주로 사용한다. SCSI가 최대 16개 장치를 연결할 수 있었다면, SA-SCSI는 최대 65,535개까지 연결할 수 있다.

그림 6-1을 보면 SATA 0:1에 CD/DVD 장치가 장착되어 있다. VMware 프로그램은 기본적으로 SATA 0:1에 CD/DVD 장치를 장착한다. 그러므로 SATA 장치(주로 디스크)를 추가하려면 나머지 비어 있는 119개의 장치 중 하나에 장착해야 한다(하지만 이번 절의 실습에서는 SATA 디스크가 아닌 SCSI 하드디스크를 사용한다). Server 가상머신의 [Player] – [Manage] – [Virtual Machine Settings] 메뉴를 선택하면 나타나는 [Virtual Machine Settings] 창의 [Hardware] 탭에서 [CD/DVD(SATA)]를 선택해 SATA 장치를 확인할 수 있다.

VMware 프로그램의 버전에 따라서 CD/DVD가 SATA 또는 IDE에 다르게 장착되어 있을 수 있다. 이 책은 SATA 장치에 장착되어 있다고 가정하고 실습을 진행하며 만약 IDE에 장착되어 있는 경우에는 다음 그림과 같이 변경하면 된다. 사실 CD/DVD는 리눅스 안에서 /dev/cdrom 또는 /dev/sr0 장치로 접근하기 때문에 SATA든 IDE든 상관없다.

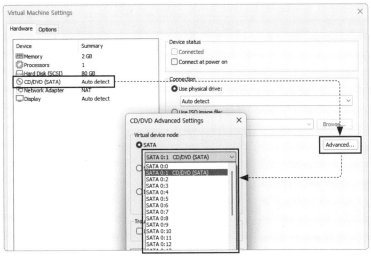

그림 6-2 SATA 장치에 장착된 CD/DVD 확인

나머지 빈 SATA 장치로 CD/DVD를 변경하거나 원한다면 IDE나 SCSI 장치로도 변경할 수 있지만, 특별히 그럴 필요는 없다. 또한 VMware 프로그램은 메인보드에 4개의 SCSI 슬롯을 제공한다. SCSI 0번 슬롯의 경우 SCSI 0:0 ~ SCSI 0:15(SCSI 0:7 제외)까지 15개 하드디스크를 장착할 수 있다. SCSI 1, 2, 3번 슬롯도 각각 사용할 수 있으므로 총 4×15=60개의 SCSI 하드디스크를 사용할 수 있다. [Virtual Machine Settings] 창의 [Hardware] 탭에서 [Hard Disk (SCSI)]를 선택해 SCSI 장치를 확인할 수 있다.

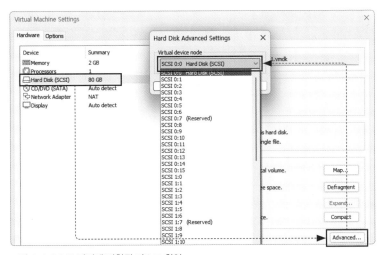

그림 6-3 SCSI 장치에 장착된 디스크 확인

실무에서는 서버용 컴퓨터에 주로 SCSI를 사용한다. 최대한 실무에 가깝게 실습을 진행하기 위해 이 책에서도 10개 내외의 하드디스크를 사용한다. 사용할 하드디스크가 총 10개 내외이므로 SCSI 0번 슬롯으로도 충분하다.

그림 6-1을 조금 더 살펴보자. 28쪽 1장 **실습 2 Step 3 3-3**에서 Server 가상머신에 80GB SCSI 하드디스크를 장착했다. 그리고 78쪽 3장 **실습 1 Step 3**에서 이 디스크를 2개의 파티션으로 나눴다. 리눅스에서는 처음 장착된 SCSI 하드디스크의 이름이 /dev/sda로 지정된다. 또한 SCSI 하드디스크가 추가 장착되면 /dev/sdb, /dev/sdc, /dev/sdd 등의 이름으로 지정된다.

그리고 /dev/sda 장치에 파티션을 나눈다. 파티션의 이름은 순차적으로 1, 2, 3, 4를 붙여서 /dev/sda1, /dev/sda2라고 지정한다. **그림 6-1**은 이 상태를 잘 표현한다. 그러므로 SCSI 하드디스크를 물리적으로는 /dev/sda, /dev/sdb, /dev/sdc, … 형식으로 부르면 되고, 그 장치에 파티션이 나눠진 것, 즉 논리적으로는 /dev/sda1, /dev/sda2, /dev/sdb1, /dev/sdb2, … 형식으로 부르면 된다. 리눅스를 처음 접할 때 쉽게 혼동하는 개념이므로 잘 기억하자.

6.1.2 디스크 추가하기

그림 6-1을 보면 현재 SCSI 0:0에 Server 가상머신을 설치한 디스크 하나만 장착되어 있다. 지금부터 여기에 다음 그림처럼 추가 디스크를 장착하자.

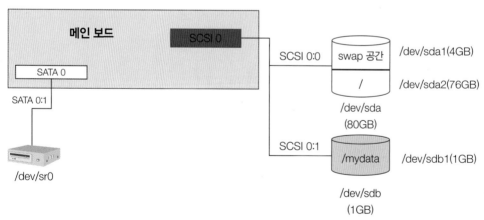

그림 6-4 디스크 1개를 추가한 결과

NOTE ▶ 이 책에서는 CD/DVD 장치가 장착된 SATA 장치는 거의 사용하지 않기에 별로 중요하지 않다. 그러므로 SATA 장치는 그냥 간단히 SATA 0:1 1개로만 표현하거나 필요에 따라 생략하겠다.

용량이 큰 디스크를 장착하면 포맷하는 시간이 오래 걸리므로 가장 작은 디스크(1GB)를 하나 장착하겠다(사실 VMware 프로그램은 가상머신을 구동하므로 큰 용량의 디스크 포맷도 그리 오래 걸리지는 않는다). 추가한 디스크의 이름은 /dev/sdb가 된다. 추가 디스크 장치의 물리 이름인 /dev/sdb를 사용하려면 최소한 1개 이상의 파티션으로 나눠야 한다. 특별히 파티션을 여러 개 나눌 필요는 없으므로 이 책에서는 1개의 파티션으로만 나눈다. 이러면 논리 파티션의 이름은 **그림 6-4**에도 나와 있듯이 /dev/sdb1이 된다. 리눅스에서는 이 파티션을 반드시 특정한 디렉터리(폴더)에 마운트Mount 시켜야만 사용할 수 있다. 그러므로 이 책에서는 /mydata라는 디렉터리를 만들고 그 디렉터리에 마운트한다.

NOTE ▶ 리눅스에서는 디스크 파티션뿐 아니라 CD/DVD나 USB 메모리 등도 특정 디렉터리에 마운트해야만 사용할 수 있다. 179쪽 4장 실습 6에서 CD/DVD를 넣으면 자동으로 /run/media/root/ 디렉터리 아래에 마운트되며 필요하다면 별도의 디렉터리에 수동으로 마운트할 수 있다는 사실을 확인했다.

리눅스에서의 디스크 추가 작업은 Windows에서의 작업처럼 간단하지는 않다. **그림 6-4**와 같이 구성하는 순서는 다음 그림과 같다. 이 순서대로 차근차근 실습을 진행하자.

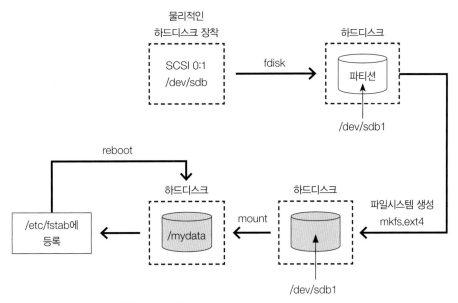

그림 6-5 디스크 1개를 추가할 때 전체 흐름

디스크 1개를 장착해 사용하자.

Step 0

Server를 처음 설치 상태로 초기화한다. 그리고 부팅은 하지 않는다.

Step 1

SCSI 0:1 (/dev/sdb)에 1GB 디스크 하나를 장착한다.

1-1 VMware Player를 실행하고 [VMware Workstation 17 player] 창에서 [Server]를 선택한 후 [Edit virtual machine settings]를 클릭한다.

1-2 [Virtual Machine Settings] 창 왼쪽 아래의 [Add] 버튼을 클릭한다.

1-3 [Add Hardware Wizard] 창의 [Hardware Type]에서 [Hard Disk]를 선택하고 [Next] 버튼을 클릭한다.

1-4 [Select a Disk Type]의 [Virtual disk type]에서 'SCSI'를 선택하고 [Next] 버튼을 클릭한다.

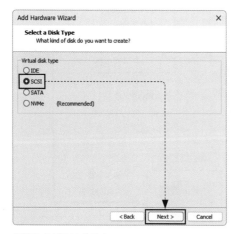

그림 6-6 디스크 추가 1

NOTE ▶ 만약 디스크를 NVMe 등으로 설정하면 책의 실습에서 다루는 과정과 달라질 수 있으므로 앞으로도 이번 장에서는 모두 SCSI 하드디스크를 사용해야 한다.

1-5 [Select a Disk]의 [Disk]에서 'Create a new virtual disk'를 선택하고 [Next] 버튼을 클릭한다.

1-6 [Specify Disk Capacity]의 [Maximum disk size]에 '1'을 입력하고 'Store virtual disk as a single file'을 선택한 다음 [Next] 버튼을 클릭한다.

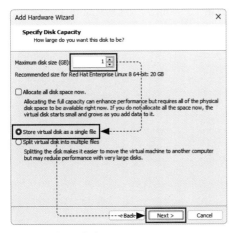

그림 6-7 디스크 추가 2

NOTE▶ 'Store virtual disk as a single file' 및 'Allocate all disk space now'의 의미는 29쪽 1장 실습 2 Step 3의 3-3에서 설명했다.

1-7 [Specify Disk File]의 [Disk file]에 'scsi0-1.vmdk'를 입력하고 [Finish] 버튼을 클릭한다.

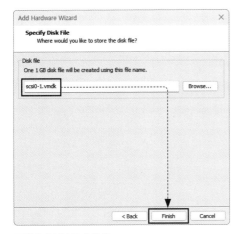

그림 6-8 디스크 추가 3

NOTE▶ 디스크 파일 이름을 어떤 장치에 연결되었는지 알 수 있게 지으면 향후 파일 이름만 보고도 연결된 장치를 쉽게 알 수 있다.

1-8 [Virtual Machine Settings] 창에서 [New Hard Disk (SCSI)]를 살펴보면 1GB 용량의 새로운 SCSI 하드디스크가 장착되었다는 사실을 확인할 수 있다. 새로 장착한 [New Hard Disk (SCSI)]를 선택하고 오른쪽 아래의 [Advanced] 버튼을 클릭하면 [Hard Disk Advanced Settings] 창에서 SCSI 0:1에 장착되었다는 사실도 확인할 수 있다. 이 상태에서 [OK] 버튼을 클릭하고 [Virtual Machine Settings] 창에서도 [OK] 버튼을 클릭하면 설정한 내용이 적용된다.

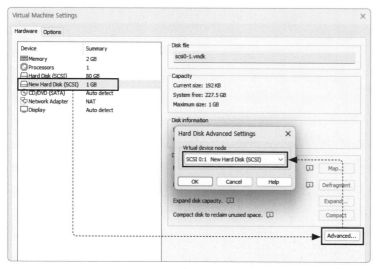

그림 6-9 디스크 추가 4

Step 2

이제 Server 가상머신을 부팅하고 root 사용자로 로그인한다. 부팅 중에 VMware Player 오른쪽 위의 아이콘을 살펴보면 2개의 디스크가 장착되었다는 사실을 확인할 수 있다. 만약 디스크 아이콘이 보이지 않으면 Show Devices(⏩)를 클릭한다.

그림 6-10 추가된 디스크

NOTE ▶ 부팅 중에 VMware Player 오른쪽 위에 있는 2개의 디스크 아이콘을 자세히 보면 왼쪽 것만 깜박이는 것을 확인할 수 있다. 이로 미루어 왼쪽 디스크가 Rocky Linux가 설치된 /dev/sda며, 오른쪽 디스크는 방금 추가한 /dev/sdb임을 짐작할 수 있다. 당연히 아직 /dev/sdb는 아무런 설정도 되어 있지 않기 때문에 깜빡이지 않는다. 그리고 아이콘에 마우스 커서를 올려 놓으면 디스크 번호와 용량도 풍선 도움말로 표시된다.

이제 **그림 6-5**의 순서대로 장착한 디스크에 파티션을 할당하자. 파티션은 1개만 할당한다. 터미널을 열고 다음 명령을 입력한다.

```
# fdisk /dev/sdb          → SCSI 0:1 디스크 선택
Command : n               → 새로운 파티션 분할
Select : p                → Primary 파티션 선택
Partition number : 1      → 파티션 번호 1번 선택(Primary 파티션은 최대 4개까지 생성 가능)
First sector: Enter       → 시작 섹터 번호 입력(1개의 파티션만 계획 중이므로 첫 섹터로 설정)
Last sector: Enter        → 마지막 섹터 번호 입력(1개의 파티션만 계획 중이므로 마지막 섹터로 설정)
Command : p               → 설정된 내용 확인
Command : w               → 설정 저장
```

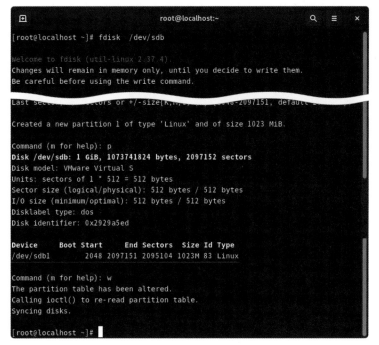

그림 **6-11** fdisk 명령

NOTE▶ Rocky Linux에서는 섹터 하나의 크기가 512Byte로 설정되어 있다. 그러므로 1,024MB(1GB)의 섹터 수는 총 2,097,152개(512 X 2,097,152＝1,024MB(1GB))다. 이는 VMware 프로그램의 가상 디스크에 적용되는 크기일 뿐 실제 디스크라면 섹터 수가 다를 수 있다. 그리고 시작 섹터가 2,048번인 이유는 제일 앞의 0~2,047(총 1MB) 부분은 시스템 성능 향상을 위해 사용하지 않는 부분이기 때문이다. 또한 Blocks의 단위는 1KB(1,024Byte로 설정되어 있다.

! 여기서 잠깐 　**파티션**

디스크를 처음 장착하면 그냥 기계일 뿐이다. 그래서 디스크를 사용하려면 먼저 파티션(Partition)을 설정해야 한다. 만약 디스크를 통째로 하나의 파티션으로 사용하려면 1개의 파티션을 설정하면 되고, 2개로 나눠서 사용하려면 2개의 파티션을 설정하면 된다.

파티션의 종류는 Primary 파티션과 Extended 파티션, 2가지가 있는데 1개의 디스크에 총 4개의 Primary 파티션을 설정할 수 있다. 만약 파티션을 5개 이상 설정하고 싶다면 3개의 Primary 파티션과 1개의 Extended 파티션으로 설정한 후 Extended 파티션을 2개 이상의 Logical 파티션으로 설정해야 한다.

Step 4

할당된 파티션 장치의 이름은 /dev/sdb1로 지정된다. **mkfs −t 파일시스템 파티션장치** 명령을 입력하거나 간단히 **mkfs.파일시스템 파티션장치** 명령을 입력해 파일 시스템을 ext4 형식으로 생성한다(이 과정이 포맷이라고 생각하면 된다).

그림 6-12 파일 시스템 생성(포맷)

NOTE ▶ Rocky Linux는 ext2, ext3, ext4, xfs 파일 시스템을 사용할 수 있다. ext4 및 xfs는 ext2나 ext3 파일 시스템보다 여러 면에서 향상된 파일 시스템이므로 swap을 제외하고는 ext4나 xfs 파일 시스템을 사용하는 것이 바람직하다. 이 책에서는 새로 추가하는 디스크의 파일 시스템으로 ext4 파일 시스템을 주로 사용한다.

Step 5

/dev/sdb1 파일 시스템을 사용하기 위해 디렉터리에 마운트한다.

5-1 먼저 터미널에서 **mkdir /mydata** 명령을 입력해 마운트할 /mydata 디렉터리를 만들고 **cp anaconda −ks.cfg /mydata/test1** 명령을 입력해 anaconda−ks.cfg 파일을 test1이라는 이름의 파일로 변경해 /mydata 디렉터리에 복사한다(anaconda−ks.cfg 파일 대신 아무 파일이나 복사해도 전혀 상관없다). **ls −l /mydata/** 명령을 입력하면 test1로 이름이 변경되었음을 확인할 수 있다.

그림 6-13 샘플 데이터 복사

/mydata 디렉터리에 있는 test1이라는 파일은 기존의 /dev/sda2에 저장된 상태다.

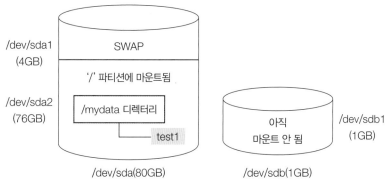

그림 6-14 마운트되기 이전의 디스크의 내용

5-2 이번에는 **mount /dev/sdb1 /mydata** 명령을 입력해 /dev/sdb1 장치를 /mydata 디렉터리에 마운트한다. 그리고 **ls -l /mydata/** 명령을 입력해 /mydata 디렉터리 안을 확인한다. 다음으로 **cp anaconda-ks.cfg /mydata/test2** 명령을 입력해 anaconda-ks.cfg 파일을 test2라는 이름의 파일로 바꿔 /mydata 디렉터리에 복사한다. **ls -l /mydata/** 명령을 입력해 test2 파일이 복사되었음을 확인한다.

```
[root@localhost ~]# mount  /dev/sdb1  /mydata
[root@localhost ~]#
[root@localhost ~]# ls  -l  /mydata/
합계 16
drwx------ 2 root root 16384  8월 14 11:47 lost+found
[root@localhost ~]#
[root@localhost ~]# cp  anaconda-ks.cfg  /mydata/test2
[root@localhost ~]#
[root@localhost ~]# ls  -l  /mydata/
합계 20
drwx------ 2 root root 16384  8월 14 11:47 lost+found
-rw------- 1 root root   939  8월 14 11:52 test2
[root@localhost ~]#
```

그림 6-15 새로운 파티션 장치에 마운트

NOTE▶ lost+found 디렉터리는 fsck 등의 명령으로 파일 시스템을 점검할 때 생성되는 파일을 저장하는 곳이다.

이제 /mydata 디렉터리는 /dev/sda2가 아닌 /dev/sdb1에 있다. 즉, /mydata 디렉터리에 어떠한 파일을 복사한다는 것은 /dev/sdb1 장치에 파일을 저장한다는 의미가 된다. 방금 복사한 test2 파일은 다음 그림과 같이 /dev/sdb1 장치에 저장된다.

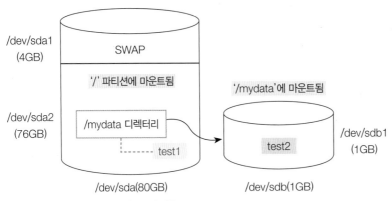

그림 6-16 마운트 된 이후의 디스크의 내용

/dev/sda2에 있던 test1 파일은 없어진 것이 아니라, /mydata 디렉터리가 /dev/sdb1에 마운트되어 있기 때문에 잠시 /dev/sda2에 숨어 있다고 생각하면 된다.

5-3 umount /dev/sdb1 명령을 입력해 /dev/sdb1의 마운트를 해제unmount한다. 그리고 ls –l /mydata 명령을 입력해 test1 파일이 그대로 있는지 확인한다.

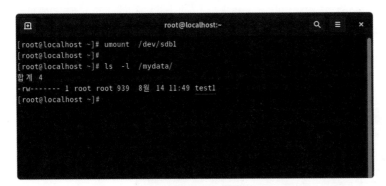

그림 6-17 마운트 해제

이러면 다음 그림과 같이 test1 파일이 원상 복구된다. test2 파일 역시 조금 전의 test1 파일처럼 없어진 것이 아니라, /dev/sdb1 장치에 그대로 보관되어 있다. 언제든지 다시 /dev/sdb1을 아무 디렉터리에 마운트하면 다시 test2 파일을 사용할 수 있다.

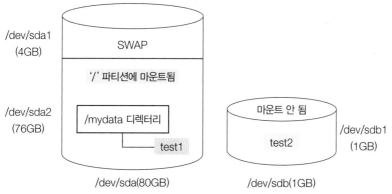

그림 6-18 마운트가 해제된 이후의 디스크 내용

Step 6

이번에는 컴퓨터를 켤 때 /dev/sdb1 장치가 항상 /mydata에 마운트되도록 설정한다.

6-1 **/etc/fstab** 파일을 gedit이나 nano 에디터로 열어서 가장 아래 부분에 다음 내용을 추가한다.

```
/dev/sdb1    /mydata    ext4    defaults    0    0
```

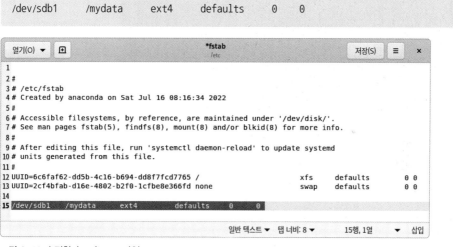

그림 6-19 수정한 /etc/fstab 파일

/etc/fstab는 리눅스가 부팅될 때마다 자동으로 읽는 중요한 파일이다. 이 파일에는 마운트 정보가 수록되어 있으며 글자가 틀릴 경우 아예 부팅이 되지 않을 수 있으므로 수정 시 주의가 필요하다.

6개의 필드는 장치 이름, 마운트될 디렉터리, 파일 시스템, 속성, dump 사용 여부, 파일 시스템 체크 여부를 의미한다. 파일 시스템과 속성을 defaults로 설정하면 읽기/쓰기/실행 등의 대부분 작업이 가능하다. dump 사용 여부를 1로 설정하면 리눅스 dump 명령을 이용한 백업이 가능하다. 파일 시스템 체크 여부를 1 또는 2로 설정하면 부팅 시에 이 파티션을 체크하는데 1인 파일 시스템을 먼저 체크하고, 2는 1을 체크한 후에 체크한다. 3은 없다. 일반적으로 / 파일 시스템을 1로 설정하고 이외에는 2로 설정하거나 별로 중요하지 않다면 0으로 설정한다. 0으로 설정하면 파일 시스템 체크를 생략하므로 부팅 속도가 향상된다.

6-2 수정한 /etc/fstab 파일을 저장한 후 **reboot** 명령을 입력해 재부팅하고 root 사용자로 로그인한다.

6-3 터미널을 열고 **ls -l /mydata** 명령을 입력해 /mydata 디렉터리를 살펴보면 test2 파일을 확인할 수 있다. 즉, **그림 6-5**의 마지막 부분처럼 /dev/sdb1 장치가 자동으로 마운트된 것이다.

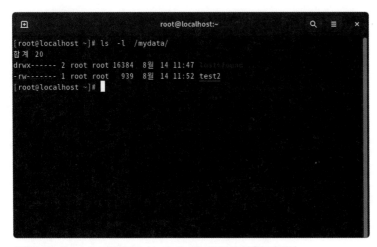

그림 6-20 /mydata 디렉터리가 /dev/sdb1에 자동으로 마운트된 결과

지금까지 저장 용량이 부족할 때 1개의 디스크를 장착해서 해결하는 가장 기본적인 방법을 익혔다. 다음에는 이 방법을 응용한 고급 디스크 관리 방법을 알아보겠다. 만약 잘 이해되지 않았다면 VMware Player의 설정을 초기화한 후 차근차근 실습을 다시 해보기를 권장한다.

Server(B) 가상머신에서 3GB SCSI 하드디스크(/dev/sdb)를 1개 추가한 후 2개(/dev/sdb1은 2GB, /dev/sdb2는 1GB) 파티션으로 분할하자. 그리고 /disk1과 /disk2 디렉터리에 마운트하자.

```
[root@localhost ~]# df
Filesystem      1K-blocks    Used Available Use% Mounted on
devtmpfs           201956       0    201956   0% /dev
tmpfs              220616       0    220616   0% /dev/shm
tmpfs               88248    3688     84560   5% /run
/dev/sda2        37729284 1321612  36407672   4% /
tmpfs               44120       0     44120   0% /run/user/0
/dev/sdb1         1992552      24   1871288   1% /disk1
/dev/sdb2         1012140      24    943356   1% /disk2
[root@localhost ~]#
```

그림 6-21 재부팅 후 df 명령 실행 결과

HINT 첫 번째 /dev/sdb1에 2GB를 할당할 때는 실습 1 Step 3 부분에서 Last Sector에 '+2G'를 입력하고, 두 번째 /dev/sdb2에 1GB를 할당할 때는 First sector와 Last Sector 모두 기본값([Enter])을 사용한다.

6.2 여러 개의 디스크를 하나처럼 사용하기

여러분이 시스템 관리자라고 가정하자. 회사 시스템의 저장 공간이 부족해 구매 담당 부서에 40TB(1TB=1,024GB) 용량의 디스크 하나를 구매 요청했다. 구매 담당자는 디스크를 구매해 여러분에게 전달했는데 10TB 2개와 20TB 1개가 들어왔다.

디스크 3개를 사용하면 조금 불편한 점이 발생한다. 총 용량은 40TB이지만 각 디스크의 용량을 넘지 않도록 파일을 잘 분배해야 하기 때문이다. 그렇지 않아도 해야 할 일이 많은 리눅스 시스템 관리자인데 할 일이 하나 더 생긴 것이다. 이러한 상황이면 누군가 디스크 3개를 40TB 디스크 하나로 바꿔 주길 간절히 바라게 된다.

이번에는 이러한 상황을 해결하는, 즉 여러 개의 디스크를 하나의 디스크처럼 사용할 수 있게 해 주는 RAID와 LVM이 무엇인지 알아보자.

6.2.1 RAID의 정의와 개념

RAID^{Redundant Array of Inexpensive/Independent Disks}는 여러 개의 디스크를 하나의 디스크처럼 사용하는 방식이다. 비용을 절감하면서도 신뢰성을 높이고 성능까지 향상시킬 수 있다. RAID의 종류는 크게 하드웨어 RAID와 소프트웨어 RAID로 나눌 수 있다.

하드웨어 RAID

하드웨어 RAID는 하드웨어 제조업체에서 여러 개의 디스크를 연결해 공급하는 장비다. 하드웨어 RAID는 조금 더 안정적이고 각 제조업체에서 기술 지원을 받을 수 있기에 많이 선호하는 RAID 방식이다. 최근에는 저가의 제품도 출시되지만, 안정적이고 성능도 좋은 제품은 여전히 상당한 고가다. 대개 고가의 경우 SA-SCSI 하드디스크를, 중저가의 경우 SATA 디스크를 사용해 만든다. 하드웨어 RAID는 각 제조업체에 따라 조작 방법이 다를 수 있으므로 상세한 설명은 생략한다.

그림 6-22 하드웨어 RAID

소프트웨어 RAID

소프트웨어 RAID는 고가 하드웨어 RAID의 대안이다. 운영체제에서 지원하는 방식으로 여러 개의 디스크를 RAID로 구성하는 방법을 말한다. 하드웨어 RAID와 비교하면 신뢰성이나 속도 등이 떨어지지만, 아주 저렴한 비용으로 조금 더 안전하게 데이터를 저장할 수 있다는 점에서 적극 고려할 만한 방식이다. 앞으로 소개하는 방식은 모두 소프트웨어 RAID 방식이다. 하지만 하드웨어 RAID도 개념상으로는 소프트웨어 RAID와 동일하므로 RAID 자체를 이해하는 데 큰 어려움은 없을 것이다.

6.2.2 RAID 레벨

기본 구성 방식에 따라 RAID를 Linear RAID, RAID 0, RAID 1, RAID 2, RAID 3, RAID 4, RAID 5까지 총 7가지로 분류할 수 있다. 실무에서 주로 사용하는 방식은 Linear RAID, RAID 0, RAID 1, RAID 5와 RAID 5의 변형인 RAID 6, 그리고 RAID 1과 0의 혼합인 RAID 1+0 등이다. 여기에서는 실무에서 사용하는 구성 방식 위주로 살펴본다. 앞에서 실습했던 단순 볼륨과 많이 쓰이는 RAID 방식인 Linear RAID, RAID 0, RAID 1, RAID 5, RAID 6을 비교하면 다음 그림과 같다.

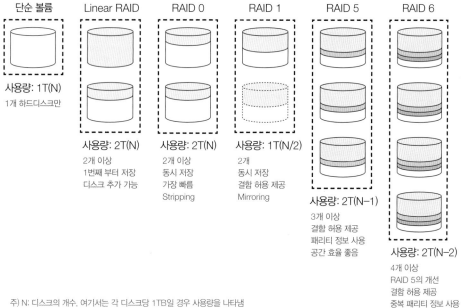

주) N: 디스크의 개수. 여기서는 각 디스크당 1TB일 경우 사용량을 나타냄

그림 6-23 각 RAID 방식 비교

단순 볼륨

디스크 하나를 볼륨^{Volume}, 묶음 하나로 사용하는 방법으로 RAID 방식에는 포함되지 않는다. **실습 1**에서 새로운 디스크를 추가할 때 단순 볼륨으로 설정했다.

Linear RAID와 RAID 0

두 방식 모두 최소 2개의 디스크가 필요하다. 2개 이상의 디스크를 1개의 볼륨으로 사용한다는 점에서 서로 비슷한 방식으로 보인다. 하지만 가장 큰 차이점은 저장되는 방식에 있다.

그림 6-23의 예를 보면 Linear RAID는 2개 이상의 디스크를 1개의 볼륨으로 사용하며 앞 디스크에 데이터가 완전히 저장되면 다음 디스크에 데이터를 저장하는 방식이다. 즉, 앞 디스크에 데이터가 완전히 저장되지 않는다면 다음 디스크는 전혀 사용하지 않는다.

이와 달리 RAID 0은 모든 디스크를 동시에 사용하는 방식이다. 3개의 디스크를 사용하는 경우를 단순화해 Linear RAID와 RAID 0의 저장 방식을 비교하면 '안녕하세요?우재남입니다'(12바이트라고 가정하자)라는 데이터는 다음 그림과 같은 방식으로 저장된다.

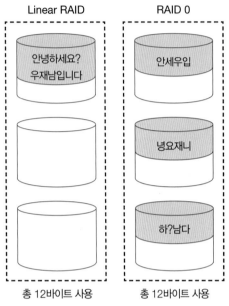

그림 6-24 Linear RAID와 RAID 0의 저장 방식 비교

Linear RAID는 첫 번째 디스크가 모두 채워진 후에 두 번째 디스크를 사용하는 방식이다. 이와 달리 RAID 0은 그림에 나와 있듯이 '안'은 첫 번째에, '녕'은 두 번째에, '하'는 세 번째에 저장하는 방식으로 데이터를 모든 디스크에, 동시에 저장한다.

NOTE ▶ 실제로는 비트 단위 또는 블록 단위로 저장되지만, 이해하기 쉽게 글자 1개씩 저장된다고 가정했다.

여기서 '동시에'라는 말은 중요한 의미를 갖는다. '안녕하세요?우재남입니다'를 저장하는 시간이 한 글자당 1초라고 가정한다면 Linear RAID의 경우 저장하는 데 총 12초의 시간이 소요된다. 하지만 RAID 0의 경우 동시에 디스크 3개를 사용하므로 각 디스크에 4글자만 저장하면 된다. 즉 4초면 저장이 완료된다. 이렇게 여러 개의 디스크에 동시에 저장되는 방식을 **스트라이핑**Stripping 방식이라고 부른다.

물론 저장되는 시간은 디스크말고도 컴퓨터 시스템에 존재하는 여러 가지 부분의 성능과 관련 있지만, RAID 0을 사용하면 저장되는 시간 효율이 Linear RAID와 비교했을 때보다 획기적으로 향상되는 것은 확실하다. 이렇게 RAID 0은 저장되는 시간 또는 속도적인 측면에서 모든 RAID 방식 중 가장 뛰어난 성능을 발휘한다.

하지만 RAID 0에도 단점은 있다. 3개의 디스크 중 하나가 고장 날 경우 어떠한 문제가 발생할까? 답은 모든 데이터를 잃어버린다는 것이다. **그림 6-24**에서 두 번째 디스크가 고장 났다고 가정하고 글자를 읽으면 '안X하세X?우X남입X다'가 된다. 컴퓨터는 이 데이터만 가지고 원래의 데이터가 무엇인지 예측할 수 없다. 즉, '안X하세X?우X남입X다'는 전혀 쓸모 없는 데이터다.

그러므로 RAID 0은 '빠른 성능을 요구하되 혹시 전부 잃어버려도 큰 문제가 되지 않는 데이터'를 저장하는 데 적절한 방식이다. 100개의 디스크로 RAID 0 방식을 구성했다고 가정하자. 이때 단순히 계산하면 저장 속도는 100배 빨라진다. 그러나 디스크도 기계이기 때문에 언제든 고장날 수 있다. 디스크 100개 중 하나라도 고장 난다면 저장된 데이터는 모두 없어지는 것과 마찬가지다 결국 여러 개의 디스크로 RAID 0을 구성하면 저장 속도(성능)는 빨라지지만, 데이터 소실 위험성은 더 증가한다.

Linear RAID의 장점은 각 디스크의 용량이 달라도 전체 용량을 문제없이 사용할 수 있어 공간 효율성이 100%라는 것이다. RAID 0 방식을 100TB 디스크 1개와 1TB 디스크 1개, 총 2개의 디스크로 구성했을 때 사용할 수 있는 총 용량은 2TB밖에 되지 않는다. 저장 속도를 높이려고 언제나 데이터를 나눠서 각 디스크에 동시에 저장하도록 설계되었기 때문이다. 즉, 작은 1TB 디스크가 꽉 차면 큰 쪽의 나머지 99TB는 사용할 수 없으므로 1TB짜리 2개로 구성하는 것과 동일하다. 하지만 Linear RAID는 첫 번째 디스크부터 순차적으로 데이터를 저장하기 때문에 총 용량이 101TB가 된다. **그림 6-24**를 보면 이해하기 쉬울 것이다.

NOTE ▶ Linear RAID를 제외한 나머지 RAID 0, 1, 5, 6, 1+0을 구성할 때는 동일한 용량의 디스크를 사용하는 것이 일반적이다. 또한 가능하면 모든 디스크를 동일한 회사의 동일 모델을 사용하면 RAID를 조금 더 안정적으로 구성할 수 있다.

RAID 1

RAID 1의 핵심은 **미러링**Mirroring이라고 할 수 있다. 즉, 똑같은 데이터의 거울을 만들어 놓는 것이다. 디스크 2개를 RAID 1으로 구성한 후 '안녕하세요?우재남입니다'라는 데이터를 저장하면 다음 그림과 같이 각 디스크에 동일한 12바이트 데이터를 저장해 총 24바이트를 차지한다. 이처럼 동일한 데이터를 각 디스크에 모두 저장하는 방식을 미러링이라고 한다. RAID 1은 미러링을 사용하므로 RAID 1으로 구성하면 데이터를 저장하는 데 2배의 용량을 사용해 결론적으로 총 디스크 용량의 절반밖에 사용하지 못한다.

RAID 1

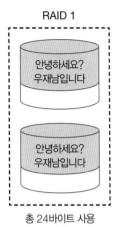

총 24바이트 사용

그림 6-25 RAID 1의 저장 방식

RAID 1의 장점은 2개의 디스크 중 하나가 고장 나더라도 데이터는 손상되지 않는다는 점이다. 이러한 특징을 '**결함 허용**Fault-tolerance을 제공한다'라고 표현한다. 반대로 단점은 실제 계획하는 것보다 2배 큰 저장 공간이 필요하다는 점이다. 즉, 비용이 2배로 든다. 1TB 디스크 2개를 RAID 1으로 구성하면 총 2TB 중에서 저장 가능한 용량은 1TB가 되므로 공간 효율은 50%밖에 되지 않는다. 이를 '공간 효율이 떨어진다'라고도 표현한다.

RAID 1은 '디스크가 고장 나도 없어져서는 안 될 중요한 데이터'를 저장할 때 유용한 방식이다. 즉, 비용이 많이 들더라도 중요도가 높은 데이터들을 저장할 때 사용한다.

이번에는 저장 속도를 살펴보자. 똑같은 데이터를 2번 저장하므로 2배의 시간이 걸린다고 생각할 수도 있다. 하지만 똑같은 데이터가 다른 디스크에 동시에 저장되는 것이므로 저장 속도는 빠르지도 느리지도 않다. 만약 하나의 디스크에 12바이트를 저장하는 데 12초가 걸린다고 가정하면 각 디스크에 동시에 저장되는 것이므로 총 12초의 시간이 걸린다.

RAID 5

RAID 5를 알아보기에 앞서 RAID 0과 RAID 1을 간단히 비교해 보자. 두 방식의 특징을 비교하면 다음 표와 같다.

표 6-1 RAID 0과 RAID 1의 특징 비교

	RAID 0	RAID 1
성능(속도)	뛰어남	변화 없음
데이터 안전성(결함 허용)	보장 못함(결함 허용 ×)	보장함(결함 허용 ○)
공간 효율성	좋음	나쁨

표를 살펴보면 각각의 장단점이 명확하다. 심지어 두 방식의 장담점이 대치된다. 즉, RAID 0을 선택하면 공간 효율성이 좋아지지만, 데이터 안정성이 떨어지고 RAID 1을 선택하면 데이터 안정성이 높아지지만, 공간 효율성이 나빠진다. 그래서 RAID 1처럼 데이터의 안전성이 어느 정도 보장되면서 RAID 0처럼 공간 효율성도 좋은 방식에 대한 수요가 높아졌다. 이를 어느 정도 포용하는 방식이 RAID 5다.

RAID 5는 최소한 3개 이상의 디스크가 있어야만 구성이 가능하며 대개는 5개 이상의 디스크로 구성한다. 디스크에 오류가 발생하면 패리티Parity를 이용해 데이터를 복구할 수 있다.

'000 111 010 011'이라는 12비트 데이터를 4개의 디스크로 구성된 RAID 5에 저장한다고 예를 들어 보겠다. 다음 그림에서 네모로 표시된 데이터는 패리티 데이터다. 각 행에 하나씩 패리티 데이터를 사용하며 첫 번째 행은 sdd, 두 번째 행은 sdc, 세 번째 행은 sdb와 같은 순서로 패리티를 사용할 공간을 비워 둔다. 처음 3비트인 000을 저장할 때는 sda에 0, sdb에 0, sdc에 0을 저장하고 sdd에는 패리티를 저장할 공간으로 비워 둔다. 두 번째 3비트인 111을 저장할 때는 sda에 1, sdb에 1, sdc는 패리티 데이터로 비워 두고, sdd에 1을 저장한다.

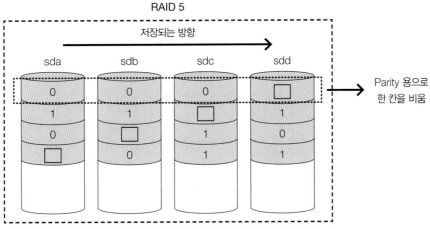

그림 6-26 RAID 5의 저장 방식 1

이제 다음 그림을 살펴보자. 이 예시에서 짝수 패리티를 사용했는데 짝수 패리티란 각 행이 짝수가 되게 만들려고 숫자를 채우는 것을 말한다.

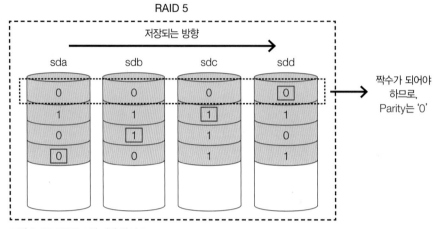

그림 6-27 RAID 5의 저장 방식 2

첫 번째 행의 '0+0+0+Parity'는 짝수가 되어야 하므로 첫 행의 패리티는 0이 된다. 두 번째 행도 '1+1+Parity+1=짝수'이므로 패리티는 1이 된다. 세 번째 010과 네 번째 011도 마찬가지다. 이렇게 저장이 완료된 RAID 5는 어느 정도의 결함을 허용한다. 4개의 디스크 중에서 1개가 고장 나도 원래의 데이터를 추출할 수 있는 것이다.

이번에는 실제로 결함이 허용되는지 두 번째 디스크인 sdb가 고장 났다고 가정하고 sdb의 데이터 저장 상태를 유추해 보자.

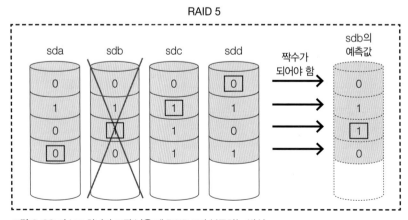

그림 6-28 디스크 하나가 고장 났을 때 RAID 5가 복구하는 방식

첫 번째 행을 보면 현재 sda에는 0, sdb는 알 수 없음, sdc는 0, sdd는 0이 들어 있다. '0+알수없음+0+0=짝수'여야 하므로 알 수 없는 sdb의 값은 0이라는 사실을 유추할 수 있다. 나머지도 같은 방식으로 유추하면 sdb에 들어 있던 원래 값이 0110이라는 것을 알 수 있다. 즉, 원래의 데이터를 손실 없이 사용할 수 있다.

RAID 5의 장점은 어느 정도의 결함을 허용하며 저장 공간의 효율도 좋다는 점이다. 4개의 1TB 디스크로 RAID 5를 구성하면 사용할 수 있는 공간은 전체 4TB 중 1개의 패리티로 사용하는 1TB 디스크를 제외한 3TB로 전체 용량의 75%가 된다. 디스크 10개로 RAID 5를 구성하면 전체 10TB 중 9TB, 전체 용량의 90%를 사용할 수 있다. 즉, 디스크 개수를 N개라고 하면 N-1만큼의 공간을 사용할 수 있다. 그러므로 여러 개의 디스크로 RAID 5를 구성할수록 공간 효율성이 높아진다.

RAID 6

지금까지 RAID 5를 사용할 때 디스크 하나가 고장 나도 데이터에 이상이 없다는 사실을 확인했다. 그렇다면 10개의 디스크로 RAID 5를 구성할 때 2개의 디스크가 동시에 고장 난다면 어떻게 될까? 불행히도 모든 데이터를 복구할 수 없게 된다. 그러므로 모든 데이터를 복구해야 하는 상황이라면 신뢰성을 조금 더 높일 필요가 있다.

RAID 6은 RAID 5를 개선해 2개의 패리티를 사용하는 방식이다. 공간 효율은 RAID 5보다 약간 낮지만, 2개의 디스크가 동시에 고장 나도 데이터에는 이상이 발생하지 않는다.

1TB 디스크 10개로 RAID 6을 구성하면 '디스크 개수-2'인 8TB의 용량을 사용할 수 있다. 그리고 RAID 5의 경우 최소 3개의 디스크로 구성할 수 있지만, RAID 6의 경우 최소 4개의 디스크로 구성해야 한다.

결론적으로 RAID 6은 공간 효율은 RAID 5보다 약간 낮은 반면에 데이터의 신뢰도는 더욱 높아진다. 또한 RAID 5는 패리티를 1개만 생성하면 되지만, RAID 6은 패리티를 2개 생성해야 하므로 내부적인 쓰기Write 알고리즘이 복잡해져 성능(속도)은 RAID 5와 비교했을 때 약간 떨어진다.

그 외 RAID를 조합하는 방법

앞에서 익힌 방식을 조합해 RAID를 구성할 수도 있다. 그중 많이 사용하는 RAID 1+0 방식이 있다. RAID 1+0은 RAID 1(미러링)으로 구성한 데이터를 다시 RAID 0(스트라이핑)으로 구성하는 방식이다. 이를 사용하면 신뢰성(안전성)과 성능(속도)을 동시에 확보할 수 있다.

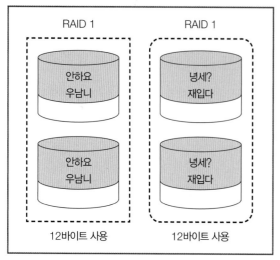

RAID 0

RAID 1   RAID 1

안하요
우남니   녕세?
재입다

안하요
우남니   녕세?
재입다

12바이트 사용   12바이트 사용

총 24바이트 사용

그림 6-29 RAID 1+0의 저장 방식

RAID 1+0를 사용하면 전체 '안녕하세요?우재남입니다'(12바이트)를 저장하는 데 디스크당 6글자만 저장하면 되므로 저장 시간이 총 6초밖에 걸리지 않는다. 또한 왼쪽 RAID 1과 오른쪽 RAID 1에서 각각 디스크가 1개씩 고장나도 데이터는 안전하므로 신뢰성(안정성)까지 얻을 수 있다.

이 외의 조합 방식으로 RAID 1+6을 들 수 있다. 이 방식은 아주 중요한 데이터를 저장할 경우 사용할 수 있다. 긴 시간동안 RAID 개념을 익히느라 조금 지루했을 것 같다. 이제 Rocky Linux에 RAID를 적용하는 실습을 진행하며 재미있게 이해하자.

6.2.3 Linear RAID, RAID 0, RAID 1, RAID 5 구현

이번 실습은 다음 그림과 같은 하드웨어 환경을 구축하고자 한다. 9개의 SCSI 하드디스크를 장착하고 Linear RAID(/dev/sdb, /dev/sdc), RAID 0(/dev/sdd, /dev/sde), RAID 1(/dev/sdf, /dev/sdg), RAID 5(/dev/sdh, /dev/sdi, /dev/sdj)를 구현한다.

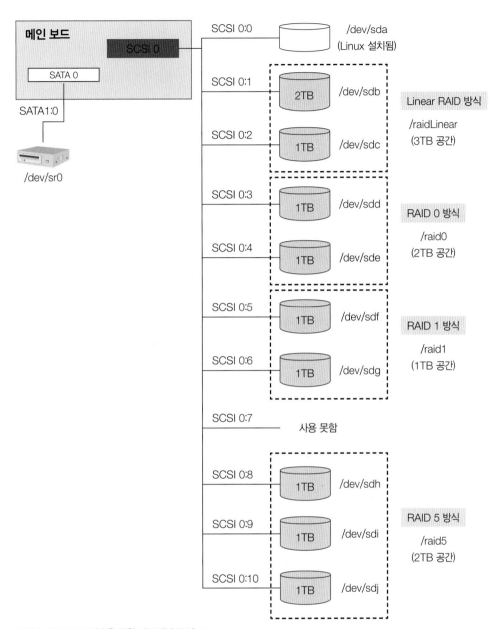

그림 6-30 RAID 실습을 위한 하드웨어 구성도

앞으로 그림에 디스크를 많이 표현해야 해서 복잡해질 수 있으므로 현재 실습과 관련되지 않은 디스크나 장치들은 최소화해서 표현하거나 생략하겠다. 장치를 제거한 것은 아니니 오해하지 말기 바란다. 또한 앞으로 그림에서는 디스크 단위를 TB로 표현하겠지만, 실습에서는 TB 용량 대신에 GB 단위 용량의 디스크를 장착해 실습하겠다.

가상머신에 디스크 9개 장착

실습을 원활하게 진행할 수 있게 미리 디스크 9개를 준비한다.

실습 2

RAID를 실습하기 위해 9개의 디스크를 장착한 가상머신 환경을 만들자.

Step 0

Server 가상머신을 설치 상태로 초기화한다. 아직 부팅은 하지 않는다.

Step 1

그림 6-30과 같이 디스크 9개를 추가한다. 디스크 사양을 표로 정리하면 다음과 같다.

표 6-2 RAID 실습을 위한 디스크

장치 이름	디스크 크기	파일 이름	비고
SCSI 0:1	2GB	disk0-1.vmdk	Linear RAID
SCSI 0:2	1GB	disk0-2.vmdk	Linear RAID
SCSI 0:3	1GB	disk0-3.vmdk	RAID 0
SCSI 0:4	1GB	disk0-4.vmdk	RAID 0
SCSI 0:5	1GB	disk0-5.vmdk	RAID 1
SCSI 0:6	1GB	disk0-6.vmdk	RAID 1
SCSI 0:7	사용할 수 없음 (VMware 프로그램에 예약되어 있음)		
SCSI 0:8	1GB	disk0-8.vmdk	RAID 5
SCSI 0:9	1GB	disk0-9.vmdk	RAID 5
SCSI 0:10	1GB	disk0-10.vmdk	RAID 5

1-1 VMware Player 초기 화면 왼쪽에서 [Server]를 선택하고 오른쪽 아래의 [Edit virtual machine settings]를 클릭한다.

1-2 [Virtual Machine Settings] 창에서 [Add] 버튼을 클릭한다.

1-3 [Add Hardware Wizard] 창의 [Hardware Type]에서 [Hard Disk]를 선택하고 [Next] 버튼을 클릭한다.

1-4 [Select a Disk Type]에서 'SCSI (Recommended)'를 선택하고 [Next] 버튼을 클릭한다.

1-5 [Select a Disk]에서 [Create a new virtual disk]를 선택하고 [Next] 버튼을 클릭한다.

1-6 [Specify Disk Capacity]에서 생성할 첫 번째 디스크 용량은 2GB이므로 [Maximum disk size]에 '2'를 입력하고 'Store virtual disk as a single file'을 선택한 후 [Next] 버튼을 클릭한다.

1-7 [Specify Disk File]에서 [Disk file]의 값을 앞의 표에 나온 대로 'disk0-1.vmdk'로 입력하고 [Finish] 버튼을 클릭한다.

NOTE▶ 기존에 사용하던 disk0-1.vmdk 파일이 있는 상태에서 [Disk file]에 'disk0-1.vmdk'를 입력하면 오류가 발생한다. 이 경우에는 호스트 컴퓨터의 C:\Rocky9\Server 폴더에서 disk0-1.vmdk 파일을 삭제한 후 다시 실습을 진행하자. 파일 이름을 지정하기가 번거롭다면 VMware Player가 제시하는 기본 설정 이름을 그대로 사용하자. 그렇게 해도 실습에는 별 문제가 되지 않는다.

1-8 **1-2~1-7**을 참고해 앞의 표에 나온 대로 이번에는 1GB 용량의 디스크 8개를 추가한다. 최종 화면은 다음 그림과 같다. 그림과 동일하게 디스크를 생성했다면 [OK] 버튼을 클릭한다(디스크의 순서는 그림과 달라도 된다).

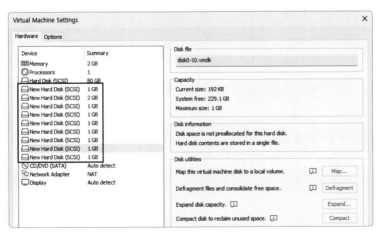

그림 6-31 9개의 SCSI 하드디스크가 추가된 결과 1

디스크가 제대로 장착되었는지 확인한다.

2-1 Server 가상머신을 부팅하고 root 사용자로 로그인한 후 터미널을 연다. VMware player 메뉴를 보면 지금 장착한 9개의 디스크를 합한 총 10개의 디스크가 보인다.

그림 6-32 9개의 SCSI 하드디스크가 추가된 결과 2

2-2 터미널에서 **ls –l /dev/sd*** 명령을 입력해 조금 전 장착한 SCSI 장치가 /dev 디렉터리에 마운트되었는지 확인한다.

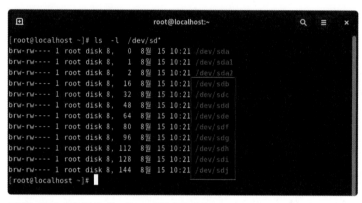

그림 6-33 9개의 SCSI 하드디스크가 추가된 결과 3

Rocky Linux가 설치된 /dev/sda를 제외하고 /dev/sdb ~ /dev/sdj까지 9개의 장치가 새로 마운트되었음을 확인할 수 있다.

지금 장착한 /dev/sdb~/dev/sdj의 9개 디스크는 앞으로 RAID용으로 계속 사용한다. 그러므로 앞으로 편리하게 실습할 수 있게 fdisk 명령을 실행해 9개 디스크를 RAID용 파티션으로 만든다.

3-1 다음 명령을 입력해 /dev/sdb 장치에 /dev/sdb1 파티션을 생성하고 관련 설정을 진행한다. **실습 1**에서는 파일 시스템 유형을 별도로 지정하지 않았다. 그럴 경우 Rocky Linux는 자동으로 파일 시스템을 83(Linux)으로 지정한다. 이번 실습의 내용은 RAID 구축이므로 별도로 'fd(Linux raid autodetect)'라는 파일 시스템을 지정해야 한다.

```
# fdisk /dev/sdb          → [SCSI 0:1] 디스크 선택
Command : n               → 새로운 파티션 분할
Select : p                → Primary 파티션 선택
Partition number : 1      → 파티션 번호 1번 선택
First sector: Enter       → 시작 섹터 번호
Last sector: Enter        → 마지막 섹터 번호
Command : t               → 파일 시스템 유형 선택
Hex Code : fd             → 'Linux raid autodetect' 유형 번호(L을 입력하면 전체 유형이 출력됨)
Command : p               → 설정 내용 확인
Command: w                → 설정 저장
```

```
                                    root@localhost:~                        🔍  ≡  ×

[root@localhost ~]# fdisk  /dev/sdb
Welcome to fdisk (util-linux 2.37.4).
Changes will remain in memory only, until you decide to write them.
Be careful before using the write command.

Device does not contain a recognized partition table.
Created a new DOS disklabel with disk identifier 0x8c09d854.

Command (m for help): n
Partition type
   p   primary (0 primary, 0 extended, 4 free)
   e   extended (container for logical partitions)
Select (default p): p
Partition number (1-4, default 1): 1
First sector (2048-4194303, default 2048):
Last sector, +/-sectors or +/-size{K,M,G,T,P} (2048-4194303, default 4194303):

Created a new partition 1 of type 'Linux' and of size 2 GiB.

Command (m for help): t
Selected partition 1
Hex code or alias (type L to list all): fd
Changed type of partition 'Linux' to 'Linux raid autodetect'.

Command (m for help): p
Disk /dev/sdb: 2 GiB, 2147483648 bytes, 4194304 sectors
Disk model: VMware Virtual S
Units: sectors of 1 * 512 = 512 bytes
Sector size (logical/physical): 512 bytes / 512 bytes
I/O size (minimum/optimal): 512 bytes / 512 bytes
Disklabel type: dos
Disk identifier: 0x8c09d854

Device     Boot Start    End Sectors Size Id Type
/dev/sdb1        2048 4194303 4192256   2G fd Linux raid autodetect

Command (m for help): w
The partition table has been altered.
Calling ioctl() to re-read partition table.
Syncing disks.
```

그림 6-34 RAID용 파티션 생성 1

3-2 앞 단계를 참고해 fdisk /dev/sdc부터 fdisk /dev/sdj까지 명령을 입력해 나머지 8개 디스크의 파티션을 생성한다.

3-3 9개의 디스크 파티션을 모두 만들었다면 ls /dev/sd* 명령을 입력해 파티션을 확인한다.

그림 6-35 RAID용 파티션 생성 2

이렇게 추가한 9개의 디스크를 이용해 향후 실습에서 RAID를 구축한다.

Step 4

지금까지 설정한 내용을 스냅숏으로 저장한다.

4-1 halt -p 명령을 입력해 VMware Player를 종료한다.

4-2 VMware Workstation Pro를 실행해 Server 가상머신을 열고 [VM] – [Snapshot] – [Take Snapshot] 메뉴를 클릭한 후 '9개 디스크 파티션 완료' 정도의 이름으로 현재 상태를 스냅숏한다.

NOTE▶ 스냅숏 방법이 잘 기억나지 않는다면 107쪽 3장 실습 1 Step 17을 참고하자.

4-3 VMware Workstation Pro를 종료한다.

? VITAMIN QUIZ 6-2

Server(B) 가상머신을 초기화하고 373쪽 **그림 6-30**과 동일하게 9개의 디스크를 추가하고 RAID용 파티션을 생성하자. 원활한 실습 진행을 위해 TB 대신 GB로 디스크를 추가하자. 결과물은 다음 비타민 퀴즈에서 사용한다.

Linear RAID 구축

이제 본격적으로 RAID 장치를 만들자. 우선 다음 그림의 순서를 참고해 Linear RAID를 만든다.

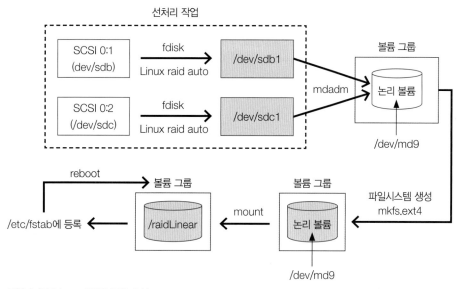

그림 6-36 Linear RAID 구축 순서

실습 3

Linear RAID를 구성하자. 373쪽 그림 6-30 및 그림 6-36을 참고해 /dev/sdb, /dev/sdc로 구성한다.

Step 0

실습 2에 이어서 진행한다. Server 가상머신을 부팅하고 root 사용자로 로그인한다.

Step 1

그림 6-36에 나온 선처리 작업을 먼저 진행한다. **fdisk**는 **실습 2**에서 이미 실행했으므로 **fdisk -l /dev/ sdb; fdisk -l /dev/sdc** 명령을 입력해 확인만 하자.

NOTE fdisk 명령의 -l 옵션은 파티션 상태를 화면에 출력하는 것이다. 그리고 명령 사이를 세미콜론(;)으로 구분했는데 이러면 서로 다른 별개의 명령을 연속해서 실행한다.

그림 6-37 파티션 확인

Step 2

그림 6-36을 참고해 **mdadm** 명령을 실행해 본격적으로 RAID를 구성한다.

2-1 다음 명령을 입력해 /dev/sdb1과 /dev/sdc1을 Linear RAID 장치인 /dev/md9로 생성하고 잘 생성되었는지 확인한다.

```
mdadm --create /dev/md9 --level=linear --raid-devices=2 /dev/sdb1 /dev/sdc1   → RAID 생성
mdadm --detail --scan                                                         → RAID 확인
```

```
                                root@localhost:~                      Q  ≡  ×

[root@localhost ~]# mdadm --create /dev/md9 --level=linear --raid-devices=2
 /dev/sdb1 /dev/sdc1
mdadm: Defaulting to version 1.2 metadata
mdadm: array /dev/md9 started.
[root@localhost ~]#
[root@localhost ~]# mdadm --detail --scan
ARRAY /dev/md9 metadata=1.2 name=localhost.localdomain:9 UUID=a89c1d44:633c0fc3:
218d029c:1b620e3c
[root@localhost ~]#
```

그림 6-38 Linear RAID 구축 1

NOTE ▶ '/dev/md9'는 Linear RAID 장치로 사용하려고 필자가 임의로 지정한 이름이다. 이 책에서는 Linear RAID 는 md9로, RAID 0은 md0으로, RAID 1은 md1으로, RAID 5는 md5로 지정하겠다. 이러면 'md0'의 이름만으로 도 어떤 RAID 장치인지 쉽게 구분할 수 있다. Linear는 특별히 번호가 없어서 비어 있는 9번을 사용해 표현한 것이다.

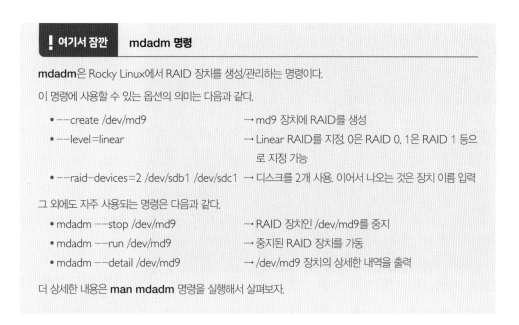

! 여기서 잠깐   mdadm 명령

mdadm은 Rocky Linux에서 RAID 장치를 생성/관리하는 명령이다.

이 명령에 사용할 수 있는 옵션의 의미는 다음과 같다.

- • --create /dev/md9   → md9 장치에 RAID를 생성
- • --level=linear   → Linear RAID를 지정. 0은 RAID 0, 1은 RAID 1 등으로 지정 가능
- • --raid-devices=2 /dev/sdb1 /dev/sdc1 → 디스크를 2개 사용. 이어서 나오는 것은 장치 이름 입력

그 외에도 자주 사용되는 명령은 다음과 같다.

- • mdadm --stop /dev/md9   → RAID 장치인 /dev/md9를 중지
- • mdadm --run /dev/md9   → 중지된 RAID 장치를 가동
- • mdadm --detail /dev/md9   → /dev/md9 장치의 상세한 내역을 출력

더 상세한 내용은 **man mdadm** 명령을 실행해서 살펴보자.

2-2 **mkfs.ext4 /dev/md9** 또는 **mkfs -t ext4 /dev/md9/** 명령을 입력해 /dev/md9 파티션 장치의 파일 시스템을 생성한다. 즉, /dev/md9를 포맷한다.

그림 6-39 Linear RAID 구축 2

2-3 **mkdir /raidLinear** 명령을 입력해 마운트할 디렉터리(/raidLinear)를 생성하고 **mount /dev/md9 /raidLinear** 명령을 입력해 마운트한다. **df** 명령을 입력하면 /raidLinear 디렉터리에 약 2.8GB가량의 여유공간이 있음을 확인할 수 있다. /dev/sdb는 2GB, /dev/sdc는 1GB 용량이다. Linear RAID는 2개 디스크 용량을 모두 사용하기 때문에 3GB 정도가 나온 것이다(365쪽 **그림 6-23**에서 확인한 내용이다).

그림 6-40 Linear RAID 구축 3

NOTE▶ VMware 프로그램의 버전 및 하드웨어 환경에 따라 약간씩 용량 차이가 날 수 있다. 용량이 책에 나온 것과 조금 다르더라도 별 문제가 없으므로 무시하고 실습을 진행하자.

2-4 이번에는 컴퓨터를 켤 때 자동으로 /dev/md9 장치가 /raidLinear 디렉터리에 마운트되도록 설정한 다. **/etc/fstab** 파일을 gedit이나 nano 에디터로 열고 15행쯤에 다음 내용을 추가한 후 파일을 저장하고 에디터를 닫는다(자세한 위치는 다음 그림을 참고하자).

```
/dev/md9      /raidLinear    ext4    defaults    0    0
```

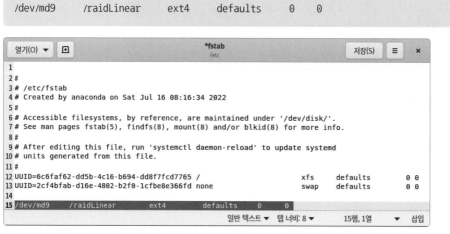

그림 6-41 Linear RAID 구축 4

Step 3

mdadm --detail /dev/md9 명령을 입력해 Linear RAID 구축이 제대로 되었는지 확인한다.

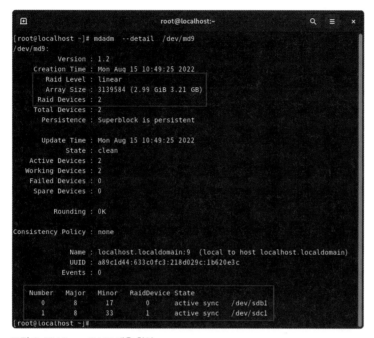

```
[root@localhost ~]# mdadm --detail /dev/md9
/dev/md9:
            Version : 1.2
      Creation Time : Mon Aug 15 10:49:25 2022
         Raid Level : linear
         Array Size : 3139584 (2.99 GiB 3.21 GB)
       Raid Devices : 2
      Total Devices : 2
        Persistence : Superblock is persistent

        Update Time : Mon Aug 15 10:49:25 2022
              State : clean
      Active Devices : 2
     Working Devices : 2
      Failed Devices : 0
       Spare Devices : 0

           Rounding : 0K

 Consistency Policy : none

               Name : localhost.localdomain:9  (local to host localhost.localdomain)
               UUID : a89c1d44:633c0fc3:218d029c:1b620e3c
             Events : 0

     Number   Major   Minor   RaidDevice State
        0       8       17        0      active sync   /dev/sdb1
        1       8       33        1      active sync   /dev/sdc1
[root@localhost ~]#
```

그림 6-42 Linear RAID 내용 확인

/dev/md9의 상세 내용이 나온다. RAID Level은 linear, Array Size(용량)는 3GB, Raid Devices(장치 개수)는 2개다. 현재 작동 중인 장치(디스크)는 2개며, 가장 아래쪽에 장치의 상세한 내용과 /dev/sdb1과 /dev/sdc1을 사용한다는 내용이 출력된다.

이상으로 Linear RAID 구축 실습을 완료했다. 이 방식은 RAID 0, 1, 5, 6, 1+0 구축 방식과 거의 유사하다. 그러니 잘 기억하기 바란다.

RAID 0 구축

이번에는 앞에서 구축한 Linear RAID와 거의 비슷한 방법으로 RAID 0를 구성한다. 379쪽 **그림 6-36**과의 차이점은 RAID 장치를 /dev/md0으로 사용하는 것과 **mdadm** 명령을 실행할 때 '--level=0'으로 설정하며, 마운트할 디렉터리는 /raid0라는 것 정도다.

실습 4

RAID 0를 구성하자. 373쪽 그림 6-30을 참고해 /dev/sdd와 /dev/sde로 구성한다.

Step 0

실습 3에 이어서 진행한다.

Step 1

디스크 파티션 등의 선처리 작업은 앞선 실습에서 이미 진행했으므로 생략한다.

Step 2

mdadm 명령을 실행해 실제 RAID를 구성한다.

2-1 mdadm --create /dev/md0 --level=0 --raid-devices=2 /dev/sdd1 /dev/sde1 명령을
입력해 /dev/sdd1과 /dev/sde1을 RAID 0 장치인 /dev/md0으로 생성하고, mdadm --detail
--scan 명령을 입력해 잘 생성되었는지 확인한다.

그림 6-43 RAID 0 구축 1

2-2 mkfs.ext4 /dev/md0 또는 mkfs -t ext4 /dev/md0 명령을 입력해 /dev/md0 파티션 장치를 포
맷한다.

2-3 mkdir /raid0 명령을 입력해 마운트할 디렉터리(/raid0)를 생성하고, mount /dev/md0 /raid0 명
령을 입력해 마운트한다. 그리고 df 명령을 입력해 결과를 확인한다.

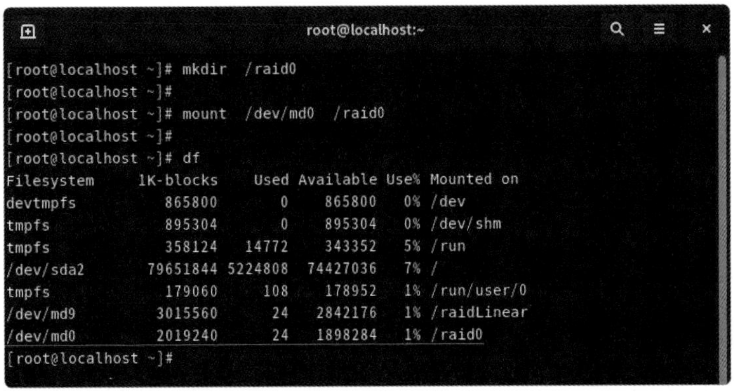

그림 6-44 RAID 0 구축 2

/dev/md0 장치는 RAID 0이므로 디스크 용량을 모두 사용한다. 따라서 /dev/sdd의 1GB와 /dev/sde의 1GB를 합한 약 2GB의 용량으로 표시된다(365쪽 **그림 6-23**에서 확인한 내용이다).

2-4 이번에는 컴퓨터를 켤 때 자동으로 /dev/md0 장치가 /raid0 디렉터리에 마운트되도록 설정한다. **/etc/fstab** 파일을 gedit이나 nano 에디터로 열고 가장 아래쪽에 다음 내용을 추가한다 .

```
/dev/md0      /raid0    ext4    defaults    0    0
```

Step 3

mdadm --detail /dev/md0 명령을 입력해 RAID 0 구축이 제대로 되었는지 확인한다.

RAID 1 구축

RAID 1 구축 방법은 앞서 진행한 RAID 0 구축 방법과 거의 같다.

실습 5

RAID 1을 구성하자. 373쪽 그림 6 -30을 참고해 **/dev/sdf와 /dev/sdg로 구성한다.**

Step 0

실습 4에 이어서 진행한다.

디스크 파티션 등의 선처리 작업은 이미 진행했으므로 생략한다.

mdadm 명령을 실행해 실제 RAID를 구성한다.

2-1 다음 명령을 입력해 /dev/sdf1과 /dev/sdg1을 RAID 1 장치인 /dev/md1로 생성하고 잘 생성되었는지 확인한다.

```
mdadm --create /dev/md1 --level=1 --raid-devices=2 /dev/sdf1 /dev/sdg1
      → 'Continue creating array?' 메시지가 나오면 y를 입력해서 계속 진행한다.
mdadm --detail --scan
```

NOTE ▶ RAID 1 생성 시 나오는 경고 메시지는 부팅 장치로는 사용할 수 없다는 내용이다. 지금 만드는 RAID 1을 부팅 장치로 사용할 일은 없으므로 무시하자.

2-2 mkfs.ext4 /dev/md1 또는 mkfs –t ext4 /dev/md1 명령을 입력해 /dev/md1 파티션 장치를 포맷한다.

2-3 mkdir /raid1 명령를 입력해 마운트할 디렉터리(/raid1)를 생성하고, mount /dev/md1 /raid1 명령을 입력해 마운트한다. 그리고 df 명령을 입력해 결과를 확인한다.

```
[root@localhost ~]# mkdir  /raid1
[root@localhost ~]#
[root@localhost ~]# mount  /dev/md1  /raid1
[root@localhost ~]#
[root@localhost ~]# df
Filesystem      1K-blocks     Used Available Use% Mounted on
devtmpfs          865800        0    865800   0% /dev
tmpfs             895304        0    895304   0% /dev/shm
tmpfs             358124    14776    343348   5% /run
/dev/sda2       79651844  5224812  74427032   7% /
tmpfs             179060      108    178952   1% /run/user/0
/dev/md9         3015560       24   2842176   1% /raidLinear
/dev/md0         2019240       24   1898284   1% /raid0
/dev/md1         1011148       24    942416   1% /raid1
[root@localhost ~]#
```

그림 6-45 RAID 1 구축

RAID 0인 /raid0 디렉터리의 용량이 약 2GB 정도인데 RAID 1인 /raid1 디렉터리는 1GB 정도 밖에 되지 않는다는 사실을 확인할 수 있다. 동일한 데이터를 2회 저장(미러링)하기 때문에 실제 가용 용량은 2GB의 절반인 1GB 정도다(365쪽 **그림 6-23**에서 확인한 내용이다).

2-4 이번에는 컴퓨터를 켤 때 자동으로 /dev/md1 장치가 /raid1 디렉터리에 마운트되도록 설정한다. **/etc/fstab** 파일을 gedit이나 nano 에디터로 열고 가장 아래쪽에 다음 내용을 추가한다.

```
/dev/md1    /raid1    ext4    defaults    0    0
```

Step 3

mdadm --detail /dev/md1 명령을 입력해 RAID 1 구축이 제대로 되었는지 확인한다.

RAID 5 구축

이번에는 다음 그림의 순서를 참고해 RAID 5를 구축한다. 방법은 앞에서 진행한 것과 거의 비슷하며 디스크 개수만 최소 3개 이상으로 구성하면 된다.

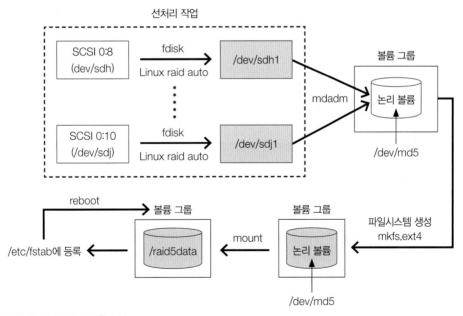

그림 6-46 RAID 5 구축 순서

실습 6

RAID 5를 구성하자. 373쪽 그림 6-30을 참고해 /dev/sdh, /dev/sdi, /dev/sdj로 구성한다.

Step 0

실습 5에 이어서 진행한다.

Step 1

디스크 파티션 등의 선처리 작업은 이미 진행했으므로 생략한다.

Step 2

mdadm 명령을 실행해 실제 RAID 5를 구성한다.

2-1 다음 명령을 입력해 /dev/sdh1, /dev/sdi1, /dev/sdj1을 RAID 5 장치인 /dev/md5로 생성한다. 그리고 잘 생성되었는지 확인한다.

```
mdadm --create /dev/md5 --level=5 --raid-devices=3 /dev/sdh1 /dev/sdi1 /dev/sdj1
        → 만약 경고 창이 나오면 그냥 두고 약 1~2분 정도 기다리자. 자동으로 없어진다.
mdadm --detail --scan
```

2-2 mkfs.ext4 /dev/md5 명령을 입력해 /dev/md5 파티션 장치를 포맷한다.

2-3 mkdir /raid5 명령을 입력해 마운트할 디렉터리(/raid5)를 생성하고, mount /dev/md5 /raid5 명령을 입력해 마운트한다. 그리고 df 명령을 입력해 결과를 확인한다.

```
[root@localhost ~]# mkdir /raid5
[root@localhost ~]#
[root@localhost ~]# mount /dev/md5 /raid5
[root@localhost ~]#
[root@localhost ~]# df
tmpfs          893304        0    893304     /dev/shm
tmpfs          358124    14780    343344   5% /run
/dev/sda2    79651844  5225300  74426544   7% /
tmpfs          179060      108    178952   1% /run/user/0
/dev/md9      3015560       24   2842176   1% /raidLinear
/dev/md0      2019240       24   1898284   1% /raid0
/dev/md1      1011148       24    942416   1% /raid1
/dev/md5      2019240       24   1898284   1% /raid5
[root@localhost ~]#
```

그림 6-47 RAID 5 구축

365쪽 **그림 6-23**에서 설명했듯이 RAID 5는 '디스크 개수−1'만큼의 용량을 사용할 수 있다. 지금은 3개를 설치했으므로 2개의 용량인 2GB만 사용할 수 있다. 만약 10개를 설치했다면 9GB의 용량을 사용할 수 있다.

2-4 이번에는 컴퓨터를 켤 때 자동으로 /dev/md5 장치가 /raid5 디렉터리에 마운트되도록 설정한다. **/etc/ fstab** 파일을 gedit이나 nano 에디터로 열어서 가장 아래쪽에 다음 내용을 추가한다.

```
/dev/md5    /raid5    ext4    defaults    0    0
```

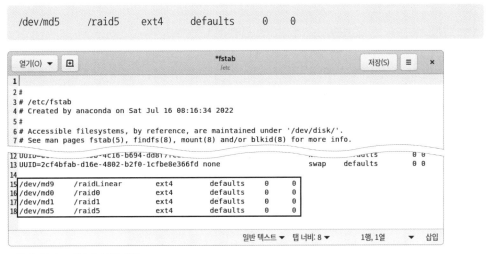

그림 6-48 /etc/fstab 파일 수정

2-5 mdadm −−detail /dev/md5 명령을 입력해 RAID 5 구축이 제대로 되었는지 확인한다.

Step 3

재부팅하기 전에 mdadm.conf 파일을 생성하고 몇 가지 설정을 해야 한다.

3-1 mdadm −−detail −−scan 명령을 입력하면 나오는 4개 ARRAY의 내용을 마우스로 드래그한다. 그리고 마우스 오른쪽 버튼을 클릭한 후 [복사]를 클릭한다(터미널 창을 옆으로 늘리면 행이 넘어가지 않아서 보기에 편하다).

그림 6-49 /etc/mdadm.conf 파일 편집 1

3-2 gedit /etc/mdadm.conf 명령을 입력해 새 파일을 열고 Ctrl + V 를 눌러 복사한 내용을 붙여 넣는다. 그리고 각 행의 중간 부분에 있는 'name=localhost.localdomain: O' 부분을 삭제한다. 최종적으로 다음 그림과 같은 형태가 되어야 한다. 저장하고 gedit 에디터를 닫는다.

그림 6-50 /etc/mdadm.conf 파일 편집 2

3-3 reboot 명령을 입력해 재부팅한다.

Step 4

root 사용자로 로그인하고 **df** 명령을 입력해 RAID 장치가 제대로 설정되었는지 확인한다.

```
[root@localhost ~]# df
Filesystem      1K-blocks     Used Available Use% Mounted on
devtmpfs         865800         0    865800   0% /dev
tmpfs            895304         0    895304   0% /dev/shm
tmpfs            358124      9924    348200   3% /run
/dev/sda2      79651844   5225544  74426300   7% /
/dev/md0        2019240        24   1898284   1% /raid0
/dev/md1        1011148        24    942416   1% /raid1
/dev/md9        3015560        24   2842176   1% /raidLinear
/dev/md5        2019240        24   1898284   1% /raid5
tmpfs            179060        56    179004   1% /run/user/42
tmpfs            179060       104    178956   1% /run/user/0
[root@localhost ~]#
```

그림 6-51 재부팅 후 RAID 장치 확인

Step 5

지금까지 설정한 내용을 스냅숏으로 저장한다.

5-1 halt -p 명령을 입력해 VMware Player를 종료한다.

5-2 VMware Workstation Pro를 실행해 Server 가상머신을 열고 [VM] – [Snapshot] – [Take Snapshot] 메뉴를 클릭한 후 'RAID 5까지 구성 완료' 정도의 이름으로 현재 상태를 스냅숏한다.

NOTE▶ 스냅숏 방법이 잘 기억나지 않는다면 107쪽 3장 실습 1 Step 17을 참고하자.

5-3 [VM] − [Snapshot] − [Snapshot Manger] 메뉴를 클릭해 스냅숏 상태를 확인할 수 있다.

그림 6-52 스냅숏 상태 확인

5-4 VMware Workstation Pro를 종료한다.

이로써 373쪽 **그림 6-30**과 동일하게 Linear RAID, RAID 0, RAID 1, RAID 5의 구성을 완료했다.

---

⑦ VITAMIN QUIZ 6-3

Server(B) 가상머신에 **그림 6-30**과 동일하게 RAID를 구축하자. 결과물은 다음 비타민 퀴즈에서 사용한다.

HINT mdadm −−detail −−scan 〉/etc/mdadm.conf 명령을 실행해 mdadm.conf 파일을 생성한 후 nano 에디터로 편집한다.

6.2.4 Linear RAID, RAID 0, RAID 1, RAID 5에서 문제 발생과 조치 방법

이제 각 RAID 장치들이 우리가 기대하는 것처럼 잘 작동하는지를 테스트해 볼 차례다.

Linear RAID나 RAID 0은 디스크 중 하나라도 고장 나면 해당 디스크에 저장된 데이터는 모두 복구할 수 없다고 이미 배웠으며, RAID 1과 RAID 5는 디스크 중 하나가 고장 나도 데이터는 안전하다는 점도 언급했었다.

Linear RAID, RAID 0, RAID 1, RAID 5의 문제 발생 테스트

앞서 배웠듯이 RAID 1, 5는 '결함 허용' 기능이 있다. 즉, 디스크에 문제가 발생해도 저장된 데이터는 안전하다는 의미다. 테스트를 위해 다음 그림과 같이 각 RAID 구성과 연결된 디스크를 1개씩 고장 내겠다.

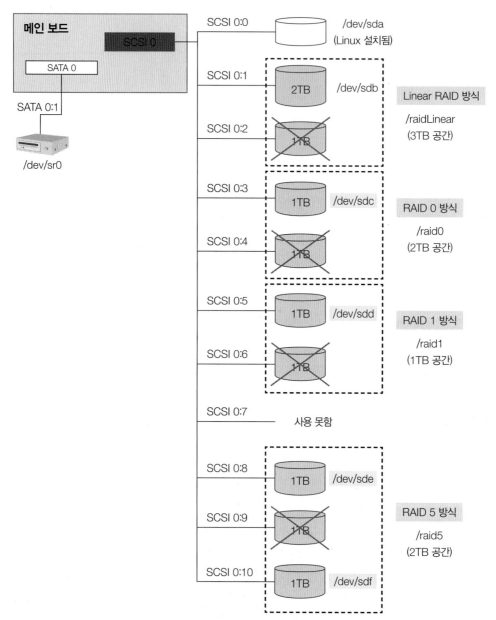

그림 6-53 각 RAID 구성과 연결된 디스크를 고장내기 위한 하드웨어 구성도

이 그림을 보면 기존 /dev/sdb~/dev/sdj 9개 장치 중 /dev/sdb~/dev/sdf 5개만 보인다. 즉,
기존의 /dev/sdc (SCSI 0:2)가 없어진다고 해서 /dev/sdc 장치가 없어지는 것이 아니라 이 그림
의 /dev/sdc(SCSI 0:3)처럼 하나씩 이름이 밀린다.

이해하기 어렵다면 이 그림과 고장 나기 전의 그림인 373쪽 **그림 6-30**을 비교하며 살펴보자.

실습 7

Linear RAID, RAID 0, 1, 5의 디스크가 고장 난 상황을 살펴보고 정상적으로 부팅이 가능하도록 설정하자.

Step 0

실습 6에서 이어서 진행한다. Server 가상머신을 부팅하고 root로 로그인한다.

Step 1

정상적으로 작동하는 RAID에 적당한 파일을 복사한다.

1-1 df 명령을 입력해 **그림 6-53**과 같이 정상적으로 raid에 마운트되어 있는지 확인한다.

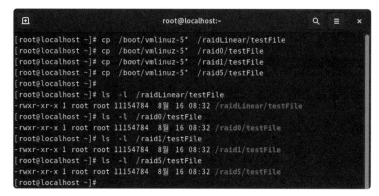

그림 6-54 정상적인 RAID 확인

NOTE ▶ RAID의 순서는 다르게 나올 수 있다.

1-2 /raidLinear, /raid0, /raid1, /raid5 디렉터리에 testFile이라는 이름으로 아무 파일이나 복사한다.

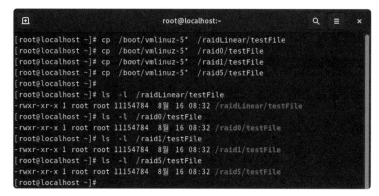

그림 6-55 테스트용 파일 복사

1-3 현재는 RAID가 모두 정상적으로 작동하는 상태다. **halt -p** 명령을 입력해 Server 가상머신을 종료한다.

Step 2

그림 6-53과 같이 4개의 디스크를 고장 낸다.

2-1 VMware Player를 다시 실행한 후 왼쪽의 [Server]를 선택하고 오른쪽의 [Edit Virtual machine setting]를 클릭한다. [Virtual Machine Settings] 창에서 [Hard Disk 3 (SCSI)]를 선택한 후 [Advanced] 버튼을 클릭하면 [Hard Disk Advanced Settings] 창이 나온다. 여기서 해당 디스크의 장치 번호를 확인할 수 있다. 장치 번호가 [SCSI 0:2]임을 확인하고 [Cancel] 버튼을 클릭해서 [Hard Disk Advanced Settings] 창을 닫는다. 그리고 [Remove] 버튼을 클릭해 디스크를 제거한다. 디스크가 삭제되었으므로 Server 가상 머신에서는 더 이상 디스크를 인식하지 못한다. 즉, 디스크가 고장난 것과 동일한 상황이 만들어졌다.

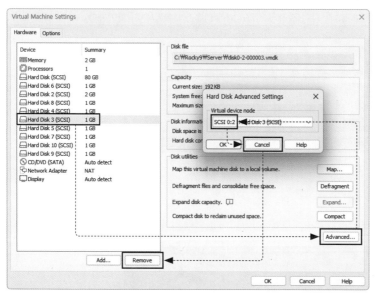

그림 6-56 디스크 고장 효과

NOTE ▶ 만약 [Hard Disk 3 (SCSI)]의 장치 번호가 [SCSI 0:2]가 아니라면 다른 디스크를 확인해 장치 번호가 [SCSI 0:2]인 디스크를 제거해야 한다.

2-2 같은 방식으로 [Hard Disk 5 (SCSI 0:4)], [Hard Disk 7 (SCSI 0:6)], [Hard Disk 9 (SCSI 0:9)]를 확인하고 제거한다. 4개의 디스크가 제거된 결과가 다음 그림과 같다면 [OK] 버튼을 클릭해 [Virtual Machine Setting] 창을 닫는다.

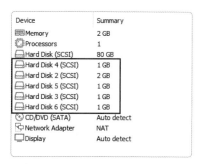

그림 6-57 4개의 디스크가 고장난 결과

NOTE▶ [Hard Disk 0]의 표시 순서는 실습 진행에 문제가 되지 않는다. 표시 순서는 VMware 프로그램의 버전과 사용 환경에 따라 달라질 수 있다.

2-3 다시 VMware Player에서 [Server]를 선택한 후 [Edit Virtual machine settings]를 클릭한다.

Device	Summary
Memory	2 GB
Processors	1
Hard Disk (SCSI)	80 GB
Hard Disk 4 (SCSI)	1 GB
Hard Disk 2 (SCSI)	2 GB
Hard Disk 5 (SCSI)	1 GB
Hard Disk 3 (SCSI)	1 GB
Hard Disk 6 (SCSI)	1 GB
CD/DVD (SATA)	Auto detect
Network Adapter	NAT
Display	Auto detect

그림 6-58 새로 번호가 부여된 하드 디스크

그런데 방금 제거한 [Hard Disk 3], [Hard Disk 5]가 다시 보이고 [Hard Disk 8], [Hard Disk 10]은 없어져 조금 혼란스러울 수 있다. [Hard Disk 0]은 현재 있는 디스크에 VMware Player가 임의로 순번을 부여한 것으로 별 의미가 없다. 따라서 **그림 6-53**과 같이 [SCSI 0:2], [SCSI 0:4], [SCSI 0:6], [SCSI 0:9]는 제거되고 기존의 [SCSI 0:0](/dev/sda)를 제외한 5개의 디스크만 남아있는 상태가 맞다. [OK] 버튼을 클릭한다.

결함 허용을 제공하는 RAID를 확인한다.

3-1 Server 가상머신을 부팅한다. 부팅이 시작되면 오른쪽 위 아이콘들이 다음 그림과 같이 보일 것이다. **그림 6-53**과 같이 디스크가 5개만 남아 있으며 각 디스크에 마우스 커서를 가져가면 각 장치 번호가 풍선 도움말로 나타난다.

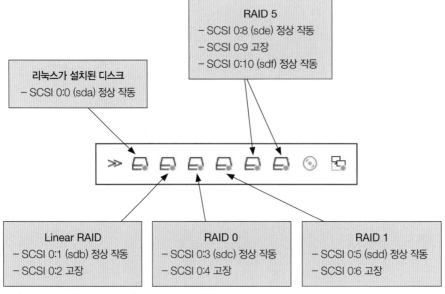

그림 6-59 부팅된 디스크의 상태(순서가 다를 수 있음)

3-2 잠시 기다리면 정상적으로 부팅되지 않고 응급 모드Emergency mode로 접속된다. RAID로 구성된 디스크가 고장 나면 응급 모드로 접속되는 것이다.

```
[    2.357434] sd 2:0:0:0: [sda] Assuming drive cache: write through
[    2.376388] sd 2:0:1:0: [sdb] Assuming drive cache: write through
[    2.379595] sd 2:0:3:0: [sdc] Assuming drive cache: write through
[    2.382894] sd 2:0:5:0: [sdd] Assuming drive cache: write through
[    2.385861] sd 2:0:8:0: [sde] Assuming drive cache: write through
[    2.388882] sd 2:0:10:0: [sdf] Assuming drive cache: write through
You are in emergency mode. After logging in, type "journalctl -xb" to view
system logs, "systemctl reboot" to reboot, "systemctl default" or "exit"
to boot into default mode.
Give root password for maintenance
(or press Control-D to continue):
```

그림 6-60 응급 모드로 접속

3-3 일단 접속하기 위해서 root 사용자의 비밀번호인 'password'를 입력하고 Enter 를 누른다. 입력하는 글자는 보이지 않으니 그냥 입력 후 Enter 를 누르면 된다.

3-4 먼저 **ls -l /dev/sd*** 명령을 입력해 장치 이름을 확인한다. /dev/sdb~/dev/sdj, 총 9개였던 장치가 /dev/sdb~/dev/sdf까지 5개만 남았다.

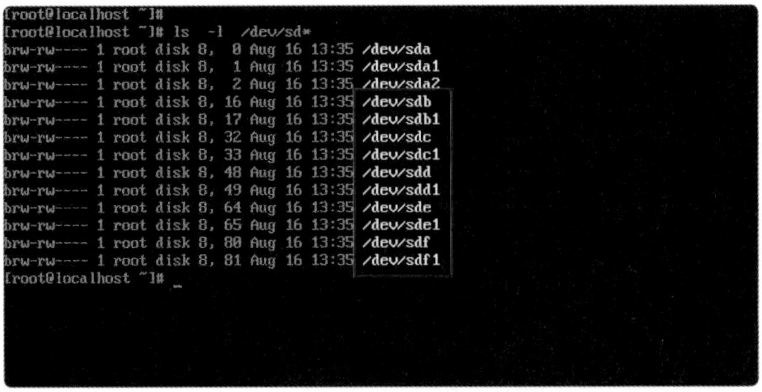

```
[root@localhost ~]#
[root@localhost ~]# ls  -l  /dev/sd*
brw-rw---- 1 root disk 8,  0 Aug 16 13:35 /dev/sda
brw-rw---- 1 root disk 8,  1 Aug 16 13:35 /dev/sda1
brw-rw---- 1 root disk 8,  2 Aug 16 13:35 /dev/sda2
brw-rw---- 1 root disk 8, 16 Aug 16 13:35 /dev/sdb
brw-rw---- 1 root disk 8, 17 Aug 16 13:35 /dev/sdb1
brw-rw---- 1 root disk 8, 32 Aug 16 13:35 /dev/sdc
brw-rw---- 1 root disk 8, 33 Aug 16 13:35 /dev/sdc1
brw-rw---- 1 root disk 8, 48 Aug 16 13:35 /dev/sdd
brw-rw---- 1 root disk 8, 49 Aug 16 13:35 /dev/sdd1
brw-rw---- 1 root disk 8, 64 Aug 16 13:35 /dev/sde
brw-rw---- 1 root disk 8, 65 Aug 16 13:35 /dev/sde1
brw-rw---- 1 root disk 8, 80 Aug 16 13:35 /dev/sdf
brw-rw---- 1 root disk 8, 81 Aug 16 13:35 /dev/sdf1
[root@localhost ~]# _
```

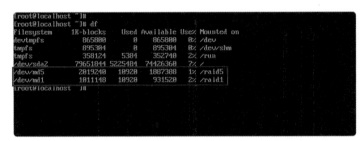

그림 6-61 /dev/sd* 확인

3-5 df 명령을 입력해 확인하면 기존의 /raidLinear, /raid0 디렉터리는 보이지 않고 결함 허용을 제공하는 /raid1, /raid5만 보인다.

```
[root@localhost ~]#
[root@localhost ~]# df
Filesystem     1K-blocks    Used Available Use% Mounted on
devtmpfs          865800       0    865800   0% /dev
tmpfs             895304       0    895304   0% /dev/shm
tmpfs             358124    5384    352740   2% /run
/dev/sda2       79651844 5225484  74426360   7% /
/dev/md5         2019240   10920   1887388   1% /raid5
/dev/md1         1011148   10920    931520   2% /raid1
[root@localhost ~]#
```

그림 6-62 기존의 마운트된 RAID 확인

3-6 ls -l /raid1 /raid5 명령을 입력해 RAID 1 및 RAID 5에 저장했던 파일을 확인한다. 파일이 잘 있다.

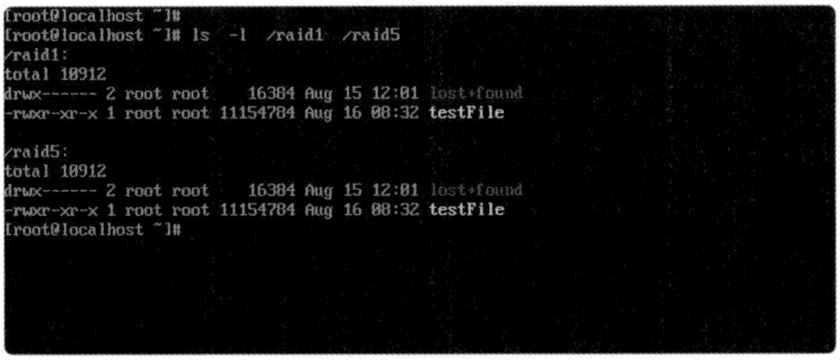

```
[root@localhost ~]#
[root@localhost ~]# ls  -l  /raid1  /raid5
/raid1:
total 10912
drwx------ 2 root root    16384 Aug 15 12:01 lost+found
-rwxr-xr-x 1 root root 11154784 Aug 16 08:32 testFile

/raid5:
total 10912
drwx------ 2 root root    16384 Aug 15 12:01 lost+found
-rwxr-xr-x 1 root root 11154784 Aug 16 08:32 testFile
[root@localhost ~]#
```

그림 6-63 RAID 1과 RAID 5의 파일 확인

각 디스크가 392쪽 **그림 6-53**과 같이 작동하는지 확인한다.

4-1 mdadm --detail /dev/md1 명령을 입력해 RAID 1 장치가 어떻게 작동하는지 상세히 확인한다.

그림 6-64 RAID 1 장치의 작동 상태 확인

총 2개의 디스크 중에서 1개가 작동함을 확인할 수 있다. RAID 1에서 작동되는 장치는 /dev/sdd1뿐이다. 비록 2개 중 하나만 작동하지만, 결함 허용 기능으로 인해 데이터는 안전하게 보관되었음을 확인할 수 있다.

NOTE▶ 현재 RAID 1에서 작동 중인 파티션(/dev/sdd1)이 그림 6-53과 다르게 표시될 수도 있다. 그 이유는 VMware 프로그램의 버전에 따라, 재부팅할 때마다 /dev/sdO의 이름이 임의로 부여될 수도 있기 때문이다. 디스크의 이름이 그림 6-53과 다르게 부여되어도 작동에는 문제가 없다. RAID 1은 2개 중 1개가, RAID 5는 3개 중 2개가 작동하고 있다는 사실만 확인되면 된다.

4-2 같은 방식으로 mdadm --detail /dev/md5 명령을 입력해 RAID 5 장치의 작동 상태도 확인한다. 3개 중 2개가 작동한다.

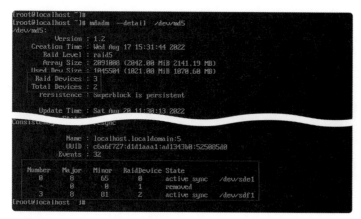

그림 6-65 RAID 5 장치의 작동 상태 확인

이번에는 결함 허용을 제공하지 않는 RAID 장치를 다시 가동한다. **mdadm --run /dev/md9** 명령을 입력해 Linear RAID(/dev/md9) 장치를, **mdadm --run /dev/md0** 명령을 입력해 RAID 0(/dev/md0) 장치를 다시 가동한다.

```
[root@localhost ~]#
[root@localhost ~]# mdadm  --run  /dev/md9
mdadm: failed to start array /dev/md9: No such file or directory
[root@localhost ~]#
[root@localhost ~]# mdadm  --run  /dev/md0
mdadm: failed to start array /dev/md0: Invalid argument
[root@localhost ~]#
```

그림 6-66 Linear RAID와 RAID 0은 가동 안 됨

오류가 발생한다. 이미 학습했듯이 두 장치는 1개의 디스크로는 작동 하지 않는다.

우선 시스템이 정상 가동되도록 Linear RAID와 RAID 0 장치를 작동 중지하고 /etc/fstab에서 제거한다.

6-1 **mdadm --stop /dev/md9**과 **mdadm --stop /dev/md0** 명령을 입력해 결함 허용을 제공하지 않는 Linear RAID, RAID 0 장치를 작동 중지시킨다.

```
[root@localhost ~]#
[root@localhost ~]# mdadm  --stop  /dev/md9
mdadm: stopped /dev/md9
[root@localhost ~]#
[root@localhost ~]# mdadm  --stop  /dev/md0
mdadm: stopped /dev/md0
[root@localhost ~]# _
```

그림 6-67 Linear RAID와 RAID 0의 장치 작동 중지

6-2 nano 에디터로 **/etc/fstab**을 열고 /dev/md9와 /dev/md0 두 행 앞에 #을 붙여 주석 처리한다. 파일을 저장하고 에디터를 종료한다(Ctrl + X - Y - Enter 를 누르면 저장하면서 종료할 수 있다).

그림 6-68 /etc/fstab 파일 편집

6-3 reboot 명령을 입력해 재부팅한다.

Step 7

정상적으로 부팅되는지 확인한다.

7-1 X 윈도 환경으로 정상 부팅된다. root 사용자로 로그인한다.

7-2 df 명령을 입력한다. /raid1과 /raid5 디렉터리는 작동하고 있다. **ls** 명령을 입력한다. 기존의 데이터 도 안전하다. 하지만 각 디스크가 하나씩 고장 난 상태라서 완전한 상태는 아니다. 또 Linear RAID와 RAID 0은 현재 가동조차 하지 않는다. 다음 실습에서 완전 정상 상태가 되도록 복구하겠다.

7-3 halt -p 명령을 입력해 우선 시스템을 종료한다.

이제 Linear RAID, RAID 0, 1, 5 방식과 구동 원리를 충분히 파악했을 것이다. 혹시 아직도 이해 가 가지 않는다면 RAID 개념 부분을 다시 한 번 읽고 천천히 실습하기를 바란다.

? VITAMIN QUIZ 6-4

Server(B) 가상머신에 **그림 6-53**과 동일하게 디스크를 고장 내고 다시 가동하자. 결과물은 다음 비타민 퀴즈에서 사용한다.

Linear RAID, RAID 0, RAID 1, RAID 5의 원상 복구

지금 상황에서는 RAID 1과 RAID 5의 데이터를 정상적으로 사용할 수 있지만, 만약 RAID 1 또는 RAID 5에서 정상 작동 중인 다른 디스크까지 고장 난다면 데이터를 영구히 복구할 수 없게 된다. 그러므로 될 수 있으면 빨리 다음 그림과 같이 고장 난 디스크를 제거하고 새로운 디스크로 교체해 야 한다. 그리고 Linear RAID와 RAID 0의 구성은 원상 복구할 수 있지만, 당연히 그 안에 있던 데 이터는 살릴 수 없다.

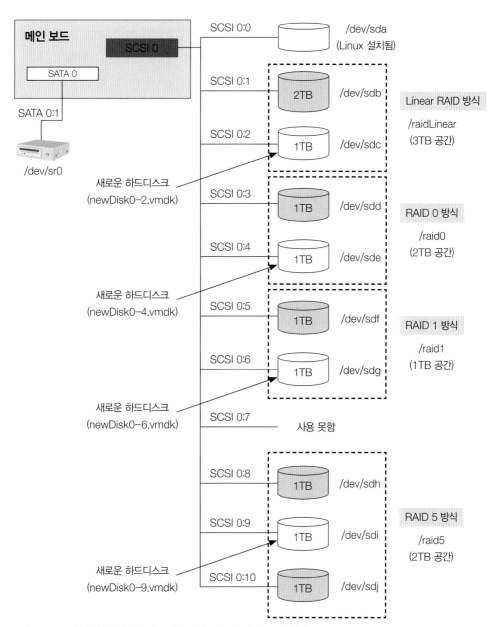

그림 6-69 고장 난 디스크를 제거하고 새로운 디스크를 장착하는 하드웨어

실습 8

Linear RAID, RAID 0, RAID 1, RAID 5 장치의 고장 난 디스크를 새로운 디스크로 교체하자.

Step 0

실습 7에 이어서 진행한다.

Step 1

고장 난 장치를 새로운 디스크로 교체한다. 가상머신이 꺼진 상태에서 교체해야 한다.

1-1 [Server]의 [Virtual Machine Settings] 창에서 다음과 같은 디스크를 4개 더 추가한다. 이번에는 직접해 보자(모두 SCSI 하드디스크라는 사실에 주의한다).

표 6-3 RAID 복구를 위해 추가할 디스크 사양

장치명	디스크 크기	파일명	비고
SCSI 0:2	1 GB	newDisk0–2.vmdk	Linear RAID
SCSI 0:4	1 GB	newDisk0–4.vmdk	RAID 0
SCSI 0:6	1 GB	newDisk0–6.vmdk	RAID 1
SCSI 0:9	1 GB	newDisk0–9.vmdk	RAID 5

NOTE▶ 디스크를 추가하면 VMware Player에서 알아서 비어 있는 SCSI 장치에 차례대로 장착해 준다. 현재는 [SCSI 0:2], [SCSI 0:4], [SCSI 0:6], [SCSI 0:9]가 비어 있는 상태다. 만약 확실히 이해하기 위해 지금 실습을 다시 반복하고 있다면 파일 이름이 충돌할 수 있다. 그럴 때는 파일 이름을 myDisk0–2.vmdk 등으로 바꿔서 사용하자. 이렇게 해도 실습 진행에 큰 문제가 없다. 이것도 귀찮다면 VMware Player에서 제공하는 기본 파일 이름을 사용해도 된다.

1-2 디스크를 추가한 후 [OK] 버튼을 클릭하고 첫 화면에서 다시 [Edit virtual machine settings]를 클릭해 디스크가 제대로 추가되었는지 확인한다. 제대로 되었다면 다음 그림과 같은 구성이 된다.

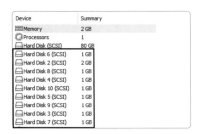

그림 6-70 새로운 4개의 디스크를 추가한 결과

NOTE▶ 필요하다면 각 디스크를 선택해 [Advanced] 버튼을 클릭해 장치 번호도 확인한다. 처음 구성했을 때와 같이 각 디스크의 장치 번호와 SCSI 번호가 일치할 것이다. 예로 [Hard Disk 3]은 [SCSI 0:2]로 표시된다.

1-3 Server 가상머신을 부팅한다. X 윈도 화면으로 정상 부팅된다. root 사용자로 로그인한다.

Step 2 ──

새로운 디스크를 추가했다고 자동으로 RAID 장치가 복구되는 것은 아니다. 직접 수동으로 복구해야 한다. 먼저 RAID 장치의 구성을 다시 확인한다.

2-1 먼저 터미널에서 **mdadm --detail /dev/md1** 명령을 입력해 RAID 1 장치의 구성을 다시 확인한다.

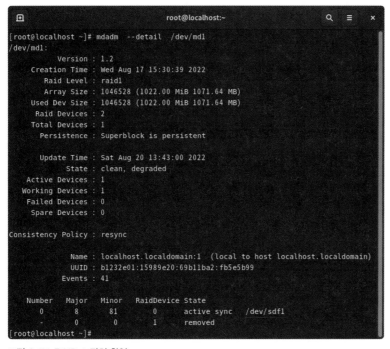

```
[root@localhost ~]# mdadm --detail /dev/md1
/dev/md1:
              Version : 1.2
        Creation Time : Wed Aug 17 15:30:39 2022
           Raid Level : raid1
           Array Size : 1046528 (1022.00 MiB 1071.64 MB)
        Used Dev Size : 1046528 (1022.00 MiB 1071.64 MB)
         Raid Devices : 2
        Total Devices : 1
          Persistence : Superblock is persistent

          Update Time : Sat Aug 20 13:43:00 2022
                State : clean, degraded
       Active Devices : 1
      Working Devices : 1
       Failed Devices : 0
        Spare Devices : 0

   Consistency Policy : resync

                 Name : localhost.localdomain:1  (local to host localhost.localdomain)
                 UUID : b1232e01:15989e20:69b11ba2:fb5e5b99
               Events : 41

    Number   Major   Minor   RaidDevice State
       0       8       81        0      active sync   /dev/sdf1
       -       0        0        1      removed
[root@localhost ~]#
```

그림 6-71 RAID 1 장치 확인

역시 자동으로 복구되지는 않았지만, 새 디스크를 교체하기 전과는 약간의 차이점을 확인할 수 있다. 398 쪽 **그림 6-64**와 비교하면 장치 이름이 /dev/sdd에서 /dev/sdf로 바뀌었다. 그 이유는 392쪽 **그림 6-53**과 401쪽 **그림 6-69**에 잘 나와 있다.

NOTE ▶ 앞에서 언급했듯이 /dev/sd○의 이름이 필자와 다를 수 있다.

2-2 내부의 파일인 /raid1/testFile과 /raid5/testFile은 아직도 이상 없이 존재한다.

새로 장착한 디스크를 이용해 Linear RAID, RAID 0, RAID 1, RAID 5를 복구한다.

3-0 ls -l /dev/sd* 명령을 입력해 추가한 디스크를 확인한다. 뒤에 1이 붙은 파티션(/dev/sdb1 등)이 없는 것이 방금 새로 장착된 4개의 디스크다. 필자의 경우 sdc, sde, sdg, sdi가 새로 장착된 디스크인데 VMware 프로그램의 버전과 사용환경에 따라 다르게 표시될 수 있다.

```
[root@localhost ~]# ls  -l  /dev/sd*
brw-rw---- 1 root disk 8,   0 8월 20 18:28 /dev/sda
brw-rw---- 1 root disk 8,   1 8월 20 18:28 /dev/sda1
brw-rw---- 1 root disk 8,   2 8월 20 18:28 /dev/sda2
brw-rw---- 1 root disk 8,  16 8월 20 18:28 /dev/sdb
brw-rw---- 1 root disk 8,  17 8월 20 18:28 /dev/sdb1
brw-rw---- 1 root disk 8,  32 8월 20 18:28 /dev/sdc
brw-rw---- 1 root disk 8,  48 8월 20 18:28 /dev/sdd
brw-rw---- 1 root disk 8,  49 8월 20 18:28 /dev/sdd1
brw-rw---- 1 root disk 8,  64 8월 20 18:28 /dev/sde
brw-rw---- 1 root disk 8,  80 8월 20 18:28 /dev/sdf
brw-rw---- 1 root disk 8,  81 8월 20 18:28 /dev/sdf1
brw-rw---- 1 root disk 8,  96 8월 20 18:28 /dev/sdg
brw-rw---- 1 root disk 8, 112 8월 20 18:28 /dev/sdh
brw-rw---- 1 root disk 8, 113 8월 20 18:28 /dev/sdh1
brw-rw---- 1 root disk 8, 128 8월 20 18:28 /dev/sdi
brw-rw---- 1 root disk 8, 144 8월 20 18:28 /dev/sdj
```

그림 6-72 새로운 디스크 이름 확인

NOTE 재부팅할 때마다 /dev/sdO 이름이 다르게 부여될 수 있다.

3-1 다음 명령을 입력해 새로운 디스크에 파일 시스템을 만든다. 필자의 경우 /dev/sdc(SCSI 0:2)가 추가한 첫 디스크다.

```
# fdisk /dev/sdc             → [SCSI 0:2](sdc) 디스크 선택
Command : n                  → 새로운 파티션 분할
Select : p                   → Primary 파티션 선택
Partition number : 1         → 파티션 번호 1번 선택
First sector : [Enter]       → 시작 섹터 번호 입력
Last sector : [Enter]        → 마지막 섹터 번호 입력
Command : t                  → 파일 시스템 유형 선택
Hex Code : fd                → 'Linux raid autodetect' 유형 번호 입력
Command : p                  → 설정된 내용 확인
Command: w                   → 설정 저장
```

3-2 같은 방법으로 추가한 나머지 3개의 디스크에 파일 시스템을 만든다. 필자의 경우 /dev/sde(SCSI 0:4), /dev/sdg(SCSI 0:6), /dev/sdi(SCSI 0:9)다.

3-3 ls /dev/sd* 명령을 입력해 모든 파티션이 작성되었는지 확인한다.

그림 6-73 파티션 확인

3-4 mdadm ――stop /dev/md9 명령을 입력해 Linear RAID 장치(/dev/md9)의 작동을 중지하고,
mdadm ――create /dev/md9 ――level=linear ――raid-devices=2 /dev/sdb1 /dev/sdc1 명령을 입
력해 RAID를 다시 구성한다. 확인 메시지가 나오면 'y'를 입력한다.

```
[root@localhost ~]# mdadm  --stop  /dev/md9
mdadm: stopped /dev/md9
[root@localhost ~]#
[root@localhost ~]# mdadm  --create  /dev/md9  --level=linear  --raid-devices=2
  /dev/sdb1  /dev/sdc1
mdadm: /dev/sdb1 appears to be part of a raid array:
       level=linear devices=2 ctime=Wed Aug 17 09:12:18 2022
Continue creating array? y
mdadm: Fail to create md9 when using /sys/module/md_mod/parameters/new_array, fa
llback to creation via node
mdadm: Defaulting to version 1.2 metadata
mdadm: array /dev/md9 started.
```

그림 6-74 Linear RAID의 삭제 및 재구성

3-5 같은 방식으로 mdadm ――stop /dev/md0 명령을 입력해 RAID 0 장치(md0)의 작동을 중지하고
mdadm ――create /dev/md0 ――level=0 ――raid-devices=2 /dev/sdd1 /dev/sde1 명령을 입력해
RAID를 다시 구성한다. 확인 메시지가 나오면 'y'를 입력한다.

```
[root@localhost ~]# mdadm  --stop  /dev/md0
mdadm: stopped /dev/md0
[root@localhost ~]#
[root@localhost ~]# mdadm  --create  /dev/md0  --level=0  --raid-devices=2
  /dev/sdd1  /dev/sde1
mdadm: /dev/sdd1 appears to be part of a raid array:
       level=raid0 devices=2 ctime=Wed Aug 17 15:29:22 2022
Continue creating array? y
mdadm: Fail to create md0 when using /sys/module/md_mod/parameters/new_array, fa
llback to creation via node
mdadm: Defaulting to version 1.2 metadata
mdadm: array /dev/md0 started.
[root@localhost ~]#
```

그림 6-75 RAID 0의 삭제 및 재구성

3-6 mdadm --detail /dev/md9와 mdadm --detail /dev/md0 명령을 입력해 두 RAID 장치가 잘 작동되는지 확인한다. 비록 파일은 복구를 못 했더라도 처음 구성했을 때와 동일하게 잘 작동할 것이다.

Step 4 ───

이번에는 결함 허용을 제공하는 RAID 1, 5를 구성한다.

4-1 RAID 1을 재구성한다. 그런데 RAID 1은 디스크가 1개 빠졌을 뿐 잘 작동한다. 그러므로 새로운 디스크만 추가하는 명령인 **mdadm /dev/md1 --add /dev/sdg1** 명령을 입력한다.

그림 6-76 RAID 1에 디스크 추가

NOTE▶ 이 명령은 /dev/md1이라는 RAID 장치에 /dev/sdg1 파티션을 추가(add)하는 것이다. 여기서 기존에 [SCSI 0:6](/dev/sdg)가 고장 났으므로 반드시 [SCSI 0:6]에 새로운 디스크를 장착할 필요가 없다는 사실을 알 수 있다. 즉, 고장 난 것이 [SCSI 0:6](/dev/sdg)이고 새로 장착할 하드가 [SCSI 0:9](/dev/sdi)라면 **mdadm /dev/md1 --add /dev/sdi1** 명령을 실행해도 별 문제가 없다.

4-2 mdadm /dev/md5 --add /dev/sdi1 명령을 입력해 같은 방식으로 RAID 5를 재구성한다.

4-3 mdadm --detail /dev/md1과 mdadm --detail /dev/md5 명령을 입력해 두 RAID 장치가 잘 작동되는지 확인한다.

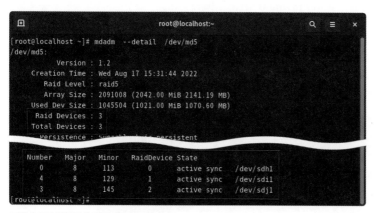

그림 6-77 완전하게 작동하는 RAID 5

NOTE▶ 만약 RAID 5 장치의 4번 장치에 해당하는 디스크가 'spare rebuilding /dev/sdi1'으로 표시되면 현재 RAID 5를 재구성하는 상태라는 의미다. 잠시 기다렸다가 다시 확인하자.

mdadm.conf 파일을 생성하고 몇 가지 설정을 진행한다.

5-1 mdadm --detail --scan 명령을 입력하면 나오는 4개 ARRAY의 내용을 마우스로 드래그한다. 그리고 마우스 오른쪽 버튼을 클릭한 후 [복사]를 클릭한다(터미널 창의 크기를 조절하면 보기 편하다).

그림 6-78 /etc/mdadm.conf 파일 편집 1

5-2 gedit /etc/mdadm.conf 명령을 입력해 mdadm.conf 파일을 열고 기존 내용을 모두 지운 후 Ctrl + V 를 눌러 복사한 내용을 붙여 넣는다. 그리고 각 행의 중간 부분에 있는 'name=localhost.local domain:O' 부분은 삭제한다. 최종적으로 다음 그림과 같은 형태가 되어야 한다. 저장하고 gedit 에디터를 닫는다.

그림 6-79 /etc/mdadm.conf 파일 편집 2

5-3 gedit이나 nano 에디터로 **/etc/fstab** 파일을 열고 앞에서 주석 처리한 /dev/md9와 /dev/md0 앞의 #을 제거한다. 파일을 저장하고 에디터를 닫는다.

5-4 reboot 명령을 입력해 재부팅한다.

새로 완성된 RAID 장치를 확인한다.

6-0 정상적으로 부팅된다. root로 로그인한다.

6-1 ls 명령을 입력해 /raid0 디렉터리를 확인한다. 당연히 testFile이 보이면 안 된다.

그림 6-80 비정상적인 RAID 0 파일

NOTE▶ raid0에 testFile 파일이 보인다고 해도 이 파일은 정상 파일이 아닌 50%만 정상인. 즉 반쪽짜리 파일이다(파일 크기가 기존과 동일해도 실제 내용의 50%는 비어 있다). 그러므로 RAID 0을 복구한 후에는 mkfs 명령을 실행해 깨끗이 포맷하는 것이 좋다.

6-2 이번에는 /raidLinear 디렉터리를 확인한다. 기존의 testFile이 보인다. 즉, 파일 복구가 잘 되었다.

```
[root@localhost ~]# ls -l /raidLinear
합 계 10912
drwx------ 2 root root    16384  8월 17 09:12 lost+found
-rwxr-xr-x 1 root root 11154784  8월 20 15:04 testFile
[root@localhost ~]#
```

그림 6-81 운 좋게 복구된 Linear RAID

NOTE▶ 사실 testFile이 운 좋게(?) 복구된 것이다. 2GB(SCSI 0:1)와 1GB(SCSI 0:2)를 사용하고 데이터가 얼마 저장되지 않은 상태에서 1GB가 고장났다. 즉, 데이터는 모두 2GB에만 있었기 때문에 지금과 같이 복구된 것이다. Linear RAID 역시 RAID 0과 같이 결함 허용 기능이 없으므로 지금과 같이 파일이 운 좋게 복구되는 경우를 기대해서는 안 된다.

6-3 /raid1과 /raid5 디렉터리의 데이터는 안전하다. 그리고 결함 허용을 다시 제공하므로 디스크가 또 고장 나더라도 데이터는 안전하다.

Step 7

halt −p 명령을 입력해 Server 가상머신을 종료한다.

이번 실습에서 RAID 1과 RAID 5는 새로운 디스크를 추가하기 전과 후 모두 데이터가 존재하기 때문에 사용자의 입장에서 겉으로 보기에는 큰 변화가 없는 듯하다. 하지만 내부적으로는 다음 그림과 같은 변화가 발생했다는 사실을 알아 두자.

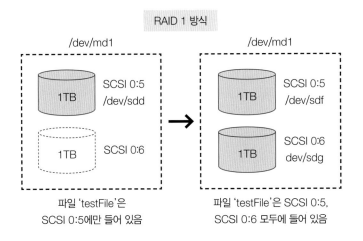

파일 'testFile'은
SCSI 0:5에만 들어 있음

파일 'testFile'은 SCSI 0:5,
SCSI 0:6 모두에 들어 있음

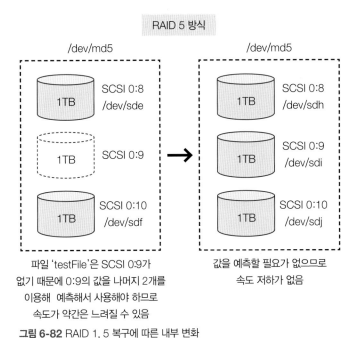

파일 'testFile'은 SCSI 0:9가
없기 때문에 0:9의 값을 나머지 2개를
이용해 예측해서 사용해야 하므로
속도가 약간은 느려질 수 있음

값을 예측할 필요가 없으므로
속도 저하가 없음

그림 6-82 RAID 1, 5 복구에 따른 내부 변화

6.2.5 고급 RAID 레벨

이제 기본 RAID 레벨인 Linear RAID, RAID 0, RAID 1, RAID 5는 이해했을 것이다. 이번에는 RAID 5보다 신뢰도를 높인 RAID 6과 신뢰도와 속도 두 마리 토끼 모두를 잡기 위한 RAID 1+0, 그리고 성능이 떨어지고 비용도 많이 들지만, 신뢰도를 훨씬 높인 RAID 1+6을 차례로 구성한다.

RAID 6과 RAID 1+0 개념

RAID 5는 1개의 패리티를 사용하기 때문에 디스크가 3개 이상이면 RAID 5를 구성할 수 있다. 하지만 RAID 6은 2개의 패리티를 사용하기 때문에 RAID 6을 구성하려면 최소 4개의 디스크가 필요하다. 하지만 실무에서는 7~8개 이상의 디스크로 구성해야만 어느 정도 효과를 볼 수 있다. 예를 들어 디스크 4개로 구성할 때는 공간 효율이 '디스크 개수-2'이므로 2TB만 사용할 수 있다. RAID 1+0은 'RAID 1(안전성)+RAID 0(속도)'의 개념이라고 설명했다. 그래서 공간 효율은 50%가 된다. 이번에 구성할 RAID 6과 RAID 1+0의 구성도는 다음 그림과 같다.

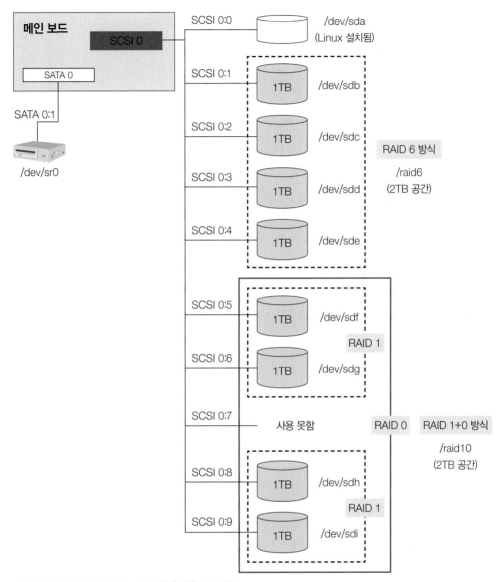

그림 6-83 RAID 6과 RAID 1+0 실습을 위한 하드웨어

RAID 6의 구현 방법은 RAID 5의 구현 방법과 거의 유사하다. 다만 디스크가 최소 4개 이상 필요할 뿐이다. RAID 1+0의 구현 방법은 약간 다르다. 앞 그림과 같이 각 2개씩 먼저 RAID 1로 구성한 후 2개의 RAID 1 장치를 다시 RAID 0으로 묶어야 한다.

RAID 6과 RAID 1+0을 구성하자.

Server 가상머신을 설치 상태로 초기화하고 부팅은 하지 않는다.

실습에 필요한 디스크 8개를 준비한다.

1-1 실습 1 또는 **실습 2**를 참고해 1GB SCSI 하드디스크 8개를 장착한다. 즉, [SCSI 0:1](/dev/sdb)~[SCSI 0:9](/dev/sdi) 디스크를 추가한다. 추가한 결과는 다음과 같다.

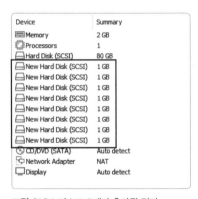

그림 6-84 디스크 9개가 추가된 결과

NOTE▶ 가상 디스크의 파일 이름은 신경 쓰지 않아도 된다. 하지만 유형은 꼭 SCSI 하드디스크로 설정해야 한다.

1-2 부팅하고 root 사용자로 로그인한다.

1-3 터미널에서 **fdisk /dev/디스크이름** 명령을 입력해 디스크(sdb~sdi)에 RAID 파티션을 생성한다.

NOTE▶ 방법이 기억이 나지 않으면 앞 실습 2 Step 3을 참고하자.

그림 6-85 8개 디스크의 파티션 결과

그림 **6-83**을 참고해 /dev/sdb1~/dev/sde1을 RAID 6 장치인 /dev/md6로 생성한다.

2-1 **mdadm --create /dev/md6 --level=6 --raid-devices=4 /dev/sdb1 /dev/sdc1 /dev/sdd1 /dev/sde1** 명령을 입력해 RAID 6를 만든다. 그리고 **mdadm --detail /dev/md6** 명령을 입력해 방금 만든 RAID 6 구성을 확인한다.

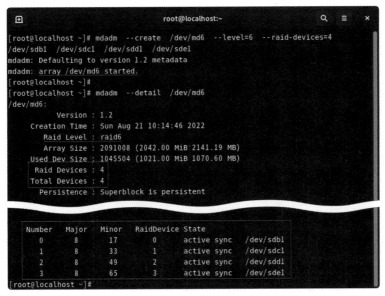

그림 6-86 RAID 6 구성 1

2-2 **mkfs.ext4 /dev/md6** 명령을 입력해 /dev/md6 파티션을 포맷한다.

2-3 **mkdir /raid6** 명령을 입력해 마운트할 디렉터리(/raid6)를 생성하고, **mount /dev/md6 /raid6** 명령을 입력해 마운트한다. 그리고 **df** 명령을 입력해 결과를 확인한다.

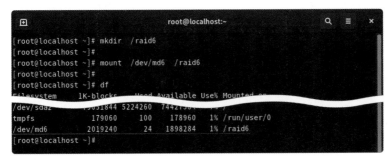

그림 6-87 RAID 6 구성 2

결과를 보면 /raid6 디렉터리에 약 2GB 정도의 공간이 있다는 사실을 확인할 수 있다. RAID의 정의와 개념에서 설명했듯이 RAID 6은 '디스크개수−2'만큼의 용량을 사용할 수 있다.

NOTE▶ 지금은 디스크 4개를 이용해서 RAID 6을 설치했으므로 2개의 용량인 2GB를 사용할 수 있는 것이다. 디스크 개수가 적어서 공간 효율성이 조금 떨어진다. 그러므로 RAID 6는 7~8개 이상의 디스크를 사용해야 공간 효율성의 효과를 볼 수 있다.

Step 3

이번에는 **그림 6-83**을 참고해 /dev/sdf1~/dev/sdi1을 RAID 1+0 장치인 /dev/md10으로 생성한다.

3-1 먼저 **mdadm --create /dev/md2 --level=1 --raid-devices=2 /dev/sdf1 /dev/sdg1** 명령을 입력해 /dev/sdf와 /dev/sdg를 /dev/md2에 RAID 1로 구성한다. 그리고 **mdadm --create /dev/md3 --level=1 --raid-devices=2 /dev/sdh1 /dev/sdi1** 명령을 입력해 /dev/sdh와 /dev/sdi도 /dev/md3에 RAID 1로 구성한다. 이때 확인 메시지가 나오면 'y'를 입력해 계속 진행한다.

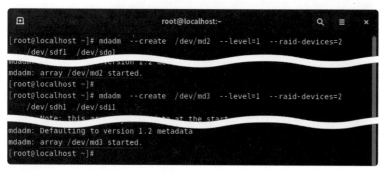

그림 6-88 RAID 1+0 구성 1

NOTE▶ 혹시 혼란스러울까 봐 다시 언급하지만, '/dev/mdO'에서 O(번호)는 임의로 지정한 것이다. 다른 RAID 장치와 중복되지 않는다면 다른 어떤 번호로 지정해도 문제가 없다.

3-2 이번에는 **mdadm --create /dev/md10 --level=0 --raid-devices=2 /dev/md2 /dev/md3** 명령을 입력해 두 RAID 1 장치를 RAID 0(/dev/md10)으로 묶는다. 이러면 **그림 6-83**의 아래쪽에 있는 RAID1+0처럼 구성된다.

```
                            root@localhost:~                Q  ≡  ×
[root@localhost ~]# mdadm --create /dev/md10 --level=0 --raid-devices=2
  /dev/md2 /dev/md3
mdadm: Defaulting to version 1.2 metadata
mdadm: array /dev/md10 started.
[root@localhost ~]#
```

그림 6-89 RAID 1+0 구성 2

3-3 이제 **mkfs.ext4 /dev/md10** 명령을 입력해 /dev/md10 파티션을 포맷한다.

3-4 mkdir /raid10 명령을 입력해 마운트할 디렉터리(/raid10)를 생성하고, **mount /dev/md10 /raid10**
명령을 입력해 마운트한다. **df** 명령을 입력해 결과를 확인한다.

```
[root@localhost ~]# mkdir /raid10
[root@localhost ~]#
[root@localhost ~]# mount /dev/md10 /raid10
[root@localhost ~]#
[root@localhost ~]# df
Filesystem      1K-blocks    Used Available Use% Mounted on
devtmpfs          865800        0    865800   0% /dev
tmpfs             895304        0    895304   0% /dev/shm
tmpfs             358124     9476    348648   3% /run
/dev/sda2       79651844  5224240  74427604   7% /
tmpfs             179060      100    178960   1% /run/user/0
/dev/md6         2019240       24   1898284   1% /raid6
/dev/md10        2017280       24   1896424   1% /raid10
[root@localhost ~]#
```

그림 6-90 RAID 1+0 구성 3

결과를 보면 /raid10 디렉터리에 약 2GB 정도의 공간이 있다는 사실을 확인할 수 있다. RAID 1+0은
RAID 1과 마찬가지로 '디스크개수÷2'의 공간 효율을 가진다는 사실을 확인할 수 있다.

이제 RAID 방식 중에서 성능(속도)이 가장 빠른 RAID 0의 효과를 내면서도 안정성은 RAID 1만큼 확보
된 RAID 1+0 장치를 사용할 수 있다.

Step 4 ──────────────────────────

cp /boot/vmlinuz–5* /raid6/testFile과 **cp /boot/vmlinuz–5* /raid10/testFile** 명령을 입력해 RAID 6
과 RAID 1+0 장치에 적당한 파일을 복사한다.

Step 5 ──────────────────────────

이번에는 컴퓨터를 켤 때 자동으로 /dev/md6 장치는 /raid6 디렉터리에, /dev/md10 장치는 /raid10 디
렉터리에 마운트도록 설정한다. **/etc/fstab** 파일을 gedit이나 nano 에디터로 열고 가장 아래쪽에 다음 내
용을 추가한다.

```
/dev/md6      /raid6     ext4     defaults     0     0
/dev/md10     /raid10    ext4     defaults     0     0
```

mdadm.conf 파일을 생성하고 몇 가지 설정을 진행한다.

6-1 mdadm --detail --scan 명령을 입력하면 나오는 4개 ARRAY의 내용을 마우스로 드래그한다. 그리고 마우스 오른쪽 버튼을 클릭한 후 [복사]를 클릭한다(터미널 창의 크기를 조절하면 보기 편하다).

그림 6-91 /etc/mdadm.conf 파일 편집 1

6-2 gedit /etc/mdadm.conf 명령을 입력해 **mdadm.conf** 파일을 새로 만들고 `Ctrl` + `V`를 눌러 복사한 내용을 붙여 넣는다. 그리고 각 행의 중간 부분에 있는 'name=localhost.localdomain:O'을 삭제한다. 최종적으로 다음 그림과 같은 형태가 되어야 한다. 파일을 저장하고 gedit 에디터를 닫는다.

그림 6-92 /etc/mdadm.conf 파일 편집 2

reboot 명령을 입력해 정상적으로 부팅되는지 확인한다. 그리고 /raid6과 /raid10의 파일도 잘 있는지 확인한다.

halt -p 명령을 입력해 시스템을 종료한다.

> **? VITAMIN QUIZ 6-6**
>
> Server(B) 가상머신을 초기화하고 **그림 6-83**을 참고해 RAID 6과 RAID 1+0을 구축하자.

RAID 6과 RAID 1+0의 문제 발생 테스트

이번에는 RAID 6과 RAID 1+0의 장점인 신뢰성을 시험하기 위해 RAID별로 2개의 디스크를 고장 낸다. RAID 5에서 2개의 디스크를 고장 내면 모든 데이터를 사용할 수 없지만, RAID 6과 RAID 1+0에서는 데이터에 아무런 이상이 발생하지 않는다. 짝수 번호인 SCSI 0:2, SCSI 0:4, SCSI 0:6, SCSI 0:8, 총 4개의 디스크를 고장 낸다.

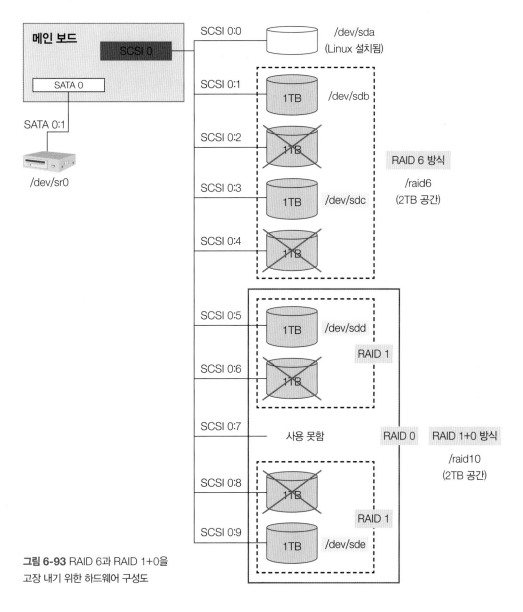

그림 6-93 RAID 6과 RAID 1+0을 고장 내기 위한 하드웨어 구성도

실습 10

RAID 6과 RAID 1+0의 결함 허용을 확인하자. RAID별로 2개의 디스크를 고장 낸 후 파일이 무사한지 확인한다.

Step 0

실습 9에 이어서 진행한다.

Step 1

Server 가상머신이 완전히 종료된 상태에서 **그림 6-93**과 같이 4개의 디스크를 고장 낸다. VMware Player 을 실행한다. [Server]를 선택하고 [Edit virtual machine settings]를 클릭한다. [virtual Machine Settings] 창에서 [Hard Disk 3 (SCSI 0:2)], [Hard Disk 5 (SCSI 0:4)], [Hard Disk 7 (SCSI 0:6)], [Hard Disk 8 (SCSI 0:8)]을 제거한다. 이러면 Rocky Linux가 설치된 /dev/sda를 포함한 총 5개의 디스크만 남는다.

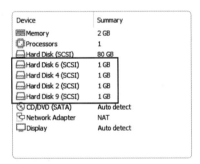

그림 6-94 RAID 6, 1+0의 결함 허용 확인 1

Step 2

부팅하고 root 사용자로 로그인한다. 부팅이 완료될 때까지 조금 시간이 걸릴 수 있다.

Step 3

현재는 **그림 6-93**과 같이 디스크 중 4개가 고장 난 상황이다. 각 RAID의 파일이 무사한지 확인한다.

3-1 ls -l 명령을 입력해 각 RAID의 데이터를 확인한다. 데이터는 안전하다.

그림 6-95 RAID 6, 1+0의 결함 허용 확인 2

3-2 mdadm −−detail /dev/md6 명령을 입력해 RAID 6(/dev/md6) 장치의 구성을 확인한다.

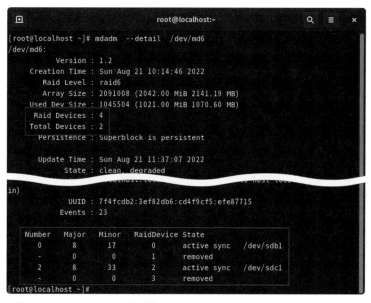

그림 6-96 RAID 6, 1+0의 결함 허용 확인 3

결과를 보면 현재 /dev/md6 장치의 상태가 잘 나타난다. **그림 6-93**과 같이 /dev/sdb1, /dev/sdc1 두 장치만 작동 중인 상태임을 확인할 수 있다.

3-3 RAID 1 장치인 /dev/md2, /dev/md3도 역시 1개씩만 작동하며, RAID 1+0은 잘 작동할 것이다. **mdadm −−detail /dev/장치이름** 명령을 입력해 확인한다.

Step 4 ────────────────────────────────

halt −p 명령을 입력해 시스템을 종료한다.

이번 실습으로 RAID 6과 RAID 1+0의 디스크가 각 2개씩 고장 났지만, 데이터에는 이상이 없다는 사실을 확인했다.

이상으로 RAID와 관련된 실습을 모두 마쳤다. 일반적으로 실무에서 많이 사용하는 RAID 방식은 하드웨어 RAID의 경우에 RAID 1, 5고, 소프트웨어 RAID의 경우는 사용 용도에 따라 RAID 1, 5, 6을 골고루 사용한다. 특히 RAID 1+0 방식의 경우에는 안정적이고 빠른 방식이므로 소프트웨어 RAID를 구성할 경우에 적극적으로 고려할 만하다.

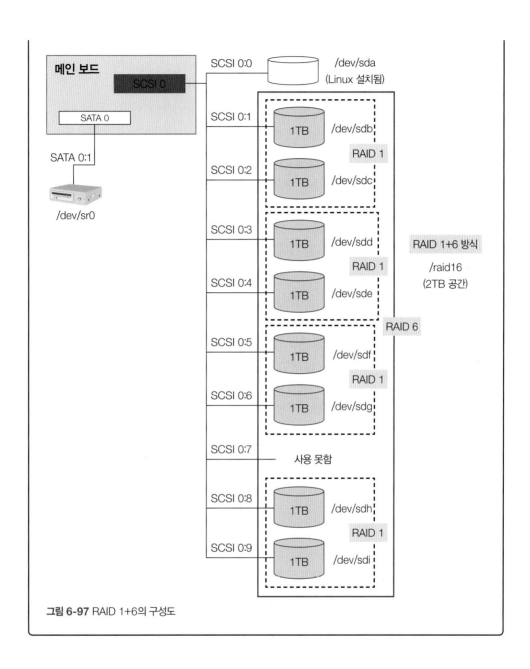

메인 보드

SCSI 0

SATA 0

SATA 0:1

/dev/sr0

SCSI 0:0 /dev/sda
(Linux 설치됨)

SCSI 0:1 1TB /dev/sdb
RAID 1
SCSI 0:2 1TB /dev/sdc

SCSI 0:3 1TB /dev/sdd
RAID 1
SCSI 0:4 1TB /dev/sde

RAID 6

SCSI 0:5 1TB /dev/sdf
RAID 1
SCSI 0:6 1TB /dev/sdg

SCSI 0:7 사용 못함

SCSI 0:8 1TB /dev/sdh
RAID 1
SCSI 0:9 1TB /dev/sdi

RAID 1+6 방식
/raid16
(2TB 공간)

그림 6-97 RAID 1+6의 구성도

6.3 LVM

LVM$^{Logical\ Volume\ Manager}$의 의미를 해석하면 '논리 디스크 관리자'지만, 보통은 그냥 LVM이라고 부른다. LVM은 앞에서 배운 Linear RAID와 비슷한 기본 기능을 가진 것처럼 보이지만, 그보다 더 많은 기능을 가지고 있다. 그래서 Rocky Linux는 기본적으로 LVM으로 디스크를 분할해 설치된다.

> **NOTE ▶** 3장에서 Server와 Server(B) 가상머신을 설치할 때 LVM을 사용하지 않고 표준 파티션을 사용했다. 하지만 3장 실습 2에서 Client 가상머신은 파티션 구성의 기본값인 LVM을 사용해 설치했다.

6.3.1 LVM의 개념

LVM은 여러 개의 디스크를 합쳐서 1개의 파티션으로 구성한 후 다시 필요에 따라서 다시 나눠야 하는 상황에 주로 사용된다. 예로 2TB 용량의 디스크 2개를 합친 후에 다시 1TB와 3TB로 나눠야 할 때를 들 수 있다. 여러 개의 디스크를 합치지 않더라도 1개의 디스크로 LVM으로 구성하고 다시 파티션을 구분할 수도 있다.

RAID의 개념을 설명할 때와 달리 LVM을 이해하려면 3가지 새로운 용어를 알아야 한다.

- **물리 볼륨(Physical Volume)**: /dev/sda1, /dev/sdb1 등의 파티션을 말한다.
- **볼륨 그룹(Volume Group)**: 물리 볼륨을 합쳐서 1개의 물리 그룹으로 만든 것이다.
- **논리 볼륨(Logical Volume)**: 볼륨 그룹을 1개 이상으로 나눈 것으로, 논리적 그룹이라고도 한다.

용어가 조금 낯설게 느껴질 것이다. 여기서는 우선 가볍게 읽고 실습에서 사용하면서 그 개념을 익히자. 이번에 구성할 디스크의 구성도는 다음 그림과 같다.

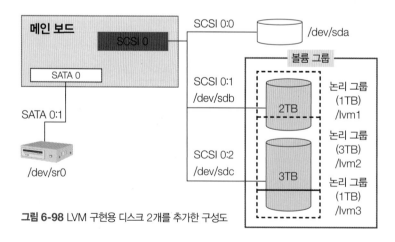

그림 6-98 LVM 구현용 디스크 2개를 추가한 구성도

이 그림을 보면 물리 볼륨인 2TB와 3TB, 2개의 디스크를 합쳐서 5TB의 볼륨 그룹으로 묶었다. 그리고 5TB를 1TB, 3TB, 1TB로 분할해 각 /lvm1, /lvm2, /lvm3 디렉터리에 마운트했다.

결국 LVM은 여러 개의 디스크(물리 볼륨)를 묶어서 1개의 볼륨 그룹으로 만든 후 다시 필요한 용량의 파티션(논리 그룹)으로 나눠서 사용하는 방식을 의미한다.

6.3.2 LVM 구현

이번 실습의 순서는 다음 그림과 같다. 그리고 LVM을 구성할 때는 RAID를 구성할 때 사용하는 명령과는 조금 다른 명령을 사용한다.

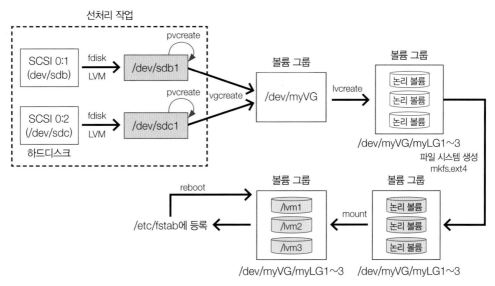

그림 6-99 LVM 구현 순서

실습 11

LVM을 구성하자. 그림 6-99를 참고하면서 실습을 진행한다.

Step 0

Server 가상머신을 설치 상태로 초기화하고 부팅은 하지 않는다.

실습에 필요한 디스크 2개를 준비한다.

1-1 **그림 6-98**에 나온 것과 같이 2GB와 3GB 용량의 SCSI 하드디스크 2개를 추가한다(SCSI 장치를 장착해야 한다). 추가한 결과는 다음과 같다.

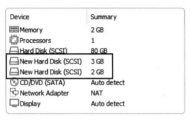

Device	Summary
Memory	2 GB
Processors	1
Hard Disk (SCSI)	80 GB
New Hard Disk (SCSI)	3 GB
New Hard Disk (SCSI)	2 GB
CD/DVD (SATA)	Auto detect
Network Adapter	NAT
Display	Auto detect

그림 6-100 디스크 2개를 추가한 결과

1-2 부팅하고 root 사용자로 로그인한다.

LVM을 구현하기 위해 **그림 6-99**에 나온 선처리 작업 부분을 먼저 진행한다.

2-1 다음 명령을 입력해 장착한 SCSI 하드디스크 2개에 파티션을 할당한다. 그리고 이번 실습 내용은 LVM 구축이므로 파일 시스템 유형을 8e(Linux LVM)로 별도 지정해야 한다.

```
# fdisk /dev/sdb                    → SCSI 0:1 디스크 선택
Command : n                         → 새로운 파티션 분할
Select : p                          → Primary 파티션 선택
Partition number (1-4) : 1          → 파티션 번호 1번 선택
First sector : [Enter]              → 시작 섹터 번호 입력(기본 설정)
Last sector : [Enter]               → 마지막 섹터 번호 입력(기본 설정)
Command : t                         → 파일 시스템 유형 선택
Hex Code : 8e                       → 선택한 파일 시스템 유형 번호 입력('L'을 입력하면 유형 번호가
                                       출력됨)
Command : p                         → 설정된 내용 확인(Linux LVM이 확인되어야 함)
Command : w                         → 설정 저장
```

NOTE ▶ 파일 시스템 유형을 지정하지 않으면 기본값인 83(Linux)이 지정된다. 그리고 앞서 RAID는 fd(Linux raid autodetect)로 했었다.

2-2 같은 방식으로 /dev/sdc의 파티션을 나눈다. 직접 해 보자.

2-3 **pvcreate /dev/sdb1**과 **pvcreate /dev/sdc1** 명령을 입력해 물리 볼륨을 생성한다.

그림 6-101 LVM 구성 1

2-4 **vgcreate myVG /dev/sdb1 /dev/sdc1** 명령을 입력해 **그림 6-99**와 같이 2개의 물리 볼륨을 하나로 묶는다. 즉, 볼륨 그룹을 생성하는 단계다. 필자는 볼륨 그룹 이름을 myVG라고 지었다.

그림 6-102 LVM 구성 2

2-5 **vgdisplay** 명령을 입력해 볼륨 그룹이 제대로 생성되었는지 확인한다.

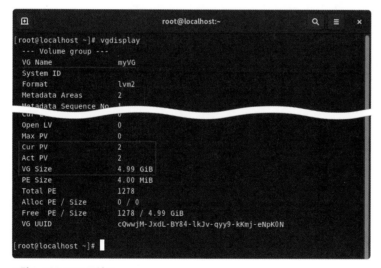

그림 6-103 LVM 구성 3

방금 생성한 myVG 볼륨 그룹은 물리 볼륨(Cur PV) 2개로 구성된다. 'VG Size'를 보면 총 용량이 5GB (2GB+3GB)이라는 사실을 확인할 수 있다.

이로써 선처리 작업이 모두 끝났다. 이제부터는 /dev/myVG를 하나의 디스크처럼 생각하고 작업하면 된다.

일반적인 디스크의 파티션을 생성할 때는 **fdisk** 명령을 사용했지만, 볼륨 그룹의 파티션을 생성할 때는 lvcreate 명령을 사용한다. 일반적인 디스크(/dev/sdb)를 /dev/sdb1과 /dev/sdb2로 파티션을 나눠 생성하는 것과 마찬가지로 볼륨 그룹(/dev/myVG) 역시 /dev/myVG/myLG1, /dev/myVG/myLG2, /dev/myVG/myLG3라는 논리 그룹으로 파티션을 나눠 생성한다.

논리 그룹을 1GB, 3GB, 1GB로 나누기 위해 다음 명령을 입력하고 /dev/myVG 디렉터리를 확인한다.

```
lvcreate --size 1G --name myLG1 myVG          → myVG 아래 myLG1을 1GB 크기로 생성
lvcreate --size 3G --name myLG2 myVG
lvcreate --extents 100%FREE --name myLG3 myVG  → 나머지 용량을 모두 할당
ls -l /dev/myVG
```

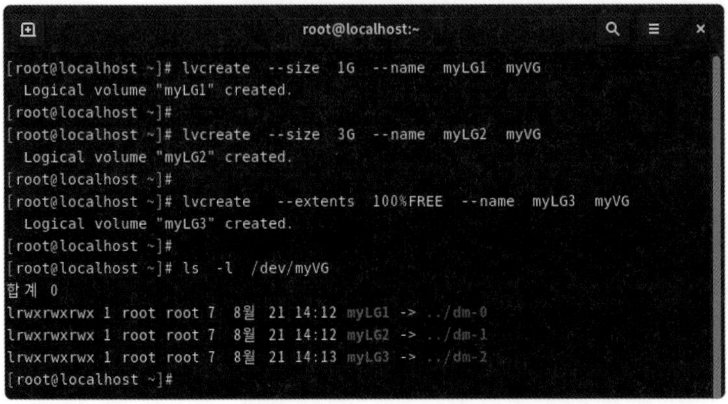

그림 6-104 LVM 구성 4

NOTE ▶ /dev/myVG/myLG1은 /dev/dm−0이라는 파일에 링크되어 있다. 하지만 이 /dev/dm−0이라는 장치 파일의 이름은 lvcreate 명령의 버전마다 달라질 수 있으므로 그냥 /dev/myVG/myLG1이라고 기억하자.

다음 명령을 입력해 /dev/myVG/myLG1, /dev/myVG/myLG2, /dev/myVG/myLG3에 파일 시스템을 생성한다.

```
mkfs.ext4 /dev/myVG/myLG1
mkfs.ext4 /dev/myVG/myLG2
mkfs.ext4 /dev/myVG/myLG3
```

/lvm1 /lvm2 /lvm3, 총 3개의 디렉터리를 생성하고 myLG1~3 장치를 /lvm1~3 디렉터리에 각각 마운트한다. 마운트한 후에는 아무 파일이나 하나 복사하고 **df** 명령을 입력해 여유공간을 확인한다.

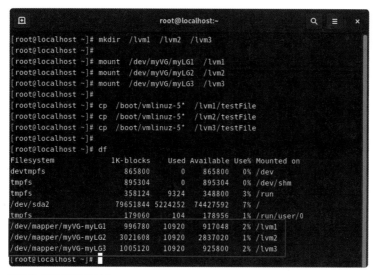

그림 6-105 LVM 구성 5

이로써 **그림 6-99**와 같은 구성이 완성되었다.

컴퓨터를 켤 때 자동으로 myLG1~3 장치가 /lvm1~3에 마운트되도록 설정한다. **/etc/fstab** 파일을 gedit이나 nano 에디터로 열고 가장 아래쪽에 다음 내용을 추가한다. 그리고 파일을 저장하고 재부팅한다.

```
/dev/myVG/myLG1     /lvm1     ext4     defaults     0     0
/dev/myVG/myLG2     /lvm2     ext4     defaults     0     0
/dev/myVG/myLG3     /lvm3     ext4     defaults     0     0
```

이로써 1GB, 3GB, 1GB의 논리 그룹으로 파티션을 나누는 작업을 모두 완료했다.

? VITAMIN QUIZ 6-9

Server(B) 가상머신에 5GB, 4GB 디스크를 장착하고 LVM으로 3GB 3개로 논리 그룹을 분할하자.

HINT 먼저 lvm2 패키지를 설치해야 한다.

6.4 RAID에 Rocky Linux 설치

종종 리눅스 시스템을 다양한 테스트를 진행하기 위한 용도로 사용하는 경우도 있다. 이때 시스템의 안정성은 낮아도 상관 없고 빠른 성능이 필요한 경우라면 RAID 0에 Rocky Linux를 설치하는 방법을 생각해 볼 수 있다.

다음 그림처럼 SCSI 0:0(/dev/sda)과 SCSI 0:1(/dev/sdb)으로 구성한 RAID 0에 Rocky Linux를 설치하면 하나의 디스크를 사용할 때보다 리눅스 시스템 성능이 월등히 향상될 수도 있다. 지금부터 그 방법을 실습하자.

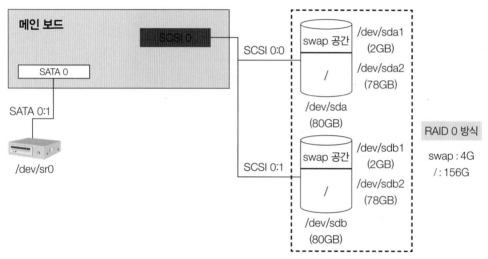

그림 6-106 Rocky Linux 설치를 위한 RAID1 구성도

실습 12

RAID 0에 Rocky Linux를 새로 설치하자.

Step 0

다음 표를 보고 실습에 사용할 가상머신을 생성한다.

NOTE 가상머신의 생성 방법이 기억나지 않으면 21쪽 1장 실습 2를 참고하자.

표 6-4 RAID 0에 Rocky Linux 설치 실습을 위한 가상머신 사양

가상머신 이름	RAID0
게스트 OS 종류	Red Hat Enterprise Linux 9 64-bit 또는 Rocky Linux 9 64-bit
저장 폴더	C:\Rocky9\RAID0 (공간 여유가 있는 다른 곳을 지정해도 됨)
네트워크 타입	Use network address translation(NAT)
메모리 할당	2GB(2048 MB)
디스크	SCSI 0:0 80GB SCSI 0:1 80GB
CD/DVD	○
Audio 장치	×
USB 장치	×
Floppy 장치	×

완성된 가상머신은 다음과 같다.

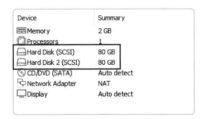

그림 6-107 완성된 가상머신

Step 1

기존의 설치 방식과 동일하게 Rocky Linux 9 ISO 파일(Rocky-9.0-x86_64-dvd.iso)을 CD/DVD 장치에 넣어 Rocky Linux를 설치한다.

1-1 초기 화면에서 [Install Rocky Linux 9.0]을 선택하고 [Enter]를 누른다. 언어 선택 화면의 왼쪽 목록에서 [한국어]를 오른쪽 목록에서 [한국어 (대한민국)]을 선택하고 [계속 진행] 버튼을 클릭한다.

1-2 [설치 요약]에서 [설치 목적지]을 클릭한다.

그림 6-108 RAID 1에 Rocky Linux 설치 1

1-3 [설치 목적지]의 [로컬 표준 디스크]에서 2개의 디스크를 한 번씩 클릭해 선택한 후 [저장소 구성]에서 '사용자 정의'를 선택하고 [완료] 버튼을 클릭한다.

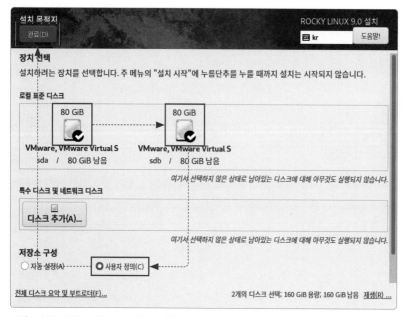

그림 6-109 RAID 1에 Rocky Linux 설치 2

1-4 [수동 파티션 설정]에서 [신규 Rocky Linux 9.0 설치]의 드롭다운 버튼을 클릭해 '표준 파티션'을 선택한 후 아래쪽의 [+] 버튼을 클릭한다. [신규 적재 지점 추가] 창에서 [적재 지점] 드롭박스에서 'swap'을 선택하고, [희망 용량]에는 '4G'를 입력한다. 그리고 [적재 지점 추가] 버튼을 클릭한다.

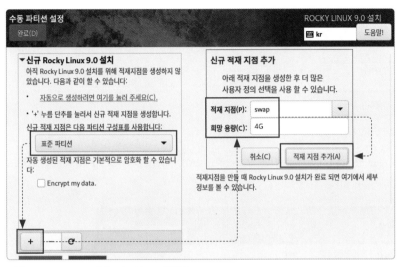

그림 6-110 RAID 1에 Rocky Linux 설치 3

1-5 [수동 파티션 설정]의 왼쪽 목록에서 [swap]을 선택하고, [장치 유형]의 드롭다운 버튼을 클릭해 'RAID'를 선택한다. [RAID 레벨]은 [레이드0]으로 선택한 후 오른쪽 아래의 [최신화 설정] 버튼을 클릭한다.

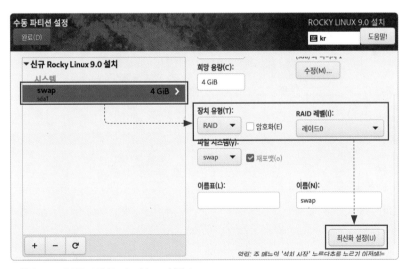

그림 6-111 RAID 1에 Rocky Linux 설치 4

NOTE ▶ 오른쪽 아래에 [최신화 설정] 버튼이 보이지 않으면 아래쪽으로 스크롤하자.

1-6 다시 왼쪽 아래 [+] 버튼을 클릭해 동일한 방식으로 / 파티션을 추가한다. 희망용량은 우선 빈 칸으로 둔다.

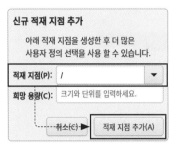

그림 6-112 RAID 1에 Rocky Linux 설치 5

1-7 왼쪽 목록에서 [/]를 선택하고 [장치 유형]은 'RAID'로, [RAID 레벨]은 '레이드'로 선택한다. 그리고 [희망 용량]에는 넉넉히 '160 GiB'를 입력한다.

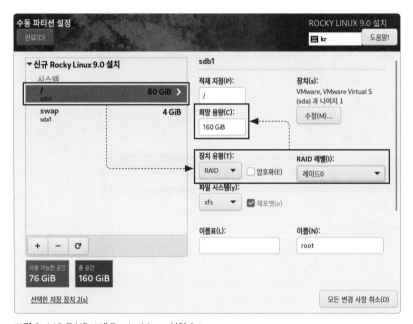

그림 6-113 RAID 1에 Rocky Linux 설치 6

NOTE▶ 80GB 2개의 디스크를 사용하므로 총 160GB의 공간이 있지만, 스왑 영역을 제외하기에 160GB보다 적은 용량이 / 파티션에 할당된다.

1-8 오른쪽 아래의 [최신화 설정] 버튼을 클릭하면 [/]와 [swap]의 설정이 완료된다.

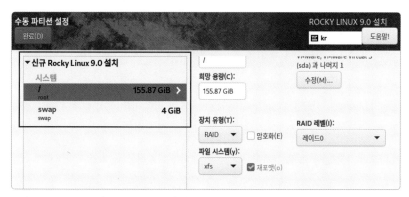

그림 6-114 RAID 1에 Rocky Linux 설치 7

1-9 [완료] 버튼을 클릭하고 [변경 요약]에서 [변경 적용] 버튼을 클릭한다.

1-10 [설치 요약]이 다시 나오면 아래로 스크롤해 [root 비밀번호]를 클릭한다. 그리고 외우기 쉬운 비밀번호를 설정한다.

1-11 비밀번호까지 모두 설정했다면 [설치 시작] 버튼을 클릭한다.

Step 2

설치가 진행된다.

2-1 한동안 설치가 진행되는데 VMware Player 메뉴의 디스크 아이콘을 보면 2개가 모두 깜빡거린다는 사실을 확인할 수 있다. 즉, 2개 디스크로 구성된 RAID 0(스트라이핑)에 Rocky Linux가 빠르게 설치되고 있다.

그림 6-115 RAID 1에 Rocky Linux 설치 8

NOTE▶ 진짜 컴퓨터라면 2개의 물리 디스크를 사용하므로 빠르게 설치되지만, 가상머신은 2개의 디스크 파일에 설치를 진행하므로 속도 향상이 되었다는 느낌은 받지 못할 것이다.

2-2 설치가 완료되었으면 [시스템 재시작] 버튼을 클릭해 가상머신을 재부팅한다.

컴퓨터가 재부팅되면 추가 설정을 진행한다.

3-1 부팅 화면이 나온다. 몇 초를 기다리거나 첫 번째 행이 선택된 상태에서 그냥 [Enter]를 누르면 부팅이 진행된다.

3-2 [설정] 창에 'Rocky Linux 9.0 사용을 환영합니다!'라는 메시지가 나타나면 [설정 시작] 버튼을 클릭한다.

3-3 [개인 정보] 창이 나오면 기본 설정 내용을 그대로 두고 [다음] 버튼을 클릭한다.

3-4 [온라인 계정 연결] 창에서도 별다른 설정을 하지 않은 채로 [건너뛰기] 버튼을 클릭한다.

3-5 [사용자 정보] 창에서 새로운 사용자를 생성해야 한다. [전체 이름]에 'rocky'를 입력하고 [다음] 버튼을 클릭한다.

3-6 [암호 지정] 창의 [암호]와 [확인]에 전체 이름과 동일하게 'rocky'를 입력하고 [다음] 버튼을 클릭한다.

3-7 [설치 완료] 창이 나타나면 '모두 끝났습니다!' 메시지 아래쪽의 [Rocky Linux 시작] 버튼을 클릭한다.

3-8 잠시 후 [Welcome to Rocky Linux] 대화상자가 나타나면 [괜찮습니다] 버튼을 클릭해 다음 단계로 넘어 간다.

RAID 0에서 Rocky Linux가 작동하고 있는지 확인한다.

4-1 터미널을 열고 **su** 명령을 입력해 root 권한을 얻는다. '암호'에는 직접 설정했던 암호를 입력한다.

4-2 mdadm --detail --scan 명령을 입력해 작동 중인 RAID를 확인한다.

```
                              rocky@localhost:/home/rocky          Q    ≡    ×
[rocky@localhost ~]$ su
암 호 :
[root@localhost rocky]# mdadm  --detail  --scan
ARRAY /dev/md/root metadata=1.2 name=localhost.localdomain:root UUID=d30f95b2:d2
755782:0304fb0c:b02e1632
ARRAY /dev/md/swap metadata=1.2 name=localhost.localdomain:swap UUID=1eb96f41:c1
db15f0:ebbbe864:eea460e9
[root@localhost rocky]#
```

그림 6-116 RAID 0 작동 확인 1

4-3 mdadm --detail /dev/md/swap과 mdadm --detail /dev/md/root 명령을 입력해 각 RAID 장치를 자세히 확인한다. 두 RAID 장치 모두 잘 작동하고 있다. 즉, **그림 6-106**과 같이 구성되었다.

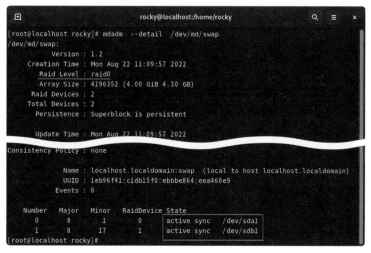

그림 6-117 RAID 0 작동 확인 2

4-4 RAID 0으로 구성되었으므로 결함 허용 기능은 없지만, Rocky Lunix 자체는 빠르게 작동할 것이다. **halt -p** 명령을 입력해 시스템을 종료한다.

> ### ? VITAMIN QUIZ 6-10
>
> **실습 12**를 참고해 새로운 가상머신에 3개의 디스크를 장착한 후 RAID5 형식으로 리눅스를 설치하자.
>
> **HINT** swap을 먼저 RAID 5로 지정하고 용량을 4GB로 설정한 후 /를 RAID5로 지정하고 나머지 용량 모두로 설정한다.

6.5 사용자별 공간 할당

리눅스는 여러 명의 사용자가 동시에 접속해서 사용할 수 있다. 이러한 시스템에서 A 사용자가 root(/) 파일 시스템에 고의든 실수든 큰 파일들을 계속 복사하면 디스크가 가득 차 시스템 전체가 가동되지 않는 치명적인 문제가 발생할 수 있다. 이러한 상황을 방지하려면 사용자별로 사용할 수 있는 용량을 제한해야 한다. 즉, 사용자가 적정 용량 이상을 사용하지 못하게 함으로써 할당된 양만큼의 공간만 사용하게 한다면 아무런 문제가 발생하지 않는다.

6.5.1 쿼터의 개념

쿼터Quota를 간단히 다음과 같이 정의할 수 있다.

파일 시스템마다 사용자나 그룹이 생성할 수 있는 파일의 용량과 개수를 제한하는 것

일반 사용자들이 사용하는 파일 시스템을 root(/)로 지정하는 것보다는 별도의 파일 시스템을 지정해 지정한 부분만 사용하도록 하는 편이 여러 가지 면에서 좋다.

우선 일반 사용자가 root(/) 파일 시스템을 사용할 수 없으므로 시스템과 관련된 문제가 발생할 소지가 줄어든다. 또한 root(/) 파일 시스템을 많은 사용자가 동시에 사용하면 서버를 운영하면서 디스크를 읽고 쓰는 작업과 일반 사용자가 디스크를 읽고 쓰는 작업이 동시에 발생한다. 이러면 전반적으로 시스템의 성능이 저하될 수 있는데 이러한 사태를 방지할 수 있다.

6.5.2 쿼터 구현

이제 본격적으로 쿼터를 구현하자. 구현 순서는 다음 그림과 같다.

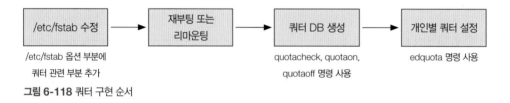

그림 6-118 쿼터 구현 순서

실습 13

쿼터 실습을 진행하자. 사용자를 만들고 해당 사용자에게 공간을 할당한다.

Step 0

Server 가상머신을 설치 상태로 초기화하고 새로운 SCSI 하드디스크를 마운트한다.

0-1 VMware Player를 실행하고 Server 가상머신을 초기화한다.

0-2 VMware Player 초기 화면에서 [Server]를 선택하고 [Edit virtual machine settings]를 클릭한다. [Virtual Machine Settings] 창이 열리면 새로운 SCSI 하드디스크 하나를 장착한다. 크기는 10GB, 파일 이름은 userDisk.vmdk로 지정한다(자동으로 SCSI 0:1로 장착된다).

0-3 이제 Server 가상머신을 부팅하고 root 사용자로 접속한 후 터미널을 연다.

0-4 터미널에서 다음 명령을 입력해 /dev/sdb의 파티션을 생성하고 포맷한 후 /userHome 디렉터리에 마운트한다.

```
# fdisk /dev/sdb
Command : n
Select : p
Partition number (1-4) : 1
First cylinder : Enter
Last cylinder : Enter
Command : p
Command : w
# mkfs.ext4 /dev/sdb1
# mkdir /userHome
# mount /dev/sdb1 /userHome
```

0-5 재부팅해도 인식되도록 nano나 gedit 에디터를 이용해 **/etc/fstab** 파일을 열고 가장 아래쪽에 다음 내용을 추가한다.

```
/dev/sdb1    /userHome    ext4    defaults    0    0
```

Step 1

다음 명령을 입력해 쿼터 실습을 할 사용자 blackpink와 mamamoo를 만들고 암호도 사용자 이름과 동일하게 지정한다.

```
useradd -d /userHome/blackpink blackpink
useradd -d /userHome/mamamoo mamamoo
passwd blackpink
(blackpink 입력, 입력되는 문자는 보이지 않는다)
(blackpink을 다시 입력, 입력되는 문자는 보이지 않는다)
passwd mamamoo
(mamamoo 입력, 입력되는 문자는 보이지 않는다)
(mamamoo을 다시 입력, 입력되는 문자는 보이지 않는다)
```

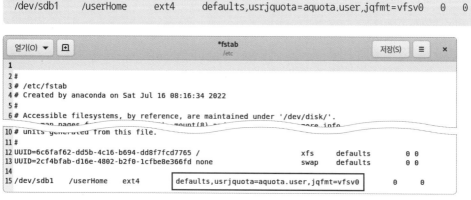

그림 6-119 쿼터 실습 1

> **NOTE ▶** 4장에서 배웠지만, useradd 명령의 -d 옵션은 사용자의 홈 디렉터리를 임의로 지정하기 위한 것이다. 또한 사용자의 암호로는 6자 이상의 사전에 없는 단어, 아이디와 동일하지 않은 문자를 사용해야 한다. 하지만 root 사용자는 이 제약 사항과 상관 없이 아무렇게나 지정해 줄 수 있다. 그래서 경고가 나오지만 암호로 설정된다.

Step 2

/etc/fstab 파일을 편집해 재부팅이 되어도 /dev/sdb1 디렉터리를 쿼터용으로 자동 마운트되도록 설정한다.

2-1 gedit이나 nano 에디터로 **/etc/fstab** 파일을 열어 /dev/sdb1을 마운트하는 부분의 defaults 글자 뒤에 다음과 같이 ',usrjquota=aquota.user,jqfmt=vfsv0'(맨 뒤는 숫자 0)을 추가한다. 글자가 틀리지 않도록 주의하자. 그리고 파일을 저장하고 에디터를 닫는다.

```
/dev/sdb1      /userHome      ext4      defaults,usrjquota=aquota.user,jqfmt=vfsv0      0      0
```

그림 6-120 쿼터 실습 2

2-2 재부팅하는 효과를 내기 위해 **mount --options remount /userHome** 명령을 입력해 다시 마운트한다. 그리고 **mount** 명령을 입력하면 /dev/sdb1 디렉터리가 '쿼터'용으로 마운트되었음을 확인할 수 있다.

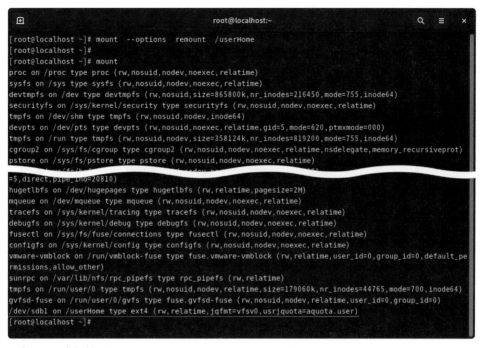

```
[root@localhost ~]# mount  --options  remount  /userHome
[root@localhost ~]#
[root@localhost ~]# mount
proc on /proc type proc (rw,nosuid,nodev,noexec,relatime)
sysfs on /sys type sysfs (rw,nosuid,nodev,noexec,relatime)
devtmpfs on /dev type devtmpfs (rw,nosuid,size=865800k,nr_inodes=216450,mode=755,inode64)
securityfs on /sys/kernel/security type securityfs (rw,nosuid,nodev,noexec,relatime)
tmpfs on /dev/shm type tmpfs (rw,nosuid,nodev,inode64)
devpts on /dev/pts type devpts (rw,nosuid,noexec,relatime,gid=5,mode=620,ptmxmode=000)
tmpfs on /run type tmpfs (rw,nosuid,nodev,size=358124k,nr_inodes=819200,mode=755,inode64)
cgroup2 on /sys/fs/cgroup type cgroup2 (rw,nosuid,nodev,noexec,relatime,nsdelegate,memory_recursiveprot)
pstore on /sys/fs/pstore type pstore (rw,nosuid,nodev,noexec,relatime)
=5,direct,pipe_ino=20810)
hugetlbfs on /dev/hugepages type hugetlbfs (rw,relatime,pagesize=2M)
mqueue on /dev/mqueue type mqueue (rw,nosuid,nodev,noexec,relatime)
tracefs on /sys/kernel/tracing type tracefs (rw,nosuid,nodev,noexec,relatime)
debugfs on /sys/kernel/debug type debugfs (rw,nosuid,nodev,noexec,relatime)
fusectl on /sys/fs/fuse/connections type fusectl (rw,nosuid,nodev,noexec,relatime)
configfs on /sys/kernel/config type configfs (rw,nosuid,nodev,noexec,relatime)
vmware-vmblock on /run/vmblock-fuse type fuse.vmware-vmblock (rw,relatime,user_id=0,group_id=0,default_pe
rmissions,allow_other)
sunrpc on /var/lib/nfs/rpc_pipefs type rpc_pipefs (rw,relatime)
tmpfs on /run/user/0 type tmpfs (rw,nosuid,nodev,relatime,size=179060k,nr_inodes=44765,mode=700,inode64)
gvfsd-fuse on /run/user/0/gvfs type fuse.gvfsd-fuse (rw,nosuid,nodev,relatime,user_id=0,group_id=0)
/dev/sdb1 on /userHome type ext4 (rw,relatime,jqfmt=vfsv0,usrjquota=aquota.user)
[root@localhost ~]#
```

그림 6-121 쿼터 실습 3

Step 3

쿼터를 사용하려면 다음 명령을 차례로 입력해 쿼터 DB를 생성해야 한다. 조금 생소한 명령들이지만, 쿼터를 생성할 때 한 번만 사용하는 것이므로 외울 필요는 없다. 또한 일부 명령은 생략 가능하지만, 확실히 하기 위해서 반복해서 입력한다.

```
cd /userHome                         → 쿼터용 파일 시스템이 마운트된 디렉터리로 이동
quotaoff -avug                       → 일단 쿼터를 종료(경고 메시지는 무시)
quotacheck -augmn                    → 파일 시스템의 쿼터 관련 사항을 체크
rm -rf aquota.*                      → 생성한 쿼터 관련 파일을 일단 삭제
quotacheck -augmn                    → 다시 파일 시스템의 쿼터 관련 사항을 체크
touch aquota.user aquota.group       → 쿼터 관련 파일을 생성
chmod 600 aquota.*                   → 보안을 위해 소유자(root) 외에는 접근 금지 설정
quotacheck -augmn                    → 마지막으로 파일 시스템의 쿼터 관련 사항을 체크
quotaon -avug                        → 설정한 쿼터를 시작(경고 메시지는 무시)
```

```
root@localhost:/userHome
[root@localhost ~]# cd  /userHome
[root@localhost userHome]# quotaoff  -avug
quotaoff: Your kernel probably supports ext4 quota feature but you are using ext
ernal quota files. Please switch your filesystem to use ext4 quota feature as ex
ternal quota files on ext4 are deprecated.
/dev/sdb1 [/userHome]: user quotas turned off
[root@localhost userHome]# quotacheck  -augmn
[root@localhost userHome]# rm  -rf  aquota.*
[root@localhost userHome]# quotacheck  -augmn
[root@localhost userHome]# touch  aquota.user  aquota.group
[root@localhost userHome]# chmod  600  aquota.*
[root@localhost userHome]# quotacheck  -augmn
[root@localhost userHome]# quotaon  -avug
quotaon: Your kernel probably supports ext4 quota feature but you are using exte
rnal quota files. Please switch your filesystem to use ext4 quota feature as ext
ernal quota files on ext4 are deprecated.
/dev/sdb1 [/userHome]: user quotas turned on
[root@localhost userHome]# ls  -l
합계 32
-rw------- 1 root      root          0  8월  22 15:07 aquota.group
-rw------- 1 root      root       7168  8월  22 15:07 aquota.user
drwx------ 3 blackpink blackpink  4096  8월  22 15:02 blackpink
drwx------ 2 root      root      16384  8월  22 15:01 lost+found
drwx------ 3 mamamoo   mamamoo    4096  8월  22 15:02 mamamoo
[root@localhost userHome]# 
```

그림 6-122 쿼터 실습 4

! 여기서 잠깐 **quotacheck와 quotaon/quotaoff 명령**

quotacheck는 디스크를 스캔해 여러 가지 부분을 체크하는 명령이고, **quotaon/quotaoff**는 설정된 쿼터를 켜거나 끄는 명령이다. 이 명령어에 사용할 수 있는 옵션을 요약하면 다음과 같다. 더 상세한 내용은 **man quotacheck** 명령을 실행해 확인하자.

- −a(All): 모든 파일 시스템을 체크한다.
- −u(User): 사용자 쿼터 관련 체크를 한다.
- −g(Group): 그룹 쿼터 관련 체크를 한다.
- −m(no−remount): 재마운트를 생략한다.
- −n(use−first): 첫 번째 검색된 것을 사용한다.
- −p(print−state): 처리 결과를 출력한다.
- −v(Verbose): 파일 시스템의 상태를 보여 준다.

blackpink 사용자가 사용할 수 있는 공간을 30MB로 할당한다.

4-1 edquota −u blackpink 명령을 입력하면 사용자별 또는 그룹별 할당량을 편집할 수 있다. 사용법은
vi 에디터와 동일하다(터미널 창이 작으면 이상하게 보인다. 터미널 창을 가로로 길게 늘리자).

그림 6-123 쿼터 실습 5

우선 각 열의 의미를 살펴보자.

- [Filesystem]: 사용자별 쿼터를 할당하는 파일 시스템을 의미한다. 앞 단계에서 /etc/fstab 파일에
  /dev/sdb1을 쿼터로 설정했다.
- [blocks], [soft], [hard]: 현재 사용자가 사용하는 블록(KB 단위)과 소프트 사용 한도, 하드 사용 한도
  를 의미한다. blocks에 28이 설정되어 있으므로 현재 blackpink라는 사용자가 28KB를 사용한다는
  의미다. [soft]와 [hard] 아래의 0은 사용 한도가 0이라는 의미가 아닌, 한도를 제한하지 않았다는 의
  미다. 즉, blackpink 사용자는 용량 제한 없이 /dev/sdb1 파일 시스템(/userHome에 마운트되어
  있음)을 사용할 수 있다.
- [inodes], [soft], [hard]: [blocks]는 용량을 의미하지만, [inodes]는 inode의 개수를 의미한다(파일
  의 개수라고 생각하면 이해가 쉽다). blackpink 사용자는 현재 7개의 파일을 사용 중이며 한도는 제
  한되지 않았다.

4-2 이제 본격적으로 사용자별 사용할 수 있는 공간을 할당한다. 우선 blackpink의 공간부터 할당한다.
[inodes]는 그냥 두고 [blocks] 부분에 사용량 제한을 건다. [soft]에는 '30MB(30,720KB)'을, [hard]에는
'40MB(40,960KB)'을 입력한다. 칸을 정확히 맞출 필요는 없다. 순서만 틀리지 않으면 된다(vi 에디터를
사용하듯 A 를 눌러 편집을 시작하고 편집이 끝나면 Esc 를 누르고 ':wq'를 입력해 변경 사항을 저장할 수
있다).

그림 6-124 쿼터 실습 6

NOTE▸ 그룹별로 쿼터를 설정하려면 **edquota −g 그룹이름** 명령을 실행하면 된다.

4-3 blackpink 사용자가 사용할 수 있는 용량이 설정한 대로 제한되었는지 확인한다. 다음 명령을 입력해 blackpink 사용자로 접속한 후 파일을 몇 개 복사한다. /boot/vmlinuz-5.14.0-70.13.1.el9_0.x86_64 파일의 크기가 약 10.6MB이므로 이 파일을 사용한다.

```
su - blackpink
$ pwd
$ cp /boot/vmlinuz-4* test1      → 약 10.6MB 사용
$ cp test1 test2                 → 약 21.2MB 사용
$ cp test1 test3                 → 약 31.8MB 사용: 소프트 한도(30MB) 초과(경고 출력).
$ ls -l                          → test3 파일의 크기가 소프트 한도를 넘었지만, 파일은 정상적으로
                                    복사됨
$ cp test1 test4                 → 약 40MB 사용: 하드 한도(40MB)를 초과해 더 사용할 수 없음
$ ls -l                          → test4 파일은 하드 한도까지 사용할 수 있는 남은 용량만큼만 파
                                    일이 생성됨. 그러므로 복사된 test4는 정상적인 파일이 아님
```

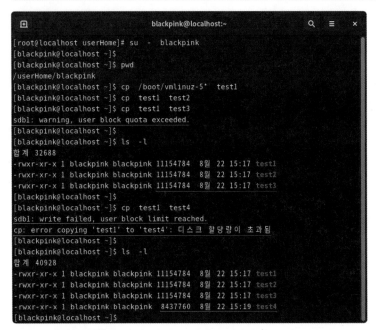

그림 6-125 쿼터 실습 7

4-4 quota 명령을 입력하면 자신(현재 사용자)에게 할당된 디스크 공간을 확인할 수 있다.

그림 6-126 쿼터 실습 8

[blocks]는 현재 사용자(blackpink)가 사용 중인 디스크 공간을 의미한다. [limit](hard)가 40,960KB 이므로 이미 제한된 사용량을 모두 사용한 것이다. 그런데 blackpink 사용자에게 허용된 실제 사용량은 [quota](soft)인 30,720KB다. 이를 넘는 공간인 10,240KB(40,960−30,720KB)는 [grace](유예 기간이 라는 뜻)에 6days라고 표시된 것처럼 6일(또는 7일) 동안만 사용할 수 있다. 그러므로 blackpink 사용자 는 6일 안에 자신의 [quota] 사용량인 30,720KB를 넘는 공간을 정리해야 한다.

Step 5 ───

exit 명령을 입력해 현재 사용자(blackpink)를 로그아웃하고 root 사용자로 돌아온다. 그리고 **repquota /userHome** 명령을 입력해 사용자별 현재 사용량을 확인한다.

그림 6-127 쿼터 실습 9

NOTE ▶ 소프트 한도를 초과한 사용량에 대한 유예 기간(grace period)은 기본 설정이 7일이다. 이 유예 기간은 **edquota −t** 명령을 실행해 변경할 수 있다.

이번에는 mamamoo 사용자가 사용할 수 있는 공간을 20MB로 할당한다. blackpink 사용자에게 적용된 사항을 mamamoo 사용자에게도 동일하게 적용하면 조금 더 간단하게 작업할 수 있다. 그렇게 하려면 **edquota −p 기준사용자 대상사용자** 명령을 입력하면 된다. 작업이 끝나면 **repquota /userHome** 명령을 입력해 사용자별 현재 사용량을 확인한다. blackpink 사용자와 동일한 설정이 적용되었음을 알 수 있다.

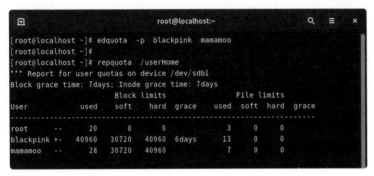

```
[root@localhost ~]# edquota  -p  blackpink  mamamoo
[root@localhost ~]#
[root@localhost ~]# repquota  /userHome
*** Report for user quotas on device /dev/sdb1
Block grace time: 7days; Inode grace time: 7days
                        Block limits                File limits
User            used    soft    hard  grace    used  soft  hard  grace
----------------------------------------------------------------------
root       --     20       0       0             3     0     0
blackpink  +-  40960   30720   40960  6days     13     0     0
mamamoo    --     28   30720   40960              7     0     0
```

그림 6-128 쿼터 실습 10

NOTE ▶ 더 이상 쿼터를 사용하지 않으려면 **quotaoff /userHome** 명령을 실행하면 된다.

이번 실습으로 쿼터를 명확히 이해했으리라 생각한다.

? VITAMIN QUIZ 6-11

Server(B) 가상머신에 **실습 13**과 동일한 사양으로 쿼터를 설정하자.

이상으로 디스크를 관리하는 다양한 방법과 사용자별로 공간을 할당하는 방법을 알아보았다. 하나 하나 따라했다면 오랜 시간이 걸렸을 것이다. 이 정도면 충분히 실무에서 디스크 관리를 할 수 있을 것이다. 혹여나 아직 이해하지 못한 부분이 있다면 다시 한 번 실습하기를 바란다. 단순히 암기하며 이해하는 것보다는 실습하면서 이해하는 것이 가장 빠르고 확실한 학습 방법이다.

07

셸 스크립트
프로그래밍

리눅스의 셸은 명령과 프로그램을 실행할 때 사용하는 인터페이스다. Windows의 명령 프롬프트와 비슷해 보이지만, 셸에는 훨씬 강력한 프로그래밍 기능이 있다. 7장에서는 리눅스의 셸을 잘 활용하는 데 필요한 셸 스크립트 프로그래밍에 관해 간단히 학습한다.

7장은 고급 리눅서Linuxer가 되기 위해 필요한 기본 지식을 다루므로 프로그래밍 언어에 익숙하지 않은 독자라도 기본적인 내용 정도는 파악하는 것이 좋다. 혹시 7장의 내용을 잘 이해하지 못하더라도 이후 학습 내용과는 별 관련이 없으므로 크게 염려할 필요는 없다.

학습목표

**이 장의
핵심 개념**

7장에서는 리눅스의 셸에서 제공하는 강력한 프로그래밍 기능인 셸 스크립트 프로그
래밍을 학습한다. 7장에서 학습하는 핵심 개념은 다음과 같다.

- bash의 특징을 이해한다.

- 셸의 명령문 처리 방식을 학습한다.

- 셸 스크립트 작성과 실행 방법을 알아본다.

- 다양한 셸 스크립트 프로그래밍을 실습한다.

**이 장의
학습 흐름**

Rocky Linux 셸의 이해
▼
| 셸 스크립트의 작성과 실행 방법 |
▼
| 변수의 이해 |
▼
| 다양한 문법의 셸 스크립트 프로그래밍 실습 |

7.1 셸의 기본

셸은 사용자가 입력한 명령을 해석해 커널에 전달하거나 커널의 처리 결과를 사용자에게 전달하는 역할을 한다. 쉽게 말해 Server(B) 가상머신의 '텍스트 모드'나 X 윈도의 '터미널'처럼 명령을 입력하는 환경이 바로 셸이다.

7.1.1 Rocky Linux의 bash

Rocky Linux에서 기본적으로 제공하는 셸은 bash^{Bourne Again SHell}(흔히 '배시 셸'이라고 부름)다. Bash는 Bourne Shell^{sh}을 기반으로 Korn Shell^{ksh}과 C Shell^{csh}의 좋은 점을 합한 셸이다. bash의 특징을 정리하면 다음과 같다.

- Alias 기능(명령어 단축 기능)
- History 기능(↑ 또는 ↓)
- 연산 기능
- Job Control 기능
- 자동 이름 완성 기능(Tab)
- 프롬프트 제어 기능
- 명령 편집 기능

NOTE▶ alias는 긴 명령을 단축하는 명령이다. 만약 'ls al'을 'ls2'라는 명령으로 줄여서 사용하고 싶다면 **alias ls2="ls −al"** 명령을 실행하면 된다.

7.1.2 셸의 명령문 처리 방법

셸 명령문은 명령문과 함께 여러 가지 옵션이나 인자^{Argument}를 사용할 수 있다. 명령문의 형식은 다음과 같다.

> (프롬프트) 명령어 [옵션…] [인자…]

예를 들어 지금까지 실습에서는 다음과 같이 다양한 옵션과 인자를 더해 명령을 사용했다.

```
# ls -l
# rm -rf /mydir
# find . / -name "*.conf"
```

7.1.3 환경 변수

셸은 여러 가지 환경 변숫값을 갖는데, 설정된 환경 변수는 echo **$환경변수** 형식으로 명령을 실행해 확인할 수 있다. 예를 들어 호스트 이름을 출력하려면 echo **$HOSTNAME** 명령을 실행하면 된다. 주요 환경 변수와 그 설명을 정리하면 다음 표와 같다.

표 7-1 bash의 주요한 환경 변수

환경 변수	설명	환경 변수	설명
HOME	현재 사용자의 홈 디렉터리	PATH	실행 파일을 찾는 디렉터리 경로
LANG	기본 지원되는 언어	PWD	사용자의 현재 작업 디렉터리
TERM	로그인 터미널 타입	SHELL	로그인해서 사용하는 셸
USER	현재 사용자의 이름	DISPLAY	X 디스플레이 이름
COLUMNS	현재 터미널의 컬럼 수	LINES	현재 터미널 라인 수
PS1	1차 명령 프롬프트 변수	PS2	2차 명령 프롬프트(대개는 '>')
BASH	bash 셸의 경로	BASH_VERSION	bash 버전
HISTFILE	히스토리 파일의 경로	HISTSIZE	히스토리 파일에 저장되는 개수
HOSTNAME	호스트의 이름	USERNAME	현재 사용자 이름
LOGNAME	로그인 이름	LS_COLORS	'ls' 명령어의 확장자 색상 옵션
MAIL	메일을 보관하는 경로	OSTYPE	운영체제 타입

환경 변숫값을 변경하려면 **export 환경변수=값** 형식으로 명령을 실행한다. 그 외의 환경 변수는 **printenv** 명령을 실행해 확인할 수 있다. 다만 일부 환경 변수는 printenv 명령을 실행해도 나타나지 않는다는 사실에 주의하자.

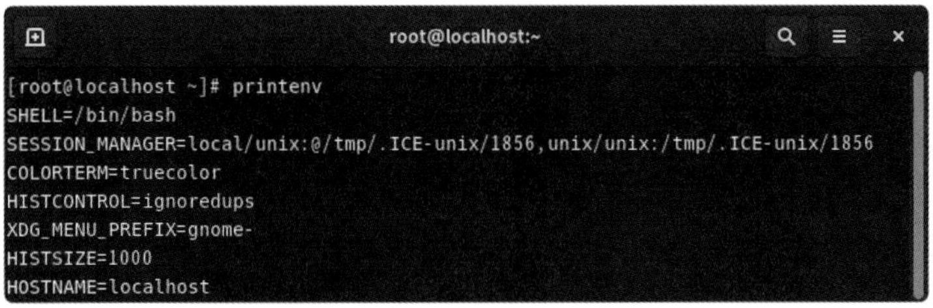

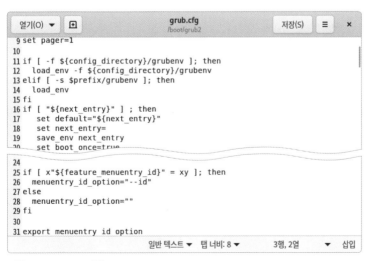

그림 **7-1** printenv 명령

7.2 셸 스크립트 프로그래밍 실습

리눅스의 셸 스크립트 문법은 C 언어의 문법과 유사하다. 그 이유는 리눅스의 대부분이 C 언어로 작성되었기 때문이다. 그래서 프로그래밍 언어(특히 C 언어)를 사용한 적이 있는 독자라면 셸 스크립트 사용법을 쉽게 익힐 수 있다.

셸 스크립트에서도 일반적인 프로그래밍 언어와 비슷하게 변수, 반복문, 제어문 등을 사용할 수 있다. 또한 별도로 컴파일하지 않고 텍스트 파일 형태로 셸에서 바로 실행할 수 있다. 그래서 셸 스크립트는 주로 nano, vi, gedit 에디터 등으로 작성한다.

셸 스크립트를 공부하면 좋은 이유는 리눅스의 많은 부분이 셸 스크립트로 작성되었기 때문이다. 예를 들어 GRUB 2의 설정 파일인 /boot/grub2/grub.cfg 파일에도 셸 스크립트 문법이 사용되었다.

그림 **7-2** grub.cfg 파일

7.2.1 셸 스크립트 작성과 실행

nano name.sh나 **gedit name.sh** 명령을 실행해 다음과 같은 간단한 셸 스크립트를 작성해 보자.

name.sh
1   #!/bin/sh
2   echo "사용자 이름: " $USER
3   echo "홈 디렉터리: " $HOME
4   exit 0

그림 7-3 name.sh 작성

NOTE ▶ 셸 스크립트 파일의 확장명을 지정하지 않거나 다른 것으로 지정해도 되지만, 사용자가 작성한 셸 스크립트 파일은 되도록 확장명을 sh로 지정하자. 그러면 파일 이름만으로 이 파일이 셸 스크립트 파일이라는 사실을 알 수 있어 편리하다.

소스 설명

- **1행:** 특별한 형태의 주석(#!)으로 bash를 사용하겠다는 의미다. 첫 행에 꼭 써줘야 한다.
- **2행:** echo는 화면에 출력하는 명령이다. 먼저 "사용자 이름 :"이라는 글자를 출력하고, 옆에는 $USER라는 환경 변수의 내용을 출력한다.
- **4행:** 종료 코드를 반환하게 해 준다. 만약 다른 스크립트에서 이 스크립트를 호출한 후 제대로 실행되었는지를 확인하려면 적절한 종료 코드를 반환하는 것이 중요하다.

  즉, 이 행은 실제 스크립트 실행과 무관하지만, 셸 스크립트는 실행 중간에 문제가 생겨도 무조건 성공했다는 메시지를 반환하기 때문에, 직접 마지막 행에서 성공인지 실패인지를 반환하는 것이 좋다. 0은 성공을 의미한다.

셸 스크립트를 실행하는 방법에는 크게 'sh 명령으로 실행'과 '실행 가능 속성으로 변경 후 실행', 2가지가 있다.

sh 명령으로 실행

sh **스크립트파일** 명령을 입력해 셸 스크립트를 실행할 수 있다. 이 방법을 사용하면 셸 스크립트 파일의 속성을 변경할 필요가 없다.

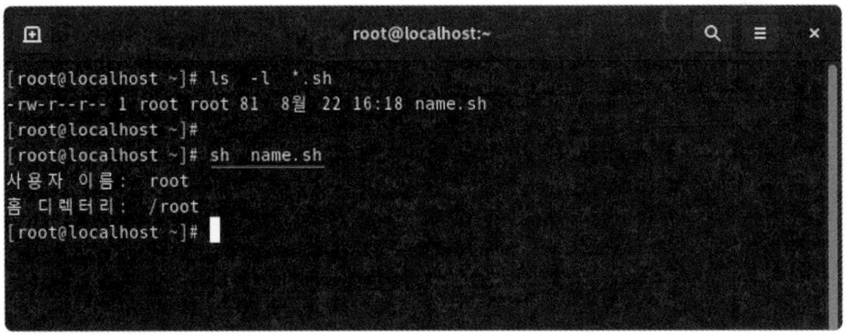

그림 7-4 셸 스크립트 실행 1

'실행 가능' 속성으로 변경 후 실행

먼저 셸 스크립트 파일의 속성을 '실행 가능'으로 변경한 후 **./스크립트파일 명령**을 입력해 셸 스크립트를 실행할 수도 있다.

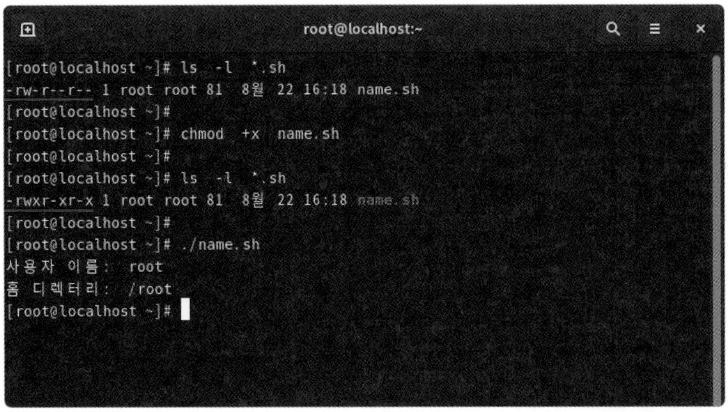

그림 7-5 셸 스크립트 실행 2

chmod **+x 파일명** 명령은 현재 파일의 속성에 '실행 가능' 속성을 추가하라는 의미다.

./스크립트파일 명령에서 '.'은 현재 디렉터리를 의미한다. 즉, 현재 디렉터리의 스크립트 파일을 실행하라는 의미다. 반드시 현재 디렉터리인 './'를 입력해야 하는 이유는 현재 디렉터리(이 예에서는 /root)가 $PATH 환경 변수에 설정되어 있지 않기 때문이다. 일반적으로 명령이나 스크립트 이름을 입력하면 셸은 $PATH 환경 변수에 설정된 디렉터리만 찾아본다.

그림 7-6 $PATH 환경 변수

지금부터 셸 스크립트 프로그램을 직접 작성한다. 파일명과 스크립트를 예제 형식으로 표기하겠다. 별다른 설명이 없어도 파일을 만들어 스크립트를 작성하고 실행하자.

> **❗여기서 잠깐   모든 사용자가 셸 스크립트를 사용할 수 있게 설정하는 방법**
>
> 지금 작성한 셸 스크립트는 root 권한으로 작성한 것이므로 root 사용자만 사용할 수 있다. 이 셸 스크립트를 다른 사용자도 사용하게 하려면 /usr/local/bin/ 디렉터리에 복사하고 권한을 755로 변경해야 한다. 참고로 보안상 위험할 수도 있으므로 root 사용자로만 이 작업을 할 수 있도록 설정되어 있다.

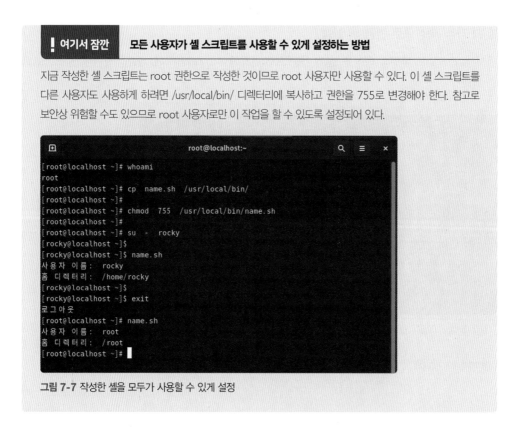

그림 7-7 작성한 셸을 모두가 사용할 수 있게 설정

7.2.2 변수

변수는 필요한 값을 계속 변경해 저장할 때 사용한다. 셸 스크립트의 구조는 변경할 필요가 없는데 설정해야 하는 값이 상황에 따라 다르다면 변수에 필요한 값을 계속 바꿔 가는 방법으로 프로그래밍해 다양한 상황에 대처할 수 있다.

변수의 기본

변수의 기본 개념을 알아보자.

- 셸 스크립트에서는 변수를 사용하기 전에 미리 선언하지 않으며 처음 변수에 값이 할당될 때 자동으로 변수가 생성된다.
- 변수에 저장하는 모든 값은 문자열^{String}로 취급한다. 즉, 숫자를 넣어도 문자로 취급한다.
- 변수 이름은 대소문자를 구분한다. 즉, $aa라는 변수 이름과 $AA라는 변수 이름은 다르다.
- 변수를 대입할 때 사용하는 '='앞뒤에는 공백이 없어야 한다.

터미널에서 다음 내용을 입력해 변수를 사용해 보자.

```
testval = hello → 오류 발생! '='앞뒤에 공백이 있다.
testval=hello
testval=Yes Sir → 오류 발생! 값의 공백은 ""로 묶어야 한다.
testval="Yes Sir"
testval=7+5        → 오류가 발생하지 않지만, "7+5"라는 문자열로 인식한다. 즉, 12로 인식하지 않는다.
```

```
[root@localhost ~]# testval = hello
bash: testval: command not found...
[root@localhost ~]#
[root@localhost ~]# testval=hello
[root@localhost ~]# echo $testval
hello
[root@localhost ~]# testval=Yes Sir
bash: Sir: command not found...
[root@localhost ~]#
[root@localhost ~]# testval="Yes Sir"
[root@localhost ~]# echo $testval
Yes Sir
[root@localhost ~]# testval=7+5
[root@localhost ~]# echo $testval
7+5
[root@localhost ~]#
```

그림 7-8 변수에 값 대입

변수의 입력과 출력

$라는 문자가 들어간 글자를 출력하려면 ' '로 묶거나 앞에 \를 붙여야 한다. 또한 " "로 변수를 묶어도 되고 묶지 않아도 된다. 다음은 변수 입력과 출력을 연습할 수 있는 셸 스크립트 예제다. 이를 작성하고 실행하자.

var1.sh

```
1   #!/bin/sh
2   myvar="Hi Woo"
3   echo $myvar
4   echo "$myvar"
5   echo '$myvar'
6   echo \$myvar
7   echo 값 입력 :
8   read myvar
9   echo '$myvar' = $myvar
10  exit 0
```

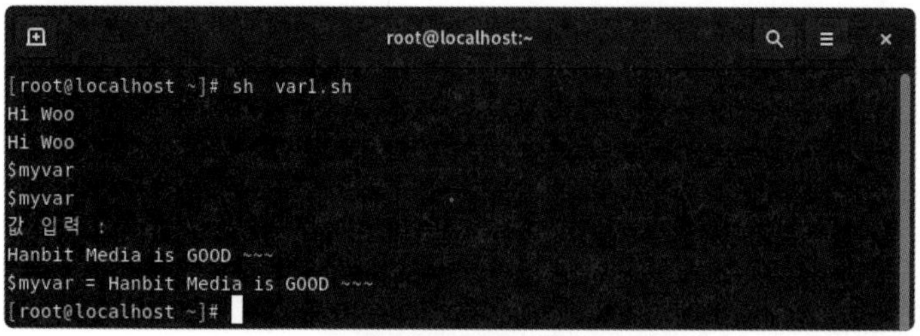
root@localhost:~
[root@localhost ~]# sh var1.sh
Hi Woo
Hi Woo
$myvar
$myvar
값 입력 :
Hanbit Media is GOOD ~~~
$myvar = Hanbit Media is GOOD ~~~
[root@localhost ~]#

그림 7-9 var1.sh 실행 결과

소스 설명

- **3행:** 'Hi Woo'라는 정상적인 값을 출력한다.
- **4행:** 3행과 동일한 효과다.
- **5행:** '$myvar'라는 글자를 출력한다.
- **6행:** \$는 $를 글자로 취급하게 한다. 결국 5행과 동일한 효과다.
- **8행:** 변수 myvar에 키보드로 값(문자열)을 입력한다.

NOTE $변수와 "$변수"는 일반적으로 동일하게 인식된다. 하지만 변수에 입력된 값에 공백이 포함될 수 있다면 "$변수" 형식으로 사용하는 것이 공백 때문에 발생할 수 있는 논리 오류를 방지하는데 도움이 된다.

숫자 계산

앞서 변수에 저장하는 값은 모두 문자열로 취급한다고 설명했다. 만약 변수에 저장한 값을 +, −, ∗, / 등으로 연산하려면 expr 키워드를 사용하면 된다. 다만 수식과 함께 반드시 `(역따옴표, 숫자1 왼쪽의 키)로 묶어야 한다. 그리고 수식에 괄호를 사용하려면 그 앞에 꼭 \(역슬래시)를 붙여야 한다. 또, +, −, /와 달리 ∗(곱하기) 기호는 예외적으로 앞에 \(역슬래시)를 붙여야 한다.

---

numcalc.sh

```
1    #!/bin/sh
2    num1=100
3    num2=$num1+200
4    echo $num2
5    num3=`expr $num1  +  200`
6    echo $num3
7    num4=`expr \( $num1 + 200 \) / 10 \* 2`
8    echo $num4
9    exit 0
```

그림 7-10 numcalc.sh 실행 결과

소스 설명

- **3행:** 문자열로 취급함 → 모두 붙여서 씀
- **5행:** 숫자로 취급해서 계산함 → 각 단어마다 띄어쓰기
- **7행:** 괄호와 '∗' 앞에는 \를 붙임

파라미터 변수

파라미터Parameter, 인자 변수는 $0, $1, $2 등의 형태를 갖는다. 이는 실행하는 명령의 부분 하나하나를 변수로 지정한다는 의미다.

dnf -y install gftp 명령을 실행한다고 가정할 때 파리미터 변수는 다음과 같이 지정할 수 있다.

표 7-2 파라미터 변수 지정 예시

명령	dnf	-y	install	gftp
파라미터 변수	$0	$1	$2	$3

즉, $0에는 dnf를, $1에는 -y를 저장한다. 그리고 명령 전체의 파라미터 변수는 $* 로 표현한다.

```
paravar.sh

1    #!/bin/sh
2    echo "실행파일 이름은 <$0>이다"
3    echo "첫번째 파라미터는 <$1>이고, 두번째 파라미터는 <$2>다"
4    echo "전체 파라미터는 <$*>다"
5    exit 0
```

```
[root@localhost ~]# sh paravar.sh 값1 값2 값3
실행파일 이름은 <paravar.sh>이 다
첫번째 파라미터는 <값1>이고, 두번째 파라미터는 <값2>다
전체 파라미터는 <값1 값2 값3>다
[root@localhost ~]#
```

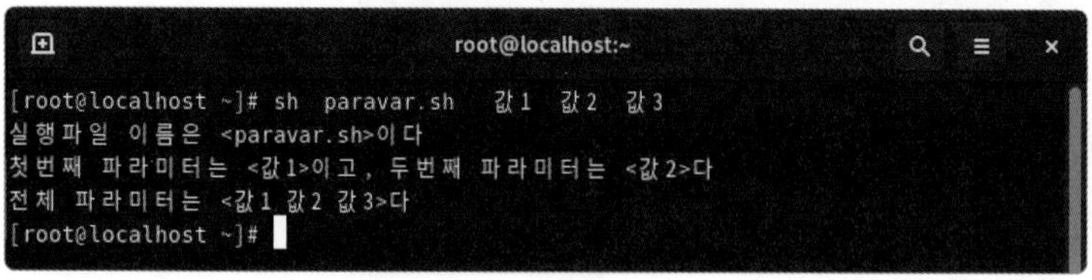

그림 7-11 paravar.sh 실행 결과

7.2.3 if문과 case문

이어서 if문과 case문의 기본 사용 방법을 살펴보자.

기본 if문

대부분의 프로그래밍 언어에서 지원하는 if문부터 살펴보자. 기본 문법은 다음과 같다.

```
if [ 조건 ]
then
   참일 경우 실행
fi
```

주의할 점은 '[조건]' 사이의 각 단어에는 모두 공백이 있어야 한다는 것이다. 실수하기 쉬우므로 잘 기억하자. 다음 예제를 작성하고 실행해 보자.

if1.sh

```
1    #!/bin/sh
2    if [ "woo" = "woo" ]
3    then
4      echo "참입니다"
5    fi
6    exit 0
```

그림 7-12 if1.sh 실행 결과

소스 설명

- **2행:** '[ ]' 사이에는 참과 거짓을 구분하는 조건식이 들어간다. '='은 문자열이 같은지를 비교하며, '!='은 문자열이 같지 않은지를 비교한다. if1.sh에서는 조건식이 참이므로 4행을 실행한다. 또한 '[ ]' 대신 test라는 키워드를 사용할 수도 있다. 2행과 if test "woo" = "woo"는 동일한 구문이다.

if~else문

if~else문은 참인 경우와 거짓인 경우를 구분해 결과를 실행할 때 사용한다. 기본 문법은 다음과 같다.

```
if [ 조건 ]
then
   참일 경우 실행
else
   거짓인 경우 실행
fi
```

다음의 셸 스크립트 파일을 작성하고 실행하자.

```
if2.sh

1   #!/bin/sh
2   if [ "woo" != "woo" ]
3   then
4     echo "참입니다"
5   else
6     echo "거짓입니다"
7   fi
8   exit 0
```

그림 7-13 if2.sh 실행 결과

> **NOTE ▶** 중복 if문을 만드는 용도로 if와 else if를 합쳐진 elif 문도 있다.

조건문에 들어가는 비교 연산자

조건문에 들어가는 비교 연산자에는 문자열 비교 연산자와 산술 연산자가 있다. 다음 표를 참고하자.

표 7-3 문자열 비교 연산자

문자열 비교	결과
"문자열1" = "문자열2"	두 문자열이 같으면 참
"문자열1" != "문자열2"	두 문자열이 같지 않으면 참
−n "문자열"	문자열이 NULL(빈 문자열)이 아니면 참
−z "문자열"	문자열이 NULL(빈 문자열)이면 참

산술 비교 연산자는 다음과 같은 형식으로 사용한다.

표 7-4 산술 비교 연산자

산술 비교	결과
수식1 −eq 수식2	두 수식(또는 변수)이 같으면 참
수식1 −ne 수식2	두 수식(또는 변수)이 같지 않으면 참
수식1 −gt 수식2	수식1이 크다면 참
수식1 −ge 수식2	수식1이 크거나 같으면 참
수식1 −lt 수식2	수식1이 작으면 참
수식1 −le 수식2	수식1이 작거나 같으면 참
!수식	수식이 거짓이라면 참

다음의 셸 스크립트 파일을 작성하고 실행하자.

if3.sh

```
1   #!/bin/sh
2   if [ 100 -eq 200 ]
3   then
4      echo "100과 200은 같다."
5   else
6      echo "100과 200은 다르다."
7   fi
8   exit 0
```

그림 7-14 if3.sh 실행 결과

파일과 관련된 조건

if문에서 파일을 처리하는 조건을 정리하면 다음과 같다.

표 7-5 파일 조건

파일 조건	결과
-d 파일이름	파일이 디렉터리면 참
-e 파일이름	파일이 존재하면 참
-f 파일이름	파일이 일반 파일이면 참
-g 파일이름	파일에 set-group-id가 설정되면 참
-r 파일이름	파일이 읽기 가능 상태이면 참
-s 파일이름	파일 크기가 0이 아니면 참
-u 파일이름	파일에 set-user-id가 설정되면 참
-w 파일이름	파일이 쓰기 가능 상태이면 참
-x 파일이름	파일이 실행 가능 상태이면 참

다음의 셸 스크립트 파일을 작성하고 실행하자.

if4.sh

```
1    #!/bin/sh
2    fname=/lib/systemd/system/sshd.service
3    if [ -f $fname ]
4    then
5        head -5 $fname
6    else
7        echo "sshd 서버가 설치되지 않았습니다."
8    fi
9    exit 0
```

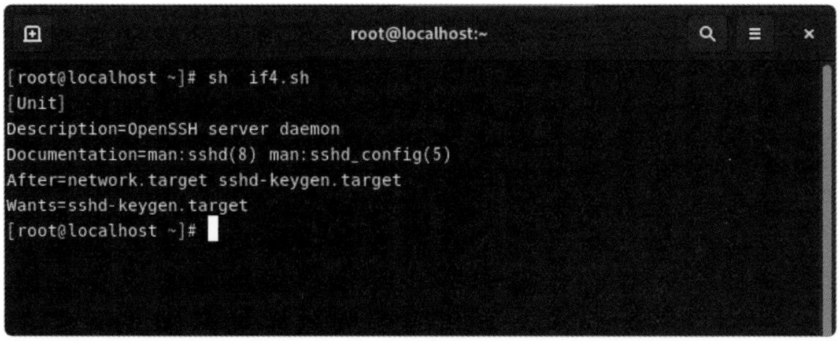

그림 7-15 if4.sh 실행 결과

소스 설명

- **2행:** fname 변수에 httpd 서버 실행 파일인 /lib/systemd/system/sshd.service 저장
- **3행:** fname 변수에 저장된 /lib/systemd/system/sshd.service 파일이 일반 파일이면 참이므로 5행을 실행하고 그렇지 않으면 거짓이므로 7행을 실행
- **5행:** fname에 들어 있는 파일의 앞 5줄을 출력

case~esac문

if문은 참과 거짓이라는 2가지 경우만 사용할 수 있다. 이를 '이중 분기'라 한다. 그런데 여러 가지 경우의 수가 있다면 if문을 계속 중복해서 사용해야 하므로 구문이 복잡해진다. 이때 사용하는 것이 case문이다. 이를 '다중 분기'라 한다. 다음 예제를 실행해 보자.

case1.sh

```
1    #!/bin/sh
2    case "$1" in
3      start)
4        echo "시작~";;
5      stop)
6        echo "중지~";;
7      restart)
8        echo "다시 시작~";;
9      *)
10       echo "뭔지 모름~";;
11   esac
12   exit 0
```

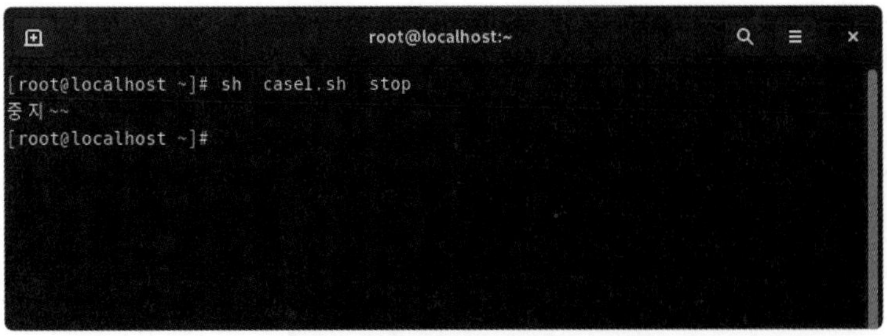

그림 7-16 case1.sh 실행 결과

소스 설명

- **2행:** 첫 번째 파라미터 변수(명령 실행 시 추가한 값)인 $1 값에 따라 3행, 5행, 7행, 9행으로 분기한다. start), stop), restart) 이외의 값은 모두 9행 *) 부분으로 분기한다.

- **4행:** 3행에서 start)일 경우에 실행된다. 주의할 점은 맨 뒤에 세미콜론 2개(;;)를 붙여야 한다는 것이다.

- **9행:** 그 외의 모든 상황에 해당한다.

- **11행:** case문 종료를 표시한다.

case문의 활용 방법을 하나 더 실습하자.

---

case2.sh

```
1   #!/bin/sh
2   echo "리눅스가 재미있나요? (yes / no)"
3   read answer
4   case $answer in
5     yes | y | Y | Yes | YES)
6       echo "다행입니다."
7       echo "더욱 열심히 하세요 ^^";;
8     [nN]*)
9       echo "안타깝네요. ㅠㅠ";;
10    *)
11      echo "yes 아니면 no만 입력했어야죠"
12      exit 1;;
13  esac
14  exit 0
```

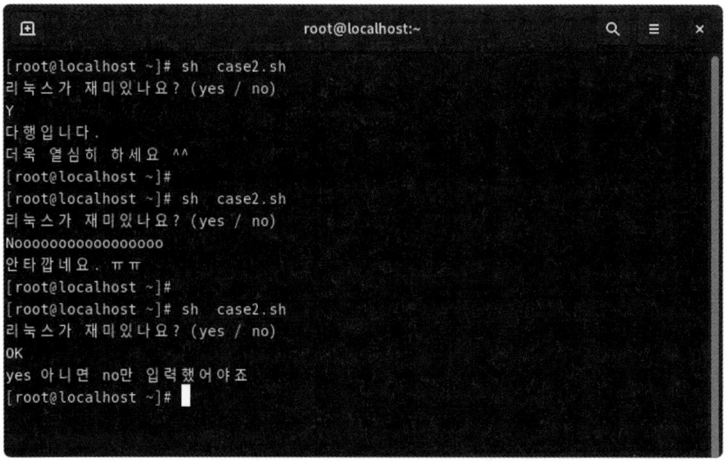

그림 7-17 case2.sh 실행 결과

소스 설명

- **3행:** answer 변수에 입력한 값을 받는다.
- **5행:** 입력된 값이 yes, y, Y, Yes, YES 중 하나면 6~7행을 실행한다.
- **6행:** 실행할 구문이 더 있으므로 끝에 ;;를 붙이지 않는다는 점에 주의한다.
- **7행:** 실행할 구문이 없으므로 뒤에 ;;를 붙인다.
- **8행:** [nN]*)는 앞에 n 또는 N이 들어가는 모든 단어를 다 인정한다는 의미다.
- **12행:** 정상적인 종료가 아니므로 exit 1로 종료한다(반드시 작성해야 하는 내용은 아니다).

AND, OR 관계연산자

조건문에는 and와 or의 의미를 갖는 관계 연산자를 사용할 수 있다. and는 −a 또는 &&를, or는 −o 또는 ||를 사용해 표현할 수 있다. −a나 −o는 테스트문([ ]) 안에 사용할 수 있는데 이때 괄호 등의 특수 문자 앞에는 \를 붙여야 한다.

```
andor.sh

1    #!/bin/sh
2    echo "보고 싶은 파일명을 입력하세요."
3    read fname
4    if [ -f $fname ] && [ -s $fname ] ; then
```

```
5      head -5 $fname
6    else
7      echo "파일이 없거나, 크기가 0입니다."
8    fi
9    exit 0
```

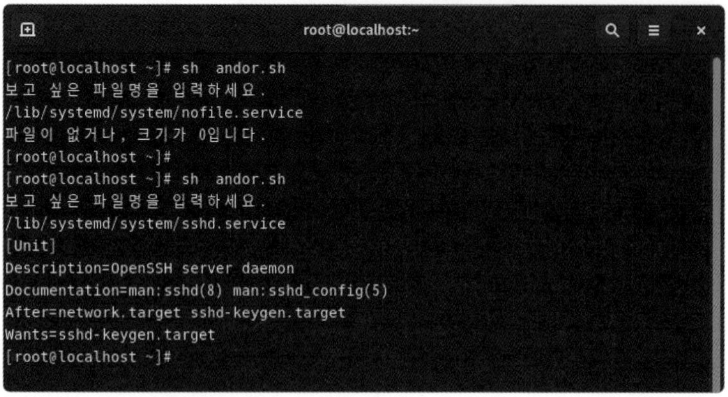

```
root@localhost:~

[root@localhost ~]# sh andor.sh
보고 싶은 파일명을 입력하세요.
/lib/systemd/system/nofile.service
파일이 없거나, 크기가 0입니다.
[root@localhost ~]#
[root@localhost ~]# sh andor.sh
보고 싶은 파일명을 입력하세요.
/lib/systemd/system/sshd.service
[Unit]
Description=OpenSSH server daemon
Documentation=man:sshd(8) man:sshd_config(5)
After=network.target sshd-keygen.target
Wants=sshd-keygen.target
[root@localhost ~]#
```

그림 7-18 andor.sh 실행 결과

소스 설명

- **4행:** 입력한 파일명이 일반 파일(−f)이고 크기가 0이 아니라면(−s) 5행을 실행한다. then 구문은 다음 줄에 작성해도 되며 세미콜론(;) 이후에 작성해도 된다. 세미콜론은 앞 뒤 구문을 행으로 분리하는 기능이다. 이 구문은 if [\ (−f $fname \) −a \ (−s $fname \)] ; then 구문과 동일하다.

7.2.4 반복문

이번에는 반복문의 종류와 사용 방법을 살펴보자.

for~in문

for~in문은 변수에 각각의 값을 넣은 후 do 안에 있는 '반복할 문장'을 실행한다. 그러므로 값의 개수만큼 반복 실행된다. 다음의 기본 문법을 살펴보자.

```
for 변수 in 값1 값2 값3 …
do
  반복할 문장
done
```

다음의 셸 스크립트 파일을 작성하고 실행하자.

forin1.sh

```
1   #!/bin/sh
2   hap=0
3   for i in 1 2 3 4 5 6 7 8 9 10
4   do
5     hap=`expr  $hap  +  $i`
6   done
7   echo "1부터 10까지의 합: "$hap
8   exit 0
```

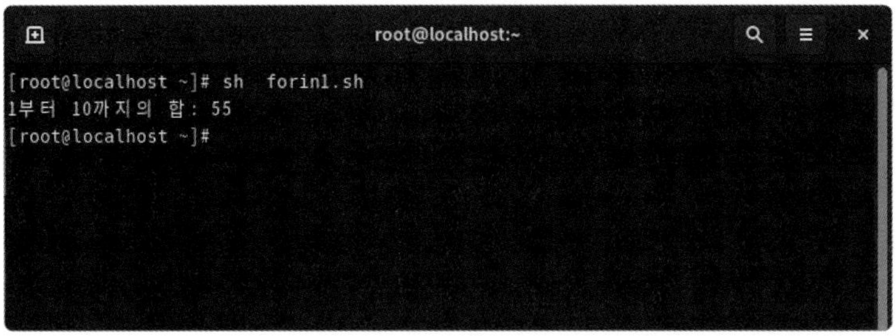
root@localhost:~
[root@localhost ~]# sh forin1.sh
1부터 10까지의 합: 55
[root@localhost ~]#

그림 7-19 forin1.sh 실행 결과

소스 설명

- **2행:** 합계를 누적할 변수를 0으로 초기화한다.
- **3행:** i 변수에 1~10까지 반복해 저장하면서 5행을 10회 실행한다.
  3행을 기존의 for문과 비슷하게 for((i=1;i<=10;i++))로 변경해서 사용할 수 있다(변경할 때 괄호가 2개인 것에 주의한다). 그리고 seq 명령을 사용할 수도 있다. 예를 들어 seq 1 10을 사용하면 1에서 10까지의 숫자를 돌려줄 수 있다.
- **5행:** hap에 i 변수의 값을 누적한다(결국 1부터 10까지를 계속 더한다).

다음은 현재 디렉터리에 있는 셸 스크립트 파일(*.sh)의 파일 이름과 앞 3줄을 출력하는 프로그램이다.

---

forin2.sh

```
1   #!/bin/sh
2   for fname in $(ls *.sh)
3   do
4     echo "--------$fname-------"
5     head -3 $fname
6   done
7   exit 0
```

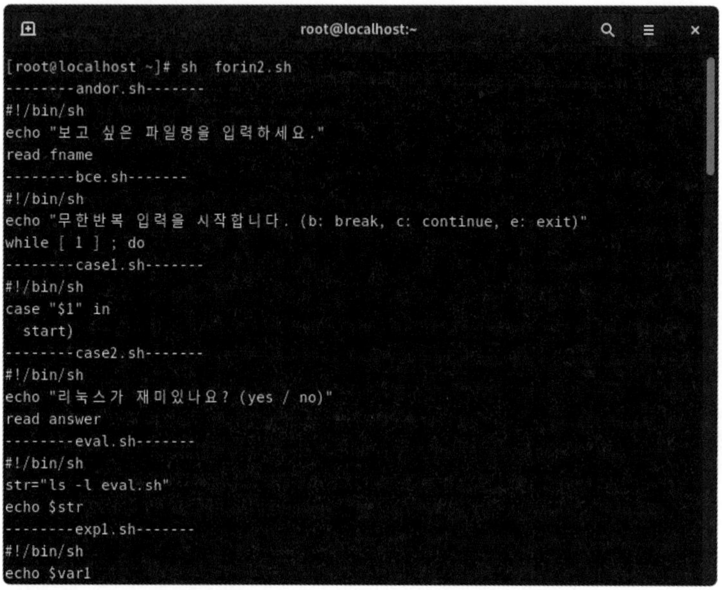

```
[root@localhost ~]# sh forin2.sh
--------andor.sh-------
#!/bin/sh
echo "보고 싶은 파일명을 입력하세요."
read fname
--------bce.sh-------
#!/bin/sh
echo "무한반복 입력을 시작합니다. (b: break, c: continue, e: exit)"
while [ 1 ] ; do
--------case1.sh-------
#!/bin/sh
case "$1" in
  start)
--------case2.sh-------
#!/bin/sh
echo "리눅스가 재미있나요? (yes / no)"
read answer
--------eval.sh-------
#!/bin/sh
str="ls -l eval.sh"
echo $str
--------exp1.sh-------
#!/bin/sh
echo $var1
```

그림 7-20 forin2.sh 실행 결과

소스 설명

- **2행:** fname 변수에 ls *.sh 명령의 실행 결과를 하나씩 저장해 4~5행을 반복 실행한다. 즉, 파일 개수만큼 실행을 반복한다.
- **4행:** 파일 이름을 출력한다.
- **5행:** 파일의 앞 3줄을 출력한다.

while문

while문은 조건식이 참인 동안 계속 반복하는 특성을 갖는다.

---

while1.sh

```
1    #!/bin/sh
2    while [ 1 ]
3    do
4       echo "록키 리눅스 9"
5    done
6    exit 0
```

그림 7-21 while1.sh 실행 결과

소스 설명

• **2행:** 조건식 위치에 [1] 또는 [:] 가 오면 항상 참이다. 그러므로 4행을 무한히 반복 실행한다. 실행을 취소하려면 Ctrl + C 를 누른다.

이번에는 1에서 10까지의 합계를 출력하는, forin1.sh와 동일한 기능을 while문으로 구현한다.

---

while2.sh

```
1    #!/bin/sh
2    hap=0
3    i=1
4    while [ $i -le 10 ]
5    do
6      hap=`expr $hap + $i`
7      i=`expr $i + 1`
8    done
9    echo "1부터 10까지의 합 : "$hap
10   exit 0
```

그림 7-22 while2.sh 실행 결과

소스 설명

- **2행:** 누적할 hap 변수를 초기화한다.

- **3행:** 1에서 10까지 증가할 i 변수를 선언한다.

- **4행:** i가 10보다 작거나 같으면 6~7행을 실행한다.

- **6행:** hap에 i의 값을 누적해 저장한다

- **7행:** i 변수의 값을 1씩 증가시킨다.

이번에는 비밀번호가 맞을 때까지 비밀번호를 계속 입력받는 스크립트를 작성한다.

```
while3.sh

1    #!/bin/sh
2    echo "비밀번호를 입력하세요."
3    read mypass
4    while [  $mypass  !=  "1234"  ]
5    do
6      echo "틀렸음. 다시 입력하세요."
7      read mypass
8    done
9    echo "통과~~"
10   exit 0
```

그림 7-23 while3.sh 실행 결과

소스 설명

- **3행:** mypass 변수에 값을 입력받는다.
- **4행:** mypass 변수의 값이 '1234'가 아니면 6~7행을 실행한다. '1234'면 while문을 종료한다.
- **7행:** 다시 mypass 변수에 값을 입력받는다.

until문

until문은 while문과 용도가 거의 같지만, 조건식이 참일 때까지, 즉 조건식이 거짓인 동안 계속 실행을 반복한다. while2.sh를 until문으로 바꾸려면 해당 파일의 4행을 다음과 같이 바꾸면 된다.

```
until [ $i -gt 10 ]
```

break, continue, exit, return

break는 반복문을 종료하며, continue는 반복문의 조건식으로 돌아가게 한다. 그리고 exit는 해당 프로그램을 완전히 종료한다. return은 함수 안에 사용되며 함수를 호출한 곳으로 돌아가게 한다.

```
bce.sh

1    #!/bin/sh
2    echo "무한반복 입력을 시작합니다. (b: break, c: continue, e: exit)"
3    while [ 1 ] ; do
4      read input
5      case $input in
6        b | B)
7          break;;
8        c | C)
9          echo "continue를 누르면 while의 조건으로 돌아감"
10         continue ;;
11       e | E)
12         echo  "exit를 누르면 프로그램(함수)를 완전히 종료함"
13         exit 1;;
14     esac;
15   done
16   echo "break를 누르면 while을 빠져나와 지금 이 문장이 출력됨."
17   exit 0
```

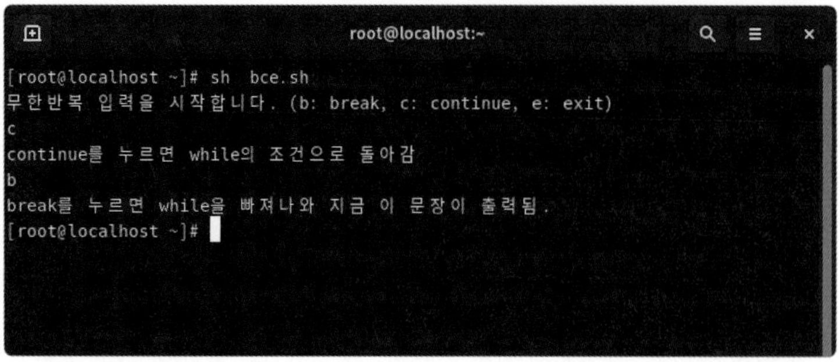

그림 7-24 bce.sh 실행 결과

소스 설명

- **3행:**   무한히 반복 실행한다. while [:] 또는 while [true]와 동일하다.
- **5행:**   4행에서 입력한 값에 따라 분기한다.
- **6~7행:**   b 또는 B가 입력되면 7행의 break가 실행되어 while문이 종료되고 16행이 실행된다.
- **8~10행:**   c 또는 C가 입력되면 9~10행의 continue가 실행되어 3행 while문의 조건식인 [1]로 돌아간다(결국 무한 루프다).
- **11~13행:**   e 또는 E가 입력되면 12~13행의 exit가 실행되어 프로그램 자체가 종료된다. 그러므로 16행이 출력되지 않는다.

7.2.5 기타 알아 둘 내용

다음은 지금까지 살펴본 내용 이외의 셸 스크립트 프로그래밍을 할 때 알아 두면 좋은 내용을 살펴 보자.

사용자 정의 함수

사용자가 직접 함수를 작성하고 호출할 수 있다. 그 문법은 다음과 같다.

```
함수이름 ( ) {      → 함수를 정의
   내용들…
}
함수이름           → 함수를 호출
```

다음의 셸 스크립트 파일을 작성하고 실행하자.

```
func1.sh

1   #!/bin/sh
2   myFunction () {
3       echo "함수 안으로 들어 왔음"
4       return
5   }
6   echo "프로그램을 시작합니다."
7   myFunction
8   echo "프로그램을 종료합니다."
9   exit 0
```

그림 7-25 func1.sh 실행 결과

소스 설명

- **2~5행:** 함수를 정의한다. 다만 이 부분은 6행에서 호출하기 전까지는 실행되지 않는다. 여기서 return문은 함수를 호출한 곳으로 돌아가게 하는 역할을 한다. 지금 예시에서는 return문이 없어도 작동에 문제가 없다.
- **6행:** 여기서부터 프로그램이 시작된다.
- **7행:** 함수 이름을 사용하면 함수가 호출된다.

함수의 파라미터 사용

함수의 파라미터를 사용하려면 함수를 호출할 때 뒤에 파라미터를 붙이면 된다. 즉, 함수 안에 $1, $2, … 과 같은 형식으로 사용하면 된다. 기본 형식을 정리하면 다음과 같다.

```
함수이름 ( ) {                      → 함수를 정의
   $1, $2 … 등을 사용
}
함수이름 파라미터1 파라미터2 …      → 함수를 호출
```

다음의 셸 스크립트 파일을 작성하고 실행하자.

func2.sh

```
1    #!/bin/sh
2    hap () {
3       echo `expr $1 + $2`
4    }
5    echo "10 더하기 20을 실행합니다"
6    hap 10 20
7    exit 0
```

그림 7-26 func2.sh 실행 결과

소스 설명

- **3행:** 넘겨받은 파라미터 $1과 $2를 더한 값을 출력한다.
- **6행:** 호출할 때 함수 이름에 넘겨줄 파라미터를 공백으로 분리해서 차례로 적는다.

eval

문자열을 명령문으로 인식하고 실행한다. 다음 셸 스크립트 프로그램을 만들고 실행해 eval 사용법을 익히자

```
eval.sh
```

```
1    #!/bin/sh
2    str="ls -l eval.sh"
3    echo $str
4    eval $str
5    exit 0
```

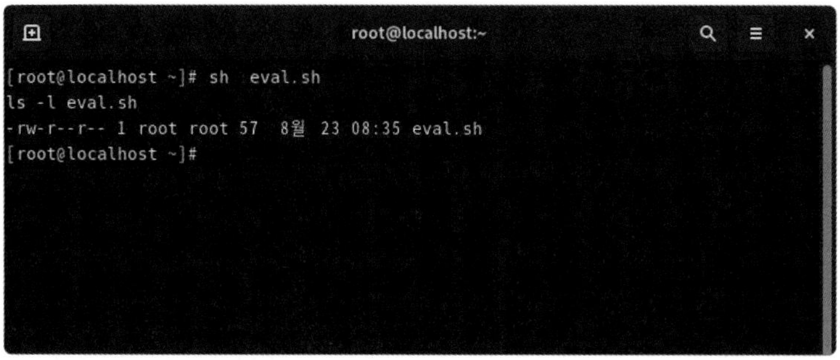

```
[root@localhost ~]# sh eval.sh
ls -l eval.sh
-rw-r--r-- 1 root root 57  8월 23 08:35 eval.sh
[root@localhost ~]#
```

그림 7-27 eval.sh 실행 결과

소스 설명

- **3행:** str 변수의 값인 'ls −l eval.sh'라는 글자를 그대로 출력한다.
- **4행:** str 변수의 값인 'ls −l eval.sh'를 명령으로 인식하고 실행한다.

export

특정 변수를 외부 변수로 선언한다. 즉, 선언한 변수를 다른 프로그램에서도 사용할 수 있게 한다.

```
exp1.sh
```

```
1    #!/bin/sh
2    echo $var1
3    echo $var2
4    exit 0
```

exp2.sh

```
1   #!/bin/sh
2   var1="지역 변수"
3   export var2="외부 변수"
4   sh exp1.sh
5   exit 0
```

그림 7-28 exp2.sh 실행 결과

소스 설명

- **exp1.sh l 2행~3행:** var1과 var2 변수를 출력한다. var2는 exp2.sh에서 외부 변수로 선언했다.
- **exp1.sh l 2행:** var1에 값을 저장한다. 일반 변수(지역 변수)이므로 현재 프로그램인 exp2.sh 에서만 사용 가능하다. 즉, exp1.sh의 var1과는 우연히 이름만 같을 뿐 그와는 전혀 다른 변수다.
- **exp2.sh l 3행:** var2를 외부 변수로 선언하고 값을 저장한다. 외부 프로그램(exp1.sh)에서도 사용 가능하다.
- **exp2.sh l 4행:** exp1.sh을 실행한다.

printf

C 언어의 printf( ) 함수와 비슷하게 지정한 형식에 맞게 문자를 출력한다.

printf.sh

```
1   #!/bin/sh
2   var1=100.5
3   var2="재미있는 리눅스~~"
4   printf "%5.2f \n\n \t %s \n" $var1 "$var2"
5   exit
```

그림 7-29 printf.sh 실행 결과

소스 설명

- **3행:** 공백이 있으므로 " "로 묶어야 한다.
- **4행:** %5.2f는 총 5자리인데 소수점 아래 2자리까지도 출력하라는 의미다. \n은 1줄을 넘기는 개행 문자며, \t는 Tab 문자, %s는 문자열을 출력한다. 주의할 점은 $var2의 경우 값 중간에 공백 이 있으므로 변수 이름을 " "로 묶어야 오류가 발생하지 않는다.

set과 $(명령)

리눅스 명령을 결과로 사용하려면 '$(명령)' 형식을 사용해야 한다. 그리고 결과를 파라미터로 사용 하려면 set 명령과 함께 사용해야 한다.

---

set.sh

```
1   #!/bin/sh
2   echo "오늘 날짜는 $(date) 입니다."
3   set $(date)
4   echo "오늘은  $4  요일 입니다."
5   exit 0
```

```
[root@localhost ~]# sh  set.sh
오늘 날짜는 2022. 08. 23. (화) 08:38:10 KST 입니다.
오늘은  (화)  요일 입니다.
[root@localhost ~]#
```

그림 7-30 set.sh 실행 결과

소스 설명

- **2행:** $(date)는 date 명령을 실행한 결과를 출력한다.
- **3행:** $(date)의 결과를 $1, $2, $3 … 등의 파라미터 변수에 저장한다.
- **4행:** 4번째 파라미터인 요일을 출력한다.

shift

파라미터 변수를 왼쪽으로 한 단계씩 쉬프트(이동)시킨다.

```
shift.sh

1    #!/bin/sh
2    myfunc () {
3      str=""
4      while [  "$1"  !=  ""  ] ; do
5        str="$str  $1"
6        shift
7      done
8      echo $str
9    }
10   myfunc AAA BBB CCC DDD EEE FFF GGG HHH III JJJ KKK
11   exit 0
```

```
root@localhost:~

[root@localhost ~]# sh shift.sh
AAA BBB CCC DDD EEE FFF GGG HHH III JJJ KKK
[root@localhost ~]#
```

그림 7-31 shift.sh 실행 결과

소스 설명

- **3행:** 결과를 누적할 str 변수를 초기화한다.
- **4행:** $1 파라미터가 비어 있지 않은 동안에 반복 실행한다(처음 $1은 AAA고 한 번 반복 실행하면 5, 6행에 의해 $1이 BBB가 된다).
- **5행:** str 변수에 $1을 추가한다.

- **6행:** 전체 파라미터를 왼쪽으로 쉬프트시킨다. 즉, $2 → $1, $3 → $2, $4 → $3, … 의 형태로 이동된다.

- **8행:** while문이 끝나면 누적한 str 변수를 출력한다.

이상으로 셸 스크립트에 대한 설명을 마무리하겠다. 이 책에서 설명한 것 외에도 셸 스크립트의 내용은 훨씬 방대하다. 실제로 셸 스크립트 내용만을 다루는 책도 여러 권 출간되어 있다. 추후에 고급 리눅스 프로그래머가 되려면 꼭 셸 스크립트를 다룰 줄 알아야 하므로 잘 익혀 두자.

Part

03

네트워크 서버
구축 실무 1

실무에서는 리눅스를 네트워크 서버 용도로 많이 사용한다. 네트워크 서버란 리눅스를 서버 컴퓨터로 사용하고, PC에서 네트워크를 통해서 서버에 접속하는 환경을 말한다.

3장에서는 서버를 구축할 때 필수로 알아야 할 원격 접속 서버, 네임 서버, 메일 서버, 데이터베이스 서버, 웹 서버의 구축 및 활용에 대해 학습한다.

Chapter

08

▶ # 원격지 시스템 관리

원격 접속은 간단히 말하면 멀리 있는 장소의 PC(어떤 운영체제를 사용하든 상관없다)에서 내 리눅스 서버에 접속하는 행위다. 그렇게 하면 내가 직접 서버 앞에 앉아서 작업하는 것과 완전히 동일한 효과를 낼 수 있다.

더 쉽게 설명하기 위해 한 가지 예를 들어 보겠다. 리눅스 서버에 긴 케이블로 모니터, 키보드, 마우스를 연결했다고 가정하자. 10미터짜리 케이블이면 본체와 10미터 떨어진 곳에서, 100미터짜리 케이블이라면 본체와 100미터 떨어진 곳에서 작업을 할 수 있다. 이 케이블의 길이가 무한대라면 아무리 먼 곳에 떨어져 있더라도 작업할 수 있다. 결과적으로 원격 접속은 이러한 무한대의 길이를 가진 케이블을 리눅스 서버에 연결한 것과 유사하다. 단지 케이블 대신 네트워크 망을 사용할 뿐이다.

📋 학습목표

✅
**이 장의
핵심 개념**

8장에서는 멀리 있는 장소의 PC에서 리눅스 서버에 접속하는 방법, 즉 원격 접속에 대해서 학습한다. 원격 접속 서버의 종류로 텔넷, SSH, VNC 등이 있다. 이 중 텔넷, OpenSSH, XRDP 서버를 구축하는 실습도 진행한다. 8장에서 학습하는 핵심 개념은 다음과 같다.

• 보안에 취약하지만, 보편적으로 사용되는 텔넷 서버의 작동 방식을 이해한다.

• 텔넷 서버 설치법과 환경 설정법을 실습한다.

• 보안이 강화된 SSH 서버 구축 및 외부 접속을 실습한다.

• 그래픽 모드로 접속할 수 있는 XRDP 서버 구축 및 외부 접속을 실습한다.

• 다양한 원격 접속 서버의 장단점을 파악한다.

✅
**이 장의
학습 흐름**

텔넷 서버의 이해와 구축

▼

SSH 서버의 이해와 구축

▼

XRDP 서버의 이해와 구축

8.1 텔넷 서버

지금은 인기가 많이 떨어졌지만, 텔넷은 오랫동안 전통적으로 사용되어 온 원격 접속 방법이다. 조금 오래된 방법이다 보니 보안 등에 취약하기에 요즘은 텔넷만을 사용하지 않고, 텔넷에 보안 기능을 더해 사용한다. 많이 사용하지는 않지만, 텔넷은 가장 기본적인 원격 접속 방법이므로 꼭 알아두자.

8.1.1 텔넷 서버 개요

텔넷을 사용하려면 리눅스 서버에 텔넷 서버를 설치해야 한다. 그리고 원격지에서 리눅스 서버에 접속할 PC에는 텔넷 클라이언트 프로그램이 있어야 한다. 요즘 배포되는 운영체제 대부분에는 기본적으로 텔넷 클라이언트 프로그램이 내장되어 있으므로 클라이언트를 따로 설치할 필요는 없다.

다음 그림처럼 원격지의 PC(텔넷 클라이언트)에서 리눅스 서버에 접속하면 서버 앞에 앉아서 텍스트 모드로 작업하는 것과 완전히 동일한 효과를 낼 수 있다.

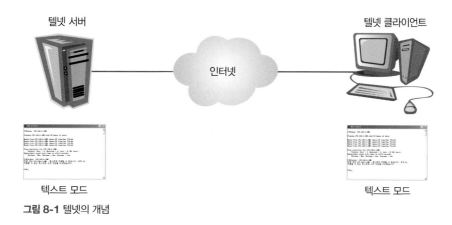

그림 8-1 텔넷의 개념

> **! 여기서 잠깐** **서버-클라이언트 개념**
>
> 서버(Server)-클라이언트(Client)는 아주 흔히 사용하는 용어지만, 처음 서버를 구축하는 사람들은 그 개념을 완전히 이해하지 못했을 수도 있으므로 여기서 잠깐 짚고 넘어가자. 네이버에 접속해서 검색하는 과정에도 서버/클라이언트의 개념이 적용되어 있다. 네이버라는 웹 서버(설명을 위해 여기서는 리눅스 웹 서버라 가정한다)가 작동하고 있고 사람들은 웹 브라우저(크롬, 엣지, 사파리, 파이어폭스 등)라는 웹 클라이언트 프로그램을 이용해서 웹 서버에 접속해 검색 서비스 등을 이용하는 것이다. 즉, 서버 프로그램이 작동할 때 그 서버에 접속하려면 클라이언트 프로그램이 필요하다.

텔넷 서버도 마찬가지다. 텔넷 서버 프로그램이 작동할 때 그 텔넷 서버에 접속하려면 텔넷 클라이언트 프로그램이 있어야만 한다. 텔넷 이외의 다른 서버 프로그램 대부분도 각각의 클라이언트 프로그램이 있어야만 서버에 접속할 수 있다.

서버-클라이언트의 특징을 정리하면 다음과 같다.

① 서버에 접속하려면 클라이언트 프로그램이 반드시 필요하다.

② 서버가 리눅스에서 운용 중이라고 해서 클라이언트도 리눅스에서 사용할 필요는 없다. 즉, 서버의 운영체제와 클라이언트의 운영체제가 같아야 하는 것은 아니다.

③ 각각의 서버 프로그램에 접속하려면 그에 맞는 별도의 클라이언트 프로그램이 필요하다.
- 웹 서버(아파치 또는 IIS) ↔ 웹 클라이언트(크롬, 엣지, 사파리, 파이어폭스 등)
- 텔넷 서버 ↔ 텔넷 클라이언트(telnet , 한글 PuTTY 등)
- FTP 서버 ↔ FTP 클라이언트(알 FTP, wsFTP, ftp, gftp 등)
- VNC 서버 ↔ VNC 클라이언트(vncviewer, TightVNC 등)
- SSHD 서버 ↔ SSH 클라이언트(ssh, 한글 PuTTY 등)
- MariaDB 서버 ↔ MariaDB 클라이언트(mysql.exe, HeidiSQL 등)

8.1.2 텔넷 서버 구축

다음과 같은 경우가 발생했다고 가정하자.

'갑자기 내일부터 아프리카로 출장을 가게 되는데 우리 회사의 리눅스 서버를 관리할 사람은 나뿐이네… 어떻게 해야 할까?'

아무런 걱정하지 말고 잠깐 시간을 내서 다음과 같은 과정을 따라 텔넷 서버를 구축하자.

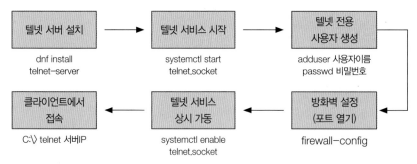

그림 8-2 텔넷 서버 구축 과정

리눅스에 텔넷 서버를 설치하고 가동하자. 그리고 원격지의 Windows에서 접속해 리눅스를 관리하자.

Step 0

Server 및 WinClient 가상머신을 설치 상태로 초기화하고 Server 가상머신을 부팅한다. 그리고 root 사용자로 로그인하고 터미널을 연다.

NOTE▶ 이번 실습에서는 2개의 가상머신을 번갈아 가며 사용한다. 이처럼 앞으로 2개 이상의 가상머신을 활용해 실습을 진행할 때는 단계별로 사용해야 하는 가상머신을 표시하겠다.

Step 1

Server ◉ 터미널에서 **rpm -qa telnet-server** 명령을 입력해 텔넷 서버가 설치됐는지 확인한다. 기본적으로 설치되어 있지 않다. **dnf -y install telnet-server** 명령을 입력해 텔넷 서버를 설치한다.

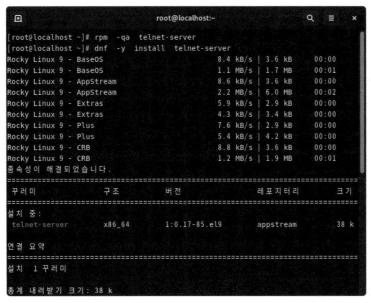

그림 8-3 텔넷 서버 설치

NOTE▶ rpm 명령의 -qa는 패키지가 설치되었는지 확인하는 옵션이다. 패키지 이름이 정확히 기억나지 않으면 **rpm -qa | grep 일부문자** 명령을 실행해 설치 여부를 확인하면 된다.

Server ◉ 텔넷 서버가 가동되도록 설정한다.

2-1 다음 명령을 입력해 텔넷 서버 서비스를 시작한다.

```
systemctl start telnet.socket     → 서비스 시작
systemctl status telnet.socket    → 서비스 상태 확인
```

```
⊞                    root@localhost:~ — systemctl status telnet.socket        Q   ≡   ✕

[root@localhost ~]# systemctl  start  telnet.socket
[root@localhost ~]#
[root@localhost ~]# systemctl  status  telnet.socket
● telnet.socket - Telnet Server Activation Socket
     Loaded: loaded (/usr/lib/systemd/system/telnet.socket; disabled; vendor pr⟩
     Active: active (listening) since Tue 2022-08-23 09:10:09 KST; 12s ago
      Until: Tue 2022-08-23 09:10:09 KST; 12s ago
       Docs: man:telnetd(8)
     Listen: [::]:23 (Stream)
   Accepted: 0; Connected: 0;
      Tasks: 0 (limit: 10822)
     Memory: 4.0K
        CPU: 309us
     CGroup: /system.slice/telnet.socket

8월 23 09:10:09 localhost.localdomain systemd[1]: Listening on Telnet Server A⟩
lines 1-13/13 (END)
```

그림 8-4 서비스 가동

NOTE▶ systemctl **작동옵션 서비스또는소켓이름** 명령을 실행해 서비스를 시작할 수 있다. 작동 옵션으로 시작 (start), 중지(stop), 재시작(restart), 상태 확인(status)을 사용할 수 있다. **systemctl** 명령을 멈추려면 ⓆQ를 누르면 된다.

서비스 상태는 작동(active) 중이며 포트는 23번을 사용하고 있음을 확인할 수 있다.

> **❗여기서 잠깐** | **포트**
>
> 포트(Port)란 TCP 포트 또는 UDP 포트를 줄여서 부르는 것으로, 가상의 논리적인 통신 연결 번호를 말한다. 컴퓨터를 건물이라고 가정하면 IP 주소는 건물의 정문이고, 포트 번호는 건물 안 각 방의 번호라고 생각하면 된다. 예를 들어 회의실은 55번 방, 휴게실은 77번 방, 식당은 33번 방이라는 부르는 것처럼, 컴퓨터 내부의 A 서버에는 55번, B 서버에는 55번, C 서버에는 77번을 매긴 것이다.
>
> 모든 컴퓨터에는 65,536개(0~65,535번)의 포트 번호가 있다. 그런데 일반적으로 0~1,023번에는 예약된 것이 많다. 예를 들면 방금 구축한 텔넷 서버는 23번, FTP 서버는 21번, 웹 서버는 80번 등으로 예약이 되어 있다.

2-2 **adduser teluser** 명령을 입력해 접속 테스트를 위한 사용자를 만들고, **passwd teluser** 명령을 입력해 비밀번호를 지정한다.

그림 8-5 사용자 생성

2-3 다음 명령을 입력해 자신의 컴퓨터(Server 가상머신)에서 텔넷 클라이언트를 사용해 teluser 사용자로 로그인한다. 별 문제없이 잘 접속된다.

```
telnet 서버IP주소      → 텔넷 클라이언트를 사용해 접속(teluser 사용자로 로그인)
whoami               → 접속된 사용자 이름 확인
exit                 → 텔넷 종료
```

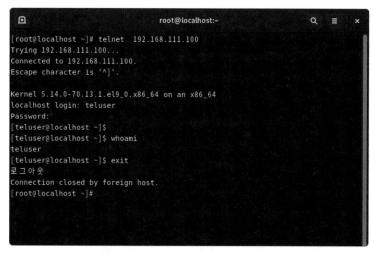

그림 8-6 자신의 컴퓨터에서 텔넷 서버 접속

WinClient ◉ 이번에는 외부(WinClient 가상머신)에서 텔넷 서버로 접속하자.

3-0 WinClient 가상머신을 부팅한다. 텔넷 클라이언트 기능을 추가 설치한다. [시작]에서 마우스 오른쪽 버튼을 클릭한 후 [앱 및 기능]을 클릭한다. [앱 및 기능] 창에서 가장 아래쪽으로 스크롤해서 [프로그램 및 기능]을 클릭한다. 그리고 [프로그램 및 기능] 창 왼쪽의 [Windows 기능 켜기/끄기]를 클릭한다.

3-1 [Windows 기능] 창에서 아래쪽으로 스크롤해 [텔넷 클라이언트](또는 [Telnet Client])를 체크하고 [확인] 버튼을 클릭한다. 이러면 텔넷 클라이언트가 설치된다.

그림 8-7 텔넷 클라이언트 설치

3-2 [시작]에서 마우스 오른쪽 버튼을 클릭하고 [Windows PowerShell](또는 [명령 프롬프트])를 클릭한다. 파워셸에서 **ping 192.168.111.100** 명령을 입력해 Server 가상머신과 네트워크로 연결이 되는지 확인한 후 **telnet 192.168.111.100** 명령을 입력해 텔넷 서버로 접속을 시도한다.

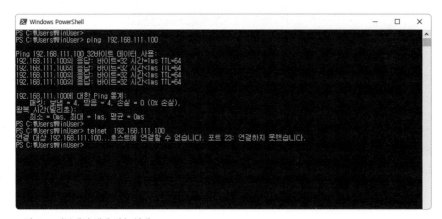

그림 8-8 외부에서 텔넷 접속 실패

그런데 네트워크는 응답하지만, 한참을 기다려도 텔넷 서버로 연결되지 않는다. 왜일까? 3장에서 Rocky Linux를 설치할 때 서버 서비스 대부분을 허용하지 않는 상태로 기본 설치했기 때문이다. 즉, Server 가상머신에 자체 방화벽이 설치되어 있다. 텔넷 서버에 접속하려면 Server 가상머신의 '보안 수준 설정'을 변경해야 한다.

Step 4

Server **▶** 텔넷 서비스의 포트(23번)를 연다.

4-1 터미널에서 **firewall-config** 명령을 입력한다. [방화벽 설정] 창이 나오면 [영역] 탭 왼쪽 목록에서 [public]을 선택하고 탭 위쪽 [설정]의 드롭다운 버튼을 클릭해 '영구적'을 선택한다. [영역] 탭 내부의 [서비스] 탭에서 'telnet'을 체크한다.

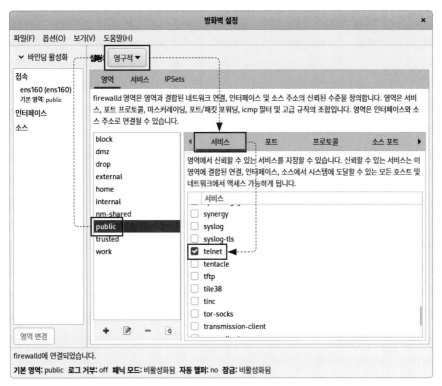

그림 8-9 방화벽 설정 1

4-2 변경 사항을 적용하기 위해 [옵션] – [Firewalld 다시 불러오기]를 클릭한다. 그리고 [방화벽 설정] 창을 닫는다.

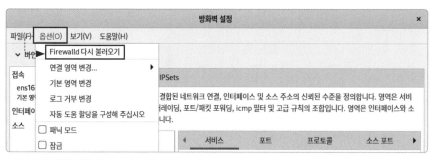

그림 8-10 방화벽 설정 2

NOTE ▶ 텍스트 모드에서 방화벽을 설정하려면 **firewall-cmd --add-service=서비스이름** 또는 **firewall-cmd --add-port=포트번호/프로토콜** 명령을 실행하면 된다. 이번 실습에서처럼 텔넷(23번 포트) 서비스를 허용하려면 **firewall-cmd --add-service=telnet** 혹은 **firewall-cmd --add-port=23/tcp** 중 하나를 실행하면 된다.

만약 재부팅 후에도 방화벽 설정을 유지하려면 --permanent 옵션을 붙인다. 즉, 방금 실습한 과정은 **firewall-cmd --permanent --add-service=telnet** 명령을 실행해 텔넷 설정을 유지하고 **firewall-cmd --reload** 명령을 실행해 다시 방화벽을 로딩한 것과 같다.

4-3 **systemctl enable telnet.socket** 명령을 입력해 재부팅해도 텔넷 서버가 자동으로 가동되도록 설정한다.

그림 8-11 텔넷 상시 가동 설정

Step 5 ──────────────────────────────

WinClient ● Server 가상머신의 텔넷 서버에 다시 접속하자. 다시 파워셸이나 명령 프롬프트를 실행해 **telnet 192.168.111.100** 명령을 입력하고 방금 전에 생성한 teluser 사용자로 로그인한다. **ifconfig ens160** 명령을 입력해 IP 주소를 확인한다. Server 가상머신의 IP 주소가 표시된다. 즉, Server 가상머신으로 잘 접속되었다.

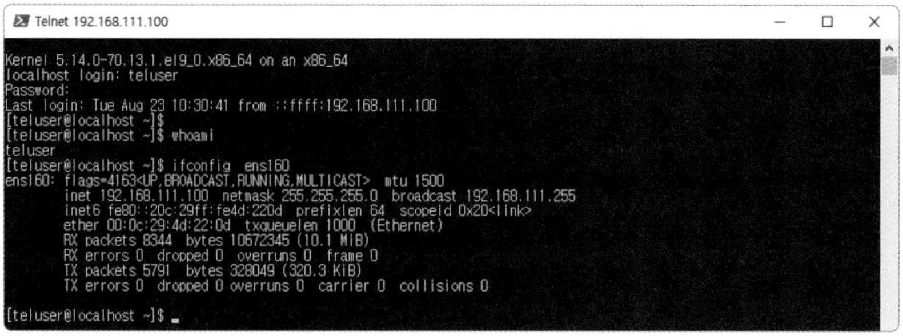

그림 8-12 외부에서 텔넷 접속 성공

이제 인터넷만 된다면 지구상의 어느 곳에서든 리눅스 서버 앞에 앉아서 작업하는 것과 동일한 환경을 사용할 수 있게 되었다. 지금은 Windows에서 리눅스 서버로 접속했지만, 클라이언트의 운영체제가 리눅스라도 실습에서 사용한 telnet 명령을 실행해 리눅스 서버로 접속할 수 있다.

? VITAMIN QUIZ 8-1

텍스트 모드인 Server(B) 가상머신에 텔넷 서버를 구축하고 Windows에서 접속하자.

HINT 텍스트 모드에서의 방화벽 설정 방법은 실습 1 4–2에서 설명했다.

8.2 OpenSSH 서버

이번에는 텔넷과 용도는 동일하지만, 보안이 강화된 SSH 서버에 대해 알아본다.

8.2.1 OpenSSH 서버 개요

텔넷은 서버와 클라이언트 사이에 데이터를 전송할 때 암호화를 하지 않아 해킹 위험에 노출되어 있다. 실제로 텔넷으로 접속한 컴퓨터가 전송하는 데이터의 값을 알아내는 것은 별로 어려운 일이 아니다. **실습 1**의 상황을 예로 들면 Windows에서 리눅스로 접속할 때 사용하는 아이디와 비밀번호가 네트워크상에 문자 그대로 전송된다.

이를 해결하기 위해 사용하는 서버가 바로 리눅스에서 지원하는 OpenSSH다. 다음 그림을 보면 OpenSSH는 텔넷과 거의 동일하지만, 데이터를 암호화해서 전송한다는 차이점을 확인할 수 있다.

OpenSSH 서버   데이터 전송 시 패킷 암호화   SSH 클라이언트

인터넷

텍스트 모드   텍스트 모드

그림 8-13 OpenSSH 서버의 개념

NOTE 보안이 강화된 텔넷 서버도 존재하지만, 일반적으로는 SSH 서버를 더 많이 사용한다.

8.2.2 OpenSSH 서버 구축

앞서 언급한 사실을 접한 독자라면 텔넷 서버를 구축할 때 다음과 같은 생각도 할 수 있을 것이다.

> '요즘 어느 회사가 해킹이 되어서 회사 기밀이 유출되었다는 얘기가 여기저기에서 많이 들리던데, 우리 회사 역시 텔넷 서버 해킹이 걱정된다. 그런데 지금까지 사용해 온 텔넷이 편하긴 한데, 텔넷과 같으면서 해킹 당할 걱정이 없는 방법이 없을까?'

이 역시 걱정할 필요가 없다. 다음과 같은 과정을 따라 OpenSSH 서버를 구축하자.

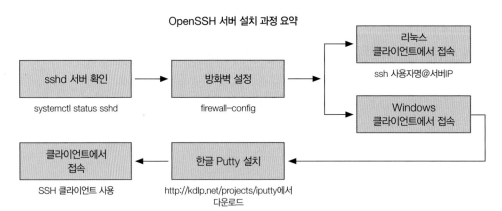

OpenSSH 서버 설치 과정 요약

그림 8-14 OpenSSH 서버 구축 과정

텔넷 서버를 이해했다면, OpenSSH 서버는 아주 간단하다. 텔넷과 같은 방식으로 사용하면 되며 Rocky Linux는 기본적으로 OpenSSH 서버를 설치하고 가동시켜주므로 원격지에서 클라이언트로 접속만하면 된다.

실습 2

보안이 강화된 OpenSSH 서버를 사용하자.

Step 1

Server ▶ Server 가상머신을 실행한 후 다음 명령을 입력해 SSH 서버 패키지가 설치되어 있고 가동되고 있는지 확인한다. SSH 서버의 설치 패키지 이름은 'openssh-server'고, 서비스(데몬) 이름은 'sshd'다. OpenSSH는 리눅스에서 기본 제공하므로 가동되고 있음을 확인할 수 있다.

```
rpm -qa openssh-server    → 패키지 설치 여부 확인
systemctl status sshd     → 서비스 가동 여부 확인. Q를 누르면 명령이 종료됨
```

```
root@localhost:~ — systemctl status sshd

[root@localhost ~]# rpm  -qa  openssh-server
openssh-server-8.7p1-8.el9.x86_64
[root@localhost ~]#
[root@localhost ~]# systemctl  status  sshd
● sshd.service - OpenSSH server daemon
     Loaded: loaded (/usr/lib/systemd/system/sshd.service; enabled; vendor pres
     Active: active (running) since Tue 2022-08-23 09:07:58 KST; 2h 7min ago
       Docs: man:sshd(8)
             man:sshd_config(5)
   Main PID: 918 (sshd)
      Tasks: 1 (limit: 10822)
     Memory: 2.6M
        CPU: 18ms
     CGroup: /system.slice/sshd.service
             └─918 "sshd: /usr/sbin/sshd -D [listener] 0 of 10-100 startups"

8월 23 09:07:57 localhost systemd[1]: Starting OpenSSH server daemon...
8월 23 09:07:58 localhost sshd[918]: Server listening on 0.0.0.0 port 22.
8월 23 09:07:58 localhost sshd[918]: Server listening on :: port 22.
8월 23 09:07:58 localhost systemd[1]: Started OpenSSH server daemon.
lines 1-16/16 (END)
```

그림 8-15 sshd 데몬(서비스) 실행 확인

Client ◑ Client 가상머신을 실행한 후 Server 가상머신의 SSH(OpenSSH) 서버에 접속하자.

2-1 Client 가상머신을 설치 상태로 초기화한다. 그리고 부팅하고 터미널을 연다(자동으로 rocky 사용자로 접속된다).

2-2 터미널에서 **ssh 사용자이름@호스트이름** 또는 **ssh 사용자이름@IP주소** 명령을 입력해 OpenSSH 서버로 접속한다. 텔넷 서버에서 만들었던 teluser 사용자로 접속한다. 접속한 후 사용 방법은 텔넷과 동일하다. 단지 OpenSSH는 데이터를 암호화하므로 텔넷과 비교했을 때 더 안전하다는 차이점만 있을 뿐이다. **ifconfig ens160** 또는 **ifconfig** 명령을 입력해 Server 가상머신의 IP인 192.168.111.100을 확인할 수 있다. 즉, Server 가상머신에 접속한 상태다.

NOTE ▶ 만약 처음 접속할 때 'ECDSA Key'와 관련된 메시지가 나오면 'yes'를 입력하자.

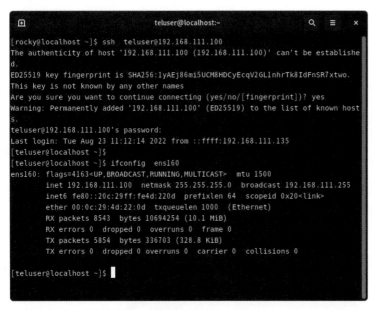

그림 8-16 Client 가상머신에서 ssh 접속

Server ◑ 지금 Client 가상머신에서 바로 접속할 수 있었던 이유는 Server 가상머신에 SSH 서버 사용이 이미 허용되어 있기 때문이다. **firewall-config** 명령을 입력해 [방화벽 설정] 창을 열면 오른쪽 하단 [서비스] 탭의 'ssh' 항목이 체크되어 있음을 확인할 수 있다. 확인 후 [방화벽 설정] 창을 닫는다.

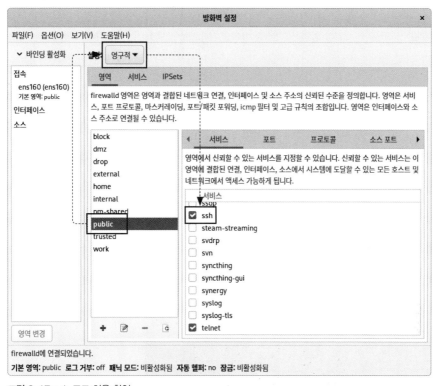

그림 8-17 ssh 포트 허용 확인

NOTE▶ SSH의 포트 번호는 22번이다. 자주 사용하므로 기억하자.

Step 4

WinClient(또는 호스트 컴퓨터) ◉ 이번에는 Windows에서 Server 가상머신의 SSH(OpenSSH) 서버로 접속하자.

4-1 텔넷 클라이언트 프로그램은 Windows에서 기본 기능으로 제공되지만, SSH 클라이언트 프로그램은 기본 제공되지 않는다. 따라서 인터넷에서 다운로드해 설치해야 한다. 여러 프로그램 중 필자는 '한글 PuTTY'라는 프로그램을 추천한다. https://github.com/iPuTTY/iPuTTY/releases 또는 Q&A 카페 (http://cafe.naver.com/thisisLinux) [교재 자료실]에서 iPuTTY-0.70.2-x64-ko.zip 파일을 다운로드한 후 압축을 푼다.

4-2 압축을 푼 폴더에서 putty.exe 파일을 더블클릭해 실행한다.

4-3 [PuTTY 설정] 창에서 [호스트 이름(또는 IP 주소)]에 Server 가상머신의 IP 주소인 '192.168.111. 100'을 입력한다. [Port]에는 '22'를 입력하고 [연결 형식]은 'SSH'로 선택한다(아마 이미 그렇게 되어 있을 것이다). 그리고 [열기] 버튼을 클릭한다(서버 호스트 키 관련 메시지가 나오면 [예] 버튼을 클릭한다).

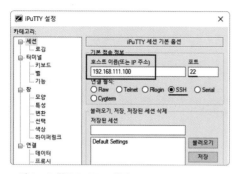

그림 8-18 한글 PuTTY 설정

4-4 teluser 사용자로 로그인한다. 이제는 리눅스에서 접속하든 Windows에서 접속하든 Server 가상머신을 완전히 동일한 방식으로 사용할 수 있게 되었다.

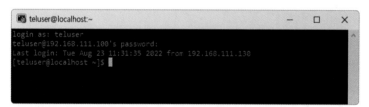

그림 8-19 ssh 접속 성공

4-5 **su –** 명령을 입력해 root 사용자로 접속한 후 ls 명령을 입력하면 한글도 잘 보인다.

그림 8-20 한글도 잘 보임

> **NOTE▶** 한글 PuTTY는 SSH 클라이언트뿐 아니라 텔넷 클라이언트로도 사용할 수 있다. [PuTTY 설정] 창의 [연결 형식]을 'Telnet'으로 선택하면 된다.

4-6 **exit** 명령을 2회 입력해 접속을 종료한다.

8.3 XRDP 서버

앞 절을 통해 텔넷 서버 대신 SSH 서버를 설치한 독자는 이제 다음과 같은 욕심이 생길 것이다.

> 'SSH 서버까지 설치하니 출장지에서도 해킹 걱정 없이 작업할 수 있어서 안심되지만, 아무래도 X 윈도 환경에
> 서 작업할 일이 생길 것 같은데… 어떻게 해야 할까?'

실제로 텔넷 서버 및 SSH 서버를 설치하고 나면 모든 작업을 진행할 수 있지만, X 윈도 환경을 지
원하지 않으므로 X 윈도 전용 명령을 사용할 수 없다. 즉, 텍스트 모드에서 사용 가능한 명령만 써야
한다. 오래전부터 리눅스를 사용해 온 관리자라면 별 불편이 없겠지만, 처음 사용하는 사람은 불편
할 것이다. 그리고 최근 추세에 따라 X 윈도 환경에서 사용되는 유틸리티나 명령이 많으므로 X 윈
도 환경 자체를 원격지에서 사용할 수 있게 세팅할 필요가 있다.

8.3.1 XRDP 서버 개요

이번에는 그래픽 모드로 원격 관리를 사용할 수 있게 도와주는 XRDP 서버를 알아보자. XRDP 서
버는 앞서 얘기한 것처럼 원격지에서 X 윈도 환경 자체를 사용할 수 있게 도와주는 서버 프로그램
이다. XRDP의 경우 Windows의 '원격 데스크톱 연결' 프로그램을 사용해 편리하게 그래픽 환경
으로 리눅스에 접할 수 있다는 장점이 있다. 하지만 그래픽을 네트워크로 전송해야 하므로 텍스트만
전송하는 텔넷과 비교했을 때 속도가 느리다는 단점이 있다. 다음 그림을 보면 텔넷과 거의 같은 방
식으로 작동한다는 사실을 확인할 수 있다.

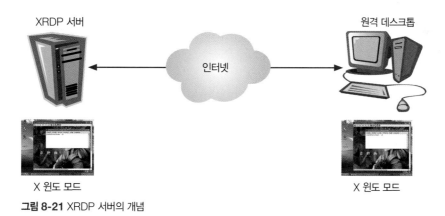

그림 8-21 XRDP 서버의 개념

8.3.2 XRDP 서버 구축

다음 그림은 XRDP 서버 설치 과정을 요약한 것이다. 이를 참고해 XRDP 서버를 구축하고 클라이언트로 리눅스에 접속하자. Rocky Linux에서는 XRDP 서버 구축에 필요한 xrdp를 추가 패키지로 제공한다.

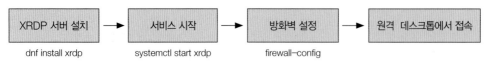

그림 8-22 XRDP 서버 구축 과정 요약

> **NOTE▶** 리눅스에 X 윈도 환경으로 접속할 때 XRDP 말고 VNCSERVER도 사용할 수 있다. VNCSERVER를 사용하면 클라이언트의 운영체제에 상관없이 서버에 접속할 수 있다. 참고로 Rocky Linux 9의 VNCSERVER는 약간의 버그가 있어 VMware 환경에서는 잘 작동하지 않을 수도 있다.

실습 3

X 윈도 환경으로 원격 접속을 지원하는 XRDP를 사용하자.

Step 1

Server ◉ XRDP 서버를 설치하고 가동한다.

1-0 먼저 Server 가상머신을 부팅한 후 터미널에서 **dnf −y install epel−release** 명령을 입력해 EPEL 저장소에서의 추가 패키지 설치를 허용한다.

> **NOTE▶** EPEL(Extra Packages for Enterprise Linux) 저장소에서는 Rocky Linux 9 및 RHEL 9에서 제공되는 패키지 외의 추가 패키지를 제공한다. Fedora Community에서 이 저장소를 관리한다. xrdp는 Rocky Linux 9에서 기본 제공하지 않지만, EPEL 저장소를 이용해 추가 설치할 수 있다.

1-1 **dnf −y install xrdp** 명령을 입력해 xrdp 패키지를 설치한다.

> **NOTE▶** Q&A 카페(http://cafe.naver.com/thisisLinux) [교재 자료실]에서 xrdp.tgz 파일을 다운로드해 xrdp를 설치할 수도 있다. **tar xfz xrdp.tgz** 명령을 실행해 다운로드한 파일의 압축을 풀고 **dnf −y install *.rpm** 명령을 실행해 설치하면 된다.

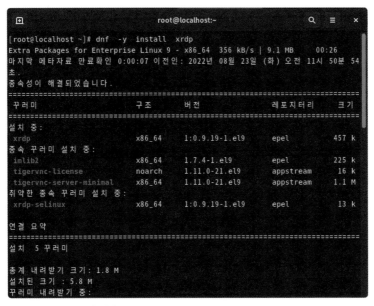

그림 8-23 xrdp 서버 설치

1-2 **systemctl start xrdp** 명령을 입력해 xrdp 서비스를 시작하고 **systemctl enable xrdp** 명령을 입력해 상시 가동되도록 설정한다.

그림 8-24 서비스 시작 및 상시 가동

Server ◉ 방화벽에서 xrdp의 포트 번호인 3,389번을 허용한다.

2-1 firewall-config 명령을 입력해 [방화벽 설정] 창을 연다.

2-2 [방화벽 설정] 창에서 [설정]을 '영구적'으로 변경하고 [영역] 탭 아래의 [포트] 탭을 클릭한다. 그리고
[추가] 버튼을 클릭한다. [포트 및 프로토콜] 창의 [포트 / 포트범위]에 '3389'를 입력하고 [프로토콜] 드롭다
운 버튼을 클릭해 'tcp'를 선택한 후 [확인] 버튼을 클릭한다.

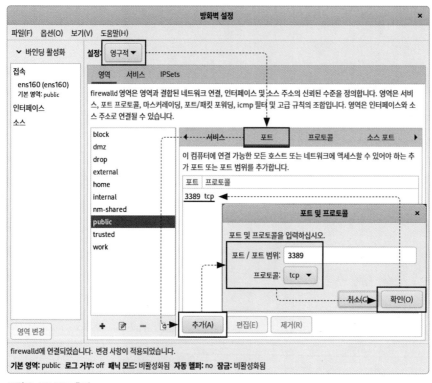

그림 8-25 포트 추가

2-3 [방화벽 설정] 창의 [옵션] - [Firewall 다시 불러오기] 메뉴를 클릭해 추가한 포트를 시스템에 적용한
다. 그리고 [방화벽 설정] 창을 닫는다.

WinClient ◉ Windows의 원격 데스크톱 연결 기능을 사용해 XRDP 서버에 접속한다.

3-1 WinClient 가상머신을 실행하고 [시작] – [Windows 보조 프로그램] – [원격 데스크톱 연결]을 클릭한다. [원격 데스크톱 연결] 창의 [컴퓨터]에 Server 가상머신의 IP인 '192.168.111.100'을 입력한 후 [연결] 버튼을 클릭한다.

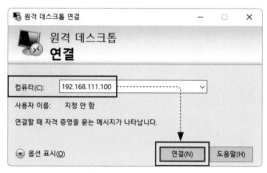

그림 8-26 xrdp 서버에 접속 1

3-2 보안 인증서와 관련된 경고 대화상자가 나오면 [예] 버튼을 클릭해 계속 진행한다.

3-3 [Login to localhost localdomain] 창의 [Session]에 'Xvnc'를, [Username]에 'rocky'를, [password]에 'rocky'를 입력하고 [OK] 버튼을 클릭한다.

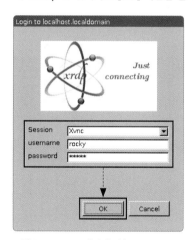

그림 8-27 xrdp 서버에 접속 2

3-4 잠시 기다리면 Server 가상머신에 X 윈도 환경으로 접속된다. 위쪽을 보면 Server 가상머신의 ip인 192.168.111.100이 표시된다. 이제 텍스트 및 그래픽 모드 환경으로 Server 가상머신을 사용할 수 있다.

그림 8-28 xrdp 서버에 접속 3

3-5 위쪽의 [x]를 클릭해 XRDP 접속을 종료한다.

? VITAMIN QUIZ 8-2

Client 가상머신에 XRDP 서버를 설치하고 WinClient 가상머신에서 접속하자.

지금까지 구축한 3가지 원격 접속 서버를 비교해 정리하면 다음 표와 같다.

표 8-1 3가지 원격 접속 서버 비교

	텔넷 서버	SSH 서버	XRDP 서버
속도	빠름	빠름	약간 느림
그래픽 지원	×	×	○
보안	약함	강함	보통
사용 가능 명령	텍스트 모드의 명령	텍스트 모드의 명령	제한 없음
클라이언트 프로그램	대부분의 운영체제에서 기본 제공	리눅스에서는 기본 제공 Windows에는 별도 설치 필요	Windows에서 기본 제공

실제 원격 접속을 사용할 때 3가지 원격 접속 서버 중 어떤 것이 가장 좋을까?

각각의 장단점이 있지만, 아무래도 빠른 속도와 보안 강화 측면을 고려해 SSH 서버를 기본으로 사용하고, XRDP 서버는 필요할 때 사용할 수 있게 설정만 해 두는 편이 좋다.

원격지에서 SSH 서버로 접속해 관리하다가 X 윈도 환경 접속이 필요할 경우 SSH 서버 접속 창에서 XRDP 서버를 구동해 Windows의 원격 데스크톱 연결을 사용해 접속하면 된다. 실제로 리눅스 서버 관리를 오래 하다 보면 알게 되겠지만, X 윈도 환경을 꼭 사용해야 하는 상황은 그렇게 많지 않다. 텔넷 서버는 보안이 완전한 회사 내부 네트워크에서만 사용하기를 권장한다.

실습을 별 무리 없이 잘 따라 했더라도 시간이 된다면 빠르게 다시 실습해 보기를 적극 권장한다. 대부분의 서버는 이번 장에서 진행한 실습과 유사한 방식으로 구축한다. 즉, 이 3개의 원격 접속 서버를 구축하는 방식에 익숙해지면 앞으로 구축할 서버도 만만하게 느껴질 것이다.

Chapter

09

▶
네임 서버
설치 및 운영

흔히 URL이라고 부르는 주소를 사용해 인터넷에 접속한다. 웹 브라우저의 주소창에 https://www.kbs.co.kr을 입력하면 'KBS 한국방송'에서 운영하는 웹 서버로 접속된다. 하지만 원칙적으로 인터넷에서 www.kbs.co.kr이라는 문자만으로 KBS 한국방송의 웹 서버에 접근할 수 없다. 인터넷에 연결된 모든 컴퓨터는 고유한 IP 주소가 있고 해당 IP 주소를 알아야만 해당 컴퓨터에 접근할 수 있기 때문이다.

그렇다면 어떻게 URL로 웹 서버에 접속할 수 있는 걸까? 바로 URL을 IP 주소로 변환하는 네임 서버가 있기 때문이다. 지금부터는 직접 네임 서버를 구축해 인터넷을 사용하면서 네임 서버의 개념을 이해하자.

📋 학습목표

●
이 장의
핵심 개념

9장에서는 URL을 IP 주소로 변환하는 네임 서버의 개념을 이해하고 이를 구축한다. 네임 서버는 인터넷 서버를 구축하기 위한 필수 항목이며 다른 서버들과 연관성이 깊다. 9장에서 학습하는 핵심 개념은 다음과 같다.

- 네임 서버의 작동 방식을 이해한다.

- URL이 IP 주소로 변환되는 흐름을 학습한다.

- 도메인 이름 체계를 이해한다.

- 캐싱 전용 네임 서버를 이해하고 구축한다.

- 마스터 네임 서버를 이해하고 구축한다.

- 라운드 로빈 방식의 네임 서버를 이해하고 구축한다.

●
이 장의
학습 흐름

네임 서버의 개념 이해
▼
| IP 주소를 얻는 흐름 이해 |
▼
| 도메인 이름 체계 이해 |
▼
| 캐싱 전용 네임 서버 구현 |
▼
| 마스터 네임 서버 구현 |
▼
| 라운드 로빈 방식의 네임 서버 구현 |

9.1 네임 서버의 개념

이 절에서는 네임 서버가 어떤 역할을 하는지, 인터넷에서 어떻게 작동하는지를 파악한다. 작동 원리만 파악된다면 설치와 운영은 쉽게 할 수 있다.

9.1.1 네임 서버 개요

우리는 웹 브라우저나 FTP 클라이언트를 사용할 때 https://www.hanbit.co.kr과 같은 URL을 사용한다. 실제 원하는 서버에 접근하려면 이 URL을 해당 컴퓨터의 IP 주소로 변환해야 하는데 바로 이 일을 네임 서버(DNS^{Domain Name System} 서버)라고 불리는 컴퓨터가 담당한다.

> **NOTE ▶** '네임 서버'와 'DNS 서버'는 동일한 말이다. 주로 리눅스 계열에서는 네임 서버, Windows 계열에서는 DNS 서버라고 부른다.

이렇게 www.hanbit.co.kr을 IP 주소로 변환하는 과정을 이름 해석^{name resolution}이라고 한다.

www.hanbit.co.kr ➡ 218.38.58.195

네트워크상의 수많은 컴퓨터를 구분하는 유일한 수단은 IP 주소다. 즉, 인터넷에 연결된 모든 컴퓨터에는 중복되지 않는 IP 주소가 있다. 그러므로 자주 접속하는 웹 서버나 FTP 서버의 IP 주소를 모두 안다면 DNS 서버(네임 서버)를 사용할 필요가 없다. 심지어 www.hanbit.co.kr를 218.38.58.195와 같은 IP 주소로 변환하는 과정이 생략되므로 인터넷 속도가 더 빨라진다. 그러나 웹 서핑을 할 때 URL 주소를 사용하지 않고 IP 주소를 외워서 사용하는 경우는 거의 없다.

그림 9-1 IP 주소로 웹사이트 접속

이제 네임 서버의 개념을 파악하자. 우선 DNS 서버의 변화 개념을 필자 나름대로 다음과 같이 가정했다.

NOTE▶ 필자가 설명한 네임 서버에 대한 개념은, 내용 자체가 네임 서버의 전반적인 이해를 돕기 위해서 과장된 부분이 많다. 혹 사실과 조금 다르더라도 이해를 돕기 위한 가정이므로 그냥 무시하고 넘어가자.

인터넷 도입 초창기에는 인터넷에 연결된 컴퓨터가 그리 많지 않았다. 그래서 인터넷을 통해 상대 컴퓨터에 접속하기 위해 메모지 같은 곳에 IP 주소를 적어 놓았을지도 모른다. 어차피 접속할 컴퓨터가 몇 대 되지 않았으므로 가까운 몇몇 사람의 전화번호를 주소록에서 찾아보지 않고도 외우듯이 IP 주소도 자연스럽게 외웠을 것이다.

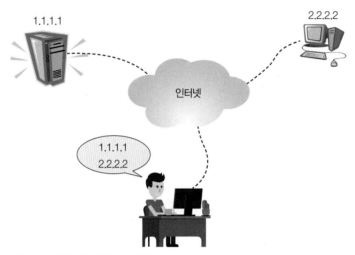

그림 9-2 초기의 네트워크 접속 방법

인터넷에 연결된 컴퓨터가 수십, 수백 대가 되자 메모지에 적어 놓는 방식이나 외우는 방식으로는 한계를 느꼈을 것이다. 그래서 펜으로 메모지에 적었던 IP 주소를 각자의 컴퓨터에 저장하는 방식이 탄생했다. 그게 바로 **hosts** 파일이다.

hosts 파일의 구성 예시를 들면 다음과 같다.

```
102.54.94.97    rhino.acme.com
38.25.63.10     x.acme.com
127.0.0.1       localhost
::1             localhost
```

hosts 파일은 Windows에서는 C:\Windows\system32\drivers\etc\hosts로, 리눅스에서는 /etc/hosts로 존재한다. 지금도 hosts 파일은 종종 사용된다.

이 hosts 파일 덕분에 웹 브라우저에서 URL 주소를 입력했을 때 hosts 파일을 검색해 해당 URL에 대응하는 IP 주소를 얻을 수 있게 되었다. 예를 들어 웹 브라우저에서 rhino.acme.com을 입력하면 102.54.94.97이라는 IP 주소를 hotst 파일에서 찾아 해당 컴퓨터로 접속할 수 있다.

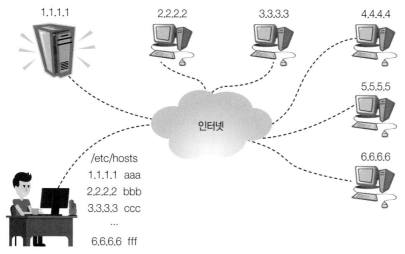

그림 9-3 hosts 파일을 이용한 네트워크 접속

이렇듯 수십 수백 대 정도의 웹 서버가 있는 네트워크 규모에서는 hosts 파일로 어느 정도 문제를 해결할 수 있었다. 하지만 네트워크상의 컴퓨터가 기하급수적으로 늘어나면서 모든 IP 정보를 파일 하나에 기록하는 것에 무리가 따랐다. 또한 AAA라는 컴퓨터의 IP 주소가 1.1.1.1에서 1.1.1.2로 바뀌면 사용자는 직접 자신의 hosts 파일에 변경된 정보를 작성해야 했다. 전화번호와 비교를 하자면 hosts 파일은 각각의 가정에 있었던 전화번호부와 같은 역할을 했던 것이다. 꽤 많은 정보를 넣을 수 있지만, 새로이 생기는 전화번호나 변경되는 전화번호는 실시간으로 확인할 수 없다. 또한 전 세계의 모든 전화번호를 전화번호부에 넣을 수도 없다.

그래서 이름 해석^{name resolution}을 전문으로 하는 서버 컴퓨터가 필요해졌고 이를 만들게 되었다. 이 서버가 바로 네임 서버(DNS 서버)다. 역시 전화번호와 비교하자면 아마도 전화 안내 서비스인 114와 같은 역할을 한다고 할 수 있다. 114로 전화를 걸어 '롯데리아'라는 이름(URL이라고 생각하자)을 물어보면 '롯데리아'의 전화번호(IP 주소)를 정확히 알려 준다. 이때 114의 역할을 네트워크상에서는 네임 서버가 하는 것이다.

114는 오래전부터 사용되어 온 전화번호 안내 서비스다. 일반 유선전화에서 114번을 누른 후 알고 싶은 곳 (**예** 홍대에 있는 한빛출판네트워크)의 전화번호를 물어보면 그 전화번호를 알려 주는 서비스다. 그러므로 사람들은 '114는 세상 모든 곳의 전화번호 알고 있어서 내가 물어보는 모든 전화번호를 알려 준다'라고 인식했었다. 지금은 모르는 전화번호를 검색이나 스마트폰 앱을 통해 찾아보기 때문에 114를 거의 사용하지 않게 되었고 이제는 휴대전화에서 114를 누르면 해당 통신사의 고객센터로 연결된다. 이 책에서 이야기하는 114는 통신사 고객센터가 아닌 예전부터 사용되어 온 '세상의 모든 전화번호를 알려 주는 유선전화 안내 서비스'를 지칭한다.

네임 서버는 인터넷상에서 변화하는 모든 컴퓨터의 URL과 IP 주소 정보를 거의 실시간으로 제공하므로 사용자는 더 이상 URL에 해당하는 IP 주소를 신경 쓸 필요가 없어졌다. URL만 알면 어디서든지 해당 컴퓨터에 접속할 수 있기 때문이다.

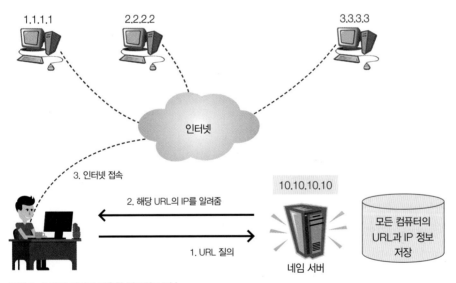

그림 9-4 네임 서버를 이용한 네트워크 접속

이 그림처럼 사용자는 10.10.10.10이라는 네임 서버의 IP 주소만 알면(즉, 114라는 전화번호만 알면) 언제든지 그에 해당하는 URL(롯데리아)의 IP 주소(전화번호)를 알아낼 수 있는 것이다.

본격적으로 네임 서버를 구축하기에 앞서 hosts 파일과 네임 서버 설정을 확인하자.

/etc/hosts 파일의 설정과 네임 서버 설정을 확인하자.

Step 0

Server 가상머신을 설치 상태로 초기화하고 부팅한다. root 사용자로 접속하고 터미널을 연다.

Step 1

터미널에서 다음 명령을 입력해 현재 컴퓨터가 사용 중인 네임 서버와 각종 사이트의 IP 주소를 확인한다.

```
nslookup
server              → 현재 설정된 네임 서버의 IP 주소 확인
www.danawa.com      → 다나와 웹 서버의 IP 주소 확인(이 책의 실행 결과와 다를 수 있음)
www.sogang.ac.kr    → 서강대학교 웹 서버의 IP 주소 확인
www.hanbit.co.kr    → 한빛출판네트워크의 IP 주소 확인
exit                → nslookup 명령 실행을 종료
```

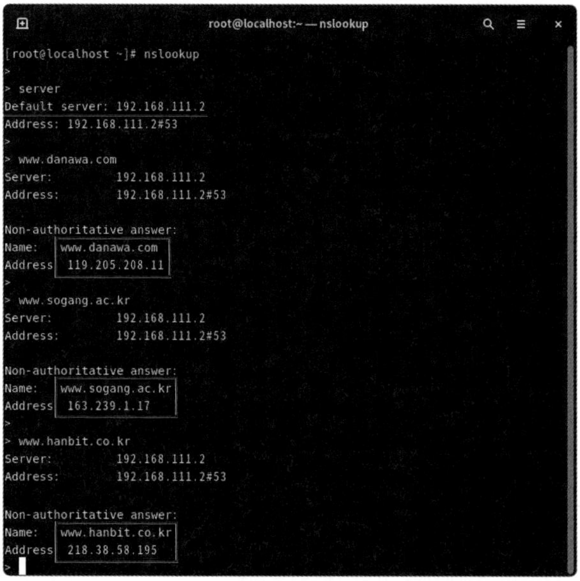

그림 9-5 nslookup 명령 실행 결과

NOTE▶ 각 회사마다 웹 서버를 운영하는 방식이 다르다. 예를 들어 실행 결과로 한빛출판네트워크의 IP 주소가 하나만 나오지만, 여러 번 실행하면 계속 다른 IP 주소가 나올 수도 있다. 즉, 웹 서버가 하나가 아닌 것이다. 그리고 컴퓨터의 IP 주소는 관리자가 언제든 변경할 수 있으므로 시간이 지나면 이 책에 나온 것과 다른 IP 주소가 나올 수도 있다.

실행 결과를 살펴보면 현재 Server 가상머신에서 사용하는 네임 서버의 IP 주소는 192.168.111.2며, 다나와 웹 서버의 IP 주소는 119.205.208.11이다. 서강대학교 웹 서버 IP 주소는 163.239.1.17을 사용하며, 한빛출판네트워크의 웹 서버 IP주소는 218.38.58.159라는 사실을 알 수 있다.

Step 2

네임 서버 192.168.111.2가 제대로 작동하는지 확인한다.

2-1 cat /etc/resolv.conf 명령을 입력해 네임 서버가 설정된 파일을 확인한다.

그림 9-6 /etc/resolv.conf 파일

2-2 Firefox 웹 브라우저에서 https://www.hanbit.co.kr로 잘 접속되는지 확인한다. 아마도 네트워크에 특별한 문제가 발생하지 않는 이상 잘 접속될 것이다.

그림 9-7 정상적인 웹 브라우저 작동

Step 3

네임 서버에 문제가 생기거나 주소를 잘못 입력했을 때 어떻게 작동하는지 확인한다.

3-1 nano나 gedit 에디터로 **/etc/resolv.conf** 파일을 열고 다음 그림과 같이 2행쯤의 nameserver 앞에 #을 붙여 주석 처리한다. 그리고 파일을 저장하고 에디터를 닫는다(즉, **그림 9-4**의 네임 서버가 고장났다고 생각하면 된다).

그림 9-8 nameserver를 주석 처리

NOTE resolv.conf 파일은 컴퓨터가 재부팅 되거나 네트워크가 재시작되면 다시 /etc/NetworkManager/system-connection/ens160.nmconnection 파일에 설정된 내용으로 초기화된다.

3-2 Firefox 웹 브라우저를 닫았다가 다시 실행한 후 www.hanbit.co.kr에 접속한다. '해당 사이트를 찾는데 문제가 발생하였습니다.'라는 메시지와 함께 접속이 되지 않는다.

그림 9-9 해당 URL을 찾을 수 없다는 메시지

3-3 이번에는 주소창에 www.hanbit.co.kr이 아닌 **Step 1**에서 확인한 한빛출판네트워크 웹 서버의 IP 주소(218.38.58.195)를 직접 입력한다. 네임 서버에 URL을 물어보지 않고 바로 IP 주소로 접속했기 때문에 잘 접속된다.

그림 9-10 IP 주소로 접속한 결과

NOTE▶ 웹사이트에 따라서 화면에서 일부 보이지 않는 부분이 있을 수 있다. 이는 보이지 않는 부분이 URL 형식으로 링크되어 있기 때문이다. 지금은 IP 주소로 한빛출판네트워크에 접속이 되었다는 사실에만 주목하자.

여기서 한 가지 확실히 할 점은 네임 서버는 URL 주소를 IP 주소로 변환하는 편리한 서비스를 제공할 뿐, 컴퓨터에 연결된 네트워크에 직접적으로 영향을 미치지 않는다는 사실이다. 다시 말해, 지금 실습에서 확인했듯이 네임 서버가 없더라도 IP 주소만 안다면 인터넷을 정상적으로 사용할 수 있다. 다만 지금처럼 접속할 웹 서버의 IP 주소를 아는 경우는 거의 없다. 따라서 실질적으로 인터넷을 정상적으로 사용할 수가 없어 네트워크도 안 된다고 느껴질 수도 있다.

/etc/hosts 파일을 활용해 웹 서버에 URL로 접속한다.

4-1 nano나 gedit 에디터로 **/etc/hosts** 파일을 연다. 마지막 행에 한빛출판네트워크 웹사이트의 IP 주소와 URL인 '218.38.58.195 [Tab] www.hanbit.co.kr'을 입력한다. 파일을 저장하고 에디터를 닫는다.

그림 9-11 /etc/hosts 파일에 IP 주소를 직접 입력

4-2 Firefox 웹 브라우저를 닫고 다시 실행해 www.hanbit.co.kr에 접속한다. 이번에는 접속이 잘 된다. 하지만 www.hanbit.co.kr 외의 웹사이트는 URL로 접속되지 않는다.

그림 9-12 정상적으로 웹 브라우저가 작동하는 것처럼 보임

주소창에 URL을 입력하고 접속을 시도하면 웹 브라우저는 우선 /etc/hosts 파일을 조사하고 해당하는 URL 주소와 IP 정보가 있는지 확인한 후 IP 정보가 없으면 /etc/resolv.conf 파일에 기록된 nameserver를 통해 IP 주소를 얻는다.

NOTE ▶ 이번 단계를 이렇게 비유할 수 있다. 어떤 곳의 전화번호(IP 주소)가 필요할 때 114(네임 서버)에 물어보기 전에 주소록(/etc/hosts)를 먼저 찾아보고 전화번호(IP 주소)가 적힌 그 번호로 바로 걸고 없으면 114(네임 서버)에 물어보는 것과 같다. 즉, 지금 상태는 주소록(/etc/hosts)에는 적혀 있으나 114(네임 서버)는 불통인 상태다.

이번에는 웹 브라우저를 속여 URL을 입력했을 때 다른 사이트에 접속하게 만든다.

5-1 다음 그림과 같이 /etc/hosts 파일의 www.hanbit.co.kr에 해당하는 IP 주소를, 엉뚱한 사이트의 IP 주소로 변경하고 파일을 저장한다. 필자는 서강대학교 IP 주소인 163.239.1.17을 입력했다.

그림 9-13 www.hanbit.co.kr의 IP 주소를 다른 웹사이트의 IP 주소로 작성

5-2 웹 브라우저를 닫았다가 다시 실행해 www.hanbit.co.kr에 접속한다. 다음과 같이 엉뚱한(?) 사이트에 접속된다.

그림 9-14 주소 창은 한빛출판네트워크 URL이지만, 실제는 서강대학교 홈페이지

NOTE ▶ 만약 보안과 관련된 대화상자가 나오면 [고급] – [위험을 감수하고 계속 진행]을 클릭한다.

9.1.2 네임 서버의 IP 주소 취득 방법

실습 1을 통해 어느 정도 네임 서버의 개념과 작동 방식을 파악했겠지만, URL을 입력했을 때 어떻게 IP 주소를 획득하는지 정확히 정리하고 다음 단계로 넘어가자.

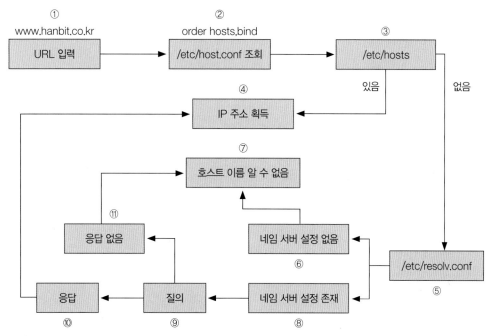

그림 9-15 IP 주소를 얻는 내부 흐름도

① 사용자가 웹 클라이언트(웹 브라우저 등)에서 URL을 입력한다(FTP나 ping 등의 명령도
   모두 해당된다).

② /etc/host.conf 파일을 조회해 우선순위가 무엇인지를 확인한다.

   → /etc/host.conf 파일에는 URL 입력 시 IP 주소를 얻기 위해 hosts 파일과 네임 서버 중
   무엇을 먼저 확인할 것인지 설정되어 있다. 'order hosts, bind'라고 입력되어 있거나 아무
   것도 입력되어 있지 않다면 먼저 /etc/hosts 파일을 찾아본다. /etc/hosts 파일에도 관련 정
   보가 없다면 bind(DNS 클라이언트, 즉 /etc/resolv.conf에 설정된 네임 서버에 물으라는
   의미)를 이용한다. 만약 네임 서버에 먼저 묻고 없을 경우 /etc/hosts 파일을 확인하게 설정
   하고 싶다면 'order bind, hosts'로 순서를 변경한다. 그리고 'multi on'이라고 입력하면
   /etc/hosts 파일에 여러 개의 URL을 사용할 수 있다.

③ 우선순위가 가장 높은 것은 /etc/hosts 파일이므로 이 파일을 열어서 www.hanbit.co.kr
   의 IP 주소가 적혀 있는지 확인한다.

④ /etc/hosts 파일에 www.hanbit.co.kr의 IP 주소가 있다면 네임 서버에 물어볼 필요 없이
   IP 주소를 획득해 연결한다(실습 1 Step 5에서 웹 브라우저를 이렇게 속였다).

⑤ /etc/hosts 파일에 www.hanbit.co.kr의 IP 주소가 없다면 /etc/resolv.conf 파일을 확인해 'nameserver 네임서버IP' 부분이 있는지 확인한다.

⑥ /etc/resolv.conf 파일에 'nameserver 네임서버IP' 부분이 없다면,

⑦ IP 주소를 획득하는 데 실패해 www.hanbit.co.kr의 IP 주소를 알아낼 수 없다.

⑧ /etc/resolv.conf 파일에 'nameserver 네임서버IP' 부분이 있다면,

⑨ 해당 네임 서버에 www.hanbit.co.kr의 IP 주소를 묻는다.

⑩ 네임 서버가 www.hanbit.co.kr의 IP 주소를 알면 알려 준다.

→ 지금은 네임 서버에 www.hanbit.co.kr을 묻고 네임 서버가 그 IP 주소를 알려 주는 과정을 간단히 표현했지만, 실제로는 더 복잡한 과정을 거친다. 이는 잠시 후 살펴볼 네임 서버 구축에서 상세히 알아보도록 하고 일단은 네임 서버가 문의를 받고 www.hanbit.co.kr의 IP 주소를 알려 준다라고만 생각하자.

⑪ 네임 서버가 응답하지 않거나 www.hanbit.co.kr의 IP 주소를 알 수 없다.

이 과정을 잘 살펴보면 앞선 실습 마지막 부분에서 www.hanbit.co.kr을 입력했는데 www.sogang.ac.kr에 접속된 이유를 알 수 있다. 그 이유는 앞선 실습에서는 ①, ②, ③, ④의 과정만을 거쳤기 때문이다.

여기서 알 수 있는 사실은 웹 브라우저는 최종적으로 얻은 IP 주소가 www.hanbit.co.kr의 진짜 IP 주소인지 가짜 IP 주소인지 검증할 능력이 없다는 것이다. 웹 브라우저는 단지 /etc/hosts 파일 또는 네임 서버가 알려 준 IP 주소로 접속을 시도할 뿐이다.

9.2 네임 서버 구축

이번 절에서는 네임 서버를 직접 구축하고 운영하는 방법을 알아본다.

9.2.1 도메인 이름 체계

앞서 말했듯이 네트워크에 연결된 컴퓨터를 구분하는 유일한 수단은 IP 주소다. 따라서 웹 브라우저로 네이트 웹 서버에 접속하려면 120.50.131.112 등과 같은 IP 주소를 알아야 한다. 이러한 IP 주소는 외우기 너무 어려우므로 각 컴퓨터의 IP 주소에 외우기 쉬운 이름을 부여하게 되었다.

예를 들어 1.1.1.1은 aaaa이라는 이름으로, 2.2.2.2는 bbbb이라는 이름으로 관리하면 aaaa라는 컴퓨터를 찾아갈 때 aaaa만 알아도 그 컴퓨터에 바로 접속할 수 있다. 즉, 그 컴퓨터의 IP 주소가 1.1.1.1이라는 사실을 바로 알 수 있다(휴대전화에 전화번호를 저장한 후 전화번호를 외우지 않고 그 이름으로 전화를 거는 것과 같다).

한 발 더 나아가서 IP 주소와 이름을 관리하는 전용 컴퓨터가 있다면 '이름 관리 전용 컴퓨터'의 IP 주소만 알면 다른 여러 가지 IP 주소를 모르더라도 언제든지 '이름 관리 전용 컴퓨터'에 접속해 원하는 IP 주소를 확인할 수 있다. 앞에서 롯데리아의 전화번호를 모르더라도 114라는 전화번호만 알면 모든 번호를 알 수 있었던 것과 비슷한 원리다. '이름 관리 전용 컴퓨터'가 바로 앞서 살펴본 네임 서버(DNS 서버)다.

인터넷 초창기에는 전 세계의 인터넷에 연결된 컴퓨터가 그렇게 많지 않았으므로 1대의 네임 서버만으로도 IP 주소와 이름을 충분히 관리할 수 있었다. 하지만 인터넷이 폭발적으로 확장되면서 인터넷에 연결된 컴퓨터가 기하급수적으로 늘어나게 되었고 몇 대의 네임 서버로는 실시간으로 생겼다 없어지는 인터넷상의 컴퓨터를 도저히 관리할 수 없게 되었다.

그래서 다음 그림과 같은 트리 구조 형태의 **도메인 이름 체계**가 고안되었다.

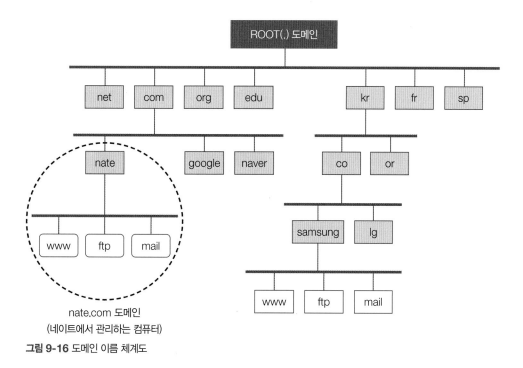

nate.com 도메인
(네이트에서 관리하는 컴퓨터)

그림 9-16 도메인 이름 체계도

이 그림에서 음영이 들어간 사각형을 네임 서버 컴퓨터, 음영이 없는 사각형을 실제로 운영되는 컴퓨터라고 생각하자. 즉, ROOT(.) 네임 서버는 1단계 네임 서버인 com 네임 서버, net 네임 서버, org 네임 서버, edu 네임 서버와 국가 도메인인 kr, fr, sp 네임 서버를 관리한다. 그리고 1단계 네임 서버는 자신의 하위에 있는 2단계 네임 서버를 관리한다. 예를 들어 com 네임 서버는 nate, google, naver 등 2단계 도메인을 관리하는 네임 서버들만 관리하면 되는 것이다. 네이트(회사 이름)의 도메인 이름은 무엇인가? 이 질문에 종종 www.nate.com이라고 대답하지만, 틀린 말이다. 네이트의 도메인 이름은 'nate.com'이다. www.nate.com은 nate.com 도메인에 속한 컴퓨터다 (아마도 웹 서버 컴퓨터일 것이다).

9.2.2 로컬 네임 서버 작동 순서

리눅스에는 각자 사용하는 네임 서버가 /etc/resolv.conf 파일에 'nameserver IP주소' 형식으로 설정되어 있다. 이 네임 서버를 로컬 네임 서버라고 부른다. 그래서 www.nate.com의 IP 주소를 요구하면 이 로컬 네임 서버에 묻는 것이다.

그런데 로컬 네임 서버는 의외로 아는 것이 별로 없다. 로컬 네임 서버가 혼자서 전 세계의 모든 컴퓨터의 도메인 이름을 관리할 수 없기 때문이다. 따라서 로컬 네임 서버는 자신이 아는 도메인 이름이라면 바로 알려주지만, 자신이 모를 경우에는(이런 경우가 대부분이다) 다음 그림과 같은 작업을 수행한다.

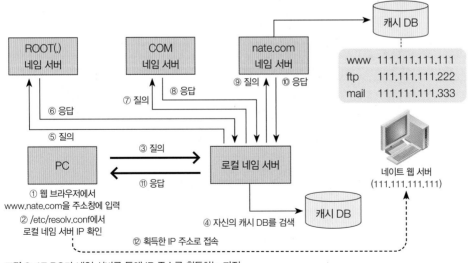

그림 9-17 PC가 네임 서버를 통해 IP 주소를 획득하는 과정

① PC의 웹 브라우저 주소창에서 www.nate.com을 입력한다.

② PC가 리눅스일 경우 /etc/resolv.conf 파일을 열어서 'nameserver 네임서버IP' 부분을 찾아 로컬 네임 서버 컴퓨터를 알아낸다.

③ 로컬 네임 서버에 www.nate.com의 IP 주소를 묻는다.

④ 로컬 네임 서버는 자신의 캐시 DB를 검색해 www.nate.com의 정보가 들어 있는지를 확인한다(만약 정보가 있다면 바로 응답하지만, 대개는 정보가 없다).

⑤ 로컬 네임 서버가 'ROOT 네임 서버'에 www.nate.com의 주소를 묻는다.

⑥ 'ROOT 네임 서버'도 www.nate.com의 주소를 모르므로 'com 네임 서버'의 주소를 알려주며 'com 네임 서버'에 물어보라고 한다.

⑦ 로컬 네임 서버가 'com 네임 서버'에 www.nate.com의 주소를 묻는다.

⑧ 'com 네임 서버'도 www.nate.com의 주소를 모르므로 'nate.com'을 관리하는 네임 서버의 주소를 알려주며 'nate.com' 네임 서버에 물어보라고 한다.

⑨ 로컬 네임 서버가 'nate.com 네임 서버'에 www.nate.com의 주소를 묻는다.

⑩ 'nate.com 네임 서버'는 네이트에서 구축한 네임 서버이므로 OOO.nate.com이라는 이름을 가진 컴퓨터를 모두 안다. 당연히 www.nate.com의 IP 주소도 알기 때문에 IP 주소를 알려 준다.

→ 여기서 기억할 점은 'nate.com 네임 서버'는 현재 자신의 캐시 DB에 적힌 IP 주소를 알려 줄 뿐이다. 그래서 실제 111.111.111.111 컴퓨터가 작동하는지에는 별 관심이 없다. 즉, 자신이 잘못된 정보를 알고 있더라도 그대로 알려 준다(114 안내 담당자가 고객이 질문한 '롯데리아'가 영업 중인지 확인하지 않고 그냥 자신이 아는 전화번호를 알려 주는 것과 같다).

⑪ 로컬 네임 서버는 www.nate.com의 IP 주소를 요구한 PC에 IP 주소를 알려 준다.

⑫ PC는 획득한 IP 주소로 접속을 시도한다.

9.2.3 캐싱 전용 네임 서버

캐싱 전용 네임 서버 Caching-only Nameserver는 PC에서 URL로 IP 주소를 얻고자 할 때 해당하는 URL의 IP 주소를 알려 주는 네임 서버를 말한다. **그림 9-17**을 예로 들면 '로컬 네임 서버'라고 지칭한 컴퓨터가 캐싱 전용 네임 서버의 역할을 수행한다. 작동 방법은 다음 그림으로 알아보자.

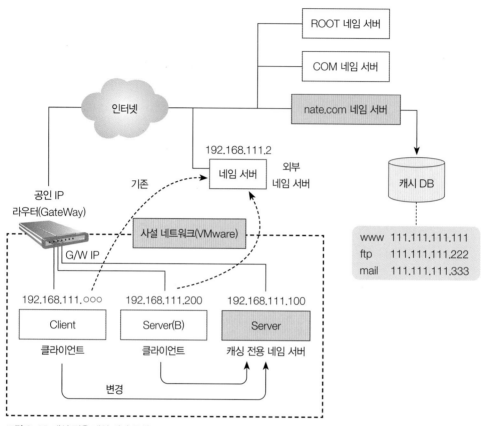

그림 9-18 캐싱 전용 네임 서버 구성도

원래 Client 가상머신과 Server(B) 가상머신에 설정된 DNS 서버는 외부에서 운영되는 네임 서버인 192.168.111.2다. 이제는 이를 사용하지 않고 네임 서버(192.168.111.100)를 직접 구축해 인터넷을 사용하자.

NOTE ▶ 외부에서 운영되는 네임 서버의 IP를 192.168.111.2라고 설명했다. 이는 VMware사가 운영하는 가상의 네임 서버다. 이번에는 VMware 프로그램 내부에 설치된 가상머신에서 실습을 진행하는 것이므로 그림에서 보이는 '사설 네트워크' 입장에서 192.168.111.2 컴퓨터는 자신의 네트워크 외부에 존재하는 컴퓨터다.

즉, 이 192.168.111.2 컴퓨터가 외국에 있는 컴퓨터이든지 사설 네트워크 바로 옆에 있는 컴퓨터든지 전혀 신경 쓰지 않는다. 어차피 멀든 가깝든 사설 네트워크 밖에 있는 컴퓨터이기 때문이다.

네트워크에 어느 정도 익숙한 독자일수록 혼란을 느낄 것 같아 네임 서버의 IP 주소에 관해 조금 더 자세히 설명한다. 192.168.111.2 대신, 호스트 운영체제(Windows)의 명령 프롬프트에서 nslookup 명령을 입력하면 나오는 IP 주소를 외부의 공인된 네임 서버 IP 주소로 사용해도 괜찮다. 이 공인된 네임 서버 IP 주소(예 8.8.8.8 및 168.126.63.1)는 VMware사가 운영하는 가상의 네임 서버 IP 주소가 아니라, 실제 저 멀리에 존재하는 네임 서버의 IP 주소다. 하지만 어떤 주소든지 우리의 사설 네트워크 밖에 있다는 사실은 동일하므로 사설 네트워크 안의 컴퓨터 입장에서는 어떤 것을 사용하든지 별 문제가 되지 않는다.

실습 2 ▶

Server 가상머신을 캐싱 전용 네임 서버로 구축하자. 그리고 Client와 Server(B) 가상머신에서 Server 가상머신을 네임 서버로 사용하도록 설정을 변경하자.

Step 0

Server ◐ Server 가상머신을 설치 상태로 초기화하고 부팅한다. root 사용자로 로그인하고 터미널을 연다.

Step 1

Server ◐ Server 가상머신에 네임 서버를 설치하고 관련 설정을 진행한다.

1-1 터미널에서 **dnf -y install bind bind-chroot** 명령을 입력해 네임 서버와 관련된 패키지를 설치한다.

1-2 캐싱 전용 네임 서버와 관련된 설정 파일인 **/etc/named.conf**를 gedit이나 nano 에디터로 열어 다음과 같이 수정하고 저장한다.

11행쯤 수정: listen-on port 53 { 127.0.0.1; };	➡ listen-on port 53 { **any**; };
12행쯤 수정: llisten-on-v6 port 53 { ::1; };	➡ listen-on-v6 port 53 { **none**; };
19행쯤 수정: allow-query { localhost; };	➡ allow-query { **any**; };
33행쯤 수정: dnssec-validation yes;	➡ dnssec-validation **no**;

그림 9-19 /etc/named.conf 파일 편집

지금 편집한 내용은 VMware 프로그램의 네트워크 주소 안에 있는 모든 컴퓨터가 네임 서버를 사용할 수 있게 하는 설정이다.

1-3 다음 명령을 입력해 서비스(데몬)를 작동한다. 네임 서버의 서비스 이름은 'named'다.

```
systemctl restart named    → 재시작(stop + start)
systemctl enable named     → 네임 서버 상시 가동
systemctl status named     → 네임 서버 상태 확인
```

```
root@localhost:~ — systemctl status named

[root@localhost ~]# systemctl restart named
[root@localhost ~]# systemctl enable named
Created symlink /etc/systemd/system/multi-user.target.wants/named.service → /usr
/lib/systemd/system/named.service.
[root@localhost ~]#
[root@localhost ~]# systemctl status named
● named.service - Berkeley Internet Name Domain (DNS)
   Loaded: loaded (/usr/lib/systemd/system/named.service; enabled; vendor pre
   Active: active (running) since Tue 2022-08-23 17:06:51 KST; 17s ago
 Main PID: 3119 (named)
    Tasks: 4 (limit: 10822)
   Memory: 18.2M
      CPU: 41ms
   CGroup: /system.slice/named.service
           └─3119 /usr/sbin/named -u named -c /etc/named.conf

8월 23 17:06:51 localhost.localdomain named[3119]: network unreachable resolvi
```

그림 9-20 named 서비스 시작/상태 확인/상시 가동

4장 후반부에서 서비스와 소켓에 대해 잠깐 언급했는데 여기서 확실히 이해하고 넘어가자. 서비스(데몬)와 관련된 스크립트 파일은 /usr/lib/systemd/system/ 디렉터리에 있다. 파일 이름은 대부분 '서비스이름.service'인데 지금 사용 중인 네임 서버의 스크립트 파일은 named.service다. 이 파일을 실행/중지하려면 **systemctl start/stop 서비스이름** 명령을 실행하면 된다. 그리고 이 서비스를 부팅 시 자동으로 작동하게 하려면 **systemctl enable 서비스이름** 명령을 실행하면 된다. 이러면 /usr/lib/systemd/system/named.service 파일이 /etc/systemd/system/multi-user.target.wants/named.service 링크 파일로 생성된다(앞의 그림 3~4행에 링크 파일이 생성되었다는 메시지가 보인다). Rocky Linux가 부팅되면 /etc/systemd/system/multi-user.target.wants/ 디렉터리의 링크 파일들을 자동으로 가동한다.

1-4 firewall-config 명령을 입력해 [방화벽 설정] 창을 연다. [설정]의 드롭다운 버튼을 클릭해 '영구적'을 선택한 후 [영역] 탭 왼쪽 목록에서 [public]을 선택한 후 오른쪽 [서비스] 탭의 'dns'를 체크해 DNS 서버를 연다. 설정을 적용하기 위해 [옵션] − [Firewalld 다시 불러오기] 메뉴를 클릭한 후 [방화벽 설정] 창을 닫는다.

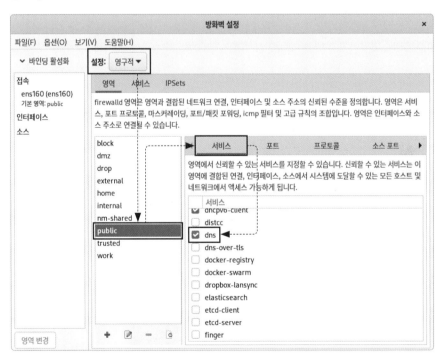

그림 9-21 방화벽 설정

1-5 네임 서버가 잘 작동하는지 확인하려면 **dig @네임서버IP 조회할URL** 형식으로 명령을 입력하면 된다. 여기에서는 **dig @192.168.111.100 www.nate.com** 명령을 입력해 간단히 작동 테스트를 한다.

그림 9-22 dig 명령으로 네임 서버 작동 확인

1-6 nslookup 명령을 실행해 작동 테스트를 할 수도 있다. 다음 명령을 입력해 작동 테스트를 한다.

```
nslookup
server 테스트할네임서버IP      → 여기에는 우리가 구축한 192.168.111.100을 입력
조회할URL                      → 여기에는 www.nate.com을 입력
exit
```

그림 9-23 nslookup 명령으로 네임 서버 작동 확인

Client ▶ Client 가상머신에서 방금 구축한 Server 가상머신에 설정한 네임 서버를 사용하도록 설정을 변경한다.

2-0 Client 가상머신을 실행한 후 터미널을 연다(필요하면 Client 가상머신을 초기화한다).

2-1 터미널에서 다음 명령을 입력해 Server 가상머신에서 구축한 네임 서버가 잘 가동하는지 확인한다.

```
nslookup
server 네임서버IP        → 방금 구축한 192.168.111.100을 네임 서버로 사용
www.nate.com
exit
```

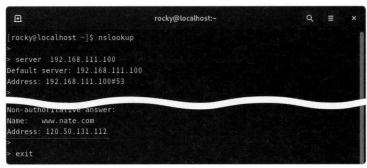

그림 9-24 외부에서 네임 서버 작동 확인

2-2 네임 서버가 작동되는 것을 확인했으니 이제 이 네임 서버를 고정적으로 사용하도록 지정한다. **su −c** '**gedit /etc/resolv.conf**' 명령을 입력해 gedit 에디터로 /etc/resolv.conf 파일을 열고 namesever 뒤의 IP 주소를 Server 가상머신의 IP 주소인 192.168.111.100으로 변경한 후 파일을 저장하고 에디터를 닫는다.

그림 9-25 네임 서버 변경

NOTE ▶ /etc/resolv.conf 파일을 편집하려면 root 권한이 필요하다. 그리고 gedit 에디터 사용 시 터미널에 경고 메시지가 나오는 데 별 내용은 아니므로 그냥 무시해도 된다.

2-3 웹 브라우저를 실행해 아무 웹사이트에 접속한다. 이제 **그림 9-18**과 같이 변경된 캐싱 전용 네임 서버를 이용해 웹 서핑을 한다.

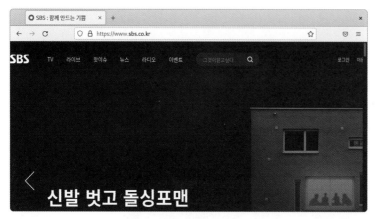

그림 9-26 Server 캐싱 전용 네임 서버를 이용한 웹 서핑

Step 3

Server(B) ◐ 텍스트 모드인 Server(B) 가상머신에서 Server 가상머신에 설정한 네임 서버를 사용하도록 설정을 변경한다.

3-0 Server(B) 가상머신을 설치 상태로 초기화하고 root 사용자로 로그인한다.

3-1 nano 에디터로 **/etc/resolv.conf** 파일을 열어 다음 내용을 참고해 앞서 구축한 네임 서버로 변경하고 vi 에디터를 종료한다(저장은 Ctrl + X → Y → Enter).

> nameserver 192.168.111.2 ➡ nameserver **192.168.111.100**

그림 9-27 /etc/resolv.conf 파일 편집

3-2 터미널을 열고 다음의 **nslookup** 명령을 입력해 네임 서버가 잘 작동하는지 확인한다.

```
nslookup
server              → 192.168.111.100이 나온다.
www.nate.com
exit
```

그림 9-28 nslookup 명령 실행 결과

Step 4

Server(B) ▶ Server(B) 가상머신은 Firefox와 같은 웹 브라우저를 사용할 수 없으나, 텍스트 기반의 웹 브라우저를 사용할 수 있다. 이를 이용해 웹사이트에 접속한다.

4-1 먼저 터미널에서 **dnf −y install lynx** 명령을 입력해 텍스트 기반 웹 브라우저인 lynx의 패키지를 설치한다.

4-2 이어서 **lynx www.kernel.org** 명령을 입력해 lynx로 리눅스 커널 웹사이트에 접속한다(한글은 정상적으로 보이지 않으므로 영문 웹사이트의 URL을 입력했다). 웹사이트가 텍스트 기반으로 표시된다.

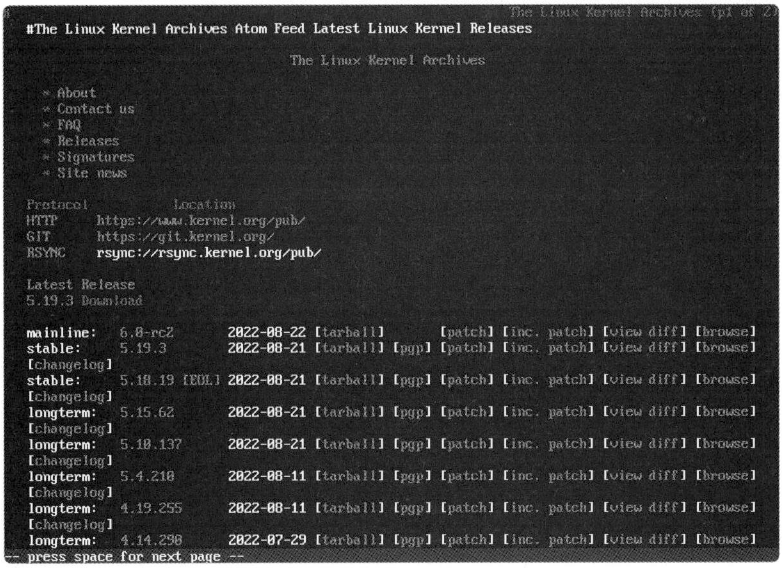

그림 9-29 kernel.org 사이트 접속

4-3 `Space`를 누르면 다음 페이지로, `B`를 누르면 이전 페이지로 이동한다.

그림 9-30 다음 페이지로 이동

4-4 화살표 키를 눌러 각 링크로 이동한 후 `Enter`를 누르면 해당 링크로 이동한다.

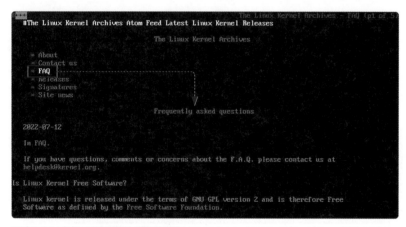

그림 9-31 화살표 키를 이용한 페이지 이동

4-5 `Q` - `Enter`을 눌러 lynx를 종료한다.

Step 5

WinClient ▶ WinClient 가상머신에서 Server 가상머신의 네임 서버를 사용하도록 설정을 변경한다.

5-1 [시작] - [제어판] - [네트워크 및 인터넷] - [네트워크 상태 및 작업 보기] - [Ethernet0]을 클릭해 [Ethernet0 상태] 창을 연다.

NOTE ▶ Windows 10의 버전에 따라서 [네트워크 설정] 부분과 [Ethernet0]의 이름 등이 약간 다를 수 있다.

5-2 [Ethernet0 상태] 창에서 [속성] 버튼을 클릭한다. [Ethernet0 속성] 창의 목록 중 '인터넷 프로토콜 버전 4(TCP/IPv4)'를 선택하고 [속성] 버튼을 클릭한다. [인터넷 프로토콜 버전 4(TCP/IPv4) 속성] 창에서 '다음 DNS 서버 주소 사용'을 선택하고 [기본 설정 DNS 서버]에 Server 가상머신의 IP주소인 '192.168.111.100'을 입력한다. [확인] 및 [닫기] 버튼을 클릭해 창을 모두 닫는다.

그림 9-32 Windows에서 DNS 설정 1

5-3 웹 브라우저를 실행해 아무 웹사이트에 접속한다.

그림 9-33 Windows에서 DNS 설정 2

5-4 DNS 서버 주소를 처음 상태로 돌려놓는다. 이번에는 Windows 명령을 입력해 설정을 변경한다. [시작]에서 마우스 오른쪽 버튼을 클릭한 후 [Windows PowerShell(관리자)] 또는 [터미널(관리자)]를 클릭해 관리자 권한으로 파워셸을 실행한다. 파워셸에 **ipconfig** 명령을 입력해 네트워크 장치_{이더넷 어댑터,} _{Ethernet Adapter}의 이름을 확인한다.

그림 9-34 Windows 명령어로 DNS 설정 1

> **NOTE ▶** 필자의 네트워크 장치는 'Etnernet0'으로 되어 있지만, Windows 버전에 따라서 이더넷 어댑터의 이름이 '로컬 영역 연결'로 표시되는 경우도 있다.

5-5 netsh interface ip set dns "네트워크장치이름" dhcp 명령을 입력해 변경하기 전의 기본 DNS 서버를 자동으로 사용하도록 설정한다.

그림 9-35 Windows 명령어로 DNS 설정 2

Server 가상머신에 구현한 '캐싱 전용 네임 서버'가 정상 작동한다는 사실을 확인했다. 캐싱 전용 네임 서버는 각 클라이언트가 문의하는 URL을 **그림 9-17** 또는 **그림 9-18**과 같은 방식으로 처리한다.

9.2.4 마스터 네임 서버

마스터 네임 서버_{Master Nameserver}는 이 책에서 가상으로 생성할 thisislinux.com과 같은 도메인에 속해 있는 컴퓨터의 이름을 관리하며 외부에서 www.thisislinux.com나 ftp.thisislinux.com 등의 URL을 가진 컴퓨터의 IP 주소를 알기 원할 때 해당 컴퓨터의 IP 주소를 알려 주는 네임 서버다. 그러므로 일반적으로 thisislinux.com이라는 도메인으로 인터넷 서비스를 하려면 thisislinux.

com 네임 서버를 구축해 외부에서 www.thisislinux.com이나 ftp.thisislinux.com 등으로 접속할 수 있게 해야 한다.

지금부터 다음 그림과 같은 마스터 네임 서버를 구현하자. 구현에 앞서 우선 그림에 구성도를 먼저 살펴보자.

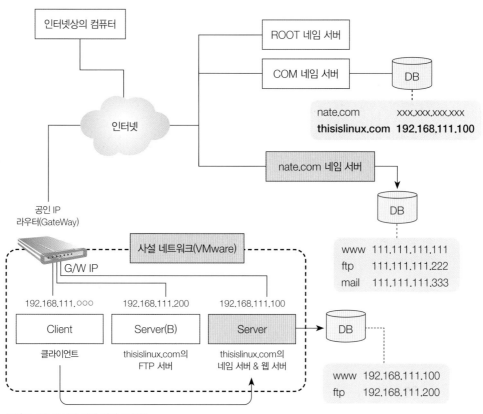

그림 9-36 마스터 네임 서버 구성도

마스터 네임 서버 구성도를 설명하면 다음과 같다. 설명을 잘 읽어 보자.

1. 우선 테스트하기 위해 Server(B) 가상머신에 FTP 서버를 설치하고, Server 가상머신에는 네임 서버와 웹 서버를 설치한다. 그리고 Server 가상머신의 네임 서버 설정에서 www.thisislinux.com은 Server 가상머신의 IP 주소인 192.168.111.100으로, ftp.thisislinux.com은 Server(B) 가상머신의 IP 주소인 192.168.111.200으로 설정한다.

2. 구성이 완료되면 Client 가상머신에서 실제로 존재하는 네이트 사이트의 www.nate.com 의 접속을 시도할 때 다음과 같은 순서로 진행된다. 이 과정은 캐싱 전용 네임 서버와 큰 차이 가 없다.

① 설정된 네임 서버인 192.168.111.100에게 www.nate.com의 IP 주소를 요청한다.

② 192.168.111.100은 자신의 DB를 검색해 www.nate.com이 있는지 확인한다. 해당 내용이 없을 것이므로 외부 인터넷에서 www.nate.com의 IP 주소를 알아 온다(이 과정 은 앞 절에서 자세히 설명했으므로 생략하겠다).

③ 알아 온 www.nate.com의 IP 주소를 Client 가상머신에 알려 준다(Server 가상머신은 자기가 원래 알고 있던 척한다).

3. 이번에는 Client 가상머신에서 앞으로 새로 구축할 www.thisislinux.com의 접속을 시도 할 때의 과정을 알아보자. 다음과 같은 순서로 진행이 된다.

① 설정된 네임 서버인 192.168.111.100에 www.thisislinux.com의 IP 주소를 요청한다.

② 192.168.111.100은 자신의 DB를 검색해 www.thisislinux.com이 있는지 확인한다. thisislinux.com은 자신이 관리하는 도메인이므로 www.thisislinux.com의 IP 주소 (192.168.111.100)와 ftp.thisislinux.com의 IP 주소(192.168.111.200)을 가지고 있다. 그러므로 외부 인터넷으로 나갈 필요 없이 바로 Client 가상머신에게 해당 IP 주소 를 알려 준다.

4. 마지막으로 마스터 네임 서버 구성도 왼쪽 위에 표시된 외부 '인터넷상에 있는 컴퓨터'에서 ftp.thisislinux.com에 접속할 때의 과정을 알아본다.

① 외부 인터넷상의 컴퓨터는 자신의 로컬 네임 서버(그림상에는 나와 있지 않다. 편의상 '로 컬 네임 서버 A'라고 부르겠다)에 ftp.thisislinux.com의 IP 주소를 요청한다.

② 로컬 네임 서버 A는 아마도 ftp.thisislinux.com의 IP 주소를 모를 것이므로 'ROOT 네 임 서버'에 IP 주소를 요청한다. ROOT 네임 서버는 'COM 네임 서버'의 주소를 알려 주 며 그 쪽에 요청하라고 안내한다.

③ 로컬 네임 서버 A는 다시 COM 네임 서버에 IP 주소를 요청한다. COM 네임 서버 는 thisislinux.com의 도메인을 관리하는 'thisislinux.com 네임 서버'의 IP 주소인 192.168.111.100을 로컬 네임 서버 A에 알려 준다.

④ 로컬 네임 서버 A는 thisislinux.com 네임 서버인 192.168.111.100에 ftp.thisislinux.com의 IP 주소를 요청한다.

⑤ thisislinux.com 네임 서버는 자신의 DB에 ftp.thisislinux.com의 IP 주소가 있으므로 ftp.thisislinux.com의 IP 주소인 192.168.111.200을 로컬 네임 서버 A에 알려 준다.

⑥ 로컬 네임 서버 A는 ftp.thisislinux.com의 IP 주소인 192.168.111.200을 요청했던 인터넷상의 컴퓨터에게 알려 준다.

⑦ 인터넷상의 컴퓨터는 192.168.111.200(Server(B) 가상머신)으로 접속한다.

이처럼 자신이 별도로 관리하는 도메인이 있으며 외부에서 자신이 관리하는 컴퓨터의 IP 주소를 물어볼 때 자신의 DB에서 그 주소를 찾아 알려 주는 네임 서버를 '마스터 네임 서버'라고 부른다.

> **! 여기서 잠깐   사설 네트워크 접속**
>
> 192.168.111.100이라는 IP 주소는 사설 네트워크의 IP 주소이므로 원칙적으로 인터넷상의 컴퓨터가 www.thisislinux.com에 접속할 수 없다. 하지만 이번 실습에서 www.thisislinux.com에 접속할 수 있는데 그 이유는 지금 우리가 사설 IP를 사용하고 있기 때문이다. 즉, 인터넷상의 컴퓨터가 www.thisislinux.com에 접속할 수 있게 하려면 공인 IP 주소가 필요하다.
>
> 실습에 사용하는 모든 가상머신의 IP 주소를 공인 IP 주소로 변경하기만 하면 실제로 인터넷상에서 운영하는 것과 동일한 마스터 네임 서버를 구축할 수 있다. 물론 thisislinux.com 도메인의 소유권이 있어야 한다. 참고로 하나의 공인 IP로 여러 개의 사설 IP 컴퓨터를 서버로 운영하는 방법은 18장에서 소개한다.

실습 3

Server에 thisislinux.com의 마스터 네임 서버를 설치하고 운영하자.

NOTE▶ 이번 실습에서 사용할 아파치 웹 서버의 설치/운영은 12장에서, FTP 서버의 설치/운영은 13장에서 자세히 다룬다. 그러므로 지금은 네임 서버의 테스트를 위해 간단히 설치만 하고 설명은 따로 하지 않겠다.

Step 1

Server ◉ 실습 2에 이어서 진행한다. 웹 서버를 설정한다.

1-0 터미널에서 **rpm −qa httpd** 명령을 입력해 웹 서버가 설치되었는지 확인한다. 아마 설치되어 있지 않을 것이다. **dnf −y install httpd** 명령을 입력해 설치한다.

1-1 systemctl status httpd 명령을 입력해 웹 서비스(httpd)가 작동하는지 확인하고 정지되어 있다면 systemctl start httpd 명령을 입력해 웹 서비스를 시작한다. 그리고 다시 웹 서비스가 잘 작동하는지 확인한다.

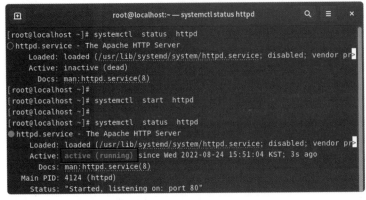

그림 9-37 웹 서비스의 시작 및 웹 서비스 작동 확인

1-2 firewall-config 명령을 입력해 [방화벽 설정] 창을 연다. [설정]에서 '영구적'을 선택한 후 [영역] 탭에서 [public]이 선택된 상태로 오른쪽 [서비스] 탭의 'http'와 'https'를 체크해 웹 서버를 연다. 설정을 적용하기 위해 [옵션] – [Firewalld 다시 불러오기] 메뉴를 클릭한다. 그리고 [방화벽 설정] 창을 닫는다.

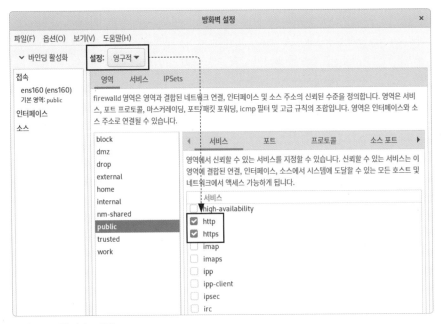

그림 9-38 웹 서비스 허용

1-3 gedit /var/www/html/index.html 명령을 입력해 /var/www/html/ 디렉터리에 index.html 파일을 만든다. 그리고 '〈h1〉 Rocky 리눅스 웹 서버입니다. 〈/h1〉'라고 입력한 후 파일을 저장하고 에디터를 닫는다. 이로써 아주 간단한 웹 서버 구축을 완료했다.

그림 9-39 초기 웹 페이지 작성

Step 2

Server(B) ◉ ▶ FTP 서버를 설치하고 설정한다.

2-1 dnf −y install vsftpd 명령을 입력해 FTP 서버를 설치한다.

2-2 firewall−cmd −−permanent −−add−service=ftp 명령을 입력해 FTP 서비스의 방화벽 설정을 허용한다. 그리고 firewall−cmd −−reload 명령을 입력해 설정 내용을 적용한다. 'success' 메시지가 나오면 잘 설정된 것이다.

2-3 /var/ftp/ 디렉터리로 이동한 후 nano welcome.msg 명령을 입력해 welcome.msg라는 파일을 생성하고 파일 안에 다음 내용을 채운 후 파일을 저장하고 에디터를 닫는다.

```
###############################
Welcome !!!  This is Linux.  FTP  Server
###############################
```

```
[root@localhost ~]#
[root@localhost ~]# cd  /var/ftp
[root@localhost ftp]#
[root@localhost ftp]# touch  welcome.msg
[root@localhost ftp]#
[root@localhost ftp]# nano  welcome.msg
```

그림 9-40 welcome.msg 파일 생성

2-4 nano 에디터로 **/etc/vsftpd/vsftpd.conf** 파일을 열어서 가장 위쪽에 'banner_file=/var/ftp/welcome.msg'라고 입력한 후 파일을 저장하고 에디터를 닫는다.

그림 9-41 /etc/vsftpd/vsftpd.conf 파일 편집

NOTE ▶ 지금 한 작업은 외부에서 FTP 서버로 접속했을 때, /var/ftp/welcome.msg 파일의 내용을 환영 메시지로 보여 주기 위한 것이다.

2-5 systemctl restart vsftpd 명령을 입력해 FTP 서버를 시작한다. 아무 메시지도 나오지 않으면 FTP 서버가 정상적으로 시작된 것이다. 이로써 간단한 FTP 서버 역시 구축했다.

Step 3

Server ▶ thisislinux.com 도메인에 대한 설정을 진행한다.

3-1 nano나 gedit 에디터로 **/etc/named.conf** 파일을 열어 가장 아래쪽에 다음 내용을 추가한 후 파일을 저장하고 에디터를 닫는다.

```
zone "thisislinux.com" IN {
    type master;
    file "thisislinux.com.db";
    allow-update { none; };
};
```

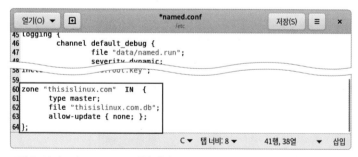

그림 9-42 /etc/named.conf 파일 편집

NOTE ▶ 설정 파일이 한 글자라도 틀리면 네임 서버 서비스(데몬) 자체가 가동하지 않을 수 있으므로 주의해서 입력해야 한다. 물론 대소문자도 모두 정확히 구분해 입력해야 한다.

! 여기서 잠깐 /etc/named.conf 파일

/etc/named.conf는 네임 서버 서비스(데몬)가 시작될 때 제일 먼저 읽는 파일이다. 해당 파일의 설정 형식 중에서 중요한 부분을 살펴보자.

```
options {
    listen-on port 53 { any; }          → 네임 서버에 접속이 허용된 컴퓨터의 IP 주소
    directory "디렉터리이름" ;            → 네임 서버 DB 파일이 들어 있는 디렉터리
    dump-file "덤프파일이름" ;           → 정보가 갱신될 때 저장되는 파일
    statistics-file "통계파일이름" ;     → 통계 처리 용도의 파일
    allow-query { 컴퓨터; }             → 도메인 이름의 쿼리가 허용된 컴퓨터 또는 IP 주소
};
zone "도메인이름" IN {
    type hint 또는 master 또는 slave;   → 마스터 네임 서버는 master
    file "파일이름" ;                    → options의 directory에 생성될 "도메
                                          인 이름"의 상세 설정 파일

    allow-update { IP주소 } 또는 { none } ;  → 2차 네임 서버의 주소. 생략하면 none으
                                              로 처리
};
```

3-2 named-checkconf 명령을 입력해 /etc/named.conf 파일에 추가한 내용이 문법상 이상이 없는지 확인한다. 아무 메시지도 나오지 않으면 틀린 문법이 없다는 뜻이다. 만약 문법이 틀렸다면 행 번호와 오류 내용이 출력된다.

그림 9-43 /etc/named.conf 파일 문법 검사

3-3 우선 /var/named/ 디렉터리로 이동한 후 **touch thisislinux.com.db** 명령을 입력해 thisislinux. com.db라는 이름의 빈 파일을 생성한다. 이 파일을 **정방향 영역 파일** 또는 **포워드 존**Forward Zone **파일**이라고 부른다.

그림 9-44 thisislinux.com.db 파일 생성

NOTE ▶ 도메인을 IP 주소로 변경하는 것을 정방향 영역 또는 포워드 존이라고 한다.

3-4 nano나 gedit 에디터로 **thisislinux.com.db** 파일을 열고 다음 내용을 입력한다.

```
$TTL  3H
@     SOA   @    root.  ( 2  1D  1H  1W  1H )
      IN    NS   @
      IN    A    192.168.111.100

www   IN    A    192.168.111.100
ftp   IN    A    192.168.111.200
```

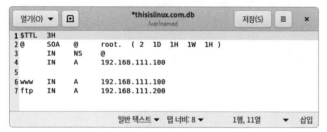

그림 9-45 thisislinux.com.db 파일 편집

NOTE ▶ 그림 9-36에 나와 있듯이 이번 실습의 경우 192.168.111.100은 네임 서버 겸 웹 서버의 역할을, 192.168.111.200은 FTP 서버 역할을 한다.

3-5 named-checkzone thisislinux.com thisislinux.com.db 명령을 입력해 설정한 파일의 문법에 이상이 없는지 확인한다(명령의 형태는 **named-checkzone 도메인이름 설정파일이름**이다).

그림 9-46 thisislinux.com.db 파일 문법 검사

> **! 여기서 잠깐   포워드 존 파일의 문법**
>
> 포워드 존 파일의 몇 가지 문법을 요약하면 다음과 같다.
>
> ① **;(세미콜론):** 주석을 의미한다.
>
> ② **$TTL:** Time To Live의 약자로 www.thisislinux.com의 호스트 이름을 물었을 때 문의한 다른 네임 서버가 해당 IP 주소를 캐시에 저장하는 시간을 의미한다. 3H는 3시간(Hour)을 의미한다.
>
> ③ **@:** /etc/named.conf에 정의된 thisislinux.com을 의미한다(thisislinux.com으로 고쳐 써도 됨).
>
> ④ **IN:** 클래스 이름으로 internet을 의미한다.
>
> ⑤ **SOA:** Start Of Authority 약자로 권한의 시작을 의미한다. 그리고 괄호 안의 숫자는 시간을 의미하는데 차례로 serial(버전 정보), refresh(상위 네임 서버에 업데이트된 정보를 요청하는 간격), retry(상위 네임 서버에 문제가 발생했을 때 재 접속 간격), expire(상위 네임 서버에 접속하지 못할 경우 이전의 정보를 파기하는 간격), minimum(이 시간 이후에 정보가 삭제됨)을 의미한다. 여기서 H는 Hour, D는 Day, W는 Week의 약자다.
>
> ⑥ **NS:** Name Server의 약자로 설정된 도메인의 네임 서버 역할을 하는 컴퓨터를 지정하는 부분이다.
>
> ⑦ **MX:** Mail Exchanger의 약자로 메일 서버 컴퓨터를 설정하는 부분이다. → 10장에서 사용한다.
>
> ⑧ **A:** 호스트 이름에 상응하는 IP 주소를 지정하는 부분이다.
>
> ⑨ **CNAME:** 호스트 이름에 별칭을 부여할 때 사용한다. → 이번 장 후반부에서 사용한다.

3-6 설정한 내용을 적용하기 위해 **systemctl restart named** 명령을 입력해 네임 서비스를 재시작한다. 그리고 **systemctl status named** 명령을 입력해 작동 테스트를 한다.

그림 9-47 네임 서버 서비스 재시작 및 가동 확인

3-7 firewall-config 명령을 입력해 [방화벽 설정] 창을 연다. [설정]에는 '영구적'이 선택되었고, [서비스] 탭의 'dns'가 체크됐는지 확인한다(**실습 2 1-4**에서 이미 설정했다).

이렇게 해서 **그림 9-36**과 같이 Server(B) 가상머신을 FTP 서버로, Server 가상머신을 네임 서버와 웹 서버 용도로 구축했다. 이제 Client 가상머신에서 제대로 작동하는지 확인한다.

Step 4

Client ◉ Client 가상머신에서 마스터 네임 서버가 제대로 작동하는지 확인한다.

4-1 터미널에서 **cat /etc/resolv.conf** 명령을 입력해 네임 서버의 IP 주소가 Server 가상머신의 IP 주소 인 192.168.111.100으로 되어 있는지 확인한다(**실습 2 2-2**에서 이미 변경했다).

4-2 웹 브라우저에서 www.thisislinux.com으로 접속한다. 이번 실습의 **1-3**에서 Server 가상머신에 만 든 index.html가 열린다.

그림 9-48 www.thisislinux.com에 접속

4-3 터미널에서 **sudo dnf –y install ftp** 또는 **su –c 'dnf –y install ftp'** 명령을 입력해 FTP 클라이언트 패키지를 설치한 후 **ftp ftp.thisislinux.com** 명령을 입력해 FTP 서버에 접속한다. rocky 사용자로 로그인한다. Server(B) 가상머신에 구축한, FTP 서버에 접속했다는 사실을 환영 메시지를 통해 확인할 수 있다.

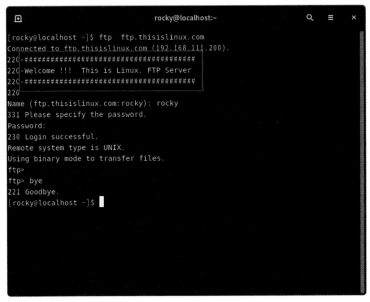

그림 9-49 ftp.thisislinux.com에 접속

4-4 FTP 서버 접속을 종료하기 위해 **bye**를 입력한다.

Step 5

WinClient ◉ WinClient 가상머신에서 마스터 네임 서버를 사용한다.

5-1 우선 [시작]에서 마우스 오른쪽 버튼을 클릭한 후 [Windows PowerShell(관리자)]를 클릭해 파워셸을 관리자 권한으로 실행하고 **netsh interface ip set dns "Ethernet0" static 192.168.111.100** 명령을 입력해 DNS 서버를 Server 가상머신으로 설정한다.

그림 9-50 DNS 서버 변경

5-2 웹 서버 및 FTP 서버에 접속한다.

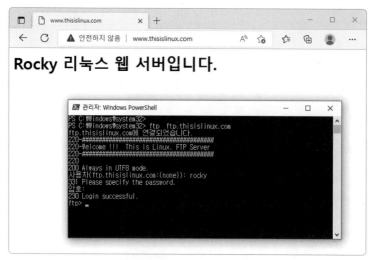

그림 9-51 웹 서버와 FTP 서버에 접속

이렇게 해서 **그림 9-36**과 같은 네임 서버 구축을 완료했다.

? VITAMIN QUIZ 9-1

Server(B) 가상머신을 초기화한 후 '자기이름영문.net' 서버와 'www.자기이름영문.net' 웹 서버
가 되도록 구축하자. 그리고 Client 가상머신에서 해당 URL로 접속하자. 결과물을 다음 비타민 퀴
즈에서 사용한다.

HINT 실습 2, 실습 3을 참조해서 웹 서버를 구축하면 된다.

9.2.5 라운드 로빈 방식의 네임 서버

네이버나 다음과 같은 포털 사이트의 웹 서버에는 동시에 수십만 건 이상의 접속이 발생할 것이다.
이러한 대형 사이트에서는 웹 서버를 1대가 아니라 여러 대의 웹 서버를 운영해 웹 클라이언트가 서
비스를 요청할 경우에 교대로 서비스를 실행한다. 그러면 웹 서버의 부하를 공평하게 여러 대가 나
눌 수 있다. 이러한 방식을 **라운드 로빈**Round Robin 방식이라고 부른다.

라운드 로빈 방식의 작동 과정을 예로 들면 다음과 같다. 외부 사용자는 thisislinux.com 네임 서버에 www.thisislinux.com의 IP 주소를 요청한다. 이때 www.thisislinux.com에 해당하는 웹 서버를 3대 운영한다고 가정하고 각각의 IP가 1.1.1.1, 1.1.1.2, 1.1.1.3이라면, thisislinux.com 네임 서버는 묻는 순서대로 1.1.1.1, 1.1.1.2, 1.1.1.3을 차례로 알려 준다. 이러면 3대의 웹 서버에 부하를 공평하게 나눌 수 있다. 이 과정을 그림으로 표현하면 다음과 같다.

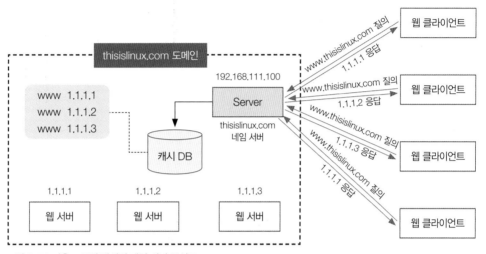

그림 9-52 라운드 로빈 방식의 네임 서버 구성도

호스트 OS의 파워셸이나 터미널에서 다음 그림과 같이 nslookup 명령을 입력해 확인하면 실제로 네이버 같은 대형 웹사이트는 여러 대의 웹 서버를 운영하고 있다는 사실을 알 수 있다.

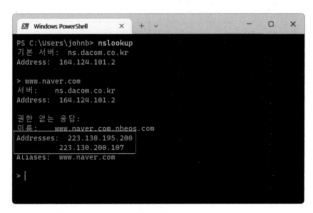

그림 9-53 네이버에서 운영하는 웹 서버들

이번 실습은 여러 대의 웹 서버를 설치해서 진행해야 한다. 하지만 웹 서버를 구축하기에는 여러분의 실습 환경이 완전하지 않을 것이므로 이미 인터넷에 운영 중인 실제 웹 사이트를 실습에서 구현한 웹 서버라고 간주하고 진행하겠다. 이러면 라운드 로빈 방식의 작동 과정이 더욱 확실하게 보인다.

즉, www.thisislinux.com 접속 시에 A, B, C 3개의 웹사이트를 차례로 보여 주는 방식으로 실습을 진행한다. 지금 당장은 잘 이해가 되지 않아도 실습을 따라하다 보면 자연스럽게 이해할 수 있을 것이다.

실습 4

라운드 로빈 방식의 네임 서버를 구현하자.

Step 1

Server ◉ **실습 3**에 이어서 진행한다. Server 가상머신을 라운드 로빈 방식의 네임 서버로 설정한다.

1-1 nslookup 명령을 입력해 실제 운영 중인 웹 서버의 IP 주소 몇 개를 확인한다. 필자는 www.danawa.com, www.nate.com, www.hanbit.co.kr 3개의 IP 주소를 확인한다(실습에 사용할 웹사이트는 필자와 달라도 상관없다. 접속되는 아무 웹사이트의 IP 주소를 확인하면 된다).

그림 9-54 기존 웹 서버의 IP 주소 확인

이렇게 확인한 3개의 IP 주소(필자의 경우 119.205.208.11, 120.50.131.112, 218.38.58.195)를 **그림 9-52**에 나온 www.thisislinux.com의 웹 서버 3대라고 가정한다.

1-2 gedit 에디터로 **/var/named/thisislinux.com.db** 파일을 다음과 같이 수정하고 파일을 저장한 후 에디터를 닫는다. 기존에 있던 'www IN A 192.168.111.100' 행은 삭제하며 'webserver.thisislinux. com.'의 가장 뒤쪽에 '.'이 있다는 사실에 주의한다.

```
$TTL    3H
@       SOA    @       root.  ( 2  1D  1H  1W  1H )
        IN     NS      @
        IN     A       192.168.111.100

ftp     IN     A       192.168.111.200

www     IN     CNAME   webserver.thisislinux.com.

webserver  100      IN      A      119.205.208.11
           200      IN      A      120.50.131.112
           300      IN      A      218.38.58.195
```

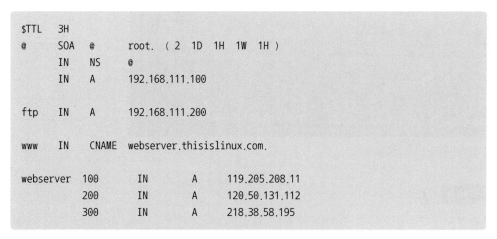

그림 9-55 라운드 로빈 설정

NOTE CNAME은 Canonical NAME의 의미로 기준이 되는 이름이다. CNAME 행 아래 3개 행이 기준에 해당한다. 그리고 100/200/300은 단순한 차례를 나타내는 것이며 서로 다른 숫자라면 어떤 숫자를 사용해도 상관없다.

1-3 변경 사항을 적용하기 위해 **systemctl restart named** 명령을 입력해 네임 서버를 다시 가동한다.

1-4 **nslookup** 명령을 입력한 후 **server 192.168.111.100** 명령을 입력해 www.thisislinux.com의 정보를 확인한다.

그림 9-56 라운드 로빈 설정 확인

Client ▶ 외부 인터넷에 있는 컴퓨터로 라운드 로빈의 작동을 테스트한다. Client 가상머신을 외부 컴퓨터라고 생각한다.

2-1 웹 브라우저를 실행해 www.thisislinux.com에 접속한다.

2-2 웹 브라우저를 닫고 다시 실행해 www.thisislinux.com에 접속한다. 이렇게 여러 번 반복하면 3개의사이트가 번걸아 가며 나타날 것이다.

그림 9-57 라운드 로빈 방식의 작동 확인

NOTE▶ 경고 대화상자가 나오면 [고급] – [위험을 감수하고 계속 진행] 버튼을 클릭한다. 새로 접속해도 다른 화면이보이지 않으면 웹 브라우저를 닫고 다시 실행한다.

이번 실습에서는 라운드 로빈 방식의 작동을 알아보기 위해 www.thisislinux.com 접속 시에 서로 다른 3개의 웹사이트로 접속했지만, 실제 상황이라면 www.thisislinux.com에 접속하면 당연히 웹 서버의 IP 주소만 다를 뿐 모두 같은 웹 페이지가 나와야만 한다.

? VITAMIN QUIZ 9-2

텍스트 모드인 Server(B) 가상머신의 '자기이름영문.net' 네임 서버를 라운드 로빈 방식으로 설정하자. 그리고 Client 가상머신에서 접속하자.

지금까지 네임 서버를 다양한 방법으로 구현해 보았다. 앞으로 사용할 네트워크 서버는 네임 서버와 같이 사용해야만 가치가 있다. 웹 서버를 구축했을 때 웹 클라이언트 사용자에게 https://192.168.111.100과 같은 IP 주소로 웹 서버에 접속하라고 알려 줄 수는 없다. 반드시 https://www.thisislinux.com과 같은 URL로 접속하라고 알려 줘야 한다. 이러려면 네임 서버의 설정(특히 정방향 영역 혹은 포워드 존)이 반드시 선행되어야 한다.

! 여기서 잠깐   역방향 영역

지금까지 실습에서는 도메인을 IP 주소로 변경하는 정방향 영역을 다뤘다. 반대로 IP 주소를 통해 도메인을 알 수도 있는데 이러한 방향성을 **역방향 영역** 또는 **리버스 존**^{Reverse Zone}이라고 한다. 이 책에서는 역방향 영역을 별도로 설정하지 않아도 실습을 진행하는 데 문제가 없으므로 그에 대한 설명은 생략했지만, 궁금하다면 직접 인터넷에서 검색해 학습하길 권장한다.

10

메일 서버
설치 및 운영

인터넷이 발달됨에 따라 가장 많이 사용되는 서비스로 웹과 이메일을 꼽을 수 있다. 그중 이메일은 개인적으로도 유용하게 사용되지만, 특히 회사에서 중요하게 사용된다. 소규모 회사라도 홈페이지를 서비스하지 않으면 조금 부실한 회사라고 의심하듯이, 직원의 명함에 찍힌 이메일 주소가 일반 포털 사이트에서 제공하는 것이라면 '이 회사는 이메일도 따로 없나?'라고 생각하게 된다. 즉, 제대로 된 회사가 아니라고 생각하게 된다. 그래서 '자기이름@회사도메인' 형식의 이메일 계정이 필요하다.

10장에서는 '자기이름@회사도메인'을 갖기 위한 메일 서버를 구현하겠다. 그리고 웹 메일 서비스를 제공하는 방법도 알아본다.

학습목표

**이 장의
핵심 개념**

10장에서는 이메일을 전송하는 메일 서버의 개념과 작동 방식을 살펴본 후 VMware 프로그램 환경에서 여러 대의 서버 구현을 실습한다. 추가로 웹 환경에서 메일을 발송할 수 있게 해 주는 라운드 큐브 웹 메일도 설치하고 그 사용 환경을 구성한다. 10장에서 학습하는 핵심 개념은 다음과 같다.

• 메일 서버 관련 용어와 작동 방식을 이해한다.

• 메일 서버를 구현하기 전에 네임 서버를 구현한다.

• 센드메일 서버를 구현하고 그와 관련된 다양한 설정 파일을 편집한다.

• 메일 클라이언트 설치 및 설정 방법을 이해한다.

• 라운드 큐브 웹 메일 서버를 활용해 웹상에서 메일을 전송한다.

• 대용량 파일 첨부를 위한 PHP 설정을 변경한다.

**이 장의
학습 흐름**

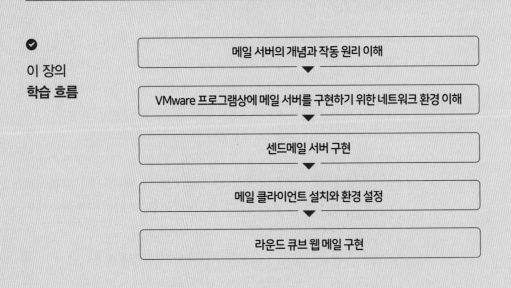

메일 서버의 개념과 작동 원리 이해

▼

VMware 프로그램상에 메일 서버를 구현하기 위한 네트워크 환경 이해

▼

센드메일 서버 구현

▼

메일 클라이언트 설치와 환경 설정

▼

라운드 큐브 웹 메일 구현

10.1 메일 서버의 개념

우선 인터넷상에서 메일이 전송되는 과정을 정확히 파악하면서 메일 서버를 구축하기 위한 준비 운동을 하자. 이메일 송수신에 사용되는 프로토콜은 3가지다. 일단 용어만 눈에 익히고 그림을 통해 각 프로토콜의 용도를 자세히 알아보자.

- SMTP(Simple Mail Transfer Protocol): 클라이언트가 메일을 보내거나, 메일 서버끼리 메일을 주고 받을 때 사용한다.
- POP3(Post Office Protocol): 메일 서버에 도착한 메일을 클라이언트로 가져올 때 사용한다.
- IMAP(Internet Mail Access Protocol): POP3와 같은 용도로 사용한다.

이메일 서버의 작동 원리를 단순화하면 다음 그림과 같다.

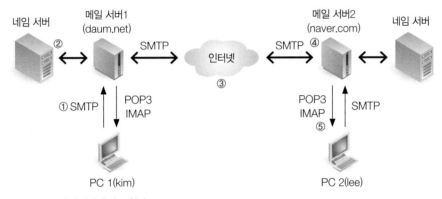

그림 10-1 이메일 서버의 작동 원리

이 그림은 단순하지만, 이메일 전송 원리를 잘 표현한 그림이다. 우선 kim이라는 이름의 사람은 daum.net이라는 메일 서버에 계정이 있다. 즉, kim@daum.net이라는 계정이 있다. 또, lee라는 사람은 naver.com이라는 메일 서버에 계정이 있다. 즉, lee@naver.com이라는 계정이 있다. 이제 kim이 lee에게 메일을 보내고 받는 과정을 살펴보자.

① kim이 PC 1에서 메일 클라이언트 프로그램(에볼루션, Outlook 등)을 실행해 daum.net에 접속한다. [편지 쓰기] 버튼을 클릭해 [받는이]에는 'lee@naver.com'이라고 쓰고 제목과 내용을 채운다. 그리고 [보내기] 버튼을 클릭해 메일을 보낸다(이때는 SMTP 프로토콜을 이용한다).

② 메일 서버 1(daum.net)은 kim이 보낸 메일을 임시 장소에 잠시 보관한다. 시간의 여유가 생겼을 때 메일 서버 1은 kim이 보낼 메일의 수신자 주소인 naver.com 메일 서버 IP 주소를 네임 서버에 요청해 알아 낸다.

③ 메일 서버 1은 인터넷을 통해 메일을 메일 서버 2(naver.com)로 전송한다(이때도 SMTP 프로토콜을 이용한다).

④ 메일 서버 2(naver.com)는 메일 서버 1(daum.net)로부터 받은 메일의 수신자 이름을 확인한다. 즉, 자신이 관리하는 계정 중에 lee라는 수신자 이름이 있는지 확인한다. lee라는 계정이 있다면 kim으로부터 받은 메일을 lee의 메일 박스에 넣는다.

⑤ lee는 PC 2에서 메일 클라이언트 프로그램을 실행해 자신의 메일 서버인 naver.com에 접속한다. 접속 후 자신의 메일 박스에 도착한 편지들을 PC 2로 보낸다(이때는 POP3/IMAP 프로토콜을 사용한다). 이제는 kim으로부터 받은 메일을 읽으면 된다.

이는 인터넷상에서 메일을 주고받는 원리를 단순화한 것이다.

다음은 메일이 전송되는 과정을 우리가 구현할 센드메일Sendmail 서버의 입장에서 내부적으로 조금 더 상세히 표현한 그림이다.

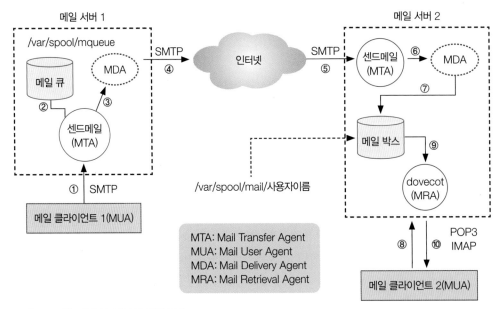

그림 10-2 센드메일 서버의 상세 작동 원리

① 메일 클라이언트 1은 SMTP 프로토콜을 이용해 메일 서버 1의 센드메일 서비스(데몬)에게 메일을 보내 달라고 요청한다.

② 센드메일 서비스는 메일을 '메일 큐'에 넣는다(메일 큐의 파일은 /var/spool/mqueue다).

③ 센드메일 서비스는 시간이 되면 MDA에게 메일을 보내 달라고 요청한다.

④, ⑤ MDA는 SMTP 프로토콜을 이용해 메일 서버 2의 센드메일 서비스에 메일을 전송한다.

⑥, ⑦ 메일 서버 2의 센드메일 서비스는 받은 메일을 MDA를 통해 사용자의 메일 박스에 넣는다.

⑧ 메일 클라이언트 2는 메일 서버 2의 dovecot 서비스에게 자신의 메일을 달라고 요청한다.

⑨, ⑩ dovecot 서비스는 메일 박스에서 메일 클라이언트 2의 메일을 POP3 또는 IMAP 프로토콜을 이용해 전송한다.

센드메일 서버를 이용해 메일을 보낼 때 이와 같은 일이 내부적으로 일어난다.

10.2 센드메일 서버 구현

앞 절을 통해 개념을 잘 파악했으리라 믿고 이번 절에서는 메일 서버 프로그램 중 Rocky Linux에서 기본 제공하는 센드메일Sendmail로 서버를 구축한다. 메일 서버 1대만 구현해서는 실습의 효과가 별로 크지 않으므로 이번 실습에서는 메일 서버 2대를 구현한다. 이번 실습을 진행하기 전에 꼭 9장에서 설명한 네임 서버 개념을 완전히 파악해야 한다. 네임 서버를 구현하지 않으면 메일 서버를 구현할 수 없기 때문이다.

또 메일 서버 구현을 제대로 실습하려면 인터넷상에서 2개의 다른 도메인으로 메일 서버를 운영해야 한다. 그래야 메일이 잘 전송되는지 확인할 수 있기 때문이다. 그래서 다른 서버와 비교했을 때 네트워크 환경이 조금 복잡한 편이다. 하지만 이 책에서는 VMware 프로그램의 장점을 적극 활용해 인터넷상에 2개의 도메인이 있는 것과 동일한 효과를 내면서 실습을 진행하겠다.

이번 실습에서는 VMware 프로그램 내부를 사설 네트워크라고 생각하지 말고 그냥 외부 인터넷의 일부라고 생각하자. 그러면 인터넷상에서 2개의 메일 서버를 구축하고 운영하는 것과 완전히 동일한 환경이라 생각할 수 있다.

다음 그림을 보면 이번 실습을 제대로 구현하는 데 메일 서버 2대, 메일 클라이언트 PC 2대, 네임 서버 1대 등 총 5대의 컴퓨터가 필요하다는 사실을 알 수 있다.

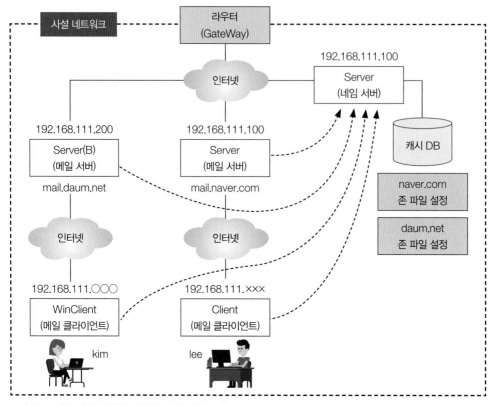

그림 10-3 메일 서버를 구현할 네트워크 환경 구성도

NOTE ▶ 이 그림에서 도메인 이름으로 'daum.net'과 'naver.com'을 사용해도 되는 이유는 지금 사설 네트워크 안 (VMware 프로그램 내부)를 인터넷이라고 가정하기 때문이다. 즉, 우리가 사용하는 4대의 컴퓨터(가상머신)끼리는 이러한 이름을 사용해도 된다. 당연히 외부 컴퓨터에서는 VMware 프로그램 내부로 접속할 수 없기 때문에 우리가 구축한 메일 서버를 사용할 수 없다.

이 그림과 함께 다음 설명을 잘 이해해야 이번 실습을 진행할 수 있다.

- VMware 프로그램 내부의 사설 네트워크를 내부 네트워크가 아닌, 그냥 외부 인터넷이라고 생각한다.
- 메일 서버를 2대 구현한다. Server 가상머신을 naver.com 메일 서버로, Server(B) 가상머신을 daum.net 메일 서버로 구현한다.
- Client 가상머신은 naver.com 메일 서버의 lee라는 계정의 사용자 PC다. 즉, lee@naver.com이라 는 계정이 사용할 PC가 Client 가상머신이다.
- WinClient 가상머신은 daum.net 메일 서버의 kim이라는 계정의 사용자 PC다. 즉, kim@daum. net이라는 계정이 사용할 PC가 WinClient 가상머신이다.

- 먼저 네임 서버를 구현한다. 이 그림에는 별도의 컴퓨터로 나타나 있지만, 실습에서는 Server 가상머신이 네임 서버의 역할도 하도록 설정하겠다. 즉, Server 가상머신은 naver.com 메일 서버 겸 네임 서버의 역할을 한다. 이 네임 서버는 naver.com과 daum.net, 2개의 도메인을 관리하는 역할을 한다.
- 모든 컴퓨터는 'DNS 이름 서버(네임 서버)'로 192.168.111.100을 사용한다.

이외에도 궁금한 부분이 있을 것이다. **그림 10-3**을 계속 보며 실습을 진행하면서 제대로 이해하자.

실습 1

naver.com과 daum.net의 도메인을 관리하는 네임 서버를 구현하자. 이는 메일 서버를 구현하려면 먼저 해야 하는 작업이다.

Step 0

Server ◉ Server 가상머신을 설치 상태로 초기화하고 센드메일을 설치한다.

0-1 Server 가상머신을 초기화한다.

0-2 그리고 부팅한 후 root 사용자로 접속한 후 터미널을 연다.

0-3 터미널에서 **dnf -y install sendmail** 명령을 입력해 센드메일을 설치한다.

Step 1

Server-메일 서버 ◉ 호스트 이름을 mail.naver.com으로 설정한다.

NOTE▶ 이번 실습에서는 Server 가상머신이 2가지 역할을 하므로 역할을 분명히 구분해 표시한다. Server 가상머신이 '네임 서버' 역할일 때는 'Server-네임 서버', '메일 서버' 역할일 때는 'Server-메일 서버'라고 표기한다. 나머지 Server(B), Client, WinClient 가상머신은 1가지 역할만 하므로 기존대로 표기한다.

1-1 nano나 gedit 에디터로 **/etc/hostname** 파일을 열고 'mail.naver.com'을 입력하고 파일을 저장한다.

그림 10-4 /etc/hostname 파일 편집

1-2 이어서 **/etc/hosts** 파일을 열고 가장 아래쪽에 '192.168.111.100 `Tab` mail.naver.com'을 입력하고
파일을 저장한다.

그림 10-5 /etc/hosts 파일 편집

1-3 **/etc/mail/local-host-names** 파일을 열고 가장 아래쪽에 'mail.naver.com'을 입력하고 파일을 저
장한다.

그림 10-6 /etc/mail/local-host-names 파일 편집

1-4 **/etc/sysconfig/network** 파일을 열고 가장 아래쪽에 'HOSTNAME=mail.naver.com'을 입력하고
파일을 저장한다.

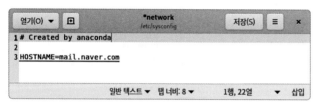

그림 10-7 /etc/sysconfig/network 파일 편집

1-5 설정한 내용이 시스템에 적용되도록 **reboot** 명령을 입력해 재부팅하고 root 사용자로 로그인한다.

Step 2

Server(B) ◐ **그림 10-3**에 나타난 대로 Server(B) 가상머신의 호스트 이름을 mail.daum.net으로 설정한다.

2-1 Server(B) 가상머신을 설치 상태로 초기화한다.

2-2 root 사용자로 접속한 후 **dnf -y install sendmail** 명령을 입력해 센드메일을 설치한다.

2-3 **nano /etc/hostname** 명령을 입력한 후 hostname 파일에 'mail.daum.net'를 입력한 후 [Ctrl] +
[X] – [Y] – [Enter]를 눌러 파일을 저장한다.

그림 10-8 /etc/hostname 파일 편집

2-4 이어서 **/etc/hosts** 파일을 열고 가장 아래쪽에 '192.168.111.200[Tab]mail.daum.net'을 입력하고
파일을 저장한다.

그림 10-9 /etc/hosts 파일 편집

2-5 **/etc/mail/local-host-names** 파일을 열고 가장 아래쪽에 'mail.daum.net'을 입력하고 파일을 저
장한다.

그림 10-10 /etc/mail/local-host-names 파일 편집

2-6 **/etc/sysconfig/network** 파일을 열고 가장 아래쪽에 'HOSTNAME=mail.daum.net'을 입력하고
파일을 저장한다.

그림 10-11 /etc/sysconfig/network 파일 편집

2-7 설정한 내용이 시스템에 적용되도록 **reboot** 명령을 입력해 재부팅하고 root 사용자로 로그인한다.

2-8 **hostname** 명령을 입력하면 다음과 같이 호스트 이름이 변경되었다는 사실을 확인할 수 있다.

```
[root@mail ~]#
[root@mail ~]# hostname
mail.daum.net
[root@mail ~]#
```

그림 10-12 호스트 이름 확인

Step 3

Server—네임 서버 ● naver.com 도메인과 daum.net 도메인의 네임 서버를 설정한다.

3-0 먼저 터미널을 열고 **dnf –y install bind bind–chroot** 명령을 입력해 네임 서버 패키지를 설치한다.

```
root@mail:~ — /usr/bin/python3 /usr/bin/dnf -y install bind bind-chroot
[root@mail ~]# dnf  -y  install  bind  bind-chroot
마지막 메타자료 만료확인 0:32:19 이전인: 2022년 08월 27일 (토) 오후 07시 15분 11
초.
종속성이 해결되었습니다.
================================================================================
 꾸러미                구조          버전                   레포지터리        크기
================================================================================
설치 중:
 bind                 x86_64        32:9.16.23-1.el9       appstream        491 k
 bind-chroot          x86_64        32:9.16.23-1.el9       appstream         19 k
종속 꾸러미 설치 중:
 bind-dnssec-doc      noarch        32:9.16.23-1.el9       appstream         48 k
```

그림 10-13 네임 서버 패키지 설치

3-1 nano나 gedit 에디터로 **/etc/named.conf** 파일을 열고 다음 내용으로 수정하거나 내용을 추가한다.

```
11행쯤 수정: listen-on port 53 { 127.0.0.1; };   ➡ listen-on port 53 { any; };
12행쯤 수정: llisten-on-v6 port 53 { ::1; };    ➡ listen-on-v6 port 53 { none; };
19행쯤 수정: allow-query     { localhost; };    ➡ allow-query   { any; };
33행쯤 수정: dnssec-validation yes;             ➡ dnssec-validation no;
제일 아래 추가: zone "naver.com" IN {
                         type master;
                         file "naver.com.db";
                         allow-update { none;};
              };
              zone "daum.net" IN {
                         type master;
                         file "daum.net.db";
                         allow-update { none;};
              };
```

```
열기(O) ▼  ⊞                          *named.conf                      저장(S)  ☰  ✕
                                        /etc
 1 //
 2 // named.conf|
 3 //
 4 // Provided by Red Hat bind package to configure the ISC BIND named(8) DNS
 5 // server as a caching only nameserver (as a localhost DNS resolver only).
 6 //
 9
10 options {
11     listen-on port 53 { any; };
12     listen-on-v6 port 53 { none; };
13     directory     "/var/named";
14     dump-file     "/var/named/data/cache_dump.db";
15     statistics-file "/var/named/data/named_stats.txt";
16     memstatistics-file "/var/named/data/named_mem_stats.txt";
17     secroots-file   "/var/named/data/named.secroots";
18     recursing-file    "/var/named/data/named.recursing";
19     allow-query       { any; };
20
21     /*
22      - If you are building an AUTHORITATIVE DNS server, do NOT enable recursion.
23      - If you are building a RECURSIVE (caching) DNS server, you need to enable
24        recursion.
25      - If your recursive DNS server has a public IP address, you MUST enable access
30
31     recursion yes;
32
33     dnssec-validation no;
34
35     managed-keys-directory "/var/named/dynamic";
54                           cd ;
55 };
56
57 include "/etc/named.rfc1912.zones";
58 include "/etc/named.root.key";
59
60 zone "naver.com" IN {
61         type master;
62         file "naver.com.db";
63         allow-update { none;};
64 };
65 zone "daum.net" IN {
66         type master;
67         file "daum.net.db";
68         allow-update { none;};
69 };

                                        C ▼  탭 너비: 8 ▼    42행, 45열   ▼   삽입
```

그림 10-14 /etc/named.conf 파일 편집

3-2 /var/named/ 디렉터리로 이동한 후 naver.com.db과 daum.net.db라는 이름을 가진 빈 파일을 만든다. **ls** 명령을 입력해 해당 파일이 제대로 만들어졌는지 확인한다.

```
⊞                          root@mail:/var/named                    🔍  ☰  ✕
[root@mail ~]# cd  /var/named/
[root@mail named]#
[root@mail named]# touch  naver.com.db  daum.net.db
[root@mail named]#
[root@mail named]# ls
chroot  daum.net.db  named.ca      named.localhost  naver.com.db
data    dynamic      named.empty   named.loopback   slaves
[root@mail named]#
```

그림 10-15 naver.com.db와 daum.net.db 파일 생성

3-3 nano나 gedit 에디터로 **/var/named/naver.com.db** 파일을 열고 다음 내용을 입력한다. 그리고 파일을 저장한다.

```
$TTL  3H
@     SOA   @     root. ( 2  1D  1H  1W  1H )
      IN    NS    @
      IN    A     192.168.111.100        → Server 가상머신의 IP 주소
      IN    MX    10    mail.naver.com.   → 메일을 처리하는 컴퓨터를 지정

mail  IN    A     192.168.111.100        → Server 가상머신의 IP 주소
```

그림 10-16 naver.com.db 파일 편집

> **NOTE▶** IP 주소 부분의 끝에는 '.'을 입력하면 안 되고 URL 형식 부분의 끝에는 '.'을 입력해야 한다.

3-4 이어서 nano나 gedit 에디터로 **/var/named/daum.net.db** 파일을 열고 다음 내용을 입력한다. 그리고 파일을 저장한다.

```
$TTL  3H
@     SOA   @     root. ( 2  1D  1H  1W  1H )
      IN    NS    @
      IN    A     192.168.111.200        → Server(B) 가상머신의 IP 주소
      IN    MX    10    mail.daum.net.    → 메일을 처리하는 컴퓨터를 지정

mail  IN    A     192.168.111.200        → Server(B) 가상머신의 IP 주소
```

그림 10-17 daum.net.db 파일 편집

3-5 다음처럼 named−checkconf 및 명령을 입력해 설정한 파일에 이상이 없는지 체크한다.

그림 10-18 설정 파일 체크

3-6 systemctl restart, systemctl enable, systemctl status named 명령을 차례로 입력해 네임 서비스를 재시작하고 상시 가동하도록 설정한 후 그 상태를 확인한다.

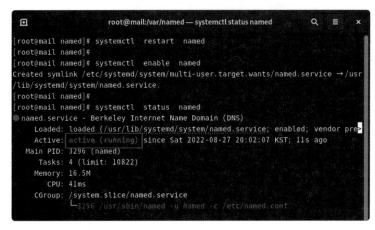

그림 10-19 네임 서버 서비스 가동

3-7 이제 방화벽에서 DNS 포트를 열어야 한다. 앞으로 다른 포트도 여러 개 열어야 하므로 편한 실습을 위해 systemctl stop, systemctl disable firewalld 명령을 차례로 입력해 방화벽 실행을 멈춘 후 방화벽을 잠시 끈다.

그림 10-20 방화벽 중지

3-8 nslookup 명령을 입력한 후 **server 192.168.111.100**, **mail.naver.com**, **mail.daum.net**을 차례로 입력해 네임 서버가 잘 설정되었는지 확인한다.

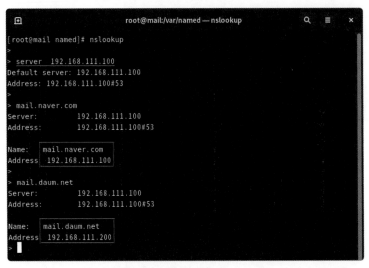

그림 10-21 네임 서버 설정 확인

이렇게 해서 naver.com과 daum.net 도메인을 관리하기 위한 네임 서버의 설정을 완료했다. **exit** 명령을 입력해 **nslookup** 명령 실행을 종료한다.

Step 4

Server–메일 서버 ◉ 그림 10-3에 나타난 대로 mail.naver.com 메일 서버의 DNS 서버를 직접 구축한 네임 서버(192.168.111.100)로 설정한다.

4-1 nano나 gedit 에디터로 **/etc/NetworkManager/system–connections/ens160.nmconnection** 파일을 열고 14행쯤의 dns 부분에 설정된 IP 주소를 '192.168.111.100'으로 수정한 후 파일을 저장하고 에디터를 종료한다.

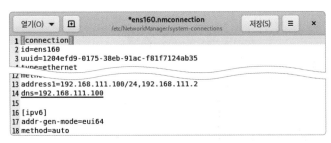

그림 10-22 DNS 서버 설정 1

4-2 다시 nano나 gedit 에디터로 **/etc/resolv.conf** 파일을 열고 3행쯤의 nameserver 부분에 설정된 IP 주소를 '192.168.111.100'으로 수정한 후 파일을 저장하고 에디터를 종료한다.

그림 10-23 DNS 서버 설정 2

NOTE▶ 그림 10-3에 나와 있듯이 Server 가상머신은 메일 서버와 네임 서버의 역할을 동시에 한다. 그러므로 192. 168.111.100은 메일 서버의 IP 주소이자 네임 서버의 IP 주소다. 혼동하지 말자.

4-3 reboot 명령을 입력해 Server 가상머신을 재부팅하고 root 사용자로 로그인한다.

Step 5 ─────────────────────────

Client ◐ 앞 단계와 동일하게 네임 서버를 192.168.111.100으로 설정한다.

5-0 Client 가상머신을 설치 상태로 초기화하고 부팅한다.

5-1 터미널을 열고 **su −c 'gedit /etc/resolv.conf'** 명령을 입력해 3행쯤의 nameserver 부분의 IP 주소를 '192.168.111.100'으로 수정하고 파일을 저장한다.

그림 10-24 Client 가상머신의 DNS 서버 설정

5-2 nslookup 명령을 입력하고 mail.naver.com과 mail.daum.net을 차례로 입력해 IP 주소가 각각 192.168.111.100과 192.168.111.200인지 확인한다(**그림 10-21** 참고).

Step 6 ─────────────────────────

Server(B) ◐ 그림 10-3에 나타난 대로 **그림 10-21**을 참고해 네임 서버를 192.168.111.100으로 설정한다.

6-1 nano 에디터로 **/etc/NetworkManager/system−connection/ens160.nmconnection** 파일을 열고 dns 부분의 IP 주소를 '192.168.111.100'으로 수정한다.

6-2 nano 에디터로 **/etc/resolv.conf** 파일을 열고 nameserver 부분이 IP 주소를 '192.168.111.100'으로 수정한다 .

6-3 수정 후 **nslookup** 명령을 입력해 mail.naver.com(192.168.111.100)과 mail.daum.net(192.168.111.200)의 IP 주소가 정확히 나오는지 다시 한번 확인한다.

6-4 reboot 명령을 입력해 Server(B) 가상머신을 재부팅하고 root 사용자로 로그인한다.

Step 7

WinClient ● **그림 10-3**에 나타난 대로 네임 서버를 192.168.111.100으로 변경한다.

7-1 관리자 권한으로 파워셸을 실행하고 **netsh interface ip set dns "Ethernet0" static 192.168.111.100** 명령을 입력해 DNS 서버를 변경한다.

그림 10-25 WinClient 가상머신에서 DNS 변경

NOTE▶ 이 방법으로 DNS 서버 주소 변경이 잘 안 된다면 530쪽 9장 실습 2 Step 5 5–2를 참고해 변경해도 된다.

7-2 파워셸에서 **nslookup** 명령을 입력해 mail.naver.com(192.168.111.100)과 mail.daum.net(192.168.111.200)의 IP 주소가 정확히 나오는지 확인한다.

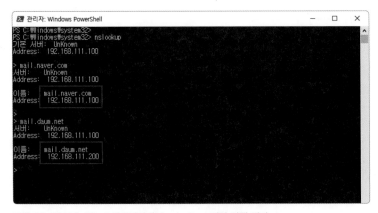

그림 10-26 WinClient 가상머신에서 nslookup 명령 실행 결과

이렇게 해서 **그림 10-3**과 동일하게 메일 서버 구성을 완료했다. 이어서 mail.naver.com과 mail.daum.net에 sendmail과 dovecot을 설치하고 가동하자.

실습 2

naver.com 메일 서버와 daum.net 메일 서버를 구현하자.

Step 1

Server—메일 서버 ◉ **실습 1**에 이어 naver.com 메일 서버를 구축한다.

1-1 메일 서버를 구현할 때 사용하는 필수 패키지는 sendmail, sendmail—cf, dovecot, 3가지다. sendmail
은 앞 실습에서 설치했으므로 터미널에서 **dnf —y install sendmail—cf dovecot** 명령을 입력해 패키지를
설치한다.

그림 10-27 패키지 설치

1-2 패키지가 잘 설치되었는지 **rpm —qa | grep sendmail** 및 **rpm —qa dovecot** 명령을 입력해 확인한다.

그림 10-28 패키지 확인

1-3 gedit 에디터로 **/etc/mail/sendmail.cf** 파일을 열고 다음과 같이 수정한다.

> **85행쯤 수정:** <u>Cwlocalhost</u> ➡ <u>Cwnaver.com</u>(붙여서 쓸 것)
> **268행쯤 수정:** O DaemonPortOptions=Port=smtp, <u>Addr=127.0.0.1</u>, Name=MTA
> ➡ O DaemonPortOptions=Port=smtp, Name=MTA ('Addr=127.0.0.1,' 부분 삭제)

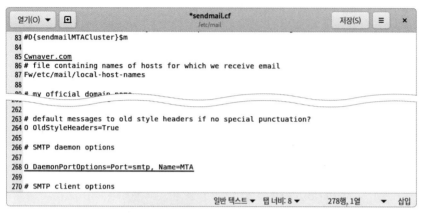

그림 10-29 /etc/mail/sendmail.cf 파일 편집

⚠ 여기서 잠깐 sendmail.cf 파일

/etc/mail/sendmail.cf 파일은 Sendmail 서버의 설정 파일이다. 설정되어 있는 내용이 많고 복잡해 꽤 까다롭게 여겨진다. 하지만 모든 내용을 다 알 필요는 없다. 꼭 필요한 부분만 알면 된다.

- **Cw도메인이름:** '도메인이름'이라는 메일 서버를 사용하겠다는 의미다.
- **MaxMessageSize=용량:** 1개의 메일 본문 내용과 그 첨부 파일을 합친 용량(바이트 단위)의 최대치를 제한하는 부분이다.
- **Mlocal 설정내용:** 전체 메일 공간을 '설정내용'으로 제한하는 부분이다.
- **QueueDirectory=/var/spool/mqueue:** 메일 전송 시 사용하는 임시 저장 디렉터리를 지정하는 부분이다.
- **O DaemonPortOptions=Port=smtp, Addr=127.0.0.1, Name=MTA:** 'Addr=127.0.0.1'은 자기 자신만 메일을 보낼 수 있다는 의미다. 그래서 실습에서는 외부에서도 메일을 보낼 수 있도록 이 부분을 삭제한 것이다.

---

sendmail.cf 파일을 수정한 후에는 Sendmail 메일 서비스를 재시작해야 한다. 하지만 지금은 다른 설정까지 모두 마친 후에 서비스를 다시 시작할 것이므로 서비스를 재시작하지 않아도 된다.

1-4 외부 네트워크 또는 호스트가 메일을 보낼 수 있도록 허가한다. gedit이나 nano 에디터로 **/etc/mail/access** 파일을 열고 다음 내용을 입력한다.

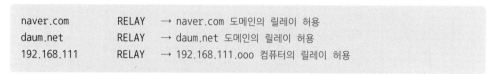

naver.com	RELAY	→ naver.com 도메인의 릴레이 허용
daum.net	RELAY	→ daum.net 도메인의 릴레이 허용
192.168.111	RELAY	→ 192.168.111.ooo 컴퓨터의 릴레이 허용

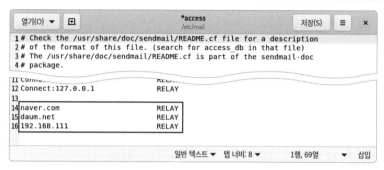

그림 10-30 /etc/mail/access 파일 편집

1-5 /etc/mail/access 파일을 수정한 후 **makemap hash /etc/mail/access < /etc/mail/access** 명령을 입력해 설정 내용을 적용한다.

그림 10-31 makemap 명령 실행 결과

! 여기서 잠깐 | 메일 릴레이

메일 릴레이(Mail Relay)란 다른 네트워크 또는 호스트에서 자신의 메일 서버를 경유해 메일을 전송하는 기능을 의미한다. 이 기능을 악용해 스팸 메일이나 바이러스 메일 등 대량 메일을 발송하는 경우가 종종 발생해 사회 문제로까지 이어지기도 한다.

그래서 센드메일(Sendmail)에서 제공하는 메일 릴레이 기능은 기본적으로 자기 자신의 IP 주소(127.0.0.1) 외에는 아무도 메일을 발송할 수 없도록 설정되어 있다. 그 설정이 담긴 파일이 /etc/mail/access다.

하지만 모든 사용자가 메일 서버 컴퓨터 앞에 앉아서 메일을 보낼 수는 없으므로 신뢰할 수 있는 도메인이나 호스트 또는 네트워크에는 메일을 릴레이할 수 있도록 허용한다. 보통 /etc/mail/access 파일에 해당 도메인 및 호스트와 함께 릴레이 허용은 RELAY를, 거부는 REJECT 또는 DISCARD를 사용해 표현한다.

예를 들면 다음과 같다.

```
192.168.111.200    RELAY      → 192.168.111.200 컴퓨터의 릴레이 허용
abc.com            RELAY      → abc.com 도메인에 릴레이 허용
192.168            RELAY      → 192.168.xxx.xxx의 모든 컴퓨터에 릴레이 허용
babo@              DISCARD    → babo라는 메일 계정의 메일 거부(거부 메시지 안 보내줌)
@daum.net          REJECT     → daum.net 메일 사용자의 메일 거부(거부 메시지 보내줌)
```

/etc/mail/access 파일을 수정한 후 그 수정 사항을 적용하려면 센드메일 서비스를 재시작해야 한다. 모든 설정을 마친 후 서비스를 시작할 것이므로 지금 서비스를 재시작하지 않아도 된다.

1-6 그림 10-2에서처럼 사용자에게 메일 박스의 내용을 보내는 서비스는 dovecot다. 이 서비스의 설정 파일은 **/etc/dovecot/dovecot.conf**다. gedit 에디터로 이 파일을 열고 다음 부분을 수정한다.

```
24행쯤 주석(#) 제거:    protocols = imap pop3 lmtp submission
30행쯤 주석(#) 제거:    listen = *, ::
33행쯤 주석(#) 제거:    base_dir = /var/run/dovecot/
```

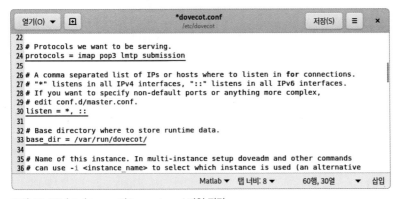

그림 10-32 /etc/dovecot/dovecot.conf 파일 편집

NOTE▶ dovecot.conf 설정 파일에 담긴 내용도 조금 복잡하다. 방금 수정한 내용 중 24행의 protocols는 4가지 프로토콜을 모두 사용한다는 의미다. 30행의 '*'는 IPv4를, '::'는 IPv6 프로토콜을 의미한다. dovecot.conf 파일의 주석에 상세히 잘 나와 있으니 참고하자. 그리고 조금 더 자세한 내용은 https://www.dovecot.org를 방문하거나 **man dovecot.conf** 명령을 입력해 확인하자.

1-7 /etc/dovecot/conf.d/10-ssl.conf 파일을 gedit 에디터로 열고 다음 부분을 수정한다.

8행쯤 수정: ssl = required   ➡ ssl = yes

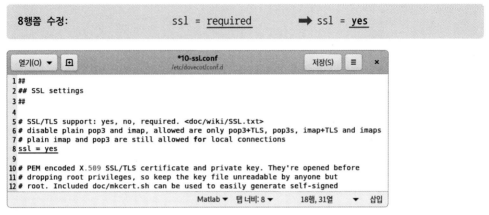

그림 10-33 /etc/dovecot/conf.d/10-ssl.conf 파일 편집

1-8 /etc/dovecot/conf.d/10-mail.conf 파일을 gedit 에디터로 열고 다음 부분을 수정한다.

25행쯤 주석(#) 제거: mail_location = mbox:~/mail:INBOX=/var/mail/%u
121행쯤 주석(#) 제거 후 변경: mail_access_groups = mail
166행쯤 주석(#) 제거: lock_method = fcntl

```
                              *10-mail.conf
 열기(O) ▼  ⊞                 /etc/dovecot/conf.d        저장(S)  ≡   ✕
22 # See doc/wiki/Variables.txt for full list. Some examples:
23 #
24 #   mail_location = maildir:~/Maildir
25 mail_location = mbox:~/mail:INBOX=/var/mail/%u
26 #   mail_location = mbox:/var/mail/%d/%1n/%n:INDEX=/var/indexes/%d/%1n/%n
27 #
119 # ...              ...var/mail ~/mail...     ...ow a user to dete...
120 # mailboxes, or ln -s /secret/shared/box ~/mail/mybox would allow reading it).
121 mail_access_groups = mail
122
123 # Allow full filesystem access to clients. There's no access checks other than
124 # what the operating system does for the active UID/GID. It works with both
125 # maildir and mboxes, allowing you to prefix mailboxes names with eg. /path/
126 # or ~user/.
127 #mail_full_filesystem_access = no
128
157 # When to use fsync() or fdatasync() calls:
158 #   optimized (default): Whenever necessary to avoid losing important data
159 #   always: Useful with e.g. NFS when write()s are delayed
160 #   never: Never use it (best performance, but crashes can lose data)
161 #mail_fsync = optimized
162
163 # Locking method for index files. Alternatives are fcntl, flock and dotlock.
164 # Dotlocking uses some tricks which may create more disk I/O than other locking
165 # methods. NFS users: flock doesn't work, remember to change mmap_disable.
166 lock_method = fcntl
167
168 # Directory where mails can be temporarily stored. Usually it's used only for
                              Matlab ▼  탭 너비: 8 ▼   180행, 1열     ▼   삽입
```

그림 10-34 /etc/dovecot/conf.d/10-mail.conf 파일 편집

1-9 **그림 10-3** naver.com의 메일 계정 사용자인 lee를 **useradd lee** 명령을 입력해 생성한다(**passwd lee** 명령을 입력해 비밀번호도 기억하기 쉽게 lee로 지정한다). lee 사용자의 메일 계정은 lee@naver. com가 된다.

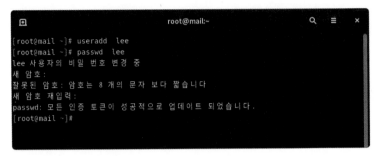

```
[root@mail ~]# useradd  lee
[root@mail ~]# passwd  lee
lee 사용자의 비밀 번호 변경 중
새 암호:
잘못된 암호: 암호는 8 개의 문자 보다 짧습니다
새 암호 재입력:
passwd: 모든 인증 토큰이 성공적으로 업데이트 되었습니다.
[root@mail ~]#
```

그림 10-35 lee 사용자 생성

1-10 다음 명령을 입력해 sendmail 및 dovecot 서비스를 시작하고 상시 가동되도록 설정한다.

```
systemctl restart sendmail
systemctl enable sendmail
systemctl restart dovecot
systemctl enable dovecot
```

```
[root@mail ~]# systemctl  restart  sendmail
[root@mail ~]#
[root@mail ~]# systemctl  enable  sendmail
Created symlink /etc/systemd/system/multi-user.target.wants/sendmail.service →/
usr/lib/systemd/system/sendmail.service.
Created symlink /etc/systemd/system/multi-user.target.wants/sm-client.service →
/usr/lib/systemd/system/sm-client.service.
[root@mail ~]#
[root@mail ~]# systemctl  restart  dovecot
[root@mail ~]#
[root@mail ~]# systemctl  enable  dovecot
Created symlink /etc/systemd/system/multi-user.target.wants/dovecot.service →/u
sr/lib/systemd/system/dovecot.service.
[root@mail ~]#
```

그림 10-36 서비스 시작

지금까지의 실습을 통해 **그림 10-3**의 naver.com 메일 서버를 완성했다. daum.net 메일 서버를 만들기 전에 naver.com 메일 서버가 자체적으로 잘 작동하는지 확인하자. naver.com 사용자 lee의 PC인 Client 가상머신에서 lee@naver.com, 즉 자기 자신에게 메일을 보내서 확인하면 된다. 이 과정은 다음 단계에서 이어서 설명한다.

Client ◑ naver.com 메일 서버가 잘 작동하는지 테스트한다. **그림 10-3**에 나왔듯 Client 가상머신은 lee@naver.com 계정 사용자의 PC다.

2-1 [현재 활동] – '프로그램 표시' 아이콘 – '에볼루션' 실행 아이콘을 클릭해 에볼루션을 시작한다. [환영합니다] 창에서 [다음] 버튼을 클릭한다.

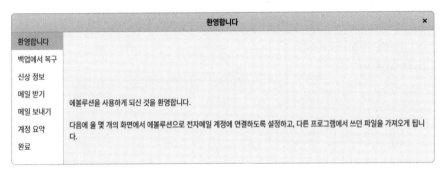

그림 10-37 에볼루션 설정 1

2-2 [백업에서 복구] 창이 나타나면 그냥 [다음] 버튼을 클릭한다.

2-3 [신상 정보] 창에서 [전체 이름]에는 적당히 '이네이버'라고 입력하고, [전자메일 주소]에는 'lee@naver.com'을 입력한다. 그리고 [다음] 버튼을 클릭한다.

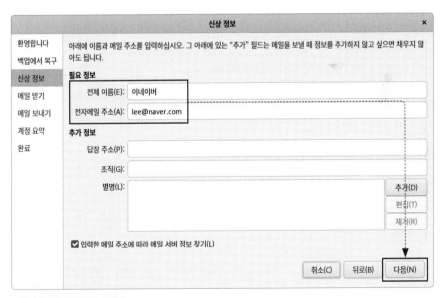

그림 10-38 에볼루션 설정 2

2-4 [메일 받기] 창이 나오면 [서버 종류] 드롭다운 버튼을 클릭해 'POP'을 선택하고, [서버]에는 'mail. naver.com'을, [사용자이름]에는 'lee'를 입력한다. [포트]는 '995'로, [암호화 방식]은 'TLS, 특정 포트 사용'으로 선택한 후 [다음] 버튼을 클릭한다.

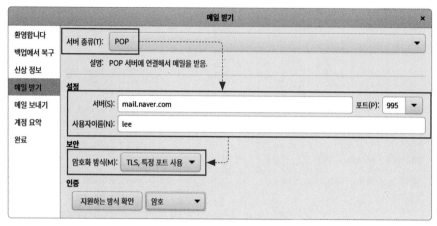

그림 10-39 에볼루션 설정 3

2-5 [받기 옵션] 창에서는 그냥 [다음] 버튼을 클릭한다.

2-6 [메일 보내기] 창에서 [서버 종류]를 'SMTP'로 선택하고, [서버]에는 'mail.naver.com'을 입력한다. [포트]는 '25'로 선택하고, [암호화 방식]은 '암호화 없음'으로 선택한 후 [다음] 버튼을 클릭한다.

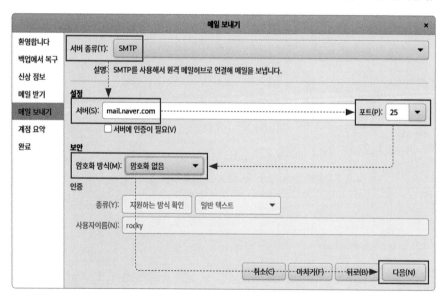

그림 10-40 에볼루션 설정 4

2-7 [계정 요약] 창에서 [이름]에는 계정을 식별할 수 있는 이름인 '네이버 메일'을 입력하고 [다음] 버튼을 클릭한다.

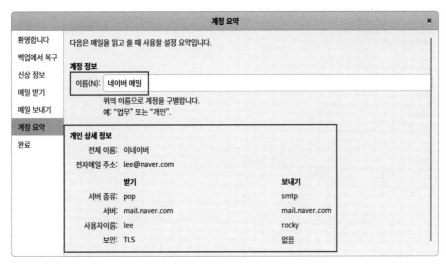

그림 10-41 에볼루션 설정 5

2-8 [완료] 창이 나오면 [적용] 버튼을 클릭해 초기 설정을 마친다.

2-9 [메일–에볼루션] 창이 나온다. 우선 위쪽의 [보내기/받기]를 클릭한 후 [인증서 신뢰...] 창에서 [계속 허용] 버튼을 클릭해서 Server 가상머신의 인증서를 허용한다.

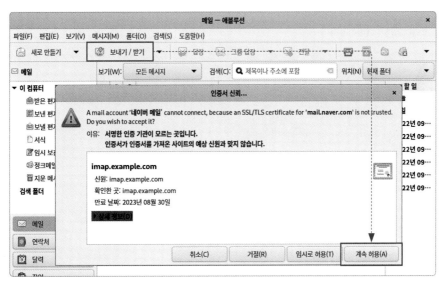

그림 10-42 에볼루션 설정 6

2-10 만약 [메인 인증 요청] 창이 나오면 사용자 이름과 암호에 'lee'를 입력하고 아래쪽에 있는 '이 암호를 키 모음에 추가'의 체크를 해제한 후 [확인] 버튼을 클릭한다.

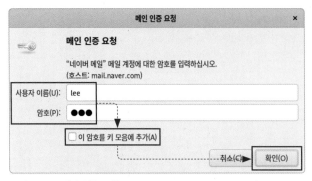

그림 10-43 메인 인증 요청

2-11 에볼루션의 메인 화면이 실행되면 왼쪽 위 [새로 만들기]를 클릭해 [받는 사람]에는 'lee@naver. com'을 입력하고 적당한 제목과 내용을 작성한다. 그리고 [보내기]를 클릭한다.

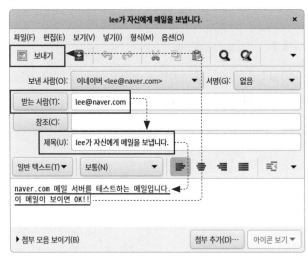

그림 10-44 자신에게 메일 보내고 받기 1

2-12 [보내기/받기]를 클릭한 후 왼쪽 목록의 [받은 편지함]을 클릭한다. 그러면 조금 전에 자신이 보낸 메일이 수신되었음을 확인할 수 있다. 즉, naver.com 메일 서버가 정상적으로 작동하는 상태다.

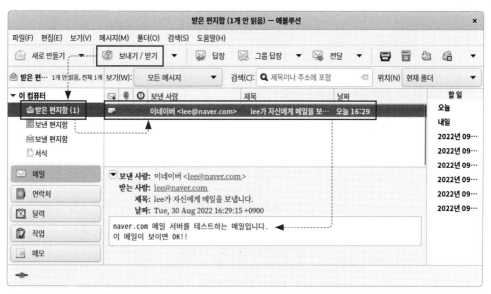

그림 10-45 자신에게 메일 보내고 받기 2

Step 3

Server(B) ◉ 이번에는 daum.net 메일 서버를 구축한다. naver.com 메일 서버의 구축과 거의 유사한 과정으로 진행한다.

3-1 dnf −y install sendmail−cf dovecot 명령을 입력해 센드메일 패키지를 설치한다.

3-2 nano −c /etc/mail/sendmail.cf 명령을 입력해 sendmail.cf 파일을 열고 다음과 같이 내용을 수정한다.

```
85행쯤 수정:   Cwlocalhost ➡ Cwdaum.net (붙여서 쓸 것)
268행쯤 수정:  O DaemonPortOptions=Port=smtp, Addr=127.0.0.1, Name=MTA
              ➡ O DaemonPortOptions=Port=smtp, Name=MTA('Addr=127.0.0.1,' 부분 삭제)
```

3-3 /etc/mail/access 파일을 nano 에디터로 열고 다음 내용을 추가해 외부 네트워크 또는 호스트가 메일을 보낼 수 있도록 릴레이를 허가한다.

```
naver.com        RELAY    → naver.com 도메인의 릴레이를 허용한다.
daum.net         RELAY    → daum.net 도메인의 릴레이를 허용한다.
192.168.111      RELAY    → 192.168.111.ooo 컴퓨터의 릴레이를 허용한다.
```

3-4 /etc/mail/access 파일을 수정한 후 **makemap hash /etc/mail/access < /etc/mail/access** 명령을 입력해 수정 내용을 적용한다.

3-5 dovecot 서비스 설정 파일인 /etc/dovecot/dovecot.conf를 **nano –c /etc/dovecot/dovecot. conf** 명령을 입력해 열고 다음 부분을 수정한다.

```
24행쯤 주석(#) 제거:        protocols = imap pop3 lmtp submission
30행쯤 주석(#) 제거:        listen = *, ::
33행쯤 주석(#) 제거:        base_dir = /var/run/dovecot/
```

3-6 **nano –c /etc/dovecot/conf.d/10–ssl.conf** 명령을 입력해 파일을 열고 다음 부분을 수정한다.

```
8행쯤 수정:        ssl = required ➡ ssl = yes
```

3-7 **nano –c /etc/dovecot/conf.d/10–mail.conf** 명령을 입력해 파일을 열고 다음 부분을 수정한다.

```
25행쯤 주석(#) 제거:            mail_location = mbox:~/mail:INBOX=/var/mail/%u
121행쯤 주석(#) 제거 후 변경:   mail_access_groups = mail
166행쯤 주석(#) 제거:           lock_method = fcntl
```

3-8 **그림 10-3** daum.net 메일 계정의 사용자인 kim을 **useradd kim** 명령을 입력해 생성한다(**passwd kim** 명령을 입력해 비밀번호도 kim으로 지정한다). kim의 메일 계정은 kim@daum.net이 된다.

3-9 다음 명령을 입력해 sendmail 및 dovecot 서비스를 시작하고 상시 가동되도록 설정한다.

```
systemctl  restart  sendmail
systemctl  enable  sendmail
systemctl  restart  dovecot
systemctl  enable  dovecot
```

3-10 메일 서비스와 관련된 서비스 여러 개를 실행해야 하므로 **systemctl stop firewalld** 명령과 **systemctl disable firewalld** 명령을 차례로 입력해 방화벽을 잠시 끈다.

WinClient ● kim@daum.net으로 접속한 후 lee@naver.com에게 메일을 보낸다.

4-0 혹시 가상머신을 재부팅했다면 다시 명령 프롬프트나 파워셸에서 **netsh interface ip set dns "Ethernet0" static 192.168.111.100** 명령을 입력한다.

4-1 메일 클라이언트 프로그램을 설치한다. https://download-installer.cdn.mozilla.net/pub/thunderbird/releases/52.8.0/win32/ko/ 또는 Q&A 카페(https://cafe.naver.com/thisisLinux) [교재 자료실]에서 썬더버드 52.8.0 버전(Thunderbird Setup 52.8.0.exe, 38.5MB)을 다운로드한다.

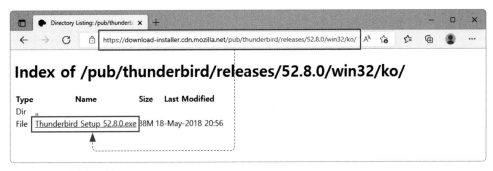

그림 10-46 썬더버드 다운로드

NOTE▶ 이 책을 집필하는 시점의 썬더버드는 52.8.0 버전보다 더 높지만, 최신 버전을 사용하면 리눅스의 Sendmail 서버와 잘 연동되지 않을 수도 있다. 그러므로 반드시 필자와 동일한 52.8.0 버전을 사용하자.

4-2 썬더버드의 설치 과정은 다른 프로그램과 다르지 않으므로 따로 설명하지 않는다. 기본 설정을 따로 건들지 않은 채로 설치하자.

4-3 처음 썬더버드를 실행하면 [시스템 통합] 창이 나온다. [기본으로 설정] 버튼을 클릭한다.

4-4 [Thunderbird를 사용해 주셔서 감사합니다!] 창에서 [건너뛰고 기존 메일 사용하기] 버튼을 클릭한다.

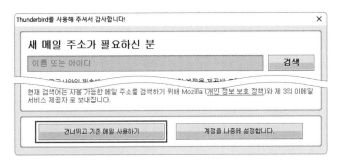

그림 10-47 썬더버드 사용 1

4-5 [메일 계정 설정] 창에서 [이름]에는 적당히 '김다음'을, [메일 주소]에는 'kim@daum.net'을, [암호]에는 'kim'을 입력하고 [계속] 버튼을 클릭한다.

그림 10-48 썬더버드 사용 2

4-6 [메일 계정 설정] 창의 아래쪽에 새로운 내용이 나타난다. 'POP3'를 선택하고 [완료] 버튼을 클릭한다.

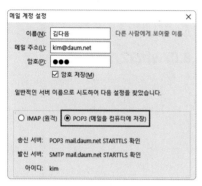

그림 10-49 썬더버드 사용 3

4-7 [보안 확인 예외 목록 추가] 창이 나오면 기본값을 그대로 두고 [보안 예외 확인] 버튼을 클릭한다.

그림 10-50 썬더버드 사용 4

4-8 왼쪽 [kim@daum.net]에서 마우스 오른쪽 버튼을 클릭한 후 [설정]을 클릭한다. [계정 설정] 창에서 [보내는 서버]를 선택하고 오른쪽 [편집] 버튼을 클릭한다. [보내는 서버] 창에서 [포트]에 '25'를 입력한다. 그리고 [보안 연결] 드롭다운 버튼을 눌러 '없음'으로, [인증 방식]은 '인증 없음'으로 선택하고 [확인] 버튼을 클릭한다. 다시 [확인] 버튼을 클릭해서 [계정 설정] 창을 닫는다.

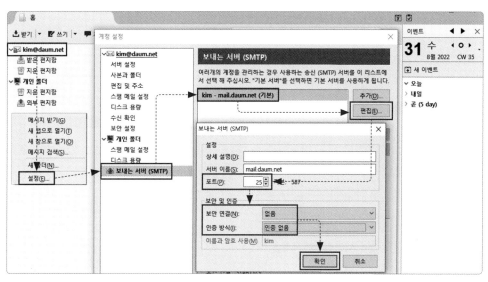

그림 10-51 썬더버드 사용 5

4-9 왼쪽에서 [kim@daum.net]을 클릭하고 [쓰기]를 클릭해 lee@naver.com에게 메일을 보낸다. [쓰기] 창이 뜨면 [받는 사람]에 'lee@naver.com'을 입력한다. 적당한 제목과 내용을 입력한 후 [보내기]를 클릭해 메일을 전송한다.

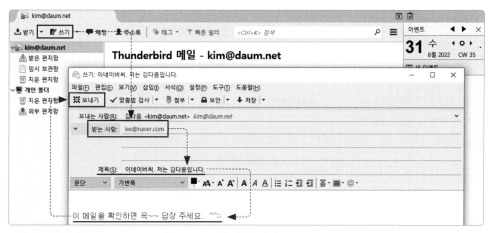

그림 10-52 kim@daum.net으로 lee@naver.com에 메일 보내기

Client ▶ lee@naver.com이 받은 메일을 확인한다.

5-1 Client 가상머신의 에볼루션을 실행하고 [보내기 / 받기]를 클릭하면 kim@daum.net이 보낸 메일을 확인할 수 있다. kim@daum.net이 보낸 메일을 클릭한 후 [답장]을 클릭해 답장을 보낸다.

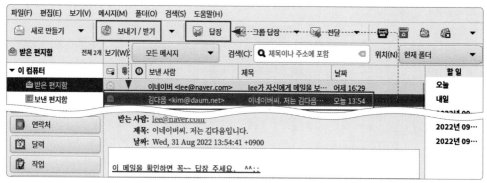

그림 10-53 lee@naver.com이 보낸 메일 받기

5-2 메일 답장을 위한 창이 뜨면 적당히 내용을 채우고 [보내기]를 클릭한다. 만약 파일을 첨부하고 싶다면 [첨부 추가] 버튼을 클릭하면 된다.

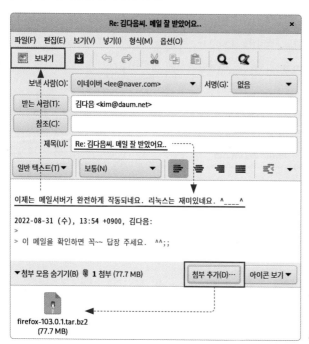

그림 10-54 lee@naver.com에 회신하기

WinClient ▶ 썬더버드에서 [받기]를 클릭해 kim@daum.net이 lee@naver.com에게 회신한 메일을 확인할 수 있다. 만약 첨부 파일을 함께 전송했다면 해당 파일도 무사히 전달되었음을 확인할 수 있다.

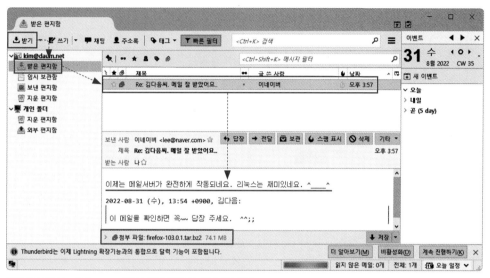

그림 10-55 kim@daum.net에서 메일 확인 및 첨부파일 확인

이상으로 **그림 10-3**과 같이 메일 서버를 위한 네트워크 환경 구현을 완료했다. 비록 실습에서는 사설 네트워크 내부에 구현했지만, 외부 인터넷상에 구현할 때도 이와 동일한 방식을 사용한다고 생각하면 된다. **그림 10-3**을 보면서 실습을 진행했다면 조금 더 쉽게 이해했을 것이다.

10.3 웹 메일의 설치 및 사용

이 책의 독자라면 컴퓨터 전문가이거나, 전문가가 되어가는 과정에 있는 사람일 것이다. 흔히 말하는 컴맹이 이 책을 볼 것이라 생각하지는 않는다. 하지만 컴퓨터를 잘 알 필요가 없는, 대부분의 사람에게 에볼루션이나 오페라 메일 또는 아웃룩^Outlook의 사용법을 설명하거나 보내는 메일 서버/받는 메일 서버/POP/SMTP의 의미를 알려준다면 별로 좋아하지 않을 것이다.

요즘 이메일을 사용하는 수많은 사용자는 에볼루션, 썬더버드, 아웃룩 등을 한 번도 사용한 적이 없거나 아예 모를 것 같다. 그래서 요즘에는 이메일 서비스를 운영하려면 이메일 서버와 함께 **웹 메일**

을 필수적으로 설치해야 한다. 웹 메일은 우리가 잘 아는 것처럼 웹 브라우저에서 사용하는 메일을 의미한다. 메일 계정을 제공하는 대부분의 웹사이트는 대개 웹 브라우저에서 메일을 보내고 받을 수 있는 기능을 갖추고 있다.

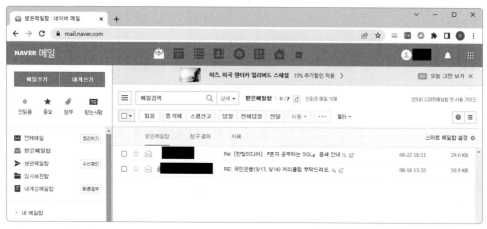

그림 10-56 네이버의 웹 메일

이번 실습에서 설치할 웹 메일은 라운드 큐브^{Roundcube}이다. 라운드 큐브는 PHP로 만들어졌으며 Sendmail과 IMAP 서버(dovecot)를 기반으로 하는 웹 메일 프로그램이다. 라운드 큐브를 사용하려면 반드시 아파치 웹 서버(httpd)와 PHP가 설치되어 있어야 한다.

> **NOTE ▶** 라운드 큐브 웹 메일에 관한 상세한 설명과 그 소스 코드는 https://roundcube.net/를 참고하자.

실습 3 ▶

naver.com 메일 서버에 라운드 큐브를 설치하고 운영하자.

Step 0

Server-메일 서버 **◉** 실습 2에서 이어서 진행한다. 우선 사전 준비를 진행한다.

0-1 터미널을 열고 다음 명령을 입력해서 PHP 7.4를 설치하고 이를 사용하도록 설정한다.

```
dnf -y install dnf-utils http://rpms.remirepo.net/enterprise/remi-release-9.rpm
dnf -y module reset php
dnf -y module enable php:remi-7.4
```

그림 10-57 PHP 7.4 설치를 위한 사전 설정

NOTE ▶ Rocky Linux 9에 기본적으로 포함된 PHP는 8.0인데, 이 버전에는 라운드 큐브와 약간의 호환성 문제가 있다. 그래서 PHP 7.4를 설치한 것이다.

0-2 dnf –y install httpd mariadb–server php php–mysqlnd php–gd php–mbstring php–pecl–zip php–xml php–json php–intl 명령을 입력해 관련 패키지를 설치한다.

그림 10-58 APM 및 관련 패키지 설치

NOTE ▶ URL 주소의 변경 등으로 앞의 과정이 진행되지 않는다면 다음과 같이 진행하자.

① Q&A 카페(https://cafe.naver.com/thisisLinux) [교재 자료실]에서 '[Rocky 9] 전체 실습 파일 다운로드 모음' 게시글을 클릭해 10장 부분의 'PHP7.4 관련 패키지 (php74.tgz)' 파일을 다운로드한다.

② 다운로드한 폴더로 이동한 후 **tar xfz php74.tgz** 명령을 입력해 압축을 푼다.

③ php74 폴더로 이동한 후 **dnf –y install *.rpm** 명령을 입력해 관련 rpm을 설치한다.

0-3 다음 명령을 입력해 httpd와 mariadb 서비스를 상시 가동 시켜놓자.

```
systemctl restart httpd
systemctl enable httpd
systemctl restart mariadb
systemctl enable mariadb
```

Step 1

Server—메일 서버 ◑ 라운드 큐브를 다운로드하고 설치한다.

1-1 라운드 큐브(Roundcube)는 공식적으로 Rocky Linux에서 제공하지 않는다. 터미널을 실행한 후 **wget** 명령을 입력해 https://github.com/roundcube/roundcubemail/releases/download/1.3.10/ roundcubemail—1.3.10—complete.tar.gz 주소에서 다운로드한다(또는 Q&A 카페(https://cafe. naver.com/thisisLinux) [교재 자료실]에서 다운로드해도 된다).

```
[root@mail ~]# wget  https://github.com/roundcube/roundcubemail/releases/downloa
d/1.3.10/roundcubemail-1.3.10-complete.tar.gz
--2022-09-03 10:12:56--  https://github.com/roundcube/roundcubemail/releases/dow
nload/1.3.10/roundcubemail-1.3.10-complete.tar.gz
Resolving github.com (github.com)... 20.200.245.247
Connecting to github.com (github.com)|20.200.245.247|:443... connected.
HTTP request sent, awaiting response... 302 Found
Location: https://objects.githubusercontent.com/github-production-release-asset-
```

그림 10-59 라운드 큐브 다운로드

NOTE▶ 라운드 큐브 1.3.10 이후 버전도 나왔으나 1.3.10보다 높은 버전은 잘 작동하지 않을 수 있다. 필자와 동일한 1.3.10 버전을 사용하자.

1-2 다음 명령을 입력해 압축을 풀고, 풀린 파일이 담긴 폴더의 이름을 roundcube로 변경한 후 /var/www/ html 폴더 아래로 이동시킨다.

```
tar xfz round Tab
mv round Tab /var/www/html/roundcube
```

```
[root@mail ~]# tar  xfz  roundcubemail-1.3.10-complete.tar.gz
[root@mail ~]#
[root@mail ~]# mv  roundcubemail-1.3.10  /var/www/html/roundcube
[root@mail ~]#
```

그림 10-60 라운드 큐브 압축 풀기 및 링크 생성

1-3 다음 명령을 입력해 일부 폴더의 권한을 변경한다.

```
chmod 777 /var/www/html/roundcube/temp/
chmod 777 /var/www/html/roundcube/logs/
```

그림 10-61 폴더 권한 변경

1-4 다음 명령을 입력해 사용할 데이터베이스를 'emailDB'라는 이름으로 생성한다. 사용자는 'emailAdmin @localhost'로, 비밀번호는 '1234'로 설정한다.

```
# mysql
CREATE DATABASE emailDB;
GRANT ALL ON emailDB.* TO 'emailAdmin'@'localhost' IDENTIFIED BY '1234';
FLUSH PRIVILEGES;
EXIT
```

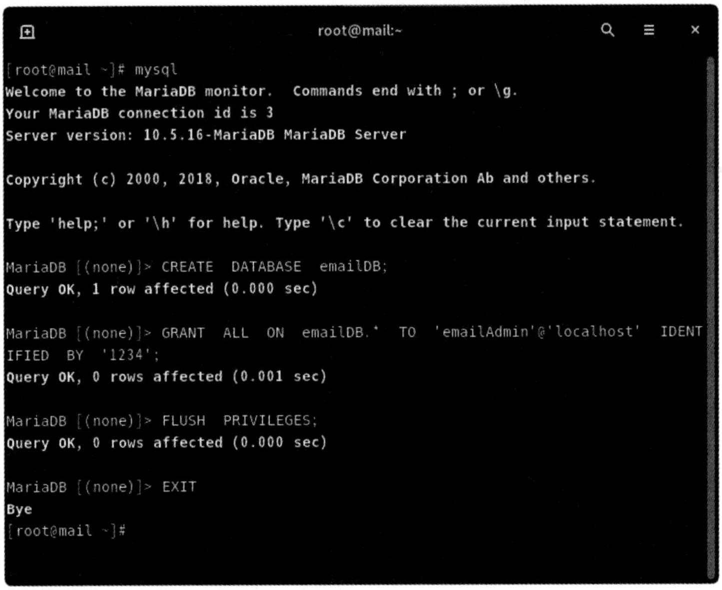

그림 10-62 데이터베이스 및 사용자 생성

Server—메일 서버 ◉ 라운드 큐브 초기 설정을 진행한다.

2-1 Firefox 웹 브라우저로 http://mail.naver.com/roundcube/installer/에 접속하면 [Rooundcube Webmail Installer]가 나온다. [1. Check environment]에서 [Checking PHP version]과 [Checking PHP extensions]의 내용이 모두 OK로 나오면 실습 진행에 문제가 없다. 그 외 부분은 일부 NOT AVAILABLE이나 NOT OK가 나와도 문제 없다. 제일 아래로 스크롤해 [NEXT] 버튼을 클릭한다.

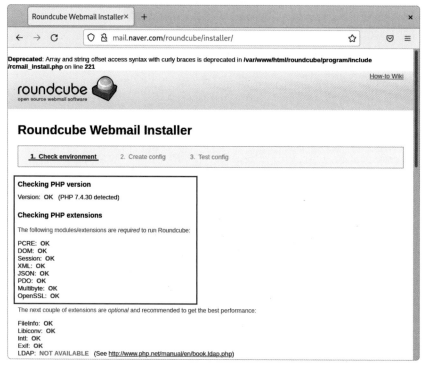

그림 10-63 라운드 큐브 초기 설정 1

2-2 [2. Create config]가 나오면 [product_name]에는 적당한 이름을 입력하고, 아래로 스크롤해서 [Database setup]에 있는 드롭다운 버튼을 클릭해 'MySQL'을 선택한다. 그리고 그 아래 4개의 입력칸에 **1-4**에서 만든 정보인 'localhost', 'emailDB', 'emailAdmin', '1234'를 차례대로 입력한다. 가장 아래쪽으로 스크롤해 [CREATE CONFIG] 버튼을 클릭한다.

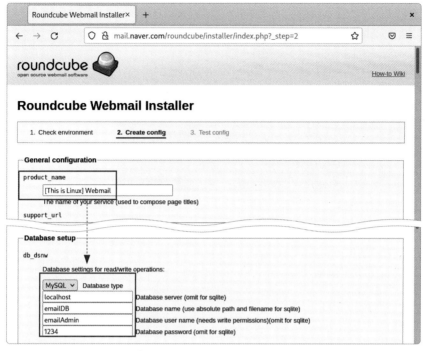

그림 10-64 라운드 큐브 초기 설정 2

2-3 설정 파일이 자동 생성된다. 화면 위쪽의 [Download] 버튼을 클릭해 config.inc.php 파일을 저장한다.

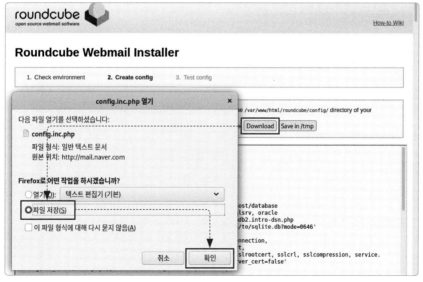

그림 10-65 라운드 큐브 초기 설정 3

2-4 아직 웹 브라우저를 닫지 말고 터미널을 실행한다. 그리고 다음 명령을 입력해 저장한 파일을 이동시키고 파일의 속성도 바꾼다.

```
mv /root/다운로드/config.inc.php /var/www/html/roundcube/config
chmod 707 /var/www/html/roundcube/config/config.inc.php
```

그림 10-66 라운드 큐브 초기 설정 4

2-5 다시 웹 브라우저로 돌아가 약간 아래쪽으로 스크롤해 [CONTINUE] 버튼을 클릭한다.

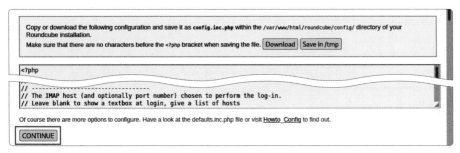

그림 10-67 라운드 큐브 초기 설정 5

2-6 [3. Test config]에서 [Initialize database] 버튼을 클릭하면 버튼 위쪽의 [DB Schema] 부분이 OK로 변한다.

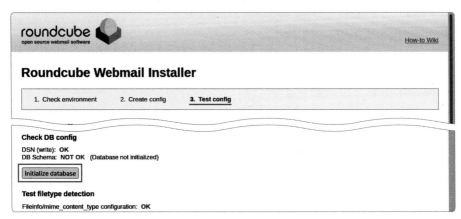

그림 10-68 라운드 큐브 초기 설정 6

2-7 아래로 스크롤해 [Test SMTP config]의 [Sender]와 [Recipient]에 'lee@naver.com'을 입력하고 [Send test mail] 버튼을 클릭한다. 이러면 [Sender] 위쪽에 'SMTP send: OK'라는 메시지가 나온다. 이어서 [Test IMAP config]의 [Username]과 [Password]에 'lee'를 입력하고 [Check login] 버튼을 클릭하면 'IMAP connect : OK'라는 메시지가 나온다.

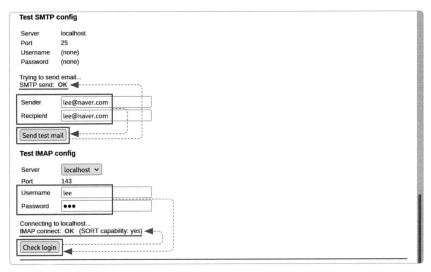

그림 10-69 라운드 큐브 초기 설정 7

2-8 이렇게 해서 라운드 큐브의 설정을 정상적으로 마무리했다. 별도로 저장할 것은 없으므로 그냥 웹 브라우저를 종료한다.

Step 3

Client(또는 WinClient) ◉ 웹 메일 접속이 원활한지 테스트한다. 아무 가상머신을 사용해도 된다.

3-1 웹 브라우저를 열고 http://mail.naver.com/roundcube/에 접속한다. 초기 화면이 나오면 [사용자명]에는 기존 사용자인 'lee'를 입력하고, [암호]에도 'lee'를 입력해 로그인한다.

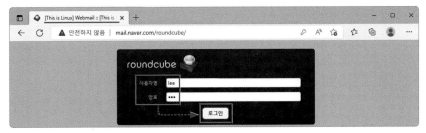

그림 10-70 웹 메일 접속 화면 1

3-2 익숙한 웹 메일 초기 화면이 나온다. 왼쪽 위 roundcube(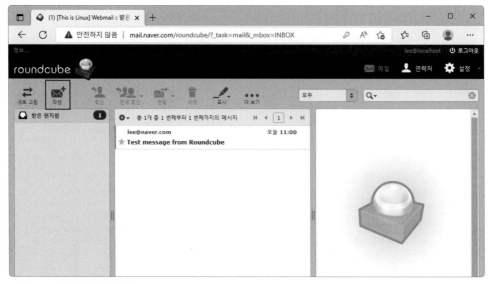)를 클릭하면 초기 화면으로 돌아간다. [작성]을 클릭해 새 메일을 쓸 수 있는 화면으로 넘어간다.

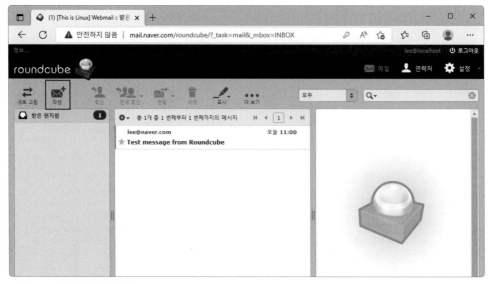

그림 10-71 웹 메일 접속 화면 2

3-3 [받는 사람]에 'kim@daum.net'을 입력하고, 제목과 내용을 적당히 채운다. 그리고 [보내기]를 클릭해 메일을 전송한다.

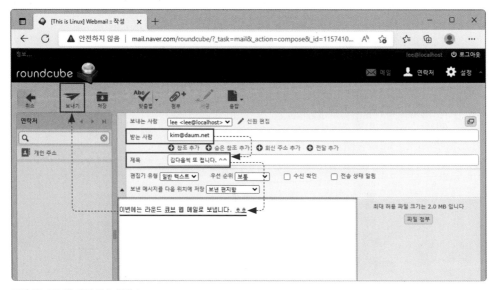

그림 10-72 웹 메일 접속 화면 3

Step 4

WinClient ◉ kim@daum.net 계정으로 썬더버드의 [받기]를 클릭해 메일을 확인한 후 [답장]을 클릭해서 회신한다. 내용은 적당히 입력해 보낸다.

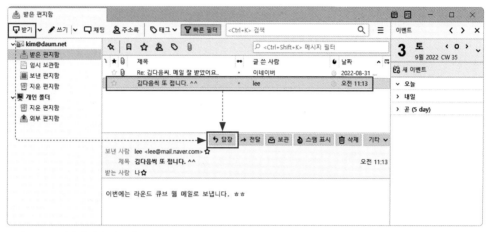

그림 10-73 메일 확인 후 답장을 보냄

Step 5

Client(또는 WinClient) ◉ Daum.net에서 보낸 메일을 확인한다.

5-1 웹 브라우저의 [새로 고침]을 클릭한 후 kim@daum.net이 보낸 답장을 확인한다.

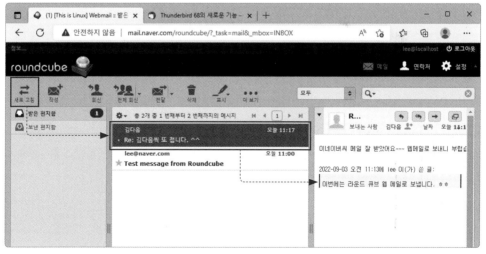

그림 10-74 웹 메일에서 답장 확인

5-2 [작성]을 클릭해 다시 메일을 보낸다. 이번에는 2MB기 넘는 파일을 첨부한다.

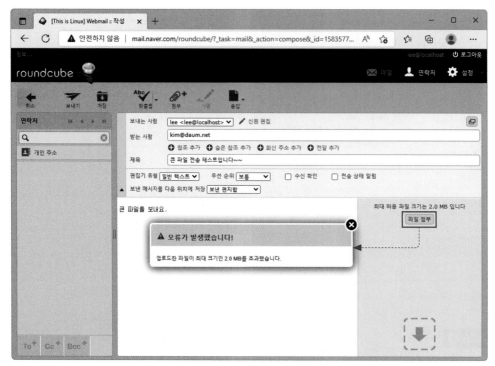

그림 10-75 2MB 초과 파일을 첨부 시의 메시지

'오류가 발생했습니다!'라는 메시지가 나오면서 메일 전송에 실패한다. 첨부파일의 크기가 2MB로 제한되어 있기 때문이다. 이 문제를 다음 단계에서 수정하자.

Step 6

Server—메일 서버 ▶ 웹 서버의 PHP 설정에는 2MB보다 큰 파일을 업로드할 수 없도록 되어 있다. 웹 서버의 설정을 변경해 2MB를 초과한 파일을 첨부할 수 있게 한다.

6-1 nano −c /etc/php.ini 명령을 입력해 설정 파일을 열고 다음을 참고해 파일을 수정한다 (⎡Shift⎦ + ⎡Alt⎦ + ⎡3⎦을 누르면 행번호가 표시된다). 이는 파일 하나의 크기가 500MB까지 업로드할 수 있도록 변경하는 내용이다. 모두 수정했다면 파일을 저장한다.

```
388행쯤: max_execution_time = 30   ➡ 300
694행쯤: post_max_size = 8M        ➡ 500M
846행쯤: upload_max_filesize = 2M  ➡ 500M
```

그림 10-76 php.ini 파일 설정 변경

NOTE ▶ max_execution_time은 파일을 업로드할 때 스크립트가 실행되는 초 단위의 시간을 지정하는 설정이다. 시간을 너무 짧게 지정하면, 대용량 파일을 업로드할 때 시간이 오래 걸리면 업로드가 중단되는 경우가 발생한다. post_max_size는 POST 방식으로 전송하는 데이터의 최대 용량을 지정하는 설정이다. upload_max_filesize는 업로드 가능한 파일의 최대 크기를 지정하는 설정이다. upload_max_filesize가 실질적으로 업로드할 수 있는 파일의 크기를 결정하는 설정이다.

6-2 reboot 명령을 입력해 Server 가상머신을 다시 시작한다. 로그인은 안 해도 된다.

Step 7

Client(또는 WinClient) ◉ 대용량 파일이 첨부되는지 확인한다.

7-1 웹 브라우저를 닫고 다시 실행해 http://mail.naver.com/roundcube/에 lee 사용자(비밀번호: lee)로 로그인한다.

7-2 [작성] 아이콘을 클릭한 후 kim@daum.net에게 500MB 이하의 대용량 파일을 첨부해 메일을 보낸다.

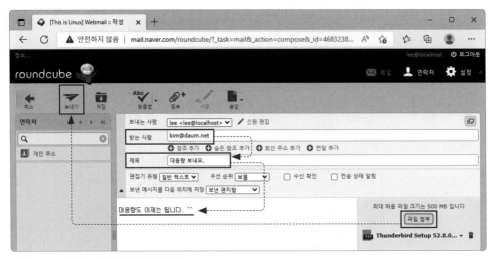

그림 10-77 대용량 파일 첨부해서 메일 전송

Step 8

WinClient ◐ kim@daum.net 계정으로 썬더버드의 [받기]를 클릭해 메일을 확인한다(대용량 파일을 첨
부한 메일이라 확인까지 시간이 조금 걸린다). 대용량 파일이 첨부되었다는 사실을 확인할 수 있다. [첨부
파일]의 [저장]을 클릭해 해당 파일을 다운로드할 수 있다.

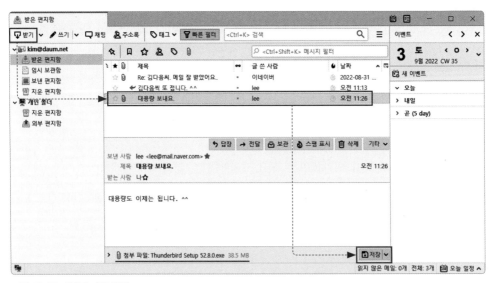

그림 10-78 대용량 파일 확인

이제 일반 사용자도 어디서든 웹 브라우저만 있으면 편리하게 우리가 구축한 메일 서버를 사용할 수 있게 되었다. 웹 메일은 일반 사용자를 위해, 선택이 아닌 필수로 구축해야 할 서버 중 하나다. 그러므로 지금까지 실습을 통해 알아본 웹 메일 설정 과정을 잘 익혀 두자.

? VITAMIN QUIZ 10-1

가상머신을 모두 초기화하고 **그림 10-3**을 참고해 Server(B) 가상머신에는 mail.자기이름영문.or. kr, Server 가상머신에는 mail.자기이름영문.tv라는 메일 서버를 구현하자. 그리고 두 메일 서버에 라운드 큐브까지 설치하자.

11

데이터베이스 서버 구축 및 운영

언젠가부터 데이터베이스는 IT 분야뿐 아니라 다양한 분야에서 중요한 위치를 차지하게 되었다. 11장에서는 데이터베이스 서버를 구축하고 운영하는 방법을 살펴본다.

어떤 독자는 DBMS ^{DataBase Management System}에 대해 이미 많이 알고 있고, 어떤 독자는 그렇지 못할 수도 있다. DBMS의 이론과 기초부터 모두 설명하기에는 책의 지면 문제도 있지만, 이 책의 성격에도 맞지 않는다. 따라서 이번 장에서는 관리자의 입장에서 DBMS를 운영할 때 필요한 최소한의 개념과 간단한 SQL문을 살펴보고, 실무에서 운영할 때 필요한 데이터베이스 도구를 다루겠다. 데이터베이스 도구로는 MySQL의 후속판 격인 MariaDB와 상용으로 인기가 높은 Oracle을 사용한다.

학습목표

**이 장의
핵심 개념**

11장에서는 DBMS를 관리자 입장에서 운영하는 데 필요한 개념과 간단한 SQL문을 살펴보고, 실무에서 운영하는 데 필요한 데이터베이스 도구를 다룬다. 데이터베이스 도구로는 MariaDB와 Oracle을 사용한다. 11장에서 학습하는 핵심 개념은 다음과 같다.

- 데이터베이스 관련 용어를 배운다.

- 데이터베이스 운영에 필요한 필수 SQL문을 학습한다.

- MariaDB 서버를 설치하고 운영한다.

- MariaDB 클라이언트를 설치하고 접속한다.

- Visual Studio와 MariaDB를 연동한다.

- Oracle Express 설치하고 운영한다.

**이 장의
학습 흐름**

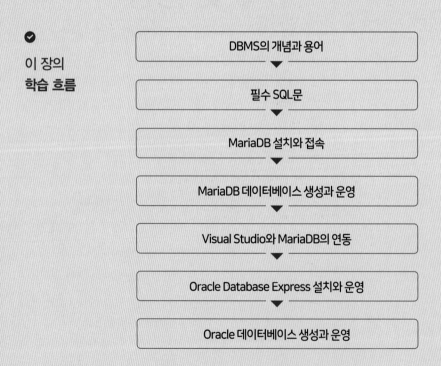

DBMS의 개념과 용어

▼

필수 SQL문

▼

MariaDB 설치와 접속

▼

MariaDB 데이터베이스 생성과 운영

▼

Visual Studio와 MariaDB의 연동

▼

Oracle Database Express 설치와 운영

▼

Oracle 데이터베이스 생성과 운영

11.1 DBMS의 개념과 간단한 SQL문

간단하게 DBMS의 개념과 SQL문의 기본을 파악하자. 이미 DBMS와 SQL문을 접한 적이 있는 독자는 이번 절을 건너뛰고 **실습 1**부터 진행해도 된다.

11.1.1 DBMS 관련 용어와 역할의 이해

여기서는 MariaDB 및 Oracle을 운영하기 전에 DBMS와 관련된 기본 용어를 소개한다. 그리고 어떤 역할을 하는지 명확히 설명한다. 먼저 관련 용어의 사전적 정의를 살펴보자.

표 11-1 DBMS 관련 용어의 사전적 정의

용어	사전적 정의
데이터(Data)	자료
테이블(Table)	데이터를 표 형식으로 표현한 것
데이터베이스(Database)	테이블을 저장하는 저장 공간 또는 테이블의 집합
DBMS(Database Management System)	데이터베이스들을 관리하는 소프트웨어
행 또는 로우(Row)	테이블의 행
필드(Field)	테이블의 열
데이터 타입(Data Type)	각 필드에 입력할 값의 타입(정수, 문자, 날짜 등)
필드 이름	각 필드(열)의 이름
주 키(Primary Key)	행을 식별하기 위한 유일한 값을 가진 비어 있지 않은 필드
외래 키(Foreign Key)	다른 테이블의 주 키와 대응되는 필드
RDBMS(Relational DBMS)	관계형 DBMS
SQL(Structured Query Language)	'구조화된 질의 언어'란 의미로 DB에서 정보를 얻거나 생성하거나 갱신하기 위해 정의된 표준 언어(규약)

DBMS를 처음 접한다면 용어의 사전적 정의를 읽어 봐도 무슨 말인지 아마 이해가지 않을 것이다. 다음 그림을 보면서 자세히 설명하겠다.

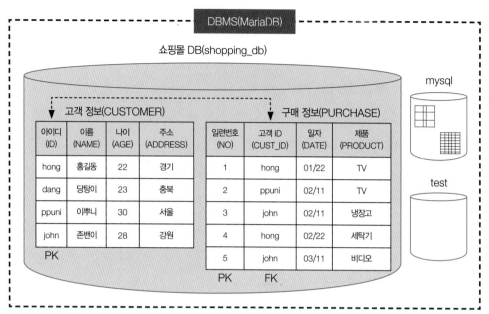

그림 11-1 DBMS 개념도

이 그림은 인터넷 쇼핑몰 업체의 데이터베이스를 간략하게 나타낸 것이다. 쿠팡, 옥션, 인터파크, G마켓 등의 인터넷 쇼핑몰이라고 생각하면 이해하기 쉬울 것이다. 이 데이터베이스에는 회원으로 가입한 고객의 정보와, 고객이 구매한 물품 정보가 들어 있다.

이 그림을 보면서 용어를 다시 한번 살펴보자.

❶ 데이터

이 그림에서 hong, 홍길동, 22살, 경기 등의 단편적인 정보를 데이터Data라고 한다. 누가 '홍길동에 속해 있는 데이터가 무엇이지?'라고 묻는다면 '나이는 22살이고, 집은 경기도입니다' 정도로 대답할 수 있다. 이처럼 정보는 있으나 완전히 체계적으로 정리되지 않은 것을 데이터라고 생각하면 된다.

❷ 테이블

단편적인 정보를 표 형태로 체계화시켜 구성한 것을 테이블Table이라고 한다. 이 그림의 큰 원통 안에는 테이블 2개가 있으며 각 테이블에는 이름이 있다. '고객 정보', '구매 정보'가 테이블의 이름이다.

❸ 데이터베이스

데이터베이스^{Database}는 고객 정보인 CUSTOMER, 구매 정보인 PURCHASE와 같은 테이블이 들어 있는 커다란 저장소라고 생각하면 된다. 주로 원통 모양으로 데이터베이스를 그리며 각 데이터베이스에는 이름이 있다. 이 그림에는 shopping_db, mysql, test라는 3개의 데이터베이스가 있다. 이 중에서 mysql과 test 데이터베이스는 시스템에서 제공하는 데이터베이스며, shopping_db는 사용자가 생성한 데이터베이스다. 데이터베이스를 조금 더 쉽게 이해하고 싶다면 **커다란 저장소(원통 모양)**에 테이블을 생성하는 것이라고 생각하면 된다.

❹ DBMS

원통 모양의 데이터베이스를 관리하기 위한 소프트웨어를 DBMS^{DataBase Management System} 또는 데이터베이스 서버라고 부른다. 그림에서 3개의 데이터베이스를 감싸는 점선이 DBMS다. DBMS 소프트웨어의 종류는 많다. 이 책에서는 MariaDB 및 Oracle을 사용한다.

> **NOTE** 종종 DBMS를 줄여서 데이터베이스라고 부르기도 하지만, 이 책에서는 서로 다른 것으로 구분한다(이 용어는 소프트웨어 도구마다 조금씩 다르다). 이 그림을 보면 데이터베이스는 3개의 원통, 즉 테이블을 생성할 수 있는 공간을 의미하며, DBMS는 이 데이터베이스들을 관리하는 소프트웨어라는 사실이 명확히 나타나 있다.

❺ 행 또는 로우

행 또는 로우^{Row}는 테이블의 가로줄을 말한다. 이 그림에서 'hong-홍길동-22-경기'가 하나의 행이다. 그러므로 CUSTOMER 테이블에는 4개의 행이 있는 것이다. 이 행이 내포하는 의미는 **하나의 완전한 정보**라고 생각하면 된다. 즉, '고객 정보' 테이블에서 하나의 행만 살펴봄으로써 해당 고객의 모든 정보를 파악할 수 있다.

❻ 필드 또는 컬럼

필드^{Field} 또는 컬럼^{Column}은 테이블의 열을 말한다. 여기서 각각의 필드는 반드시 이름을 가진다는 사실이 중요하다. 이를 **필드 이름**^{Field Name}이라고 부른다. 이 그림의 데이터베이스 중 shopping_db의 CUSTOMER 테이블은 4개의 필드로 구성되어 있으며, 각각의 필드 이름은 ID, NAME, AGE, ADDRESS다.

그리고 각 필드에는 데이터 타입^{Data Type}이 지정되어 있다. 즉, 각 필드에 입력할 값의 타입을 미리 결정해야 한다. 예로 NAME 필드는 문자로 지정해야 한다. 이름에 1234와 같은 숫자를 넣으면 안

되기 때문이다. 마찬가지로 AGE 필드는 숫자(정수)로 지정해야 한다. 나이에 '조금 많음' 같은 글자를 넣어서는 안 되기 때문이다.

！ 여기서 잠깐 **데이터베이스 용어**

테이블, 행, 필드와 같은 용어가 나와서 조금 어렵게 느껴질 수도 있지만, 사실 별것 아니다. 누군가 '워드프로세서로 당신의 친구 목록을 만들어 보세요'라고 요청한다면 아마도 우리는 워드프로세서로 위 '고객 정보' 테이블과 비슷한 형태의 '친구 정보'라는 표를 만들 것이다. 즉, 데이터베이스라는 말을 한 번도 들어 보지 못한 사람도 테이블의 개념을 이해하고 있는 것이다. 이처럼 데이터베이스의 개념은 없던 개념을 새로 만들었다기보다, 우리가 이미 은연 중에 사용하고 있는 개념을 조금 더 체계화시킨 것이다.

---

❼ 주 키 필드

주 키Primary Key 필드를 단순히 **필드 중에서 비어 있지 않으며 중복되지 않는 필드**라고 생각할 수 있다.

인터넷 사이트에 회원 가입할 때를 생각해 보자. 처음 가입 시에 아이디를 생성하는 칸에 자신이 원하는 아이디를 입력하고 중복 확인을 클릭해 우리가 사용하려는 아이디를 기존 가입자가 사용 중인지 확인한다. 누가 그 아이디를 이미 사용 중이라면 같은 아이디로 가입을 할 수 없다. 이 그림에서 CUSTOMER 테이블이 바로 회원 가입 시 입력해야 하는 정보를 단순화한 것이다. 4개의 필드 중에서 ID 필드가 바로 주 키 필드가 된다. 아이디는 중복되지 않아야 하고 또 비어 있어도 안 된다. 그리고 아이디 없이 회원 가입은 불가능하다.

이처럼 주 키 필드의 특징은 중복과 비어 있는 값(NULL)을 허용하지 않는다는 점이다. 만약 NAME 필드를 주 키로 설정한다면 어떻게 될까? 당연히 동명이인이 있을 수 있으므로 데이터 관리에 문제가 발생한다. 따라서 NAME 필드를 주 키로 설정하면 안 된다. 주 키 필드의 중요한 역할은 주 키 필드의 값만으로 테이블의 행을 정확히 구분하는 것이다. CUSTOMER 테이블에서 해당 사용자의 아이디만 안다면 이름, 나이, 주소와 같은 정보를 정확히 추출할 수 있다. 그래서 사람의 기본 정보와 관련된 테이블에서 주 키 필드를 지정할 때 인터넷 회원 가입의 경우 주로 아이디를, 학생과 관련된 정보 시스템의 경우 주로 학번을, 기타 정보 시스템의 경우 주로 주민등록번호를 사용한다.

이번에는 PURCHASE 테이블의 주 키 필드는 무엇으로 지정해야 하는지 생각해 보자. 단순히 CUSTOMER 테이블과 같이 고객 ID인 CUST_ID 필드를 주 키로 설정하면 될 것처럼 느껴진다. 하지만 그럴 경우 아주 위험한 결과를 초래할 수 있다.

주 키의 정의를 다시 생각하자. 주 키는 중복되지 않으며 NULL이 아닌 값이어야 한다. 만약 PURCHASE 테이블에서 CUST_ID 필드를 주 키로 설정하면 제일 처음 구매를 한 dang이라는 사용자는 두 번 다시 이 쇼핑몰에서 물건을 살 수 없다. 주 키 필드인 CUST_ID 필드에 이미 dang이라는 값이 들어 있으므로 dang이라는 값을 또 넣으면 중복 값을 사용하게 되므로 주 키의 정의에 어긋난다. 우습게도 주 키 설정을 잘못한 결과로 이 쇼핑몰에서 회원 한 명이 하나의 물건을 구매한 적이 있다면 다른 물건을 영원히 구매할 수 없게 된다. 이는 다른 필드도 마찬가지다. DATE 필드를 주 키로 설정한다면 어떻게 될까? 그러면 이 쇼핑몰은 하루에 물건 하나씩만 팔아야 한다. PRODUCT 필드를 주 키로 설정한다면? 같은 물건을 두 번 다시 팔 수가 없다.

PURCHASE 테이블에는 주 키로 설정할만한 적당한 필드가 없어 보인다. 이러한 경우에는 주 키를 설정하지 않아도 된다. 하지만 주 키는 설정하는 것이 바람직하므로 제일 앞에 일련번호를 의미하는 'NO'라는 필드를 생성해 사람들이 물건을 구매할 때마다 1, 2, 3, 4, …의 형식으로 증가하는 값이 자동 입력되게 만드는 것이 좋다. 중복될 일도 없고 NULL 값이 들어가지도 않으므로 주 키로 설정하기에 아주 적절한 필드다. 그래서 PURCHASE 테이블의 주 키를 'NO' 필드로 설정했다.

❽ 외래 키 필드

외래 키^{Foreign Key} 필드는 2개의 테이블을 연관시키는 필드다. 이 그림에서는 PURCHASE 테이블의 CUST_ID 필드가 CUSTOMER 테이블 ID 필드의 외래 키다. 즉, 고객이 어떤 물건을 구매했는지 확인하기 위해 CUST_ID 필드를 외래키로 사용한다. 그러므로 회원이 아닌 사람이 우리 쇼핑몰에서 물건을 살 수가 없으며(구매 정보 테이블에 행을 입력할 수 없으며) 물건을 사려면 먼저 회원가입을 해야 한다('고객 정보' 테이블에 행이 입력되어야 한다).

만약 이 그림의 CUSTOMER 테이블에서 hong이라는 사용자의 행을 삭제한다면 어떻게 될까? 원칙적으로 삭제되지 않는다. PURCHASE 테이블에 hong이라는 사용자가 있기 때문이다. 이러한 경우에는 PURCHASE 테이블의 hong이라는 CUST_ID 필드의 행을 모두 삭제한 후 CUSTOMER 테이블의 hong 행을 삭제해야 한다.

❾ RDBMS

RDBMS^{Relational DBMS}, 즉 관계형 DBMS는 테이블과의 관계성^{Relationship}을 기반으로 둔 DBMS를 말한다. Oracle, SQL Server, MySQL, MariaDB 등 대부분의 DBMS는 관계형 DBMS이거나 관계형 DBMS 기능을 지원한다.

⑩ SQL

DBMS가 하는 일들은 대략 데이터베이스 생성, 테이블 생성, 행 입력/수정/삭제 등이다. 그런데 이러한 작업을 요청할 때 사람에게 말하듯 '어이~ MariaDB 씨 행을 삭제하세요'라고 할 수는 없다. DBMS가 알아듣는 언어로 이야기해야 한다. 이렇게 DBMS가 알아들 수 있는 언어를 SQL Structured Query Language 이라고 부른다. SQL을 완벽하게 이해하기에는 이 책 한 권만으로 부족하다. 하지만 사실 필수적으로 알아야 할 문법은 몇 개 되지 않는다. 그러므로 이 책에서는 리눅스 서버 구축에 필요한 필수 SQL문만을 다룬다.

11.1.2 필수 SQL문

먼저 데이터베이스 개발자가 아닌 데이터베이스 관리자의 입장에서 필수로 알아야 하는 SQL문을 살펴본다. 여기서는 SQL의 원형 Prototype 만 살펴보고 다음 절에서 MariaDB를 설치한 후 이 원형을 바탕으로 **그림 11-1**의 데이터베이스 구축 및 운영 실습을 진행한다. 원형은 꼭 알아야 하는 개념이므로 SQL문을 처음 접해 아직 생소한 독자도 우선 눈으로라도 익히자. 지금 설명하는 SQL문은 MariaDB에 적용할 수 있는 SQL문 위주이다. 하지만 다른 DBMS에도 대부분의 SQL문을 비슷하게 적용할 수 있다는 사실도 기억하자.

유닉스와 리눅스가 대소문자를 명확히 가리는 반면, SQL문은 대소문자를 구분하지 않는다(단 테이블 이름 같은 일부 예외는 있다). 하지만 이 책에서는 가독성을 높이기 위해 SQL문의 예약어는 주로 대문자로, 사용자가 입력해야 하는 부분은 주로 소문자로 표기한다.

그리고 MariaDB의 SQL문 가장 뒤쪽에는 세미콜론(;)을 반드시 넣어야 한다. 물론 일부 SQL문은 넣지 않아도 실행이 되지만, 그냥 무조건 넣어야 한다고 생각하자.

데이터베이스와 관련된 SQL문

데이터베이스 이름 조회

- 구문: SHOW DATABASES;
  - → **그림 11-1**과 같은 상태에서 이 명령을 실행하면 결과로 shopping_db, mysql, test, 3개의 데이터베이스 이름이 나온다.

사용할 데이터베이스 지정

- 구문: USE 데이터베이스이름;
- 예시: USE shopping_db;
    - → 지금부터 shopping_db라는 데이터베이스를 사용하겠다는 의미다.

데이터베이스 생성

- 구문: CREATE DATABASE 데이터베이스이름;
- 예시: CREATE DATABASE shopping_db;
    - → shopping_db라는 이름의 데이터베이스를 생성한다. 이 구문은 빈 데이터베이스를 만들 뿐이다. 즉, 만들어진 데이터베이스 안에는 아무 내용도 없다.

데이터베이스 삭제

- 구문: DROP DATABASE 데이터베이스이름;
- 예시: DROP DATABASE shopping_db;
    - → shopping_db 데이터베이스를 완전히 삭제한다.

테이블 운영과 관련된 SQL문

테이블 이름 조회

- 구문: SHOW TABLES;
    - → 현재 선택한 데이터베이스에 있는 테이블 이름을 조회한다. 예를 들어 현재 선택한 데이터베이스가 shopping_db라는 데이터베이스라면 CUSTOMER, PURCHASE라는 2개의 테이블 이름이 나온다.

테이블 구조(형태) 조회

- 구문: EXPLAIN 테이블이름; 또는 DESC 테이블이름;
- 예시: EXPLAIN customer;
    - → customer(고객 정보) 테이블의 필드 이름, 데이터 타입 등의 정보를 표시한다.

테이블 생성

- 구문: CREATE TABLE 테이블이름 (필드이름1 필드타입1, 필드이름2 필드타입2, … …);

- 예시: CREATE TABLE customer (id CHAR(10), name VARCHAR(10), age INT, ADDRESS VARCHAR(30));

  → customer 테이블을 생성한다.

NOTE▶ 그림 11-1에서는 보기 쉽게 데이터베이스 이름과 테이블 이름에 한글을 사용했지만, 실제로 데이터베이스 이름과 테이블 이름, 필드 이름에 한글을 사용하면 안 된다. 물론 일부 DBMS 소프트웨어는 테이블 이름/필드 이름을 한글로 지정하는 것을 지원하지만, 그럼에도 한글을 사용하지는 않는 것이 좋다. 한글은 실제 데이터인 행의 값(홍길동, 서울 등)을 입력할 때만 사용하자.

! 여기서 잠깐　**MariaDB의 데이터 형식**

테이블 생성 과정 중 각 필드의 타입을 지정할 때 사용할 수 있는 자료형은 여러 가지다. 그중 자주 사용하는 몇 가지만 살펴보자.

- **VARCHAR(n):** 최대 n개의 크기를 갖는 가변 길이 문자열
- **CHAR(n):** n개의 문자가 저장되는 고정 길이 문자열
- **INT:** 정수형 숫자
- **FLOAT:** 실수형 숫자
- **DATE:** 날짜 형식
- **TIME:** 시간 형식

이 중에서 VARCHAR와 CHAR는 거의 같은 형태를 보이지만, 다른 점이 다소 있다. 예를 들어 VARCHAR(100)과 CHAR(100)을 정의하고 각각에 'ABCDE'라는 글자를 저장하면 VARCHAR 타입은 이름 그대로 가변적으로 5바이트만 사용한다. 하지만 CHAR 타입은 무조건 100바이트를 확보한 후에 5바이트만 글자를 쓴다. 즉, 95바이트가 낭비된다.

VARCHAR 타입은 공간을 가변적으로 사용하므로 입력될 데이터의 크기를 예상하기 어려울 때 사용하면 적절하다. 예를 들어 주소 같은 정보는 어떤 사람은 길 수도 어떤 사람은 짧을 수도 있으므로 VARCHAR 타입을 사용하기에 적절하다. 하지만 주민번호/학번 같이 자릿수가 고정되어 있는 데이터를 입력할 때는 CHAR 타입이 더 적당하다. CHAR 타입은 길이가 고정되어 있는 것이므로 VARCHAR 타입과 비교했을 때 처리 속도면에서는 조금 더 유리하기 때문이다.

테이블 삭제

- 구문: DROP TABLE 테이블이름;
- 예시: DROP TABLE customer;

  → customer 테이블을 삭제한다

테이블 수정

- 구문: ALTER TABLE 옵션
- 예시1: ALTER TABLE customer MODIFY name CHAR(20);
  - → customer 테이블의 name 필드 데이터 타입을 CHAR(20)으로 변경한다.
- 예시2: ALTER TABLE customer CHANGE name fullname CHAR(10);
  - → customer 테이블의 name 필드 이름을 fullname으로 바꾸고 자릿수는 CHAR(20)으로 지정한다.
- 예시3: ALTER TABLE customer ADD phone VARCHAR(20) AFTER name;
  - → customer 테이블에서 name 필드 바로 다음에 전화번호를 의미하는 phone 필드를 추가한다.
- 예시4: ALTER TABLE customer DROP age;
  - → customer 테이블에서 age 필드를 삭제한다.

테이블 조회

- 구문: SELECT 필드이름1, 필드이름2, …,…, FROM 테이블이름 WHERE 조건 ;
- 예시1: SELECT * FROM customer;
  - → customer 테이블에서 모든 행의 모든 필드를 조회한다.
- 예시2: SELECT id, name FROM customer;
  - → customer 테이블에서 모든 행의 id 필드와 name 필드 값을 조회한다.
- 예시3: SELECT id, name FROM customer WHERE id = 'john';
  - → customer 테이블에서 id 필드 값이 'john'인 행의 id 필드와 name 필드 값을 조회한다.
- 예시4: SELECT id, name FROM customer WHERE age >= 25;
  - → customer 테이블에서 age 필드 값이 25 이상인 행의 id 필드와 name 필드 값을 조회한다.

행 입력/삭제/수정과 관련된 SQL 문

행 입력

- 구문: INSERT INTO 테이블이름 VALUES (값1, 값2, …, …);
- 예시: INSERT INTO customer VALUES ('hong', '홍길동', 22, '경기');
  - → customer 테이블에 홍길동 고객의 행을 삽입한다.

행 삭제

- 구문: DELETE FROM 테이블이름 WHERE 조건;

- 예시: DELETE FROM customer WHERE id='hong';
  - → customer 테이블에서 id 필드의 값이 'hong'인 행을 삭제한다.

행 수정

- 구문: UPDATE 테이블이름 SET 필드이름1=수정할값1, 필드이름2=수정할값2, ..., WHERE 조건;
- 예시: UPDATE customer age=25 WHERE id='hong';
  - → customer 테이블에서 id 필드 값이 'hong'인 행의 age 필드 값을 25로 수정한다.

이상으로 반드시 알아야 할 SQL문을 살펴보았다. 이 정도만 알고 있으면 앞으로의 실습 간 MariaDB를 운영하는 데 큰 불편은 없을 것이다.

11.2 MariaDB 설치와 운영

리눅스를 DBMS만으로 사용해도 충분히 그 진가를 발휘할 수 있다. 이번 절에서는 리눅스를 DBMS 서버 전용으로 운영한다고 가정하고 MariaDB 최신 버전을 설치하고 운영한다.

> **❗ 여기서 잠깐** **MySQL과 MariaDB**
>
> 오픈 소스 기반의 데이터베이스로 MySQL이 오랫동안 가장 많이 사용되어 왔다. 그런데 MySQL의 개발사인 MySQL AB사가 Sun Microsystems사에 인수되었고 다시 Sun Microsystems사가 Oracle사에 인수되었다. 이 과정에서 Oracle사의 라이선스 정책에 동조하지 않는 핵심 개발자들이 2009년에 퇴사해 별도의 데이터베이스 도구를 개발했는데 그 도구가 바로 MariaDB다. 그러므로 MariaDB를 MySQL과 거의 유사한 제품으로 보면 된다. 현재는 RHEL 계열을 비롯한 많은 리눅스 진영에서 MySQL 대신 MariaDB를 기본 DBMS로 제공한다.

11.2.1 MariaDB 서버 및 클라이언트 설치

지금부터 다음 시나리오를 따라 MariaDB DBMS를 구축하고 운영해 보겠다.

여러분은 오프라인 쇼핑몰 회사의 IT 부서에 신입 사원으로 취직했다. 처음 참여한 회의의 주제는 오프라인 쇼핑몰과 연동한 온라인 쇼핑몰 구축이다. 팀원 중 웹 프로그래머와 웹 디자이너가 근무하니 웹 사이트 구축은 문제가 없을 것 같은데 데이터베이스 관리자가 별도로 없어서 모두가 고민에 빠졌다. 또 다른 문제는 비용이다. 아직은 시범 시스템을 구축하는 단계여서 별도의 하드웨어나 소프트웨어를 구매할 수 없는 상황이다. 그렇다고 기존 데이터베이스 서버에 시범 운영할 시스템을 같이 사용하려니 아무래도 기존의 운영하는 시스템이 느려질 것 같아서 조금 불안하다. 이때 신입의 열정을 가진 여러분이 조용히 손을 들고 '제가 데이터베이스 구축을 책임지겠습니다'라고 말해버렸다. 막상 큰 소리는 쳤으나, 난감한 상황이 아닐 수 없다.

실습 1

Server 가상머신을 DBMS 전용 서버로 운영하자.

Step 0

Server 가상머신을 설치 상태로 초기화한 후 부팅하고 root 사용자로 접속한다.

Step 1

MariaDB를 다운로드한다. Rocky Linux 9는 MariaDB 10.5를 기본 제공하지만, 이번 실습에서는 직접 MariaDB 사이트에서 이 책을 집필하는 시점의 최신 버전인 10.9.2 버전의 RPM 파일을 다운로드해 설치한다.

1-1 Firefox 웹 브라우저로 https://mariadb.org에 접속한 후 오른쪽 위의 메뉴(🔘)를 클릭한 후 [Download]를 클릭한다.

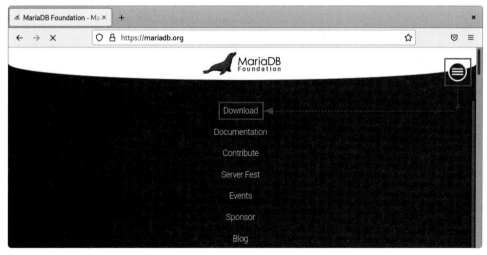

그림 11-2 MariaDB 최신 버전 다운로드 1

1-2 기본적으로 최신 안정 버전의 MariaDB 다운로드 페이지로 연결된다.

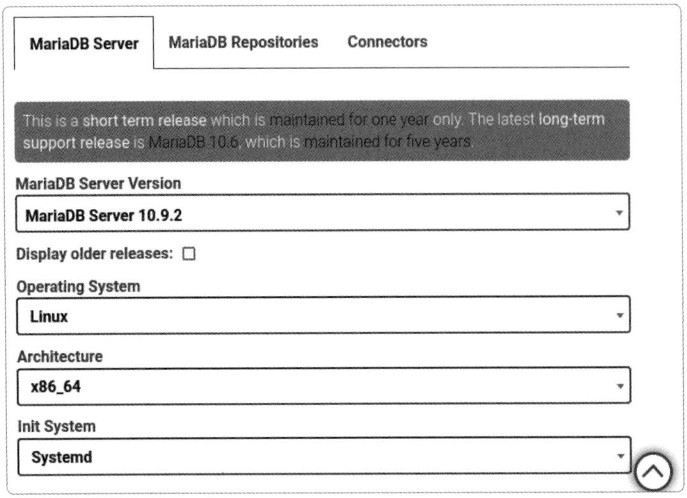

MariaDB Server	MariaDB Repositories	Connectors

This is a short term release which is maintained for one year only. The latest **long-term support** release is MariaDB 10.6, which is maintained for five years.

MariaDB Server Version

MariaDB Server 10.9.2 ▼

Display older releases: ☐

Operating System

Linux ▼

Architecture

x86_64 ▼

Init System

Systemd ▼ ⌃

그림 11-3 MariaDB 최신 버전 다운로드 2

1-3 앞 과정의 상태에서 바로 다운로드를 진행하면 실습하는 시점의 MariaDB 최신 버전이 다운로드되어 책의 실습 과정과 달라질 수 있다. 그러므로 이 책을 집필하는 시점의 최신 안전 버전을 배포하는 http://mirror.mariadb.org/yum/10.9/rhel9-amd64/rpms/에 직접 접속해 10.9.2에 해당하는 다음의 파일 5개를 다운로드한다. 만약 파일명이 변경되었거나 접속이 잘 안되면 Q&A 카페(https://cafe.naver.com/thisisLinux)에서 다운로드한다.

```
MariaDB-client-10.9.2-1.el9.x86_64.rpm
MariaDB-common-10.9.2-1.el9.x86_64.rpm
MariaDB-server-10.9.2-1.el9.x86_64.rpm
MariaDB-shared-10.9.2-1.el9.x86_64.rpm
galera-4-26.4.12-1.el9.x86_64.rpm
```

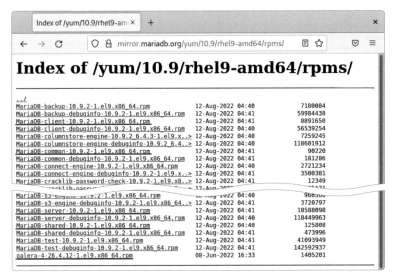

그림 11-4 MariaDB 10.9.2 다운로드

Step 2

다운로드한 파일을 설치한다.

2-1 먼저 명령으로 필수 패키지를 설치한다. 터미널을 열고 다음 명령을 입력해 다운로드한 3개 rpm 파일을 설치한다. 이러면 관련된 파일 여러 개가 설치된다.

```
cd 다운로드/          → 다운로드 디렉터리로 이동
pwd                  → 다운로드 디렉터리 위치 확인
ls                   → 다운로드한 패키지 파일 확인
dnf -y install ga*.rpm Ma*.rpm   → 다운로드한 rpm 패키지 파일 설치
```

```
                        root@localhost:~/다운로드              Q  ≡  ×
[root@localhost ~]# cd 다운로드/
[root@localhost 다운로드]#
[root@localhost 다운로드]# pwd
/root/다운로드
[root@localhost 다운로드]# ls
MariaDB-client-10.9.2-1.el9.x86_64.rpm  MariaDB-shared-10.9.2-1.el9.x86_64.rpm
MariaDB-common-10.9.2-1.el9.x86_64.rpm  galera-4-26.4.12-1.el9.x86_64.rpm
MariaDB-server-10.9.2-1.el9.x86_64.rpm
[root@localhost 다운로드]#
[root@localhost 다운로드]# dnf -y install ga*.rpm Ma*.rpm
Rocky Linux 9 - BaseOS                          7.9 kB/s | 3.6 kB     00:00
Rocky Linux 9 - BaseOS                          1.2 MB/s | 1.7 MB     00:01
```

그림 11-5 MariaDB 10.9.2 설치

2-2 다음 명령을 차례로 입력해 서비스를 가동한다. 참고로 MariaDB의 서비스 이름은 mariadb다.

```
systemctl restart mariadb        → 서비스 시작
systemctl enable mariadb         → 서비스 상시 가동
systemctl status mariadb         → 서비스 가동 확인
```

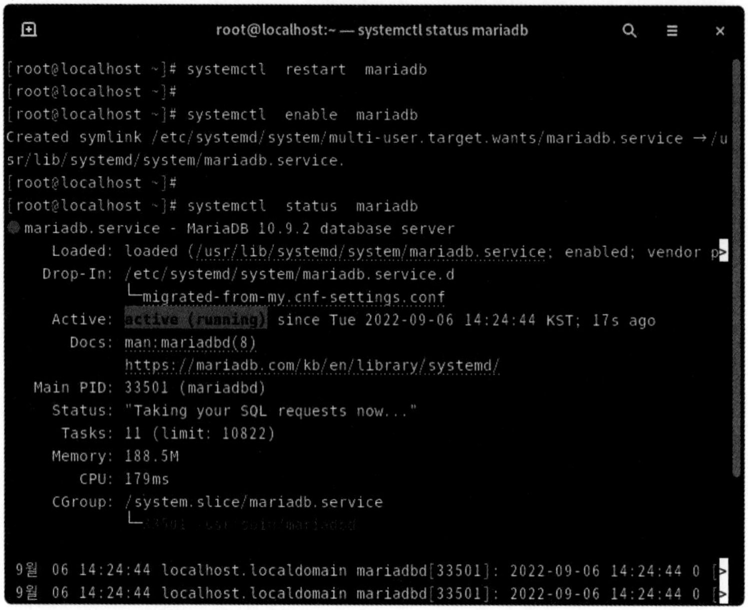

```
[root@localhost ~]# systemctl restart mariadb
[root@localhost ~]#
[root@localhost ~]# systemctl enable mariadb
Created symlink /etc/systemd/system/multi-user.target.wants/mariadb.service →/u
sr/lib/systemd/system/mariadb.service.
[root@localhost ~]#
[root@localhost ~]# systemctl status mariadb
● mariadb.service - MariaDB 10.9.2 database server
     Loaded: loaded (/usr/lib/systemd/system/mariadb.service; enabled; vendor p
     Drop-In: /etc/systemd/system/mariadb.service.d
              └─migrated-from-my.cnf-settings.conf
     Active: active (running) since Tue 2022-09-06 14:24:44 KST; 17s ago
       Docs: man:mariadbd(8)
             https://mariadb.com/kb/en/library/systemd/
   Main PID: 33501 (mariadbd)
     Status: "Taking your SQL requests now..."
      Tasks: 11 (limit: 10822)
     Memory: 188.5M
        CPU: 179ms
     CGroup: /system.slice/mariadb.service
             └─33501 /usr/sbin/mariadbd

9월 06 14:24:44 localhost.localdomain mariadbd[33501]: 2022-09-06 14:24:44 0
9월 06 14:24:44 localhost.localdomain mariadbd[33501]: 2022-09-06 14:24:44 0
```

그림 **11-6** MariaDB 서비스 시작

> **❗ 여기서 잠깐   서비스 등록**
>
> Rocky Linux 9에 포함된 서버 패키지를 **dnf** 명령을 실행해 설치하면 /lib/systemd/system/ 디렉터리에 '서
> 비스이름.service' 또는 '서비스이름.socket'으로 등록된다. 이 서비스를 시작/중지하려면 **systemctl start/
> stop 서비스이름** 명령을, 상시 가동을 하려면 **systemctl enable 서비스이름** 명령을 실행하면 된다.

2-3 **firewall-config** 명령을 입력해 [방화벽 설정] 창을 연다. [설정]에서 '영구적'을 선택한 후 [영역] 탭
왼쪽 목록에서 [public]을 선택한 상태로 오른쪽 [포트] 탭의 [추가] 버튼을 클릭하고 [포트 / 포트 범위]에
'3306'을 입력한 후 [확인] 버튼을 클릭한다. 설정을 적용하기 위해서 [옵션] – [Firewalld 다시 불러오기]
메뉴를 클릭한 후 [방화벽 설정] 창을 닫는다.

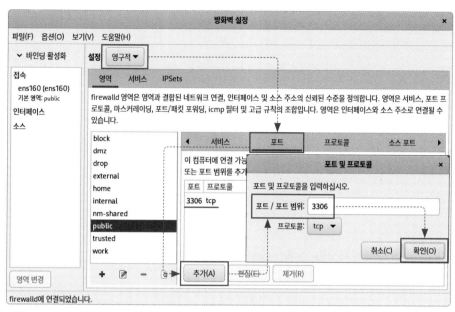

그림 11-7 MariaDB 포트 열기

> **NOTE** 각 서버의 포트 번호는 /etc/services 파일에 설정되어 있다. mysql의 포트 번호는 3306이다.

2-4 MariaDB 클라이언트 프로그램을 이용해 MariaDB 서버에 접속한다. MariaDB 클라이언트 프로그램의 실행 명령인 **mysql**을 입력한다. 'MariaDB [(none)]>' 프롬프트가 나오면 서버에 정상 접속된 것이다. 이제 앞 절에서 배운 SQL문을 사용해 데이터베이스를 제어하면 된다. 우선 **exit** 명령을 입력해 MariaDB를 종료한다.

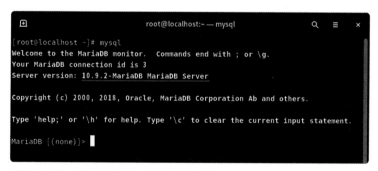

그림 11-8 MariaDB 클라이언트로 서버에 접속 성공

실습을 문제없이 진행했다면 MariaDB 데이터베이스 서버 설치를 무사히 완료한 것이다. 이제는 데이터베이스 서버를 잘 활용하는 일만 남았다.

Server(B) 가상머신을 초기화하고 MariaDB 10.9.x를 설치하자.

HINT1 MariaDB와 관련된 파일 5개를 호스트 OS에 다운로드한 후 USB 메모리를 이용하거나 ISO 파일로 만들어 Server(B) 가상머신 안으로 가져온다.

HINT2 포트는 다음 명령을 입력해 열 수 있다.

```
firewall-cmd --permanent --add-port=3306/tcp
firewall-cmd --reload
```

11.2.2 Windows에서 리눅스 MariaDB 서버로 접속

데이터베이스 서버에는 중요한 정보를 많이 보관한다. 그래서 대부분의 DBMS는 사용자와 관련된 보안 정책이 별도로 마련되어 있다. 즉, 아무나 DBMS에 접속할 수 있는 것이 아니라 허가받은 사용자만 접속할 수 있다.

여기서 언급한 사용자란 **데이터베이스 사용자**를 말하는 것이며, 운영체제 사용자와는 별개의 개념이다. 또한 **실습 1**의 **2-4**에서 MariaDB 서버에 별도의 데이터베이스 사용자를 지정하지 않았다. 그런데 mysql 명령을 입력하니까 아무런 확인 절차 없이 MariaDB 서버에 그냥 접속할 수 있었다. 그렇다면 운영체제의 root 사용자는 권한이 막강하니까 MariaDB 서버도 그냥 접속이 된 것일까? 그렇지는 않다.

Rocky Linux를 설치할 때를 떠올려 보자. 별도의 사용자를 생성하지 않더라도 root 사용자는 원래 존재했고 설치하는 과정 중에서 root 사용자의 비밀번호만 지정했다. 마찬가지로 MariaDB 서버를 설치하면 별도의 데이터베이스 사용자를 생성하지 않아도 root라는 이름의 데이터베이스 사용자가 비밀번호 없이 자동으로 생성된다.

NOTE ▶ 데이터베이스 사용자인 root는 MariaDB 서버 안에서 모든 권한을 실행할 수 있는 데이터베이스 관리자다. 운영체제 사용자인 root와 우연히 이름만 같을 뿐 전혀 별개의 사용자다.

그러므로 MariaDB 서버에 접속하려면 원칙적으로 mysql **-h 접속할컴퓨터 -u DB사용자이름 -p** 명령을 실행한 후 데이터베이스 사용자의 비밀번호를 입력하고 접속해야만 한다.

그런데 옵션을 모두 생략하고 mysql 명령만 실행하면 우선 MariaDB가 설치된 컴퓨터를 현재 컴퓨터로 간주하고 현재 운영체제의 사용자와 같은 이름인 root 사용자 권한으로 비밀번호 없이 접속하게 된다. 즉, 지금 우연히 현재 사용 중인 컴퓨터에 현재 운영체제 사용자 이름과 데이터베이스 사용자의 이름이 root로 동일하고, 아직 데이터베이스 사용자인 root에 비밀번호를 지정한 적이 없으므로 MariaDB 서버에 그냥 접속이 된 것이다.

따라서 MariaDB 서버를 설치한 직후에는 데이터베이스 사용자 root의 비밀번호를 변경해 데이터베이스 보안의 기본을 지켜야 한다. 지금은 DBMS에 데이터를 입력한 적이 없으므로 별문제가 발생하지 않지만, 실무에서 비밀번호를 지정하지 않으면 추후에 아주 치명적인 보안 문제가 발생할 수 있다.

실습 2

MariaDB의 기본적인 보안 환경을 설정하자. 이번에는 Windows에서 리눅스의 MariaDB 서버에 접속해 실습한다.

Step 1

Server ◉ 보안적 측면에서 중요한 데이터베이스 관리자 root의 비밀번호를 설정한다.

1-1 터미널에서 **mysqladmin −u root password '1234'** 명령을 입력해 데이터베이스 관리자 root의 비밀번호를 1234로 변경한다.

그림 11-9 DB 관리자 root의 비밀번호 변경

1-2 이제 외부에서 접속할 때는 mysql 명령을 입력해 접속할 수 없다. **mysql −h localhost −u root −p** 명령을 입력해 MariaDB 서버에 접속한 후 비밀번호를 별도로 입력해야 한다. 해당 명령을 입력해 접속한다. 그리고 접속이 되었으면 **exit** 명령을 입력해 접속을 종료한다.

그림 11-10 비밀번호를 이용해서 접속

NOTE ▶ MariaDB 10.4부터는 설치된 컴퓨터에서 로그인한 운영체제의 관리자(root)는 비밀번호 없이 MariaDB 서버에 접속할 수 있다. 즉, 리눅스에 root 사용자로 로그인했다면 **mysql** 명령만 실행해도 MariaDB 서버에 접속할 수 있다. 이전 버전인 10.3까지는 현재 로그인한 운영체제 사용자가 누구든 간에 비밀번호를 입력해야 했다.

Step 2

WinClient ◉▶ MariaDB 서버가 설치된 컴퓨터에서만 MariaDB 클라이언트를 사용하는 것은 아니다. 당연히 다른 컴퓨터에서도 MariaDB 서버에 접속할 수 있어야 한다. 이번에는 Windows에서 Server 가상머신에 설치된 MariaDB 서버에 접속하기 위해 MariaDB 클라이언트를 설치한다.

2-1 MariaDB 서버에 접속하려면 MariaDB 클라이언트가 필요하다. 웹 브라우저를 실행하고 https://www.mariadb.org/download에 접속한다. 그리고 611쪽 **실습 1 1-1~1-2**를 참고해서 Windows용 MariaDB 10.9.x 클라이언트를 다운로드한다.

이때 운영체제에 맞는 파일을 다운로드해야 한다. Windows 64비트(x86_64)용을 다운로드한다(이 파일 역시 Q&A 카페(https://cafe.naver.com/thisisLinux/)의 [교재 자료실]에 등록되어 있다).

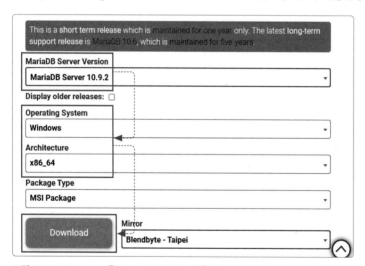

그림 11-11 Windows용 MariaDB 10.9.x 다운로드

NOTE ▶ 리눅스용은 서버와 클라이언트 프로그램을 별도로 제공하지만, Windows용은 1개 파일에 서버와 클라이언트가 모두 포함되어 있으므로 설치 중간에 필요한 내용을 선택해 설치해야 한다.

2-2 다운로드한 파일로 설치를 시작한다. [MariaDB 10.9 (x64) setup] 창에 환영 메시지가 나오면 [Next] 버튼을 클릭한다.

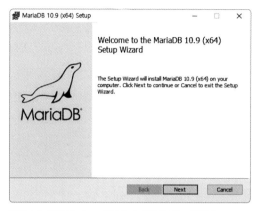

그림 11-12 Windows용 MariaDB 10.9.x 설치 1

2-3 [End-User License Agreement]가 나오면 'I accept the terms in the License Agreement'를 체크하고 [Next] 버튼을 클릭한다.

2-4 [Custom Setup]이 나오면 [Database instance] 앞에 있는 디스크 모양을 클릭하고 [Entire feature will be unavailable]을 클릭해 해당 기능이 설치되지 않게 설정한다. 같은 방식으로 [Backup utilities], [Development Components], [Third party tools]도 설치되지 않게 설정한다. 최종적으로는 다음 그림과 같이 [Client Programs]만 설치되도록 설정하고 [Next] 버튼을 클릭한다.

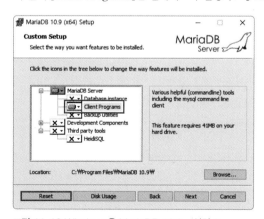

그림 11-13 Windows용 MariaDB 10.9.x 설치 2

2-5 [Ready to install MariaDB 10.9 (x64)]에서 [install] 버튼을 클릭해 설치를 시작한다. 설치가 완료되면 [Finish] 버튼을 클릭한다.

WinClient ▶ Windows에서 리눅스의 MariaDB 서버로 접속한다.

3-1 [시작]에서 마우스 오른쪽 버튼을 클릭하고 [Windows PowerShell] 또는 [터미널]을 클릭해 파워셸을 열고 **cmd** 명령을 입력해 명령 프롬프트로 전환한다. 다음 명령을 참고해 MariaDB 클라이언트가 설치된 C:\Program Files\MariaDB 10.9\bin\ 폴더로 이동하고 **mysql** 명령을 입력한다. 접속이 안 될 것이다.

```
CD C:\Program Files\MariaDB 10.9\bin\
DIR mysql.exe    → 파일 확인
mysql            → MariaDB 클라이언트 실행
```

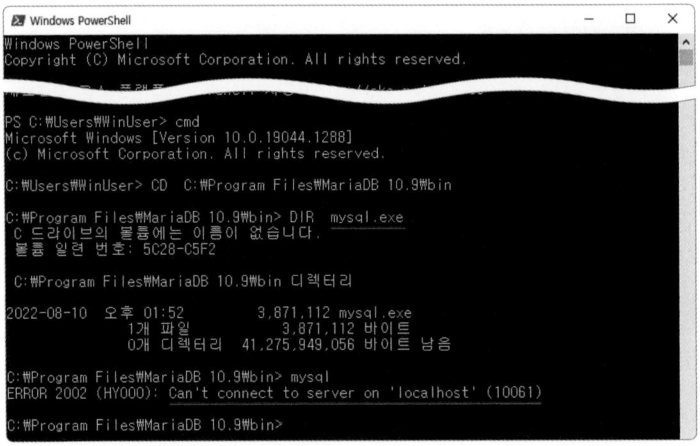

그림 11-14 mysql 클라이언트 실행 실패

접속이 안 되는 이유를 파악하자. mysql 클라이언트 명령을 아무런 옵션 없이 실행하면 현재 클라이언트 프로그램이 설치되어 있는 컴퓨터에 MariaDB 서버가 설치되어 있을 것이라고 생각하고 접속을 시도한다. 지금은 WinClient 가상머신(또는 호스트 OS)에 MariaDB 클라이언트만 설치했을 뿐 MariaDB 서버는 설치하지 않았다. 따라서 접속할 MariaDB 서버가 없어 에러가 발생하는 것이다.

3-2 Server 가상머신(192.168.111.100)에 접속하도록 지정한다. **mysql –h 호스트이름또는IP주소 –u 사용자이름 –p** 명령을 입력해 접속한다.

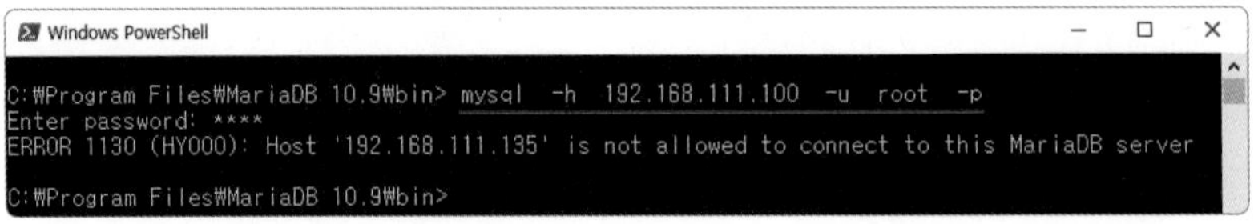

그림 11-15 MariaDB 서버에 접속 실패

비밀번호까지 입력하는 부분이 나와 앞선 실습에서 설정한 데이터베이스 사용자 root의 비밀번호 1234를 정확히 넣었다. 그런데도 접속이 되지 않았다.

여기서 MariaDB가 관리하는 사용자와 관련한 개념이 하나 더 나온다. MariaDB는 이메일 주소와 비슷한 형식으로 사용자 이름을 사용한다. 즉, **사용자이름@호스트이름또는IP주소** 형식으로 사용자를 관리한다. 그래서 MariaDB 서버에서 비밀번호를 1234로 지정한 데이터베이스 사용자 root의 정식 이름은 **root@ localhost**다.

원칙적으로 MariaDB 서버에 접속하려면 MariaDB의 클라이언트에서 **mysql -h 서버호스트이름또는IP주소 -u 사용자이름 -p** 명령을 실행해야 한다. 그러면 내부적으로 사용자 이름에 '사용자이름@현재컴퓨터IP'를 붙여 접속한다.

다시 Windows에서 접속할 때 입력한 명령인 **mysql -h 192.168.111.100 -u root -p** 명령을 살펴보자. 일단 Server 가상머신 IP를 가진 컴퓨터에 MariaDB 서버가 설치되어 있으므로 사용자 인증만 받으면 접속이 승인된다. 그런데 문제는 Windows에서 입력한 root 사용자의 정식 이름은 'root@WindowsIP주소'라는 점이다. 필자의 경우 root@192.169.111.135가 된다. MariaDB 서버에 접속이 허용된 DB 사용자는 root@localhost(또는 root@127.0.0.1)만 있을 뿐 root@192.168.111.135라는 사용자는 존재하지 않으므로 접속이 거부된 것이다.

NOTE ▶ MariaDB 서버에 접속하는 과정이 조금 까다롭게 느껴질 수도 있지만, 이는 보안을 위해 꼭 필요한 부분이다. 즉, 데이터베이스 사용자 이름과 비밀번호만 안다고 아무 컴퓨터에서나 접속할 수 없게 설정하는 것이다. MariaDB 서버에는 미리 지정해 둔 컴퓨터에서만 접속할 수 있다.

Step 4

Server ▶ 사용자 개념을 파악했으므로 WinClient 가상머신에서 접속할 사용자를 생성한다. MariaDB 서버의 관리자인 root와 혼동이 될 수 있으므로 Windows 사용자는 winuser라는 이름으로 생성한다.

4-1 먼저 MariaDB의 사용자가 들어 있는 user 테이블을 확인한다. 터미널에서 **mysql -u root -p** 명령을 입력해 MariaDB 서버에 접속한다. 그리고 다음 SQL문을 입력해 mysql 데이터베이스에 있는 'user' 테이블을 조회한다.

```
USE mysql;
SELECT user, host FROM user WHERE user NOT LIKE ''; → 사용자 이름이 비어 있는 것은 제외
```

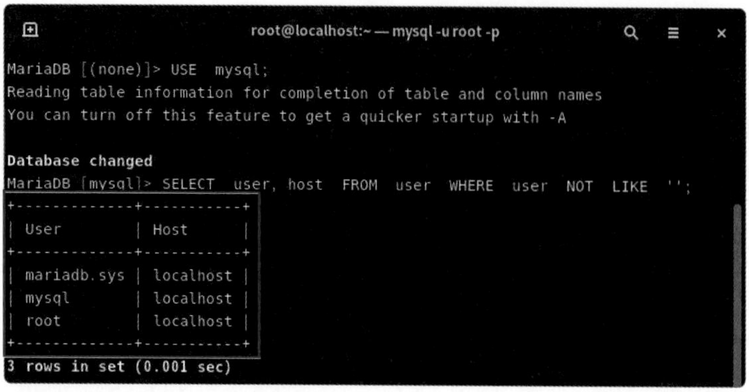

```
root@localhost:~ — mysql -u root -p

MariaDB [(none)]> USE  mysql;
Reading table information for completion of table and column names
You can turn off this feature to get a quicker startup with -A

Database changed
MariaDB [mysql]> SELECT  user, host  FROM  user  WHERE  user  NOT  LIKE  '';
+-------------+-----------+
| User        | Host      |
+-------------+-----------+
| mariadb.sys | localhost |
| mysql       | localhost |
| root        | localhost |
+-------------+-----------+
3 rows in set (0.001 sec)
```

그림 11-16 데이터베이스 사용자 확인

NOTE ▸ 그림 11-1에서 자세히 설명하지 않은 2개의 데이터베이스가 있는데 하나는 mysql이라는 이름의 데이터베이스이며, 다른 하나는 test라는 데이터베이스다. 이 두 데이터베이스는 MariaDB 서버를 설치하면 자동으로 생성되며 mysql에는 MariaDB 서버와 관련된 모든 시스템 정보가 들어 있다. 이번 단계에서는 그중 MariaDB 서버에 접속할 사용자 정보 테이블인 user라는 테이블을 확인한다.

이 그림은 mysql 데이터베이스에 있는 user 테이블의 user 열과 host 열을 조회한 결과다. 그림을 살펴보면 현재 MariaDB 서버를 사용할 수 있는 3명의 사용자(mariadb.sys, mysql, root)가 있다는 사실을 알 수 있다. 이들의 정식 이름은 mariadb.sys@localhost, mysql@localhost, root@localhost다. 즉, 현재 컴퓨터에서 접속할 경우에만 데이터베이스 사용자 root로 접속할 수 있다.

4-2 WinClient 가상머신의 정확한 IP 주소만으로 사용자를 생성할 수 있다. 필자의 경우 WinClient 가상머신의 IP 주소가 192.168.111.135이므로 '사용자이름@192.168.111.135' 사용자를 생성하면 된다. 그런데 WinClient 가상머신은 동적 IP 주소를 사용하기 때문에 재부팅할 때마다 IP 주소가 바뀔 수 있으므로 문제가 발생한다. 이를 해결하려면 192.168.111.○○○으로 시작하는 IP 주소 모두가 접속할 수 있게 사용자를 생성해야 한다. **GRANT ALL ON *.* TO winuser@'192.168.111.%' IDENTIFIED BY '4321';** 구문을 입력한다.

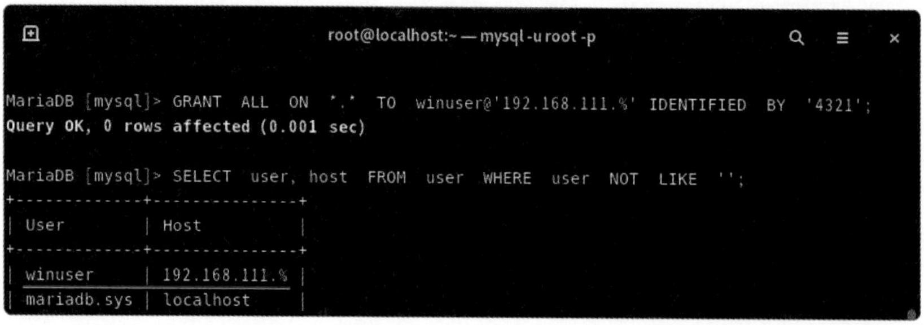

```
root@localhost:~ — mysql -u root -p

MariaDB [mysql]> GRANT  ALL  ON  *.*  TO  winuser@'192.168.111.%'  IDENTIFIED  BY  '4321';
Query OK, 0 rows affected (0.001 sec)

MariaDB [mysql]> SELECT  user, host  FROM  user  WHERE  user  NOT  LIKE  '';
+-------------+---------------+
| User        | Host          |
+-------------+---------------+
| winuser     | 192.168.111.% |
| mariadb.sys | localhost     |
```

그림 11-17 새로운 사용자 생성

네 번째 주소인 ○○○ 부분에 %를 써줬다는 사실에 주의해 살펴보자.

user 테이블을 다시 확인하면 winuser@192.168.111.% 이름의 사용자가 생성되었음을 확인할 수 있다.
이제 192.168.111.○○○ IP 주소의 컴퓨터는 모두 winuser, 비밀번호 4321을 사용해 MariaDB 서버에
접속할 수 있다.

! 여기서 잠깐 GRANT 구문

GRANT는 사용자를 생성해 주는 SQL문이다. 형식은 다음과 같다.

```
GRANT 사용권한 ON 데이터베이스이름.테이블이름 TO 사용자이름@'호스트이름' IDENTIFIED BY
'비밀번호';
```

사용권한을 ALL PRIVILIEGES 또는 ALL로 설정하면 모든 권한을 다 준다는 의미다. SELECT, INSERT,
UPDATE, DELETE 등의 권한을 별도로 줄 수 있다.

'데이터베이스이름.테이블이름'을 *.*로 설정하면 모든 데이터베이스와 모든 테이블에 접근이 가능하다는 의
미다. 만약 mysql 데이터베이스의 user 테이블만 사용할 수 있게 허락하려면 mysql.user라고 설정하면 된다.

즉, 4-2에서 입력한 **GRANT ALL ON *.* TO winuser@'192.168.111.%' IDENTIFIED BY '4321';**
구문을 해석하면 다음과 같은 의미다.

'사용자 winuser@192.168.111.%의 비밀번호를 4321로 새로 생성하라. 그리고 모든 데이터베이스와 테이
블에 모든 권한을 행사할 수 있도록 하라'

Step 5

WinClient ▶ 다시 Server 가상머신의 MaraiDB 서버에 접속한다.

5-1 명령 프롬프트에서 다시 **mysql −h 192.168.111.100 −u winuser −p** 명령을 입력해 winuser 사용
자로 접속한다. 바로 앞 단계에서 winuser 사용자의 비밀번호를 4321로 지정했다. 비밀번호를 물어보면
이를 입력한다.

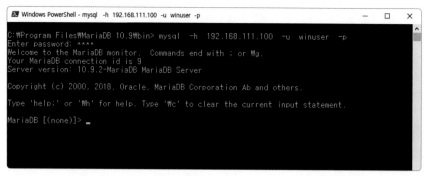

그림 11-18 WinClient 가상머신에서 접속 성공

정상적으로 접속된다. 이제 Server 가상머신에서든 WinClient 가상머신에서든 MariaDB 서버에 똑같이 접속해 사용할 수 있다.

5-2 exit 명령을 연속 3회 입력해 파워셸을 닫는다.

11.2.3 MariaDB 데이터베이스 생성과 운영

이번에는 MariaDB를 본격적으로 사용한다. 데이터베이스를 생성하고 여러 가지 설정을 진행한다. 실습은 WinClient 가상머신에서 Server 가상머신에 접속해 진행한다.

> **NOTE▸** 이 책은 SQL을 설명하는 책이 아니기에 SQL문에 관한 상세한 설명은 하지 않았다. SQL을 접한 적이 없는 독자는 그냥 따라하고 추후에 다른 SQL 책이나 인터넷을 참고해 SQL에 관한 더 상세한 내용을 익히자.

실습 3

쇼핑몰의 데이터베이스를 MariaDB 서버에 구축하자. 이번 장의 첫 부분에서 소개한 그림 11-1을 보면서 이번 실습을 진행하자.

Step 0

WinClient ◉ 다시 명령 프롬프트를 실행하고 C:\Program Files\MariaDB 10.9\bin\ 폴더로 이동한다. 그리고 다음 명령을 입력해 Server 가상머신의 mysql 서버에 접속한다.

```
mysql -h 192.168.111.100 -u winuser -p4321 → -p 뒤에 암호를 붙여 쓰면 따로 암호를 입력하지
                                               않아도 된다.
```

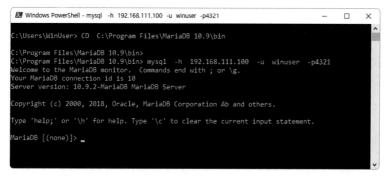

그림 11-19 MariaDB 서버에 접속

Step 1

WinClient ◐ **그림 11-1**에 나온 그대로 구성한다.

1-1 **CREATE DATABASE shopping_db CHARACTER SET utf8;** 구문을 입력해 쇼핑몰의 데이터 베이스에 해당하는 shopping_db를 생성하고, **SHOW DATABASES;** 구문을 입력해 잘 생성되었는지 확인한다.

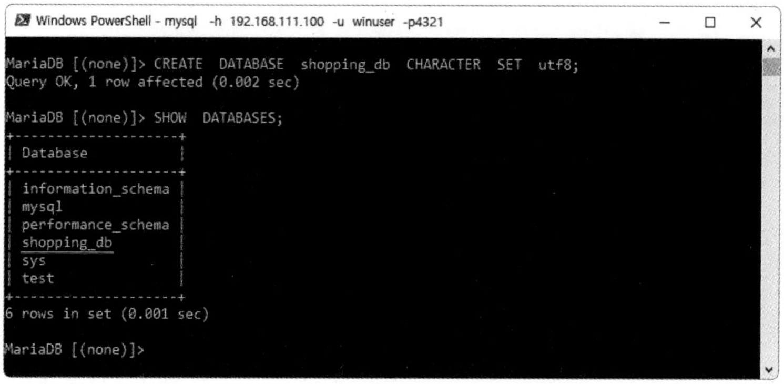

그림 11-20 데이터베이스 생성

NOTE ▶ 데이터베이스 생성 시 CHARACTER SET utf8 옵션을 지정하면 한글이 문제없이 입출력되지만, MariaDB 버전에 따라서 생략해도 별문제 없이 입출력되기도 한다.

SHOW DATABASES 구문을 실행했을 때 보이는 데이터베이스의 실체는, 운영체제 입장에서는 그저 디렉터리일 뿐이다. 그리고 내부에 정의된 테이블은 파일의 형태를 갖는다. 해당 디렉터리의 위치는 /var/lib/mysql/이다.

다음 그림을 보면 SHOW DATABASES 구문 실행 결과로 출력된 mysql, shopping_db, test 등의 데이터베이스가 디렉터리 형태로 존재함을 확인할 수 있다.

```
[root@localhost ~]# ls  -l  /var/lib/mysql/
합계 123324
-rw-rw----  1 mysql mysql    417792  9월  6 15:37 aria_log.00000001
-rw-rw----  1 mysql mysql        52  9월  6 13:46 aria_log_control
-rw-rw----  1 mysql mysql         9  9월  6 14:24 ddl_recovery.log
-rw-rw----  1 mysql mysql       942  9월  6 13:46 ib_buffer_pool
-rw-rw----  1 mysql mysql 100663296  9월  6 14:24 ib_logfile0
-rw-rw----  1 mysql mysql  12582912  9월  6 13:46 ibdata1
-rw-rw----  1 mysql mysql  12582912  9월  6 14:24 ibtmp1
-rw-rw----  1 mysql mysql         6  9월  6 14:24 localhost.pid
-rw-rw----  1 mysql mysql         0  9월  6 14:24 multi-master.info
drwx------  2 mysql mysql      4096  9월  6 13:46
srwxrwxrwx  1 mysql mysql         0  9월  6 14:24 mysql.sock
-rw-r--r--  1 mysql mysql        14  9월  6 13:46 mysql_upgrade_info
drwx------  2 mysql mysql        20  9월  6 13:46
drwx------  2 mysql mysql        20  9월  6 15:48
drwx------  2 mysql mysql      8192  9월  6 13:46
drwx------  2 mysql mysql        20  9월  6 13:46
[root@localhost ~]#
```

그림 11-21 Server 가상머신에서 데이터베이스의 실체는 디렉터리임을 확인

1-2 다음 구문을 입력해 shopping_db 데이터베이스 안에 customer(고객 정보) 테이블과 purchase(구매 정보) 테이블을 생성한다.

```
USE shopping_db;
CREATE TABLE customer (
    id VARCHAR(10) NOT NULL PRIMARY KEY,
    name VARCHAR(5),        → 한글 입력
    age INT,
    address VARCHAR(5) );   → 한글 입력
CREATE TABLE purchase (
    no INT NOT NULL PRIMARY KEY AUTO_INCREMENT,
    cust_id VARCHAR(10),
```

```
        date CHAR(8),
        product VARCHAR(5) );   → 한글 또는 영문 입력
```

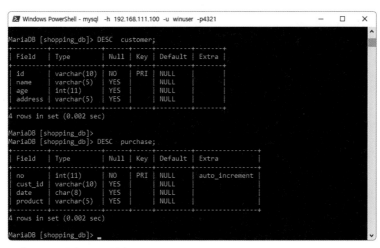

그림 11-22 테이블 생성

NOTE▶ 테이블 생성 시 사용한 예약어의 의미는 다음과 같다.

• **NOT NULL:** Null 값을 허용하지 않는다.

• **PRIMARY KEY:** 해당 필드를 주 키로 지정한다.

• **AUTO_INCREMENT:** 별도의 값을 입력하지 않고 자동으로 입력 값이 증가하는 필드로 만든다.

1-3 **DESC customer;**와 **DESC purchase;** 구문을 차례로 입력해 앞서 생성한 두 테이블의 구조를 확인한다.

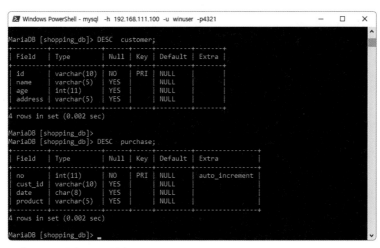

그림 11-23 테이블 구조 확인

1-4 다음 SQL문을 참고해 테이블에 행을 입력한다. **그림 11-1**에 나온 대로 customer 테이블에는 4개 행, purchase 테이블에는 5개 행을 입력한다.

```
INSERT INTO customer VALUES ('hong', '홍길동', 22, '경기');
INSERT INTO customer VALUES ('dang', '당탕이', 23, '충북');
INSERT INTO customer VALUES ('ppuni', '이뿌니', 30, '서울');
INSERT INTO customer VALUES ('john', '존뱅이', 28, '강원');
INSERT INTO purchase VALUES (null, 'hong', '20160122', 'TV');
INSERT INTO purchase VALUES (null, 'ppuni', '20160211', 'TV');
INSERT INTO purchase VALUES (null, 'john', '20160211', '냉장고');
INSERT INTO purchase VALUES (null, 'hong', '20160222', '세탁기');
INSERT INTO purchase VALUES (null, 'john', '20160311', '비디오');
```

그림 11-24 행의 삽입

NOTE ▶ purchase 테이블의 no(일련번호) 필드는 auto_increment 옵션을 설정해 자동으로 증가하게 했다. 그러므로 행을 삽입할 때 no 필드 부분은 null 값으로 입력했다. 그러면 알아서 1, 2, 3, …으로 자동 증가하면서 값이 입력된다.

1-5 **SELECT * FROM customer;**와 **SELECT * FROM purchase;** 구문을 입력해 데이터를 확인한다.

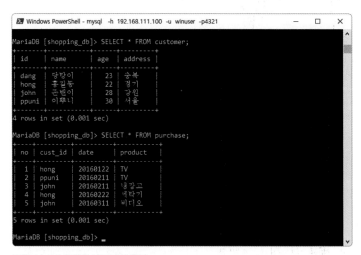

그림 11-25 입력한 데이터의 확인

1-6 **exit** 구문을 입력해 접속을 종료한다.

이렇게 해서 MariaDB를 설치하고 **그림 11-1**의 쇼핑몰 데이터베이스 구축을 완료했다. 어떤 데이터베이스를 구축하든지 뼈대 자체는 지금 진행한 방식과 크게 다르지 않을 것이다.

11.3 Windows용 응용프로그램과 리눅스 DBMS의 연동

리눅스 서버를 DBMS 전용 서버로 운영하는 것만으로도 안정적이고 좋은 시스템을 구성할 수 있다. 이번 절에서는 많은 사람이 사용하는 Windows용 응용프로그램 Visual Studio와 리눅스용 DBMS인 MariaDB를 연동해 사용하는 방법을 알아본다.

응용프로그램 개발 환경을 Windows로 구축했더라도 데이터베이스 서버로는 리눅스를 사용하고 싶을 수도 있다. 이처럼 Windows의 응용프로그램과 MariaDB 서버 사이의 통신이 이루어지도록 연결하는 역할을 하는 것이 ODBC^Open DataBase Connectivity다. 그 구성도는 다음 그림과 같다.

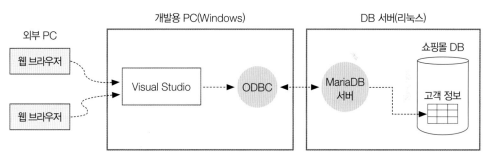

그림 11-26 Windows의 Visual Studio와 리눅스의 MariaDB 서버의 연결을 위한 구성도

그림을 보면 앞서 살펴본 다른 그림들에 비해 훨씬 단순하게 느껴진다. 실제로 구성도 자체를 이해하는 데 별로 어려울 게 없다. 직접 실습을 통해 확인하자.

Windows의 Visual Studio와 리눅스의 MariaDB를 연동하는 방법을 확인하자.

Step 1

WinClient ○ **실습 3**에 이어서 진행한다. 무료인 Visual Studio Community 2022를 설치한다.

1-0 WinClient 가상머신의 디스플레이 해상도가 낮으면 Visual Studio 화면이 잘려 보일 수 있다. WinClient 가상머신의 바탕화면에서 마우스 오른쪽 버튼을 클릭하고 [디스플레이 설정]을 클릭해 [설정] 창을 연다. [디스플레이]의 [해상도] 드롭다운 버튼을 클릭하고 '1280×768'를 선택한다.

1-1 웹 브라우저로 https://visualstudio.microsoft.com/ko/vs 또는 Q&A 카페(https://cafe.naver. com/thisisLinux)에서 Visual Studio Community 2022(VisualStudioSetup.exe)를 다운로드한다.

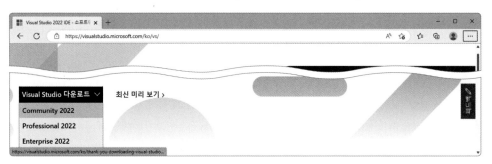

그림 11-27 Visual Studio Community 다운로드

NOTE ▶ Visual Studio는 무료와 유료 버전으로 나뉜다. 지금 사용하는 Visual Studio Community는 개인 개발자나 학교/교육기관/회사 등의 학습용으로 무료 사용할 수 있다.

1-2 다운로드한 VisualStudioSetup.exe를 실행한다. [Visual Studio Installer]가 나오면 [계속] 버튼을 클릭한다.

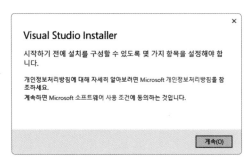

그림 11-28 Visual Studio Community 설치 1

1-3 [설치] 창에서 [ASP.NET 및 웹 개발]을 클릭하고 [설치 세부 정보] 아래쪽의 '추가 프로젝트 템플릿 (이전 버전)'을 체크한 후 [설치] 버튼을 클릭한다.

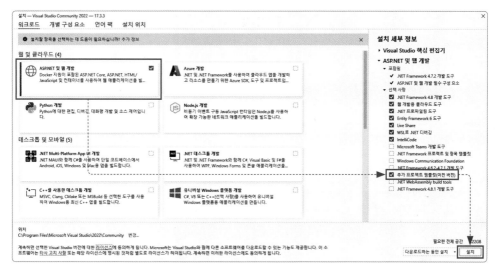

그림 11-29 Visual Studio Community 설치 2

NOTE▶ 다른 기능들을 설치해도 상관없지만, 이 책에서는 사용하지 않는다.

1-4 한동안 설치가 진행된다. 컴퓨터 성능에 따라서 몇십 분이 걸릴 수도 있다.

그림 11-30 Visual Studio Community 설치 3

1-5 설치가 완료되면 오른쪽 위 [x]를 클릭해 창을 닫는다. 이로써 **그림 11-26**에 나온 개발용 PC의 'Visual Studio' 설치를 완료했다.

1-6 WinClient 가상머신을 재부팅한다. 재부팅하지 않으면 추후 실습 간 문제가 발생할 수도 있다.

1-7 재부팅되면 [시작] - [V] - [Visual Studio 2022]를 클릭해 Visual Studio를 실행한다. 처음 실행하면 시간이 조금 걸린다.

그림 11-31 Visual Studio Community 실행 1

1-8 기다리면 Visual Studio 로고가 잠시 나왔다 사라진다.

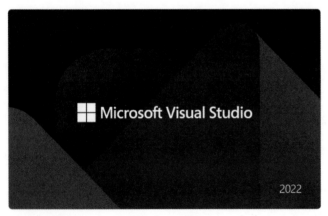

그림 11-32 Visual Studio Community 실행 2

1-9 잠시 동안 사용 준비를 한 후 Visual Studio 시작 화면이 나온다. 이 화면을 확인했다면 우선 Visual Studio를 종료한다.

그림 11-33 Visual Studio Community 실행 화면

WinClient ⊙ **그림 11-26**처럼 Windows에서 MariaDB 서버로 접속하기 위한 ODBC를 설정한다.

2-1 https://dev.mysql.com/downloads/connector/odbc 또는 Q&A 카페(https://cafe.naver. com/thisisLinux)에서 64bit용 MSI 파일을 다운로드한다(책을 집필하는 시점의 최신 버전은 8.0.30 이지 만, 버전이 올라가 제품이 작동하지 않으면 책과 동일한 8.0.30 버전을 사용하자). [Downloads] 버튼을 클릭한 후 나타나는 화면의 왼쪽 아래 [No thanks, just start my download.]를 클릭하면 바로 다운로드 가 시작된다.

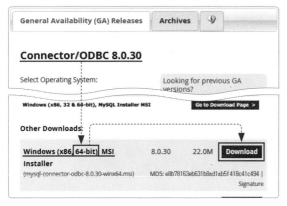

그림 11-34 MySQL Connector/ODBC 다운로드

2-2 다운로드한 파일(mysql-connector-odbc-8.0.30-winx64.msi)을 실행해 설치를 진행한다. [Setup Wizard] 창에서 [Next] 버튼을 클릭한다.

그림 11-35 MySQL Connector/ODBC 설치

2-3 [License Agreement]에서 'I accept the terms in the license agreement'를 체크하고 [Next] 버 튼을 클릭한다.

2-4 [Setup Type]에서 기본값인 'Typical'을 선택한 상태로 [Next] 버튼을 클릭한다.

2-5 [Ready to Install the Program]에서 [Install] 버튼을 클릭해 설치를 진행한다. 설치가 완료되면 [Finish]를 클릭해 창을 닫는다.

Server ◉ 호스트 OS가 전송하는 데이터를 받을 준비를 한다.

3-1 호스트 OS에서 접속할 사용자를 1명 만들어야 한다. 그런데 이미 **실습 2 4-2**에서 winuser@192.168
.111.% 사용자(비밀번호는 4321)를 생성했으므로 다시 사용자를 만들 필요는 없다. 사용자가 제대로 생성
되어 있는지 확인만 한다(MariaDB의 관리자인 root의 비밀번호는 1234로 지정했다).

그림 11-36 WinClient 가상머신에서 접속할 사용자를 Server 가상머신에서 확인

3-2 **exit** 구문을 입력해 종료한다.

WinClient ◉ Server 가상머신과 ODBC의 연결 설정을 진행하고 .Net Framework 3.5의 기능을 킨다.

4-1 [시작] 오른쪽에 있는 [검색하려면 여기에 입력하세요.]에 '제어판'을 입력하고 Enter 를 눌러 실행한
다. [제어판] 창에서 [시스템 및 보안] − [관리 도구] − [ODBC 데이터 원본(64비트)]를 더블클릭한다.
[ODBC 데이터 원본 관리자] 창이 나오면 [시스템 DSN] 탭을 클릭하고 [추가] 버튼을 클릭한다.

그림 11-37 ODBC 설정 1

4-2 [새 데이터 원본 만들기] 창에서 [MySQL ODBC 8.0 Unicode Driver]를 선택하고 [마침] 버튼을 클릭한다.

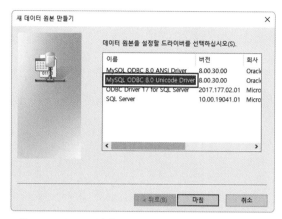

그림 11-38 ODBC 설정 2

4-3 [MySQL Connect/ODBC Data Source Configuration] 창이 나온다. [Data Source Name]에는 적당한 이름을 입력한다. 필자는 'MariaODBC'라고 입력했다. [Description]은 생략하고, [TCP/IP Server]에는 MariaDB 서버가 설치되어 있는 Server 가상머신의 IP 주소(필자의 경우 192.168.111.100)를 입력한다. [User]와 [Password]에는 MariaDB 서버에서 생성한 사용자 이름과 비밀번호를 입력한다 (필자는 winuser/4321로 만들었다). [Database]에는 드롭다운 버튼을 클릭해 'shopping_db'를 선택하고 [Test] 버튼을 클릭한다. 문제 없이 설정했다면 성공 메시지가 나온다. 설정을 모두 마쳤으면 [Ok] 버튼을 클릭해 종료한다.

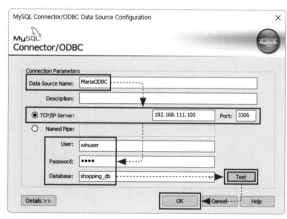

그림 11-39 ODBC 설정 3

4-4 [ODBC 데이터 원본 관리자] 창의 [시스템 DSN] 탭에서 MariaODBC가 잘 생성되었음을 확인할 수 있다. [확인] 버튼을 클릭해 창을 닫는다.

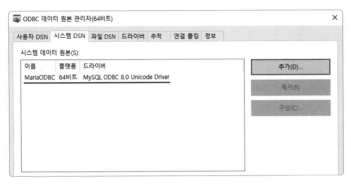

그림 11-40 ODBC 설정 4

이제 Windows의 어떤 응용프로그램이든지 ODBC와 접속만 할 수 있다면 MariaODBC를 통해서 Server 가상머신에 설치된 MariaDB 서버로 접속할 수 있다.

4-5 이번에는 .Net Framework 3.5를 사용할 수 있도록 설정한다. [시작] 오른쪽 검색 칸에 'Windows 기능'을 입력하고 [Enter]를 누른다.

4-6 [Windows 기능] 창에서 가장 위쪽의 '.NET Framework 3.5(.NET 2.0 및 3.0 포함)'을 체크하고 [확인] 버튼을 클릭한다.

그림 11-41 .NET Framework 3.5 설치

4-7 [일부 기능 설치를 완료하려면 Windows 업데이트의 파일이 필요합니다.]가 나오면 [Windows 업데이트에서 파일을 다운로드하도록 허용]을 클릭한다.

4-8 한동안 파일이 다운로드되고 설치된다. 설치가 완료되면 [닫기] 버튼을 클릭해서 창을 닫는다.

WinClient ◉ ASP.NET 웹 응용프로그램을 작성한다.

5-0 다시 Visual Studio 2022를 실행한다. 만약 [Visual Studio에 로그인] 창이 나오면 [지금은 이 항목을
건너뜁니다]를 클릭하고 색 테마는 적당한 것을 선택한 후 [Visual Studio 시작] 버튼을 클릭한다.

5-1 초기 화면에서 오른쪽의 [새 프로젝트 만들기]를 클릭한다.

5-2 [새 프로젝트 만들기]에서 검색 칸 아래쪽의 드롭다운 버튼을 클릭해 프로그래밍 언어를 'C#'으로 선택
한다. 그리고 아래쪽으로 한참 스크롤해 [ASP.NET Web Forms 사이트]를 선택하고 [다음] 버튼을 클릭한다.

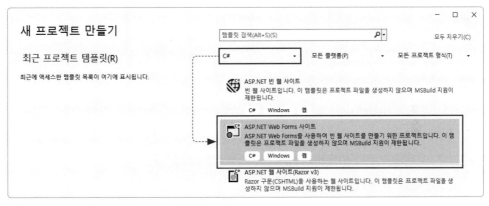

그림 11-42 Visual Studio Community 웹사이트 구축 1

5-3 [새 프로젝트 구성]에서 나머지는 그대로 두고 [프레임워크]를 '.Net Framework 3.0'으로 선택하고
[만들기] 버튼을 클릭한다. 잠시 기다리면 자동으로 빈 웹사이트가 구성된다.

새 프로젝트 구성

ASP.NET Web Forms 사이트   C#   Windows   웹

프로젝트 이름(J)

WebSite1

위치(L)

C:\Users\WinUser\Source\Repos

솔루션 이름(M) ⓘ

WebSite1

☐ 솔루션 및 프로젝트를 같은 디렉터리에 배치(D)

프레임워크(F)

.NET Framework 3.0

그림 11-43 Visual Studio Community 웹사이트 구축 2

5-4 왼쪽 아래의 [디자인]을 클릭해 디자인 모드로 변경하고 [도구 상자]를 클릭해 확장한 후 [데이터] 부분의 [SqlDataSource]를 더블클릭하거나, 드래그해 오른쪽 빈 디자인 창에 가져간다.

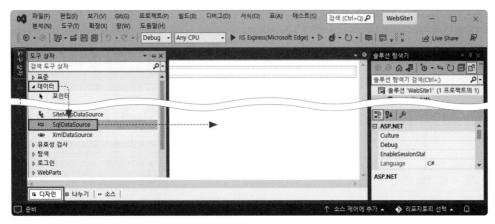

그림 11-44 Visual Studio Community 웹사이트 구축 3

5-5 디자인 창의 'SqlDataSource' 오른쪽의 [데이터 소스 구성]을 클릭한다(만약 보이지 않으면 '〉'를 클릭한다).

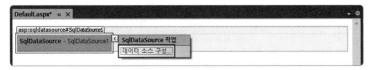

그림 11-45 Visual Studio Community 웹사이트 구축 4

5-6 [데이터 소스 구성] 창의 [데이터 연결 선택]에서 [새 연결] 버튼을 클릭한다. [데이터 소스 선택] 창이 나오면 [Microsoft ODBC 데이터 소스]를 선택한 후 [계속] 버튼을 클릭한다.

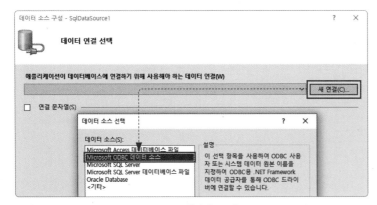

그림 11-46 Visual Studio Community 웹사이트 구축 5

5-7 [연결 추가] 창에서 [데이터 소스 사양]의 '사용자 또는 시스템 데이터 소스 이름 사용'을 선택하고 드롭다운 버튼을 클릭해 앞에서 설정한 MariaODBC를 선택한다. [로그인 정보]의 [사용자 이름]에는 'winuser', 암호에는 '4321'를 입력한 후 [연결 테스트] 버튼을 클릭한다. '테스트 연결에 성공했습니다.'라는 대화상자가 나오면 [확인] 버튼을 클릭한다. 그리고 [연결 추가] 창의 [확인] 버튼을 클릭해 창을 닫는다.

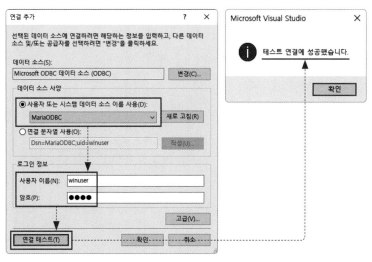

그림 11-47 Visual Studio Community 웹사이트 구축 6

5-8 다시 [데이터 연결 선택]이 나오면 [다음] 버튼을 클릭한다.

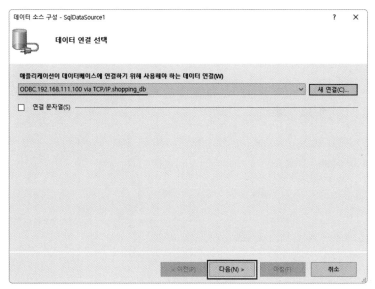

그림 11-48 Visual Studio Community 웹사이트 구축 7

5-9 [애플리케이션 구성 파일에 연결 문자열 저장]에서 기본값을 그대로 두고 [다음] 버튼을 클릭한다(연결 문자열 이름은 ConnectionString으로 자동 저장된다).

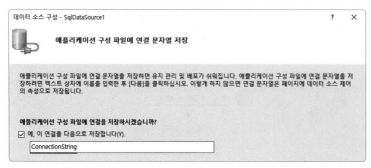

그림 11-49 Visual Studio Community 웹사이트 구축 8

5-10 [Select 문 구성]에서 '사용자 지정 SQL문 또는 저장 프로시저 지정'을 선택하고 [다음] 버튼을 클릭한다.

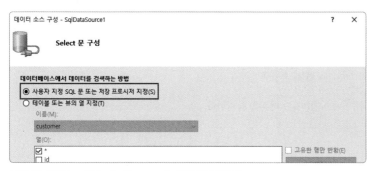

그림 11-50 Visual Studio Community 웹사이트 구축 9

5-11 [사용자 지정 문 또는 저장 프로시저 정의]의 [SELLCT] 탭 'SQL 문' 아래쪽에 **SELECT * FROM customer** 구문을 입력하고 [다음] 버튼을 클릭한다.

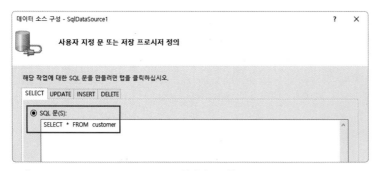

그림 11-51 Visual Studio Community 웹사이트 구축 10

5-12 [쿼리 테스트]에서 [쿼리 테스트] 버튼을 클릭해 쿼리가 정상적으로 실행되는지 확인한다. 그리고 [마침] 버튼을 클릭해 창을 닫는다.

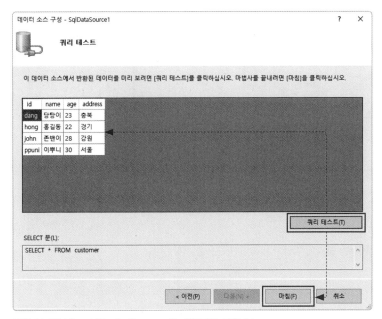

그림 11-52 Visual Studio Community 웹사이트 구축 11

이제 Visual Studio를 통해 DB 서버의 '회원 테이블'까지 접근했다.

5-13 다시 왼쪽 [도구 상자]를 클릭하고 [데이터]의 [GridView]를 더블클릭한다.

5-14 [GridView 작업]의 [데이터 소스 선택]에서 'SqlDataSource1'을 선택한다.

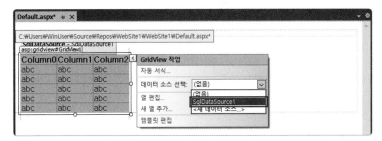

그림 11-53 Visual Studio Community 웹사이트 구축 12

5-15 [자동 서식]을 클릭해 적당한 스키마를 선택한다. 그리고 '페이징 사용'도 체크한다.

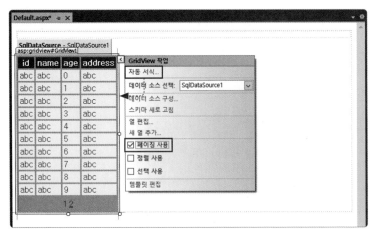

그림 11-54 Visual Studio Community 웹사이트 구축 13

5-16 [파일] – [모두 저장] 메뉴를 클릭해 지금까지 작업한 내용을 저장한다.

Step 6

WinClient ● 실제 웹 서비스가 작동하는지 확인한다. [파일] – [브라우저에서 보기]를 클릭한다. 잠시 기다리면 웹 브라우저가 실행되고 MariaDB의 데이터들이 웹 브라우저에 나타난다.

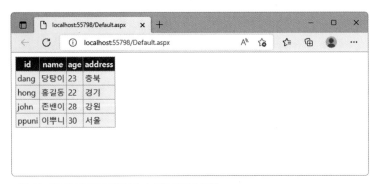

그림 11-55 웹 브라우저에서 MariaDB 데이터 조회

⸻ ? VITAMIN QUIZ 11-3 ⸻

Visual Studio로 Server(B) 가상머신에 설치한 MariaDB에 접속하고 shopping_db 데이터베이스의 데이터를 웹 페이지에 출력하자.

이로써 **그림 11-26**의 제일 왼쪽에 있는 '웹 브라우저'에서 맨 오른쪽의 '고객 정보' 테이블까지 접근할 수 있게 되었다.

11.4 Oracle Database Express 설치와 운영

이번 절에서는 DBMS 중에서 가장 많이 사용되는 Oracle을 Rocky Linux에 설치한다. 그리고 설치한 Oracle을 활용하는 환경도 설명한다.

NOTE ▶ Oracle을 구동하려면 고사양의 컴퓨터가 필요하다. 특히 Oracle Database Enterprise/Standard는 최소 4GB의 메모리 용량이 필요하다. 지금 우리가 사용할 Oracle Database Express 18c는 512MB 메모리에서 잘 작동하기 때문에 VMware 프로그램상에서 큰 문제없이 구동할 수 있다. 또한 아무런 비용을 지불할 필요 없이 무료로 사용할 수 있다(상용 Oracle은 상당히 고가다). 그러므로 기본적인 사용법은 무료이며 비교적 저사양에서도 잘 작동하는 Oracle Database Express 18c로 익히자.

11.4.1 Oracle Database Express 18c 설치

실습 5 ▶

Server 가상머신에 리눅스용 Oracle Database Express 18c를 설치하자.

Step 0

이번 실습은 Server 가상머신에서만 진행한다. Server 가상머신에 Oracle Database Express 18c 설치를 위한 사전 작업을 진행한다.

0-0 Server 가상머신을 설치 상태로 초기화한다.

0-1 부팅하지 않은 채로 메모리 용량을 4GB(4096MB)로 변경한다.

0-2 부팅하고 root 사용자로 접속한다.

0-3 터미널을 열고 다음 명령을 입력해 관련 필수 패키지를 다운로드하고 설치한다.

```
wget http://mirror.centos.org/centos/7/os/x86_64/Packages/compat-libcap1-1.10-7.el7.
x86_64.rpm
```

```
wget http://mirror.centos.org/centos/7/os/x86_64/Packages/compat-libstdc++-33-3.2.3-72.
el7.i686.rpm
ls -l compat*
dnf -y install compat*.rpm
```

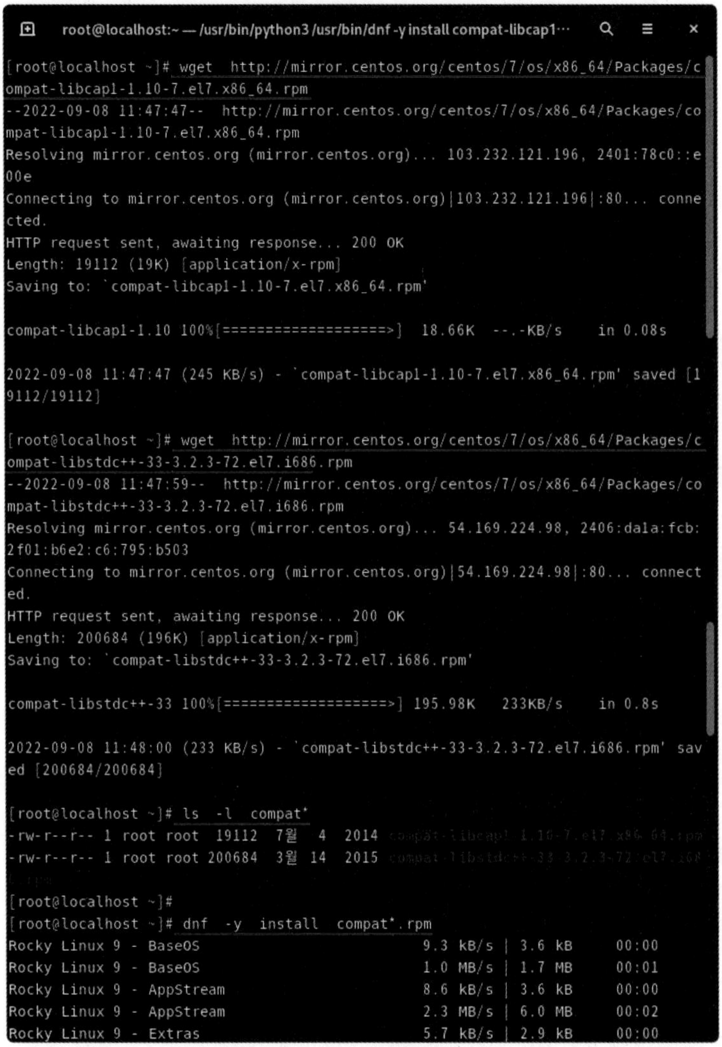

그림 11-56 필수 패키지 설치 1

NOTE ▶ 지금 설치하는 패키지는 CentOS 7용 패키지인데 Rocky Linux 9에 Oracle Database Express 18c를 설치하기 위해 필요하다. 책에서 사용하는 모든 파일은 Q&A 카페(https://cafe.naver.com/thisisLinux) [교재 자료실]에도 등록되어 있다는 사실을 다시 한 번 안내한다.

0-4 Oracle의 사전 설치 파일을 다운로드하고 설치한다.

```
wget  https://yum.oracle.com/repo/OracleLinux/OL7/latest/x86_64/getPackage/oracle-
database-preinstall-18c-1.0-1.el7.x86_64.rpm → Oracle 18c용 사전 설치파일 다운로드
ls -l oracle*
dnf -y install oracle*.rpm
```

그림 11-57 필수 패키지 설치 2

0-5 dnf –y install libnsl 명령을 입력해 관련 패키지를 설치한다.

그림 11-58 필수 패키지 설치 3

Oracle사 웹페이지(https://www.oracle.co.kr)에서 Oracle Database Express 18c를 다운로드한다.

1-1 Firefox 웹 브라우저로 https://www.oracle.com/database/technologies/xe18c-downloads. html에 접속해 [Oracle Database 18c Express Edition for Linux x64]를 클릭한 후 [파일 저장]을 선택해 파일을 다운로드한다. 이 책을 집필하는 시점의 파일명은 oracle-database-xe-18c-1.0-1.x86_64. rpm(약 2.2GB)이다.

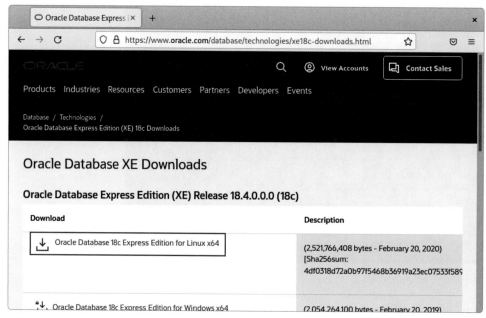

그림 11-59 Oracle Database Express 18c 다운로드

NOTE▶ 이 책을 집필하는 시점에는 Oracle Database 18c Express의 다운로드가 별도 로그인 없이도 진행된다. 하지만 향후 로그인을 요구하면 회원 가입을 진행한 후 다운로드하자. 회원 가입은 무료이며 가입 시 등록한 이메일 주소가 사용자 이름이 된다.

1-2 터미널에서 다운로드한 파일을 확인한다.

```
[root@localhost ~]# cd 다운로드/
[root@localhost 다운로드]#
[root@localhost 다운로드]# ls -l oracle*
-rw-r--r-- 1 root root 2521766408 9월  7 15:53
[root@localhost 다운로드]#
```

그림 11-60 Oracle Database Express 18c 설치 파일 확인

Oracle Database Express 18c를 설치하고 환경 설정을 진행한다.

2-1 dnf −y install oracle*.rpm 명령을 입력해 Oracle Database Express 18c를 설치한다. 잠시 설치가 진행된다.

그림 11-61 Oracle Database Express 18c 설치 1

2-2 설치가 완료되면 **service oracle−xe−18c configure** 명령을 입력해 환경 설정을 시작한다. 다음 내용을 참고해 환경 설정을 진행하자. 비밀번호 입력 부분에서 비밀번호를 지정하면 된다(필자는 password로 지정했다). 완료되는데 시간이 상당히 걸린다.

Specify a password … and PDBADMIN accounts : 비밀번호 입력 후 [Enter]
→ SYS 및 SYSTEM 사용자의 비밀번호를 지정하는 것이며, 입력되는 글자가 보이지 않는다.
Confirm the password: 앞서 입력한 비밀번호를 한 번 더 입력한 후 [Enter]

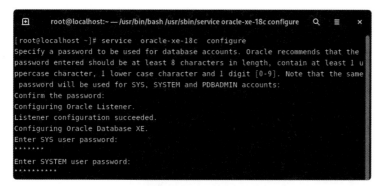

그림 11-62 Oracle Database Express 18c 설치 2

NOTE ▶ 설정이 완료된 후에도 잠시 기다리자. Oracle 서비스를 가동하기 위해서는 내부적으로 약간의 시간이 더 필요하기 때문이다.

Step 3

Oracle을 사용하기 위한 포트를 열고 데이터 디렉터리를 준비한다.

3-1 다음 명령을 입력해 Oracle과 관련된 8,080번 및 1,521번 포트를 연다.

```
firewall-cmd --permanent --add-port=8080/tcp
firewall-cmd --permanent --add-port=1521/tcp
firewall-cmd --reload
```

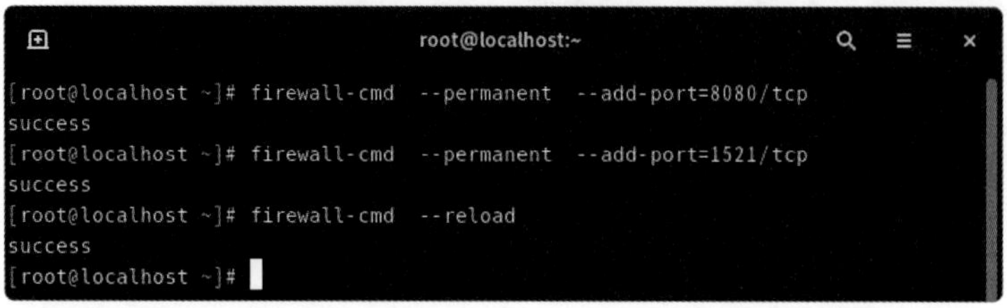
root@localhost:~
[root@localhost ~]# firewall-cmd --permanent --add-port=8080/tcp
success
[root@localhost ~]# firewall-cmd --permanent --add-port=1521/tcp
success
[root@localhost ~]# firewall-cmd --reload
success
[root@localhost ~]#

그림 11-63 Oracle 관련 포트 열기

3-2 앞으로 사용할 데이터 파일을 저장하기 위한 /oradata 디렉터리를 만들고 누구나 읽기/쓰기가 가능하게 설정한다.

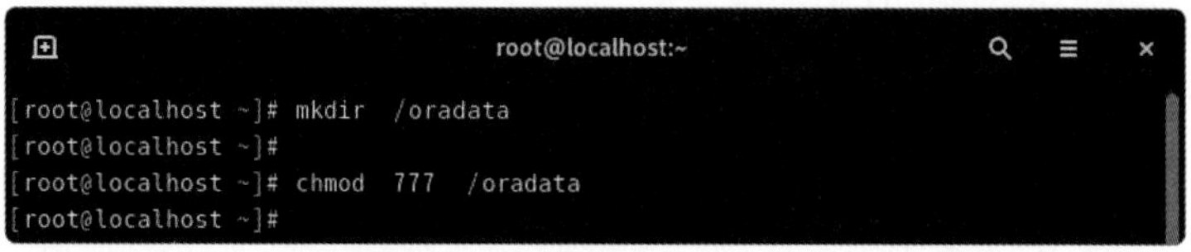
root@localhost:~
[root@localhost ~]# mkdir /oradata
[root@localhost ~]#
[root@localhost ~]# chmod 777 /oradata
[root@localhost ~]#

그림 11-64 데이터 파일을 저장할 디렉터리 생성

Step 4

Oracle 사용자의 이름은 oracle이다. oracle 사용자의 환경을 설정하고 오라클 관련 서비스를 시작한다.

4-1 **su – oracle** 명령을 입력해 oracle 사용자로 접속하고 **nano .bash_profile** 명령을 입력해 nano 에디터로 .bash_profile 파일을 연다.

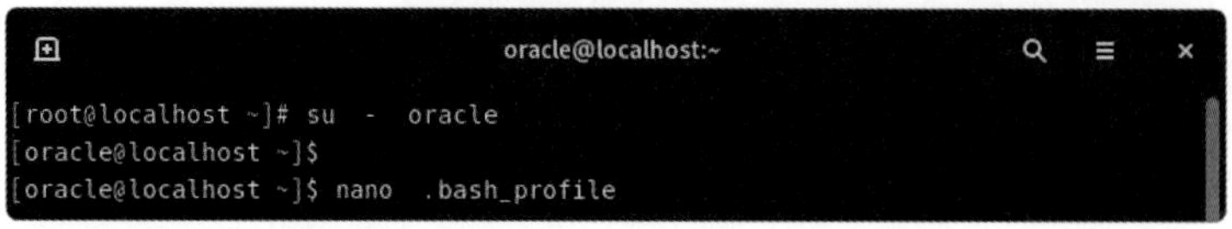
oracle@localhost:~
[root@localhost ~]# su - oracle
[oracle@localhost ~]$
[oracle@localhost ~]$ nano .bash_profile

그림 11-65 oracle 사용자 접속 및 설정 1

NOTE ▸ .bash_profile 파일은 해당 사용자가 로그인하면 자동으로 실행되는 스크립트 파일이다.

4-2 .bash_profile 파일이 열리면 다음 내용을 가장 아래쪽에 추가한다. 그리고 파일을 저장하고 nano 에디터를 종료한다.

```
export ORACLE_HOME=/opt/oracle/product/18c/dbhomeXE
export TNS_ADMIN=$ORACLE_HOME/network/admin
export ORACLE_SID=XE
export ORAENV_ASK=NO
export PATH=$PATH:$ORACLE_HOME/bin
export NLS_LANG=KOREAN_KOREA.AL32UTF8
```

그림 11-66 oracle 사용자 접속 및 설정 2

4-3 **exit** 명령을 입력해 oracle 사용자를 로그아웃한다.

> **NOTE▶** 이 책은 Oracle 관련 책이 아니므로 실습 진행 간 Oracle의 보안이나 세부 설정과 관련된 내용은 대부분 무시하고 Oracle을 최대한 간단히 사용한다. 실무에서는 더 고려해야 할 사항이 많이 있다는 사실을 기억하자.

11.4.2 Oracle 데이터베이스 생성과 운영

11.2절에서 MariaDB에서 데이터베이스를 구축했다. 이번에는 Oracle에서 **그림 11-1**과 동일한 데이터베이스를 구축한다. 실습을 진행하다보면 일부 과정을 제외하고는 MariaDB에서 데이터베이스를 구축하는 과정과 별 차이가 없다는 사실을 느낄 것이다.

실습 6

쇼핑몰의 데이터베이스를 Oracle 서버에 구축하자.

Step 1

실습 5에 이어서 진행한다. 이제부터 Oracle 클라이언트 프로그램인 SQL*Plus로 Oracle 서버에 접속해 **그림 11-1**과 동일한 데이터베이스를 구축한다. 우선 **su – oracle** 명령으로 oracle 사용자로 접속한다.

NOTE ▶ 실습 3에서 mysql을 이용해 구축했던 과정과 비교해보자. 상당히 유사할 것이다.

Step 2

Oracle의 SQL문을 사용해 데이터베이스를 구축한다.

2-1 터미널에서 **sqlplus** 명령을 입력해 SQL*Plus를 실행하고 system 사용자(필자는 비밀번호를 password로 설정했다)로 접속한다. 그러면 프롬프트가 SQL>로 변경된다(이는 MariaDB의 [MariaDB [none]>] 프롬프트와 동일한 상태다).

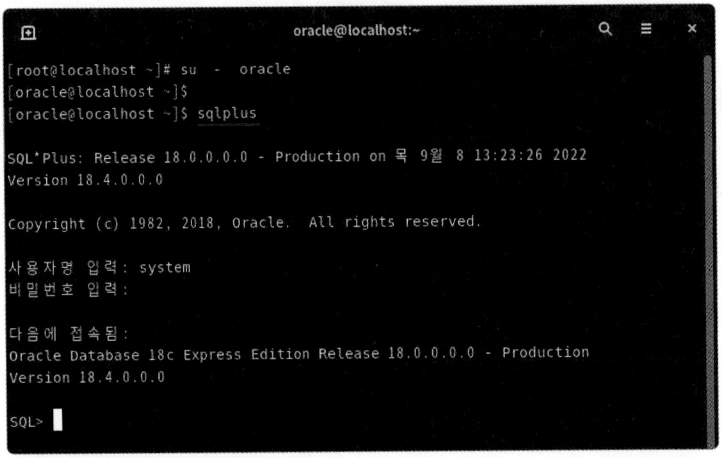
oracle@localhost:~
[root@localhost ~]# su - oracle
[oracle@localhost ~]$
[oracle@localhost ~]$ sqlplus
SQL*Plus: Release 18.0.0.0.0 - Production on 목 9월 8 13:23:26 2022
Version 18.4.0.0.0
Copyright (c) 1982, 2018, Oracle. All rights reserved.
사용자명 입력: system
비밀번호 입력:
다음에 접속됨:
Oracle Database 18c Express Edition Release 18.0.0.0.0 - Production
Version 18.4.0.0.0
SQL>

그림 11-67 Oracle 데이터베이스 구축 1

2-2 CREATE TABLESPACE shopping_db DATAFILE '/oradata/shop.dbf' SIZE 5M; 구문을 입력해 쇼핑몰의 데이터베이스인 shopping_db를 생성하고, **SELECT tablespace_name FROM DBA_DATA_FILES;** 구문을 입력해 데이터베이스가 잘 생성되었는지 확인한다(Oracle의 테이블스페이스tablespace는 MariaDB의 데이터베이스와 비슷한 개념이라 생각하면 된다).

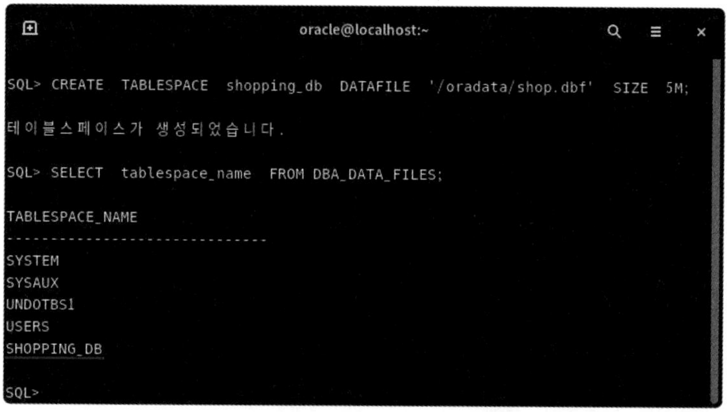

그림 11-68 Oracle 데이터베이스 구축 2

2-3 다음 SQL문을 입력해 테이블을 생성한다.

```
CREATE TABLE customer (
      id   VARCHAR(10)   NOT   NULL   PRIMARY   KEY,
      name     NCHAR(5),
      age    INT,
      address   NCHAR(5) )   TABLESPACE   shopping_db;
CREATE TABLE purchase (
      no   INT   NOT   NULL   PRIMARY   KEY,
      cust_id    VARCHAR(10),
      mdate    CHAR(8),
      product   NCHAR(5) )   TABLESPACE   shopping_db;
```

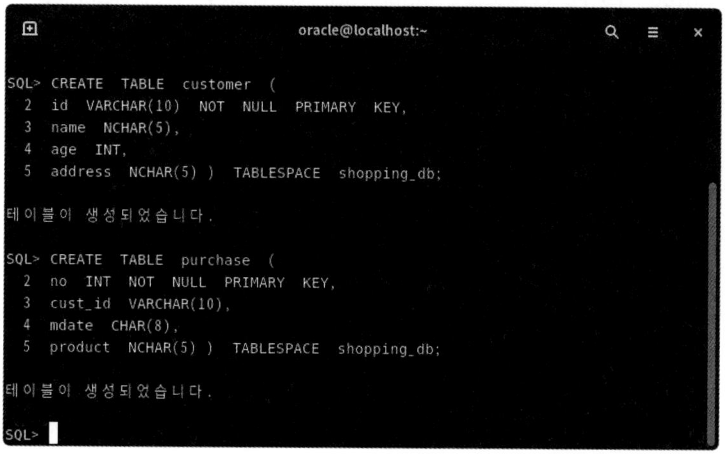

그림 11-69 Oracle 데이터베이스 구축 3

NOTE ▶ MariaDB와 비교했을 때 Oracle에서 테이블을 만들 때의 차이점은 다음과 같다.

• 테이블 생성 구문 뒤에 테이블이 생성될 테이블스페이스를 지정한다.

• 한글이 들어갈 문자형은 NCHAR를 사용한다.

• purchase 테이블의 date 열 이름은 예약어로 인식되지 않으므로 mdate로 변경해 사용한다.

• AUTO_INCREMENT는 인식하지 않으므로 생략한다.

그리고 테이블을 잘못 만들었다면 **DROP TABLE 테이블이름;** 구문을 입력해 삭제하고 다시 만들면 된다.

2-4 DESC customer;와 **DESC purchase;** 구문을 차례로 입력해 앞서 정의한 두 테이블의 구조를 확인한다.

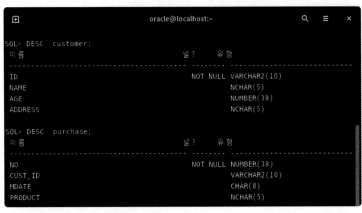

그림 11-70 Oracle 데이터베이스 구축 4

2-5 INSERT INTO customer VALUES ('hong', '홍길동', 22, '경기');와 **INSERT INTO purchase VALUES (1, 'hong', '20160122', 'TV');** 구문을 차례로 입력해 customer 테이블과 purchase 테이블에 데이터를 입력한다. MariaDB와 달리 purchase 테이블의 no 열에는 숫자를 직접 입력한다.

그림 11-71 Oracle 데이터베이스 구축 5

2-6 나머지 데이터도 **그림 11-1**과 앞 과정의 SQL문을 참고해 직접 입력한다.

2-7 SELECT * FROM customer와 SELECT * FROM purchase; 구문을 입력해 테이블에 삽입한 데이터를 확인한다.

그림 11-72 Oracle 데이터베이스 구축 6

2-8 exit 구문을 입력해 SQL*Plus을 종료한다.

Oracle을 더 자세히 다루는 것은 이 책의 범주를 너무 벗어나므로 이 정도에서 설명을 마치려고 한다. 지금까지 실습을 잘 진행한 독자라면 다른 Oracle 문서나 책 등의 내용을 참고해 별문제 없이 Oracle을 배울 수 있을 것이다.

❓ VITAMIN QUIZ 11-4

Client 가상머신을 초기화하고 Oracle을 설치한 후 shopping_db 데이터베이스를 구축하자.

HINT Client 가상머신의 메모리 용량을 4GB로 변경하고 부팅한다.

지금까지 단편적인 MariaDB/Oracle의 기능 소개보다는 전체적인 데이터베이스 구축 과정의 흐름 위주로 실습했다. 그리고 Oracle도 MariaDB와 크게 다르지 않다는 사실을 알아보았다.

지금 소개한 MariaDB/Oracle 서버의 기능은 일부일 뿐이다. 고가의 상용 DBMS에 절대 뒤지지 않는 MariaDB와 기업에서 가장 많이 사용되는 Oracle의 다른 기능은 좋은 책이나 https://www.mariadb.org, https://www.oracle.com 등의 웹사이트를 통해 습득해 직접 실무에 활용하길 바란다.

12

▶ ## 웹 서버
설치 및 운영

12장에서는 Rocky Linux에서 제공되는 패키지를 dnf
로 설치하는 방법을 살펴본 후 웹사이트를 손쉽게 만들 수
있게 도와주는 워드프레스를 사용한다. 그리고 네이버사
의 MyBox, Microsoft사의 OneDrive, Google사의
Google 드라이브와 같이 최근 인기가 많은 클라우드 저
장소를 설치하고 운영하는 방법을 실습한다.

학습목표

이 장의 핵심 개념

12장에서는 APM(Apache, PHP, MariaDB) 환경을 구성한 후 게시판/블로그를 쉽게 운영하는 웹 서비스의 응용과 웹하드(Webhard) 기능이 포함된 클라우드 서비스를 설치/운영하는 방법을 실습한다. 12장에서 학습하는 핵심 개념은 다음과 같다.

- dnf 명령으로 APM을 설치한다.

- 워드프레스를 설치하고 활용한다.

- 웹하드 기능의 클라우드 서비스를 구축하고 활용한다.

- Apache 설정 파일을 분석한다.

이 장의 학습 흐름

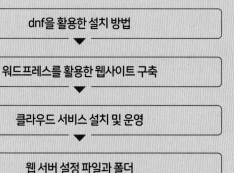

dnf을 활용한 설치 방법

▼

워드프레스를 활용한 웹사이트 구축

▼

클라우드 서비스 설치 및 운영

▼

웹 서버 설정 파일과 폴더

12.1 APM 설치와 웹사이트 구축

리눅스를 많이 활용하는 분야 중 하나가 바로 웹^{Web} 서버 운영이다. Rocky Linux에는 웹 서버 소프트웨어 중 가장 안정적이고 유명한 아파치^{Apache} 웹 서버가 포함되어 있다. 그리고 웹 프로그래밍 언어인 PHP와 MariaDB 데이터베이스 소프트웨어를 지원한다. 이 3가지를 가리켜 APM^{Apache,} _{PHP, MariaDB}이라고 부르기도 한다. 특히 리눅스 환경에서 사용할 경우에는 LAPM^{Linux, Apache,} _{PHP, MariaDB}이라고도 부른다.

원칙적으로 각 소프트웨어를 만든 곳이 다르기 때문에 3가지 소프트웨어(APM)가 잘 연동되도록 사용자가 직접 설치해야 하지만, Rocky Linux에서는 3개를 한 번에 설치하는 dnf 명령을 제공한다. 실무에서는 아직도 직접 각각의 소스 파일을 다운로드한 후 컴파일해서 사용하는 경우가 많지만, 초대형 사이트가 아닌 이상 Rocky Linux에서 제공하는 rpm 파일을 사용해도 별 무리없이 운영할 수 있다.

11장에서 데이터베이스를 구축했을 때와 마찬가지로 다음 시나리오에 따라 APM을 설치하고 웹사이트를 구축하자.

> "이번에 입사한 회사에서 IT 관련 업무 담당자는 나 혼자뿐이다. 회사 직원들은 내가 리눅스를 잘 하니까 회사 홈페이지나 웹하드 같은 것을 만들어 줬으면 하는 눈치다. 사실 그런 건 여러 명이 해야 하는 것으로 알고 있지만, 회사는 현재 그럴 여건이 되지 못한다. 그렇다면 아예 이번 기회에 실력을 발휘해서 그럴듯한 회사 홈페이지와 웹하드를 만들어봐야겠다. 더불어 구글 드라이브 같은 기능도 회사 서버에서 제공하도록 해서 회사 직원들이 편리하게 사용할 수 있게 해야겠다."

12.1.1 dnf 명령을 활용한 쉬운 설치 방법

dnf 명령을 실행해 Rocky Linux에서 제공하는 APM을 쉽게 설치하고 사용하자. 이번 실습에서 dnf 명령을 실행해 설치한 APM을 다음 실습에서 이어서 사용한다.

실습 1

dnf 명령을 실행해 웹 서버를 설치하자.

Step 0

Server ▷ 웹 서버 설치를 위한 사전 작업을 진행한다.

0-0 Server 가상머신을 설치 상태로 초기화한다.

0-1 원활한 실습을 위해 부팅 전 메모리 용량을 4GB(4,096MB) 이상으로 올린다(생략해도 된다).

0-2 부팅 후 root 사용자로 접속하고 터미널을 연 후 **rpm −qa 패키지이름** 명령을 입력해 httpd, php, mariadb−server가 설치되었는지 확인한다. 모두 설치되지 않았을 것이다.

그림 12-1 APM 설치 확인

Step 1

Server ◐ dnf 명령을 실행해 쉽고 간단하게 APM을 설치한다.

1-1 이번 실습에서 추가로 설치할 패키지는 httpd php php−mysqlnd mariadb−server다. 우선 **dnf −y install httpd php php−mysqlnd mariadb−server** 명령을 입력해 관련 패키지를 설치한다. 관련 패키지가 여러 개 설치될 것이다.

1-2 rpm −qa 패키지이름 명령을 입력해 설치된 아파치(httpd), PHP(php), MariaDB(mariadb−server)의 버전을 확인한다.

그림 12-2 설치된 APM 패키지의 버전 확인

NOTE ▶ rpm −qi 패키지이름 또는 dnf info 패키지이름 명령을 사용하면 패키지 정보를 더 자세히 확인할 수 있다.

Step 2

Server ◐ APM과 관련된 서비스를 가동하고 필요한 설정을 진행한다.

2-1 먼저 **systemctl status httpd** 명령을 입력해 httpd 서비스의 현재 작동 상태를 확인한다. 메시지의 'Active' 부분이 'inactive (dead)'로 표시되면 비활성화 상태다(Q를 누르면 명령 실행이 종료된다). 이 경우 **systemctl start httpd** 명령을 입력해 httpd 서비스를 가동하고 다시 **systemctl status httpd** 명

령을 입력해 작동 상태를 확인한다. 메시지의 'Active' 부분이 'active (running)'으로 표시되면서 활성화 상태가 된다. 마지막으로는 **systemctl enable httpd** 명령을 입력해 httpd 서비스가 상시 가동되도록 설정한다.

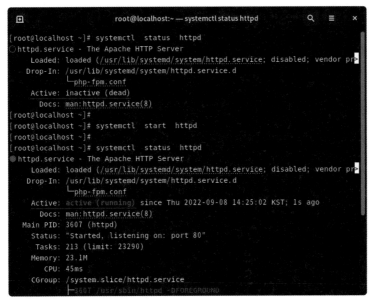

그림 12-3 httpd 서비스 시작

2-2 같은 방식으로 **systemctl restart mariadb** 및 **systemctl enable mariadb** 명령을 입력해 mariadb 서비스를 가동하고 해당 서비스가 상시 가동되도록 설정한다.

> **NOTE** php는 별도의 서비스가 아니라 httpd에 포함된 기능이므로 별도로 systemctl 명령을 실행해 가동하지 않아도 된다.

Step 3

Server ◉ 웹 서버 및 PHP가 정상 작동하는지 확인한다.

3-0 nano나 gedit 에디터로 **/var/www/html/index.html** 파일을 새로 생성하고 다음 내용을 채운 후 저장한다.

```
<h1> [이것이 리눅스다] 웹 사이트입니다. </h1>
```

3-1 Firefox 웹 브라우저를 실행하고 주소창에 'http://localhost/' 또는 'http://127.0.0.1/'을 입력한다. 다음 그림과 같은 화면이 나타나면 httpd(아파치) 서비스가 정상 작동 중인 것이다.

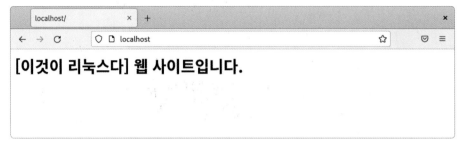

그림 12-4 정상적으로 httpd 서비스가 작동되는 화면

3-2 nano나 gedit 에디터로 **/var/www/html/phpinfo.php** 파일을 생성하고 다음의 PHP 코드를 입력한 후 저장한다. 이 코드는 웹 서버에 설치된 PHP 정보를 표시하는 코드다.

```
<?php  phpinfo();  ?>
```

3-3 웹 브라우저로 http://localhost/phpinfo.php에 접속해 다음 그림과 같은 화면이 나타나면 PHP 모듈도 정상 가동 중인 것이다. 즉, 이제 웹 서버에 PHP 프로그래밍을 할 수 있다.

그림 12-5 정상적으로 PHP 모듈이 가동되는 화면

NOTE▶ 이 책에서는 PHP 프로그래밍과 관련된 내용을 다루지 않는다. PHP 프로그래밍에 관심 있는 독자는 관련 책이나 인터넷을 참고하자.

3-4 외부에서 웹 서버에 접근할 수 있도록 설정하자. **firewall-config** 명령을 입력해 [방화벽 설정] 창을 연다. [설정]에서 '영구적'을 선택한 후 [서비스] 탭의 'http' 및 'https'를 체크해 웹 서버를 연다. 설정을 적용하기 위해 [옵션] – [Firewall 다시 불러오기] 메뉴를 선택한 후 [방화벽 설정] 창을 닫는다.

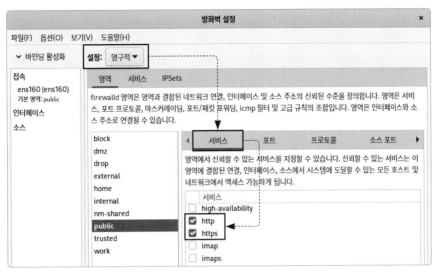

그림 12-6 http 포트 허용

Step 4

WinClient ▶ Edge 웹 브라우저를 실행하고 http://192.168.111.100/phpinfo.php에 접속한다. 다음 그림과 같이 정상 접속됨을 확인할 수 있다.

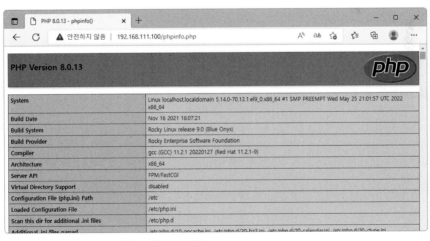

그림 12-7 외부에서 APM 서버로 정상적으로 접속

아파치, PHP, MariaDB가 정상 작동 중임을 확인했다. 이제 웹 페이지 또는 php 소스를 /var/www/html/ 디렉터리에 넣으면 웹사이트를 운영할 수 있다.

? VITAMIN QUIZ 12-1

Server(B) 가상머신에서 dnf 명령을 실행해 APM을 설치하자. 결과물은 다음 비타민 퀴즈에서 사용된다.

HINT1 Server(B) 가상머신을 초기화하고 메모리 용량을 2GB로 설정한다.

HINT2 다음 명령을 실행해 포트를 열 수 있다.

```
firewall-cmd --permanent --add-service=http
firewall-cmd --permanent --add-service=https
firewall-cmd --reload
```

12.1.2 워드프레스를 활용한 웹사이트 구축

이제 회사나 기관의 웹사이트를 구축할 차례다. 그런데 웹사이트를 구축하는 일은 그리 간단하지 않다. 기본적인 화면이나 메뉴 구성 외에도 게시판/자료실 같은 기능을 구현하려면 어느 정도 수준 이상의 PHP 프로그래밍 실력이 필요하기 때문이다.

그래서 이번 실습에는 웹사이트를 통합적으로 구성하도록 도와주는 오픈소스 도구인 워드프레스 WordPress를 활용한다. 워드프레스로 조금만 손보면 훌륭한 웹사이트를 손쉽게 구성할 수 있다.

실습 2

워드프레스를 설치하고 운영하자.

Step 1

Server ❂ **실습 1**에 이어서 진행한다. 우선 워드프레스를 설치한다.

1-1 MariaDB에 접속해 다음 명령과 SQL문을 입력해 워드프레스에서 사용할 데이터베이스 사용자 wpUser를 만들고, wpDB 이름의 데이터베이스도 만든다. 데이터베이스 사용자와 데이터베이스 이름은 임의로 지정한 것이다(대소문자를 틀리지 않게 주의한다).

```
# mysql
MariaDB [none]> CREATE DATABASE wpDB;
MariaDB [none]> GRANT ALL PRIVILEGES ON wpDB.* TO wpUser@localhost IDENTIFIED BY
'1234';
MariaDB [none]> exit
```

그림 12-8 워드프레스 전용의 데이터베이스 사용자와 데이터베이스 생성

1-2 **wget https://ko.wordpress.org/wordpress-6.0.2-ko_KR.tar.gz** 명령을 입력해 워드프레스를
다운로드한다(웹 브라우저에서 https://ko.wordpress.org에 접속해 다운로드해도 된다).

그림 12-9 워드프레스 다운로드

NOTE▶ 실습에서 사용하는 워드프레스 6.0.2는 현재 Rocky Linux 9에서 잘 작동한다. 버전이 바뀌면 책과 동일하
게 설치되지 않을 수도 있으므로 가능한 한 6.0.2 버전을 사용하자. 이 버전은 Q&A 카페(http://cafe.naver.com/
thisisLinux)에서도 다운로드할 수 있다.

1-3 다음 명령을 입력해 다운로드한 파일의 압축을 풀고, 풀린 폴더를 /var/www/html 디렉터리로 이동시킨다.

```
ls -l word*
tar xfz word*
ls
mv wordpress /var/www/html/
cd /var/www/html/
ls -l
```

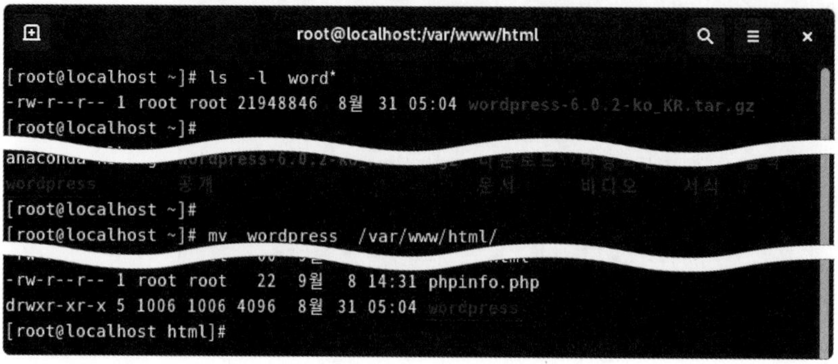

그림 12-10 파일 압축 풀기

1-4 **chmod 707 wordpress** 명령을 입력해 wordpress 디렉터리의 권한을 707로 변경한다(외부에서 이 디렉터리로 접근할 수 있도록 허용하기 위함이다). 또 **chown -R apache.apache wordpress** 명령을 입력해 파일의 소유자를 apache로 변경한다.

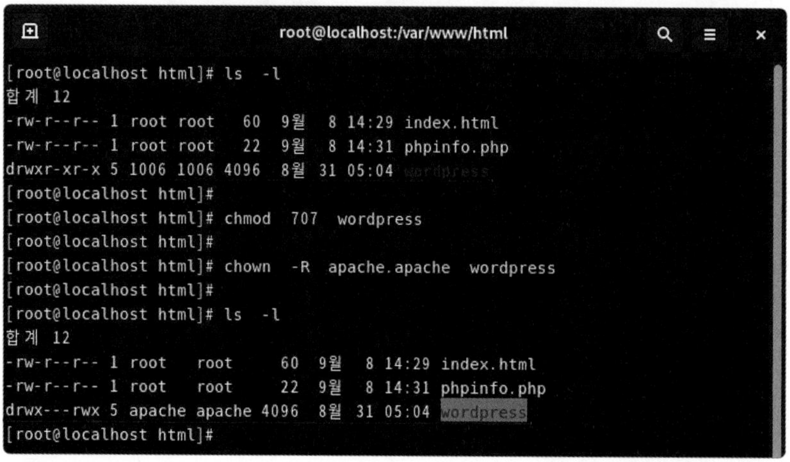

그림 12-11 권한 설정

1-5 /var/www/html/wordpress 디렉터리로 이동한 후 wp-config-sample.php 파일을 wp-config. php 파일로 복사한다.

그림 12-12 설정 파일 복사

1-6 gedit wp-config.php 명령을 입력해 다음과 같이 워드프레스 설정 파일을 수정하고 저장한다(**1-1** 에서 설정한 내용이다. 대소문자를 틀리지 않게 주의한다).

23행쯤	: define('DB_NAME', 'database_name_here');	➡ define('DB_NAME', '**wpDB**');
26행쯤	: define('DB_USER', 'username_here');	➡ define('DB_USER', '**wpUser**');
29행쯤	: define('DB_PASSWORD', 'password_here');	➡ define('DB_PASSWORD', '**1234**');

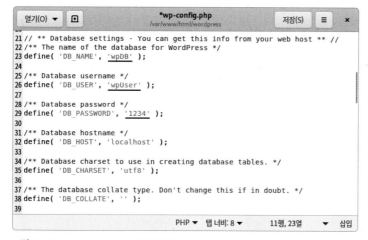

그림 12-13 wp-config.php 파일 편집

1-7 gedit /etc/httpd/conf/httpd.conf 명령을 입력해 다음과 같이 웹 서버 설정 파일을 수정하고 저장한다. 이 내용은 웹 브라우저에서 IP 주소 또는 URL을 입력하면 바로 워드프레스 홈페이지가 보이도록 하는 것이다.

124행쯤 : DocumentRoot "/var/www/html" ➡ DocumentRoot "**/var/www/html/wordpress**"
136행쯤 : \<Directory "/var/www/html"\> ➡ \<Directory "**/var/www/html/wordpress**"\>
156행쯤 : AllowOverride <u>None</u> ➡ AllowOverride <u>All</u>

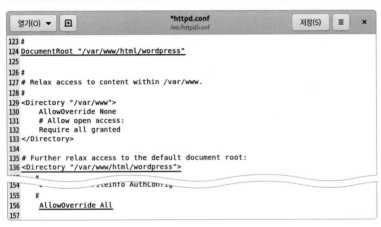

그림 12-14 httpd.conf 파일 편집

1-8 systemctl restart httpd 명령을 입력해 웹 서비스를 재시작한다.

Step 2

WinClient ◑ 웹 서버에 접속해 워드프레스 초기 설정을 진행한다.

2-1 웹 브라우저를 실행해 http://192.168.111.100/에 접속한다. 워드프레스 설치 초기 화면이 나온다.

그림 12-15 워드프레스 초기 설정 1

2-2 필요한 정보를 입력한다. 필자는 사용자명을 'wpAdmin'으로 비밀번호를 '4321'로 입력했다. 그 외의 것은 적절히 입력하고 [워드프레스 설치] 버튼을 클릭해 설치를 진행한다.

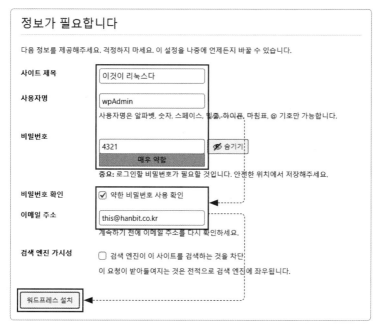

그림 12-16 워드프레스 초기 설정 2

2-3 '성공!' 메시지가 표시되면 [로그인] 버튼을 클릭한다.

그림 12-17 워드프레스 초기 설정 3

2-4 관리자를 위한 로그인 페이지(http://192.168.111.100/wp-login.php)가 열린다. wpAdmin/4321로
로그인한다.

그림 12-18 워드프레스 초기 설정 4

Step 3

워드프레스 관리를 위한 초기 화면이 나온다. 이제 원하는 웹사이트 형식에 맞게 필요한 설정을 스스로 하
면 된다. 이번 단계에서는 테마만 변경해 본다.

NOTE ▶ 워드프레스는 별도의 책이 나올 정도로 다양한 기능을 제공하며 여러 설정이 가능하다. 이 책에서는 간단한
몇 가지 기능만 살펴본다. 웹사이트 구축에 관심이 있는 독자는 별도의 책이나 인터넷 검색을 통해서 스스로 학습하자.

3-1 테마를 변경하거나 현재 테마를 확인한다. 왼쪽의 외모(🖌) − [테마]를 클릭한다.

그림 12-19 워드프레스 테마 설정 1

3-2 기존에 설치된 몇 가지 테마가 보인다. 위쪽 [새로 추가] 버튼을 클릭하고 마음에 드는 테마의 [상세 및 미리보기] 버튼을 클릭해 테마의 화면을 미리 살펴볼 수 있다. 맘에 드는 테마에서 [설치] 버튼을 클릭한 후 [활성화] 버튼을 클릭하면 새로운 테마가 추가되면서 활성화된다.

그림 12-20 워드프레스 테마 설정 2

3-3 웹 브라우저를 모두 종료한 후 다시 실행해 http://192.168.111.100/로 접속한다. 이러면 완성된 웹 사이트를 확인할 수 있다.

그림 12-21 완성된 웹사이트

이상으로 워드프레스를 간단히 사용했다. 워드프레스를 제대로 활용한다면 웬만한 고급 기능을 가진 웹사이트를 별도의 추가 비용없이 구축할 수 있다. 이 책에서는 이 정도로 설명을 줄이겠지만, 워드프레스를 더 자세히 알고 싶은 독자는 https:/ko.wordpress.org나 별도의 책으로 학습하기 바란다.

┤ **? VITAMIN QUIZ 12-2** ├

Server(B) 가상머신에 WordPress을 설치하자. 결과는 다음 비타민 퀴즈에서 사용된다.

12.2 웹 서버의 응용 서비스: 클라우드 저장소 구축

앞에서 웹사이트를 구축하는 간단한 방법을 학습했다. 이번에는 웹 서버를 적극적으로 활용하는 서비스 구축을 실습하겠다. 여러 웹 서버의 응용 서비스가 있지만, 이 책에서는 그 대표격인 클라우드 저장소를 구축한다.

예전에는 웹하드Webhard라 불리는 웹 응용 서비스가 많이 사용되었지만, 웹 브라우저로만 접속해 사용해야 한다는 한계점이 있기 때문에 최근 들어 인기가 예전만큼 높지 않다. 그 대신 클라우드 저장소가 많이 활용되고 있다. 대표적인 클라우드 저장소로 네이버사의 MyBox, Google 드라이브, Microsoft사의 OneDrive 등을 들 수 있다. 기존의 웹하드의 기능까지도 포함하고 있으므로 별도의 클라우드 저장소를 사용하면 웹하드를 사용하지 않아도 된다. 클라우드 저장소의 개념을 정리하면 다음 그림과 같다.

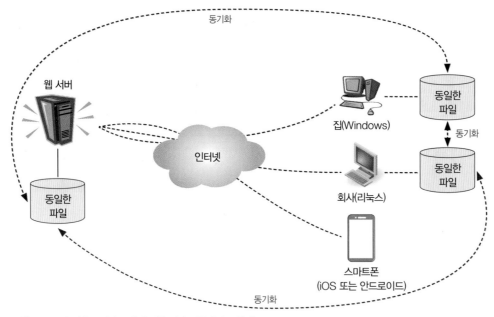

그림 12-22 클라우드 저장소 개념도(한 명의 사용자만 표현됨)

이 그림은 한 명의 사용자가 클라우드 저장소를 사용할 때의 상황을 표현한 것이다. 사용자는 평소대로 집에서 자신의 디스크에 있는 폴더의 파일을 생성/수정/삭제하면 된다. 그러면 서버의 파일과 회사의 파일이 동기화synchronization되어 동일한 파일로 유지된다. 회사에 출근하면 집에서 생성/수정/삭제한 파일이 폴더에 들어 있다. 즉, 이동식 디스크를 들고 다니는 것과 같이 각 컴퓨터에는 동일한 파일이 들어 있게 된다. 또 스마트폰에서도 동일한 파일을 확인할 수 있다. 그러나 스마트폰은 저장 공간이 작으므로 파일을 실제로 다운로드하지 않고 서버의 폴더와 파일을 스마트폰의 데이터처럼 표시한다.

그렇다면 클라우드 저장소와 웹하드의 큰 차이점은 무엇일까? 웹하드를 사용하면 웹 브라우저를 통해서 파일을 다운로드해야 하며 파일을 변경한 후에는 다시 업로드해야만 한다. 하지만 클라우드 저장소를 사용하면 웹 브라우저를 거치지지 않고 자신의 디스크에서 자연스럽게 파일에 접근할 수 있다. 그래서 클라우드 저장소는 서버의 설정뿐 아니라 클라이언트 프로그램도 설치해야 하며 PC 부팅 시 자동으로 작동되도록 설정해야 한다.

이상으로 클라우드 저장소의 개념을 간단히 익혔다. 이제 이를 직접 구현하자. 이번 실습에서는 클라우드 저장소 도구 중 오픈소스이며 기능도 막강한 ownCloud를 사용한다.

실습 3

클라우드 저장소 기능을 제공하는 오픈소스인 ownCloud 커뮤니티 에디션를 설치하고 운영하자. ownCloud를 사용하려면 APM이 필요하다.

Step 0

Server ◉ ownCloud 설치를 위한 사전 작업을 진행한다.

0-0 Server 가상머신을 설치 상태로 초기화한다.

0-1 부팅하고 root 사용자로 접속한다.

0-2 터미널에서 다음 명령을 입력해서 PHP 7.4가 설치되도록 설정한다.

```
dnf -y install dnf-utils http://rpms.remirepo.net/enterprise/remi-release-9.rpm
dnf -y module reset php
dnf -y module enable php:remi-7.4
```

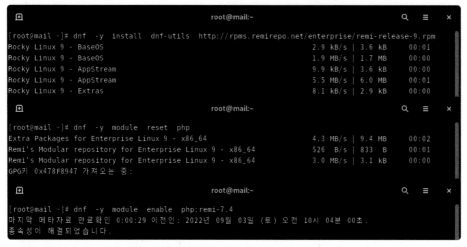

그림 12-23 PHP 7.4 설치를 위한 사전 설정

NOTE▶ 이 책을 집필하는 시점의 ownCloud는 10.0.0이 최상위 버전인데 이 버전은 Rocky Linux 9에 기본으로 포함된 PHP 8.0 버전을 지원하지 않는다. 그래서 PHP 7.4 버전이 설치되도록 설정했다.

Step 1

Server ◑ Rocky Linux 9에 포함된 APM과 ownCloud를 위한 관련 패키지를 설치한다. **dnf -y install httpd mariadb-server php php-mysqlnd php-gd php-mbstring php-pecl-zip php-xml php-json php-intl** 명령을 입력한다.

그림 12-24 APM 패키지 설치

NOTE▶ URL 주소의 변경 등으로 실습이 진행되지 않는다면 다음과 같이 진행한다.

① Q&A 카페(https://cafe.naver.com/thisisLinux) [교재 자료실]에서 '[Rocky 9] 전체 실습 파일 다운로드 모음' 게시글을 클릭한다. 그리고 12장 부분의 'ownCloud의 PHP7.4 관련 패키지(php74_owncloud.tgz)' 파일을 다운로드한다.

② 다운로드 폴더로 이동한 후 **tar xfz php74_owncloud.tgz** 명령을 실행해 압축을 푼다.

③ 압축이 풀린 폴더로 이동한 후 **dnf -y install *.rpm** 명령을 실행해 관련 rpm을 설치한다.

Server ❯ 데이터베이스 및 웹 서버와 관련된 설정을 진행한다.

2-1 systemctl restart mariadb와 **systemctl enable mariadb** 명령을 입력해 데이터베이스 서비스를 시작하고 상시 가동되도록 설정한다.

2-2 mysql 명령을 입력해 MariaDB에 접속한다. 그리고 다음 명령을 입력해 webDB 데이터베이스와 webUser 사용자를 생성한다. 비밀번호는 1234로 지정한다.

```
CREATE DATABASE webDB;
GRANT ALL ON webDB.* TO webUser@localhost IDENTIFIED BY '1234';
EXIT
```

```
[root@localhost ~]# mysql
Welcome to the MariaDB monitor.  Commands end with ; or \g.
Your MariaDB connection id is 3
Server version: 10.5.16-MariaDB MariaDB Server

Copyright (c) 2000, 2018, Oracle, MariaDB Corporation Ab and others.

Type 'help;' or '\h' for help. Type '\c' to clear the current input statement.

MariaDB [(none)]> CREATE  DATABASE  webDB;
Query OK, 1 row affected (0.000 sec)

MariaDB [(none)]> GRANT  ALL  ON  webDB.*  TO  webUser@localhost  IDENTIFIED  BY  '1234';
Query OK, 0 rows affected (0.001 sec)

MariaDB [(none)]> EXIT
Bye
[root@localhost ~]#
```

그림 12-25 DB 생성 및 사용자 생성

2-3 systemctl restart httpd 명령을 입력해 httpd 서비스를 다시 시작한다. 그리고 **systemctl enable httpd** 명령을 입력해 httpd 서비스가 상시 작동되도록 설정한다.

2-4 다음 명령을 입력해 웹 포트를 허용한다.

```
firewall-cmd --permanent --add-service=http
firewall-cmd --permanent --add-service=https
firewall-cmd --reload
```

```
root@localhost:~

[root@localhost ~]# systemctl  restart  httpd
[root@localhost ~]#
[root@localhost ~]# systemctl  enable  httpd
Created symlink /etc/systemd/system/multi-user.target.wants/httpd.service → /usr/lib/syste
md/system/httpd.service.
[root@localhost ~]#
[root@localhost ~]# firewall-cmd  --permanent  --add-service=http
success
[root@localhost ~]# firewall-cmd  --permanent  --add-service=https
success
[root@localhost ~]# firewall-cmd  --reload
success
[root@localhost ~]#
```

그림 12-26 웹 서비스 시작 및 포트 허용

Step 3

Server ▶ ownCloud를 다운로드하고 설치한다.

3-1 다음 명령을 입력해 ownCloud 10.10.0을 다운로드한다. 그리고 압축을 풀고 디렉터리의 소유자 및 접근 권한을 변경한다. 파일은 Q&A 카페(https://cafe.naver.com/thisisLinux) [교재 자료실]에도 등록되어 있다.

```
cd /var/www/html
wget https://download.owncloud.com/server/stable/owncloud-10.10.0.zip
unzip -q owncloud-10.10.0.zip
mkdir owncloud/data        → 데이터가 저장될 디렉터리 생성
chown -R apache.apache owncloud
chmod -R 755 owncloud
```

```
root@localhost:/var/www/html

[root@localhost ~]# cd  /var/www/html/
[root@localhost html]#
[root@localhost html]# wget  https://download.owncloud.com/server/stable/owncloud-10.10.0.zip
--2022-09-08 16:16:56--  https://download.owncloud.com/server/stable/owncloud-10.10.0.zip
Resolving download.owncloud.com (download.owncloud.com)... 167.233.14.167, 2a01:4f8:1c1d:3d1::
1
Connecting to download.owncloud.com (download.owncloud.com)|167.233.14.167|:443... connected.
HTTP request sent, awaiting response... 200 OK
Length: 96104511 (92M) [application/zip]
Saving to: `owncloud-10.10.0.zip'
[root@localhost html]# ls  -l
합계 93860
drwxr-xr-x 13 apache apache     4096  9월  8 16:18 owncloud
-rw-r--r--  1 root   root   96104511  5월 19 18:58 owncloud-10.10.0.zip
[root@localhost html]#
```

그림 12-27 ownCloud 파일 다운로드 및 설치

NOTE ▶ 시간이 지나면 ownCloud 10.10.0 이후 버전이 나올 것이다. 만약 더 높은 버전을 설치해 실습하는데 잘 작동하지 않는다면 필자와 동일한 10.10.0을 사용하자.

3-2 **systemctl restart httpd** 명령을 입력해 웹 서비스를 재시작한다.

Step 4

WinClient ◉ 웹으로 접속해 ownCloud 서버 설정을 진행한다.

4-1 웹 브라우저로 http://192.168.111.100/owncloud/에 접속한다. 처음에 관리자 아이디와 비밀번호를 지정한다. 필자는 관리자 아이디를 admin으로, 비밀번호를 1234로 지정했다. 그리고 [저장소 및 데이터베이스]의 드롭다운 버튼을 클릭해 [MySQL/MariaDB]을 선택한다.

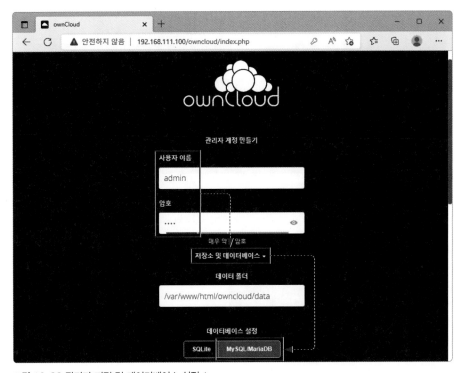

그림 12-28 관리자 지정 및 데이터베이스 설정 1

4-2 아래쪽으로 스크롤해 **2-2**에서 생성한 데이터베이스 정보를 입력한다. [데이터베이스 사용자]에는 'webUser', [데이터베이스 암호]에는 '1234', [데이터베이스 이름]에는 'webDB'를 입력하고 [설치 완료] 버튼을 클릭한다.

그림 12-29 관리자 지정 및 데이터베이스 설정 2

4-3 잠시 기다리면 로그인 화면이 나온다. 우선 관리자인 admin/1234로 로그인한다.

그림 12-30 ownCloud 로그인

4-4 [내 모든 데이터 안전 저장소]가 나온다. ownCloud는 데스크톱과 스마트폰에서 사용할 수 있다. 일단 오른쪽 위 [X]를 눌러 창을 닫는다.

그림 12-31 환영 메시지

4-5 오른쪽 위 [admin] – [설정] 메뉴를 클릭하면 비밀번호 변경, 언어 설정, 이름 변경 등의 작업을 진행할 수 있다. 일단 이러한 기능이 있다는 사실만 확인하고 지금은 그냥 두자.

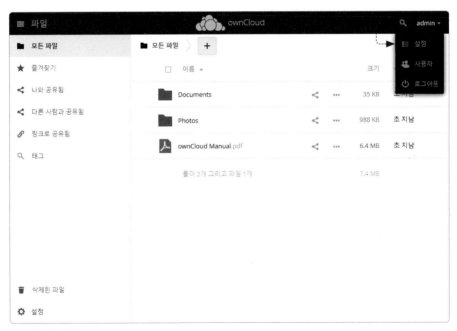

그림 12-32 언어 변경

4-6 현재는 관리자로 로그인되어 있다. ownCloud를 사용할 일반 사용자를 생성한다. 오른쪽 위 [admin] – [사용자] 메뉴를 클릭한 후 가운데 위쪽 [사용자 이름]과 [이메일]에 내용을 입력한다(필자는 [사용자 이름]에는 'thisUser'를, [이메일]에는 'this@hanbit.co.kr'를 입력했다). 오른쪽에 있는 [그룹] 드롭다운 버튼을 클릭하고 [+ 그룹 추가]을 클릭해 [Users] 그룹을 만든 후 체크하고 [만들기] 버튼을 클릭한다. 그리고 thisUser의 [암호] 부분을 클릭해 '1234'를 입력하고 Enter 를 누른 후 오른쪽 끝 [할당량]을 '1GB'로 변경한다.

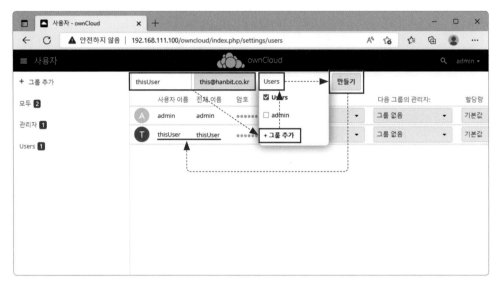

그림 12-33 사용자 생성 및 할당량 변경

NOTE ▶ thisUser의 비밀번호를 설정할 때 상단에 메일 관련 오류 메시지가 나올 수도 있다. 별 중요한 내용은 아니므로 무시한다.

4-7 웹 브라우저를 닫는다.

Step 5

WinClient(또는 집 컴퓨터) ▶ 그림 12-22에 나온 것처럼 집 컴퓨터에서 thisUser 사용자로 접속해 ownCloud를 사용한다(WinClient 가상머신을 집 컴퓨터라고 생각하고 접속해도 동일한 효과를 누릴 수 있다). 먼저 웹 브라우저로 ownCloud에 접속해 파일을 업로드/다운로드한다. 이는 ownCloud를 웹하드 기능으로 사용하는 것이다.

5-1 웹 브라우저에서 http://192.168.111.100/owncloud/에 접속하자(필자는 아이디를 thisUser, 비밀번호를 1234으로 설정했다).

5-2 [내 모든 데이터 안전 저장소]가 나오면 그냥 닫는다.

5-3 왼쪽 메뉴의 [모든 파일]을 선택하고 [+] – [업로드]를 클릭해 적당한 파일을 업로드한다. 파일 하나의 최대 업로드 용량은 513MB다.

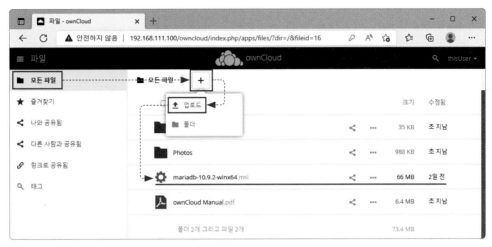

그림 12-34 일반 파일 업로드

5-4 이번에는 방금 실습한 내용을 참고해 Photos 폴더에 사진 파일(*.jpg)을 몇 개 업로드한다. 사진을 클릭하면 확대된 사진이 나타난다. Esc를 누르면 다시 원래 화면으로 돌아온다.

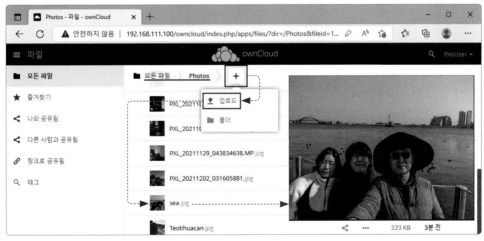

그림 12-35 사진 업로드

5-5 지금까지 ownCloud를 웹하드와 동일한 기능으로 사용했다. ownCloud를 사용 중이라면 웹 브라우저를 이용해 접속하지 않아도 **그림 12-22**와 같은 환경을 구성할 수 있다. 그 방법은 다음 단계에서 알아본다. 우선 웹 브라우저를 닫는다.

WinClient(또는 집 컴퓨터) ◉ Windows용 ownCloud 클라이언트를 설치해 사용한다.

6-1 https://owncloud.com/desktop-app/ 또는 Q&A 카페(https://cafe.naver.com/thisisLinux)
[교재 자료실]에서 Windows용 ownCloud 클라이언트(ownCloud-2.11.1.8438.x64.msi, 약 19.9MB)
파일을 다운로드한다.

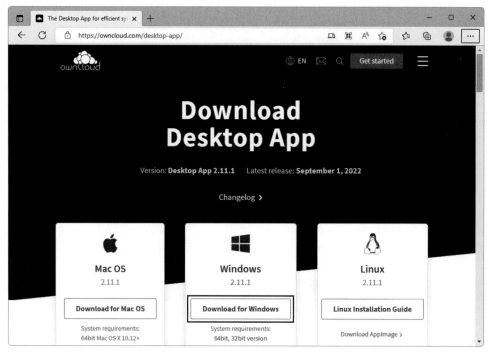

그림 12-36 Windows용 ownCloud 클라이언트 설치 1

6-2 다운로드한 파일을 설치한다. 설치는 기본 설정값을 변경하지 않은 상태로 계속 [Next]와 [Install] 및
[Finish] 버튼을 눌러 진행한다. 만약 재부팅 대화상자가 나오면 재부팅을 한다.

그림 12-37 Windows용 ownCloud 클라이언트 설치 2

6-3 바탕화면의 'ownCloud' 실행 아이콘을 더블클릭한다. ownCloud 클라이언트가 실행되면 [ownCloud 연결 마법사] 창 [onwCloud 서버 설정]의 [서버 주소]에 'http://192.168.111.100/owncloud/'를 입력하고 [다음] 버튼을 클릭한다.

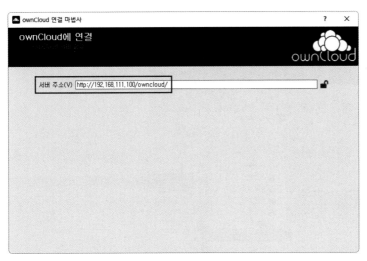

그림 12-38 Windows용 ownCloud 클라이언트 설치 3

NOTE ▶ 만약 http로 연결되지 않는다면 https로 바꿔 진행하자.

6-4 [사용자 인증 정보 입력]에서 [사용자 이름]에는 'thisUser'를, [암호]에는 '1234'를 입력하고 [다음] 버튼을 클릭한다(**4-6**에서 설정한 사용자 이름과 암호를 입력하는 것이다).

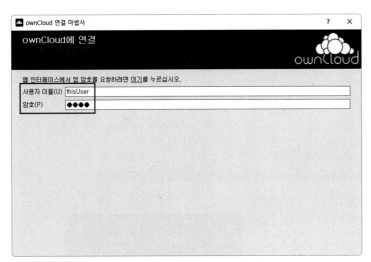

그림 12-39 Windows용 ownCloud 클라이언트 설치 4

6-5 [로컬 폴더 설정 옵션]에서는 **그림 12-22**의 동기화될 저장소(폴더)를 지정한다. 우선 '서버에서 모두 동기화'를 선택하다. 그리고 [로컬 폴더] 오른쪽의 [폴더명] 버튼을 클릭하면 [로컬 동기화 폴더] 창이 열린다. 여기서 저장소를 지정하면 된다. 필자는 C:\ownCloud\ 폴더를 생성하고 저장소로 지정했다. 지정을 완료했다면 [연결] 버튼을 클릭한다.

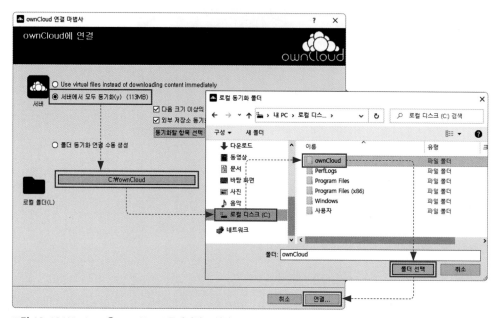

그림 12-40 Windows용 ownCloud 클라이언트 설치 5

6-6 [ownCloud] 창이 나오고 파일이 동기화되는 화면이 나온다. 바탕화면 오른쪽 아래에는 하나의 파일이 동기화되면 동기화되었다는 알림이 잠시 나왔다 사라진다. 동기화 도중에 [숨기기] 버튼을 눌러도 내부적으로 동기화가 계속 진행된다.

그림 12-41 Windows용 ownCloud 클라이언트의 동기화

6-7 동기화가 완료되면 오른쪽 아래 [숨기기]를 클릭한다.

6-8 바탕화면 작업 표시줄 오른쪽 끝에 ownCloud 아이콘을 확인할 수 있다. 동기화 중이면 아이콘 모양이 계속 움직이는 모양으로 표시되고, 동기화가 완료되면 '✔' 모양으로 표시가 바뀐다. 지금은 파일이 몇개 없으므로 금방 동기화가 완료될 것이다.

그림 12-42 Windows용 ownCloud 클라이언트 작동 1

6-9 잠시 기다린 후 Windows 파일 탐색기에서 C:\ownCloud\ 폴더를 확인하면 앞에서 업로드했던 파일이 보인다.

그림 12-43 Windows용 ownCloud 클라이언트 작동 2

6-10 C:\ownCloud\ 폴더 아래에 적당한 폴더를 생성하고 파일도 적당히 추가한다. **그림 12-22**에 나오듯 이 파일도 ownCloud가 설치된 모든 곳에 동기화된다.

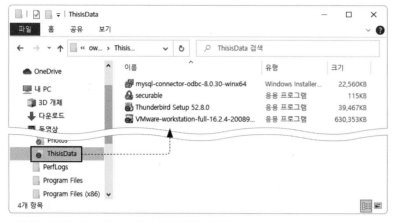

그림 12-44 Windows용 ownCloud 클라이언트 작동 3

Client(또는 회사 컴퓨터) ◐ 리눅스 운영체제인 회사 컴퓨터에서 Firefox 웹 브라우저로 http://192. 168.111.100/owncloud/에 접속해 사용한다(Client 가상머신을 회사 컴퓨터라고 생각하고 접속해도 동일한 효과를 누릴 수 있다). **Step 4**와 거의 동일하므로 직접해 보자.

NOTE▶ 이 책을 집필하는 시점에는 ownCloud 클라이언트는 Rocky Linux 9을 지원하지 않는다. 향후 시간이 어느 정도 지나면 지원할 수도 있다. https://download.owncloud.com/desktop/ownCloud/stable/latest/linux/download/에서 지원되는 리눅스를 확인할 수 있다.

Step 8

호스트 OS ◐ 이번에는 외부 컴퓨터에서 ownCloud에 접속할 수 있도록 설정한다.

8-1 831쪽 부록 A의 **그림 A-1**과 833쪽 **2-3~2-5**을 참고해 Server 가상머신의 http(80)와 https(443)를 [② 내부 Port 번호]를 호스트 컴퓨터의 8,888과 9,999번의 [④ 외부 Port 번호]로 연결한다.

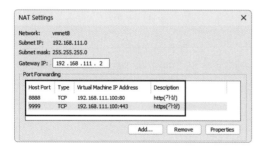

그림 12-45 Virtual Network Editor에서 외부와 내부의 연결

8-2 834쪽 부록 A의 **2-6~2-11**을 참고해 Windows 방화벽의 8,888과 9,999번 포트를 연다.

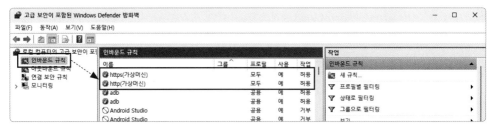

그림 12-46 Windows 방화벽에서 포트 열기

8-3 파워셸이나 명령 프롬프트에서 **ipconfig** 명령을 입력해 '이더넷 어댑터 이더넷'의 'IPv4 주소' 부분을 확인한다. 현재 필자는 192.168.100.22를 사용하고 있다.

> **NOTE ▶** 무선랜을 사용 중이라면 '무선 LAN 어댑터 Wi-Fi'의 'IPv4 주소' 부분을 확인한다.

Step 9 ────────────────────────────────

Server ◉ 이어서 호스트 컴퓨터의 IP 주소를 신뢰할 수 있는 도메인 주소로 추가한다.

9-1 gedit 에디터로 **/var/www/html/owncloud/config/config.php** 파일을 열고 8행쯤에 다음 내용을 추가한다. 그리고 파일을 저장하고 에디터를 닫는다.

```
'trusted_domains' =>
  array (
    0 => '192.168.111.100'
  ),
```
⟶
```
'trusted_domains' =>
  array (
    0 => '192.168.111.100'  , 1 => '192.168.100.22'
  ),
```

```
열기(O) ▼  🗇         *config.php          저장(S)  ≡  ✕
                /var/www/html/owncloud/config
1 <?php
2 $CONFIG = array (
3   'instanceid' => 'ocwurwq4rfqe',
4   'passwordsalt' => 'bGf8DRbIuXGLs2cfWmDOyhTD8pFWk5',
5   'secret' => '/J3LReikjKw/FETUTiyQdhIW5KQWUzclUOlFVLzr/J/5AMYf',
6   'trusted_domains' =>
7   array (
8     0 => '192.168.111.100'  , 1 => '192.168.100.22'
9   ),
10  'datadirectory' => '/var/www/html/owncloud/data',
11  'overwrite.cli.url' => 'http://192.168.111.100/owncloud',
12  'dbtype' => 'mysql',
13  'version' => '10.10.0.3',
14  'dbname' => 'webDB',
                    PHP ▼  탭 너비: 8 ▼    17행, 23열   ▼  삽입
```

그림 12-47 config.php 파일 편집

9-2 systemctl restart httpd 명령을 입력해 웹 서비스를 재시작한다.

외부 컴퓨터 ◐ 외부 컴퓨터에서 ownCloud 서비스에 접속한다. 이 외부 컴퓨터는 호스트 컴퓨터와 같은 네트워크 또는 공유기에 연결되어 있어야 한다.

10-1 웹 브라우저로 http://호스트컴퓨터IP주소:8888/owncloud/에 접속하고, thisUser 사용자로 로그인한다. 기존 WinClient 가상머신에서 접속했을 때와 동일한 방식으로 ownCloud를 사용할 수 있다.

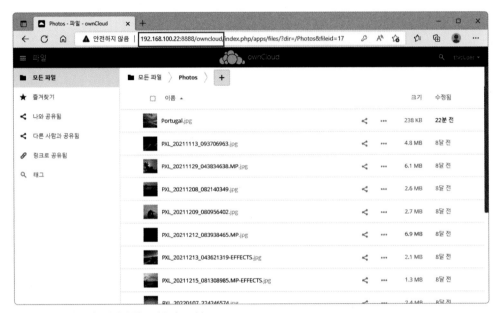

그림 12-48 외부 컴퓨터에서 웹 브라우저로 접속

10-2 외부 컴퓨터에서도 ownCloud 클라이언트 프로그램을 설치해 사용할 수 있다. 이 부분은 여러분이 직접해 보자.

스마트폰 ◐ 스마트폰에서도 ownCloud에 접속할 수 있다. 이번에는 스마트폰 전용 앱을 설치해 ownCloud을 사용한다. 단, 스마트폰의 네트워크는 호스트 컴퓨터와 같은 네트워크 또는 공유기에 무선으로 연결되어 있어야 한다.

NOTE ▶ 이 책을 집필하는 시점에서 ownCloud 스마트폰 앱은 Goolge사의 Play 스토어와 Apple사의 App Store 에서 설치할 수 있다. 그러나 시간이 지나면 이 앱이 없어질 수도 있다. 또한 무선랜의 경우 공유기의 보안 설정에 따라 접속이 안 될 수도 있다. 잘 작동하지 않으면 이번 단계는 생략하고 스마트폰의 웹 브라우저에서 ownCloud의 IP 주소 로 접속하자.

11-1 Google사의 Play 스토어나 Apple사의 App Store에서 owncloud을 검색해 설치한다.

그림 12-49 Goolge Play 스토어에서 설치

11-2 처음 실행하면 사용 안내 화면이 나온다. [건너뛰기]를 누른다.

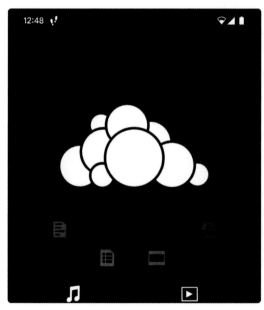

그림 12-50 스마트폰에서 실행 화면

11-3 [서버 주소 https://...]에는 'http://호스트컴퓨터IP주소:8888/owncloud/'를 입력하고 [>]를 누른다. 그리고 thisUser 사용자 아이디와 비밀번호 '1234'를 입력한 후 [로그인]을 누른다.

11-4 thisUser 사용자로 onwCloud에 저장했던 파일이 보인다.

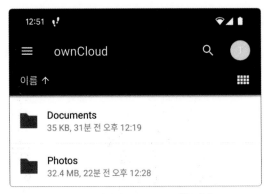

그림 12-51 스마트폰에서의 ownCloud 접속 결과

11-5 파일을 누르면 자동으로 다운로드된다. 그리고 다운로드한 파일이 사진 파일이라면 사진 뷰어가, 음악 파일이라면 음악 플레이어가 자동 실행된다. 다음 그림은 사진 파일을 누른 결과다.

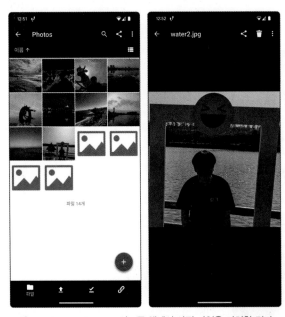

그림 12-52 ownCloud 스마트폰 앱에서 사진 파일을 터치한 결과

❓ VITAMIN QUIZ 12-3

Server(B) 가상머신에 클라우드 저장소를 설치하자.

이상으로 클라우드 저장소의 활용 설명을 마친다. 이러한 서비스는 비교적 최근에 활성화되었지만, 편리하게 사용할 수 있으므로 적극 활용할 필요가 있다.

12.3 웹 서버 설정 파일

고급 웹 서비스를 구현하려면 웹 서버의 설정 파일인 /etc/httpd/conf/httpd.conf의 의미를 파악하는 것이 좋다. 아파치 웹 서버 설정 파일인 httpd.conf의 몇 가지 중요한 내용을 알아보자.

아파치 웹 서버 설정 파일의 주요 내용

- ServerRoot "/etc/httpd" → 웹 서버의 설정 파일. 로그 파일 등이 저장되는 최상위 디렉터리

- Listen 80 → 웹 서버의 포트 번호. 대부분의 웹 서버는 80번 포트를 기본적으로 사용

- Include conf.modules.d/*.conf → 설정 파일에 포함될 파일의 경로와 이름이 들어 있음
- User apache / Group apache → 웹 서비스를 작동하는 사용자와 그룹
- ServerAdmin root@localhost → 관리자의 메일 주소
- DocumentRoot "/var/www/html" → 웹 서버의 홈 디렉터리. 예를 들어 http://서버IP주소 또는 URL/로 접속되는 디렉터리

- 〈Directory "/var/www/html"〉

      Option Indexes FollowSymLinks

      AllowOverride None

      Require all granted

   〈/Directory〉

   → 웹 서버는 디렉터리 단위로 설정. 즉, 각 디렉터리마다 허가/거부 등 접근 권한을 달리할 수 있음. 'Option Indexes FllowSymLinks'는 현재 디렉터리에 DirectoryIndex에 지정된 파일이 없다면 파일의 목록을 대신 출력하라는 의미

이외에도 조금 더 복잡한 문법이 많지만, 이 책에서는 웹 서버 설정 파일을 별도로 수정하지 않으므로 설명을 더 하지는 않겠다. httpd.conf 파일을 수정한 후 문법적으로 오류가 있는지 체크하려면 **service httpd configtest** 명령을 실행해 테스트하면 된다. 설정에 이상이 없다면 'Syntax OK'라는 메시지가 표시된다.

Part

04

네트워크 서버
구축 실무 2

4부에서는 추가로 설치하고 운영할 수 있는 고급 네트워크 서버를 학습한다. 파일 전송에 특화된 FTP 서버, 사내 네트워크 망에서 유용한 NFS, Samba, DHCP, 프록시 서버 그리고 보안과 관련이 깊은 방화벽 컴퓨터를 구현해 본다. 추가로 여러 대의 리눅스를 동시에 설치하는 PXE 설치 서버를 구현하고 마지막으로 리눅스에서 제공되는 가상화 기술의 개념과 실제 사용법을 다룬다.

Chapter

13

▶ FTP 서버
설치 및 운영

FTP ^{File Transfer Protocol}는 파일 전송 전용 서비스다. 예전
에는 널리 사용됐으나 요즘은 인기가 많이 떨어졌다. 웹
환경의 발달에 따라 FTP의 고유 기능인 파일 전송을 웹에
서도 편리하게 할 수 있게 되었기 때문이다.

하지만 FTP의 성능이 매우 뛰어나므로 파일 전송이 목적
인 사이트에서는 이 FTP 서비스를 계속 제공하고 있다.
그러므로 13장에서는 Rocky Linux에서 기본 제공하는
vsftpd와 외부 저장소에서 제공하는 pure-ftpd를 설치
하고 운영하며 FTP에 대해 알아본다.

학습목표

● **이 장의
핵심 개념**

13장에서는 파일 전송 서비스인 FTP를 구축하고 그 활용법을 살펴본다. 특히 일반 사용자의 업로드, 다운로드를 위한 설정을 중점적으로 알아본다. 13장에서 학습하는 핵심 개념은 다음과 같다.

- vsftpd 패키지를 설치한다.

- vsftpd.conf 파일 설정을 변경한다.

- FTP 클라이언트인 FileZilla를 사용한다.

- Pure-FTPD를 설치하고 운영한다.

● **이 장의
학습 흐름**

vsftpd 설치 및 운영

▼

vsftpd.conf 파일 설정

▼

FTP 클라이언트 사용

▼

Pure-FTPD의 설치 및 운영

13.1 vsftpd 설치 및 운영

vsftpd^{Very Secure FTPD}는 Rocky Linux에서 기본 제공하며 리눅스와 유닉스 환경에서 보안성과 성능이 우수한 FTP 서버로 인정받고 있다. 또한 vsftpd는 설치와 운영이 쉬워 리눅스 환경의 FTP 서버를 운영할 때 많이 이용된다.

관련 내용을 참고하거나 소스 파일을 다운로드하려면 https://security.appspot.com/vsftpd.html에 접속하면 된다. 이번 실습에서는 Rocky Linux에서 기본 제공하는 vsftpd를 **dnf** 명령으로 설치한다.

실습 1

vsftpd를 설치하고 운영하자.

Step 0

Server ◉ Server 가상머신을 설치 상태로 초기화한 후 부팅하고 root 사용자로 접속한다.

Step 1

Server ◉ 터미널을 실행하고 **dnf -y install vsftpd** 명령을 입력해 vsftpd 패키지를 설치한다.

Step 2

Server ◉ vsftpd 서비스를 가동한다.

2-1 vsftpd에 anonymous(익명)로 접속되는 디렉터리는 /var/ftp/다. 다음 명령을 입력해 이 디렉터리 아래에 있는 /pub 디렉터리에 샘플 파일을 몇 개 복사하고 서비스를 가동한다. vsftpd 패키지의 서비스 이름 역시 vsftpd다.

```
cd /var/ftp
ls
cd pub
cp /boot/vmlinuz-5* file1          → 샘플 파일 복사
ls                                  → 복사한 샘플 파일을 확인
systemctl restart vsftpd           → vsftpd 서비스를 재가동
systemctl enable vsftpd            → 리눅스 부팅 시 vsftpd 서비스를 자동으로 가동
```

그림 13-1 vsftpd 서비스의 가동

NOTE▶ anonymous 사용자는 ftp 전용 사용자로 모든 리눅스에 내장되어 있다. 특별히 암호 없이도 ftp 서버에 접속할 수 있다. 외부에서 접속할 때는 사용자 이름이 anonymous지만, 리눅스 내부에서는 ftp라는 이름으로 사용된다. 그리고 이 ftp 사용자의 홈 디렉터리는 /var/ftp다. 그래서 anonymous 사용자로 접속하면 접속 디렉터리는 /var/ftp가 된다.

2-2 외부에서 FTP 서버에 원활하게 접근할 수 있도록 **systemctl stop firewalld** 명령을 입력해 잠시 방화벽을 꺼둔다.

그림 13-2 ftp 서비스 허용

2-3 vsftpd의 설정 파일은 **/etc/vsftpd/vsftpd.conf** 파일이다. nano나 gedit 에디터로 이 파일을 연다. 12행쯤에 anonymous_enable=NO로 되어 있는 부분을 'YES'로 변경한 후 파일을 저장한다.

```
1 # Example config file /etc/vsftpd/vsftpd.conf
2 #
3 # The default compiled in settings are fairly paranoid. This sample file
4 # loosens things up a bit, to make the ftp daemon more usable.
5 # Please see vsftpd.conf.5 for all compiled in default...
10 #
11 # Allow anonymous FTP? (Beware - allowed by default if you comment this out).
12 anonymous_enable=YES
13 #
14 # Uncomment this to allow local users to log in.
15 local_enable=YES
```

그림 13-3 anonymous 접속 허용

NOTE▶ 이전 버전의 vsftpd 서버는 기본적으로 anonymous의 접속이 허용되어 있었으나 최근의 리눅스에 내장된 버전에서는 허용이 안 되어 있다. 보안을 유지하는 데 더 도움이 되기 때문이다.

2-4 설정을 변경했으므로 **systemctl restart vsftpd** 명령을 입력해 서비스를 재시작한다.

Step 3

WinClient ◉ FTP 서버에 접속해 파일을 다운로드/업로드한다.

3-1 프리웨어 FTP 클라이언트인 FileZilla를 사용한다. Edge 웹 브라우저에서 https://filezilla-project. org에 접속해 Windows용 최신 버전의 FileZilla Client를 다운로드한다(집필 시점의 최신 버전 파일은 FileZilla_3.60.2_win64_sponsored2-setup.exe, 11.6MB다).

그림 13-4 FileZilla Client 다운로드

NOTE ▶ 많이 사용되는 Windows용 FTP 클라이언트 프로그램에는 알드라이브, CuteFTP, LeapFTP 등이 있다. 대부분 프리웨어가 아닌 셰어웨어이므로 회사/학교 등에서 사용할 때는 주의해야 한다.

3-2 FileZilla Client 설치를 진행한다. 설정은 모두 기본값으로 두고 설치하면 된다.

그림 13-5 FileZilla Client 설치

3-3 FileZilla를 실행한 후 [호스트]에는 Server 가상머신의 IP 주소인 '192.168.111.100'을 입력하고, [사용자]에는 'anonymous(익명사용자)'를, [비밀번호]에는 아무거나 입력한 후 [빠른 연결] 버튼을 클릭한다. '비밀번호를 기억할까요?'라는 대화상자가 나오면 그냥 [확인]을 클릭한다. 그리고 '안전하지 않은 FTP 연결' 대화상자가 나오면 이 역시 [확인] 버튼을 클릭한다.

그림 13-6 FTP 접속 1

3-4 접속된 상태는 다음과 같다.

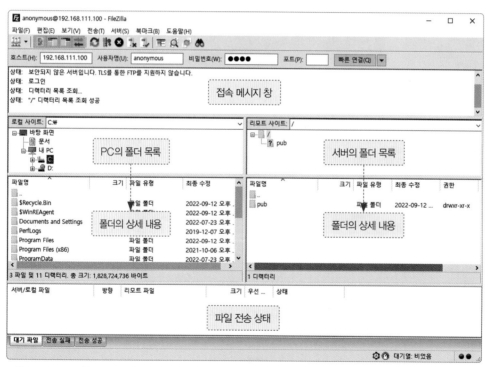

그림 13-7 FTP 접속 2

3-5 왼쪽 [로컬 사이트]에서 다운로드할 적당한 폴더를 선택한 후 오른쪽 [리모트 사이트]에서 '/pub' 디렉터리를 선택한다. 오른쪽 아래에서 필요한 파일을 선택하고 드래그해 왼쪽으로 가져가면 다운로드가 시작된다(또는 필요한 파일을 마우스 오른쪽 버튼으로 클릭한 후 [다운로드]를 선택해도 된다).

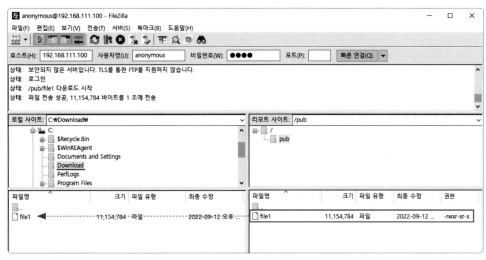

그림 13-8 파일 다운로드

3-6 이번에는 왼쪽의 [로컬 사이트]에 있는 아무 파일이나 마우스 오른쪽 버튼으로 클릭한 후 [업로드]를 클릭한다. '응답: 550 Permission denied' 메시지가 나타나면서 업로드에 실패한다. 이는 FTP 서버에서 기본적으로 다운로드만 허용할 뿐 업로드를 허용하지 않았기 때문 발생하는 문제다.

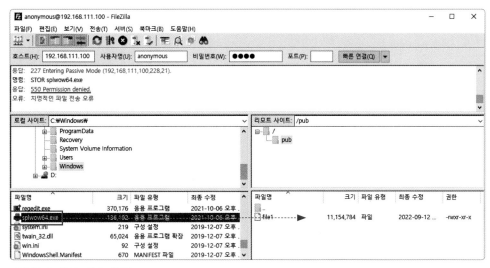

그림 13-9 업로드 실패 메시지

Server ▶ vsftpd의 설정 파일인 /etc/vsftpd/vsftpd.conf 파일을 수정해 업로드를 허용한다.

4-1 nano나 gedit 에디터로 **/etc/vsftpd/vsftpd.conf** 파일을 열고 다음과 같이 내용을 수정한다.

> **18행쯤 확인:**   write_enable=YES   → 기본적인 업로드 허용
> **28행쯤 주석(#) 제거:** anon_upload_enable=YES   → anonymous 사용자의 업로드 허용
> **32행쯤 주석(#) 제거:** anon_mkdir_write_enable=YES   → anonymous 사용자의 디렉터리 생성 허용

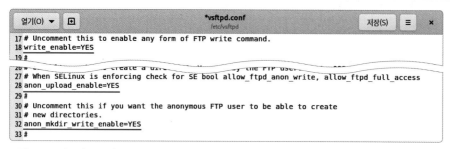

```
열기(O) ▼    ⊞                          *vsftpd.conf              저장(S)   ≡   ✕
                                         /etc/vsftpd
17 # Uncomment this to enable any form of FTP write command.
18 write_enable=YES
19 #
20 # ... ... create a di... ... ... ... the FTP use...
27 # When SELinux is enforcing check for SE bool allow_ftpd_anon_write, allow_ftpd_full_access
28 anon_upload_enable=YES
29 #
30 # Uncomment this if you want the anonymous FTP user to be able to create
31 # new directories.
32 anon_mkdir_write_enable=YES
33 #
```

그림 13-10 /etc/vsftpd/vsftpd.conf 파일 수정

> **❗ 여기서 잠깐**   **vsftpd.conf 파일**
>
> vsftpd.conf 파일에서 자주 사용하는 옵션은 다음과 같다.
>
> - **anonymous_enable:** anonymous(익명) 사용자의 접속 허가 여부를 설정
> - **local_enable:** 로컬 사용자의 접속 허가 여부를 설정
> - **write_enable:** 로컬 사용자가 저장, 삭제, 디렉터리 생성 등의 명령을 실행할 수 있게 허용 여부 설정 (anonymous 사용자는 해당 없음)
> - **anon_upload_enable:** anonymous 사용자의 파일 업로드 허가 여부를 설정
> - **anon_mkdir_write_eanble:** anonymous 사용자의 디렉터리 생성 허가 여부를 설정
> - **dirlist_enable:** 접속한 디렉터리의 파일 리스트 표시 여부를 설정
> - **download_enable:** 다운로드의 허가 여부를 설정
> - **listen_port:** FTP 서비스의 포트 번호를 설정(기본: 21번)
> - **deny_file:** 업로드를 금지할 파일을 지정(예 deny_file={*.mpg,*.mpeg,*.avi})
> - **hide_file:** 보여 주지 않을 파일을 지정(예 hide_file={*.gif,*.jpg,*.png})
> - **max_clients:** FTP 서버의 동시 최대 접속자 수를 지정
> - **max_per_ip:** 1개 PC에 동시 접속할 수 있는 접속자 수를 지정

4-2 업로드할 /var/ftp/pub/ 디렉터리의 소유권도 anonymous 사용자의 접속 이름인 ftp로 바꿔야 한다. **chown ftp.ftp /var/ftp/pub/** 명령을 입력해 소유권을 바꾸고 **systemctl restart vsftpd** 명령을 입력해 vsftpd 서비스를 다시 시작한다.

```
[root@localhost ~]# chown  ftp.ftp  /var/ftp/pub/
[root@localhost ~]#
[root@localhost ~]# ls  -l  /var/ftp/
합계 0
drwxr-xr-x 2 ftp ftp 19  9월 12 12:39
[root@localhost ~]#
[root@localhost ~]# systemctl  restart  vsftpd
[root@localhost ~]#
```

그림 13-11 서비스 재가동

NOTE ▶ **chown ftp.ftp /var/ftp/pub/** 명령을 실행해 소유권(Ownership)을 변경하는 대신 **chmod 777 /var/ftp/pub/** 명령을 실행해 허가권(Permission)을 변경해도 업로드를 허용할 수 있다.

Step 5 ─────────────────────────────

WinClient ◑ 이번에는 보안을 제외한 상태로 Server 가상머신에 연결해 파일을 업로드한다.

5-1 FileZilla를 닫은 후 다시 실행해 왼쪽 위의 사이트 관리자(▦)를 클릭한다. [사이트 관리자] 창이 열리면 [새 사이트] 버튼을 클릭해 새 사이트를 추가한다. 입력할 내용은 다음 그림을 참고하자. 설정이 끝났다면 [연결] 버튼을 클릭한다.

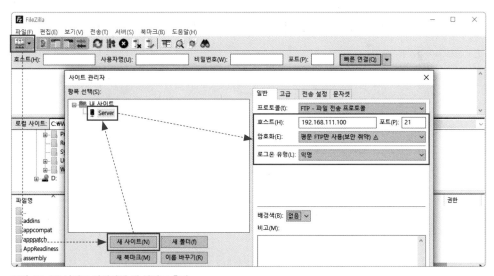

그림 13-12 사이트 관리자에 새 사이트 추가

5-2 이제 [로컬 사이트]에서 Windows의 파일을 [리모트 사이트]의 /pub 디렉터리로 드래그해 업로드한다. 업로드가 잘될 것이다.

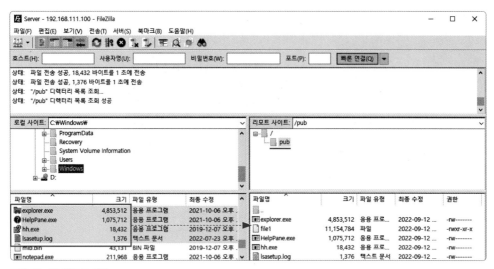

그림 13-13 업로드 성공

Step 6

WinClient ▶ 이번에는 Server 가상머신에 로컬 사용자로 접속한다. 기존에 있던 rocky 사용자로 FTP 접속을 시도한다.

6-1 FileZilla에서 rocky 사용자로 접속한다(비밀번호도 rocky로 설정했다).

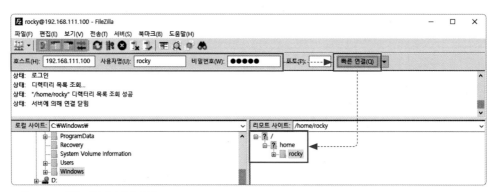

그림 13-14 일반 사용자의 접속 성공

6-2 접속이 잘된다. 접속이 잘되는 이유는 vsftpd.conf에 'local_enable=YES'라는 행이 있기 때문이다. 만약 이 행이 주석 처리되어 있다면 접속이 안 되었을 것이다.

Server(B) ◉ 텍스트 모드에서 FTP 접속 테스트를 진행한다.

7-1 EPEL 저장소에서 제공하는, 텍스트 모드에서 비교적 편리하게 사용할 수 있는 ftp 클라이언트인 ncftp 를 사용한다. 다음 명령을 입력해 설치하면 된다.

```
dnf -y install epel-release
dnf -y install ncftp
```

NOTE ▶ EPEL(Extra Packages for Enterprise Linux)는 기업용 리눅스를 위한 추가 패키지라고 부른다. RHEL 계 열에서 기본적으로 제공하지 않는 추가 패키지를 제공하는 저장소다.

7-2 다음의 **ncftp** 명령을 입력해 FTP 서버에 접속한 후 /pub 디렉터리에 파일을 다운로드한다.

```
# ncftp 192.168.111.100      → ftp 서버에 접속
ncftp > ls                   → 파일과 폴더 확인
ncftp > cd pub
ncftp > ls -l
ncftp > get file1            → 파일 다운로드
ncftp > bye                  → ftp 클라이언트 종료
# ls -l                      → 다운로드한 파일 확인
```

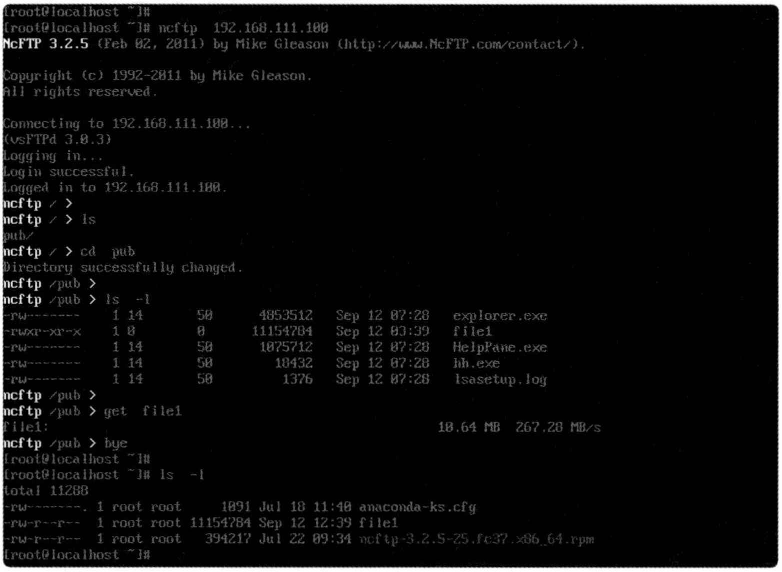

그림 13-15 텍스트 모드에서 ftp 클라이언트 사용

13.2 Pure-FTPd의 설치 및 운영

이번에는 Pure-FTPd를 간단히 설치하고 운영한다. Pure-FTPd는 Troll-FTPd를 기반으로 프랭크 데니스^{Frank Denis}가 제작했다. Pure-FTPd는 간단히 사용할 수 있으면서도 더 높은 보안성을 보장한다는 장점이 있다.

> **실습 2** ▶
>
> **Pure-FTPd를 설치하고 운영하자.**

Step 0

Server ◐ **dnf -y remove vsftpd** 명령을 입력해 앞에서 실습한 vsftpd를 제거한다(또는 Server 가상머신을 초기화해도 된다).

Step 1

Server ◐ Pure-FTPd도 EPEL 저장소에서 제공한다. 다음 명령을 입력해 EPEL 저장소에서 pure-ftpd를 설치한다.

```
dnf -y install epel-release
dnf -y install pure-ftpd
```

Step 2

Server ◐ pure-ftpd의 설정 파일을 변경한다.

2-1 설정 파일은 **/etc/pure-ftpd/pure-ftpd.conf**다. 이를 nano나 gedit 에디터로 열고 다음 내용을 참고해 anonymous 사용자가 접속하고 업로드할 수 있도록 설정을 변경한다.

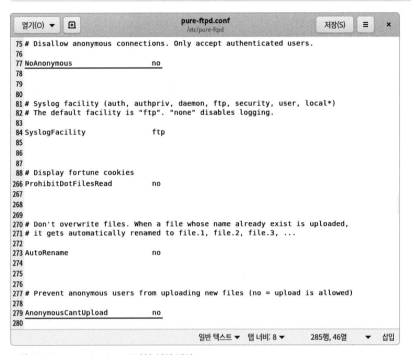

```
                    pure-ftpd.conf
열기(O) ▼  ⊞           /etc/pure-ftpd            저장(S)  ≡   ✕

75 # Disallow anonymous connections. Only accept authenticated users.
76
77 NoAnonymous                 no
78
79
80
81 # Syslog facility (auth, authpriv, daemon, ftp, security, user, local*)
82 # The default facility is "ftp". "none" disables logging.
83
84 SyslogFacility              ftp
85
86
87
88 # Display fortune cookies
266 ProhibitDotFilesRead        no
267
268
269
270 # Don't overwrite files. When a file whose name already exist is uploaded,
271 # it gets automatically renamed to file.1, file.2, file.3, ...
272
273 AutoRename                  no
274
275
276
277 # Prevent anonymous users from uploading new files (no = upload is allowed)
278
279 AnonymousCantUpload         no
280

            일반 텍스트 ▼  탭 너비: 8 ▼      285행, 46열    ▼  삽입
```

그림 13-16 pure-ftpd.conf 파일 설정 변경

2-2 **systemctl restart pure-ftpd**와 **systemctl enable pure-ftpd** 명령을 차례로 입력해 서비스를 시작한다.

2-3 다음 명령을 차례로 입력해 ftp의 홈 디렉터리에 업로드용 디렉터리와 다운로드용 디렉터리를 생성하고 허가권과 소유권을 변경한다.

```
cd /var/ftp
rm -rf *                       → 기존 모든 디렉터리 삭제
mkdir upload download
chown ftp.ftp upload download  → 소유권 변경
chmod 333 upload               → 쓰기만 가능하도록 허가권 변경
ls -l
cp /boot/vm* /var/ftp/download → 적당한 파일을 복사
```

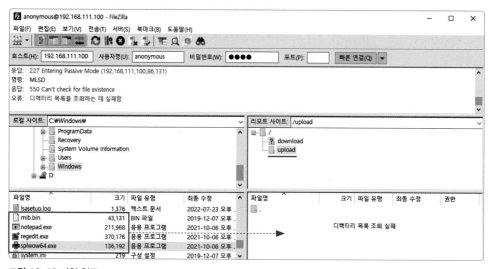

그림 13-17 업로드 및 다운로드 설정

2-4 ftp 포트를 방화벽에서 해제해야 한다. 이 과정은 이미 **실습 1**에서 진행했으므로 생략한다(만약 Server 가상머신을 초기화하고 이번 실습을 진행했다면 다시 방화벽을 해제한다).

Step 3

WinClient ● FileZilla로 FTP 서버에 접속한다.

3-1 실습 1 3-3과 같은 방식으로 접속한다. 그리고 원격 디렉터리인 /upload로 이동해 파일을 업로드한 다. 업로드는 잘되지만 업로드한 파일을 조회할 수는 없을 것이다.

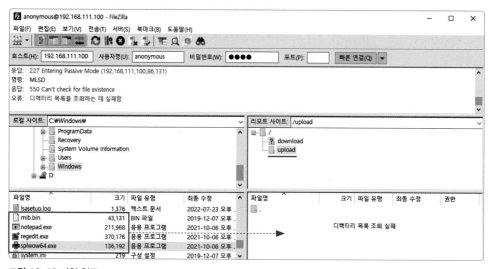

그림 13-18 파일 업로드

3-2 반대로 /download 디렉터리의 파일은 잘 조회되고 다운로드도 잘될 것이다.

Step 4

Server ▶ /var/ftp/upload/ 폴더로 이동해 파일이 잘 업로드되었는지 확인한다.

```
root@localhost:/var/ftp/upload

[root@localhost ~]# cd  /var/ftp/upload/
[root@localhost upload]#
[root@localhost upload]# ls  -l
합계 708
-rw-r--r-- 1 ftp ftp 211968  9월  12 17:52 notepad.exe
-rw-r--r-- 1 ftp ftp 370176  9월  12 17:52 regedit.exe
-rw-r--r-- 1 ftp ftp 136192  9월  12 17:52 splwow64.exe
[root@localhost upload]#
```

그림 13-19 업로드한 파일 확인

? VITAMIN QUIZ 13-2

Server(B) 가상머신을 초기화하고 pure-ftpd 서버로 설정하자. 그리고 Client 가상머신에서 gftp 명령을 실행해 접속하자.

이상으로 두 종류의 FTP 서버를 설치하고 운영하는 실습을 완료했다. 어느 FTP 서버를 사용하든지 용도는 같다는 점을 기억하자.

요즘에는 FTP 서버를 조금 생소하게 생각하는 사람도 있지만, FTP 서버는 파일을 업로드 및 다운로드하는 데 아주 적당하다. 12장의 웹 서버와 함께 FTP 서버를 대용량 파일의 업로드와 다운로드할 때 사용하면 아주 좋은 효과를 낼 수 있다.

Chapter

14

▶ # NFS 서버
설치 및 운영

리눅스 또는 유닉스 컴퓨터 사이에 저장 공간을 공유할 수
있도록 도와주는 서비스를 NFS라고 한다.

14장에서는 리눅스에 NFS 서버를 설치하고 운영하는 방법
을 알아본다.

● 이 장의
핵심 개념

14장에서는 파일 서버로 활용하기 위한 NFS 서버를 설치하고 운영한다. NFS 서버는 리눅스 컴퓨터끼리 저장 공간을 공유하는 서비스다. 14장에서 학습하는 핵심 개념은 다음과 같다.

- NFS 서버 패키지를 확인하고 설치한다.

- NFS 서버에 접근 권한을 지정하는 방법을 확인한다.

- NFS 클라이언트에서 NFS 서버를 마운트하는 방법을 알아본다.

● 이 장의
학습 흐름

NFS 서버 설치
▼
/etc/exports 파일 설정
▼
NFS 클라이언트 설치
▼
NFS 마운트

14.1 NFS 서버의 개념

디스크의 용량이 기하급수적으로 커지면서 파일 서버^{File Server}라는 개념이 많이 사용되고 있다. 예를 들어 이 책의 실습에서 활용 중인 Server 가상머신에는 여유 공간이 많이 있고, Client 가상머신에는 여유 공간이 별로 없다면 Client 가상머신에서 Server 가상머신의 공간을 조금 빌려서 쓰고 싶다는 생각이 들 것이다. 그리고 두 가상머신 모두에 여유 공간이 있더라도 공통으로 사용되는 파일이라면 각자의 컴퓨터에 해당 파일을 모두 저장하기보다는 1대의 컴퓨터에만 저장하고 해당 파일이 있는 디렉터리를 공유하는 것이 더욱 효율적이다.

NFS^{Network File System}는 이처럼 리눅스 또는 유닉스 컴퓨터 사이에 저장 공간을 공유할 수 있도록 도와준다. 다음 절에서 NFS 구현도를 살펴보면서 NFS 서버 구현 실습을 진행하자.

14.2 NFS 서버 구현

Windows는 네트워크로 연결된 컴퓨터 간 폴더(디렉터리)를 간단하게 공유할 수 있지만, 리눅스는 대부분 명령을 입력해 공유 설정 작업을 진행해야 하므로 Windows보다는 조금 더 복잡한 과정을 거쳐야 한다. NFS의 개념은 별로 어려울 것이 없으므로 실습을 통해 다음 그림과 같이 구현하면서 익히자.

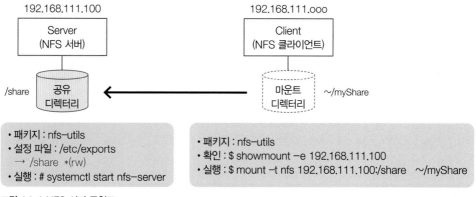

그림 14-1 NFS 서버 구현도

이 그림을 바탕으로 NFS 구현 순서를 정리하면 다음과 같다.

    ① NFS 서버에 nfs-utils 패키지가 설치되었는지 확인한다.

② NFS 서버의 /etc/exports에 공유할 디렉터리와 접근을 허가할 컴퓨터 및 접근 권한을 지정한다.

③ NFS 서비스를 실행한다.

④ NFS 클라이언트에 nfs-utils 패키지가 설치되었는지 확인한다.

⑤ NFS 클라이언트에서 showmount 명령을 실행해 NFS 서버에 공유된 디렉터리가 있는지를 확인한다.

⑥ NFS 클라이언트에서 mount 명령을 실행해 NFS 서버에 공유된 디렉터리를 마운트한다.

이 그림에서 주목할 점이 있다. 바로 NFS 클라이언트를 사용하면 마운트된 ~/myShare 이름의 디렉터리에 접근할 때 자동으로 NFS 서버의 /share 디렉터리에 접근하는 것과 같은 효과를 낸다는 점이다(여기서 ~는 현재 사용자의 홈 디렉터리이므로 현재 사용자가 rocky라면 /home/rocky/myShare 디렉터리가 된다).

NOTE ▶ NFS의 소스 파일 및 최신 정보를 확인하고 싶다면 http://nfs.sourceforge.net에 접속하자.

실습 1

Server 가상머신을 NFS 서버로 구축하고 Client 가상머신을 NFS 클라이언트로 설정해 사용하자.

Step 0

Server ◉ Server 가상머신을 설치 상태로 초기화하고 부팅한 후 root 사용자로 접속한다.

Step 1

Server ◉ NFS 서버를 설정한다.

1-0 터미널에서 **rpm -qa nfs-utils** 명령을 입력해 NFS 서버와 관련된 'nfs-utils' 패키지가 설치됐는지 확인한다. 만약 설치되지 않았다면 **dnf -y install nfs-utils** 명령을 입력해 설치한다.

그림 14-2 패키지 설치 확인

1-1 nano나 gedit 에디터로 **/etc/exports** 파일을 열고 다음 내용을 입력해 공유할 디렉터리를 추가한다. 그리고 파일을 저장한다.

그림 14-3 /etc/exports 파일 편집

NOTE ▶ 이 내용의 의미는 'share 디렉터리에 해당 IP 주소 컴퓨터가 접근할 수 있도록 허용하고, Read와 Write 모두할 수 있도록 접근 권한을 부여하라'다. IP 주소 부분에 사용한 *은 모든 컴퓨터가 접속되도록 허용하라는 의미다. 마지막에 있는 sync는 기본 설정값이며 NFS가 쓰기 작업을 완료할 때마다 디스크를 동기화하는 설정이다. 그래서 쓰기 속도가 async보다는 약간 더 느려진다. 이 옵션을 생략해도 무방하지만, nfs 버전에 따라서 nfs 서비스를 가동할 때 경고메시지가 나오는 경우도 있으므로 쓰는 편이 아무래도 깔끔하다. 그 외 더 세부적인 사항은 **man exports** 명령을 실행해 확인할 수 있다.

1-2 /share 디렉터리를 생성하고 **chmod 707 /share** 명령을 입력해 /share 디렉터리의 접근 권한을 707로 지정한다. 그리고 적당한 파일을 /share 디렉터리에 미리 몇 개 복사한다.

그림 14-4 공유할 디렉터리 생성

1-3 **systemctl restart nfs-server**와 **systemctl enable nfs-server** 명령을 입력해 nfs-server 서비스를 시작하고 상시 가동되도록 설정한다.

1-4 **exportfs -v** 명령을 입력해 서비스가 가동 중인지 확인한다.

그림 14-5 nfs 서비스 확인

NOTE 옵션 중에 별도 지정하지 않았던 root_squash라는 것이 보인다. 이는 NFS 클라이언트가 root라는 이름으로 NFS 서버에 접속하더라도, NFS 서버의 root 사용자 권한은 얻을 수 없도록 방지하는 기본 설정 옵션이다. 만약 필요에 의해 no_root_squash 옵션을 사용하고자 한다면 사설 네트워크 환경에서만 사용하자. 공개적으로 사용하면 보안상 문제가 발생할 수도 있기 때문이다.

1-5 **systemctl stop firewalld** 명령을 입력하고 방화벽을 잠시 끈다.

NOTE NFS 서버는 보안에 조금 취약한 편이라 보안 관련 설정을 모두 진행하는 것이 좋다. 하지만 지금 실습은 회사 내부의 인트라넷이라는 가정하에 진행한다. 그러므로 보안 관련 설정은 따로 진행하지 않고 넘어간다.

Step 2

Client ◐ NFS 서버에 접속해 공유한 디렉터리를 사용한다.

2-0 터미널에서 **rpm -qa nfs-utils** 명령을 입력해 관련 패키지가 설치됐는지 확인한다. 아마 설치되어 있을 것이다.

2-1 **showmount -e NFS서버IP주소** 명령을 입력해 NFS 서버(192.168.111.100)에 공유된 디렉터리를 확인한다.

```
[rocky@localhost ~]$ rpm -qa nfs-utils
nfs-utils-2.5.4-10.el9.x86_64
[rocky@localhost ~]$
```

그림 14-6 NFS 서버의 공유 디렉터리 확인

2-2 다음 명령을 참고해 NFS 서버의 /share 디렉터리에 마운트할 디렉터리 /home/rocky/myShare를 만들고, 마운트한다.

```
cd            → rocky 사용자의 홈 디렉터리(/home/rocky)로 이동
mkdir myShare
su -c 'mount -t nfs NFS서버IP주소:서버공유디렉터리 클라이언트마운트디렉터리'
```

그림 14-7 NFS 서버에 마운트

2-3 이제 **그림 14-1**처럼 ~/myShare 디렉터리를 사용한다는 말은 NFS 서버의 /share 디렉터리를 사용하는 말과 같다. /share 디렉터리를 읽기 및 쓰기로 공유되어 있다. 적당한 파일을 복사한다.

그림 14-8 적당한 파일을 NFS 서버에 복사

Step 3

Client ◉ NFS 클라이언트가 부팅될 때마다 NFS 서버의 디렉터리에 자동으로 마운트되도록 설정한다.

3-0 우선 **su** 명령을 입력해 root 사용자로 접속한다.

3-1 nano나 gedit 에디터로 **/etc/fstab** 파일을 열고 가장 아래쪽에 다음 내용을 추가한다.

NFS서버IP:서버공유디렉터리   클라이언트마운트디렉터리   nfs   defaults   0   0

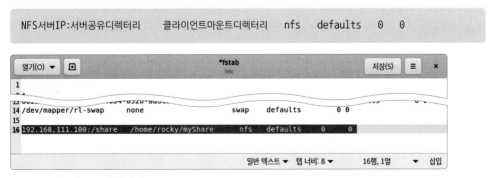

그림 14-9 /etc/fstab 파일 편집

3-2 Client 가상머신을 재부팅한 후 **ls -l /home/rocky/myShare** 명령을 입력해 자동으로 마운트됐는지 확인한다. 그리고 **touch /home/rocky/myShare/newFile** 명령을 입력해 읽기/쓰기 작업이 되는지 확인한다.

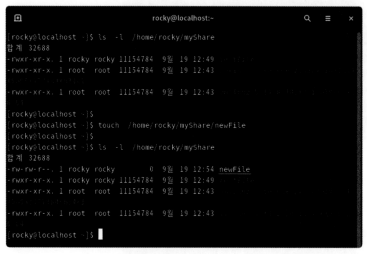

그림 14-10 재부팅한 후에 nfs 마운트 확인

Step 4

WinClient ▶ 리눅스에서 공유한 NFS 서버 디렉터리를 Windows에서 접근한다.

NOTE ▶ Windows의 NFS 기능은 Windows 7 이후의 Enterprise/Ultimate 에디션 또는 Windows Server 2008 R2 이후 버전에서 제공된다. 필자는 3장에서 Windows 10 Enterprise 평가판을 설치했으므로 잘 작동한다. Windows와 리눅스의 파일 공유는 15장에서 살펴본다.

4-1 [시작] 오른쪽의 검색 칸에 'Windows 기능'이라고 입력한 후 [Windows 기능 켜기/끄기]를 클릭한다. [Windows 기능] 창에서 'NFS용 서비스' 아래에 있는 'NFS용 클라이언트'를 체크하고 [확인] 버튼을 클릭해 설치한다. 만약 다시 시작하라는 대화상자가 나오면 WinClient 가상머신을 다시 시작한다.

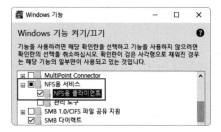

그림 14-11 Windows의 NFS 클라이언트 기능 설치

4-2 명령 프롬프트에서 **mount NFS서버IP주소:서버공유디렉터리 *** 명령을 입력해 NFS 서버에 접속한다 (파워셸을 사용할 경우 **cmd** 명령을 입력해 명령 프롬프트로 전환할 수 있다)

그림 14-12 Windows의 NFS 클라이언트 사용 1

4-3 자동으로 Z: 드라이브가 생성되면서 접속된다. 파일 탐색기를 열고 확인한다. 파일 읽기/쓰기가 가능할 것이다.

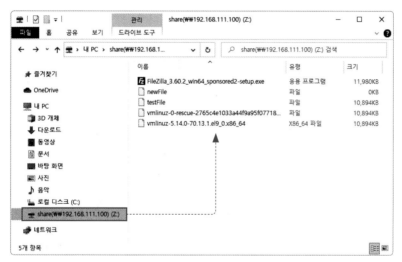

그림 14-13 Windows의 NFS 클라이언트 사용 2

┤ **? VITAMIN QUIZ 14-1** ├

Server(B) 가상머신에 /share 디렉터리를 생성하고 NFS로 공유한 후 Client 및 WinClient 가상 머신에서 접속하자.

지금까지 살펴본 것처럼 NFS는 리눅스 환경에서 서로 디렉터리를 공유하는 데 필요한 필수 유틸리티다. 다음 장에서는 리눅스와 Windows 사이에서 파일과 프린터를 공유할 수 있게 도와주는 Samba를 살펴본다.

15

Samba 서버
설치 및 운영

Samba를 사용하는 방법은 크게 2가지로 나눌 수 있다. 하나는 리눅스/유닉스에서 Windows의 자원을 사용하는 것이고, 다른 하나는 Windows에서 리눅스/유닉스의 자원을 사용하는 방법이다.

15장에서 이 2가지 방법은 약간 차이가 있으므로 별개로 이해하는 것이 좋을 것 같아 구분해서 실습을 진행하겠다. 부가적으로 보안까지 고려해서 Samba 서버를 구현해볼 것이다. 많이 활용되는 방법이니 사용법 위주로 익혀 보자.

학습목표

☑
**이 장의
핵심 개념**

15장에서는 리눅스와 Windows 사이에 파일을 공유하는 기능을 하는 Samba 서버를 구현한다. 15장에서 학습하는 핵심 개념은 다음과 같다.

• Windows에서 폴더를 공유하는 방법을 익힌다.

• 리눅스에서 Windows의 공유 폴더를 사용하는 방법을 학습한다.

• 리눅스에 Samba 서버를 설치하고 설정하는 방법을 익힌다.

• smb.conf 파일을 설정하고 편집하는 방법을 배운다.

• smb.conf 파일의 문법을 알아본다.

☑
**이 장의
학습 흐름**

```
┌─────────────────────────────────────┐
│   리눅스에서 Windows의 폴더와 프린터 사용   │
└─────────────────────────────────────┘
                  ▼
┌─────────────────────────────────────┐
│         Windows에서 리눅스로 접근          │
└─────────────────────────────────────┘
                  ▼
┌─────────────────────────────────────┐
│           Samba 서버 설정 파일            │
└─────────────────────────────────────┘
```

15.1 리눅스에서 Windows의 폴더와 프린터 사용

요즘에는 1대의 컴퓨터에 여러 운영체제를 혼합해 사용하는 것이 보편적이다. 특히 Windows 계열과 리눅스/유닉스 계열을 혼합해 사용하는 경우가 많다. 이렇게 서로 다른 운영체제 사이의 자원을 공유하려고 개발된 것이 Samba 서버다.

Windows에서 폴더와 프린터를 공유해 놓으면 Windows에서는 특별한 절차 없이 공유된 폴더와 프린터를 사용할 수 있다. 이렇게 Windows에서 공유해 놓은 폴더와 프린터를 리눅스에서도 자유롭게 사용할 수 있도록 Samba 서버를 구축하자. 이번에 구현할 네트워크 구성을 정리하면 다음 그림과 같다.

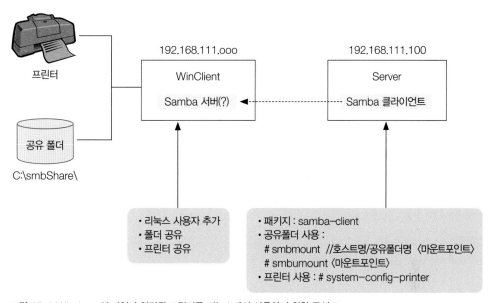

그림 15-1 Windows의 파일과 연결된 프린터를 리눅스에서 사용하기 위한 구성도

이 그림에서 확인해야 할 점은 'Samba 서버'를 별도로 설치할 필요가 없으며 'Samba 클라이언트'만 존재하면 된다는 것이다. 즉, Windows가 Samba 서버 역할로 자신의 공유 폴더와 프린터를 제공하며, 리눅스(Server)는 Samba 클라이언트 역할로 Windows가 제공한 폴더와 프린터를 사용하는 것이다. Windows에서는 그저 다른 Windows에게 폴더와 프린터를 공유한다는 설정만 하면 자동으로 Samba 서버 역할을 한다. 그림을 바탕으로 이번에 진행할 실습 과정을 요약하면 다음과 같다.

① WinClient 가상머신(Samba 서버 역할)

- 자신의 자원을 사용할 사용자를 추가한다.
- WinClient 가상머신의 자원을 공유한다.

② Server 가상머신(Samba 클라이언트 역할)

- Samba 클라이언트 패키지가 설치되어 있는지 확인한다.
- smbclient 명령을 실행해 WinClient 가상머신이 제공하는 자원을 확인한다.
- smbmount 명령을 실행해 WinClient 가상머신이 제공한 공유 폴더를 마운트한다.

NOTE ▶ Samba의 소스 파일을 다운로드하고 싶거나 자세한 사용법을 알고 싶으면 https://www.samba.org를 참고하자.

실습 1 ─────────────────────────────

Windows의 폴더를 공유하고 그 폴더를 리눅스에서 접근해서 사용해 보자.

Step 0 ─────────────────────────────

Server ◑ Server 가상머신을 설치 상태로 초기화한 후 부팅하고 root 사용자로 로그인한다.

Step 1 ─────────────────────────────

WinClient ◑ Windows의 폴더를 공유한다.

NOTE ▶ Windows의 파일 공유와 프린터 설치 방식은 버전마다 약간의 차이가 있다. 이 책의 WinClient 가상머신에는 Windows 10이 설치되어 있으므로 이를 기준으로 설명한다.

1-1 파일 탐색기에서 C:\smbShare\라는 폴더를 만든다(폴더 이름은 아무렇게나 지어도 된다). 만든 폴더를 마우스 오른쪽 버튼으로 클릭한 다음 [속성] - [공유]를 클릭한 후 [폴더명 속성] 창에서 [네트워크 파일 및 폴더 공유] 아래의 [공유] 버튼을 클릭한다. [네트워크 액세스] 창이 뜨면 입력 칸에 'Everyone'을 입력하고 [추가] 버튼을 클릭한다. 그리고 [Everyone]의 [사용 권한 수준]을 '읽기/쓰기'로 변경한 후 [공유] 버튼을 클릭한다. 대화상자가 나오면 [예, 모든 공용 네트워크에 대해 네트워크 검색 및 파일 공유를 사용합니다]를 클릭한다. 그리고 마지막으로 [완료] 버튼을 클릭한다.

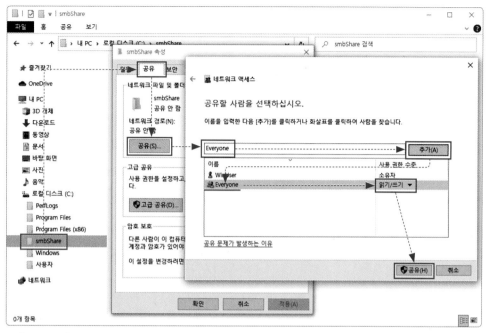

그림 15-2 폴더 공유 1

1-2 최종적으로 해당 폴더는 '컴퓨터이름\smbShare' 또는 'IP주소\smbShare'라는 네트워크 경로로 공유된다. [닫기] 버튼을 클릭해 [폴더명 속성] 창을 닫는다.

그림 15-3 폴더 공유 2

1-3 공유한 폴더인 C:\smbShare\에 적당한 파일을 몇 개 복사한다.

Step 2

WinClient ⊙ 리눅스에서 접근을 허용하려면 리눅스의 사용자를 추가하고 비밀번호를 지정해야 한다. 이 작업을 진행한다.

2-1 파워셸이나 명령 프롬프트를 관리자 모드로 실행한 후 다음 명령을 입력한다.

```
net user root 1234 /add    → root 사용자를 만들고 암호를 1234로 지정
```

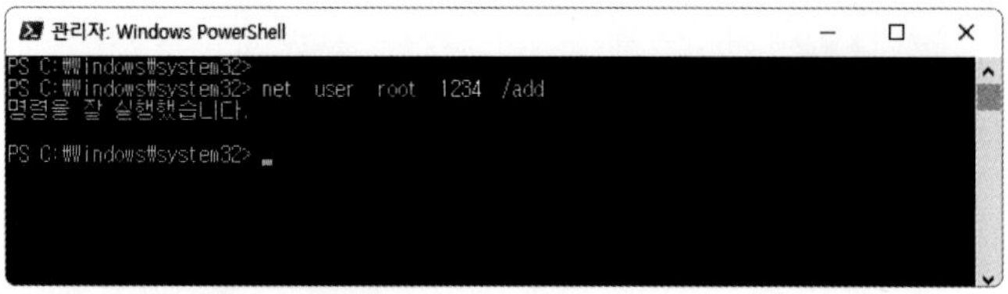

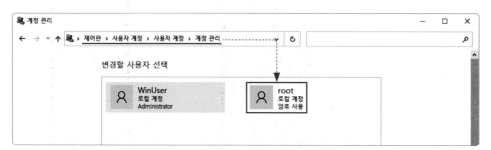

그림 15-4 Windows 계정 추가

NOTE▶ 제어판의 [사용자 계정]에서 사용자를 추가할 수도 있으나, Windows 버전별로 설명 방법이 많이 달라 독자가 혼란스러울 수 있으므로 명령으로 간단히 사용자를 추가했다.

2-2 제어판의 [사용자 계정]에서 추가된 root 사용자를 확인할 수 있다.

그림 15-5 Windows 계정 확인(Windows 10의 경우)

2-3 파워셸이나 명령 프롬프트에서 **ipconfig** 명령을 입력해 Windows의 IP 주소를 확인한다.

그림 15-6 Windows의 IP 주소 확인(Windows 10의 경우)

Step 3

Server ◉ WinClient 가상머신에서 공유한 폴더를 Server 가상머신에서 사용한다.

3-0 터미널을 열고 **dnf –y install samba–client** 명령을 입력해 Samba 클라이언트 패키지를 설치한다.

3-1 rpm –qa | grep samba 명령을 입력해 Samba 클라이언트 패키지인 samba–client와 samba–common이 잘 설치되었는지 확인한다.

그림 15-7 패키지 확인

3-2 먼저 다음 명령을 입력해 Windows에서 공유한 폴더 및 프린터가 보이는지 확인한다. 공유 폴더만 확인하는 것이므로 결과에 오류가 나와도 괜찮다.

```
smbclient –L WinClient_IP주소
Enter root's password : → Windows에서 생성한 root 사용자의 암호를 입력(이번 실습에서는 '1234')
```

그림 15-8 WinClient 가상머신에서 공유한 폴더와 프린터 확인

3-3 다음 명령을 입력해 WinClient 가상머신에서 공유한 폴더(smbShare로 공유했었다)에 마운트할 디렉터리(이름은 아무렇게나 지어도 상관없다)를 만들고 마운트한다.

```
mkdir 마운트할디렉터리이름
mount -t cifs //WinClientIP주소/공유폴더이름 마운트할디렉터리이름
Password :      → Windows에서 생성한 root 사용자의 암호를 입력(이번 실습에서는 '1234')
```

그림 15-9 Samba 마운트 성공

3-4 이제 /sambaMount 디렉터리를 사용한다는 말은 WinClient 가상머신의 C:\smbShare\라는 폴더를 사용하는 것과 동일한 의미다. /sambaMount 디렉터리에 파일 몇 개를 복사하고 WinClient 가상머신의 파일 탐색기에서 그 파일을 확인한다. 잘 보일 것이다.

그림 15-10 리눅스에서 복사한 파일을 Windows에서 확인

3-5 더 이상 마운트할 필요가 없다면 **umount /sambaMount** 명령을 입력해 마운트를 해제한다.

? VITAMIN QUIZ 15-1

Server(B) 가상머신에서, WinClient 가상머신에서 공유한 폴더(c:\smbShare\)에 적당한 파일을 복사하자.

15.2 Windows에서 리눅스의 폴더와 프린터 사용

이번에는 리눅스에서 공유한 디렉터리와 프린터를 Windows에서 사용하는 방법을 알아본다.
Windows에서 리눅스로 접근하는 방식 역시 별로 어렵지 않다.

15.2.1 Windows에서 리눅스로 접근

다음 그림과 같이 Windows에서 리눅스의 자원을 사용하도록 구성할 수 있다.

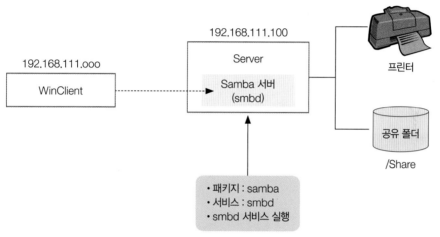

그림 15-11 Windows에서 리눅스의 자원을 사용하기 위한 구성도

NOTE▶ Samba 서버를 설치하면 리눅스 PC가 Windows PC처럼 사용된다는 의미다. 즉, 리눅스 PC가 Windows 의 네트워크 환경에서 Windows PC와 동등하게 보인다.

이번 실습에서는 WinClient 가상머신에서 따로 설정을 건드릴 필요가 없다. Server 가상머신 쪽에서만 설정을 건드리면 된다. 특히 보안을 위해서 특별히 허가된 사용자만 접속되도록 설정한다.

실습 2

Windows에서 리눅스의 자원을 사용하자.

Step 0

Server ● Server 가상머신을 설치 상태로 초기화한 후 부팅하고 root 사용자로 접속한다.

Server ○ 터미널에서 **dnf −y install samba** 명령을 입력해 Samba 패키지를 설치한다.

Server ○ Samba 서버를 이용해 디렉터리를 공유한다.

2-1 먼저 다음 명령을 입력해 Samba의 사용이 허가된 그룹을 만든다. 필자는 sambaGroup으로 만들었고 디렉터리는 /share로 지정했다. 그리고 기존의 rocky 사용자를 sambaGroup 포함시켰다.

```
mkdir /share              → Samba로 공유할 디렉터리
groupadd sambaGroup       → Windows에서 접속을 허용할 그룹 생성
chgrp sambaGroup /share   → 디렉터리의 소유 그룹을 변경
chmod 770 /share          → 디렉터리 허가권 변경
usermod -G sambaGroup rocky → rocky 사용자를 sambaGroup에 소속시킴
smbpasswd -a rocky        → rocky 사용자의 삼바 전용 비밀번호 지정(필자는 1234로 지정)
```

```
[root@localhost ~]# mkdir /share
[root@localhost ~]#
[root@localhost ~]# groupadd sambaGroup
[root@localhost ~]#
[root@localhost ~]# chgrp sambaGroup /share
[root@localhost ~]#
[root@localhost ~]# chmod 770 /share
[root@localhost ~]#
[root@localhost ~]# usermod -G sambaGroup rocky
[root@localhost ~]#
[root@localhost ~]# smbpasswd -a rocky
New SMB password:
Retype new SMB password:
Added user rocky.
[root@localhost ~]#
```

그림 15-12 Samba 그룹 및 사용자 지정

2-2 Samba의 설정 파일은 **/etc/samba/smb.conf**다. nano나 gedit 에디터로 해당 파일을 열고 다음과 같이 수정하고 저장한다.

```
[global] 부분 변경
11행 수정 : workgroup = WORKGROUP  → Windows의 기본 그룹명
11행 아래쪽에 다음 내용을 추가
    unix charset = UTF-8         → 문자 인코딩
    map to guest = Bad User      → 인증 없이 접속 허용
```

```
[Share]
    path = /share                    → 공유할 폴더
    writable = yes                   → 쓰기 허용
    guest ok = no                    → 게스트 거부
    create mode = 0777               → 파일 전체 접근 허용
    directory mode = 0777            → 폴더 전체 접근 허용
    valid users = @sambaGroup        → sambaGroup 소속 사용자만 허용
```

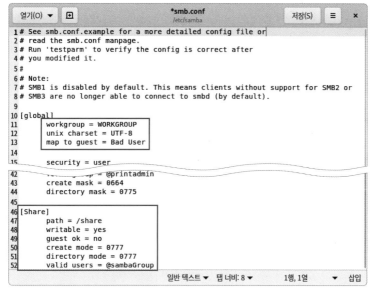

그림 15-13 smb.conf 파일 수정

NOTE ▶ smb.conf 설정 파일의 workgroup 부분에는 Windows의 작업 그룹을 써야 한다. Windows의 [시작] 오른쪽 [검색]에서 '작업 그룹 이름 바꾸기'를 입력하고 이를 실행해 작업 그룹을 확인할 수 있다.

2-3 testparm 명령을 입력해 변경한 내용에 오류가 없는지 확인한다. [Enter]를 누르면 내용이 출력된다.

그림 15-14 설정 파일 오류 확인

2-4 systemctl restart/enable smb nmb 명령을 입력해 Samba 서버를 시작하고 상시 가동하도록 설정한다.

그림 15-15 smb 데몬 실행

2-5 firewall−config 명령을 입력해 [방화벽 설정] 창을 연다. [설정]에서 '영구적'을 선택한 후 [영역] 탭아래의 [서비스] 탭에서 'samba'와 'samba−client'를 체크해 Samba 서버를 연다. 설정을 적용하기 위해 [옵션] − [Firewalld 다시 불러오기] 메뉴를 클릭한 후 [방화벽 설정] 창을 닫는다.

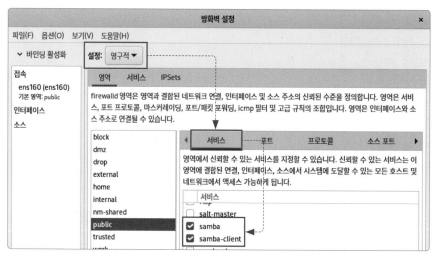

그림 15-16 방화벽 설정

Step 3

WinClient ▶ Samba 서버(Server 가상머신)에서 공유한 디렉터리('/share')에 접근한다.

3-1 Windows 파일 탐색기를 실행하고 왼쪽에서 [내 PC]를 선택하고 [컴퓨터] − [네트워크 드라이브 연결] − [네트워크 드라이브 연결] 메뉴를 클릭한다. [네트워크 드라이브 연결] 창이 나오면 [드라이브]에서 적당히 ':Z'를 선택한다(다른 드라이브를 선택해도 된다). 그리고 [폴더]에 직접 '\\192.168.111.100\share'를 입력하고 그 아래 항목을 모두 체크한 후 [마침] 버튼을 클릭한다.

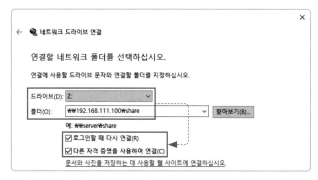

그림 15-17 네트워크 드라이브 연결 1

3-2 [Windows 보안] 대화상자에는 이번 실습의 **2-1**에서 지정한 rocky 사용자와 Samba 전용 비밀번호인 '1234'를 입력하고 [확인] 버튼을 클릭한다. 대화상자가 다시 나오면 [확인] 버튼을 한 번 더 클릭한다.

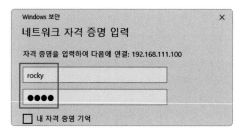

그림 15-18 네트워크 드라이브 연결 2

3-3 Windows 파일 탐색기를 열면 Z: 드라이브가 연결되어 있음을 확인할 수 있다. 해당 드라이브에 파일 몇 개를 복사한다.

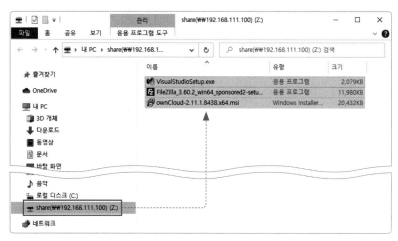

그림 15-19 네트워크 드라이브 연결 3

Step 4

Server ▶ 리눅스 공유 디렉터리로 파일이 잘 복사되었는지 확인한다.

4-1 /share 디렉터리를 확인한다.

```
root@localhost:~
[root@localhost ~]# ls  -l  /share/
합계 34492
-rwxrw-rw- 1 rocky rocky 12267224  9월  12 12:46 FileZilla_3.60.2_win64_sponsored
2-setup.exe
-rwxrw-rw- 1 rocky rocky  2128872  9월   6 16:20 VisualStudioSetup.exe
-rwxrw-rw- 1 rocky rocky 20922368  9월   8 21:19 ownCloud-2.11.1.8438.x64.msi
[root@localhost ~]# 
```

그림 15-20 Windows에서 복사한 파일 확인

4-2 현재 Samba 서버에 접속한 Windows는 **smbstatus** 명령을 입력해 확인할 수 있다. 이 책에서는 192.168.111.128 컴퓨터에서 Rocky 리눅스 사용자로 접속했으며 접속한 디렉터리는 /share다.

```
root@localhost:~
[root@localhost ~]# smbstatus

Samba version 4.15.5
PID     Username     Group        Machine                                    Protocol Version  Encrypti
on          Signing
----------------------------------------------------------------------------------------------------
---------------------------------
3525    rocky        rocky        192.168.111.135 (ipv4:192.168.111.135:51086) SMB3_11              -
          partial(AES-128-CMAC)

Service      pid     Machine       Connected at                     Encryption   Signing
---------------------------------------------------------------------------------------------
Share        3525    192.168.111.135 월  9월  19 15시  25분  09초  2022 KST -             -

Locked files:
Pid          User(ID)   DenyMode   Access      R/W        Oplock           SharePath   Name   Time
--------------------------------------------------------------------------------------------------
3525         1000       DENY_NONE  0x100081    RDONLY     NONE             /share    .    Mon Sep 19 15:
25:51 2022
3525         1000       DENY_NONE  0x100081    RDONLY     NONE             /share    .    Mon Sep 19 15:
25:50 2022
3525         1000       DENY_NONE  0x100081    RDONLY     NONE             /share    .    Mon Sep 19 15:
```

그림 15-21 Samba 서버 접속 상태 확인

이제 Windows에서도 리눅스의 저장 공간을 자신의 것처럼 사용할 수 있다. NFS는 리눅스(또는 유닉스) 사이에서 저장 공간을 공유할 때 사용하지만, Samba 서버는 리눅스(또는 유닉스)와 Windows 사이에 저장 공간을 공유할 때 사용한다는 차이점이 있다. 그러므로 리눅스/유닉스/Windows가 혼재된 시스템이라면 NFS와 Samba 서버를 모두 구축하는 것이 바람직하다.

15.2.2 Samba 서버 설정 파일

앞서 실습에서 사용한 Samba 서버의 설정 파일은 /etc/samba/smb.conf다. 여기서는 이 파일의 문법 중 중요한 부분을 몇 가지 살펴본다.

[global]: 모든 자원의 공유를 위한 설정

- workgroup: Windows의 작업 그룹 이름
- server string: Windows의 네트워크에 보이는 컴퓨터 설명 이름(생략 가능)
- netbios name: Windows의 네트워크에 참가하는 컴퓨터 이름
- hosts allow: Samba 서버에 접속을 허용할 컴퓨터의 IP 주소 또는 네트워크 주소 또는 컴퓨터 이름
- log file: Samba 서버에 접속하는 컴퓨터의 접속 기록 파일
- security: user(Rocky Linux 9에 포함된 버전은 share를 허용하지 않음)

[공유 이름]: 공유하는 디렉터리를 설정

- comment: 공유하는 디렉터리를 설명. 생략 가능
- path: 물리적인 디렉터리
- read only: 디렉터리에 쓰기 권한이 있는지 여부. yes는 읽기 전용, no는 읽기/쓰기 허용.
- browseable: 공유 리스트를 표시 여부 설정
- guest ok: 다른 사용자의 사용 허가 여부 설정

이 외의 더 상세한 옵션은 **man smb.conf** 명령을 실행해 확인하자.

그리고 #과 ;(세미콜론)은 주석 행을 의미한다. #은 주로 설명을 위한 주석이며, ;(세미콜론)은 바로 제거한 후에 사용하도록 붙인 일시적인 주석이다. 또한 에디터로 직접 /etc/samba/smb.conf 파일을 수정한 후에는 문법상 오류가 없는지 체크하는 것이 좋다. 터미널에서 **testparm** 명령을 실행하면 smb.conf 파일의 오류를 검사할 수 있다.

> ---┤ **? VITAMIN QUIZ 15-2** ├─────
>
>   Server(B) 가상머신을 초기화한 후 Samba 서버로 설정하고 Windows에서 접속하자.

이상으로 Windows와 리눅스/유닉스 사이에 자원을 공유하는 방법을 알아보았다. Samba는 운영 체제를 혼합해 사용하는 환경에서 유용한 도구이므로 잘 익혀두자.

16

DHCP 서버
설치 및 운영

한 회사에서 100대의 직원 컴퓨터에 모두 고정 IP 주소를
할당해 인터넷을 사용한다고 가정하자. 컴퓨터를 잘 아는
몇몇 직원은 하드디스크를 다시 포맷하는 등의 작업을 스
스로 할 것이다. 하지만 대부분의 직원은 포맷을 하고 난
뒤 자신의 고정 IP 주소를 까먹을 것이다. 이렇게 되면 IP
주소를 임의로 설정하게 되어 다른 사람의 IP 주소와 서
로 충돌하게 될 것이다.

이러한 문제를 해결할 수 있도록 도와주는 것이 바로
DHCP 서버다. DHCP는 IP 주소를 자동으로 할당하는
서버이기 때문이다. 16장에서는 DHCP 서버가 무엇인지
알아보고 DHCP 서버를 설치하고 운영하는 방법을 실습
한다.

학습목표

●

이 장의
핵심 개념

16장에서는 회사의 컴퓨터에 IP 주소를 자동으로 할당하는 DHCP 서버에 대해 학습한다. DHCP 서버를 구축하면 시스템 관리자가 매번 IP 주소를 관리하는 작업을 하지 않아도 된다. 16장에서 학습하는 핵심 개념은 다음과 같다.

- DHCP 서버의 개념과 장점을 파악한다.

- DHCP 서버의 작동 원리를 이해한다.

- VMware 프로그램에서 DHCP 서버를 구성하는 방법을 익힌다.

- DHCP를 구현하고 작동을 테스트한다.

- dhcpd.conf 파일을 편집하고 설정하는 방법을 배운다.

●

이 장의
학습 흐름

> DHCP 서버의 작동 원리

▼

> DHCP 서버 구현

▼

> /etc/dhcpd.conf 파일 내용

▼

> DHCP 클라이언트 작동

16.1 DHCP의 개념

DHCP Dynamic Host Configuration Protocol 서버는 자신의 네트워크 안에 있는 클라이언트 컴퓨터가 부팅될 때 자동으로 IP 주소, 서브넷 마스크, 게이트웨이 주소, DNS 서버 주소를 할당하는 역할을 한다. DHCP 서버를 활용하면 IP 주소와 관련된 정보를 모르더라도 클라이언트 컴퓨터의 사용자는 아무 문제없이 인터넷을 사용할 수 있다. 이와 같은 관리의 편의성과 이용자의 편의성을 DHCP 서버의 장점으로 들 수 있다.

DHCP 서버의 또 다른 장점으로 한정된 IP 주소로 더 많은 IP 주소가 있는 것처럼 활용할 수 있다는 것을 들 수 있다. 예를 들어 어느 회사에서 대부분의 직원이 노트북 사용자고 잦은 출장으로 자리를 비울 때가 많다면 모든 사용자에게 고정 IP 주소를 주었을 경우 해당 IP 주소를 사용하지 않는 시간이 더 많을 것이다. 이때 DHCP 서버를 운영한다면 필요할 때마다 IP 주소를 할당하므로 해당 컴퓨터를 사용하지 않을 때 IP 주소를 다른 곳에 활용할 수 있다. 즉, 적은 개수의 IP 주소를 여러 명의 사용자가 필요할 때마다 번갈아 사용할 수 있다. 이는 사설 IP 주소를 사용할 때보다는 공인 IP 주소를 사용할 때 훨씬 유용하다.

> **! 여기서 잠깐**　　**공인 IP와 사설 IP, 고정 IP와 동적 IP**
>
> 공인 IP와 사설 IP, 고정 IP와 동적 IP의 개념을 명확히 구분하고 넘어가자.
>
> 공인 IP는 인터넷상의 공인된 IP 주소를 의미한다. 즉, 전 세계에 1개밖에 없는 IP 주소다. 예를 들어 이 책에서 자주 사용하는 공인된 DNS 서버인 8.8.8.8은 전 세계 어디서든 접근할 수 있는 공인 IP 주소다.
>
> 사설 IP는 내부 네트워크 안에서만 통용되는 IP 주소를 의미한다. 예를 들어 VMware 프로그램 안에 설치된 가상머신은 모두 내부 네트워크 안에 위치한 컴퓨터이므로 사설 IP 주소를 가진다(지금까지 보았던 192.168.×××.○○○는 사설 IP 중에서 가장 많이 사용되는 주소 영역이다). 내부 네트워크에서만 통용될 뿐 외부 인터넷에서 인식하지 못하는 IP 주소다. 그래서 원칙적으로 사설 IP 주소를 사용하는 컴퓨터는 외부 인터넷에 접속할 수 없다. 이를 해결하는 방법이 18장에서 설명할 마스커레이드다.
>
> 고정 IP는 컴퓨터 네트워크 정보에 직접 입력하는 고정된 IP 주소를 의미한다. 고정 IP 주소를 알려면 당연히 네트워크 관리자에게 문의해야만 한다. 고정 IP 주소를 입력한 컴퓨터는 재부팅해도 IP 주소가 변하지 않는다. 동적 IP(유동 IP)는 컴퓨터가 부팅될 때마다 DHCP 서버로부터 얻어 오는 IP 주소를 의미한다. 그러므로 컴퓨터를 부팅할 때마다 IP 주소가 변경될 수도 있다.
>
> 앞서 설명한 4개의 용어는 공인 고정 IP, 공인 동적 IP, 사설 고정 IP, 사설 동적 IP 등으로 혼합되어 표현될 수도 있다. 공인 고정 IP는 공인된 IP 주소가 고정 IP로 사용되는 것을 말한다. 필자가 종종 사용하는 주소인

8.8.8.8이 공인 고정 IP의 한 예다. 공인 동적 IP(공인 유동 IP)는 공인 IP이면서 DHCP 서버로부터 동적으로 할당받는 IP 주소를 의미한다. 대표적인 예로 KT, SKT, LG-U+ 등에서 제공하는 초고속 통신망 서비스가 공인 동적 IP를 들 수 있다. 즉, 초고속 통신망과 연결된 컴퓨터를 켤 때마다 할당받는 IP 주소가 바뀔 수는 있지만, 해당 IP 주소 자체는 전 세계의 유일한 공인 IP다.

사설 고정 IP는 사설 IP이면서도 고정으로 사용되는 IP 주소를 의미한다. 이 책의 Server, Server(B) 가상머신은 사설 고정 IP를 사용한다. 즉, 192.168.111.100과 192.168.111.200은 사설 IP이지만, 고정적으로 할당해 놓은 것이다. 사설 동적 IP(사설 유동 IP)는 사설 IP를 동적으로 할당받는다는 의미다. 대부분의 DHCP 서버는 이러한 사설 동적 IP를 할당하기 위해 구성된다(이 책에서 사용하는 Client나 WinClient 가상머신이 바로 사설 동적 IP 주소를 사용한다). 잠시 후 실습에서 구현하는 DHCP 서버도 사설 동적 IP(사설 유동 IP)를 할당하는 데 사용한다.

다음 그림으로 간단히 DHCP 서버의 작동 원리를 파악하자. 이 그림의 ①~⑧을 살펴보면 어렵지 않게 DHCP 서버의 작동 방식을 알 수 있다. 여기서 주목할 점은 PC(DHCP 클라이언트)에서는 [① 컴퓨터 전원 켜기], [⑥ 컴퓨터 전원 끄기] 과정만 거치면 된다는 것이다. 즉, 사용자는 IP 주소와 관련된 정보에 신경을 쓸 필요가 없으며 그저 컴퓨터를 켜고 인터넷을 사용하면 되는 것이다.

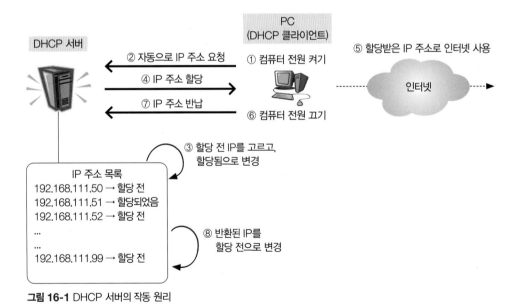

그림 16-1 DHCP 서버의 작동 원리

여기서 궁금할 만한 사항은 PC는 아직 DHCP 서버의 주소를 모르는데 어떻게 [② 자동으로 IP 주소 요청]이 가능하냐는 점일 것이다. DHCP 클라이언트로 설정된 PC는 전원이 켜지면 자신의 네트워크 케이블에 연결된 모든 컴퓨터에 [② 자동으로 IP 주소 요청]을 방송Broadcast한다. 그러면 네트워크에 연결된 컴퓨터 중 다른 컴퓨터는 PC의 요청을 무시하고 DHCP 서버만 ④에 대한 응답을 한다.

DHCP 서버를 구현했다고 가정한다면 DHCP 클라이언트를 구현할 때 추가 설치해야 하는 프로그램은 없다. Windows를 DHCP 클라이언트로 운영하려면 다음 그림처럼 [Internet Protocol Version 4(TCP/IPv4) 속성] 창의 [일반] 탭에서 '자동으로 IP 주소 받기'와 '자동으로 DNS서버 주소 받기'를 선택하면 된다.

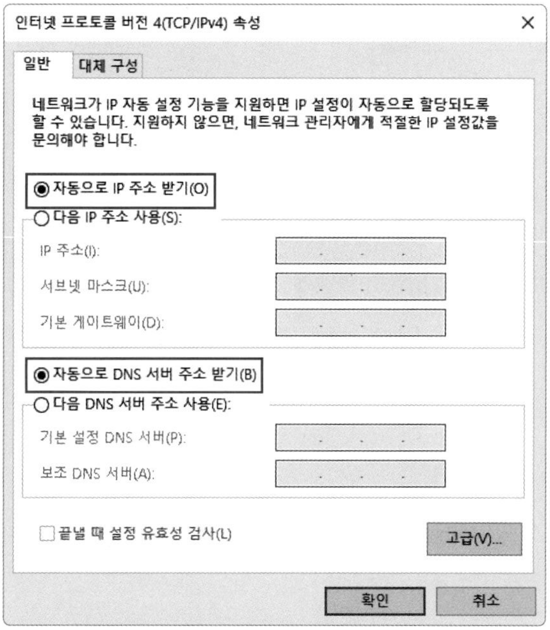

그림 16-2 Windows를 DHCP 클라이언트로 설정

리눅스에서 DHCP 클라이언트를 설정하려면 X 윈도가 설치된 환경에서 터미널을 열고 **nm-connection-editor** 명령을 실행해 [네트워크 연결] 창을 연다. 그리고 [ens160]를 더블클릭해 [ens160 편집] 창을 열고 다음 그림처럼 [IPv4 설정] 탭의 [Method]를 '자동(DHCP)'으로 선택하면 된다.

그림 16-3 리눅스에서 DHCP 클라이언트로 설정

텍스트 모드의 Rocky Linux를 DHCP 클라이언트로 설정하려면 /etc/NetworkManager/system
-connection/ens160.nmconnection 파일을 열고 [ipv4] 아래에 'method=auto'를 입력하면
된다.

NOTE ▶ DHCP의 최신 내용을 살펴보거나 소스 파일을 다운로드하려면 https://www.isc.org/software/dhcp에 접
속하면 된다.

16.2 DHCP 구현

이제 DHCP 서버를 VMware 프로그램에서 구현해 보자. 우선 이 책에서 구현할 DHCP 서버를
확인하자. 다음 그림은 기존에 실습하던 환경과 거의 비슷한 환경이다. 실무 환경에서는 가상 컴퓨
터와 가상 허브^{Hub} 대신 진짜 컴퓨터와 진짜 허브를 사용한다는 것을 제외하면 다음 그림의 환경과
큰 차이 없다.

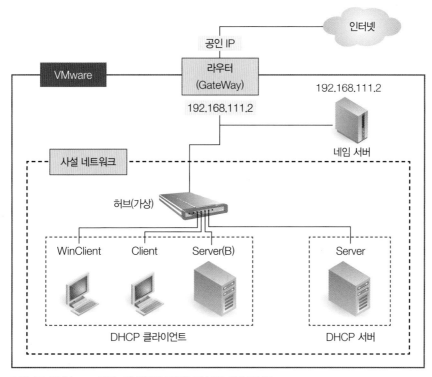

그림 16-4 VMware 프로그램 내부에 구현할 DHCP 서버 구성도

이번 실습을 진행하기 전 기존 실습 환경에서 몇 가지 사항을 수정해야 한다. 수정할 사항은 다음과
같다. 앞서 살펴본 그림과 함께 보면서 이해하자.

- VMware 프로그램은 자체적으로 게이트웨이, 네임 서버, DHCP 서버, 3가지 역할을 모두 한다고 이
  야기한 적이 있다. 이번 실습에서는 VMware 프로그램이 제공하는 192.168.111.2를 게이트웨이와
  네임 서버로 변경없이 사용한다. 하지만 VMware 프로그램 제공하는 DHCP 서버의 기능은 중지시
  켜야만 이 그림의 Server(DHCP 서버)가 제대로 작동하는지 확인할 수 있다(51쪽 **그림 1-64**의 경
  우 VMware 프로그램 안에 있는 192.168.111.254에서 가상의 DHCP 서버가 작동한다). Client,
  Server(B), WinClient는 DHCP 클라이언트로 설정한다. 그림에 나와 있듯이 VMware 프로그램
  안 4대의 가상머신은 허브로 연결된 '사설 네트워크' 안에 있는 것과 동일한 환경을 이룬다. 그러므로
  각 클라이언트가 부팅될 때마다 Server는 각 클라이언트에게 네트워크 정보(IP 주소, 게이트웨이 주
  소, 네임 서버 주소, 서브넷 마스크 등)를 알려 준다.

DHCP 서버를 구현하자. 이번 실습은 그림 16-4를 함께 보면서 진행하자.

Step 0

호스트 OS ◐ 4대의 가상머신을 초기화한다.

0-1 Server, Server(B), Client, WinClient 가상머신을 각각 설치 상태로 초기화한 후 부팅하지는 않는다.

Step 1

Client ◐ 우선 Client 가상머신을 부팅한다.

1-1 터미널을 열고 **nm-connection-editor** 명령을 입력한 후 [네트워크 연결] 창에서 [ens160]을 더블 클릭한다. 그리고 [ens 160 편집] 창의 [IPv4 설정] 탭을 클릭해 [Method]를 확인하면 '자동(DHCP)'으로 선택되어 있을 것이다. 즉, DHCP 서버에서 자동으로 IP 주소를 할당받도록 설정되어 있는 것이다. [Cancel] 버튼을 클릭해 [ens 160 편집] 창을 닫고 [네트워크 연결] 창도 닫는다.

그림 16-5 DHCP 설정 확인

1-2 **ifconfig ens160** 명령을 입력해 IP 주소가 자동으로 할당된 것을 확인한다. 설정된 192.168.111.○
○○(필자는 192.168.111.130)은 VMware 프로그램에서 제공하는 DHCP 서버에서 할당받은 IP 주소다.

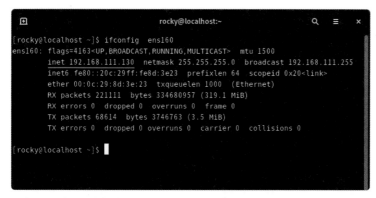

그림 16-6 자동으로 할당된 IP 주소

1-3 **/etc/resolv.conf** 파일도 확인한다. nameserver(=DNS 서버)의 IP 주소 역시 자동으로 할당되었음
을 확인할 수 있다. 현 상태에서는 당연히 인터넷이 잘 작동한다.

그림 16-7 자동으로 할당된 DNS 서버 주소

Step 2

호스트 OS ◑ **그림 16-4**처럼 Server 가상머신을 DHCP 서버로 구축한다. 이러려면 먼저 VMware 프로그
램의 DHCP 서버 기능을 중지해야 한다. 그리고 VMware 프로그램에서 제공하는 네트워크 정보도 미리 확
인해야 한다.

2-0 VMware Workstation Pro를 실행하고 [Edit] − [Virtual Newtwork Editor] 메뉴를 클릭한다.

NOTE▶ 만약 [Virtual Network Editor] 창의 가장 아래쪽에 'Administroator privileges are required…'라는 메
시지가 나타나면 바로 오른쪽의 [Change Settings] 버튼을 클릭해 관리자 권한으로 실행하자.

2-1 기존 VMware 프로그램에서 제공한 DHCP 서버의 정보를 확인한다. [Virtual Newtwork Editor] 창에서 [VMnet8]을 선택하고 [DHCP Settings] 버튼을 클릭해 [DHCP Settings] 창을 연다.

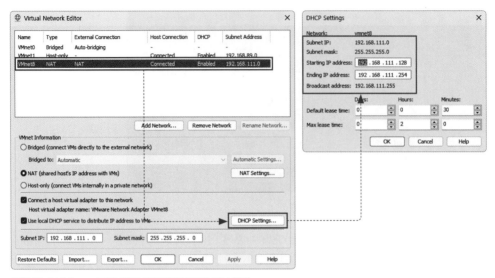

그림 16-8 VMware 프로그램이 제공하던 DHCP 정보 확인

[DHCP Settings] 창에 나온 정보를 잘 기억하자. 여기에서는 다음과 같은 정보가 확인되었다.

```
네트워크(Subnet IP) 주소: 192.168.111.0
클라이언트에게 할당할 IP 주소 범위: 192.168.111.128 ~ 254
클라이언트에게 할당할 서브넷 마스크(Subnet mask): 255.255.255.0
브로드캐스트 주소: 192.168.111.255
```

[OK] 버튼이나 [Cancel] 버튼을 클릭해 [DHCP Settings] 창을 닫는다.

> **❗ 여기서 잠깐   VMnet0, VMnet1, VMnet8**
>
> VMware 프로그램이 제공하는 사설 네트워크 환경은 VMnet1과 VMnet8, 2가지다. 그중 VMnet1은 폐쇄된 사설 네트워크이며, VMnet8이 우리가 계속 사용해 온 일반적인 환경의 사설 네트워크다. VMnet1은 지금까지 신경쓰지 않았으며 앞으로도 무시하면 된다. VMnet0은 가상머신과 호스트 컴퓨터를 네트워크상에서 동등한 상태가 되도록 제공한다. 이 책은 대부분 VMnet8만 사용하며, VMnet0은 18장에서 사용하므로 그때 다시 언급하겠다.

2-2 이번에는 [Virtual Newtwork Editor] 창에서 [VMnet8]이 선택된 상태로 [NAT Settings] 버튼을 클릭해 VMnet8의 [Gateway IP]를 확인한다.

그림 16-9 게이트웨이와 DNS 정보

다음과 같이 게이트웨이(라우터)의 정보가 192.168.111.2로 확인될 것이다. 이 게이트웨이가 DNS 서버 역할도 수행하므로 DNS 서버의 IP 주소도 확인되었다고 생각하면 된다.

> **클라이언트에게 할당할 게이트웨이 IP 주소:** 192.168.111.2
> **클라이언트에게 할당할 DNS 서버 IP 주소 :** 192.168.111.2 또는 8.8.8.8(구글의 DNS)

[OK] 버튼이나 [Cancel] 버튼을 클릭해 [NAT Settings] 창을 닫는다.

2-3 이제 직접 구축할 DHCP 서버를 사용하기 위해 VMware 프로그램이 제공하는 DHCP 서버 기능을 끈다. [Virtual Newtwork Editor] 창에서 [Vmnet8]이 선택된 상태로 'Use local DHCP service to distribute IP address to VMs'를 체크 해제한다. 그리고 [OK] 버튼을 클릭하면 VMware 프로그램이 제공하는 DHCP 서버 기능이 중지된다.

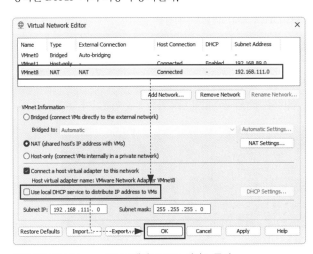

그림 16-10 VMware 프로그램의 DHCP 서비스 중지

2-4 VMware Workstation Pro를 종료한다.

Client ● 현재는 VMware 프로그램이 제공하던 DHCP 서버가 꺼진 상태며 사설 네트워크 안에 아직 DHCP 서버가 구축되지 않은 상태다. DHCP 클라이언트 패키지를 다운로드하고 IP 주소를 확인한다.

3-1 DHCP 클라이언트 패키지는 dhcp-client다. 터미널을 열고 **rpm -qa dhcp-client** 명령을 입력해 해당 패키지가 설치되어 있는지 확인한다. 설치가 되어 있지 않다면 **su -c 'dnf -y install dhcp-client'** 명령을 입력해 설치한다.

3-2 reboot 명령을 입력해 컴퓨터를 재시작한다. IP 할당 시도 때문에 부팅이 느릴 것이다. **ifconfig ens160** 명령을 입력해 IP 주소를 확인한다. 현재는 DHCP 서버가 없으므로 할당받지 못했을 것이다.

그림 16-11 IP 정보 얻기 실패

Server(B) ● 텍스트 모드의 Rocky Linux를 DHCP 클라이언트로 지정한다.

4-0 Server(B) 가상머신을 부팅하고 root 사용자로 로그인한다.

4-1 ping -c 3 www.google.com 명령을 입력한다. Server(B) 가상머신은 설치 시에 고정 IP 주소인 192.168.111.200을 할당했으므로 DHCP 서버의 작동과 관계없이 네트워크에 잘 연결되어 있다.

```
[root@localhost ~]#
[root@localhost ~]# ping -c 3 www.google.com
PING www.google.com (142.250.207.4) 56(84) bytes of data.
64 bytes from nrt13s54-in-f4.1e100.net (142.250.207.4): icmp_seq=1 ttl=128 time=37.1 ms
64 bytes from nrt13s54-in-f4.1e100.net (142.250.207.4): icmp_seq=2 ttl=128 time=37.6 ms
64 bytes from nrt13s54-in-f4.1e100.net (142.250.207.4): icmp_seq=3 ttl=128 time=36.8 ms

--- www.google.com ping statistics ---
3 packets transmitted, 3 received, 0% packet loss, time 1999ms
rtt min/avg/max/mdev = 36.789/37.136/37.550/0.314 ms
[root@localhost ~]#
```

그림 16-12 DHCP 서버와 관계없이 네트워크가 잘 작동함

NOTE ▶ **ping -c 횟수 IP주소또는URL**은 횟수만큼만 ping 요청을 하라는 의미를 가진 명령이다. 그냥 **ping IP주소 또는URL** 명령을 실행하면 ping 요청을 무한대로 시도한다. 요청을 취소하려면 [Ctrl] + [C]를 누르면 된다.

4-2 nano -c /etc/NetworkManager/system-connection/ens160.nmconnection 명령을 입력해
네트워크 설정 파일을 편집한다. 12행쯤의 'method=manual'을 'method=auto'로 변경하고 그 아래쪽의
address1과 dns 행은 삭제한다. 파일을 저장하고 에디터를 종료하자. 이는 Server(B) 가상머신이 DHCP
클라이언트의 역할을 하도록 설정하는 내용이다. 나머지 행은 건드리지 않고 그냥 둔다.

그림 16-13 DHCP 클라이언트로 설정

4-3 터미널에서 다음 명령을 입력해 설정한 내용을 적용하고 재부팅한다.

```
nmcli connection down ens160      → 네트워크 장치 중지
nmcli connection up ens160        → 네트워크 장치 시작(한참 시간이 걸린 후 실패함)
reboot
```

```
[root@localhost ~]#
[root@localhost ~]# nmcli connection down ens160
Connection 'ens160' successfully deactivated (D-Bus active path: /org/freedesktop/NetworkManager/Act
iveConnection/5)
[root@localhost ~]#
[root@localhost ~]# nmcli connection up ens160
Error: Connection activation failed: IP configuration could not be reserved (no available address, t
imeout, etc.)
Hint: use 'journalctl -xe NM_CONNECTION=886f05a7-75b7-31ab-bae0-eab6f7fd07f4 + NM_DEVICE=ens160' to
get more details.
[root@localhost ~]#
```

그림 16-14 네트워크 장치 재시작

4-4 다시 root 사용자로 로그인하고 **ifconfig ens160** 명령을 입력해 IP 주소를 확인한다. 네트워크에
DHCP 서버가 없기 때문에 Server(B) 가상머신 역시 IP 정보를 얻는 데는 실패할 것이다.

```
[root@localhost ~]#
[root@localhost ~]# ifconfig ens160
ens160: flags=4163<UP,BROADCAST,RUNNING,MULTICAST>  mtu 1500
        inet6 fe80::20c:29ff:fee7:7cf5  prefixlen 64  scopeid 0x20<link>
        ether 00:0c:29:e7:7c:f5  txqueuelen 1000  (Ethernet)
        RX packets 4  bytes 1312 (1.2 KiB)
        RX errors 0  dropped 0  overruns 0  frame 0
        TX packets 13  bytes 2252 (2.1 KiB)
        TX errors 0  dropped 0 overruns 0  carrier 0  collisions 0

[root@localhost ~]#
```

그림 16-15 IP 정보 얻기 실패

Server ◉ DHCP 서버를 구축한다.

5-0 부팅하고 root로 로그인한다.

5-1 dnf -y install dhcp-server 명령을 입력해 DHCP 서버를 설치한다.

5-2 nano나 gedit 에디터로 DHCP 서버의 설정 파일인 **/etc/dhcp/dhcpd.conf**를 생성하고 편집한다.
필수로 입력해야 하는 기본 정보는 다음과 같다(파일 생성 시의 #은 주석이므로 해당 줄은 지워도 된다).

```
ddns-update-style interim;
subnet 네트워크주소 netmask 넷마스크값 {
    option routers 게이트웨이주소;
    option subnet-mask 넷마스크정보;
    range dynamic-bootp 시작IP 끝IP;          → 대략 40대 정도의 PC가 있다고 가정
    option domain-name-servers 네임서버주소;   → 공인된 구글의 DNS 서버 주소를 사용
    default-lease-time 임대시간(초);
    max-lease-time 최대임대시간(초);
}
```

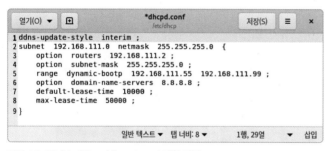

```
                              *dhcpd.conf
  열기(O) ▼   ⊞             /etc/dhcp           저장(S)   ≡   ×
1 ddns-update-style  interim ;
2 subnet  192.168.111.0  netmask  255.255.255.0 {
3     option  routers  192.168.111.2 ;
4     option  subnet-mask  255.255.255.0 ;
5     range  dynamic-bootp  192.168.111.55  192.168.111.99 ;
6     option  domain-name-servers  8.8.8.8 ;
7     default-lease-time  10000 ;
8     max-lease-time  50000 ;
9 }

              일반 텍스트 ▼  탭 너비: 8 ▼    1행, 29열    ▼   삽입
```

그림 16-16 /etc/dhcp/dhcpd.conf 파일 편집

NOTE ▶ /usr/share/doc/dhcp-server/dhcpd.conf.example 파일을 복사해 사용해도 되지만, 이렇게 하려면 꽤나
설정이 복잡해지므로 그냥 직접 입력하는 편이 낫다.

필자는 **2-1**과 **2-2**에서 확인한 VMware 프로그램의 네트워크 정보 내용을 `입력했다. 자신의 사설 네트워크
에 맞는 정보를 입력하자. 입력에 틀린 글자가 없는지 확인한 후 파일을 저장하고 에디터를 닫는다.

/etc/dhcpd.conf 파일의 중요한 설정 내용을 확인하고 넘어가자. 이 외 자세한 내용은 **man dhcpd.conf** 명령으로 확인하자.

- ddns-update-style interim 또는 none; → 네임 서버의 동적 업데이트 옵션
- subnet 네트워크주소 netmask 넷마스크 { } → DHCP의 네트워크 주소를 지정
  ① option routers 게이트웨이IP; → 클라이언트에게 알려 줄 게이트웨이 IP 주소
  ② option subnet-mask 서브넷마스크; → 클라이언트에게 알려 줄 네트워크의 범위
    (대개는 C 클래스 255.255.255.0다)
  ③ option domain-name "도메인이름"; → 클라이언트에게 알려 줄 도메인 이름 정보
  ④ option domain-name-server DNS서버IP; → 클라이언트에게 알려 줄 네임 서버의 주소
  ⑤ range dynamic-bootp 시작IP 끝IP; → 클라이언트에게 할당한 IP 주소의 범위
  ⑥ default-lease-time 임대시간(초); → 클라이언트에게 IP 주소를 임대할 기본적인 초 단위 시간
  ⑦ max-lease-time 임대시간(초); → 클라이언트가 하나의 IP 주소를 할당 받은 후에 보유할 수 있는 최대의 초 단위 시간(이 설정은 특정 컴퓨터가 IP 주소를 고정적으로 보유하는 것을 방지함)
  ⑧ host ns { → 특정 컴퓨터(랜카드)에게 고정적인 IP 주소를 할당할
        hardware Ethernet MAC주소;   때 사용
        fixed-address 고정IP주소;
    }

5-3 DHCP 클라이언트가 IP 주소를 대여한 정보가 기록되는 파일은 /var/lib/dhcpd/dhcpd.leases다. 만약 파일이 없다면 **touch** 명령을 입력해 빈 파일을 생성해야 한다.

그림 16-17 /var/lib/dhcpd/dhcpd.leases 파일 확인

5-4 systemctl restart, systemctl enable, systemctl status dhcpd 명령을 차례로 입력해 DHCP 서비스를 시작하고 작동을 확인하고 상시 가동되도록 설정한다. 만약 서비스 가동에 실패한다면 dhcpd.conf 파일 설정 내용 중 이상이 있는 경우가 대부분이므로 dhcpd.conf 파일을 다시 확인하자.

그림 16-18 DHCP 서비스 시작

Step 6

Client ◉ 새로운 IP 정보를 할당받는다.

6-1 su −c 'systemctl restart NetworkManager' 명령을 입력해 네트워크를 다시 시작하고 할당받은 IP 정보를 확인한다. 192.168.111.55~99 사이의 IP 주소를 할당받았다면 정상적으로 설정이 완료된 것이다.

그림 16-19 Client 가상머신의 DHCP 클라이언트 작동 1

6-2 웹 브라우저로 아무 사이트에 접속해 인터넷이 잘 되는지 확인한다.

![한빛출판네트워크 웹사이트 화면]

그림 16-20 Client 가상머신의 DHCP 클라이언트 작동 2

Server(B) ◉ 텍스트 모드의 Rocky Linux에서 새로운 IP 정보를 할당받는다.

7-1 systemctl restart NetworkManager 명령을 입력해 네트워크를 다시 시작하고 할당받은 IP 정보를 확인한다. 역시 192.168.111.55~99 사이의 IP 주소를 할당받았다면 정상적으로 설정이 완료된 것이다.

```
[root@localhost ~]#
[root@localhost ~]# systemctl restart NetworkManager
[root@localhost ~]#
[root@localhost ~]# ifconfig ens160
ens160: flags=4163<UP,BROADCAST,RUNNING,MULTICAST>  mtu 1500
        inet 192.168.111.56  netmask 255.255.255.0  broadcast 192.168.111.255
        inet6 fe80::20c:29ff:fee7:7cf5  prefixlen 64  scopeid 0x20<link>
        ether 00:0c:29:e7:7c:f5  txqueuelen 1000  (Ethernet)
        RX packets 563  bytes 162038 (158.2 KiB)
        RX errors 0  dropped 0  overruns 0  frame 0
        TX packets 818  bytes 138809 (135.5 KiB)
        TX errors 0  dropped 0  overruns 0  carrier 0  collisions 0

[root@localhost ~]#
```

그림 16-21 Server(B) 가상머신의 DHCP 클라이언트 작동 1

7-2 ping -c 3 www.google.com 명령으로 인터넷이 잘 되는지 확인한다.

```
[root@localhost ~]#
[root@localhost ~]# ping -c 3 www.google.com
PING www.google.com (142.251.42.196) 56(84) bytes of data.
64 bytes from nrt12s47-in-f4.1e100.net (142.251.42.196): icmp_seq=1 ttl=128 time=39.4 ms
64 bytes from nrt12s47-in-f4.1e100.net (142.251.42.196): icmp_seq=2 ttl=128 time=40.9 ms
64 bytes from nrt12s47-in-f4.1e100.net (142.251.42.196): icmp_seq=3 ttl=128 time=40.1 ms

--- www.google.com ping statistics ---
3 packets transmitted, 3 received, 0% packet loss, time 2004ms
rtt min/avg/max/mdev = 39.366/40.113/40.909/0.630 ms
[root@localhost ~]#
```

그림 16-22 Server(B) 가상머신의 DHCP 클라이언트 작동 2

Server ◉ gedit 에디터로 **/var/lib/dhcpd/dhcpd.leases** 파일을 열면 다음 그림과 같이 DHCP 클라이언트가 네트워크 정보를 대여한 기록이 남아 있음을 확인할 수 있다.

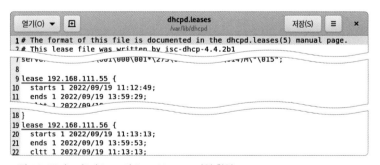

그림 16-23 /var/lib/dhcpd/dhcpd.leases 파일 확인

이제 VMware 프로그램 안의 모든 클라이언트 컴퓨터는 자동으로 IP 주소를 할당받을 수 있게 되었다.

호스트 OS ▶ 실습을 모두 마쳤으면 다시 **2-0**과 **2-3**을 참조해 'Use local DHCP service to distribute IP address to VMs'를 체크하고 [OK] 버튼을 클릭한다. 이러면 다시 VMware 프로그램이 제공하는 DHCP 서비스를 제공받게 된다.

❓ VITAMIN QUIZ 16-1

Server(B) 가상머신을 DHCP 서버로 구성하자. IP 주소로는 192.168.111.211~222가 할당되도록 설정하자.

지금까지 DHCP 서버의 구현과 DHCP 클라이언트의 사용 방법을 알아보았다. DHCP 서버는 주로 인터넷Internet 환경이 아닌 회사 내부의 인트라넷Intranet 환경에서 작동되는 서버라는 점을 기억하자. 이를 잘 활용하면 네트워크 관리자의 IP 주소 관리 업무가 상당히 줄어든다.

17

▶ **프록시 서버
설치 및 운영**

많은 컴퓨터 사용자가 개인적으로든 업무적으로든 웹 서핑을 하며 시간을 보낸다. 그런데 네트워크라는 것은 항상 안정적이지는 않으므로 다양한 이유로 웹 서핑 속도가 느려진다. 이로 인해 사용자의 불만이 높아지기도 한다. 시스템의 하드웨어 전체를 업그레이드해 이런 문제를 해결할 수도 있지만, 프록시 서버를 통해 손쉽게 웹 서핑 속도를 향상시킬 수 있다.

17장에서는 프록시의 개념을 파악하고 설치 및 운영 방법을 알아본다.

학습목표

**이 장의
핵심 개념**

17장에서는 회사 내 컴퓨터의 네트워크 속도를 향상시킬 때 유용한 프록시 서버에 대해서 학습한다. 일반적으로 프록시 서버를 구현하면 웹 서핑 속도가 향상되므로 직원들의 만족도를 높일 수 있다. 17장에서 학습하는 핵심 개념은 다음과 같다.

- 프록시 서버의 개념을 파악한다.

- squid 패키지를 설치하고 squid.conf 파일을 설정한다.

- Firefox 및 Edge 웹 브라우저에서 프록시 서버의 설정 방법을 학습한다.

**이 장의
학습 흐름**

17.1 프록시 서버의 개념

프록시Proxy를 우리말로 번역하면 '대리인'인데 프록시는 그 의미 그대로 '대리인'의 역할을 하는 서버다. 웹 환경에서 프록시 서버의 역할은 웹 클라이언트와 웹 서버 사이에서 요청한 데이터를 전달하는 것이다. 이때 프록시 서버는 웹 서버에서 가져온 데이터를 웹 클라이언트에 전송한 후 데이터를 캐시에 저장한다. 그리고 웹 클라이언트가 다시 같은 데이터를 요청하면 웹 서버가 아니라 자신의 캐시에서 해당 데이터를 보낸다. 이를 통해 필요한 내용을 웹 클라이언트에 빠르게 보낼 수 있다. 다음 그림을 통해 프록시 서버의 작동 방식을 살펴보자.

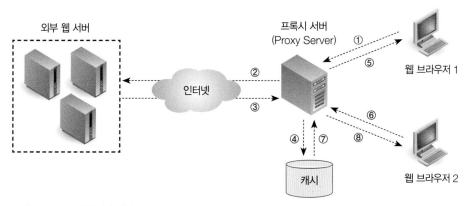

그림 17-1 프록시 서버의 개념도

① '웹 브라우저 1'에서 웹 서핑을 요청한다.

②,③ 그러면 프록시 서버가 웹 서버에 접근해 데이터를 가져온다.

④ 가져온 데이터를 우선 캐시에 저장한다.

⑤ 요청한 데이터를 '웹 브라우저 1'에 전송한다.

⑥ '웹 브라우저 2'가 웹 서핑을 요청한다(같은 웹사이트를 요청한다고 가정한다).

⑦ 프록시 서버는 외부로 나가지 않고 자신의 캐시에 있던 데이터를 가져온다.

⑧ 그리고 그 데이터를 '웹 브라우저 2'에게 바로 전송한다.

이와 같은 방식이므로 웹 클라이언트의 전반적인 웹 서핑 속도가 향상되는 것이다.

NOTE ▶ 이 그림에서는 웹(HTTP)만을 예시로 들었지만, FTP에서도 프록시 서버를 사용할 수 있다.

17.2 프록시 서버 구현

다양한 프록시 서버 중 Rocky Linux에서 제공하는 Squid 프록시 서버를 설치해서 운영하자.

실습 1

Server 가상머신에 프록시 서버를 설치하고 구현하자.

Step 0

Server ◉ Server 가상머신을 설치 상태로 초기화한 후 부팅하고 root 사용자로 접속한다.

Step 1

Server ◉ Squid 프록시 서버를 설치하고 관련 설정을 진행한다.

1-1 터미널을 열고 **dnf -y install squid** 명령을 입력해 squid 관련 패키지를 설치한다.

1-2 nano나 gedit 에디터로 설정 파일인 **/etc/squid/squid.conf** 파일을 다음 내용을 참고해 수정하고 저장한다.

> **28행쯤 추가:** acl rocky9 src 192.168.111.0/255.255.255.0
> **56행쯤 추가:** http_access allow rocky9
> **64행쯤 주석 제거 후 수정:** cache_dir ufs /var/spool/squid 1000 16 256
> **가장 아래쪽에 추가:** visible_hostname rocky9

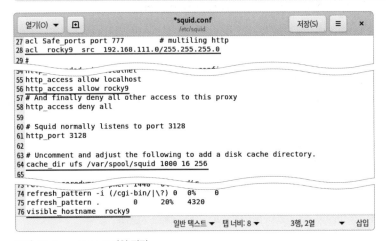

그림 17-2 squid.conf 파일 편집

1-3 **firewall-cmd --permanent --add-port=3128/tcp**와 **firewall-cmd --reload** 명령을 입력해 프록시 서버 관련 포트인 3,128번을 허용한다. 그리고 아직 squid 서비스를 시작하지는 않는다.

그림 17-3 3,128번 포트 허용

> **Step 2**

Client ◐ 프록시 서버를 실행하지 않은 상태로 리눅스에서 프록시 서버 연결 테스트를 진행한다.

2-0 Client 가상머신을 설치 상태로 초기화 후 부팅한다.

2-1 Firefox 웹 브라우저를 실행한 후 오른쪽 위의 애플리케이션 메뉴 열기(▤) – [설정]을 클릭하고 아래쪽으로 스크롤해 [네트워크 설정]의 [설정] 버튼을 클릭한다. [연결 설정] 창이 열리면 '수동 프록시 설정'을 선택한 후 [HTTP 프록시], [HTTPS 프록시], [SOCKS 호스트]에 프록시 서버(Server 가상머신)의 주소인 '192.168.111.100'을, [포트]에는 '3128'을 입력한다. 그리고 [확인] 버튼을 클릭해 설정을 마친다.

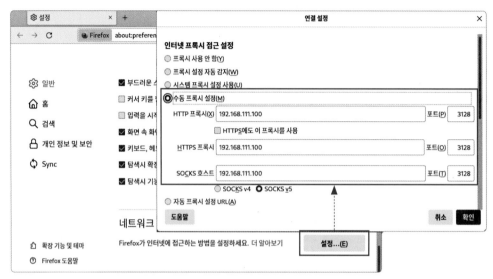

그림 17-4 Firefox 웹 브라우저에서 프록시 설정

2-2 웹 브라우저를 닫고 다시 실행해 아무 사이트에 접속한다. 오류 메시지가 나올 것이다. 아직 프록시 서버를 가동하지 않았으므로 나오는 메시지다.

그림 17-5 프록시 서버가 작동하지 않음

Step 3

Server ⦿ Squid 프록시 서버를 가동한다. **systemctl restart, systemctl enable, systemctl status squid** 명령을 차례로 입력해 squid 서비스를 가동한다.

그림 17-6 서비스 시작/상태 확인/상시 가동

Step 4

Client ⦿ 다시 리눅스에서 프록시 서버 작동 테스트를 진행한다. Firefox 웹 브라우저를 새로 고침하고 아무 사이트에나 접속한다. 정상적으로 접속될 것이다. 이제부터는 **그림 17-1**과 같이 프록시 서버가 작동하고 웹 데이터는 캐시에 저장된다.

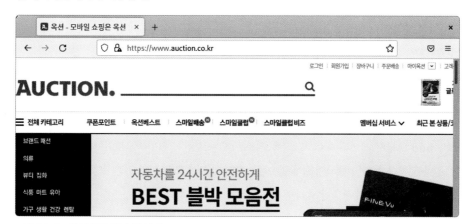

그림 17-7 프록시 작동 중인 웹 서핑

WinClient ⓞ 이번에는 Windows에서 프록시 서버 작동 테스트를 진행한다.

5-1 [시작] – [설정]을 클릭하고 [설정] 창에서 [네트워크 및 인터넷]을 클릭한다. 왼쪽 목록에서 [프록시]를 선택하고 '자동으로 설정 검색'을 끄고 '프록시 서버 사용'을 켠 후 [주소]에 '192.168.111.100'을, [포트]에 '3128'을 입력한다. 그리고 [저장] 버튼을 클릭하고 [설정] 창을 닫는다.

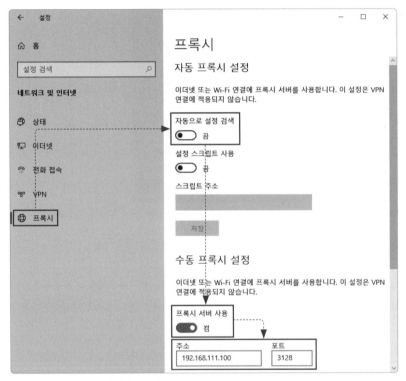

그림 17-8 Windows 10에서 프록시 설정

5-2 이제 Client 가상머신에서와 마찬가지로 Edge 웹 브라우저로 웹 사이트에 접속하면 **그림 17-1**과 같은 상태로 웹 서핑이 작동한다.

이것으로 Squid 프록시 서버의 구축 및 작동 테스트를 완료했다. 일반적으로 규모가 큰 회사라면 대부분의 경우 업무상 동일한 웹사이트에 접속하는 경우가 많으므로 이와 같은 프록시 서버를 구축하면 웹 서핑 속도 향상 등의 상당한 효과를 볼 수 있다.

다만 트래픽이 높다면 성능이 좋은 하드웨어로 프록시 서버를 구축해야만 한다. 그리고 상황에 따라 squid.conf 파일도 각 회사의 상황에 맞게 적절히 수정해서 사용해야 효과를 극대화할 수 있다는 사실을 알아 두자.

? VITAMIN QUIZ 17-1

Server(B) 가상머신을 Squid 프록시 서버로 설정하고 Client 가상머신에서 해당 프록시 서버를 사용하자.

18

▶ **방화벽 컴퓨터
생성 및 운영**

요즘에는 웬만한 규모의 회사라면 방화벽Firewall 장치를
운영하고 있다. 회사 컴퓨터가 외부에 무방비로 노출되어
있다면 엄청나게 큰 피해를 입을 소지가 다분하기 때문이
다. 방화벽은 외부의 접근을 선별적으로 차단하는 네트워
크상의 보호 장치로 꽤 고가부터 아주 기본적인 역할을 하
는 저가의 장비까지 다양한 가격대로 형성되어 있다. 또한
고가의 방화벽은 하드웨어와 소프트웨어에 해당되는 모든
것을 포함하기도 한다.

18장에서는 비록 고가의 방화벽 장치만큼은 못하겠지만,
기본적인 방화벽의 역할을 수행하는 리눅스 방화벽 컴퓨
터를 만든다.

학습목표

●

**이 장의
핵심 개념**

18장에서는 외부와 내부의 네트워크를 분리하는 효과를 내는 방화벽 컴퓨터에 대해
학습한다. 방화벽은 외부의 접근을 선별적으로 차단하므로 회사의 컴퓨터를 기본적으
로 보호한다. 18장에서 학습하는 핵심 개념은 다음과 같다.

• 방화벽을 이루는 일반적인 네트워크 구성을 이해한다.

• 방화벽을 VMware 환경에서 구현하기 위한 구성을 이해한다.

• 방화벽 내부 컴퓨터의 설정 방법을 실습한다.

• 방화벽을 설정하는 iptables 사용법을 익힌다.

• 방화벽 외부에서 방화벽 내부 서버로 접속하도록 설정한다.

●

**이 장의
학습 흐름**

보안을 위한 네트워크 설계 이해
▼
| 방화벽 내부 컴퓨터 설정 |
▼
| 방화벽 컴퓨터 구현 |
▼
| 외부 컴퓨터에서 방화벽 내부 컴퓨터로 접속 |

18.1 보안을 위한 네트워크 설계

네트워크 보안은 외부의 악의적인 침입으로부터 내부의 컴퓨터를 보호하는 것을 말한다. 네트워크 보안에는 다양한 방법이 있지만, 그중 중요한 것 하나는 네트워크의 설계를 안전하게 하는 것이다.

가장 안전한 네트워크 설계는 내부의 네트워크와 외부를 완전히 차단해 내부에서 외부로 접속하지 못하도록 완전히 고립시키는 것이다. 하지만 이 방법은 특수한 몇몇 환경을 제외하고는 구성하지 않는다. 도둑이 무서워서 집의 문과 창문을 완전히 폐쇄하고 집 밖에 나가지 않는 상황과 마찬가지이기 때문이다.

그래서 내부의 사용자는 외부의 인터넷을 이용하면서 외부는 내부로 침입할 수가 없게 하는 방법이 필요하다. 그중 가장 보편적으로 사용하는 방법이 사설 IP^{Private IP}라고 흔히 불리는 nonroutable IP 주소를 이용하는 것이다. 이 방법을 사용하면 내부 컴퓨터 사이의 트래픽은 허용하면서 외부 인터넷과의 접속은 허용 또는 제한할 수 있다. 이 사설 IP의 주소 범위는 10.0.0.0~10.255.255.255, 172.16.0.0~172.31.255.255, 192.168.0.0~192.168.255.255, 총 세 범위가 있다.

이 주소 범위에 있는 컴퓨터는 인터넷 라우터를 통과할 수 없다. 그래서 외부의 컴퓨터는 이 주소 범위에 있는 컴퓨터에 접근할 수 없다. 하지만 이 주소의 컴퓨터 또한 외부 인터넷으로 나갈 수 없다. 이때 사설 IP 주소의 컴퓨터가 외부 인터넷에 접속할 수 있도록 도와주는 방법이 IP **마스커레이딩**^{Masquerading}이다(일부는 IP 위장이라고 부르기도 하지만, 이 책에서는 마스커레이딩이라고 통일해 부르겠다). 이 방법은 잠시 후에 다룰 것이므로 이 정도만 이야기하고 이어서 방화벽 컴퓨터의 구성을 살펴보자.

방화벽이란 외부의 공개된 네트워크와 내부의 사설 네트워크 사이에서 외부와 내부에 전달되는 트래픽을 **정책**^{Policy}에 따라 허용 또는 거부하는 역할을 하는 컴퓨터나 장치를 말한다. 다음 그림은 간단하고 보편적인 방화벽으로 구성된 사설 네트워크 환경을 보여 준다.

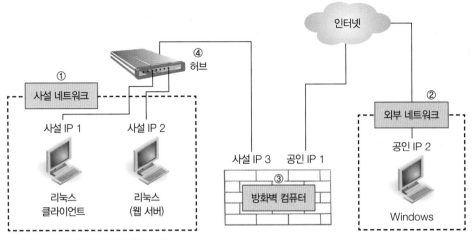

그림 18-1 보편적인 회사 네트워크 구성

이 그림을 보면 방화벽의 역할을 잘 이해할 수 있다. 먼저 각 장치의 역할을 간단히 살펴보자.

① '사설 네트워크'는 회사의 내부라고 생각하면 된다. 이 그림에는 2대뿐이지만, 실무에서는 더 많은 컴퓨터가 있을 것이다.

② '외부 네트워크'는 특정한 컴퓨터가 아닌 인터넷상의 모든 컴퓨터라고 생각하면 된다.

③ '방화벽 컴퓨터'는 2개의 네트워크 카드(랜카드)가 설치되어 있어야 한다. 이 그림에 나와 있듯이 하나는 내부 사설 네트워크에 연결할 네트워크 카드며, 다른 하나는 외부 인터넷과 연결할 네트워크 카드다.

④ '허브'는 내부의 여러 대 컴퓨터와 방화벽을 연결할 장치다. 내부의 컴퓨터가 1대뿐이라면 허브는 없어도 된다. 실무에서는 주로 성능이 좋고 고가인 스위칭 허브를 많이 사용한다.

이번에는 작동 원리를 살펴보자.

사설 네트워크 안의 컴퓨터는 외부 인터넷에 접속할 수 있어야 한다. 따라서 사설 네트워크 안 컴퓨터의 네트워크 정보 중 게이트웨이 주소는 방화벽 컴퓨터의 '사설 IP 3'으로 지정되어야 한다. 이렇게 해야 게이트웨이를 통해 외부 인터넷에 접속할 수 있다.

만약 리눅스 클라이언트가 방화벽 컴퓨터를 통해 외부 네트워크의 '공인 IP 2'를 가진 Windows 컴퓨터에 접속했다면 외부의 Windows 컴퓨터 입장에서는 리눅스 클라이언트의 '사설 IP 1'이 접근했다는 사실을 알지 못하며 단지 방화벽 컴퓨터의 '공인 IP 1'로 접속되었다는 사실만 알 수 있다.

결론적으로 사설 네트워크의 모든 컴퓨터가 외부 인터넷에 접속할 때는 방화벽의 '공인 IP 1'을 사용하게 된다. 이러한 기능을 앞에서 얘기했던 마스커레이딩Masquerading이라고 부른다.

이제 NATNetwork Address Translation의 기능을 알아보자. 리눅스 클라이언트가 '사설 IP 1'으로 방화벽의 '사설 IP 3'과 '공인 IP 1'을 통해 외부 서버로 접속하려면 패킷을 전송하게 된다. 그리고 이 외부 서버는 접속한 리눅스 클라이언트에게 응답 패킷을 전송하려 할 때 리눅스 클라이언트의 IP 주소를 '사설 IP 1'이 아닌 '공인 IP 1'으로 알고 있으므로 '공인 IP 1'로 패킷을 전송한다. 그러면 방화벽 컴퓨터는 해당 패킷을 '사설 IP 1'으로 전송한다. 이러한 기능을 SNATSource NAT라고 부른다.

이는 마스커레이드와 거의 유사한 기능이다. 실제로 대개 사설 IP 주소를 동적으로 운영할 때는 마스커레이드를 사용하고, 사설 IP를 고정으로 운영할 때는 SNAT를 사용한다.

이번에는 외부에서 '사설 IP 2'를 이용하는 리눅스 웹 서버에 접속할 때를 살펴보자. '공인 IP 2'를 사용하는 Windows 컴퓨터는 일단 방화벽의 '공인 IP 1'으로 접속해야 한다. 그러면 방화벽 컴퓨터가 이 패킷을 내부의 '사설 IP 2'에게 전송한다. 이러한 기능을 DNATDestination NAT라고 부른다.

이러한 기능을 자동으로 사용할 수 없으며 서버 관리자가 직접 설정해야 한다. 이렇게 서버 관리자가 여러 가지 규칙을 지정하는 일을 '정책 수립'이라고 한다. 즉, 방화벽 컴퓨터는 서버 관리자에 따라 아주 강력한 보안 정책을 유지할 수도 있고 유연한 보안 정책을 갖게될 수도 있고 없는 것과 마찬가지일 수도 있다.

실제로 아주 비싼 방화벽 장비를 설치한 곳에서도 내부와 외부의 모든 패킷을 허용하는 규칙을 설정해 방화벽이 없는 것과 마찬가지로 운영하는 경우도 있다. 이는 서버 관리자가 보안에 전혀 관심이 없거나 방화벽 개념을 전혀 이해하지 못했기 때문일 수 있다.

결론적으로 방화벽 컴퓨터의 운영은 '정책'을 어떻게 수립하느냐가 더 중요한 문제라고 할 수 있다.

18.2 리눅스 방화벽 컴퓨터의 구축

그림 18-1과 같이 방화벽을 구성하려면 컴퓨터 4대, 랜카드 5개, 공인 IP 2개, 허브 등의 장치가 필요하다. 이와 같은 장비를 모두 가지고 있는 독자라면 훨씬 간편하게 실습을 진행할 수 있다. 하지만 대부분의 독자는 1개의 랜카드가 설치된 컴퓨터를 사용할 것이다.

이번 실습은 VMware 프로그램의 장점을 십분 활용할 수 있는 실습이다. 그래서 가상머신의 구성도 기존에 비해서 조금 더 복잡하다. 그러므로 다음 구성을 잘 이해해야 한다. 조금 복잡하지만, 차근차근 살펴보자. 이번 실습을 잘 진행하면 실무에서 여러 대의 컴퓨터로 방화벽을 구성할 때 훨씬 더 쉽게 작업할 수 있을 것이다. 다음 그림은 **그림 18-1**을 실습 환경으로 변환한 구성이다.

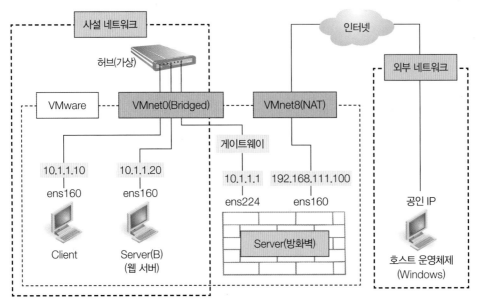

그림 18-2 실습에서 구현할 네트워크의 구성

NOTE▶ 지금부터 이 그림에 관해 설명한다. 반드시 이 그림을 잘 보면서 다음 설명을 읽자. 그리고 이 그림을 계속 보면서 실습을 진행하자. 가능한 한 쉽게 설명하겠지만, 독자에 따라서 이해하기 어려울 수도 있을 것 같다. 만약 다음 설명이 잘 이해가 가지 않는다면 우선 대충 읽고 실습을 진행한 후 다시 한 번 상세하게 읽어보기 바란다.

① 이 그림은 **그림 18-1**과 거의 비슷하지만, 여기서 미리 이해하고 넘어가야 하는 것이 있다. 현재 우리는 VMware 환경 내부에서 가상 컴퓨터를 사용하므로 사설 IP 주소 범위를 192.168 .111.○○○으로 사용한다는 사실을 기억할 것이다. 앞에서도 이야기했고 또 여러분이 잘 알듯이 이는 사설 IP 주소다. 그런데 이번 실습을 원활히 하려면 공인 IP가 2개 필요하다.

그래서 이번 실습에서는 192.168.111.○○○과 그 외의 IP 주소는 공인 IP 주소로 취급하고 실습을 진행한다. 그리고 Client와 Server(B)가 포함된 사설 네트워크의 사설 IP 주소는 10.1.1.×××를 사용한다. 이 그림과 **그림 18-1**을 비교해서 보면 이해가 쉬울 것이다.

여러 대의 실제 컴퓨터를 사용해 이번 실습을 진행하면 구현하기가 더 쉽다. 우리는 제약된 환경(VMware 환경)에서 실제 물리 환경과 동일한 구성으로 실습하려는 것이므로 몇 가지 제약이 따른다.

② Client와 Server(B)에는 기존처럼 네트워크 카드 1개를 설치한다. 그런데 이번 실습에서는 VMware 프로그램에서 가상머신의 네트워크로 지정했던 NAT(VMnet8)를 Bridged Network(VMnet0)로 변경해 사용한다. 이러면 이 그림의 왼쪽처럼 2대의 컴퓨터를 허브(가상)로 연결해 사설 네트워크상에 독립적으로 구성한 것과 같은 효과를 낼 수 있다. 그렇게 되면 호스트 운영체제를 비롯한 외부 컴퓨터가 사설 네트워크 안으로 접근할 수 없게 된다.

③ Server에는 네트워크 카드를 2개 장착한다. 그중 1개(ens224)는 사설 네트워크에 포함되도록 허브(가상)에 연결한다. VMware 프로그램의 네트워크를 Bridged Network(VMnet0)로 설정하고 IP 주소를 10.1.1.1으로 사용하면 된다. 이는 사설 네트워크의 컴퓨터가 외부 인터넷에 연결될 때 필요한 게이트웨이 역할을 할 것이다. 다른 1개(ens160)에는 외부와 연결되는 공인 IP(192.168.111.100)를 할당한다. 그러기 위해 VMware 프로그램의 네트워크를 NAT(VMnet8)로 설정한다.

참고로 이 그림의 Server에 추가로 장착된 네트워크 카드의 이름이 필자의 경우에는 ens224로 할당되지만, VMware 프로그램 버전, 네트워크 상태에 따라서 다른 이름으로 할당될 수도 있다. 우선 이 책에서는 ens224로 계속 언급하므로 ens224이 들어갈 자리에 자신에게 할당된 네트워크 카드의 이름 사용하자.

④ 호스트 운영체제(또는 WinClient)는 외부 인터넷상에 존재하는 컴퓨터로 사용된다. 이는 순수한 사용자 컴퓨터가 될 수도 있고, 악의적인 해커의 컴퓨터가 될 수도 있다.

⑤ 위의 과정을 통해 하드웨어와 운영체제를 구성했다. 이제 '정책 수립'을 진행할 차례다. 이번 실습에서는 다음과 같은 간단한 정책을 수립한다. 당연히 이 정책은 방화벽 컴퓨터인 Server에 적용할 내용이다.

- 내부 컴퓨터는 외부 인터넷을 사용할 수 있도록 한다.
- 외부 컴퓨터는 기본적으로 내부에 접속할 수 없도록 한다.
- 외부 컴퓨터가 방화벽 서버의 공인 IP(192.168.111.100)로 웹 서비스를 요청할 때는 내부에 있는 Server(B)(10.1.1.20)가 서비스할 수 있도록 한다.

이상으로 방화벽 구성에 관한 설명을 마치겠다. 이제 직접 방화벽을 구축해 보자.

NOTE ▶ 이번 실습에서는 10.1.1.××× 외의 모든 IP 주소는 공인 IP로 간주하기로 했다. 이 사실을 꼭 기억하자.

실습 1

방화벽 컴퓨터를 구현하자.

Step 0

Server, Server(B), Client ◑ 3대의 가상머신을 초기화하고 필요한 패키지를 설치하자. 그리고 SELinux 기능을 끄자.

0-1 Server, Server(B), Client 가상머신을 각각 설치 상태로 초기화한다.

0-2 앞서 초기화한 3개의 가상머신을 모두 부팅하고 Server와 Server(B) 가상머신에는 root 사용자로 접속한다.

0-3 Server와 Server(B) 가상머신에서 **dnf -y install iptables-services** 명령을 입력해 필요한 패키지를 미리 설치한다.

0-4 Client 가상머신에서 **su -c 'grubby --update-kernel ALL --args selinux=0'** 명령을 입력해 SELinux 기능을 끄고 **reboot** 명령을 입력해 재부팅한다.

그림 18-3 SELinux 기능 끄기

NOTE▶ 이번 실습을 진행하려면 3대의 Rocky Linux의 SELinux 기능을 모두 꺼야(Off) 한다. 3장에서 설치할 때 Server와 Server(B) 가상머신의 SELinux를 미리 꺼 놓았다.

호스트 OS ◉ VMware Workstation Pro에서 설정된 네트워크를 확인한다. VMware Workstation Pro를 실행하고 [Edit] - [Virtual Newtwork Editor] 메뉴를 클릭한다. 이번 실습에서 사용할 VMnet0(Bridged)와 VMnet8(NAT)가 보일 것이다. [Cancel] 버튼을 클릭해 창을 닫고 VMware Workstation Pro도 종료한다.

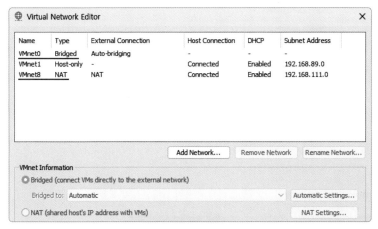

그림 18-4 VMware 프로그램의 네트워크 정보 확인

NOTE ▶ [Virtual Newtwork Editor] 창 오른쪽 아래에 [Change Settings] 버튼이 보이면 이를 클릭해 [Virtual Newtwork Editor]를 관리자 권한으로 다시 실행하자.

Server(B) ◉ **그림 18-2**의 구성대로 Server(B) 가상머신의 네트워크 정보를 VMnet0(Bridged)로 변경하고 IP 주소도 변경한다(IP: 10.1.1.20, Subnet Mask: 255.255.255.0, Gateway: 10.1.1.1).

2-1 Server(B) 가상머신 메뉴의 Network Adapter(🖧)를 마우스 오른쪽 버튼으로 클릭한 후 [Settings]를 클릭한다. 또는 [Player] - [Removable Devices] - [Network Adapter] - [Settings] 메뉴를 클릭해도 된다.

그림 18-5 네트워크 정보 변경 1

2-2 [Virtual Machine Settings] 창이 열리면 [Network connection]에서 'Bridged'를 선택하고 [OK] 버튼을 클릭한다.

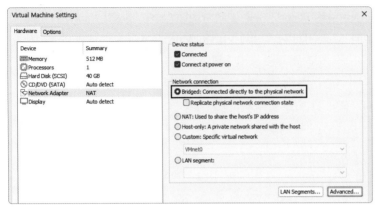

그림 18-6 네트워크 정보 변경 2

2-3 이번에는 터미널에서 **nmtui edit ens160** 명령을 입력해 네트워크 정보를 변경한다.

그림 18-7 Server(B) 가상머신의 네트워크 설정 1

2-4 [Edit connection]이 나온다. [ETHERNET] 부분을 보면 기존에 사용했던 IP 주소 관련 정보가 설정되어 있음을 확인할 수 있다.

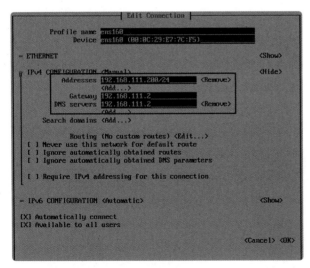

그림 18-8 Server(B) 가상머신의 네트워크 설정 2

2-5 다음 내용을 참고해 **그림 18-2**의 네트워크 정보를 입력한다. Tab 을 이용해 항목 위치를 이동하면 된다.

Addresses: 10.1.1.20/24 → 뒤의 24는 Netmask를 255.255.255.0로 설정하는 내용
Gateway: 10.1.1.1
DNS Server: 8.8.8.8 → 구글에서 운영하는 공인 DNS서버

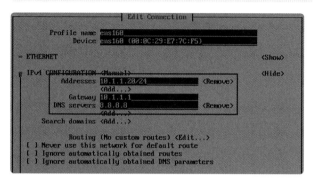

그림 18-9 Server(B) 가상머신의 네트워크 설정 3

이와 같이 설정되었으면 가장 아래쪽의 〈OK〉로 이동한 후 Enter 를 눌러 설정을 마친다.

2-6 다음 명령을 입력해 설정한 내용을 적용한다.

nmcli connection down ens160   → 네트워크 장치 중지
nmcli connection up ens160   → 네트워크 장치 시작

2-7 ip addr 명령을 입력해 ens160에 설정한 IP 주소가 잘 할당되었는지 확인한다.

```
[root@localhost ~]#
[root@localhost ~]# ip  addr
1: lo: <LOOPBACK,UP,LOWER_UP> mtu 65536 qdisc noqueue state UNKNOWN group default qlen 1000
    link/loopback 00:00:00:00:00:00 brd 00:00:00:00:00:00
    inet 127.0.0.1/8 scope host lo
       valid_lft forever preferred_lft forever
    inet6 ::1/128 scope host
       valid_lft forever preferred_lft forever
2: ens160: <BROADCAST,MULTICAST,UP,LOWER_UP> mtu 1500 qdisc fq_codel state UP group default qlen 100
0
    link/ether 00:0c:29:e7:7c:f5 brd ff:ff:ff:ff:ff:ff
    altname enp3s0
    inet 10.1.1.20/24 brd 10.1.1.255 scope global noprefixroute ens160
       valid_lft forever preferred_lft forever
    inet6 fe80::20c:29ff:fee7:7cf5/64 scope link noprefixroute
       valid_lft forever preferred_lft forever
[root@localhost ~]# _
```

그림 18-10 Server(B) 가상머신의 네트워크 설정 4

2-8 ping -c 3 www.google.com 명령을 입력해 인터넷이 제대로 되는지 확인한다. 당연히 응답하지 않을 것이다. **그림 18-2**를 보면 Server(B) 가상머신이 외부 인터넷으로 나가려면 게이트웨이인 10.1.1.1이 작동되어야 하는데 아직 10.1.1.1 컴퓨터를 만들지 않았기 때문이다.

Client ▶ Client 가상머신도 Server(B) 가상머신과 마찬가지로 네트워크 정보를 VMnet0(Bridged)로 변경하고 IP 주소도 고정 IP로 변경한다(IP: 10.1.1.10, Subnet Mask: 255.255.255.0, Gateway: 10.1.1.1).

3-1 VMware Player의 [Player] − [Removable Devices] − [Network Adapter] − [Settings] 메뉴를 클릭한다.

3-2 [Virtual Machine Settings] 창이 열리면 [Network connection]에서 첫 번째 항목인 'Bridged'를 선택하고 [OK] 버튼을 클릭한다.

3-3 Client 가상머신의 네트워크 정보를 변경한다. 터미널을 열고 **su** 명령을 입력해 root 사용자로 접속한 후 **nmtui edit ens160** 명령을 입력한다. [연결 편집]이 나오면 `Tab` 을 여러 번 눌러 [IPv4 설정] 옆의 〈자동〉으로 이동한 후 `Enter` 를 눌러 〈수동〉로 변경한다. 다시 `Tab` 을 눌러 그 옆의 〈보이기〉에서 `Enter` 를 눌러 세부 내용을 확장한다. 그리고 [주소] 옆의 〈추가...〉에서 `Enter` 를 눌러서 다음과 같이 설정한다.

```
주소: 10.1.1.10/24
게이트웨이: 10.1.1.1
DNS 서버: 8.8.8.8
```

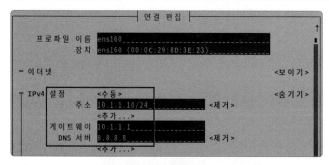

그림 18-11 Client 가상머신의 네트워크 설정 1

입력을 완료했으면 `Tab` 을 여러 번 눌러 〈확인〉으로 이동해 `Enter` 를 눌러 변경 내용을 저장한다.

3-4 다음 명령을 입력해 설정한 내용을 적용한다. 그리고 다시 rocky 사용자로 돌아온다.

```
nmcli connection down ens160      → 네트워크 장치 중지
nmcli connection up ens160        → 네트워크 장치 시작
exit                              → root 접속 종료
```

3-5 **ifconfig ens160** 명령을 입력해 ens160의 IP 주소를 확인한다.

그림 18-12 Client 가상머신의 네트워크 설정 2

3-6 이렇게 해서 **그림 18-2**의 왼쪽 [사설 네트워크] 부분을 모두 구성했다. Client 가상머신도 아직은 외부 인터넷이 되지 않는다. 다만 Server(B) 가상머신은 같은 사설 네트워크에 허브(가상)로 연결되어 있으므로 상호 접속이 될 것이다. **ping −c 3 10.1.1.20** 명령을 입력해 Server(B) 가상머신이 잘 응답하는지 확인한다.

그림 18-13 Server(B) 가상머신과 연결 확인

Step 4

Server ▶ 방화벽 컴퓨터로 운영하기 위한 Server 가상머신 설정을 살펴본다.

4-1 **그림 18-2**를 보면 Server 가상머신에는 랜카드 2개가 설치되어 있어야 한다. VMnet8(NAT)를 사용하는 ens160 장치는 이미 설치되어 있고 IP 주소도 이상 없이 설정되어 있다. **nmtui edit ens160** 명령을 입력해 ens160 장치를 확인한다. IP는 192.168.111.100으로, 게이트웨이는 192.168.111.2로 잘 설정되어 있을 것이다. 그리고 현재 Server 가상머신은 ens160 장치를 이용해 외부 인터넷이 잘 될 것이다. ⏎Tab 을 여러 번 눌러 〈취소〉로 이동하고 ⏎Enter 를 창을 닫는다.

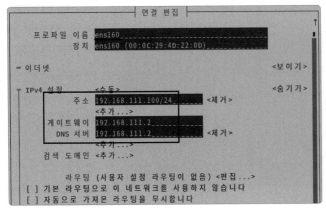

그림 18-14 Server 가상머신의 네트워크 정보 확인

4-2 이제는 **그림 18-2**처럼 VMnet0(Bridged)를 사용하는 ens224 장치를 설치해야 한다. 진짜 컴퓨터에 랜카드를 추가할 때는 컴퓨터의 전원을 끈 상태에서 하드웨어를 설치하듯 가상머신도 마찬가지로 종료하고 랜카드를 추가해야 한다. 우선 **halt -p** 명령을 입력해 Server 가상머신을 종료한다.

Step 5

호스트 OS ◉ Server 가상머신에 VMnet0(Bridged)를 이용한 랜카드를 하나 더 추가한다.

5-1 VMware Player를 다시 실행해 왼쪽 목록에서 Server 가상머신을 선택하고 오른쪽 아래 [Edit virtual machine settings]를 클릭한다. [Virtual Machine Settings] 창에서 [Add] 버튼을 클릭한다.

5-2 [Hardware Type]에서 [Network Adapter](랜카드)를 선택하고 [Finish] 버튼을 클릭한다.

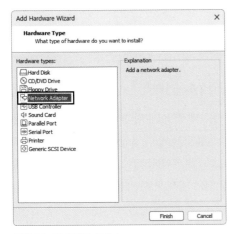

그림 18-15 랜카드 추가 1

5-3 그림 18-2처럼 ens224에 해당하는 [Network Adapter 2]의 [Network connection]을 'Bridged' (VMnet0)로 선택한다. [OK] 버튼을 클릭해 설정을 마친다.

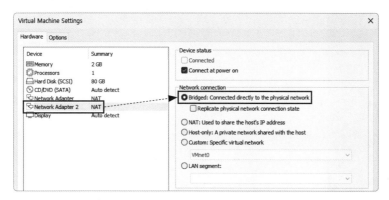

그림 18-16 랜카드 추가 2

5-4 다시 [Edit virtual machine settings]를 클릭하면 [Network Adapter](랜카드)가 2개 장착된 것이 보인다. Server 가상머신의 하드웨어는 **그림 18-2**와 같이 설정되었다. 첫 번째의 [Network Adapter](ens160으로 사용)는 기존에 사용하던 랜카드로 NAT(VMnet8)으로 설정되어 있으며, 지금 장착한 두 번째의 [Network Adapter 2](ens224로 사용)는 Bridged(VMnet0)으로 설정되어 있음을 확인할 수 있다. [Cancel] 버튼을 클릭해 창을 닫는다.

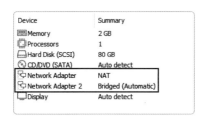

그림 18-17 랜카드 추가 3

5-5 Server 가상머신을 부팅하고 root 사용자로 접속한다. 부팅이 될 때까지 시간이 조금 오래 걸릴 수 있다.

Step 6

Server ◑ 앞서 VMnet0(Bridged)에 장착한 랜카드를 **그림 18-2**와 같이 Server 가상머신의 ens224 장치로 인식시킨다.

NOTE ▶ 첫 번째 랜카드가 ens160으로 설정되어 있다면, 두 번째 랜카드의 이름으로 ens161, ens224, ens256 등이 할당된다. 어떤 이름이든 관계없다. 필자의 경우 ens224로 자동 할당되었다. 실습 간 자신에게 할당된 이름으로 사용하면 된다.

6-1 바탕화면 오른쪽 위에 있는 네트워크()를 클릭하고 [이더넷(ens224) 연결됨]의 드롭다운 버튼을 클릭해 확장한 후 [유선 네트워크 설정]을 클릭한다.

그림 18-18 이더넷 장치 설정 1

NOTE ▶ 바탕화면 상단에 네트워크 연결에 실패했다는 메시지가 나와도 무시하자.

6-2 [설정] 창이 열리면 오른쪽 [네트워크] 아래의 두 번째 랜카드인 [이더넷(ens224)]의 설정(⚙)을 클릭한다.

그림 18-19 이더넷 장치 설정 2

6-3 [유선] 창이 나오면 [신원] 탭을 클릭하고 [이름]에 'ens224'를 입력한다.

그림 18-20 이더넷 장치 설정 3

6-4 [IPv4] 탭을 클릭하고 [IPv4 방식]에서 '수동'을 선택한 후 [주소] 아래의 [주소]에는 '10.1.1.1'을, [네트마스크]에는 '255.255.255.0'을, [게이트웨이]에는 '10.1.1.1'을 입력한다. 그리고 [네임서버(DNS)]와 [라우팅]의 자동은 모두 끈다.

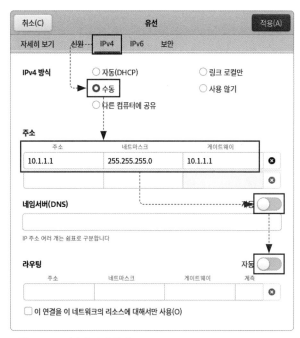

그림 18-21 이더넷 장치 설정 4

6-5 이번에는 [IPv6] 탭을 클릭하고 [IPv6 방식]에서 '사용 않기'를 선택한다. 그리고 [적용] 버튼을 클릭해 지금까지 설정한 사항을 적용한다.

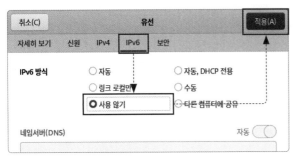

그림 18-22 이더넷 장치 설정 5

6-6 다시 [설정] 창으로 돌아온다. [네트워크] 아래의 [이더넷(ens224)]가 꺼져 있다면 이를 켜고 설정 창을 닫는다.

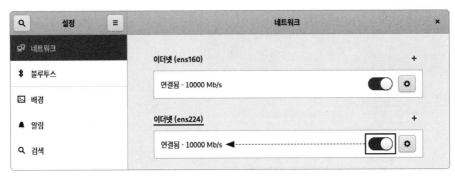

그림 18-23 이더넷 장치 설정 6

6-7 [설정] 창을 닫고 터미널에서 다음 명령을 입력해 설정한 내용을 적용한다.

```
nmcli connection down ens224
nmcli connection up ens224
```

6-8 추가한 ens224 장치에는 게이트웨이가 필요 없다. nano나 gedit 에디터로 **/etc/NetworkManager/system-connection/ens224.nmconnection** 파일을 열고 다음 내용을 참고해 11행 뒷부분의 10.1.1.1을 삭제하고 13행은 주석 처리 한다. 파일을 저장하고 에디터를 종료한다.

11행: address1=10.1.1.1/24, <u>10.1.1.1</u>　　➡　address1=10.1.1.1/24,
13행: ignore-auto-routes=true　　　　　　➡　# ignore-auto-routes=true

그림 18-24 이더넷 장치 설정 7 (두 행을 변경한 결과)

6-9 다음 명령을 입력해 설정한 내용을 적용한다.

```
nmcli connection down ens224
nmcli connection up ens224
```

6-10 ifconfig 명령을 입력해 장치를 확인한다. **그림 18-2**의 Server(방화벽)와 동일하게 설정되었음을 확인할 수 있다.

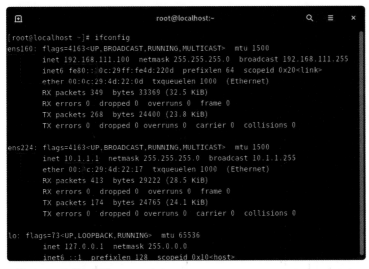

그림 18-25 IP 주소 확인

Server ◉ ▶ 이제는 방화벽 컴퓨터에 우리가 계획한 정책을 적용할 차례다. 우선 **그림 18-2** '사설 네트워크'의 컴퓨터가 외부 인터넷을 사용할 수 있도록 마스커레이드를 설정한다. 이번 단계에서는 주로 **iptables** 명령을 사용한다.

7-1 nano나 gedit 에디터로 **/etc/sysctl.conf** 파일을 열고 가장 아래쪽에 'net.ipv4.ip_forward = 1'을 추가하고 저장한다(가장 뒤는 숫자 1이다).

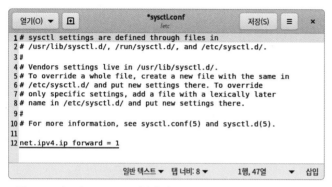

```
열기(O) ▼   ⊞              *sysctl.conf              저장(S)   ≡   ×
                               /etc
 1 # sysctl settings are defined through files in
 2 # /usr/lib/sysctl.d/, /run/sysctl.d/, and /etc/sysctl.d/.
 3 #
 4 # Vendors settings live in /usr/lib/sysctl.d/.
 5 # To override a whole file, create a new file with the same in
 6 # /etc/sysctl.d/ and put new settings there. To override
 7 # only specific settings, add a file with a lexically later
 8 # name in /etc/sysctl.d/ and put new settings there.
 9 #
10 # For more information, see sysctl.conf(5) and sysctl.d(5).
11
12 net.ipv4.ip_forward = 1

                    일반 텍스트 ▼  탭 너비: 8 ▼      1행, 47열     ▼   삽입
```

그림 18-26 /etc/sysctl.conf 파일 수정

NOTE ▶ 이렇게 수정하면 컴퓨터가 재부팅되어도 ip_forward 값이 항상 1(On)로 설정된다.

7-2 앞서 설정한 내용이 바로 IP 포워딩될 수 있도록 **echo 1 > /proc/sys/net/ipv4/ip_forward** 명령을 입력한다. 아무런 메시지가 나오지 않으면 설정이 잘 된 것이다. 파일 내용을 확인하는 **cat /proc/sys/net/ipv4/ip_forward** 명령을 입력해 그 결과로 1이 나오는지 확인한다.

```
⊞                         root@localhost:~              Q   ≡   ×
[root@localhost ~]# echo 1 > /proc/sys/net/ipv4/ip_forward
[root@localhost ~]#
[root@localhost ~]# cat /proc/sys/net/ipv4/ip_forward
1
[root@localhost ~]#
```

그림 18-27 IP 포워딩 설정

7-3 터미널에서 다음 명령을 입력한다. **iptables** 명령은 이상 없이 잘 실행되면 아무런 메시지도 나오지 않는다.

```
iptables --policy FORWARD DROP
iptables --policy INPUT DROP
iptables --policy OUTPUT DROP
```

그림 18-28 iptables 명령 실행 결과 1

NOTE▶ **iptables** 명령의 설정은 복잡하다. 여기에서는 그림 18–2를 구현하는 명령의 절차를 위주로 설명할 것이며, 상세한 옵션 설명은 생략할 것이다. 더 자세한 옵션은 **man iptables** 명령을 실행해 확인하자.

그리고 방금 입력한 명령은 FORWARD, INPUT, OUTPUT의 기본 정책을 DROP으로 설정한다는 의미다. 조금 어렵게 느껴지면 그냥 '초기화'한다고 생각하자.

7-4 다음으로 내부의 사설 네트워크와 연결되는 장치인 Server 가상머신의 ens224와, 외부 인터넷과 연결되는 장치인 ens160에 모든 패킷이 통과하도록 설정한다. 글자가 틀리거나 띄어쓰기가 틀리면 명령이 작동하지 않으므로 정확히 확인해 입력하자. 또 4개 명령을 각각 한 줄씩 써야 한다. 명령이 길기 때문에 터미널 화면이 자연스럽게 다음 줄로 넘어갈 것인데, 띄어쓰기만 잘 해준다면 문제 없이 작동하니 안심하자.

```
iptables --append INPUT --in-interface 내부사설네트워크와연결되는네트워크장치 --source
10.1.1.0/24 --match state --state NEW,ESTABLISHED --jump ACCEPT

iptables --append OUTPUT --out-interface 내부사설네트워크와연결되는네트워크장치
--destination 10.1.1.0/24 --match state --state NEW,ESTABLISHED --jump ACCEPT

iptables --append FORWARD --in-interface 내부사설네트워크와연결되는네트워크장치 --source
10.1.1.0/24 --destination 0.0.0.0/0 --match state --state NEW,ESTABLISHED --jump
ACCEPT

iptables --append FORWARD --in-interface 외부인터넷과연결되는네트워크장치 --destination
10.1.1.0/24 --match state --state ESTABLISHED --jump ACCEPT
```

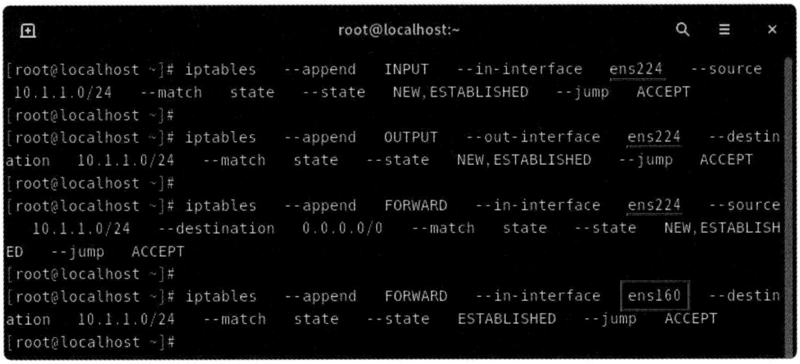

그림 18-29 iptables 명령 실행 결과 2

7-5 다음 명령을 입력해 **그림 18-2**에서 외부 인터넷으로 연결되는 장치인 ens160에 마스커레이드를 허가한다. 그러면 내부 사설 네트워크와 연결되는 장치인 ens224와 연결된 모든 컴퓨터는 외부와 인터넷이 가능하도록 연결된다.

```
iptables --table nat --append POSTROUTING --out-interface 외부인터넷과연결되는네트워크장치
--jump MASQUERADE
```

그림 18-30 iptables 명령 실행 결과 3

NOTE▶ ens224에 마스커레이드를 허가해야 할 것 같지만, ens160에 마스커레이드를 허가한다는 점에 주의하자. 그래야만 ens160을 통해 외부 인터넷에 연결될 수 있다.

7-6 **iptables-save > /etc/sysconfig/iptables** 명령을 입력해 지금까지 설정한 내용을 저장한다.

그림 18-31 설정 저장

7-7 **firewall-config** 명령을 입력해 [방화벽 설정] 창을 열고 [설정]을 '영구적'으로 변경한 후 [영역] 탭 아래의 [마스커레이딩] 탭에서 '마스커레이딩 영역'을 체크한다. 설정을 적용하기 위해 [옵션] − [Firewalld 다시 불러오기] 메뉴를 클릭한 후 [방화벽 설정] 창을 닫는다.

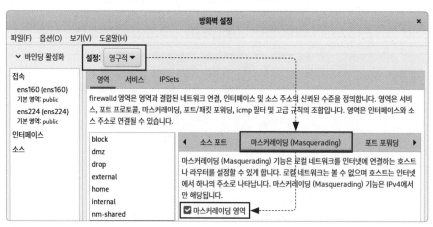

그림 18-32 방화벽 설정

이렇게 해서 **그림 18-2**의 사설 네트워크 내부에 있는 컴퓨터는 게이트웨이(방화벽 컴퓨터)의 ens224(10. 1.1.1)를 경유한 후 외부 인터넷과 연결된 ens160(192.168.111.100)을 통해 외부 인터넷으로 연결되도록 설정을 완료했다.

7-8 다음 명령을 입력해 지금까지 설정한 내용을 네트워크상에 확실하게 적용하고 재부팅한다.

```
nmcli connection down ens224
nmcli connection up ens224
nmcli connection down ens160
nmcli connection up ens160
reboot
```

7-9 재부팅되면 root 사용자로 로그인한다.

Step 8

Client ◑ 그림 18-2의 구성대로 클라이언트에서 인터넷을 사용한다. Firefox 웹 브라우저를 실행해 인터넷을 사용한다. **그림 18-2**의 구성대로 외부로 잘 나갈 것이다. 이 상태가 'Client(10.1.1.10)' → '게이트웨이(10.1.1.1)' → '방화벽 공인 IP(192.168.111.100)' → '외부 인터넷' 순서로 접속된 것이다.

그림 18-33 사설 네트워크에서 외부 인터넷으로 접속

NOTE ▶ Client 가상머신의 인터넷이 되지 않는 독자도 많을 것 같다. 책과 동일하게 한 것 같은데도 잘 안 된다면 당연히 허무한 생각이 들 수도 있다. 지금 정확히 무엇이 잘못되었는지 집어 주고 싶지만, 네트워크 환경이란 것이 워낙 다양하기에 알려 주기가 어렵다. Q&A 카페에서 필자와 동일한 가상머신을 다운로드한 후 다시 한번 차근차근 해보는 것을 권장한다.

Step 9

WinClient(또는 호스트 OS) ◉ 이번에는 **그림 18-2**의 Client에서 외부의 호스트 OS로 접속하기 위해 먼저 호스트 OS에 간단한 FTP 서버를 설치하고 접속 테스트를 진행한다.

9-1 프리웨어인 FilleZilla Server를 설치할 계획인데 웹사이트(https://filezilla-project.org)에 올라와 있는 최신 프로그램은 이 책에서 사용하는 버전과 사용법이 다를 수 있으니 Q&A 카페(https://cafe. naver.com/thisisLinux) [교재 자료실]의 '[Rocky 9] 전체 실습 파일 다운로드 모음'에서 FileZilla_ Server-0_9_60_2.exe 파일을 다운로드해 사용하자.

NOTE ▶ 지금 필자는 오픈소스인 FileZilla를 사용하지만, 윈도우는 자체적으로 FTP 서버를 보유하고 있다. 그것을 설치해서 사용하거나 다른 FTP 서버를 설치해 실습을 진행해도 된다.

9-2 다운로드한 파일을 기본값으로 설치한다. 설치 완료 후에 [Enter server to administrate] 창이 나오면 관리자의 [Passwords]에 '1234'을 입력하고 'Always connect to this server'를 체크한 후 [Connect] 버튼을 클릭한다(빨간색 메시지가 나와도 무시하면 된다).

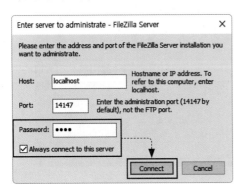

그림 18-34 FTP 서버 설정 1

9-3 [FileZilla Server (127.0.0.1)] 창이 열리면 [Edit] – [Users] 메뉴를 클릭한다. [Users] 창이 열리면 [Add] 버튼을 클릭해 rocky 사용자를 추가한다. 그리고 [Account settings] 아래의 'Enable account'와 'Password'를 체크한 후 'Password'에는 'rocky'를 입력한다. 아직 [OK] 버튼을 누르지 말자.

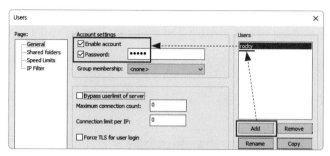

그림 18-35 FTP 서버 설정 2

9-4 왼쪽 [Page] 목록 아래의 [Shared folders]를 선택하고 [Add] 버튼을 클릭해 적당한 폴더를 지정하고 [Files]와 [Directories] 아래의 모든 항목을 체크한다. 이는 모든 권한을 허용하는 것이다. 그리고 [Set as home dir] 버튼을 누르고 [OK] 버튼을 눌러 설정을 마친다.

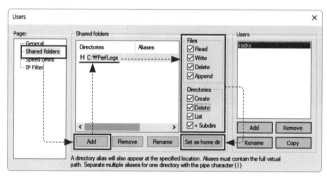

그림 18-36 FTP 서버 설정 3

9-5 관리자용 파워셸 또는 명령 프롬프트에서 다음 명령을 입력해 FTP 서버의 포트(21번)를 허용한다.

```
netsh advfirewall firewall add rule name="FTP서버" dir=in action=allow protocol=tcp
localport=21  → 여기까지 한 줄
```

그림 18-37 방화벽 설정

9-6 ipconfig 명령을 입력해 IP 주소도 확인한다. 필자는 WinClient 가상머신을 사용하고 있으며 그 IP 주소는 192.168.111.135다.

Step 10

Client ▶ **그림 18-2**의 Client가 Server(방화벽)를 통해 호스트 운영체제로 접속되는지 확인한다.

10-1 먼저 **su -c 'dnf -y install ftp'** 명령을 입력해 ftp 클라이언트를 설치한다.

10-2 **ftp FTP서버IP** 명령을 입력해 접속한다. rocky/rocky를 입력해 rocky 사용자로 접속한 후 접속한 상태 그대로 둔다.

```
[rocky@localhost ~]$ ftp 192.168.111.135
Connected to 192.168.111.135 (192.168.111.135).
220-FileZilla Server 0.9.60 beta
220-written by Tim Kosse (tim.kosse@filezilla-project.org)
220 Please visit https://filezilla-project.org/
Name (192.168.111.135:rocky): rocky
331 Password required for rocky
Password:
230 Logged on
Remote system type is UNIX.
ftp>
ftp> pwd
257 "/" is current directory.
ftp>
```

그림 18-38 ftp 접속

Step 11

WinClient(**또는 호스트 OS**) ▶ Client 가상머신이 접속된 상태를 확인한다.

11-1 파워셸이나 명령 프롬프트를 열고 **netstat /an** 명령을 입력해 확인한다. 지금 **그림 18-2**의 Client 가상머신에서 호스트 운영체제까지 접속된 상태다. 주목할 점은 접속한 '외부 주소'가 **그림 18-2**에 나온 것처럼 Client 가상머신의 주소인 10.1.1.10이 아닌, Server 가상머신(방화벽)의 ens160 주소인 192.168.111.○○○이라는 것이다(즉, FTP 서버는 Client 가상머신의 IP 주소를 알 수 없다).

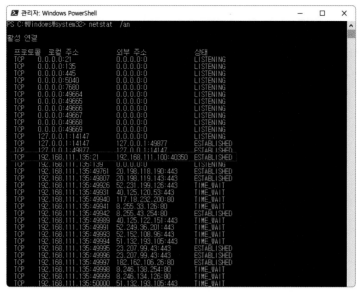

그림 18-39 netstat /an 명령 실행 결과

11-2 테스트가 끝났다면 FileZiilla Server를 종료한다.

Step 12

Server(B) ▶ 이번에는 **그림 18-2**처럼 Server(B) 가상머신을 웹 서버로 운영하기 위해 httpd를 설치한다. 12장에서 실습했으므로 이번에는 아주 간단히 사용해 본다.

12-1 **dnf -y install httpd** 명령을 입력해 웹 서버를 설치한다.

12-2 **firewall-cmd --permanent --add-service=http** 및 **firewall-cmd --reload** 명령을 입력해 웹 서비스를 허용한다.

12-3 추후 확인을 위해 /var/www/html 디렉터리에 index.html 파일을 하나 생성하고 적절한 내용을 채워 저장한다. 외부에서 웹 서버로 접속했을 때 Server(B) 가상머신이라는 사실을 쉽게 확인하기 위함이다.

```
cd /var/www/html
touch index.html
nano index.html    → 파일 내용: <h1> This is Linux - Web Server </h1>
```

12-4 **systemctl restart httpd** 및 **systemctl enable httpd** 명령을 입력해 웹 서버를 재시작하고 상시 가동되도록 설정한다.

Step 13

Server ▶ 그림 18-2처럼 외부(호스트 운영체제)에서 공인 IP 주소인 192.168.111.100으로 웹 서비스를
요청을 하면 사설 네트워크 내부에 있는 웹 서버인 Server(B) 가상머신으로 연결되도록 Server 가상머신
을 설정한다.

NOTE ▶ 지금 설정하는 것을 '포트 리디렉션(Port Redirection)'이라고 부른다. 즉, 외부 인터넷에서 방화벽의 공인된
IP 주소 192.168.111.100과 특정 포트(지금 실습은 웹 포트인 80번)로 접속할 때 지정된 사설 네트워크의 컴퓨터로
접속이 이뤄지도록 설정하는 것이다.

13-1 터미널에서 다음 명령을 입력한다.

```
iptables --table nat --append PREROUTING --proto tcp --in-interface 외부네트워크장치
--dport 포트번호 --jump DNAT --to-destination 내부의웹서버사설IP → 여기까지 한 줄
```

그림 18-40 포트 리디렉션 설정

그림 18-2를 보면 방화벽 서버의 외부 네트워크 장치는 ens160이고 웹 서비스이므로 포트 번호는 80번이
다. 그리고 사설 네트워크의 웹 서버를 담당할 컴퓨터는 10.1.1.20이다.

13-2 iptables-save 〉/etc/sysconfig/iptables 명령을 입력해 설정한 내용을 저장한다.

13-3 지금까지 설정한 내용을 네트워크상에 확실하게 적용하기 위해 다음 명령을 다시 입력한다.

```
nmcli connection down ens160
nmcli connection up ens160
```

WinClient(또는 호스트 OS) ◉ **그림 18-2**의 외부 인터넷에 있는 WinClient 가상머신(또는 호스트 운영체제)에서 방화벽의 공인 IP 주소 192.168.111.100으로 웹 페이지에 접속한다.

14-1 Edge 웹 브라우저로 http:/192.168.111.100/에 접속한다.

그림 18-41 방화벽 내부의 웹 서버에 접속된 결과

http:/192.168.111.100/으로의 접속은 **그림 18-2**에 나와 있듯이 [호스트OS] → [192.168.111.100] → [10.1.1.1] → [10.1.1.20] 순서로 이루어진다. 나머지 웹 서비스의 설정은 12장에서 설명한 내용과 같다.

이상으로 방화벽 컴퓨터의 구현을 마치겠다. iptables라는 유틸리티는 책에서 다룬 것 이외의 많은 기능을 추가로 지원한다. 이번 실습에는 별도로 나오지 않았지만, 패킷 필터링 기능을 잘 활용한다면 상용의 고가 방화벽 장비와 견줄만한 방화벽 컴퓨터를 만들 수 있을 것이다.

? VITAMIN QUIZ 18-1

Client 가상머신에 vsftpd 서버를 구축하고 외부에서 접속할 수 있도록 설정하자.

HINT 다음 규칙을 사용하자.

```
iptables --table nat --append PREROUTING --proto tcp --in-interface ens160
--dport 21 --jump DNAT --to-destination 10.1.1.10
```

▶ # PXE 설치 서버
설치 및 운영

여러분이 회사의 리눅스 관리자가 되었다고 가정하자. 회사에서 이번에 Rocky Linux 전용의 교육장을 구축하려고 한다. 그래서 100대의 컴퓨터에 직접 Rocky Linux를 설치해야 한다. 처음에는 DVD(또는 USB)로 Rocky Linux를 설치할 계획이었다. 그런데 보안 문제로 인해 교육장 컴퓨터에는 DVD/USB 장치가 없다.

이럴 때 유용한 방법이 PXE 설치 서버를 운영하는 것이다. PXE 설치 서버를 운영하면 이 서버와 같은 네트워크에 있는 컴퓨터의 경우 전원만 켜면 Rocky Linux 설치 파일을 다운로드하고 설치할 수 있다. 추가로 설치 진행 과정까지 자동으로 처리해 주는 킥스타트라는 기능도 있다. 19장에서는 PXE 설치 서버와 킥스타트를 운영해 본다.

📋 학습목표

✅

이 장의
핵심 개념

19장에서는 네트워크 안에 있는 컴퓨터의 전원만 넣으면 자동으로 해당 컴퓨터에 리눅스가 설치되게 해 주는 PXE 서버를 구현한다. 추가로 설정까지 한 번에 해 주는 킥스타트도 실습한다. 19장에서 학습하는 핵심 개념은 다음과 같다.

- PXE 설치 서버의 개념을 이해한다.

- PXE 설치 서버 운영을 위한 필수 패키지를 이해한다.

- DHCP, TFTPD의 설정을 실습한다.

- 가상머신을 새로 만들고 자동 설치를 테스트한다.

- 킥스타트의 설정을 이해하고 실습한다.

✅

이 장의
학습 흐름

┌─────────────────────────────┐
│   PXE 설치 서버의 개념   │
└─────────────────────────────┘
              ▼
┌─────────────────────────────┐
│   PXE 설치 서버 구현   │
└─────────────────────────────┘
              ▼
┌─────────────────────────────┐
│   킥스타드 기능 추가   │
└─────────────────────────────┘
              ▼
┌─────────────────────────────┐
│   새로운 가상머신에 자동 설치 테스트   │
└─────────────────────────────┘

19.1 PXE 설치 서버의 개념과 구현

PXE^{Preboot Execution Environment}는 아직 운영체제가 설치되지 않은 컴퓨터가 네트워크를 통해 PXE 서버에 접속해 부팅되도록 해 주는 인터페이스를 지칭하는 용어다. PXE 서버의 개념을 간단히 정리하면 다음 그림과 같다.

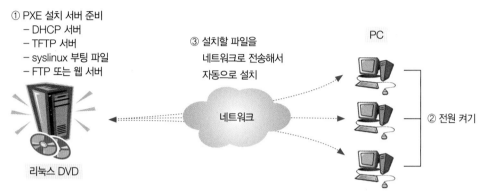

그림 19-1 PXE 설치 서버 개념도

그림이 간략한 만큼 실제 처리 과정 역시 간단하다. 설치 과정을 정리하면 다음과 같다.

①PXE 설치 서버를 준비한다. PXE 설치 서버의 패키지가 별도로 있는 것은 아니다. IP 주소를 자동으로 할당하는 DHCP 서버, syslinux 부팅 파일을 전송할 TFTP 서버, 그리고 Rocky Linux DVD의 설치 파일을 전송할 FTP 서버 또는 웹 서버로 PXE 설치 서버를 구성한다.

②아무것도 설치되지 않은 PC에 전원을 넣으면 그 PC가 자동으로 PXE 설치 서버를 찾는다.

③PXE 설치 서버에 설정한 대로 해당 PC에 자동으로 설치가 진행된다.

처리 과정을 살펴보면 PXE 설치 서버의 환경은 여러 개의 서버를 종합한 것임을 알 수 있다. 따라서 이러한 서버들을 설정하는 것이 약간 복잡해 보일 수 있다. 하지만 이 서버의 대부분은 앞에서 이미 배운 내용이므로 PXE 설치 서버를 어렵지 않게 구축할 수 있을 것이다.

NOTE▶ 특정 PC에 PXE를 통해 운영체제를 설치하려면 PXE 설치 서버와 해당 PC 모두 같은 네트워크 안에 있어야 한다.

Server 가상머신에 PXE 설치 서버를 구현하자.

Step 0

Server ❍ Server 가상머신을 설치 상태로 초기화한 후 원활한 실습을 위해 메모리 용량을 4GB(4,096MB) 이상으로 할당한다. 그리고 부팅한 후 root 사용자로 접속한다.

Step 1

Server ❍ PXE 설치 서버와 관련된 패키지를 설치하고 관련 설정을 진행한다.

1-1 터미널을 열고 **dnf -y install syslinux dhcp-server tftp-server vsftpd** 명령을 입력해 관련 패키지를 설치한다.

1-2 관련 포트를 열어야 하는데 관련 포트가 여러 개다. 그러므로 원활한 실습을 위해 우선 **systemctl stop firewalld**와 **systemctl disable firewalld** 명령을 입력해 방화벽을 끈다.

1-3 먼저 다음 내용을 참고해 DHCP 서버의 설정 파일인 **/etc/dhcp/dhcpd.conf**를 gedit이나 nano 에디터로 편집한다. 16장에서 학습한 내용과 거의 비슷하며 추가로 PXE 부팅을 허용하도록 추가하는 작업만 하면 된다. 또한 이번에는 IP 주소를 192.168.111.120~199까지 할당하는 것으로 설정한다. 약 90대의 클라이언트에 동시에 IP 주소를 할당할 수 있게 하기 위해서다.

```
subnet 192.168.111.0 netmask 255.255.255.0 {
  option routers 192.168.111.2;
  option subnet-mask 255.255.255.0;
  range dynamic-bootp 192.168.111.120 192.168.111.199;
  option domain-name-servers 192.168.111.2;
  allow booting;                  → 부팅을 허용
  allow bootp;                    → 부팅 프로토콜을 허용
  next-server 192.168.111.100;    → 부팅 파일이 있는 서버의 주소
  filename "pxelinux.0";          → 부팅 파일 이름(syslinux)
}
```

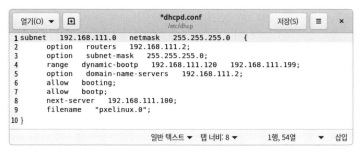

그림 19-2 dhcpd.conf 파일 편집

1-4 ftp 서버 기능을 하는 vsftpd 설정 파일인 /etc/vsftpd/vsftpd.conf에서 익명(anonymous) 사용자
의 접속을 허용해야 한다. nano나 gedit 에디터로 **/etc/vsftpd/vsftpd.conf** 파일을 열고 12행쯤의
anonymous_enable=NO를 'YES'로 변경한다. 참고로 ftp 서버는 Rocky Linux 설치 패키지를 클라이언
트에 전송하는 역할을 한다.

그림 19-3 vsftpd.conf 파일 편집

1-5 tftp 서버는 클라이언트 PC에게 부팅될 파일을 전송하는 역할을 한다. 특별히 설정할 내용은 없다.

Step 2

Server ◐ Rocky Linux ISO 파일을 ftp 서버의 홈 디렉터리인 /var/ftp 아래의 /pub 디렉터리에 마운트
한다.

2-1 VMware Player의 [Player] - [Removable Devices] - [CD/DVD] - [Setting] 메뉴를 클릭해 Rocky Linux DVD ISO 파일(Rocky-9.0-x86_64-dvd.iso)을 VMware Player에 연결한다.

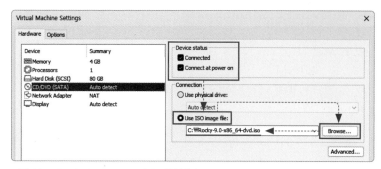

그림 19-4 Rocky Linux DVD ISO 파일 넣기

2-2 잠시 기다리면 X 윈도에 자동으로 마운트될 것이다. **umount /dev/cdrom** 명령을 입력해 마운트를 해제하고 **mount /dev/cdrom /var/ftp/pub** 명령을 입력해 새로 마운트한다. 이러면 쓰기가 방지된 읽기 전용으로 마운트된다.

그림 19-5 DVD 마운트

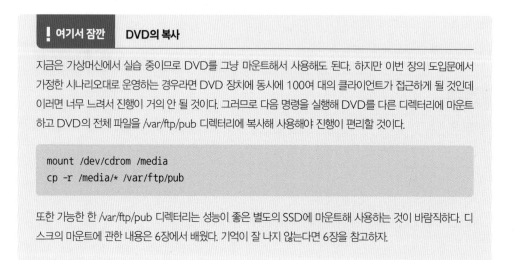

여기서 잠깐 DVD의 복사

지금은 가상머신에서 실습 중이므로 DVD를 그냥 마운트해서 사용해도 된다. 하지만 이번 장의 도입문에서 가정한 시나리오대로 운영하는 경우라면 DVD 장치에 동시에 100여 대의 클라이언트가 접근하게 될 것인데 이러면 너무 느려서 진행이 거의 안 될 것이다. 그러므로 다음 명령을 실행해 DVD를 다른 디렉터리에 마운트 하고 DVD의 전체 파일을 /var/ftp/pub 디렉터리에 복사해 사용해야 진행이 편리할 것이다.

```
mount /dev/cdrom /media
cp -r /media/* /var/ftp/pub
```

또한 가능한 한 /var/ftp/pub 디렉터리는 성능이 좋은 별도의 SSD에 마운트해 사용하는 것이 바람직하다. 디스크의 마운트에 관한 내용은 6장에서 배웠다. 기억이 잘 나지 않는다면 6장을 참고하자.

Server ◉ 부팅에 필요한 파일을 준비한다.

3-1 다음 명령을 입력해 tftp 서버의 디렉터리인 /var/lib/tftpboot/에 DVD의 부팅 이미지 및 syslinux 부팅 파일을 복사하고 정상적으로 복사되었는지 확인한다.

```
cp /var/ftp/pub/images/pxeboot/vmlinuz /var/lib/tftpboot/
cp /var/ftp/pub/images/pxeboot/initrd.img /var/lib/tftpboot/
cp /var/ftp/pub/isolinux/ldlinux.c32 /var/lib/tftpboot/
cp /usr/share/syslinux/pxelinux.0 /var/lib/tftpboot/
ls -l /var/lib/tftpboot/
```

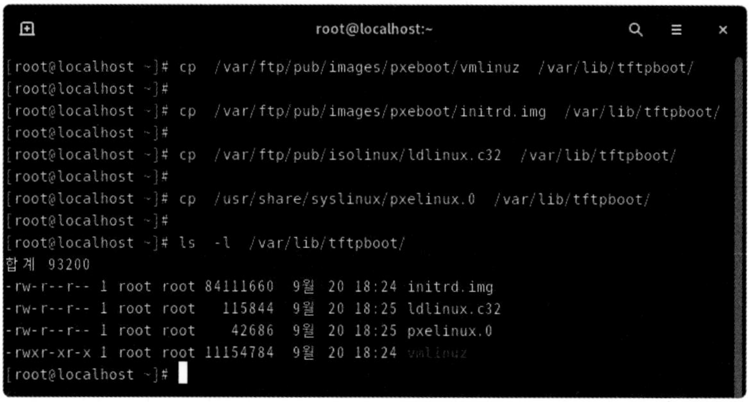

그림 19-6 부팅 관련 파일 복사

3-2 다음 명령을 입력해 /var/lib/tftpboot/ 디렉터리에 부팅 관련 디렉터리와 설정 파일을 생성한다.

```
mkdir /var/lib/tftpboot/pxelinux.cfg
cd /var/lib/tftpboot/pxelinux.cfg/
touch default
```

그림 19-7 부팅 설정 파일 생성

3-3 nano나 gedit 에디터로 **default** 파일을 열고 다음 내용을 입력한다.

```
DEFAULT    Rocky9_Auto_Install    → 기본 부팅 Label 지정


LABEL      Rocky9_Auto_Install    → Label 시작
  kernel   vmlinuz                → 커널을 지정(/var/lib/tftpboot/ 디렉터리에 복사해 놓았음)
  APPEND   initrd=initrd.img  inst.repo=ftp://192.168.111.100/pub/
                                  ↳ Rocky Linux 패키지 저장소 지정
```

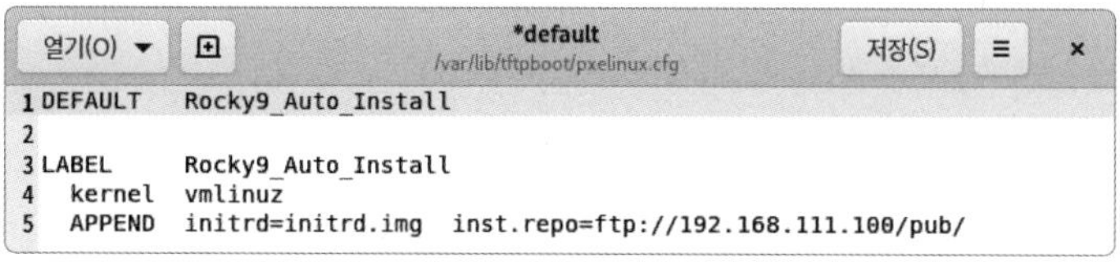

그림 19-8 default 파일 내용

Step 4

Server ▶ 이제 관련된 서버를 시작한다. 다음 명령을 입력해 PXE 설치 서버와 관련된 dhcpd, vsftpd, tftp 서비스를 재시작(restart)하고 상시 가동(enable)되도록 설정한다.

```
systemctl restart dhcpd
systemctl restart vsftpd
systemctl restart tftp
systemctl enable dhcpd
systemctl enable vsftpd
systemctl enable tftp
```

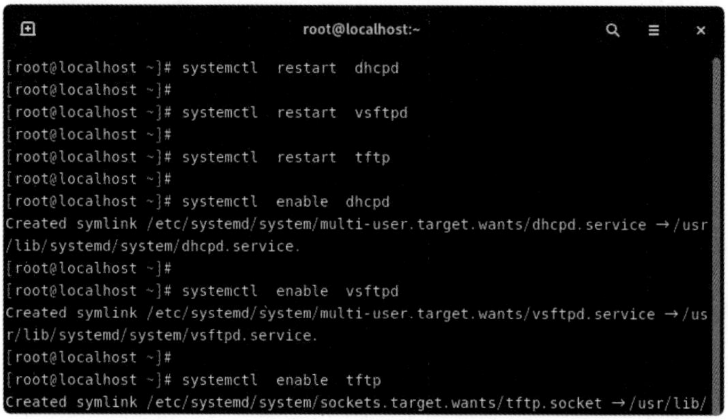

그림 19-9 PXE 설치 서버와 관련된 서비스 시작

Step 5

호스트 OS ▶ VMware 프로그램에서 제공하는 VMnet8의 DHCP 서비스를 중지시킨다.

5-1 VMware Workstation Pro를 실행하고 [Edit] − [Virtual Newtwork Editor] 메뉴를 클릭한다.

NOTE ▶ 만약 [Virtual Network Editor] 창의 가장 아래쪽에 'Administroator privileges are required to …'이라는 메시지가 나와 있으면 바로 오른쪽의 [Change Settings] 버튼을 클릭해 관리자 권한으로 실행하자.

5-2 Vmnet8을 선택하고 'Use local DHCP service to distribute IP address to VMs'를 체크 해제하고 [OK] 버튼을 클릭한다. 이러면 이제 VMware 프로그램에서 제공하는 DHCP 서버 기능이 중지된다.

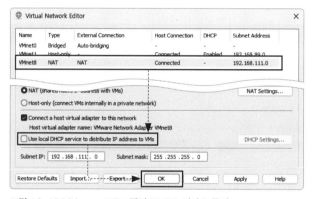

그림 19-10 VMware 프로그램의 DHCP 서비스 중지

5-3 VMware Workstation Pro를 종료한다.

Step 6

새로운 가상머신 ▶ 테스트를 진행할 가상머신을 생성한다.

6-1 다음 그림과 같이 [Memory], [Pro -cessors], [Hard Disk], [Network Adapter], [Display]만 있는 리눅스용 가상머신을 직접 만들자. 이때 CD/DVD 및 USB 등의 장치가 없다는 사실에 주목하자. 또한 [Hard Disk]에는 SCSI 디스크를 장착해야 한다.

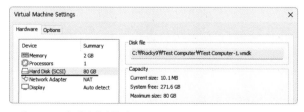

그림 19-11 새 가상머신 확인

6-2 가상머신을 부팅하고 잠시 기다리자. 그러면 가상머신 스스로 tftp에 접속해 파일을 다운로드한다.

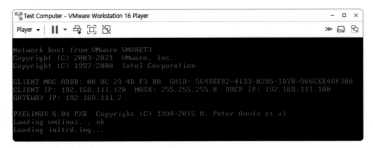

그림 19-12 자동으로 TFTP의 부팅 파일을 로딩

6-3 잠시 기다리면 3장에서 진행했던 Rocky Linux의 설치 화면이 나온다. 이후 설치는 3장에서 했던 방법과 동일하게 진행하면 된다.

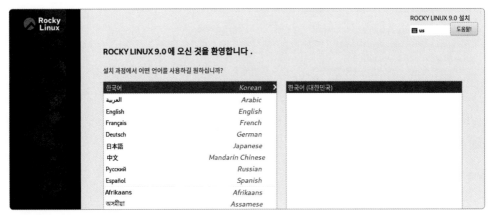

그림 19-13 설치 시작 화면

6-4 잠시 후에 더 편리한 방법으로 실습을 진행할 것이므로 지금은 VMware player의 [Player] − [Power] − [Shut Down Guest] 메뉴를 클릭해 가상머신을 강제로 종료한다.

이제 **그림 19-1**과 같은 방식으로 PXE 설치 서버가 작동할 것이다. 하지만 도입문에서 가정한 시나리오대로라면 100대의 컴퓨터마다 설치를 위한 언어 선택, 디스크 파티션 설정 등의 작업을 일일이 해야 한다. 다음 절에서 이러한 설정도 모두 한 번에 자동 진행되도록 하는 방법을 알아본다.

> **? VITAMIN QUIZ 19-1**
>
> Server(B) 가상머신을 PXE 설치 서버로 구축하고 빈 가상머신에 Rocky Linux를 설치하자.

19.2 킥스타트

킥스타트^{Kickstart}는 RHEL 계열이나 Rocky Linux에서 PXE 설치 서버를 이용할 때 부팅 후 필요한 작업까지 미리 설정해 원격 설치를 편리하게 진행할 수 있게 도와주는 기능이다. 그러므로 일반적으로 킥스타트는 PXE 설치 서버와 함께 구성해 사용한다. 직접 실습해 보며 이를 확인하자.

실습 2

PXE 설치 서버에 킥스타트 기능을 추가하자.

Step 1

Server ◉ 앞 **실습 1**에서 이어서 진행한다. 우선 킥스타트 기능을 구현한다.

NOTE▸ RHEL 7 계열까지는 system−config−kickstart 패키지가 제공되어 GUI 환경으로 킥스타트를 설정할 수 있었으나, RHEL 8 계열부터는 이 기능이 제거되었다. 조금 불편하지만, 직접 텍스트 파일을 편집해야 한다.

1-1 /root/anaconda−ks.cfg 파일에는 Rocky Linux를 설치할 때 설정한 정보가 그대로 저장되어 있다. 터미널을 열고 이 파일을 /var/ftp/rocky.ks 파일로 복사한다.

```
[root@localhost ~]# cp  /root/anaconda-ks.cfg  /var/ftp/rocky.ks
[root@localhost ~]#
```

그림 19-14 킥스타트 파일 복사

1-2 gedit이나 nano 에디터로 **/var/ftp/rocky.ks** 파일을 열고 다음 내용을 참고해 내용을 변경한다. 5행, 7행을 변경하고 약 20행의 %package ~ %end 사이에 설치할 패키지를 지정해야 한다. 가장 큰 단위의 환경그룹은 '@^환경그룹명', 그룹은 '@그룹명', 가장 작은 단위인 패키지는 그냥 '패키지명' 형식으로 추가할 수 있다. 그리고 파일을 저장하고 에디터를 닫는다.

```
6행쯤 : repo … 주석(#)처리
7행쯤 : url  --url=ftp://192.168.111.100/pub
18행쯤 : cdrom 주석(#) 처리
21행쯤(%package ~ %end 사이) : 기존 내용을 다음 내용으로 변경
@^Server with GUI          → GUI 지원 서버 환경그룹
@GNOME Applications        → 그놈 응용 프로그램 그룹
mc                         → 명령어 관리 패키지 (4장 〈실습 10〉에서 다룸)
```

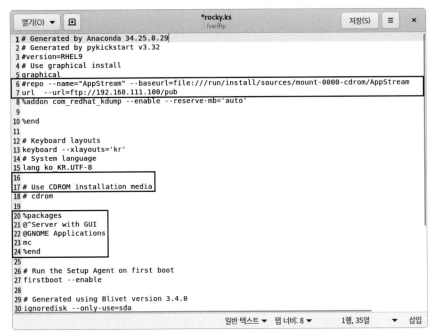

그림 19-15 킥스타트 설정 파일 수정

NOTE ▶ 사용 가능한 환경 그룹명 및 그룹명은 243쪽 4장 그림 4-122에 나온 'Available Environment Groups' 및 'Installed Environment Groups'가 환경 그룹명이고, 'Installed Groups' 및 'Available Groups'가 그룹명이다. dnf list 명령을 실행하면 설치 가능한 패키지명 수 천 개를 확인할 수 있다.

1-3 chmod 644 /var/ftp/rocky.ks 명령을 입력해 /var/ftp/rocky.ks 파일을 외부에서 읽을 수 있도록 허용한다.

1-4 이번에는 gedit 에디터로 **/var/lib/tftpboot/pxelinux.cfg/default** 파일을 열고 마지막 행 뒤에 킥스타트 설정 파일을 지정하는 내용인 'inst.ks=ftp://192.168.111.100/rocky.ks'를 추가 입력하고 저장한 후 gedit 에디터를 종료한다.

그림 19-16 default 파일 변경

이렇게 킥스타트의 설정이 완료되었다.

새 가상머신 ◐ PXE 설치 서버와 킥스타트의 동작을 테스트한다.

2-1 실습 1에서 사용한 가상머신의 하드디스크를 제거하고 새로운 하드디스크를 장착해 사용한다. 이번에 주의할 점은 Server 가상머신이 설치된 환경의 킥스타트 파일(anaconda-ks.cfg)을 사용했으므로 [Hard Disk]에는 Server 가상머신과 동일한 80GB 용량의 SCSI 디스크로 장착해야 한다는 것이다.

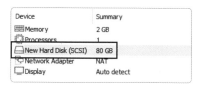

Device	Summary
Memory	2 GB
Processors	1
New Hard Disk (SCSI)	80 GB
Network Adapter	NAT
Display	Auto detect

그림 19-17 새로운 80GB SCSI 하드디스크 장착

2-2 이제 가상머신을 부팅한다. 그리고 한동안 기다리면 이제 아무것도 하지 않아도 설치까지 자동으로 진행된다. 또한 root 암호까지도 자동으로 지정된다.

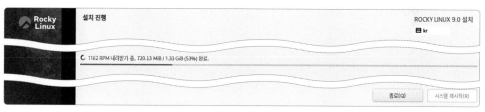

그림 19-18 자동으로 설치가 진행

2-3 이제 관리자는 컴퓨터의 전원만 켜두고 퇴근하면 된다. 다음 날 출근했을 때 100대의 컴퓨터에 Rocky Linuix가 설치되어 있을 것이다. 이후 설치 과정은 3장과 동일하므로 더 이상 언급하지 않겠다.

호스트 OS ◐ 실습을 모두 마쳤으면 다시 **실습 1 Step 5**의 과정을 참고해 'Use local DHCP service to distribute IP address to VMs'를 체크하고 [OK] 버튼을 클릭한다. 이제 다시 VMware 프로그램이 제공하는 DHCP 서비스를 제공받을 수 있다.

> **❓ VITAMIN QUIZ 19-2**
>
> Server(B) 가상머신에 킥스타트를 설정하자. GUI 환경으로 설치될 수 있도록 설치할 패키지 설정 내용을 수정하자.

리눅스
가상화 기술

최근의 운영체제는 대부분 중요하고 강력한 기능으로 가
상화 기술을 지원한다. 이미 우리는 VMware 프로그
램이라는 가상화 제품을 사용해 지금까지 실습해 왔다.
이 외에도 Oracle사의 Virtual Box와 Windows의
Hyper-V 가상화 기술도 보편적으로 사용된다.

VMware 프로그램 안에 설치한 리눅스에서 Windows
응용프로그램을 실행하기 위해 리눅스에 Virtual Box를
설치하고 그 안에 Windows를 설치하겠다. 즉, 가상머신
(VMware) 안에 또 다른 가상머신(Virtual Box)을 설
치하는 것이다. 추가로 가상머신보다 가벼운 컨테이너에 대
한 개념과 이를 지원하는 도커도 실습을 통해서 익혀보자.

📋 학습목표

이 장의 핵심 개념

20장에서는 리눅스에서 지원하는 가상화 기술에 관해 학습한다. 먼저 Virtual Box를 설치해 Windows 응용 프로그램을 사용하는 방법을 알아본 후, 가벼운 컨테이너를 사용하는 도커에 관해 학습한다. 20장에서 학습하는 핵심 개념은 다음과 같다.

- 가상화 기술 제품의 종류를 파악한다.
- Virtual Box 설치 방법과 가상머신 생성법을 실습한다.
- Virtual Box 가상머신에 Windows를 설치한다.
- 도커와 컨테이너의 개념을 익힌다.
- 도커를 설치하고 컨테이너 이미지를 다운로드하고 관리하는 방법을 실습한다.

이 장의 학습 흐름

Virtual Box 설치

▼

Virtual Box 가상머신 생성

▼

Virtual Box 가상머신에 Windows 설치

▼

도커 및 컨테이너 개념 파악

▼

도커 설치

▼

우분투 컨테이너 다운로드 및 관리

20.1 Virtual Box를 이용한 Windows 응용프로그램 실행

리눅스에서 Windows 응용프로그램을 사용하는 방법은 여러 가지로 연구되어 왔고 지금도 계속 개발되고 발전하고 있다. 그중 가장 확실한 방법은 가상머신 소프트웨어를 이용하는 것이다. 지금 우리가 Windows 환경에서 VMware 프로그램을 이용해 리눅스를 사용하듯이 리눅스 환경에서도 가상머신 소프트웨어를 이용해서 Windows를 사용할 수 있다.

리눅스에서 가동할 수 있는 가상머신 소프트웨어로는 VMware Workstation for Linux, Oracle VirtualBox for Linux, KVM/Qemu, Xen 등이 있으며 Rocky Linux에서 자체적으로 제공하는 가상머신 소프트웨어도 있다. 이 책에서는 지금까지 VMware 프로그램을 사용하고 있으므로 이번 장에서는 이와는 다른 Oracle VirtualBox 가상머신 프로그램을 사용해 보겠다. 이 프로그램은 Rocky Linux에 설치 가능하다.

> **! 여기서 잠깐   Windows 응용프로그램 작동**
>
> 리눅스에서 Windows 응용프로그램을 작동시키는 방법 중 가상머신을 사용하지 않고 직접 Windows 응용프로그램을 설치하도록 도와주는 프로그램을 이용하는 것도 있다. 그중 Wine, PlayOnLinux, CrossOver가 대표적이다. 필요하다면 인터넷을 검색해 자세한 사용법을 알아보자. 실제로 해당 프로그램을 사용해 보면 설정이 조금 까다롭고 생각만큼 Windows 응용프로그램이 원활하게 작동되지 않을 수도 있다.

실습 1

가상머신 프로그램을 이용해 Rocky Linux 안에 Windows를 설치하자.

Step 0

Client 가상머신을 설치 상태로 초기화하고 가상머신 사양을 조정한다.

0-0 Client 가상머신을 설치 상태로 초기화한다.

0-1 아직 부팅하지 말고 Client 가상머신의 [Edit virtual machine settings]를 클릭한다.

0-2 [Virtual Machine Settings] 창 왼쪽 목록에서 [Memory]를 클릭하고 용량을 4GB(4,096MB) 이상으로 변경한다.

0-3 왼쪽 목록에서 [Processors]를 클릭하고 그림과 같이 프로세서의 숫자를 2~4개로 늘린다. 그리고 'Virtualize Intel VT-x/EPT or AMD-V/RVI'를 체크한다. [OK] 버튼을 클릭해 설정을 마친다.

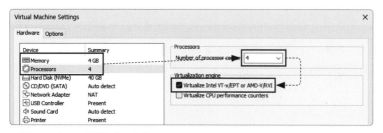

그림 20-1 CPU 가상화 기능 켜기

NOTE▶ VMware 프로그램 안에 다시 가상머신 프로그램을 사용하려면 VMware 프로그램의 가상화 기능을 활성화해야 한다. 이 기능이 바로 'Virtualize Intel VT-x/EPT or AMD-V/RVI'다.

0-4 이제 부팅하고 rocky 사용자로 접속한다.

Step 1

Windows 평가판 설치 DVD ISO 파일을 준비한다.

1-1 Firefox 웹 브라우저를 실행해 https://www.microsoft.com/ko-kr/evalcenter/evaluate-windows -10-enterprise나 Q&A 카페(https://cafe.naver.com/thisisLinux)에서 64비트용 Windows 10 Enterprise 한글 평가판를 다운로드한다.

그림 20-2 64bit Windows 10 평가판 다운로드

NOTE▶ 이 책을 집필하는 시점에서는 [ISO-Enterprise 다운로드]를 클릭해 로그인 없이 Windows 10 Enterprise(한국어) 평가판를 다운로드하면 된다. [ISO-Enterprise 다운로드]를 클릭한 후 정보 입력과 관련된 화면이 나올 수도 있다. 여기서 개인정보를 모두 정확히 넣지 않아도 다운로드에는 문제가 없다.

1-2 다운로드가 완료되었으면 [현재 활동] – '파일' 실행 아이콘을 클릭해 다운로드한 파일을 확인한다.

그림 20-3 다운로드한 파일 확인

1-3 터미널에서 다음 3개 명령을 실행해 VirtualBox를 사용하기 위해 필요한 추가 패키지를 미리 설치한다. 약 100개 이상의 패키지가 설치될 것이다. 설치가 완료되면 **exit** 명령을 2회 입력해 터미널을 닫는다.

```
su              → root로 접속
dnf -y install https://dl.fedoraproject.org/pub/epel/epel-release-latest-9.noarch.rpm
dnf -y install binutils kernel-devel kernel-headers libgomp make patch gcc glibc-
headers glibc-devel dkms
```

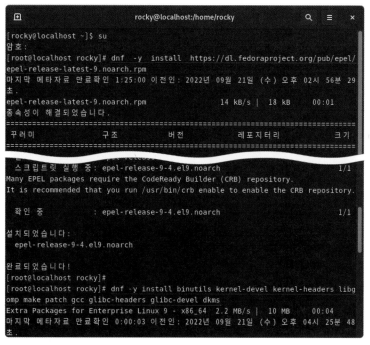

그림 20-4 필요 패키지 설치 1

1-4 다음 명령을 입력해 커널 관련 패키지를 추가 다운로드하고 설치한다.

```
wget https://repo.almalinux.org/almalinux/9/AppStream/x86_64/os/Packages/kernel-devel-
5.14.0-70.13.1.el9_0.x86_64.rpm → 여기까지 한 줄
dnf -y install kernel*.rpm
```

그림 20-5 필요 패키지 설치 2

Step 2

Oracle사에서 제작한 VirtualBox라는 가상머신 프로그램을 설치한다.

NOTE ▶ VMware 프로그램 안에 설치할 가상머신은 1024×768 정도의 해상도를 요구한다. 그러므로 바탕 화면에서 마우스 오른쪽 버튼을 클릭한 후 [디스플레이 설정]을 클릭해 Client 가상머신의 해상도를 1440×900으로 설정하자.

2-1 Firefox 웹 브라우저로 https://www.virtualbox.org/wiki/Linux_Downloads에 접속한다. 그리고 [Oralce Linux 9 / Red Hat Enterprise Linux 9]를 클릭해 VirtualBox 패키지를 다운로드한다.

NOTE ▶ 이 책에서는 6.1.38 버전을 사용한다. 책과 동일한 버전은 Q&A 카페(https://cafe.naver.com/thisisLinux)에서 다운로드할 수 있다.

그림 20-6 VirtualBox 다운로드

2-2 터미널을 새로 열고 다음 명령을 입력해 다운로드한 VirtualBox를 설치한다.

```
cd  ~/다운로드/                        → 폴더 이동
ls Virtual*                           → 파일 확인
su -c 'dnf -y install Virtual*'       → 설치
```

그림 **20-7** VirtualBox 설치

2-3 다음 명령을 입력해 VirtualBox를 사용하기 위한 마지막 설정을 진행한다.

```
su -
usermod -a -G vboxusers rocky         → rocky 사용자를 vboxusers 그룹에 추가
/usr/lib/virtualbox/vboxdrv.sh setup  → 시간이 몇 분 걸림
/sbin/vboxconfig                      → 시간이 몇 분 걸림
exit
```

그림 **20-8** VirtualBox 설치 후 설정

VirtualBox에 가상머신을 생성한다.

3-1 [현재 활동] – '프로그램 표시' 아이콘 – 'Oralce VM VirtualBox' 실행 아이콘을 클릭하거나 터미널에서 **virtualbox** 명령을 입력해 VirtualBox를 실행한다. [Oracle VM VirtualBox 관리자] 창이 열리면 [새로 만들기]를 클릭한다.

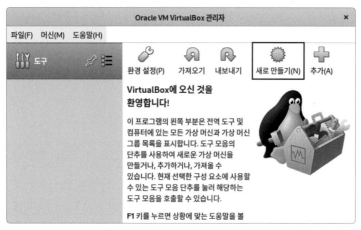

그림 20-9 VirtualBox 가상머신 생성 1

3-2 [가상 머신 만들기] 창의 [이름 및 운영 체제]에서 [이름]에는 'Windows 10'을 입력하고 [버전] 드롭다운 버튼을 클릭해 'Windows 10 (64–bit)'를 선택한다. 그리고 [다음] 버튼을 클릭한다.

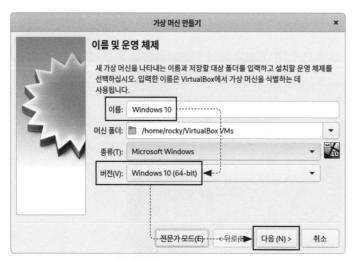

그림 20-10 VirtualBox 가상머신 생성 2

3-3 [메모리 크기]에서 기본값인 2,048MB를 그대로 두고 [다음] 버튼을 클릭한다.

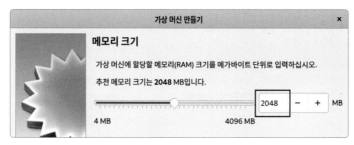

그림 20-11 VirtualBox 가상머신 생성 3

3-4 [하드 디스크]에서 기본값인 '지금 새 가상 하드 디스크 만들기'가 선택된 상태로 [만들기] 버튼을 클릭한다.

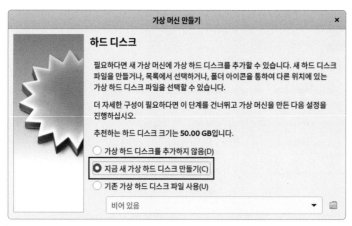

그림 20-12 VirtualBox 가상머신 생성 4

3-5 [하드 디스크 파일 종류]에서 기본값인 'VDI(VirtualBox 디스크 이미지)'가 선택된 상태로 [다음] 버튼을 클릭한다.

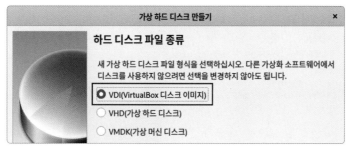

그림 20-13 VirtualBox 가상머신 생성 5

3-6 [물리적 하드 드라이브에 저장]에서 기본값인 '동적 할당'이 선택된 상태로 [다음] 버튼을 클릭한다.

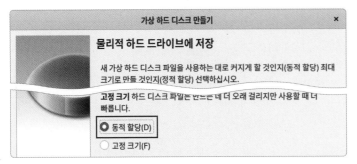

그림 20-14 VirtualBox 가상머신 생성 6

NOTE VirtualBox에서 하드 디스크의 동적 할당 개념은 24쪽 1장 그림 1-26에서 설명한 개념과 비슷하다.

3-7 [파일 위치 및 크기]에서 기본값을 그대로 두고 [만들기] 버튼을 클릭한다.

그림 20-15 VirtualBox 가상머신 생성 7

3-8 가상머신이 완성되었다. 아직은 전원이 꺼져 있을 것이다. 오른쪽에 가상머신의 내부, 즉 상세정보가 보인다.

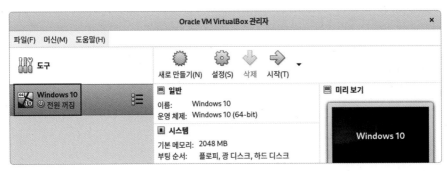

그림 20-16 VirtualBox 가상머신 생성 8

VirtualBox의 가상머신에 Windows 10을 설치한다.

4-1 가상머신의 상세정보 중 [저장소] 아래의 '[광학 드라이브] 비어 있음'을 클릭하고 [디스크 이미지 선택/만들기...]를 클릭한다.

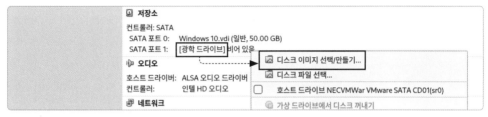

그림 20-17 VirtualBox 가상머신에 Windows 10 설치 1

4-2 [추가] 버튼을 누르고 왼쪽에서 [다운로드] 폴더를 선택한 후 앞에서 다운로드한 Windows 10 평가판 ISO 파일을 선택하고 [Select] 버튼을 클릭한다.

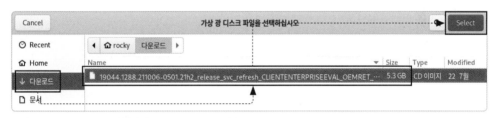

그림 20-18 VirtualBox 가상머신에 Windows 10 설치 2

4-3 [Windows 10 – 광학 디스크 선택기] 창이 열린다. 이 창의 목록을 보면 ISO 파일이 보인다. 이 상태에서 [선택] 버튼을 클릭한다.

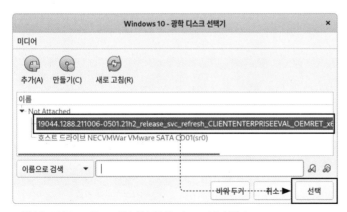

그림 20-19 VirtualBox 가상머신에 Windows 10 설치 3

4-4 [Oracle VM VirtualBox 관리자] 창이 다시 나오면 상세정보 위쪽의 [시작]을 클릭해 가상머신을 부팅한다. 별도의 창에서 Windows 10의 설치가 진행된다. 가상머신 내부의 [Windows 설치] 창에서 [다음] 버튼을 클릭한다.

그림 20-20 VirtualBox 가상머신에 Windows 10 설치 4

NOTE ▶ 위쪽에 대화상자가 나오면 오른쪽 [X]를 눌러 닫자.

4-5 이후 설치 과정은 따로 언급하지 않아도 여러분 스스로 진행할 수 있을 것이다. 시간이 허락하는 독자는 계속 설치를 진행하고 직접 사용해 봐도 좋다. 만약 오류가 발생해 더 이상 진행되지 않더라도 실제 VMware 프로그램 안에서 가상머신을 사용할 일이 거의 없으므로 향후 별 문제가 되지는 않을 것이다.

Step 5

설치 완료한 Windows 10의 부팅된 화면은 다음과 같다.

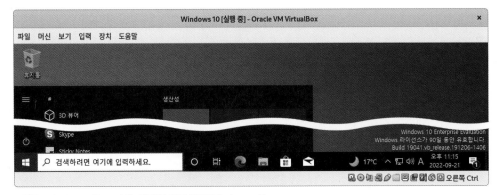

그림 20-21 VirtualBox 가상머신에서 작동 중인 Windows 10

20.2 도커의 개념과 실습

도커Docker란 작은 운영체제를 포함하는 가상화 기술을 의미한다. 지금까지 우리가 사용한 VMware 프로그램 또는 VirtualBox의 가상 컴퓨터는 완전한 OS를 포함하는 독립된 컴퓨터로 간주되며 상당히 무거운 반면 도커는 가상 컴퓨터와 거의 비슷한 기능을 하지만, 그보다 훨씬 가볍게 운영할 수 있다. 도커에서 사용되는 작은 컴퓨터를 **컨테이너**Container라고 부른다.

그림 20-22 도커(Docker) 로고

20.2.1 가상 컴퓨터와 컨테이너의 차이점 비교

우선 가상 컴퓨터와 컨테이너의 개념적인 차이를 살펴보면 다음과 같다.

그림 20-23 가상 컴퓨터와 컨테이너의 차이

예를 들어 12장에서 배운 웹 개발 환경인 APM 환경을 여러 개발자가 사용할 수 있도록 동일하게 구성해야 한다고 가정해 보자. 우선 물리적인 컴퓨터에 설정하려면 어쩔 수 없이 컴퓨터마다 웹 개발 환경을 설치하고 구성해야 한다. 상당히 오랜 시간이 걸릴 수밖에 없다.

이러한 문제를 해결하기 위한 차선책으로 VMware 프로그램이나 VirtualBox로 가상 컴퓨터를 사용하는 방법을 선택할 수 있다. 이 그림의 왼쪽에 있는 가상 컴퓨터를 설치한 후 그 안에 웹 개발 환경을 구성하면 된다. 그리고 가상 컴퓨터를 통째로 다른 개발자에게 복제하는 방식을 사용하면 된다. 이러한 방식이 지금까지 사용한 VMware 또는 VirtualBox 등의 가상 컴퓨터 방식이다. 이 방식의 문제점은 웹 개발 환경만 필요한데도 완전한 운영체제가 설치된 무거운 가상 컴퓨터를 함께 복제해야 한다는 것이다.

이와 달리 무거운 가상 컴퓨터보다 훨씬 가벼운 컨테이너 안에 웹 개발 환경을 구성한 후 컨테이너만 복제하는 방법을 사용할 수도 있다. 컨테이너 역시 독립된 운영체제 환경과 거의 비슷하게 별도로 작동하므로 가상 컴퓨터와 비슷한 효과를 가지면서도 빠른 배포가 가능하다.

20.2.2 도커 컨테이너 실습

도커(https://www.docker.com)의 저장소에는 많은 컨테이너(100,000개 이상)가 업로드되어 있다. 도커 회사 자체에서 업로드한 컨테이너도 있고 많은 사용자가 만들어서 업로드한 컨테이너도 있다.

이번 실습은 현재 Rocky Linux 환경에서 우분투 리눅스의 Bash 셸을 사용해야 하는 상황이라고 가정하고 진행하자. Bash 셸을 사용하는 방법으로 우선 앞서 살펴본 Virtual Box를 통해 우분투 호스트 컴퓨터에 우분투 게스트 컴퓨터를 만들고 사용하는 것이 떠오를 것이다. 좋은 방법이기는 하지만, 단지 우분투의 Bash 셸만을 사용하기 위해 엄청나게 무거운 가상 컴퓨터를 생성하는 것은 다소 낭비다. 이와 달리 도커의 컨테이너는 Bash 셸만 들어 있는 작은 우분투 컨테이너만 다운로드하면 된다.

NOTE ▶ 도커는 별도의 교재가 출간되고 있을 정도로 학습할 분량이 상당히 많으며 활용도 또한 높다. 이 책에서 그 모든 것을 다루기에는 지면상의 한계가 있으므로 간단한 도커의 개념과 사용법 정도를 익히는 수준으로 실습을 진행하겠다.

실습 2 ▶

Server 가상머신에 도커를 설치하고 사용하자.

Step 0

Server 가상머신을 설치 상태로 초기화한 후 메모리 용량을 4GB(4,096MB) 이상으로 올리고 부팅한다. 그리고 root 사용자로 접속한다.

Step 1

먼저 도커 관련 환경을 설정하고 도커를 설치한다.

1-1 다음 명령을 입력해 도커 저장소를 추가한다.

```
dnf config-manager --add-repo=https://download.docker.com/linux/centos/docker-ce.repo
```

그림 20-24 도커 저장소 추가

1-2 도커 패키지를 설치한다.

```
dnf -y install docker-ce docker-ce-cli containerd.io
```

```
[root@localhost ~]# dnf -y install docker-ce docker-ce-cli containerd.io
Rocky Linux 9 - BaseOS                    1.4 MB/s | 1.7 MB     00:01
Rocky Linux 9 - AppStream                 2.1 MB/s | 6.0 MB     00:02
Rocky Linux 9 - extras                    6.2 kB/s | 6.6 kB     00:01
Rocky Linux 9 - plus                      5.1 kB/s | 4.2 kB     00:00
Rocky Linux 9 - CRB                       1.3 MB/s | 1.9 MB     00:01
Docker CE Stable - x86_64                  35 kB/s | 8.7 kB     00:00
종속성이 해결되었습니다.
===============================================================================
 꾸러미              구조      버전                레포지터리          크기
===============================================================================
설치 중:
 containerd.io       x86_64   1.6.8-3.1.el9       docker-ce-stable    32 M
 docker-ce           x86_64   3:20.10.18-3.el9    docker-ce-stable    20 M
```

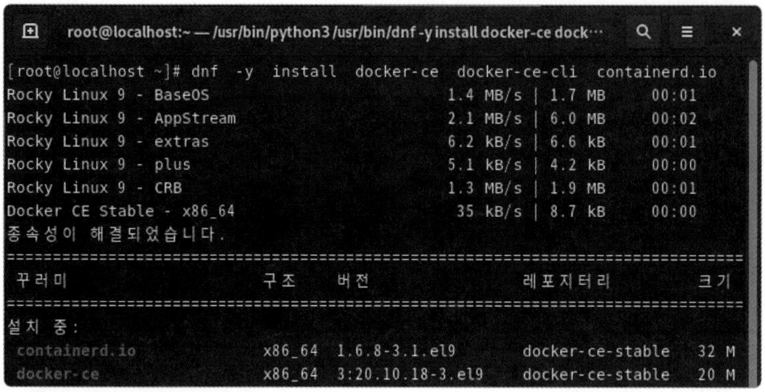

그림 20-25 도커 패키지 설치

NOTE▶ 도커 관련 패키지는 Rocky Linux에서 제공하지 않는다. 앞 단계에서 추가한 도커 저장소에서 다운로드해 설치해야 한다.

Step 2

도커 서비스를 가동한다.

2-1 다음 명령을 입력해 도커 서비스를 시작하고 상시 가동되도록 설정한다.

```
systemctl restart docker
systemctl enable docker
systemctl status docker
```

```
[root@localhost ~]# systemctl restart docker
[root@localhost ~]#
[root@localhost ~]# systemctl enable docker
Created symlink /etc/systemd/system/multi-user.target.wants/docker.service →/us
r/lib/systemd/system/docker.service.
[root@localhost ~]#
[root@localhost ~]# systemctl status docker
● docker.service - Docker Application Container Engine
     Loaded: loaded (/usr/lib/systemd/system/docker.service; enabled; vendor pr
     Active: active (running) since Thu 2022-09-22 08:50:15 KST; 12s ago
TriggeredBy: ● docker.socket
       Docs: https://docs.docker.com
```

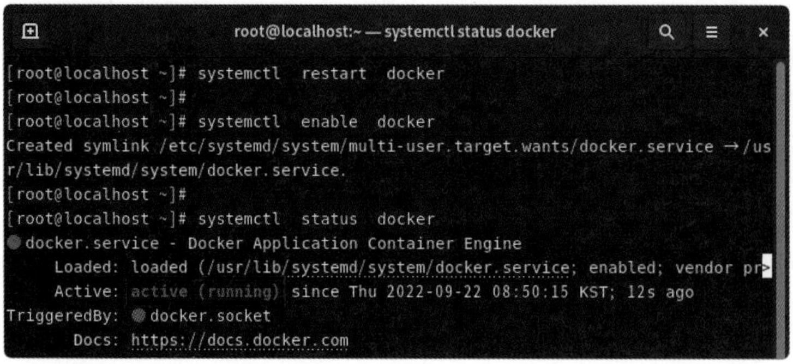

그림 20-26 도커 서비스 가동

2-2 **docker run hello-world** 명령을 입력해 도커가 잘 작동하는지 테스트한다.

그림 20-27 도커 정상 작동 확인

NOTE▶ 이 명령은 그림 20-23 오른쪽의 가장 위의 컨테이너 중 hello-world라는 아주 가벼운 컨테이너를 실행하는 것이다. 해당 컨테이너는 아무런 기능을 가지지 않으며 단순히 'Hello from Docker!'라는 메시지를 출력한다. 그래서 주로 도커가 정상적으로 설치되었는지 테스트하는 용도로 사용된다. hello-world라는 컨테이너를 우리가 만든 적이 없으므로 docker.com 저장소에서 다운로드한 후 실행된다.

Step 3

간단한 도커 사용법을 익히기 위해 앞에서 가정한 에피소드 대로 우분투의 Bash 셸을 설치하고 사용한다.

3-1 먼저 Firefox 웹 브라우저에서 https://hub.docker.com에 접속한 후 상단 이미지 이름(여기서는 'ubuntu')를 입력하고 [Enter]를 눌러 검색을 진행한다.

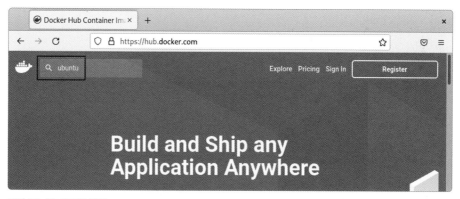

그림 20-28 이미지 검색

NOTE▶ 도커 저장소(또는 도커 허브, https://hub.docker.com)에 압축 또는 묶여진 것을 '이미지(image)'라고 부르고 다운로드된 후 실제로 작동되는 것을 '컨테이너(Container)'라고 부른다. 혼란스러우면 그냥 같은 것이라 생각해도 무방하다. 참고로 우분투는 실무에서 많이 사용되는 리눅스 중 하나다.

3-2 가장 다운로드 수가 많은 이미지 순으로 검색 결과가 표시된다. 가장 위쪽의 [ubuntu]를 클릭한다.

그림 20-29 이미지 다운로드 1

3-3 상세한 설명은 아래쪽에, 다운로드 방법은 오른쪽에 표시된다. 실제로 이 우분투 이미지의 경우 'docker pull ubuntu' 명령을 입력하면 다운로드할 수 있다는 사실을 확인할 수 있다.

그림 20-30 이미지 다운로드 2

3-4 터미널에서 **docker pull ubuntu** 명령을 입력해 우분투 이미지를 다운로드한다. 필자는 약 30MB를 다운로드했는데 우분투 운영체제가 들어있는 것 치고는 상당히 크기가 작다. 이로써 **그림 20-23**의 오른쪽에 나온 Rocky Linux 위에 올라가는 컨테이너가 하나 추가되었다.

그림 20-31 이미지 다운로드 3

3-5 이제 컨테이너를 실행하자. **docker run –it ubuntu bash** 명령을 입력해 실행하면 프롬프트가 바뀔 것이다. 즉, 우분투의 bash 셸로 들어간 것이다.

그림 20-32 우분투 컨테이너 실행 1

3-6 이제는 우분투의 Bash 셸 명령을 사용할 수 있다. 우선 현재 우분투의 버전을 **cat /etc/issue** 명령을 입력해 확인한다. 이 책을 집필하는 시점에는 22.04.1 LTS 버전으로 설치되었다. 확인했다면 **exit** 명령을 입력해 컨테이너를 종료한다.

그림 20-33 우분투 컨테이너 실행 2

NOTE ▶ Rocky Linux도 Bash 셸을 사용하기 때문에 우분투의 Bash 셸을 사용한다고 별 차이가 있는 것은 아니지만, 우분투의 셸을 사용할 수 있다는 사실에 의미를 두자.

Step 4

도커를 관리하는 몇 가지 방법을 살펴본다.

4-1 docker images 명령을 입력하면 설치된 컨테이너의 이름, ID, 크기 등을 확인할 수 있다. 앞에서 다운로드한 2개의 목록이 확인된다.

그림 20-34 이미지 목록 확인

4-2 현재 설치된 컨데이터의 상세한 내용을 확인하려면 **docker container ls –a** 명령을 입력하면 된다. 이러면 컨테이너 목록이 표시된다. 터미널 창을 크게 늘려서 확인하자.

그림 20-35 컨테이너 목록 확인

앞에서 사용한 ubuntu 컨테이너의 상태가 확인된다. [CONTAINER ID]는 컨테이너의 아이디를 자동으로 생성한 것이며, [IMAGE]는 다운로드한 이미지의 이름이다. [COMMAND]는 사용할 수 있는 명령어, [CREATED]는 생성한 날짜, [STATUS]는 현재 상태 등을 표시한다.

4-3 컨네이너 이미지를 삭제하려면 **docker rm 컨테이너ID** 명령을 입력하면 된다. unbuntu 컨테이너를 삭제하자.

그림 20-36 컨테이너 삭제

이상으로 도커에 대한 간단한 소개 및 사용법 설명을 마치겠다. 향후 도커에 더 관심이 생긴다면 도커 관련 웹 사이트나 별도의 도서를 참조하기 바란다.

▶ 맺음말

이상으로 Rocky Linux의 학습을 마치겠습니다. 서론에서 이 책은 리눅스 명령 사전이나, 바이블이 아니라고 말했듯이 이 책에서 Rocky Linux의 모든 내용을 다루지는 않습니다. 하지만 리눅스를 처음 접하는 여러분이 리눅스의 전반적인 부분을 실무 환경과 최대한 가깝게 실습할 수 있도록 나름대로 최선을 다해서 책을 구성했습니다.

비록 많이 부족한 책이지만, 이 책의 내용을 잘 이해했다면 혼자서 충분히 더 고급 수준의 리눅스를 공부할 수 있을 것입니다. 공부할수록 더 할 것이 많다는 것을 느끼게 되겠지만, 열심히 공부하다 보면 고급 리눅스 엔지니어에 한 발씩 다가가게 될 것입니다. 끝까지 학습한 여러분의 노고에 진심으로 감사의 말을 전합니다.

Appendix

A

▶ 외부 컴퓨터에서
VMware
가상머신으로
접속하기

이 책에서 사용하는 4대의 가상머신은 모두 1대의 진짜 컴퓨터(호스트 컴퓨터) 안에서 작동한다. 그래서 Server, Server(B), Client, WinClient 가상머신은 서로 네트워크 접속이 되지만, 다른 외부 컴퓨터에서는 원칙적으로 접속할 수 없다.

하지만 호스트 컴퓨터의 네트워크 설정을 조금 바꾸고 사용하는 포트 번호를 다른 것으로 지정한다면 외부에서도 가상머신에 접속할 수 있다. 이 과정을 **포트 포워딩**Port Forwarding이라 부른다. 같은 공유기에 연결된 컴퓨터가 2대거나, 학교나 학원의 실습실이라면 다음 그림과 같이 구성하면 서로 다른 컴퓨터에서 가상머신으로 접속할 수 있다.

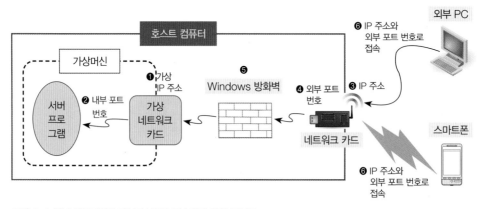

그림 A-1 외부 컴퓨터에서 가상머신으로 접속하기 위한 구성도

이 그림을 보면 가상머신(**예** Server 가상머신)에서는 기존의 서버 프로그램과 내부 포트Port 번호로 계속 서비스하면 된다. 이 책의 3부와 4부에서 구축한 네트워크 서비스를 변경 없이 계속 제공하면 된다. 그리고 이 그림에는 표현되지 않았지만, 다른 가상머신(**예** Client 가상머신)이나 호스트 OS에서는 별 문제없이 가상머신에 접속해 서비스를 제공받았다.

그런데 이제 이 그림의 오른쪽에 표현된 외부의 컴퓨터나 스마트폰 등에서 가상머신 내부로 접속하려면 왼쪽과 같은 구성이 필요하다. 외부 PC에서 가상머신의 웹 서버를 접속하는 순서를 예시를 들어 나열하면 다음과 같다.

① 가상머신(Server 가상머신)에 웹 서버 프로그램을 설치하고 firewall-config 명령이나 firewall-cmd 명령을 실행해 내부 포트 번호(80)를 연다. 이는 기존에 하던 서버 구축 작업과 같다.

② 호스트 운영체제나 다른 가상머신(Client 가상머신)에서는 Server 가상머신의 [❶ 가상 IP 주소]인 192.168.111.100과 [❷ 내부 포트 번호]인 80번만 알면 접속할 수 있다. 이 역시 기존에 하던 작업과 동일하게 서버에 접속한다.

③ 외부에서 접속할 수 있도록 설정하려면 VMware Player의 [Virtual Network Settings] 창에서 사용하지 않는 [❹ 외부 포트 번호](예로 8,888번)를 [❶ 가상 IP 주소]의 [❷ 내부 포트 번호]에 연결해야 한다.

④ 외부에서 접속할 수 있도록 호스트 운영체제의 [제어판] – [Windows Defender 방화벽]에서 [❹ 외부 포트 번호](예로 8,888번)를 허용해야 한다.

⑤ 이제는 외부 PC나 스마트폰에서 호스트 컴퓨터의 진짜 IP 주소인 [❸ IP 주소]와 [❹ 외부 포트 번호](예로 8,888번)로 접속하면 가상머신의 웹 서버 프로그램에 접속할 수 있다.

NOTE ▶ 만약 [❸ IP 주소]가 공인 IP 주소라면 외부 PC와 스마트폰은 전 세계 어디서든지 접속할 수 있을 것이다.

(실습 1 ▶

외부 컴퓨터에서 Server 가상머신의 웹 서버에 접속할 수 있도록 설정하자.

Step 0

Server ◉ Server 가상머신을 설치 상태로 초기화한 후 root 사용자로 접속하고 터미널을 하나 연다.

Step 1

Server ◉ 웹 서버(httpd)를 설치하고 관련 설정을 진행한다.

1-1 다음 명령을 입력해 httpd 서비스를 설치하고 가동한다.

```
dnf -y install httpd        → 웹 서버 설치
systemctl restart httpd     → 서비스 시작
systemctl enable httpd      → 서비스 상시 가동
```

그림 A-2 httpd 서비스 가동

1-2 다음 명령을 입력해 웹 서비스(http)를 허용한다.

```
firewall-cmd --permanent --add-service=http
firewall-cmd --reload
```

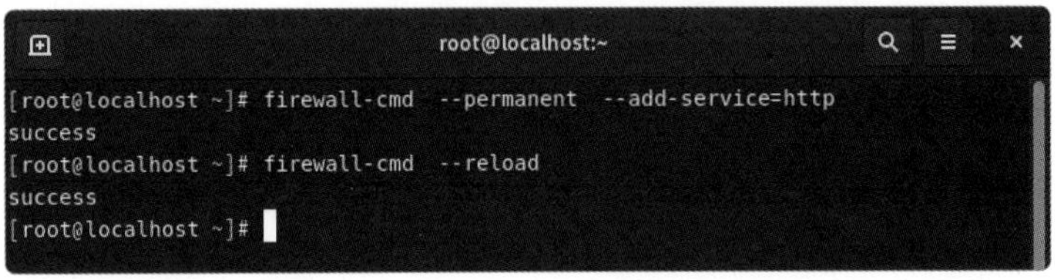

그림 A-3 httpd 포트 허용

1-3 **gedit /var/www/html/index.html** 명령을 입력해 간단한 index.html 파일을 생성하고 '⟨h1⟩가상 머신에 설치된 Server 홈페이지 입니다.⟨/h1⟩'를 추가한 다음 저장한다.

Step 2

호스트 OS ◐ **그림 A-1**에 나온 호스트 컴퓨터의 [❸ IP 주소]를 확인한다.

2-1 우선 호스트 컴퓨터에서 가상머신에 잘 접속되는지 확인한다.

그림 A-4 호스트 컴퓨터에서 Server 가상머신에 접속

2-2 파워셸이나 명령 프롬프트에서 **ipconfig** 명령을 입력한 후 [무선 LAN 어댑터 Wi-Fi] 부분에서 [❸ IP 주소]를 확인한다(필자의 경우 192.168.100.169).

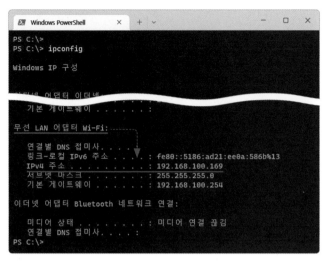

그림 A-5 호스트 컴퓨터 IP 주소 확인

NOTE▶ 유선랜을 사용 중이라면 [이더넷 어댑터 이더넷] 부분의 [IPv4 주소]를 확인하면 된다.

2-3 그림 A-1의 [❹ 외부 포트 번호]를 결정해야 한다. 이 번호로는 사용하지 않는 포트 중 아무거나 선택해 사용하면 된다. 0~65,535번 중에서 선택하면 되는데 5,000번대 이후는 거의 비어 있으므로 이 범위 중 하나를 선택하자. 필자는 기억하기 쉽게 8,888번을 사용하겠다.

2-4 VMware Workstation Pro를 실행하고 [Edit] − [Virtual Newtwork Editor] 메뉴를 클릭한다. [Virtual Newtwork Editor] 창에서 [VMnet8]을 선택한 후 [NAT Settings] 버튼을 클릭한다.

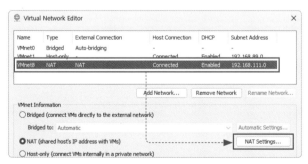

그림 A-6 [Virtual Network Editor] 창에서 외부와 내부 연결 1

NOTE▶ 만약 [Virtual Network Editor] 창의 제일 아래에 'Administroator privileges are required…'가 써 있으면 바로 오른쪽의 [Change Settings] 버튼을 클릭해서 관리자 권한으로 실행한다.

2-5 [NAT Settings] 창에서는 [Add] 버튼을 클릭하고 [Map Incoming Port] 창에서 [Host port]에는 [❹ 외부 포트 번호]인 '8888'을, [Virtual machine IP address]에는 Server 가상머신의 IP 주소인 [❶ 가상 IP 주소] '192.168.111.100'을, [Virtual machine port]에는 http의 [❷ 내부 포트 번호]인 '80'을 입력한다. [Description]에는 해당 설정을 구분할 수 있도록 적당한 문구를 입력한다(필자는 'Web(가상)'이라고 입력했다). [OK] 버튼을 계속 클릭해 설정한 내용을 적용한다.

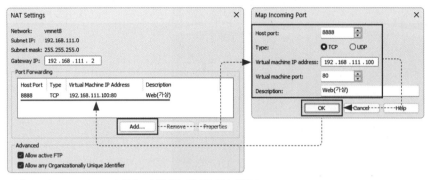

그림 A-7 [Virtual Network Editor] 창에서 외부와 내부 연결 2

2-6 호스트 컴퓨터의 [❺ Windows 방화벽]에서 8,888번 포트를 허용하자. [제어판] − [시스템 및 보안] − [Windows Defender 방화벽]을 클릭한 후 [Windows Defender 방화벽] 창에서 왼쪽 [고급 설정]을 클릭한다.

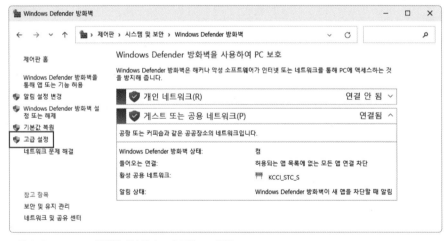

그림 A-8 Windows 방화벽에서 호스트 OS의 포트 허용 1

2-7 [고급 보안이 포함된 Windows Defender 방화벽] 창에서 왼쪽 [인바운드 규칙]을 클릭한다. 그리고 오른쪽 [작업] 아래의 [새 규칙]을 클릭하고 [새 인바운드 규칙 마법사] 창의 [규칙 종류]에서 '포트'를 선택하고 [다음] 버튼을 클릭한다.

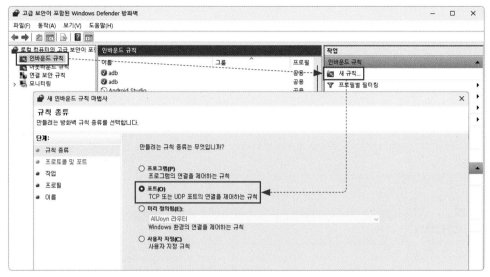

그림 A-9 Windows 방화벽에서 호스트 OS의 포트 허용 2

2-8 [프로토콜 및 포트]에서 'TCP'와 '특정 로컬 포트'를 선택하고 [❹ 외부 포트 번호]인 '8888'을 입력하고 [다음] 버튼을 클릭한다.

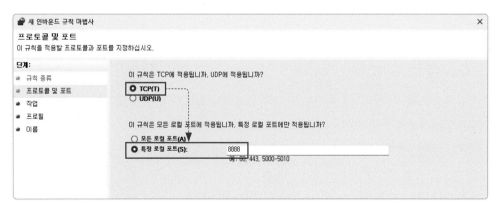

그림 A-10 Windows 방화벽에서 호스트 OS의 포트 허용 3

2-9 [작업] 및 [프로필]에서는 기본값을 그대로 두고 [다음] 버튼을 클릭한다.

2-10 [이름]에서 적절한 이름(필자는 'Web(가상머신)'을 입력했다)을 입력하고 [마침] 버튼을 클릭한다.

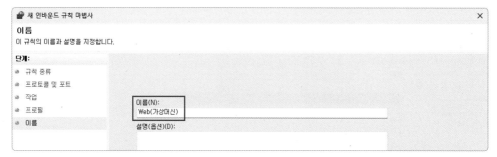

그림 A-11 Windows 방화벽에서 호스트 OS의 포트 허용 4

2-11 [인바운드 규칙] 아래쪽에 추가한 포트를 확인할 수 있다. 열려 있는 모든 창을 종료한다.

그림 A-12 Windows 방화벽에서 호스트 OS의 포트 허용 5

Step 3

외부 PC ⊙ 이제 **그림 A-1**의 [❻ IP 주소 및 외부 포트 번호로 접속]을 진행한다. 호스트 컴퓨터 또는 외부 PC에서 작업한다.

3-1 자주 쓰는 웹 브라우저에서 'http://호스트IP주소:외부포트번호/'를 입력해 접속한다(필자의 경우 http://192.168.100.169:8888/이다).

그림 A-13 외부 컴퓨터에서 가상머신으로 접속한 화면

3-2 스마트폰의 웹 브라우저로 접속한다. 단 스마트폰은 PC가 연결된 같은 공유기에 와이파이로 연결되어 있어야 한다.

그림 A-14 스마트폰에서 가상머신으로 접속한 화면

▶ 찾아보기